30 -

BURT FRANKLIN: BIBLIOGRAPHY AND REFERENCE SERIES 436
Selected Essays in History, Economics & Social Science 306

BIBLIOGRAFIA MAYA

BIBLIOGRAFIA MAYA

POR

RAFAEL HELIODORO VALLE

Burt Franklin
New York

Valle, Rafael Heliodoro Bibliographia Maya
Published by LENOX HILL Pub. & Dist. Co. (Burt Franklin)
235 East 44th St., New York, N.Y. 10017
Originally Published: 1937 - 41
Reprinted: 1971
Printed in the U.S.A.

S.B.N.: 8337-36116
Library of Congress Card Catalog No.: 75-144831
Burt Franklin: Bibliography and Reference Series 436
Selected Essays in History, Economics & Social Science 306

Ya era deber compilar el mayor número de cédulas que integran la Bibliografía Maya. A medida que el tiempo transcurre va ensanchándose en volumen y calidad, pues en cada balance anual puede el hombre de estudio percatarse de que lo que aparece en libros, monografías de sobretiro, artículos de prensa —simple información las más de las veces— o en revistas serias, hace pensar en que esta rama de la Bibliografía de América merece atención formal, impone sujetarse a un método para seguir compilando lo que hay impreso y escrutar en lo inédito.

Acaso la mejor —por especialmente previsora—, la que puede aportar las mejores documentaciones, los materiales de primer orden, sea la Biblioteca del Middle American Research Department, de la Universidad de Tulane, en Nueva Orleans. No sólo cuanto ha salido de la imprenta, sino cuanto van allegando los periódicos, cuanto recogen libreros y cazadores de libros, se ha ido reuniendo en ese vasto arsenal, que ya exige un émulo en la capital mexicana.

Y si se sigue enumerando los otros sitios en que hay que detenerse a las consultas de originales sobre la historia de la cultura maya y las vinculadas a ella, habría que recurrir a la Biblioteca del Congreso, en Wáshington; la Universidad de Texas, la Biblioteca Pública de Nueva York, la Clements Library, la Biblioteca de Chicago, la Nacional de París, los archivos españoles, el Museo Británico, el Museo Etnográfico de Berlín, y en Viena, en Florencia, en Dresde, en Roma, —en todos los museos e instituciones europeos que se han afanado por el conocimiento de los valores universales de la cultura—, porque sólo una busca paciente, ordenada, patrocinada por alguna institución que haga "obra de caridad" por la cultura o por algún gobierno que comprenda que estas investigaciones son fundamentales, inaplazables, permitirá disponer de tal riqueza sin inventario.

Mi intento es presentar un cuadro panorámico de esa bibliografía, eslabonar el mayor número posible de datos, incitar a nuevos investigadores para que aporten nuevas y plenas luces. La bibliografía quiere así rendir un servicio desinteresado a todos los que en América reconocen que el maya fué uno de los más altos orgullos humanos en este hemisferio y que estudiarlo es cumplir una de las más nobles finalidades de la Americanística y gozar un fino deleite espiritual.

Y si esa cultura está erizada de problemas que hasta hoy parecen desentrañables —y por ello avivan la curiosidad de los hombres de estudio— es de suponerse que este aparato bibliográfico está incompleto y no ha querido desdeñar ni las ingenuas noticias que en algunos periódicos han divulgado algunos diletantes y no pocos mixtificadores, asegurando —por ejemplo— que ya está descifrado el origen del calendario maya o que ya se está sobre la pista de los orígenes de aquel pueblo "enorme y delicado". Hasta esos escándalos sirven para trazar una ruta, como que un códice apócrifo —que ha sido aclamado como de legítima procedencia— ha servido para dilucidar hipótesis y derrumbar afirmaciones que aparentaban seriedad histórica.

Nada he desdeñado —lo repito—, ni lo que tiene aspecto de paja entre trigo, porque la bibliografía no está autorizada para omitir aun lo que ya está reprobado por valiosos dictámenes. Lo esencial es que todo esto sirva, oriente, incite a seguir sabiendo más.

Claro que hay mucho que depurar, mucho que ha sido resultado de repeticiones sin la consulta cuidadosa, especialmente tratándose de manuscritos; pero en esa tarea ya está comprometido un investigador tan fino que se ha adentrado en estas disciplinas, el Profesor Alfredo Barrera Vázquez, cuyo recorrido por bibliotecas y museos de los Estados Unidos y México le ha permitido darse cuenta exacta de la multiplicidad de errores que se han ido trasmitiendo hasta nuestros días. Pero de eso se trata, de organizar todos estos materiales, a fin de rendir un servicio que, no importa, más tarde suma en el olvido a quienes lo prestaron.

NOTAS:

Abreviaturas principales: MS.—Manuscrito
n. s.—Nueva serie
pp.—páginas
s. l. n. f.—Sin lugar ni fecha.

Al final de la bibliografía se indicará la ciudad correspondiente a las publicaciones periódicas, cuando no se señale en la cédula respectiva.

Bibliotecas y museos consultados:

México: Biblioteca Nacional
Biblioteca del Congreso
Biblioteca de la Secretaría de Relaciones
Biblioteca del Museo Nacional
Biblioteca de la Sociedad Mexicana de Geografía y Estadística
Biblioteca Gómez de Orozco
Biblioteca Valle.

Estados Unidos:
Library of Congress, Wáshington
State Department, Wáshington
New York Public Library
New Orleans Public Library
University of Texas.

Centro-América:
Biblioteca Nacional, Tegucigalpa
Biblioteca Nacional, San Salvador
Biblioteca Nacional, Guatemala.

A

A MAYA tripod beaker.—**British Museum Quarterly,** VII (3): 84, Dic. 1932.

ABORIGINAL dentistry found on the Field Museum's expedition to British Honduras.—En **"Discoveries of the Pennsylvania University Museum"**, II (7): 8, abril 1932.

ABREU GOMEZ, Ermilo.—La mestiza de Yucatán.—**El Universal Ilustrado,** 15 octubre 1925.

———. 6 de enero de 1542. (Fundación de Mérida, Yucatán).—**Revista de Revistas,** México, 14 enero 1934.

ADAM. Lucien.—Etudes sur six langues américaines: Dakota, Chibcha, Nahuatl, Quechua, Quiché, Maya.—París.—Maisonneuve et Cie., Libraires-Editeurs.—1878. VIII, 165 pp. 8º.

("Du polysinthétisme et de la formation des mots dans les langues quiché et maya", pp. 123-65).

———. Examen grammatical comparé de seize langues americaines.—Paris-Luxemburg.—1878.—Pp. 161-244, con 6 hojas dobladas, 8º (Entre las 16 lenguas que estudia está la quiché).

ADAMS MATA, Jorge.—La raza maya en Cuba. Sus inmigraciones antes y después de Colón.—**Diario de la Marina,** Habana, 7 mayo 1933.

———. Los mayas en Cuba.—**Diario de la Marina,** 4 mayo 1936.

AGUILAR, Sinforoso.—(Véase Kuhlmann, Mrs. Elly von).

ALDEN MASON, J.—Esculturas mayas rescatadas de la selva.—**Diario de Centro América,** Guatemala, 25 y 27 enero 1936.

ALEMAN, L.—Grammaire elémentaire de la langue quichée publiée par A. Blomme.—Congres International des Américanistes.—Copenhague 1883 (Supplément du **Compte-Rendu**).—Copenhague.—Imprimerie de Thiele.—1884.—Pp. 26. 8º.

ALEXANDER, Harthley Burr.—The Mythology of All Races.—Boston.—Marshall Jones Comp.—1920, II, Cap. V: 156-186.

(Central America. I.—Quiché and Cakchiquel; II.—The Popol-Vuh; III.—The Hero Brothers; IV.—The Annals of the Cakchiquel).

ALFARO Anastasio.—El henequén en Yucatán.—**Boletín de la Sociedad Nacional de Agricultura.**—San José, C. R.—(6): 106-111; (9): 169-176.

ALFORD, W. V.—Fragments from prehistoric America.—**Home Magazine, Jan.** 1899, pp. 8-17.

ALLEN, E. A.—The prehistoric world; or vanished races.—Cincinnati. 1885.

ALLEN, G. M.—(Véase Tozzer, A. M.)

ALSTON, E. R.—Mammalia.—En **Biologia Centrali-Americana, Zoology,** 1879-1882.

ANCIENT Mayans; Michigan expedition to Guatemala.—**El Palacio,** XXXVIII (21/3): 127, 22 mayo, 5 junio 1935.

ANCONA, Eligio.—Historia de Yucatán desde la época más remota hasta nuestros días.—Segunda edición.—Tomo primero.—Editor: Manuel Heredia Argüelles.—Barcelona.—Imprenta de Jaime Jesús Roviralta, Calle del Notariado, núm. 9.—1889.—Pp. 179.—23 x 16 cms.

(**Sumario:—Capítulo I.**—Aspecto físico de Yucatán.—Su clima.—Ríos.—Ojos de Agua.—Cenotes.—Cavernas.—Tiempos prehistóricos.—Inundación. — Catástrofes acaecidas en las regiones centrales de la América.—Tradición haitiana.—El **Manuscrito Troano.**—Suerte que cupo á la Península en el cataclismo; **Capítulo II.—Tiempos fabulosos.**—Opiniones sobre los primitivos habitantes de América.—Génesis maya.—Creación del primer hombre.—Los gigantes.—Los enanos. —Primeras inmigraciones.—Dificultades para aceptar la oriental.—Probabilidades en favor de otras.—Imperio votanida.—Algunas de las tribus que lo habitaron, pudieron haber emigrado á la Península; **Capítulo III.**—Razas que poblaron á Yucatán.—El hombre prehistórico.—Los itzaes.—Los mayas.—Los caribes.—Nombres antiguos de la Península.—Ulumil ceh y Ulumil cutz.—Onohualco.—Chacnovitán.—Yucalpetén.—Zipatán.—Mayab. — Observaciones especiales sobre la última palabra; **Capítulo IV.—Tiempos fabulosos.**—Zamná o Itzamná.—Su origen.—Su carácter.—Religión que funda.—Invenciones que se le atribuyen.—Su muerte.—Kukulcán.—Su identidad con otros mitos de la teogonía americana.—Su aparición en Yucatán.—Misión que desempeña.—Su ascensión á los cielos; **Capítulo V.**—Rápida ojeada sobre las construcciones mayas.—Montículos.—Edificios construídos sobre ellos.—Puertas, bóvedas, ornamentación.—Usos á que estuvieron destinados.—Calzadas.—Aguadas artificiales.—Antigüedad de las ciudades de la Península.—Quiénes fueron sus constructores.—Diversidad de opiniones sobre ambas materias; **Capítulo VI.**—Ciudades fundadas por los itzaes.—Itzmal.—Su antigüedad.—Su fundación.—Número de santuarios.—Descripción de los principales.—Peregrinos.—Gobierno y religión. —T-Hó.—Epoca de su fundación.—Edificios.—Templos de Bakluumchaan y H'Chum-Cáan.—Culto que se profesaba en la ciudad.—Chichén Itzá.—Origen de de su población.—Conmociones ocurridas en su recinto.—Número y belleza de sus monumentos.—Chacmool; **Capítulo VII.**—Ciudades fundadas por los mayas. —Mayapán.—Opiniones sobre su antigüedad.—Religión y administración pública.—Príncipes, sacerdotes y pueblo.—Uxmal.—Ignorancia absoluta sobre su fundación y la época en que se verificó.—Vestigios del culto que la ciudad profesaba.—Magnificencia de sus edificios.—Tradición enlazada con las casas del **Enano,** de la **Vieja** y del **Gobernador; Capítulo VIII.**—Llegada de los Tutul Xius á Chacnovitán.—Entablan relaciones con los mayas.—Ocupan la provincia de Bakhalal.—Se apoderan de Chichén.—Persiguen á los itzaes hasta Champotón.—Vida nómada que hacen éstos muchos años.—H-Cuitok Tutul Xiu establece su corte en Uxmal.—Alianza que celebra con los señores de Mayapán y de Chichén Itzá.—Carácter de esta alianza; **Capítulo IX.**—La lengua maya.—El monosilabismo y la onomatopeya predominan en su estructura.—Familia á que pertenece.—Opiniones de Brasseur sobre su afinidad con varios idiomas del antiguo continente.—Su fluidez y su abundancia.—Escritura.—Los mayas practicaron la figurativa, la simbólica y la fonética.—Alfabeto conservado por Landa.—Temores sobre su exactitud.—Los misioneros lo sustituyen con el romano.—Observaciones sobre la manera con que se verificó la sustitución.—El anahté.—Importancia que tenía en la antigüedad; **Capítulo X.**—Teogonía maya.—Variedad del culto en cada ciudad.—Principios religiosos comunes á toda la Península.—Dios, el alma y la vida futura.—Multitud de ídolos.—Sacrificios humanos.—Antropofagia.—Sacerdotes.—Bautismo, confesión y penitencia.—Testimonio que dan nuestras ruinas de otro culto público, que no refieren los historiadores; **Capítulo XI.**—Vestigios de un calendario anterior al tolteca.—Cronología maya.—El día.—La semana.—El mes.—El año.—Fiesta al dios "Mam".—Los cuatro aBcabes.—La época llamada de "Ahau".—Número de años que contenía.—El siglo; **Capítulo XII.**—Ciencias, bellas artes y legislación.—Aritmética, geometría y mecánica.—Historia.—Poesía lírica y dramática.—Música y baile.—Escultura y pintura.—Derecho público.—El rey, los sacerdotes, la nobleza, el pueblo y los esclavos.—Derecho internacional.—Reglas concernientes á las embajadas y á la guerra.—Armas y trajes de los guerreros.—Legislación civil y penal; **Capítulo XIII.**—Ultimos sucesos de la historia maya.—Desconfianza entre los reyes de Mayapán, Uxmal y Chichén.—El primero solicita el auxilio extranjero y declara la guerra al último.—Popularidad de Tutul Xiu.—Se apodera de Mayapán.—Origen de los cacicazgos de H-Kin Chel y Sotuta.—Desavenencias entre las familias más poderosas de la Península.—Destrucción del Imperio maya y su capital.—Los itzaes se refugian al Petén.—Yucatán se fracciona en multitud de Estados independientes.—Situación que guardaban éstos á principios del siglo XVI; **Capítulo XIV.**—Usos y costumbres de los mayas.—Comercio.—Agricultura.—Moneda.—Trajes.—Indole y carácter del pueblo.—Sus vicios y sus virtudes.—Conclusión).

ANDERSEN, Ruben.—Eine bemerkung zur erklarung der Tzolkinperiode im kalender der Maya. **Abdruck aus den Astronomischen nachrichten,** nr. 5790, bd. 242, mai 1931.

ANDRADE, M. J.—Report on languages of the Maya people.—1931. 6 hojas.

(Ejemplar escrito a máquina del Report to the Carnegie institution of Washington que fué publicado en su "Annual report of the Division of historical research", 1930-1931, pp. 126-28).

ANDREWS, E. Wyllys.—Glyph X of the supplementary series of the Maya inscriptions.—(Sobretiro del) **American Anthropologist,** n. s., XXVI (3): 545-54, July-Sept. 1934.

ANLEO, Fr. Bartolomé de.—Arte de la lengua quiché o utlateca, compuesto por N. M. R. P. Fray Bartolomé Anleo, Religioso Menor de N. S. P. San Francisco.—Edited with an essay on the Quichés, by E. G. Squier, M. A., F. S. A., etc.—London.—1865. (Tirada de 150 ejemplares).

(MS. en la Biblioteca Nacional de París, en 8º, 69 pp.—"Este Arte de Lengua Quiché fué compuesto por N. M. R. P. Bartholomé de Anleo cuyo original tubo N. M. R. P. Fr. Antonio Melians Betancourt, Padre dos veces Ministro Provincial de esta Santa Provincia, y Ministro excelentissimo en los idiomas de los naturales. Y su P. M. Rev. me lo donó a mi, Fr. Antonio Ramirez de Utrilla, de cuyo original fué transladado este de mi mano, y le acabé en 26 de Agosto en el pueblo de N. P. S. Francisco Iauchachel, Año de 1774. Fr. Antonio Ramírez de Utrilla". Citas de Squier, p. 19, y Viñaza, p. 147).

ANOTHER Maya ruin located in Peten.—**El Palacio, XXXII** (19-20): 265, May 11, 1932.

APUNTES sobre algunas plantas medicinales de Yucatán.—In facsimile; translated and edited by Elizabeth C. Stewart.—Baltimore.—The Maya society.—1935.—Pp. 24, facsim.: 19 láminas.—23 cms. (Maya society.—Publication núm. 10).

(En el título que da el manuscrito se lee: "Apuntes sobre algunas plantas medicinales de Yucatán escritos por un fraile franciscano de Campeche". El manuscrito original fué escrito aproximadamente a principios del siglo XIX y fué regalado al Dr. Berendt por un amigo suyo de Yucatán, en Veracruz, en 1859).

ARCHAEOLOGICAL drama at Chichen Itzá.—**El Palacio, XXVII** (1/4): 24, Jan. 4/25, 1930.

ARCHILA, M. ANTONIO.—El antiguo gran lago del Petén.—**Anales de la Sociedad de geografía e historia de Guatemala, II** (3): 339-52, marzo 1935.

ARCTOWSKI, H.—Studies on climats and crops.—**American Geographic Society, Bulletin**, XLIII: 270-282, 481-495; XLIV: 598-606, 745-760; XLV: 117-131.

ARNOLD, C., y F. J. T. FROST.—The American Egypt. A record of travel in Yucatán. New York, 1909.

ARQUEOLOGIA mexicana. La Virgen del Tazumal.—**Riel y Fomento**, Buenos Aires, enero 1924.

ASENSIO, José María.—Antigüedades de la América Central.—**El Centenario**, Madrid, 1892, IV: 405-412.

ASTURIAS, Miguel Angel. (Véase Raynaud, Georges.)

ATWOOD, Rollin S.—Reconocimiento geográfico de las tierras altas de Guatemala.—**Anales de la Sociedad de geografía e historia de Guatemala**, II (3): 264-74, marzo 1935.

AUBIN, J. M. A. (Véase **Codex Aubin, 1576**). 1893.

B

BABELON, Jean.—La vie de Mayas.—5e. éd.—París.—Librairie Gallimard, 1933. 250 pp., (2 p. I) (**Le Roman des peuples, no. 2**).

———. Les Mayas.—**La Revue de Paris**.—4le. année (15): 665-82, I aout 1934.

BAKER, M. Louise.—Maya in Denmark.—**Maya Research**. New Orleans, La.—1936, III (1): 107, ilustraciones.

BALDWIN, John D.—Ancient America, in "Notes on American Archaeology". By John D. Baldwin, A. M. (Illus.).—Harper & Brothers.—New York, 1872.

(V.—**Mexico and Central America.** Copan and Quirigua, p. 111. Ruins farther South, p. 123.—VI.—**Antiquity of the Ruins.** Distinct Eras traced, p. 151-155.—VIII.—**American ancient History.** The old books not all lost, p. 189. (Se refiere al Popol-Vuh).

BANCROFT, Hubert Howe.—Antigüedades del Salvador y Honduras.—(De "The Native Races of the Pacific States", vol. IV, Cap. IIII, traducción por Pedro Nufio).—**Revista de la Universidad.**—Tegucigalpa, I: 728-742, 1909.

———. The Native races. 5 vols. San Francisco. 1882.

———. (Ver "Ruinas de Copán").

BANDELIER, Adolfo E.—Notes on the bibliography of Yucatán and Central America; comprising Yucatan, Chiapas, Guatemala (The Ruins of Palenque, Ocosingo, and Copan), and Oaxaca (Ruins of Mitla). A list of some of the writers on this subject from the sixteenth century to the present time.—**Proceedings of The American Antiquarian Society,** Oct. 21, 1880, Worcester, Chas. Hamilton, 1881.—I (1), n. s., pp. 82-118.

BANGS AND COMPANY.—Catalogue of a collection of curiosities and Mexican and Central American antiquities.—To be sold at auction. December 1st, 1877.—New York, N. Ponce de León, prt., 1877.—Pp. 6.—8º.

BARBERENA, Dr. Santiago I.—Estudios sobre la distribución geográfica de las razas indígenas de México y la América Central, antes del descubrimiento de América.—**Repertorio Salvadoreño,** San Salvador, V: 332-39, 369-76; VI (2): 96-109, 141-51, 1892.

———. Quicheísmos, contribución al estudio del folklore americano.—Primera serie.—San Salvador.—Tip. "La Luz".—1894.—Pp. 323. 8vo.

BARRERA, Pantaleón.—(Véase Menéndez, Carlos R.)

BARRERA VASQUEZ ALFREDO.—Baltasar Mutul, autor de un libro de la Pasión de Jesucristo y de un Discurso sobre la Misa, en lengua maya.—**Maya Research,** New Orleans, La.—1935, II (3): 299-301.

(Una reproducción en D. M. A. R., Tulane, N. O. Otra en Ayer Collection, Chicago).

———. Investigaciones sobre la cultura maya.—**El Libro y el Pueblo,** XIII: 125-33, nov. 1935.

(El mismo artículo empezó en **La Prensa** (San Antonio, Texas), 6 enero 1936, p. 6).

———. Los mayas y su literatura.—**Ecos Mundiales,** México, febrero 1936.

———. "Nombres de Pájaros en Lengua 4iché". Un MS. de la Bibliothéque Nationale de Paris.—**Maya Research.**—New Orleans, La.—1935, II (3): 303-304.

———. Una versión inglesa del Chilam Balam de Chumayel (The book of Chilam Balam of Chumayel, by Ralph L. Roys. Published by the Carnegie Institution of Washington, November 1933).—**Maya Research,** New Orleans, La.—1934, I (1): 42-45.

(Este estudio apareció también en **Anales de la Sociedad de Geografía e Historia de Guatemala,** 1936, XII (4): 451-462 y **Boletín del Museo Nacional de Arqueología, Historia y Etnografía,** Ep. 6, I (1): 55-67, enero-marzo 1934).

———. "Vocabulario de lengua Quiché de Fr. Domingo de Basseta el qual empieza con Lengua".—**Maya Research.**—New Orleans, La.—1935, II (3): 301-302.

BARRERA VASQUEZ.—(Véase Sol, Angel).

(El Sr. Barrera Vásquez ha hecho investigaciones para la interpretación del Códice de Tizimín, en las bibliotecas de Universidad de Chicago, de Wáshington, la Universidad de Tulane en Nueva Orleans, el Field Museum of Natural History, el Peabody Museum of Archaeology and Ethnology, el American Museum of Natural History, el Pennsylvania University Museum y la Newberry Library de Chicago).

———. (Véase Valle, Rafael Heliodoro).

BARTLETT, Harley Harris.—A method of procedure for field work in tropical American phytogeography based upon a botanical reconnaissance in parts of British Honduras and the Peten forest of Guatemala.—**Botany of the Maya area: Miscellaneous papers,** no. 3. Preprinted from Carnegie institution of Washington, Publication no. 461, pp. 1-25, July 1935.

———. Scheelea Lundellii, a new "Corozo" palm from the Department of Peten, Guatemala.—**Botany of the Maya area: Miscellaneous papers,** no. 3. Preprinted from Carnegie institution of Washington, Publication no. 461, pp. 43-47, July 1935.

———. Various Palmae Corypheae of Central America and Mexico. **Botany of the Maya area: Miscellaneous papers,** no. 2. Preprinted from Carnegie Institution of Washington, Publication no. 461, pp. 27-41, July 1935.

BASAURI, Carlos.— Los indios mayas de Quintana Roo.—**Quetzalcoatl,** México, I (3): 209, sept. 1930.

———. Tojolabales, Tzeltales y Mayas. Breves apuntes sobre Antropología, Etnografía y Lingüística. Talleres Gráficos de la Nación. México, 1931. 163 pp., ilustr., 23 cms.

(Los indios mayas de Quintana Roo. Algunas consideraciones generales. Estado económico de los mayas. La labor de la Secretaría de Educación Pública. La labor del Gobierno del Territorio. La personalidad del General May. Distribución geográfica de los mayas de Quintana Roo. Estructura sociológica. La familia, matrimonio, funerales, indumentaria, habitación, utensilios domésticos. Prácticas supersticiosas. El Men. El Balam. El Kat. La Xtabay. Iunikaa'k, KaikMikte, Zaas, Zipil, Tzailkhen, El Tepescuintle, Sojolkuts, El Tchachaak, Lojcorral, Babis-bob, Bob, Che-uat. La locura. La milpa. Fiestas religiosas en Santa Cruz de Bravo. Yerbas medicinales).

BAS-RELIEF from Yaxchilan.—**El Palacio**, XXXII (17/8): 241-42, May 4, 1932.

BASSETA, Fr. Domingo de.—Vocabulario quiché-español, por Fray Domingo de Basseta, acabado en 29 de enero de 1690.—MS. 500 pp.—(Squier, **Monog. on the Lang. of Cent. Amer.**, P. 21).

(El nombre completo es: "Vocabulario de la Lengua Quiché, acompañado de otro quiché-castellano, en el dialecto de Rabinal, con una breve gramática del mismo y un vocabulario castellano quiché, por Fray Domingo Basseta" (Viñaza, p. 265.)—(Pinart, No. 82 de su catálogo, habla de un vocabulario de Basseta, español-quiché, compuesto de 238 hojas, en 4to., letra del siglo XVIII).

———. (Véase Barrera Vásquez, A).

BASTIAN, Adolf Philip Wilhelm.—Steinsculpturen aus Guatemala; hrsg. von A. Bastian, director der Ethnologischen abtheilung.—Berlin, Weidmannsche buchhandlung, 1882.—Pp. 30.—(Konigliche Museen zu Berlin).

BATRES, Leopoldo.—Exploraciones de Monte Albán.—Casa Editorial Gante, México, 1902.

———. Teotihuacán.—Memoria que presenta Leopoldo Batres al XV Congreso Internacional de Americanistas, Quebec, 1906. (Con apéndice de 10 láminas) **México, 1906.**

BATRES JAUREGUI, Antonio.—Los indios: su historia y su civilización. 1893.—Guatemala.—Tipografía "La Unión".—1894. 5, XII, 216 pp.

———. La América Central ante la Historia.—Imprenta Marroquín Hermanos.—Guatemala, 1915.—Tomo I.

BAUER, M.—Jadeit und Chloromelanit in form praehistorischer artefakte aus Guatemala.—**Centralblatt für Mineralogie**, etc. 1904, p. 65.

BECERRA, Marcos E.—El antiguo calendario chiapaneco; estudio comparativo entre éste i los calendarios pre-coloniales maya, quiché i nahoa.—**Universidad de México**, V (29/30): 291-364, marzo-abril 1933.

———. Los chontales de Tabasço; estudio etnográfico i lingüístico.—**Investigaciones lingüísticas**, II (1): 29-36, marzo-abril 1934.

———. (Véase Gutiérrez Eskildsen, Rosario M.)

BELMONT, G. E.—The secondary series as a lunar eclipse count.—**Maya Research**, New Orleans, La.—1935, II (2): 144-154, ilustraciones.

BELTRAN DE SANTA ROSA, Pedro.—Arte de el idioma maya. México, 1746. (Segunda edición, Mérida, 1859).

BENEDICT, Francis G.—(Véase Shattuck, George C.)

BENSON, Isabel.—(Véase Hurst, C. T.)

BERENDT, Karl Hermann.—Analytical alphabet for the Mexican & Central American languages.—New York.—Reproduced in fac-simile by the American Photo-lithographic Company.—1869.—6 pp., facsim.; 8 p. incl. front. (port.).—24.5 cms.—(Pub. by the American Ethnological Society).

———. Alfabeto analítico para las lenguas mexicanas y de Centro-América.—Por el Dr. C. H. Berendt.—Lo reimprime en castellano para uso de los alumnos de la cátedra de Etnología del Museo Nacional, el Dr. N. León, profesor de Etnología.—México.—Imprenta del Museo Nacional.—1907.—9 pp. 8vo.)

———. Geographical distribution of the ancient Central American civilization.—**Journal of the Am. Geographical Society**, 1876, VIII: 132-145.

———. Itza dialect.—(MS. en la Colección Brinton, Universidad de Pensilvania). Fué traducida del español al inglés por el Dr. Berendt en Sacluk, 1866-1867.

———. Remarks of the countries of ancient civilization in Central America and their geographical distribution, New York.—1876.—8vo.

———. Report of explorations in Central America.—The Smithsonian Institution.—1867.—Pp. 420-26.

———. (Sus exploraciones en el Petén, el Río de la Pasión y el Utsumacinta).—**Bull. de la Societé de Geographie**, París, 1868, XV: 596-7.

(Carta del Dr. Berendt a M. Henri Harisse, de Nueva York, 31 enero 1868. De mucho interés para la historia de la hidrografía centroamericana).

BEUCHAT, H.—Mayas Quichés. En "Manual de Arqueología americana".—Prólogo de M. Vignaud, presidente de la Sociedad de Americanistas de Francia. Traducción de Domingo Vaca.—(Biblioteca de Historia y Arte).—Madrid.—Daniel Jorro, editor, 23, Calle de La Paz, 23.—1918.—Tipolitografía de L. Faure, Alonso Cano, 15.—Pp. 395-488.—21.9 x 16 cms.

(**Sumario.—Capítulo primero.—Poblaciones primitivas.**—I. Los mayas-quichés; II. Origen de los mayas-quichés; III.—Los textos en lengua indígena.
Capítulo II.—Los orígenes y las inmigraciones legendarias de los pueblos mayas-quichés.—I. Leyendas de los quichés y de los cakchiquelos; II. Tradiciones de los tzentales; III. Emigraciones de los mayas; IV. Quetzalcohuatl-Cuculkan; V. Monumentos de Chichén-Itzá; VI. Cronología antigua de América central.
Capítulo III.—El Yucatán, los mayas y su historia.—I. Los Chanos o Itzás; II. Los Tutul-Xius; III. Los Cocomos y la dominación de Mayapán; IV. Los Estados mayas en la época del descubrimiento; V. Conquista del Yucatán; VI. Pacificación del Petén.
Capítulo IV.—Civilización maya.—I. El clan entre los lacandones modernos y entre los antiguos mayas; II. Las clases de la sociedad y los jefes en el Yucatán antiguo; III. Organización judicial; IV. Religión; V. Vida civil.
Capítulo V.—El calendario y la escritura.—I. La numeración, las cifras y los signos de los días; II. El año; III. Los períodos del calendario y la cuestión del **Katun**; IV. El año arcaico; V. El calendario de los tzentales, de los quichés y de los cakchiqueles; VI. La escritura).

BEYER, Hermann.—A discussion of the Gates classification of Maya hieroglyphs. **American Anthropologist**, n. s., XXXV: 659-94, Oct.-Dec. 1933.

———Comentario a "Die Zahlzeichen der Maya", por Paul Schellhas.—("Zeitschrift für Ethnologie", Berlin 1933).—**Maya Research**, New Orleans, L.—1934, I (1): 52-53, ilustraciones.

———. Comentario a "Maya Chronology; The Fifteen Tun Glyph", por J. Eric Thompson.—(Publication No. 346 of Carnegie Institution of Washington,

1934).—**Maya Research**, New Orleans, La.—1935, II (2): 202-203, ilustraciones.

———. Die mayahieroglyphe "Hand" (29).—**Verhandlungen des XXIV Internationalen Amerikanisten-kongresses**, Hamburg, 1930, pp. 265-71.—1934.—Ilustraciones.

———. Emendations of the "Serpent Numbers" of the Dresden Maya Codex.—**Anthropos**, XXVIII, 1933.

———. La historia de la escritura maya.—**Anales de la Sociedad de geografía e historia de Guatemala**, II (4): 441-45, junio 1935.—(Sobretiro de **Investigación y progreso**, VIII: 10, Oct. 1934).

———. Note concerning the Moon-Count at Palenque and Tila.—**Maya Research**, New Orleans, La.—1936, III (1): 110-111.

———. On the correlation between Maya and Christian chronology.—**Maya Research**, New Orleans, La., 1935, II (1): 64-72.

———. The annalysis of the Maya hieroglyphs.—Leyden.—(Sobretiro de) **Internationals Archiv für Ethnographie**, 1930.

———. The date on the cornice of house C of the Palace at Palenque.—**El México Antiguo**, III (9-10): 53-5, Oct. 1935.

———. The date on the long-nosed mask of Labná.—**Maya Research**.—New Orleans, La.—1935, II (2): 184-188.

———. The dates on Lintel 10 of Yaxchilan.—**Maya Research**, New Orleans, La. 1935, II (4): 394-397, ilustraciones.

———The position of the affixes in Maya writing. I.—**Maya Research** (México and Central America).—New Orleans, La.—1934, I (1): 20-29, ilustraciones.

———. The position of the affixes in Maya writing: II. (The hieroglyph Ahau.).—**Maya Research**, New Orleans, La.—1934, I (2): 101-108, ilustraciones.

———. The position of the affixes in Maya writing: III.—**Maya Research**, New Orleans, La.—1936, III (1): 102-104, ilustraciones.

———. The relation of the synodical month and eclipses to the Maya correlation problem.—New Orleans, Department of Middle American Research, Tulane University of Louisiana, 1933.—**Middle American Research**, ser. No. 5, pamphlet No. 6, pp. 301-19, ilustraciones, tablas.

———. Zur konkordanzfrage der Mayadaten mit denen der christlichen zeitrechnung. II.—**Zeitschrift für ethnologie**, Jahrg. 67, h. 1/3, pp. 43-9, 1935. (El artículo anterior apareció en **Zeitschrift für ethnologie**, Jahrg. 65, h. 1/3, pp. 75-89, 1933).

———. (Véase Genet, Jean).

BLOM, Frans.—A checklist of falsified Maya codices.—**Maya Research, New** Orleans, La.—1935, II (3): 251-252.

———. A hitherto unrecorded building at Labná, Yucatán.—**Maya Research**, 1935, II (2): 189-190, ilustraciones.

———. A preliminary report on two important Maya finds.—Proceedings, 22nd International Congress of Americanists.—New York. 1930.

———. Archaeological and other maps of Middle America.—**Ibero-Amerikanisches archiv**, bd. 6, heft 3, pp. 288-92, Oktober 1932.

———. History below the surface; talk given at the meeting of the Tulane University chapter of Sigma Xi, 6 Nov. 1935. 19, 3, 3 hojas.—(Ejemplar mimeográfico).

———. L'art Maya.—**Gazette des Beaux-Arts**, París, December, 1933.

———. Maya books and sciences.—**The Library Quarterly**, III (4): 408-20 Oct. 1933.

———. More fakes.—**Maya Research**, New Orleans, La.—1935, II (3): 249-250, ilustraciones.

———. Notes on "The Temple of the Warriors at Chichen Itza, Yucatán" by Earl Morris, Jean Charlot and Ann Axtel Morris. (Published by the Carnegie Institution of Washington, Publication No. 406. 1931).—**Maya Research**, New Orleans, La.—1935, II (2): 203-215, ilustraciones.

———. Short summary of recent explorations in the ruins of Uxmal, Yucatan.—**Verhandlungen des XXIV. Internationalen Amerikanisten-Kongresses**, Hamburg, 1930, pp. 55-9. 1934, ilustraciones, láminas, planos.

———. Summary of archaeological work in the Americas during 1929 and 1930; I. Mexico and Central America.—**Bulletin of the Pan American union**, LXV (4): 400-14, April 1931.

(Este sobretiro en **The American archaeology series of the Pan American union**, No. 5).

———. Summary of archaeological work in the Americas, 1931-1932-1933.—I. Middle America.—**Bulletin of the Pan American Union**, LXVIII (12): 861-82, Dec. 1934.

———. The Conquest of Yucatan.—Boston. Houghton Mifflin Company.—1936.—The Riverside Press, Cambridge.—Pp. XIV, 240, ilustraciones.—22 x 15 cms.

(**Sumario:** I. El Almirante.—II. Provincia Chamata Naiam —Vel Yucatan.—III. Thirsting for water.—IV. Thirsting for gold.—V. A coup d'Etat.—VI. Gerónimo de Aguilar.—VII. Horses and guns.—VIII. Buzzards gather above.—IX. The divine horse.—X. The first failure.—XI. "More considerable and better than Sevilla".—XII. The second failure.—XIII. Futile search for gold.—XIV. Images.—XV. Reasons for decay.—XVI. Success at last.—XVII. The founding of Merida.—XVIII. Gaspar Antonio Chi, the interpreter.—XIX. Bishop Landa.—XX. Landa's "Relación de las cosas de Yucatán".—XXI. Daily life.—XXII. A lifetime.—XXIII. The industries.—XXIV. Amusements.—XXV. The rulers.—XXVI. Priests and ceremonies. — XXVII. Creators and creation.—XXVIII. Dwellings of the Gods.—XXIX. The science of numbers; the science of days.—XXX. The stars, the Sun, and Time.—XXXI. Atlantis, the lost tribes of Israel, Egypt, and some elephants.—XXXII. Xul.—Bibliography.—Index).

———. The "Gomesta Manuscript", a falsification.—**Maya Research**, New Orleans, La.—1935, II (3): 233-248, ilustraciones.

———. The Ruins of Copan and the Earthquake.—**Maya Research**, New Orleans, La.—1935, II (3): 291-292.

———. The Uxmal expedition.—**The Tulane News Bulletin**, 1930, X (7): 111-114, ilustraciones.

BLOM, Frans, y Oliver G. La Farge.—Tribes and temples. A record of the expedition to Middle America conducted by the Tulane University of Louisiana in 1925.—New Orleans, La.—Press of Searcy & Pfaff, Ltd.—1926-27. Pp. XX, 552, ilustraciones y 5 mapas.—27.5 x 21 cms.—(2 vols.).—(Published by the Tulane University of Louisiana).

(**Sumario:** (Vol. I). List of illustrations; Preface; Chapter I.—Preparations and equipment; Chapter II.—The start; Chapter III.—Among the indians of the Tuxtla mountains; Chapter IV.—Observations on the indians of the San Martin Pajapan region; Chapter V.—The Coatzacoalcos basin; Chapter VI.—The Maya country; Chapter VII.—Along the foothills of Chiapas; Chapter VIII.—Palenque; Chapter IX.—Into the big forest; Chapter X.—Encanto.

(Vol. II).—Chapter XI.—Pines; Chapter XII.—The Ocosingo Valley; Chapter XIII.—The Ruins of Tonina; Chapter XIV.—Hunting down a rumor; Chapter XV.—The Northern Tzeltal tribes; Chapter XVI.—The highland Tzeltal; Chapter XVII.—The heart of the highlands; Chapter XVIII.—The Comitan Valley; Chapter XIX.—The Chuchumatanes, Guatemala; Epilogue.

Appendices.—Appendix I.—Composition and use of the linguistic lists; Appendix II.—The Popoluca language of San Martin Pajapan, Ver.; Appendix III.—Comparative wordlists: Yocotan, Chontal, Tzeltal, Chaneabal, Jacalteca; Appendix IV.—Yocotan grammar; Appendix V.—Yocotan texts; Appendix VI.—Tzeltal texts; Appendix VII.—Index of ruins; Appendix VIII.—List of newspapers published in the State of Chiapas, Mexico; Appendix IX.—Barometer altitudes; Appendix X.—Conversion table of the metric system into the English system of measurement; Bibliography; Index).

BLOM, Frans, Grosjean, S. S., y Cummins, Harold.—A Maya skull from the Uloa Valley, Republic of Honduras.—New Orleans, Department of Middle American Research, Tulane University of Louisiana, 1933, pp. 1-24, ilustr. (**Middle American Research ser.**, No. 5, Pamphlet No. I).

———. Un cráneo maya del Valle del Ulúa, República de Honduras.—**Anales de la Sociedad de Geografía e Historia de Guatemala,** X: 32-40, Sept. 1933.

BODDAM WHETHAM, J. W.—Across Central America.—Londres, 1877. 185 pp.

(Copán mencionado en la página 168).

BOEKELMAN, Henry J.—Clay phalli from Honduras shell-heaps and their possible use.—**Maya Research,** New Orleans.—1935, II (2): 167-173, ilustraciones.

———. Ethno and archeo-conchological notes on four Middle American shells.—**Maya Research,** New Orleans, La.—1935, II (3): 257-277, 2 láminas y 1 croquis.

———. Shell beads in the Caracol, Chichen Itzá.—**Maya Research,** New Orleans, La.—1935, II (4): 401-404.

BOLIO ONTIVEROS, Edmundo.—Mayismos, barbarismos y provincialismos yucatecos. (Mérida).—México, Impr. "El Porvenir", 1931, 55 pp.

BOLLAERT, William.—Examination of Central American hieroglyphs of Yucatan, including the Dresden Codex, the Guatemalien of Paris & the Troano of Madrid, the hieroglyphs of Palenqui, Copan, Nicaragua, Veragua, and New Granada, by the recently discovered Maya alphabet.—(S. l. n. f.).

BONNERJEA, Firen.—Eclipses among ancient and primitive peoples.—**Scientific Monthly,** XL (1): 63-9, 1935.

(Trae notas sobre la cultura de los mayas).

BORBONICUS, Codex.—(Véase Bowditch, C. P.)

BOWDEN, A. O.—Athens and Rome of the Americas.—**El Palacio,** XXXVIII (9/11): 51-7, Feb. 27, March 13, 1935.

(Con notas sobre la cultura maya).

BOWDITCH, C. P.—A method which may have been used by the Mayas in calculating time. Cambridge, 1901.

———. A suggestive Maya inscription. Cambridge. 1903.

———. Memoranda on the Maya calendars used in the Books of Chilam Balam.—**American anthropologist,** new ser., III: 129-138.—1901.

("This article seems to be a real contribution to the study of Central American hieroglyphics" **Journal of Am. Folk-Lore,** XIV: 198).

———. Mexican and Central American antiquities, calendar systems, and history. (Twenty-four papers by Eduard Seler, E. Forstemann, Paul Schellhas, Carl Sapper, E. P. Dieseldorff. Traducido del alemán bajo la supervisión de C. P. Bowditch. U. S. Bureau of American ethnology, bull. 28) Washington, 1904.

———. Notes on the report of Teobert Maler.—**Memoires of Peabody Museum,** II (1).—Edición privada.—Cambridge. The University Press, 1901.

("The hieroglyphs at Piedras Negras are chiefly discussed").

———. On the age of Maya ruins. **American anthropologist,** 1901, new ser., III: 697-700.

———. The dates and numbers of pages 24 and 46 to 50 of the Dresden Codex. **(Putnam anniversary volume,** pp. 268-298). New York, 1909.

———. The lords of the night and the tonalamatl of the Codex Borbonicus. **American anthropologist,** new ser., II: 145-154, 1900.

———. The numeration, calendar systems and astronomical knowledge of the mayas. Cambridge, 1910.

———. The Temples of the Cross, of the Foliated Cross, and the Sun at Palenque. Cambridge, 1906.

BOWDITCH, C. P., y F. C. LOWELL.—Explorations in Honduras. Boston, 1891.

BRADFORD, A. W.—American antiquities and researches into the origin and history of the red race. New York, 1841.

BRANSFORD, J. F.—Report on explorations in Central America in 1881. (Smithsonian Institution, report for 1882, pp. 803-825). 1882.

BRASSEUR DE BOURBOURG, Charles E.—Cartas para servir de introducción a la historia primitiva de las naciones civilizadas de la América Septentrional.—Por el abate ...., miembro de la Sociedad Mexicana de Geografía y Estadística, etc.—**Boletín de la Soc. Mexicana de Geog. y Estadística,** México. 1860, VIII: 309-36; 1863, X: 319-44.

(La primera carta dirigida al Sr. Duque de Balmy tiene fecha octubre de 1850 y la segunda de diciembre 1850, México).

———. De Guatemala a Rabinal. Episode d'un sejour dans l'Amérique centrale pendant les années 1855 et 1856.—(S. l. n. f.).—(1859).—Pp. 36. 8vo.—(Extrait de la **Revue Europeenne,** I: 46-74, 275-301).

———. Essai historique sur les sources de la Philologie mexicaine et sur l'Ethnographie de l'Amerique Centrale.—**Revue Orientale et Americaine.**—Paris, 1859, I: 354-380; II: 64-75.

(Habla de las obras del P. Marroquín y el P. Juarros, y hace una sinopsis bibliográfica de la filología; y al final da un índice bibliográfico en que aparecen las obras sobre las lenguas de la América Central, (manuscritos en quiché y los impresos en quiché y cachiquel).

———. Excursión de M. l'Abbé Brasseur de Bourbourg dans l'Amerique Centrale; son retour a Paris.—**Nouvelles Ann. des Voyages.**—París, 1860, III: 372-376.

———. Extracts from two letters written on July 15, 1865, and Dec. 2, 1865.—(**Archives de la commission scientifique du Mexique,** II: 298-311).

(La visita de Brasseur de Bourbourg a Copán en 1863 es descrita en estas cartas).

———. Grammaire de la langue Quichée, suivie d'un vocabulaire et du Drame de Rabinal Achi.—Collection des documents dans les langues indigenes pour servir a l'étude de l'Histoire et de la Philologie de la Amerique Ancienne.—Volume deuxiéme.—Arthur Bertrand, editeur—París, 1862.

———. Histoire des nations civilisées du Mexique et de l'Amérique-Centrale, durant les siécles antérieurs a Christophe Colomb, écrite sur des documents originaux et entiérement inédits, puisés aux anciennes archives des indigénes.—Par M. L'Abbé Brasseur de Bourbourg, ancien aumonier de la Légation de France au Mexique, et Administrateur ecclésiastique des indiens de Rabinal (Guatémala).—Tome second, comprenant l'histoire de l'Yucatan et Guatémala; avec celle de l'Anahuac, durant le moyen age aztéque, jusqu'a la fondation de la royauté a Mexico.—Paris.—Arthus Bertrand, éditeur, Libraire de la Société de Géographie, rue Hautefeuille, 21.—4 vols. 1857-59. —Imprimerie de Madame Veuve Bouchard-Huzard, rue de l'Eperon, 5.—IV, 616 pp., 23 x 15.5 cms.

(**Sumario: — Livre cinquieme. — Chapitre premier.**—Difficultés de l'histoire de l'Amérique-Centrale. Les quatre freres quichés et les quatre Tutul-Xius. Point de départ de leurs annales. Leur entrée dans l'Yucatan. Chronologie maya. Kinieh-Kakmo, dieu et roi de cette contrée. Zuhui-Kak, pretresse du feu. Ahchuy-Kak, dieu de la guerre. Fondation de Bakhalal par les Tutul-Xius. Ils font la conquete de Chichen-Itza. Leur alliance avec les rois de Mayapan. Ils fondent les villes de Mani et de Tihoo. Temple de Baklum-Chaam, le Priape des Mayas. Les Tutul-Xius a Potonchan. Les Itzaob a Chichen. Leur gouvernement dans cette ville. Pizlimtec ou Ahkin-Xooc. Révolte contre les deux Itzaob a Chichen; ils sont tués. Cukulcan débarque a Potonchan. Est-il le meme que Quetzalcohuatl? Son regne a Chichen-Itza. Il est appelé au trone de Mayapan. Triple alliance des cités de Mayapan, de Chichen et d'Uxmal. Regne d'Ahcuitok Tutul-Xiu dans cette ville. Abdication et départ de Kuculcan. Les Cocomes appelés au trone de Mayapan. Prosperité de l'empire maya sous les Cocomes et les Tutul-Xius. Description d'Uxmal. Le palais des rois. Richesses monumentales et archeologiques de l'Yucatan. Temples d'Ah-Hulneb et de Teelcuzam, dans l'ile de Cozumel. Chaussées et grands chemins dans l'Yucatan. Absence de rivieres dans cette péninsule. Les puits souterrains dans des grottes. Les zonotes (sic) ou citernes des Mayas. Leur construction curieuse.

Chapitre deuxieme.—Déclin de la royauté a Mayapan. Tyrannie des Cocomes. Kineh-ahau-Aban monte sur le trone. Son orgueil. Il se compose une garde étrangere. Mécontentement des Mayas. Sa cruauté envers eux. Sa Mort. Hunac-Eel lui succede. Il fait déposer Chac-Xib-Chac, roi de Chichen-Itza. Querelle d'Ulmil, roi de Chichen, et d'Ulil, prince d' Izamal. Tyrannie cruelle de Hunac-Eel. Conjuration des Tutul-Xius contre lui. Siege de Mayapan. Prise et ruine de cette ville. Massacre des Cocomes. Uxmal devient la métropole de l'Yucatan. Le dernier des Cocomes a Sotuta. Les Tutul-Xius maitres de l'empire. Religion des Mayas. Traces d'une sorte de christianisme dans l'Yucatan. Puits de Chichen-Itza. Culte superstitieux dont il est l'objet. Sacrifices de jeunes filles. Oracle de Cozumel. Sanctuaires célebres d'Izamal. Pontificat des Cheles a Izamal. Divinités diverses de l'Yucatan. Superstitions et rites religieux. Bapteme, confession, confirmation et mariage. Costume des rois des Mayas. La noblesse, ses priviléges et ses obligations. Hospices pour les vieillards, les orphelins, etc. Gouvernement des domaines et seigneuries. Administration, impots et tributs. Lois pénales. Ecoles publiques. Enseignement. Dogmes d'un Dieu, d'une autre vie, etc. Obseques et sépultures. Danses et ballets. Instruments de musique. Représentations scéniques. Costumes des hommes et des femmes. Meubles, décors. Esclavages. Achats, ventes et contrats.

Livre huitieme.—Chapitre quatrieme.—Insuffisance des documents pour l'histoire de l'Yucatan. Noh-Pat, roi d'Uxmal. Prophétie du tunkul et du zoot d'argent. La vieille de Kabah et son petit-fils Ahcunal. Malice d'Ahcunal. Il découvre les instruments enchantés et en touche. Leur effet. Ahcunal appelé a la cour de Noh-Pat. Ce prince lui porte un défi. Le chemin de Kabah. La lutte entre Noh-Pat et Ahcunal. Celui-ci est vainqueur. Il est proclamé roi. Commencement de son regne. Palais du devin, a Uxmal. Déréglements d'Ahcunal. **Kuul-Katob** ou les dieux d'argile. Les dieux quittent Uxmal. Explication historique de la légende d'Ahcunal. Les Tutul-Xius relevent Mayapan. Siege et prise de cette ville par les Quichés. Révolte des Mayas contre Ahcunal. Sa mort. Uxmal abandonné aux pretres. Le fantome du Devin dans les ruines d'Uxmal. Prophétie d'Ahkuil-Chel. Can-Ek enleve la fiancée du roi de Chichen et s'enfuit au Peten. Fondation de Tayazal et de la principauté de Peten-Itza. Mochan-Xiu, dernier roi des Mayas. Prophétie de Chilam-Balam, touchant l'arrivée des Espagnols. Révolte des grands du Maya. Destruction de Mayapan. Dissolution de la monarchie. Les Tutul-Xius a Mani. Peste et guerre civile dans l'Yucatan.

Piéces justificatives: Profecía de Napuctum sacerdote.—Profecía de Ahkuilchel, sacerdote idólatra.—Profecías de Nahaupech, gran sacerdote.—Profecías de Natzin y Abunchan.—Profecías de Chilan Calam de Zicayom Cauichen Many. (Tomadas de la Hist. de Nuestra Señora de Itzamal, **Hist. de Yucatán**, part. 2, cap. 1, de Lizana).

———. Palenqué et autres ruines de l'ancienne civilisation du Mexique. París, 1866.

———. Rapport sur les ruines de Mayapan et d'Uxmal au Yucatan. (**Archives de la commission scientifique du Mexique, II**: 234-288). 1867.

———. Relations des choses de Yucatán de Diego de Landa.—Auguste Durand, edit.—París.—1864.—8vo.

———. Voyage sur l'Isthme de Tehuantepec, dans l'Etat de Chiapas et la Republique de Guatemala, executé dans les années 1859 et 1860.—**Nouvelles Ann. des Voyages.**—Paris, 1861, vol. 172: 129-196; 1862, vol. 173: 47-89.

———. (Véase Charencey, H. de).

———. (Véase **Codex Tro-Cortesianus**). 1869-1870.

———. (Véase Malte-Brun, V. M.)

———. (Véase **Popol Vuh.** 1861.)

———. (Véase Prowe, Dr. Hermann).

BRETON, Adela.—La pintura y escultura en México y Centro-América.—(Vertido al castellano por J. B. Ambrosetti).—**Bol. de la Soc. Geográfica de La Paz**, La Paz, 1911, (30, 31 y 32): 111-114.

———. Painting and sculpture in Mexico and Central America. "Actas del XVII Congreso Internacional de Americanistas", Buenos Aires, 1912, pp. 245-247.

BRINE, Lindesay.—Travels amongst the American Indians. Their ancient earthworks and [illegible]les; including a journey in Guatemala, México, and Yucatan and a visit [illegible]ins of Patinamit, Utatlan, Palenque, and Uxmal. Illustrated.—London.—S. Low, Marston and Co.—1894, 8vo.

BRINTON, Daniel G.—A grammar of the Cakchiquel language.—Philadelphia, 1884.—236 pp.

———. A primer of Mayan hieroglyphics.—**Univ. Penn. pub. series in philology, literature, and archaeology**, III: 2, 1895.

———. American Hero-Myths. A study on the native religions of the Western Continent.—Philadelphia.—H. C. Watts & Co.—1882.—Pp. 252.

———. Books of Chilan Balam.—**Penn Monthly**, XIII: 261-275.—(Sobretiro de **The Numismatic and Antiquarian Society of Philadelphia**, pp. 1-19). 1882.

———. Critical remarks on the editions of Diego de Landa's writings. (**Proc. American Philos. Soc.**, XXIV: 1-8), 1887.

———. Essays of an Americanist.—Philadelphia, 1890.

———. Nagualism. A study in native American folk-lore and history.—Mac Calla & Company, printer.—1894. 8vo.

———. On the ikonomatic method of phonetic writing with special reference to American archaeology.—**Proc. American Philos. Soc.**, XXIII: 503-514, 1886.

———. The annals of the Cakchiquels. The original text, with a translation, notes, and introduction. — Philadelphia. — 1885. — 234 pp. 8vo. — (**Brinton's Library of Aboriginal American Literature. No. VI**).

(La introducción es un estudio de la cronología, cultura, religión y etnología de los cachiqueles y un análisis de su abecedario).

———. The lineal measures of the semicivilized nations of Mexico and Central America.—(Philadelphia, 1885). 14 pp. 8vo.

———. The Maya chronicles.—Philadelphia, 1882.—**(Brinton's Library of Aboriginal American Literature, No. I).**

———. The Maya linguistic family. En "The Maya Chronicles".—Philadelphia.—1882. — Pp. 17-20. — **(Brinton's Library of Aboriginal American Literature, No. I).**

(Habla de los chortis, cerca de Copán; pocomchis, en Verapaz; pocomanes, mames, quichés, cachiqueles, ixils y tzutuhils en Guatemala).

———. The myths of the New World. 1896.

———. The names of the gods in the Kiche myths, Central America.—Philadelphia.—McCalla and Stavely.—1881.—31 pp.

———. The native calendar of Central America and Mexico. A study in linguistics and symbolism.—Philadelphia.—MacCalla & Co.—1893.—Pp. 59.

(También fué publicado en **Proc. American Philos. Soc.**, XXXI, 258-314).

———. The phonetic elements in the graphic system of the Mayas and Mexicans. **American Antiquarian and Oriental Journal**, VIII: 347-357, 1886.

———. What the Maya inscriptions tell about.—**Archaeologist**, II: 325-328, 1894.

BROOKS, C. F.—World-wide changes of temperature. **Geographical Review**, II: 249-255, 1916.

(BUCK, Fritz).—En Bolivia se ha descubierto un calendario maya. Según un arqueólogo alemán, no es otra cosa la Puerta del Sol en el Lago Titicaca. **"Excelsior"**, 17 noviembre 1935.

BOWDEN, A. O.—Athens and Rome of the Americas.—**El Palacio**, XXXVIII (9/11): 51-7, Feb. 27 - Mar. 13, 1935.

(Se refiere a la cultura de los mayas).

BUNTING, Ethel-Jane, tr. — Ancient history of Yucatán. — **The Maya Society Quarterly**, I (1): 21-6, Dic. 1931.

———. The Ixtlán and Meixueiro codices.—**The Maya Society Quarterly**.—Baltimore.—1931, I (1): 34-36, 1 ilustración.

———. (Véase Delgado, Joseph; Hernández Spina, Vicente).

BURGOS JIMENEZ, Filiberto.—Yucatán, tierra de suave misterio.—**Revista de Revistas**, No. 1374. México, D. F., 20 octubre 1936.

(**Sumario:**—El primer idilio.—La leyenda y la crónica.—El indio.—El alma de la raza).

BURKITT, Robert.—A Kekchi will of the Sixteenth Century.—**American Anthropologist**, April-June, 1905, n. s., V: 271-94.

———. A stone ruin at Se-Tsak, Guatemala.—**American Anthropologist**, 1906, n. s., VIII (1): 13-4.

———. Excavations at Chocolá (Guatemala).—**Museum Journal, XXI (1): 5-40,** marzo 1930, láminas, mapas, diagramas.

———. Explorations in the highlands of Western Guatemala.—**Museum Journal,** XXI (1): 41-76, 1930, láminas, planos.

———. Notes on the Kekchi language. I.—The alphabet; II.—Examples of written indian; III.—Two lost numerals; IV.—Indian surnames.—**American Anthropologist,** 1902, n. s., IV: 441-463.

(Contiene mucho dato folklórico sobre los indios quichés).

———. Two stones in Guatemala.—**Anthropos,** bd. 28, heft 1/2, pp. 9-26, January-April 1933.

BUSINESS life among Mayas.—**El Palacio,** XXXII (16): 84-5, Feb. 10, 1932.

BUTLER, Mary.—Dress and decoration of the Maya old empire.—**Museum Journal,** XXII (2): 155-83, June 1931.

(Estudio de las esculturas de piedra comparando sus rasgos con los que aparecen en la cerámica y los jades).

———. Piedras Negras pottery.—Philadelphia, Pennsylvania University Museum, 1935. III, 69 hojas, láminas, plano, mapa, diagramas.—(**Piedras Negras preliminary papers,** No. 4). (Ejemplar mimeográfico).

———. Pottery study in the Maya area. **American Antiquity,** 1936, II (2): 89-101.

———. (Véase Mason, J. Alden, Linton Satterthwaite, Jr.)

———. (Véase Shepard, Anna O.)

BYERS, Douglas.—(Véase La Farge II, Oliver).

C

CABOT, Dr.—Memorandum for the Ornithology of Yucatan.—En "Incidents of travel in Yucatan", por John L. Stephens, New York, 1848, pp. II: 469-476.
(El Dr. Cabot, de Chicago, es el naturalista que acompañó al viajero y diplomático Mr. Stephens en su viaje a Yucatán, y aunque ese memorándum no va firmado por él, es de suponerse que fué su autor).

CABRERA, Dr. Paul Félix.—Teatro Crítico Americano oder kritische Untersuchungen über die Geschichte Amerika's, durch den Dr. Paul Felix Cabrera. En "Beschreibung einer alten Stadt, die in Guatimala (Neuspanien), unfern Palenque entdeckt worden ist", Berlín, 1832, pp. 23-96.
(El título en español sería: "Teatro crítico americano o investigaciones críticas sobre la Historia Americana", por el Dr. Paul Félix Cabrera. En "Descripción de una vieja ciudad descubierta en Guatimala (Nueva España), no lejos de Palenque". El ejemplar que he consultado está en la Biblioteca Nacional de México).

———. Teatro crítico americano, or, a critical investigation and research into the History of the Americans; The monuments found by Captain Del Rio, analized and compared with those of the Egyptians and other Nations, proving that a connexion has existed between them and the Americans, and solving the Grand Historical Problem of its Population, who were the first Inhabitants of the Shores on the Gulph of Mexico; —the Period of their first Arrival; the Discovery of the Kingdom of Amaquemecan (sic), and its chief city Huehuetlapallan; its commencement, duration and the causes of its ruin; —Who Huitzilopochtli or Mexitli, the Mars, and the principal Protector of the Mexicans, was? — Who were the Tultecas? — The period of their peregrination; the foundation of their Empire, etc., etc. En "Description of the ruins of an ancient city, discovered near Palenque, in the Kingdom of Guatemala, in Spanish America, etc." (London, 1822), pp. 25-128.
(Para sus afirmaciones Cabrera recurre a testimonios de Francisco Núñez de la Vega, Obispo de Chiapa, autor de "Constituciones Diocesanas" (Roma, 1702); Ramón de Ordóñez y Aguiar, de Ciudad Real, autor de "Historia del Cielo y de la Tierra"; el abogado Joseph Antonio Constantini; don Nicolás Ortiz de Letona, residente en Nueva Guatemala en 1787; don José Antonio Colomo, cura de Ostuncalco, en Questabtenango (Quezaltenango, quiso decir Cabrera), los presbíteros Gabriel Chacón y Godoy y Patricio Chinchilla; el Lic. Francisco

Ortiz, quien la aseguró que en poder del cura de Santa Catarina de Yatahuacan estaba un librito histórico de una nación india hebrea, que podía ser probablemente el "Been" mencionado por Núñez de la Vega; don Paul Tauriginii, don Félix Consuegra, don Juan de Letona, y don Pedro Garcíaaguirre, grabador de la casa de Moneda de Guatemala).

(En la obra de Antonio del Río. Según el canónigo Ordóñez esta obra fué un plagio de los manuscritos que él dejó en Guatemala). (Cat. Pinart).

CACERES B., Luis.—Camach Cristo. **El Nacional**, México, D. F., 3 junio 1934.

CALAKMUL a recently discovered Maya city. **News service bulletin**, Staff ed., of the Carnegie institution of Washington, 1932. II (34): 234-40, 1 mapa.

CALENDARIO.—Calendario de los Indios de Guatemala. 1722. Kiché.

(El manuscrito, que forma parte de la Colección Brinton es en 4º. La "Advertencia" tiene XI páginas y el calendario 50 pp. El Dr. Berendt en la "Advertencia" dice: "El original de este calendario en lengua Kiché, erróneamente llamado Calendario Kachiquel en el Catálogo de la biblioteca de la sección etnológica del Museo Nacional (Guatemala, (1875), pág. 8, Nº 1, forma un cuaderno de 24 fojas útiles en 4º menor. Se halla al principio de un volumen en folio, intitulado "Larras, (sic) Opúsculos".

"La segunda parte comenzada en la página 37 de la presente copia, está escrita por otra mano con ortografía diferente, trayendo al margen, (página 38 de esta copia), la fecha de 13 de marzo de 1770 años.

"Parece que es el mismo calendario del cual habla el Arzobispo D. Pedro Cortés y Larraz en su "Descripción Geográfico-Moral de la Diócesis de Guathemala", hecho en la visita que hizo de ella en los años de 1768, 1769 y 1770", foja 142 vuelta".

Después del manuscrito aparece, en el mismo volumen, el de

———. Calendario de los Indios de Guatemala. 1685. Cakchiquel. Copiado en la ciudad de Guatemala. Marzo 1878.

(El manuscrito tiene 8 páginas en advertencia y luego el texto sigue hasta la página 27. En la "Advertencia" el Dr. Berendt dice lo siguiente: "Este calendario se encuentra en la "Choronica de la S. Provincia del Santíssimo Nombre de Jesús de Guatemala", conocida bajo el nombre de crónica Franciscana, MS. que fué del convento de Franciscanos en esta ciudad". En el catálogo de manuscritos de la Colección Berendt, el Dr. Brinton, describe ambos manuscritos en esta forma: "Dos preciosos ejemplares bellamente copiados en facsímil por el Dr. Berendt, de manuscritos que descubrió en Guatemala. Ofrecen una explicación detallada de los calendarios de ambas naciones y quizá puedan facilitar los medios para resolver los extraños problemas que presenta la cronología de las naciones mexicana y centroamericana. El mismo sistema artificial e intrincado para medir el tiempo prevalecía en dichas regiones, y su carácter parece señalar más distintamente que ningún otro rasgo las influencias asiáticas en la civilización de América". (Pilling 565-a y 565-b).

CALERO QUINTANA, Vicente.—Tutulxiu y Cocom. **El Registro Yucateco**, Mérida, 1845. II: 34-39.

CALKINI, Crónica de.—

Autor anónimo.—Es un cuaderno manuscrito muy antiguo que el cacique del pueblo de Calkiní obsequió en el año de 1867 a D. Faustino Franco quien lo entregó al historiador Molina Solís y éste lo puso en manos del Ilmo Sr.

Obispo D. Crescencio Carrillo y Ancona, que lo agregó al Chilam Balam de Chumayel. (MA. p. 14). (Teixidor, 240).

CALLEGARI, Guido Valeriano.—L'enigma maya. Rovereto, Tip. Carlo Tomasi, 1932, 32 p. map. (Estratto dagli Atti dell'Academia Roverétana degli Agiati in Rovereto, ser. 4, v. II).

———. Monumenti della civiltá maya nel Messico. Palenque la Babilonia dell' Occidente. **Le Vie d'Italia e dell'America Latina,** Milán, noviembre 1931, pp. 1171-78.

———. Quelques observations pendant ma deuxiéme excursion archéologique dans le Mexique Méridional (Hiver 1927-28). **Verhandlungen des XXIV. Internationalen Amerikanisten-kongresses,** (Hamburg, 1930) 1934, p. 48-50.

———. Raccolte americanistiche in Italia. Suppellettile precolombiana del Museo Nazionale d'Antropologia ed Etnologia di Firenze. **La Vie d'Italia e dell'America Latina,** junio, 1932.

———. Saggio d'un metodo obbietivo per volgarizzare e facilitare lo studio dell' archeologia americana. **Actas y trabajos científicos del XXV Congreso Internacional de Americanistas,** La Plata, (1932), 1934, II: 11-20.

CALVO, Fr. Pedro.—Gramática y vocabulario de la Lengua de Chiapa.

(Título de Sobrón, "Los Idiomas de la América Latina", quien lo toma de Remesal. (Cat. Pilling Nº 566-a).

(CAMACHO, Leandro José y José María).—El Museo de los Padres Camachos. **Registro Yucateco,** Mérida, Yuc. 1845, I: 357-58.

CAMARA, Gonzalo.—(Véase "Estatutos de la Asociación Conservadora de Monumentos Arqueológicos de Yucatán").

CAMARA CISNEROS, Antonio.—(Véase Ancona, Eligio).

CAMARENA, Leopoldo.—El Peabody Museum. Pequeñas notas acerca del saqueo gigantesco en las maravillosas ruinas de Chichén-Itzá, Uxmal, X-Kinchmol y otras de la interesantísima zona arqueológica de Yucatán. (Suscrito en México en septiembre de 1916). **Boletín de la Secretaría de Educación Pública,** octubre, 1926, V: 255-259.

CAMPBELL, John.—On the origin of some American Indian tribes. By John Campbell. **Nat. Hist. Soc. of Montreal, Proc.** Montreal, 1879. N. S., IX, 65-80.

(Presenta vocabulario del Maya-Quiché, señalando semejanzas con los dialectos malayo-polinesios, pp. 72-73, (Pilling, 576).

CANALES, Adán.—(Véase Valle, Rafael Heliodoro).

CANCER, Fr. Luis.—Varias coplas, versos e himnos en Lengua de Coban, Verapaz, sobre los misterios de la religión para uso de los neófitos de la dicha provincia, compuestos por el Ven. Padre Fray Luis Cancer, de la orden de Santo Domingo.

(Manuscrito de 33 hojas en 4º que Brasseur de Bourbourg dice que estaba en los archivos eclesiásticos de Cobán, en Guatemala, y cuando él llegó a Rabinal se hallaba en poder de Ignacio Coloché, que era entonces el secretario municipal, quien se lo regaló juntamente con otros documentos, asegurándole que tradicionalmente se decía que su autor era Cáncer, uno de los primeros misioneros en la Verapaz, que compuso los primeros himnos cristianos, en unión de Fray Bartolomé de las Casas, para catequizar así a los indios de la Verapaz, siendo de advertirse que dichos himnos se escribieron primero en quiché de Sacapula y después en cacchi de Coban). (Pilling, 590).

(CAN-EK, Jacinto).—Jacinto Can-ek: Relación del suceso de Quisteil. Manuscrito inédito, con observaciones, al calce, por nuestro célebre compatriota el Sr. D. Pablo Moreno. **Registro Yucateco,** Yuc. 1845. I: 81-96.

CANO, Fray Alonso.—Manche and Peten. En "History of the Spanish Conquest of Yucatan and of the Itzas", por P. A. Means. (Cambridge, Mass., 1917) pp. 96-102.

(MS. traducido al inglés por Charles P. Bowditch y el señor Rivera. En el libro de Means hay un mapa "to show the entradas" de varios conquistadores y misiones españoles en la tierra de los Itzas, figurando la ruta del P. Cano en 1695. El relato que hace el P. Cano figura en el Cap. VII de dicho libro).

CANTON, Felipe G.—(Véase "Estatutos de la Asociación Conservadora de Monumentos Arqueológicos de Yucatán").

CANTON ROSADO, Lic. Francisco.—En el centenario del Ilmo. señor obispo Carrillo y Ancona. **Diario de Yucatán,** Mérida, Yuc., 19 abril 1937.

———. (Véase Charnay, Desiré).

CAPDEVILA, Arturo.—Episodios del "Popol-Vuh". Los hijos del orgullo. **La Prensa,** Buenos Aires, 22 mayo 1934. **Anales de la Sociedad de Geografía e Historia de Guatemala.** 1934, II (2): 186-90; 1935, XI (4): 453-58; XII (1-2): 56-68, 186-98; 1936, XII: 315-327.

———. Historia patética del "Popol-Vuh". **El Libro y el Pueblo,** México, 1934, XII (7): 315-20; **El Imparcial,** Guatemala, 10 septiembre 1934.

CAPITAN, Dr. Joseph Louis.—Quelques caracteristiques de l'architecture maya dans le Yucatan ancien. Par m. le Dr. Capitan. **Académie des inscriptions et belles-lettres.** París, 1912. Imp. Nationale, 8vo. 32 pp. 12 grabados, 5 láminas. Memoires présentés par divers savants. (París, 1844). 1 sér., XII, 2 ptie: (731)-758.

CARDENAS, Fr. Thomas de.—Arte de la lengua cacchi, de Coban en la Verapaz, compuesto por el Illmo. Sr. don fray Thomas de Cárdenas, de la Orden de Predicadores, cuarto obispo de Coban.

(Manuscrito de 75 hojas. Brasseur de Bourbourg dice que fué encontrado en los archivos eclesiásticos de Cobán, en Guatemala, y que le fué regalado en Rabinal por el secretario de dicha municipalidad, Ignacio Coloché, quien le aseguró que la tradición atribuía dicho documento al cuarto obispo de la Verapaz). (Pilling, 596).

CARDENAS VALENCIA, Francisco de.—Relación historial eclesiástica de la provincia de Yucatán de la Nueva España, escrita en el año de 1639. Con una nota bibliográfica por Federico Gómez de Orozco. Antigua Librería Robredo, de José Porrúa e Hijos. (s.p.i.) 1937. VIII, 136 pp. 23.5 x 17.7 cm. (Biblioteca Histórica Mexicana de Obras Inéditas. Nº 3).

(En López de Cogolludo y en Andrés González Barcia hay referencias a esta obra que se daba por perdida. De la nota bibliográfica de Gómez de Orozco tomamos los datos siguientes: el original de la crónica está en el Museo Británico; y la copia fotostática que sirvió para hacer esta edición, en poder de Gómez de Orozco. Cárdenas Valencia era beneficiado de Zotuta, en Yucatán, cuando escribió la crónica, y de él trae noticia biográfica Beristáin. El título original era: "Relacion de la Conquista, i Sucesos de Iucatan, que escrivio para el Chronista Maior de las Indias, D. Tomas Tamaio de Vargas, i la acabó el año de 1639, i parece copia de ella otra con titulo de Relacion Historial Eclesiastica, hecha en virtud de Cedula Real en el año de 1635, embiada a D. Juan Diez de la Calle, por el autor a 10 de Febrero de 1643. M.S.O. fol en la Libreria de Barcia". El Museo Británico adquirió el códice, en compra al librero Puttick, de Londres, en 1859, y tiene 68 hojas de letra del siglo XVII. Aunque la obra tiene especiales referencias al régimen español en Yucatán, presta un servicio admirable para conocer la geografía histórica precortesiana).

CARDOZA y ARAGON, Luis.—Chac-Xulub-Chen por Ah Nakuk Pech. Prólogo, versión y notas de Héctor Pérez Martínez. **El Nacional**, México, 24 de octubre 1936.

CARMABLICH, J. G. F. R.—(Véase Hassel, G., y J. G. F. R. Carmablich).

CARNEGIE Institution of Washington.—Culture of Maya. Being three lectures delivered at the Administration Building of the Institution, 1933. Pp. 43, ilustraciones. 24 cm. (Carnegie Institution. Supplementary Publications. Nº 6).

(**Sumario:** Excavations at Uaxactun, por Oliver G. Rickeston, Jr. The Maya and modern civilization, por Robert Redfield. The Calakmul expedition, por Sylvanus G. Morley).

———. Division of historical research. Annual report of the chairman, 1932-33. (Reprinted from Year Book Nº 32, December 15, 1933, p. 81-123).

———. Division of historical research. Section of ab-original American history. Annual report for the year 1934-35. (Reprinted from Year book, Nº 34, p. 113-43, 146-50, issued, December 13, 1935).

(Respecto a los mayas publica: "Uaxactun", por A. L. Smith; "Copan", por Gustav Stromsvik; "Minor excavations in Guatemala", por A. V. Kidder y O. G. Ricketson; "Archaeological work in Yucatan"; "Ceramics", por H. B. Roberts; "House-type studies in Guatemala", por R. Wauchope; "Physical anthropology and human geography", por Morris Steggerda; "Linguistic investigations", por Manuel J. Andrade; "Ethnological and sociological research", por R. Redfield, S. Tax y A. Villa; "Agronomic investigations in Yucatan", por R. A. Emerson y J. H. Kempton; "History of Yucatan project", por F. V. Scholes; "Study of Maya colonial documents", por R. L. Roys).

———. Thirty-nine maps of the Maya area and of some of the principal sites of the old Maya empire, cross-sections, and architectural restorations, 1930.

(Preprinted from the "Inscriptions of Peten" by Sylvanus G. Morley, Carnegie Institution of Washington, pub. Nº 437, para publicarse en 1935).

———. (Véase "Concesión otorgada por el Gobierno Mexicano, etc., etc.")

CARPENTER, Arthur.—(Véase Lothrop, S. K.)

CARPENTER, F. G.—Relics of past ages. Interesting discoveries in Honduras. **Boston Herald,** July 11, 1892.

CARRANZA, Fr. Diego.—Doctrina cristiana. Ejercicios espirituales. Sermones.

(Todo en lengua Chontal. El autor se refiere a Burgos, Dávila, Nicolás Antonio y los franciscanos Quetif y Echard. **Beristáin**). (Pilling, 611).

———. Vocabulary of the Chontal language. (Título de Sobrón, "Idiomas de la América Latina", p. 30 (Pilling 611 a).

CARRILLO, Fray Estanislao.—Dos días en Nohpat. **El Registro Yucateco.**

(Es el relato de algunas tradiciones sobre los que edificaron los edificios de Uxmal).

———. Federico Waldek. Su obra está llena de embustes y desaciertos. **El Registro Yucateco,** Mérida, Yuc. 1846, IV: 231-32.

(Se refiere a la obra "Viaje pintoresco y arqueológico en la provincia de Yucatán", por Waldeck, impresa en París en 1836).

———. La ciudad murada. **El Registro Yucateco.** 1845-1849. (Describe la antigua ciudad maya de Chacchoob).

———. Papeles sueltos del P. Carrillo: Chichen. El Teocali, vulgarmente llamado El Castillo. **El Registro Yucateco,** Mérida, Yuc. 1846, IV: 308.

———. Papeles sueltos del P. Carrillo: la estatua de Kabah. **El Registro Yucateco,** Mérida, Yuc. 1846, IV: 16.

———. Papeles sueltos del P. Carrillo: la exploración de un subterráneo. **El Registro Yucateco,** Mérida, Yuc., 1846, IV: 229-30.

———. Papeles sueltos del P. Carrillo: una calavera. **El Registro Yucateco,** Mérida, Yuc. 1846, IV: 159-60.

CARRILLO y ANCONA, Dr. Crescencio.—Apuntaciones sobre los indios de Yucatán. (Apéndice al "Estudio histórico" sobre la raza indígena de la "Península de Yucatán").

(MS. hológrafo que he consultado en la Antigua Librería Robredo, de José Porrúa e hijos. Lleva fecha 2 de noviembre de 1865 y tiene 9 páginas escritas en papel de oficio).

———. Catálogo de las principales palabras mayas usadas en el castellano que se habla en la Península de Yucatán. Publicado por Eufemio Mendoza en su obra "Apuntes para un catálogo razonado de palabras mexicanas introducidas al castellano". México, 1872. Imp. del Gobierno, en Palacio, a cargo de José María Sandoval. Fol. menor a dos columnas.

(El catálogo de las palabras es la parte segunda de la obra del señor Mendoza y está en 20 páginas).

———. Compendio de la Historia de Yucatán precedido del de su Geografía y dispuesto en forma de lecciones para servir de texto a la enseñanza de ambos ramos en los establecimientos de instrucción primaria y secundaria. Por Don Crescencio Carrillo, Presbítero. Mérida, Imprenta de J. D. Espinosa e Hijos, 1871. XII-432 pp. 15.7 x 10.5 cms.

(Lección IV. Pobladores, razas, idioma; religión, clasificaciones históricas; Lección VIII: Antiguos yucatecos o mayas; Lección IX: Primera época del imperio maya; etc.)

———. Compendio de la Historia de Yucatán por el Illmo. Sr. Dr. Don.... Edición de la Institución de Beneficencia Privada "Leandro León Ayala". Mérida de Yucatán, Imprenta de la Lotería del Estado. 1904, 72 pp. 15.5 x 10.2 cms.

(Lección I: Nombre antiguo y primeros pobladores de Yucatán; Lección II: Primera época del imperio maya; Lección III: Segunda época del imperio maya; Lección IV: Tercera época del imperio maya; Lección V: Fin de la tercera época del imperio maya; Lección VI: Cuarta y última época del imperio maya).

———. Disertación sobre la historia de la lengua maya o yucateca, por .... México, Imprenta del Gobierno, a cargo de J. M. Sandoval, 1872, 63 p. 26½ cms.

———. Disertación sobre la literatura antigua de Yucatán. **Boletín de la Sociedad de Geografía y Estadística,** 1871, Segunda época, III: 257-271.

(Fué publicado por primera vez, en **La Revista de Mérida,** periódico literario ilustrado de Mérida, Yucatán, 1869. La disertación contiene los siguientes temas: Idioma, metro, canto, baile y música. Ejemplos de versificación maya moderna. Teatro, Mitología, La Virgen del Fuego Sagrado, Historia, Filosofía, Metafísica. Adelantos psicológicos o Gloria a Infierno. La Moral. Leyendas. Tradiciones y prácticas religiosas. Astronomía, Cronología, Política, Legislación, Bellas Artes, Conexión de éstas con las letras. Arquitectura y Escultura, Pintura, Enseñanza Pública, Colegios de ambos sexos, Escritura, Bibliografía. Prestigio de los literatos, Ultimos escritores indios. Conclusión e influencia de la literatura antigua yucateca sobre la moderna).

———. El comercio de Yucatán antes del descubrimiento. Memoria. En **Congreso de Americanistas. Actas de la Undécima Reunión.** (1895) México, 1897. Agencia Tip. de F. Díaz de León. Pp. 203-208.

———. El Obispado de Yucatán. Historia de su fundación y de sus Obispos desde el siglo XVI hasta el XIX seguida de las Constituciones Sinodales de la Diócesi y otros documentos relativos por el Illmo. Sr. Dr. Don .... Obispo de la misma Diócesi, miembro de la Sociedad Mexicana de Geografía, Estadística e Historia y de otras corporaciones científicas nacionales y extranjeras. Edición ilustrada, Tomo I. Mérida de Yucatán, Imp. y Lit. de Ricardo B. Caballero, 2ª calle de Regil Estrada, número 5, 1895. 522 pp. 26.5 x 17 cms.

(Da una lista de las poblaciones mayas en que había conventos franciscanos a principios del siglo XIX (p. 27); la conquista de los indios por los españoles; la obra de los misioneros; el Rey Tutul Xiu (p. 86-91); las escuelas misiones (p. 116); el alzamiento de los indios orientales (p. 122); los indios y la Inquisición (p. 160); la exposición o carta del defensor de los indios al Rey Felipe II contra Fray Diego de Landa y el Alcalde Mayor Diego de Quijada, del 8 de marzo de 1563, que lo era don Diego Rodríguez Bibancó; la carta de diez caciques de Yucatán a Felipe II el 11 de febrero de 1567; siendo ellos el de Calkiní don Gonzalo Ché, el de Nunkiní don Juan Canul, el de Halalchó don Pedro Canul, el de Kucab don Francisco Ci, el de Pakam Don Francisco Chin, el de Kalahcum Don Lorenzo Canul, el de Kinlacan Don Diego Canul, el de Zihá don Francisco Uicab, el de Paubilchen Don Francisco Canul y el de Mopilá don Miguel Canul; la carta de los indios gobernadores de varias Provincias de Yucatán a Felipe II, el 12 de abril de 1567, que eran el de la Provincia de Maní don Francisco de Montejo Xiu, el de Muna Don Juan Pacab, el de Panabchen Don Jorge Xiu y el de Xiu don Francisco Pacab; Fray Diego de Landa. (p. 275-318).

———. Estudio filológico sobre el nombre de la América y el de Yucatán. Mérida, 1890. 54 pp. 80. Gamboa Guzmán y Hermanos.

(El autor intenta demostrar el origen maya de la palabra "Yucatán").

———. Estudio histórico sobre la raza indígena de Yucatán. Veracruz, 1865. Blanco, 4º, 26 pp. (Palau).

———. Geografía Maya. Ilustrada con varias láminas. **Anales del Museo Nacional,** 1882, Epoca primera, II: 435-438; y **Boletín de la Sociedad Mexicana de Geografía y Estadística, IV.**

———. Historia Antigua de Yucatán, Suscrito en Mérida, octubre 28 de 1861. **Repertorio Pintoresco,** pp. 113-116.

(Con una figura litográfica de un geroglífico sacado del MS. de la Historia Abreviada del Reino de Mayapán).

———. Historia Antigua de Yucatán, por .... Canónigo (etc.) Seguida de las disertaciones del mismo autor relativas al propio asunto. Mérida, Imprenta de Espinosa y Cía. 2ª calle de Hidalgo, número 22. 1881. Biblioteca de Autores Yucatecos. Tomo I.

(Astronomía y cronología, calendario, aritmética, literatura, pp. 245-270).

———. Historia antigua de Yucatán, seguida de las disertaciones del mismo autor relativas al propio asunto. Segunda edición. Mérida de Yucatán, 1883, Gamboa Guzmán, editores e impresores. 4º, 691 pp., 16 x 1.10 cms.

(Capítulo IV: Idioma de los Mayas, que incluye breve lista de autores que han escrito sobre su idioma, pp. 101-132; Cap. V: el nombre de Yucatán, pp. 133-141; Cap. XII: Escritura, ciencias, astronomía y cronología, calendario, aritmética, literatura, etc., conteniendo el alfabeto maya, los signos de los veinte días, etc., pp. 245-268; Cap. XX: Profetas yucatecos, chilames, etc., conteniendo el texto maya y las traducciones españolas de los mismos, pp. 512-539; Disertación sobre la literatura y civilización antigua de Yucatán, pp. 555-590; Geografía Maya, pp. 603-611; Maya-Etimología de este nombre, pp. 632-635. Incluye la "Antigua cronología yucateca", por don Juan Pío Pérez, pp. 637-663).

———. La literatura antigua de Yucatán. (1869). En "Yucatán. Artículos amenos", etc., etc. (Barcelona, 1913), pp. 19-32.

(Habla de mitología, instrumentos musicales, escritura, etc., y cuenta que en su poder están el "Códice Chumayel" y el "Códice Pérez", siendo el autor del primero Juan Josef Hoil).

———. Las Ruinas de Yucatán. (Suscrito en Mérida, el 8 de noviembre de 1861). **El Repertorio Pintoresco,** pp. 129-133, 225-226, 297-301.

(Reproduce un fragmento de la carta que el Barón de Fridischshal envió al

Dr. D. Justo Sierra el 20 de abril de 1842. Los artículos van acompañados de las litografías siguientes: Dos de las ruinas de Labná y otra del adoratorio de Motul).

———. Manual de Historia y Geografía de la Península de Yucatán. Por Don Crescencio Carrillo, Presbítero, (Catedrático, etc.) Mérida de Yucatán, Imprenta de J. D. Espinosa e Hijos, 1868, XXVII- 162 pp. 16º.

(Capítulo IV: El idioma y el nombre de Yucatán, pp. 88-113. Es una discusión general sobre los idiomas y los escritores que de ellos se han ocupado, con lista breve de sus obras).

———. Quilich Xocbil U-Payalchi, Ti C-Colebil X- Zuhuy María yetel u Chucaan Payalchiob Ualkezahantakob bi Maya Dtan. He ti Yucatan lae. Tu Dsal-Hochmal Spinosa Yet-Lak. 1 pie. 2 Bak-4 Kaal. En 8º 32 pp.

(Escrito en colaboración con el cura de Kantunil Don José Leocadio Andrade).

———. Reseña biográfica de Mr. John Lloyd Stephens. (Suscrito en Mérida el 5 de enero de 1863). **El Repertorio Pintoresco**, Mérida, pp. 573-578. (Con un retrato).

———. Ruinas de Hotzuc. Apuntaciones sobre antigüedades yucatecas, por Don Crescencio Carrillo. **El Mexicano**, México, 1866, II (73): 79-80.

(**Sumario:** Hacienda rústica Hotzuc. Vestigios monumentales en ella. Descúbrense en sus tierras las ruinas de una ciudad antigua. Montículos. Una habitación en pie. Carácter general de las ruinas. Piedras esculturadas. Pozos antiguos. Cenotes. Hallazgo de una estatua. Su descripción. Interés de la ciencia. Adulteración del nombre Hotzuc).

(Relación de los Códigos Mayas, cuadernos, planos y otros documentos antiguos que fueron de la exclusiva propiedad del Ilmo. Obispo Crescencio Carrillo y Ancona: Chilam Balan de Chumayel y anexo la Crónica de Calkiní, en sus últimas. Códice Anónimo de Tizimín. El Chilam Balam de Kaua y su recetario y un fragmento del Chilam Balam de Ixil. Un cuaderno relativo a fragmentos de variedades y recetario de indios, en lengua maya. Un mapa antiguo del partido de Yaxcabá, según era en el año de 1600 y un plano de Maní. Vía-Crucis en lengua maya, por Pedro Nolasco de los Reyes, de 30 de enero de 1826. Un índice que se va formando según adelantan la redacción del Diccionario Geográfico de Yucatán. Un manuscrito autógrafo del R. P. Fray Joaquín Ruz, relativo al texto maya del Sagrado Evangelio de San Lucas. Una botánica manuscrita. Un Diccionario Geográfico de Yucatán, formado según varias estadísticas que se han podido tener a la vista. Un Diccionario Geográfico de Don Juan Pío Pérez, del año de 1837. Un recetario de indios. Un manuscrito de Fray Estanislao Carrillo relativo a la Doctrina Cristiana de Fray Pedro Beltrán. Un cuaderno de apuntes para un Diccionario Geográfico de Yucatán o sea nómina de ciudades, villas y pueblos del Estado de Yucatán. Una hoja que contiene una lista en lengua maya de documentos públicos del Departamento de Mérida, certificados por los párrocos. (Teixidor, 342).

("A sus estudios históricos unió el ilustre Carrillo y Ancona su afición a la bibliografía maya y así pudo reunir interesantes códices o manuscritos mayas que dispuso fueran entregados por su albacea a su sucesor en el Obispado, pero que fueron incautados por orden del Comandante Militar del Estado, general Salvador Alvarado y entregados a la Biblioteca Pública "Cepeda Peraza", de donde han desaparecido casi totalmente. (Teixidor).

———. (Véase "Codex Pérez").

CARTAS de Indias. Publícalas por primera vez el Ministro de Fomento. Madrid, Imprenta de Manuel G. Hernández, 1877, XVI-387.

(El facsímil U es de una carta maya de 1567).

CARTILLA en Lengua Maya. (Véase Berendt, Carlos Hermann, Nº 356). (Pilling, 615-d).

CARTER, James R.—A brief description of the ruins of Chuncanob. **Maya Research.** New Orleans, La. 1935, II (1): 37-59, ilustraciones.

(**Sumario:** Location. General description. Structures. Palace A. Observations).

CARVAJAL, D. Francisco.—Discurso para el descendimiento del Señor, por Don Francisco Carvajal, Presbítero. Copiado del original, MS. en poder del Párroco de Santiago, en Mérida, Pbro. Don Nic Delgado: Noviembre, 1868, Dr. C. H. Berendt.

(Manuscrito en la Colección Brinton, que ocupa las páginas 77-116 de un volumen empastado, en que hay otros manuscritos. Dice Brinton: "El autor, cura de Temax, nació cerca de 1790, y era hermano de don José Segundo Carvajal, Gobernador de Yucatán, 1829-1832. El lenguaje del discurso está considerado modelo de estilo elegante y de pura dicción maya. El autor también dejó un colección de proverbios, etc., también en maya". (Pilling, 631).

CASO, Alfonso.—Sobre una figurilla de hueso del antiguo imperio maya. **Anales del Museo Nacional de Arqueología, Historia y Etnografía,** 1934, 5ª época, I: II-6, láminas.

CASO-MIER, Vicente de.—Among the Lacandones, as told to Isabel Dorantes. **Three Americas,** October, 1935, I (5): 10-4.

(CASTAÑEDA PAGANINI, Ricardo).—Conferencia sobre temas de arqueología baya, en Madrid. **El Imparcial,** Guatemala, 20 mayo 1936.

CASTELLANOS, Abraham.—(Véase "Códices").

CASTILLA SOLIS, Manuel.—Elementos de Historia de Yucatán. Por .... Profesor del Instituto Literario de Yucatán), Mérida de Yucatán, Estados Unidos Mexicanos, 1918. Talleres "Pluma y Lápiz", Parque Hidalgo. 60 pp. 20.3 x 14.5 cms.

(Yucatán. Origen de este nombre; Yucatán. Sus antiguos pobladores; los Chanes. Holón-Chan; los Chanes. Zamná; los Itzáez. Ekbalam. Itzamal. Mutul y T-Hó; guerras civiles. Fundación de Mayapán; los Xiues. Su establecimiento en la Península; El enano de Uxmal. Leyenda maya; Los Xiues. La Confederación de Mayapan. Ku-kulcán; Auge de la Confederación de Mayapán. Cotec-pan. Ahxiu-pan; Disolución de la Confederación de Mayapán;

Ayuda de los mexicas a Mayapán. Destrucción de Chichén-Itzá; los Cocones. Destrucción de Mayapjn; nuevos cacicazgos. Nuevas luchas; Los mayas. Sus caracteres y costumbres: su religión; su escritura; Cronología Maya; Tutul-Xiu y Nachi-Cocom).

CASTILLEJO, R. P. D. Clemente.—Frases en lengua zotzil. 1830 (Fragmento).

(Manuscrito original en la Brinton Library, de 3 hojas en 4º. Pertenecía a la Colección Berendt). (Pilling 662-a).

(CASTILLO, Gerónimo).—El indio yucateco, carácter, costumbres y condición de los indios, en el departamento de Yucatán. **El Registro Yucateco**, Mérida, Yuc. 1845, I: 291-297. (Se reprodujo en "Historia del informe, etc." de C. R. Menéndez, pp. 91-96).

———. Diccionario histórico, biográfico y monumental de Yucatán, desde la conquista hasta el último año de la dominación española en nuestro país. Méridas Mérida, 1886. Tomo I.

(Es el único que se publicó y comprende las letras A. E. El Dr. Castillo fué el fundador de varios periódicos como "El Registro Yucateco", "El Mosaico", "La Miscelánea" y "El Boletín Comercial"). (MA.) (Teixidor).

CASTILLO, Jesús.—(Véase Rodríguez Beteta, Virgilio).

CASTILLO, José Vidal.—Antigüedades yucatecas. Carta al señor ...., Director de la "Revista de Mérida". (Traducción). **Boletín de la Sociedad de Geografía y Estadística.** 1880, tercera época, V: 265-267.

CASTILLO PERAZA, Joaquín.—Las ruinas de Uxmal. En "Yucatán. Artículos Amenos, etc." (1869). 343-346.

CASTRO, Antonio (trad.)—Piedras Negras. Una ciudad prehistórica recientemente descubierta en Guatemala. **Boletín de las Escuelas Primarias.** S. José de Costa Rica, 1904, VI (2): 3-5. (Trad. del **Scientific American**).

CASTS from sculptured monuments in Central America, Victoria and Albert Museum, South Kensington, London (Stored). **International Congress of Americanists. Proceedings of the XVIII session**, London, 1912, part I, LXXXIV.

(Quirigua, 1883; Copan, 1885; Chichén Itza, 1889, etc.)

CATECISMO de la Doctrina Cristiana.—U Molcabthanil Camathan. Mérida, 1905. 16º 46 pp. (Cat. Gates).

CATHERWOOD, Frederick.—Incidents of travel in Central America, Chiapas, and Yucatan. By the late John Lloyd Stephens. With numerous engravings. Revised from the latest American edition, with additions, by Frederick Catherwood. London: Arthur Hall, Virtue & Co., 1854, XVI-548 pp., 8º, mapa y láminas.

(Presenta una plegaria y los numerales del 1 al 1,000 en quiché, p. 340. (Pilling, 3750).

———. Views of ancient monuments in Central America, Chiapas and Yucatan.

New York, 1844. Published by Berlett and Weldford. Fol. imperial, 1 mapa, 25 láminas litografiadas.

(Se conocen ejemplares con portada en Londres, que parece que pertenecen a dicha primera edición. Catherwood hizo también las ilustraciones que exornan la magnífica obra "Incidents of travel in Yucatan" por John L. Stephens; y utilizando una edición de dicha obra (New York, 1848), damos la lista de tales ilustraciones cuyos grabados prepararon Jordan and Halpin Sec., y Gimbrede Loosing, Charles Copley, Anderson, etc., etc. En el vol. I: Casa del Gobernador, Uxmal; Map of Yucatan, Hacienda de Xcanchakan, General plan of the ruins of Uxmal, Ornament of the Casa del Gobernador, Front of the Casa de las Tortugas (Uxmal), Portion of western building Monjas Uxmal, Portion of the western range of building. Monjas, Uxmal; View from La Casa de las Monjas, Uxmal, looking South; Uxmal, Eastern range of building Monjas; South East angle of Monjas, Uxmal; West front of the house of the dwarf, Uxmal; Casa de los Palomos, Uxmal; Kabah, front of the 1st casa; Kabah, detail of ornament, 1st casa; Kabah, interior of centre room 1st. casa; Kabah, carved beam of sapote wood; Kabah, figure on jamb of doorway. En el vol. II las ilustraciones llevan estos títulos: Labná, south front of principal building; Zayi; Sabachtsché; Labnah; Gateway of Labná (sic); Interior of gateway of Labná; Kewick; Chunhuhu; Sacbey; Xampon; Chunjuju (sic); Bolonchen (cueva or well); Labphak; Iturbide; Macobá; General plan of the buildings at Chichen-Itzá; Chichen, Building at Akatzeeb; Monjas, Chichen-Itzá; Eglesia (sic), Chichen-Itzá; Chichen, Circular building; Ground plan of the building containing the row of hieroglyphics which are placed over the three inner doorways, Chichen Itza; Gymnasium, Chichen-Itza; Outlines from paintings on the walls of a room at Chichen-Itza; Castillo, Chichen-Itza; Figure in bas-relief on stone on one of the jaumbs of the teocallis at Chichen-Itza; Yalahao; San Miguel, Island of Cozumel; Tuloom, front of the Castillo; Ancient building, Island of Mugeres; Ancient mound, Village of Silan; Izamal, gigantic head; Ake, ruined structure on mound).

CAVE of Loltun, Yucatán.—Report of explorations by The Peabody Mus. 1888-1889 y 1889-1890. Cambridge, Mass., Harvard University, 1897. 20 pp. y 13 láminas.

CEBALLOS NOVELO, Roque.—Pretendida clave para la lectura de los jeroglíficos mayas. **Revista de Revistas,** México, 12 mayo 1935.

(Es un análisis crítico de "The Gomesta manuscript of Maya hieroglyphs and customs", Maya Society Publication Nº 7, Baltimore, 1935).

———. Resumen de trabajos de la Dirección de Estudios Prehispánicos del Departamento de Monumentos de la Secretaría de Educación Pública de México (Instituto Panamericano de Geografía e Historia, Publicación 6, México, 1932).

CENOTES en Yucatán.—**El Mexicano.** México, 1866, II (84): 167-168.

CENTRAL AMERICAN research by the Carnegie Institution. **Nature,** CXXXI: 809, June 3, 1933.

CEPEDA, Fr. Francisco de.—Artes de los idiomas chiapaneco, zoque, tzendal y chinanteco.

(García Icazbalceta en "Bibliografía Mexicana del Siglo XVI" pp. 121-22 trae una interesante disquisición sobre dicho manuscrito, que aparece en inglés en el Cat. Pilling 705, habiendo dado la primera noticia Remesal, Lib. X, Cap. 16. El título es de Beristáin; y Leclerc dice que no se sabe que se haya encontrado ejemplar).

CERVERA, José Tiburcio.—El gusano de seda. **El Repertorio Pintoresco,** pp. 431-436.

(Del cultivo del gusano de seda en Yucatán; el autor da en lengua maya los nombres de las diferentes especies).

———. Tratado sobre la clasificación de los terrenos de Yucatán. (Suscrito en Mérida, el 8 de enero de 1861). **El Repertorio Pintoresco,** pp. 219-224.

(Con una nomenclatura de los terrenos de la Península, en lengua maya).

CHACCHOB.—Una ciudad murada: nuevo descubrimiento hecho entre las ruinas de esta península. Por un curioso...... **Registro Yucateco,** Mérida, Yuc. 1845, I: 206-208.

CHACMOOL figure from Chichen Itza. **Palacio,** 1935. XXXIX (7-9): 43, Aug. 14-28, 1935.

CHADOURNE, Marc.—Voyage au Yucatan. **La Revue de Paris,** 15 fevrier 1934, 41e année (4): 740-61.

CHAMBERLAIN, A. F.—In memorian: Daniel Garrison Brinton. **Jour. American folklore,** 1899, XII; 215-225.

CHAMPLAIN, Samuel.—Narrative of a voyage to the West Indies and Mexico in the years 1599-1602. London. 1859, Hakluyt Society. (Sabin, 1859).

CHANNING, Arnold.—The American Egypt, a record of travel in Yucatan. London, Hutchinson & Co., 1909. XIV-391, láminas, mapa, 24 cm.

CHARENCEY, Hyacinthe de.—Afinités de quelques legendes americaines avec celles de l'ancien monde. París, 1866. A Parent, 18° 16 pp., Imp. de Mme. Vve. Bouchard Huzard.

———. Chrestomathie Maya d'apres la chronique de **Chac-Xulub-Chen.** Extrait de la Library of Aboriginal American Literature de Mr. le docteur D. G. Brinton. Texte avec traduction interlinéaire, analyse grammaticale et vocabulaire maya-francais. París, 1891. 309 pp. 8°. (Catálogo Pinart, N° 29 Am.)

———. Cronologie des ages au "Soleils" d'aprés la mythologie mexicaine. Caen, 1878, Le Blanc Hardel. 8° 31 pp.

———. De la conjugaison dans les langues de la famille maya-quiché. Louvain, 1885. Typ. de Charles Peters. 4° 130 pp. (Extracto del **Museon**).

———. De la formation des mots en langue maya. Copenhague. Thiele. 1884. 47 pp. 8°.

(Es una memoria presentada en la quinta sesión del Congreso Internacional de Americanistas verificado en Copenhague en 1884).

———. Des ages ou "Soleils" l'aprés la mythologie des peuples de la Nouvelle Espagne. Madrid, 1883. Fontanet, 8º, 124 pp.

———. Des explétives numérales dans les dialectes de la famille maya-quiché. 48 pp. 8º. (Extracto de la **Revue de Linguistique,** París, 1880).

———. Des signes de numération en maya. Alencon, De Broise, 1881, 7 pp. 8º. (El Leclerc Suplement da este título).

———. Djemschid et Quetzalcoatl. L'histoire legendaire de la Nouvelle Espagne, repproché de la source indo-europeenne. Alencon, París. 1874. Imp. de E. Broise. 66 pp. 8º.

———. Du systéme de numération chez les peuples de la famille maya-quiché, par H. de Charencey. Extrait du Muséon. Louvain. Typographie de Ch. Peeters, Libraire. Rue de Namur 22, 1882. 8 pp. 8º. (Pilling, 755-a).

———. Essai d'analyse grammaticale d'un texte en langue maya. Par M. H. de Charencey, Membre (&c.) Caen, Typographie de F. Le Blanc-Hardel, Rue Froide, 2 et 4, 1873; 22 pp. 8º. (Pilling, 742).

(Este trabajo apareció en **Académie Nationale des Sciences, Arts et Belles Lettres de Caen, Mémoires,** pp. 142-161. Caen, 1874. 8º Hay una edición del Havre, Imprimerie Lepelletier, 1875, 9 pp. 8º).

———. Essai de déchiffrement d'un fragment d'inscription palenquéene. París, 1870, 15 pp. 8º.

(El Maisonneuve Catalogue da el título. (Pilling, 737).

———. Essai de déchiffrement d'un fragment du Manuscrit Troano. París, 1875. 11 pp. 8vo.

(El Leroux's Catalogue, 1879, da el título. (Pilling, 744).

———. Etude sur la prophétie en langue Maya d'Ahkuil Chel. **Revue de Linguistique,** París, 1875, VIII: 320-332.

(Apareció separadamente en París 1876, según el Catálogo de Leroux. (Pilling, 745-a y 746).

———. Etudes de paléographie américaine. Déchiffrement des écritures calculiformes ou mayas. Le bas-relief de la Croix de Palenque et le MSS. Troano. Alencon, De Broise, 1879. 32 pp. 8º. (Pilling, 753).

———. Fragment de chrestomathie de la langue maya antique. Ernest Leroux, editeur. París. Imp. de Eugene Heutte et Cie. 1875. 8 pp. (Extractado de **la Revue de Philologie et d'Ethnographie,** Nº 3).

———. Introduction á un etude comparative sur les langues de la famile maya-quiché. En "Avant Propos", pp. 32-37, París, 1866, 8º.

(Los numerales mayas van de la página 1 a la 10 y aparece un breve vocabulario del quiché, el pocomchi, el maya de Palin y el huasteco. (Pilling, 730-a).

———. Le mythe de Votan. **Actes de la Societé Philologique,** París, 1871, II: 7-144.

(Fué editado por separado con el subtítulo de "Etude sur les origines asiatiques de la civilisation américaine" en Alecon, Imprimerie de E. de Broise, 1871, 114 pp., 8º). (Pilling 738-a y 739).

———. Mélanges de Philologie et de Paléographie Américaines par le Comte de Charencey. Paris. Ernest Léroux, Editeur. Libraire de la Societé Asiatique de l'Ecole des Langues Orientales Vivantes, etc. 28, Rue Bonaparte, 28. 1883, 195 pp. 8vo.

(En este volumen aparecen varias de las monografías de M. de Chârencey, entre ellas "Sur le pronom personnel dans les idiomes de la famille maya-quiché, pp. 123-139; "Sur les lois phonétiques dans les idiomes de la famille mame-huasteque", pp. 89-121; "Etude sur la prophetie en langue maya d'Ahkuil-Chel", pp. 141-150; "Sur le systeme de numération des écritures calculiformes ou mayas", pp. 159-190; y "Sur les signes de numération en maya", pp. 191-195). (Pilling, 755-c).

———. Mélanges sur différents idiomes de la Nouvelle Espagne. Par H. de Charencey. Paris, Ernest Léroux, Editeur, (etc.) 1876, 31 pp. 8º.

("Fragment de vocabulaire chiapanéque-francais", pp. 6-11; "Série des noms de nombre dans les idiomes tzendale, etc.", pp. 11-12; "Fragment de grammaire de la langue quélene", pp. 12-24; "Mélanges sur la langue Cakgi", pp. 24-31). (Pilling, 748).

———. Notes sur M. l'Abbé Brasseur de Bourbourg. **Bulletin de la Societé de Geographie.** Paris, 1874, VII: 508-510.

(Menciona el manuscrito del Padre Landa y dice que Mr. Pinart ha adquirido la biblioteca del abate, "la más rica biblioteca que existe en Francia y quizá en el mundo").

———. Notice sur quelques familles des langues du Mexique. Havre, Imp. de Lepelletier. 1870. 39 pp. 8º. (Cat. Pinart).

———. Recherches sur le Codex Troano, Par H. de Charencey, Paris, Ernest Leroux, Editeur Libraire (etc.) 28, Rue Bonaparte, 28, 1876, 15 pp. 8º.

———. Recherches sur les lois phonétiques dans les idiomes de la famile mame huastéque. **Revue de Linguistique,** Paris, 1872, V: 129-167.

(Hay edición por separado en París, por Maisonneuve et Cie, Librairies-Editeurs). (Pilling, 739-a y 740).

———. Recherches sur les noms de nombres cardinaux dans la famille maya-quiché. **Revue Linguistique,** Paris, 1883, XVI: 325-329.

(Esta monografía apareció editada por separado, sin portada). (Pilling, 755-d).

———. Recherches sur les noms des points de l'espace par M. le Cte. de Charencey, membre (etc.) Caen, Imprimerie de F. le Blanc-Hardel, 1882, 86 pp. 8vo.

(Habla de la familia mam-huasteca, pp. 28-30). (Pilling 755-b).

———. Recherches sur une ancienne prophetie en langue maya. **Rev. de Linguistique,** Paris, 1873, VI: 42-61. (Pilling, 742-a).

———. Vocabulaire francais-maya. Alencon, 1884. 8º. 87 pp. (Extractado del Vol. XIII de las Actas de la Societé Philologique). (Cat. Maisonneuve, 11).

CHARLOT, Jean.—Picture book; 32 original lithographs; inscriptions by Paul Claudel, translated into English by Elise Cavanna. N. Y., John Becker, 1933.

———. (Ver "The Maya of Middle America").

———. (Ver Thompson, J. E.)

CHARNAY, Desiré.—La collection archéologique du Mexique et Amérique Centrale. 8vo. Paris, 1883. (The Bovan Library Catalogue, 2066).

———. Les anciennes villes du Nouveau Monde. Voyage d'exploration au Mexique et dans l'Amerique Centrale par.... 1857-1882. Ouvrage contenant 214 gravieres et 19 cartes ou plans. Paris. Librairie Hachette et Cie., 79 Boulevard Saint Germain, 1885. Corbeil. Typ. et Stér. Creté, 345 Mm.

(El Ministerio de Instrucción Pública de Francia le encargó explorar México. Ya había estado en 1857 y obtuvo también la protección del rico norteamericano Pedro Lorillard. "Las teorías del apreciable viajero no soportan siempre la luz de la crítica. En cambio, sus descripciones pintorescas y sinceras las lee uno con gusto y provecho". **Hermann Beyer**).

———. Les explorations de Téobert Maler. **Société des Américanistes de Paris, Journal,** 1903, new ser., I: 289-308.

———. The ancient cities of the new world, being travels and explorations in Mexico and Central America from 1857-1882. Translated from the French by J. Gonimo and Helen S. Conant. London, 1887.

———. Un voyage au Yucatán (Mexique). Texte inédit et photographies de M. Charnay. 1860. **Le Tour du Monde,** Paris, LIV (126): 337-352.

(**Sumario:** Départ de Vera-Cruz. Le vapeur **Mexico.** Sisal. Yucatán. Les Indiens prissioniers. Mérida. La semaine sainte à Mérida. Les costumes. Les types. Les coutumes. Premiere expédition a Izamal. Les pyramides. L'antique voie indienne. Seconde expédition. Citaz. Piste. Le Christ de Piste. Chichen-Itza. Les ruines. Le musicien indien. Le retour. Le médecin malgré lui).

(Entre las ilustraciones aparecen un dibujo de Guiaud, hecho documentándose en una fotografía de Charnay, de los bajorrelieves de los Tigres en Chichen-Itzá; Mapa de Yucatán para servir en los viajes de Charnay, grabado de Erhard, París; tipos de Yucatán, dibujo de Riou; Fachada del ala norte del Palacio de las Monjas en Uxmal, Fachada principal del mismo Palacio, la prisión en Chichen-Itzá y la fachada que se dice egipcia de un palacio de Uxmal).

———. Viaje a Yucatán a fines de 1886. Relación escrita con el título: "Ma derniére expedition au Yucatan". Traducida y anotada por Francisco Cantón Rosado, socio correspondiente de la Academia Nacional de Historia y Geografía y de la Academia Mejicana de Santa María de Guadalupe. Segunda edición ilustrada. Mérida, Yuc. Editada por los Talleres Gráficos Guerra, 63-501. 1933. 74 pp. 23 cm.

(**Sumario:** I. Lepán; Un mayordomo modelo; Jardines; Escuelas; Macuiché; Ferrocarriles Decauvilles; Corral de vacas; En Ticul; Naranjos enormes; Vasos y estatuas; Bejucos de aguja; Colección de hachas yucatecas.—II. Regreso a Izamal; Proyectos; Mi instalación; Convento situado sobre la pirámide Ppapphol-chac; La pirámide Kabul; Rectificación; Primeros trabajos; Descubrimientos; Los bajo-relieves; Restauración de un templo.—III. Descubrimiento de una escalera; Una pared pintada; Ensayo de restauración; De la policromía entre los antiguos; Literatura, fábula maya; Ruinas de Tecoh, an tigua residencia de los Cheles; Una aguada; Inundación de pulgas; Cenote de Uayma.—IV. Hacia Kobá; Mala noticia y feliz encuentro; El coronel Traconis; Llegada a Valladolid; El levantamiento de los indios; Guerra social; Mirada retrospectiva; Episodios; Anécdotas; Valladolid: sus monumentos, su cenote; Un nuevo pez; Nuevas alarmas; Renuncio a Kobá.—V. El desquite; Primera excursión; Un hermoso descubrimiento; **Ek-Balam: la ciudad del Ti-**

gre Negro; La hacienda; La antigua población; Convento, templo; Una excavación desgraciada; Palacio; Cisternas; Milpa; Xui-lub.—VI. Las provincias orientales, según Oviedo; Exploración de Stephens en las mismas provincias; Kantunil; Un cuchillo revelador; Tulum; En camino para Campeche; Un naufragio en tierra firme; Un auxilio inesperado; Mérida; Maxcanú; Chocholá; Pomuch; Un tranvía extraviado; Un ferrocarril modelo; Llegada a Campeche.—VII. Campeche; "La Lonja"; El parque; El Muelle; Venta de pescados; Cazón y pámpano; Hallazgo de un cementerio; Partida para Jaina; Mi palacio; Historia probable de la isla; Excavaciones y descubrimientos; Urnas y cántaros; Notas del traductor; La Ciudad de Valladolid; A mi buen amigo el licenciado Tomás Avila López).

———. Voyage au Yucatan et au Pays des Lacandons. (1880) **Compte rendu de la Société de Géographie de Paris**, 1882, p. 259; **Le Tour du Monde.** Paris, 1883, XLVII: 1-96; XLVII: 33-48; 1884, II: 33-44 (Capts. XXI y XXII).

(Habla del Petén, Flores, Tikal, Coban, Quetzalcoatl, el antiguo Tayasal, la ruta de Cortés. Fué vertida al castellano y figura en la "América Pintoresca" (Barcelona, 1884, Montaner y Simón) y uno de sus traductores fué el licenciado Francisco Cantón Rosado, en 1889).

CHARNAY, Désiré, y Viollet-Le-Duc. Cités et ruines américaines: Mitla, Palenque, Izamal, Chichén-Itzá, Uxmal. Avec un texte par M. Viollet-Le-Duc. Suivi du voyage et des documents de l'auteur. Paris, 1863. Imp. Bonaventure et Ducessois, 4º IX-543 pp., Atlas, 49 láminas.

(Hay una versión castellana por G. Guzmán, México, 1886, con ilustraciones en el texto. (Palau). "Texto de poco valor", dice **H. Beyer**).

CHARTON THOMAS, Eduardo.—Los viajeros modernos o relaciones de los viajes más interesantes e instructivos que se hicieron en los siglos XV y XVI con biografías, notas e indicaciones iconográficas. Por .... redactor en Gefe del **Magasin Pittoresque.** Obra coronada y premiada por la Academia Francesa, traducida al castellano y arreglada en la parte relativa a Cristóbal Colón y Hernán Cortés bajo la dirección de don Mariano Urrabieta. París, Administración del Correo de Ultramar. X de Lassalle y Mélan, Editores propietarios, 4, Passage Saulnier. 18860. (Typographie de J. Best, Paris). VI-421 pp. (BC México).

(Presenta "Vista general de Palenque" p. 370; "Cabeza colosal, en Isamal", p. 371; "Castillo de Tuloom, en Yucatán", p. 372; "Las monjas Chichen-Itzá", p. 373; e "Idolo y altar de Copán, en Guatemala", p. 372, ilustraciones según F. Catherwood).

CHAVERO, Alfredo.—**(Copias a lápiz de varias ruinas y figuras yucatecas).** S. f. Nº 1, Fol., 4 pp.

(En la Biblioteca del Museo Nacional de Arqueología e Historia de México).

CHAVEZ OROZCO, Luis.—**La civilización maya-quiché.** México, Talleres Gráficos de la Nación, 1932. 63 p., diagrs. (Cuadernos de divulgación histórica).

CHELBATZ.—(Véase Genet, Jean).

CHI, Antonio.—(Véase **"Bibliografía de la lengua maya"**, por J. Antonio Villacorta C.)

(CHICHEN-ITZA).—El castillo de Chichen (con una litografía). **El Registro Yucateco**, Mérida, Yuc., 1846, IV: 60-63.

———. Ruinas de Chichen. Akabcib, con una litografía. **El Registro Yucateco**, Mérida, Yuc. 1846, IV: 33-34.

CHILAM BALAM.—Artículos y fragmentos de manuscritos antiguos en lengua maya colectados por Don Juan Pío Pérez. Copiado en Mérida, 1870, VI-258 pp. 4º.

(En la Brinton Library. El subtítulo dice: "Códice Pérez". Este Códice de 200 pp. en 4º estaba en la biblioteca de Carrillo y Ancona). (Pilling, 785-b y 295-b).

———. Artículos y fragmentos de manuscritos antiguos en Lengua Maya, colectados y copiados en facsímile, por C. Hermann Berendt, M. D. Mérida, 1868. 200 pp. en 4º.

(El Dr. Brinton en "Maya Chronicles", dice: "Este manuscrito, del Código Pérez y el "Diccionario de Motul" son las joyas de la Colección del Dr. Berendt. Ofrecen un cuerpo de literatura nativa difícilmente igualada por otra nación americana, tanto por sus características peculiares, su marcada individualidad, como por su riqueza; y cuando se considera que los mayas fueron la nación más civilizada del hemisferio occidental, se aumenta enormemente el interés que tienen estos volúmenes). (Pilling, 785-a).

CHIMAY, Marcos de.—(Véase Rejón García, Manuel).

CHONAY, P. José Dionisio.—Carta del Padre Dionisio José Chonay, traductor, (al señor don Santiago Solórzano). En "Título de los señores de Totonicapan", por Diego Reynoso. **Revue des Etudes Mayas-Quichées.** París, 1934, I (3): 115.

(El "Título de los señores de Totonicapán" escrito en lengua quiché en 1554, y lo tradujo Chonay al castellano, en 1834. Era cura indígena de Sacapulas. El Ms., en 18 hojas en folio, es citado por Brasseur en su "Hist. des Nat. Civ." y en "Bibliothéque", etc., pág. 45. Brasseur lo copió del original que se conservaba en el archivo municipal de Totonicapán, en 1860. Fué publicado en París por A. Pinart).

CHOROTEGA o Diria (comparada con Chiapaneca).

(Manuscrito en la Brinton Library, de 5 páginas en 8º. El vocabulario, en tres columnas, comprendiendo unas 100 palabras, se refiere al inglés, el diria y el chiapaneca). (Pilling, 797-b).

CHURCHWARD, James.—La civilización actual inferior a la que tuvieron los pueblos antiguos. **El Universal Gráfico**, México, 29 noviembre 1924.

CIUDAD REAL (Fr. Antonio).—Gran diccionario o Calepino de la lengua.

(Manuscrito en 6 volúmenes, en folio, del cual dice Beristáin que pertenecía, de acuerdo con informes del Doctor Nicolás Antonio, a la biblioteca del Duque del Infantado, preservándose parte del original en el Convento de Yucatán, y habiendo costado al autor treinta años de trabajo, según Cogolludo. Ciudad Real también escribió en maya:

———. Curso práctico de oratoria sagrada de los santos y festividades de todo el año.

(Carrillo y Ancona habla de Ciudad Real en una nota que reproduce en inglés el Cat. Pilling, 806).

———. Sermones de santos en lengua maya.

(Manuscrito en 4º. Beristáin da el título). (Pilling, 805).

CIUDADES y ruinas americanas: Mitla, Palenque, Uxmal, Chichén Itzá. Reproducidas en fotografías y publicadas por Julio Michaud. México, 1865.

(En la Biblioteca Nacional de México).

CIVEZZA, Fr. Marcellino da.—Saggio di bibliografia geografica, storica, etnografica sanfrancescana. Per Fr. Marcellino da Civezza M. O. In Prato, Per Ranieri Guasti, editore-libraio 1879, 698 pp. 8º.

(Es uno de los autores clásicos, porque da noticias importantes sobre los autores, lingüistas y compiladores de vocabularios).

CLARK, Charles Upson.—The manuscript of Fray Antonio Vázquez de Espinosa "Descripción de Indias". **Verhandlungen des XXIV Internationalen Amerikanisten-kongresses, 1930, Hamburg, 1934.** p. 19-25.

CLENCH, W. J.—(Véase Bequaert, J.)

COBOS, José María.—(Véase "Honduras").

COCKERELL, T. D. A.—Sacred sandstone of the Mayas. **Nature, May 6, 1933,** CXXXI: 656-57.

COCOM.—**Registro Yucateco, Mérida, Yuc. 1845,** I: 349-50.

(Habla del significado de esta palabra al referirse a la planta que entra en la composición del cigarro yucateco, explicando cómo se prepara éste).

CODICE ANONIMO.—

(Es un manuscrito con 52 hojas en 4º Carrillo y Ancona relata cómo el cura de Tizimín, don Manuel Luciano Pérez, le envió un antiguo manuscrito maya, original, con carta de 23 de marzo de 1870, en la que le dice que después de leer dicho documento ha encontrado que contiene mucho de la primera parte del Códice Pérez y también muchas cosas que éste no presenta. Como dicho manuscrito no lleva firma de autor, Carrillo y Ancona lo denominó "Códice Anónimo". Más datos aparecen en la descripción que da el Cat. Pilling 829).

CODEX BORBONICUS.—(Véase Bowditch, C. P.)

CHILAM BALAM DE IXIL, Lunario Maya. 48 pp. 4º.

(Copia hecha en Yucatán hace 50 años, tomada de un manuscrito que perteneció a Pío Pérez y que está extraviado. Escritura clara, excelente, por evidente familiaridad con el lenguaje). (Catálogo Gates).

CODICE CHUMAYEL.—

(Este manuscrito, de 112 pp. en 4º, escrito en maya, fué encontrado por Carrillo y Ancona en Chumayel, pueblo del Distrito de Tekax, en Yucatán, y de ahí que lo bautizara con ese nombre. Le faltan algunas hojas y está suscrito en la página 44, con fecha 20 de enero de 1780, por un noble indio, don Juan Joti Hoil. (Pilling 380).

CHILAM BALAM OF CHUMAYEL.—The book of Chilam Balam of Chumayel, with introduction by G. B. Gordon. **Univ. Penn. museum, Anthropological pubs.**, Philadelphia, 1913, Vol. V.

———. (Véase Barrera Vázquez, Alfredo).

———. (Véase Genet, Jean).

———. Véase Mediz Bolio).

CHILAM BALAM DE NAH.—Fol. 64 pp. (Catálogo Gates).

CHILAM BALAM DE TEABO.—Fol. 36 pp. (Catálogo Gates).

CHILAM BALAM DE TEKAX.—En folio, 36 pp. (Catálogo Gates).

CODEX CORTESIANUS.—(Véase Rosny, León de).

(Tomó su nombre de H. Cortés y se conserva en el Museo Arqueológico de Madrid por compra hecha a su propietario D. José Ignacio Miró. Fué publicado en 1882 y de resultas de esta impresión pudieron los sabios ocuparse en su estudio. Ha sido descrito por Brinton y Putnam y se cree que sea el complemento del Códice Peresiano. En México se conoció desde 1873, por haberse ocupado de él D. José María Melgar y Serrano en su "Juicio sobre lo que sirvió de base a las primeras teogonías"). (Teixidor).

CODEX DRESDENSIS, Maya (R. 310).—(Véase Foerstemann, Dr. E.)

———. (Véase Kingsborough, Lord).

(El original se conserva en Dresde y de él hizo edición lujosa Lord Kingsborough en "Mexican Antiquities" y hay otra de cincuenta ejemplares en 1880 al cuidado de la Biblioteca Real de Sajonia. Le han dedicado estudios especiales Schellas, Seler, Rau y Honden. Se le atribuye un origen tzendal. Véase Orozco y Berra "Geografía de las Lenguas", etc. México, 1864, p. 101; Húmboldt "Vue des Cordilleres", París, 1813.

CODICES MAYAS. Dresdensis, Peresianus, Tro-Cortesianus.—Reproducidos y desarrollados por J. Antonio Villacorta C. y Carlos A. Villacorta, de la Sociedad de Geografía e Historia de Guatemala. Guatemala, C. A. 1933. 450 pp. 27 cm., ilustraciones.

(**Sumario:** Prólogo.—**Códice de Dresden.**—I. Sección de los dioses.—II. Sección de las mujeres.—III. Sección astronómica.—IV. Sección de las ofrendas.—V. Sección sideral.—VI. Sección cronológica.—**Códice Peresiano.**—Libros mayas.—I. Sección del Ahau Katun.—II. Sección de los tonalamatls.—III. Sección del Katun de 52 años solares.—IV. Sección planetaria.—**Códice Tro-cortesiano.**—I. Sección de los ritos.—II. Sección de la agricultura.—III. Sección del Katun de 52 años.—IV. Sección de la cacería.—V. Sección de los sacrificios.—VI. Sección de la preparación de bebidas y comidas rituales.—VII. Sección de la ocupación de los dioses.—VIII. Sección del calendario.—IX. Sección de las trece columnas calendáricas.—X. Sección de la guerra, la paz y la muerte.—XI. Sección misceiánea.—XII. Sección de las abejas).

CRONICA de Mani, (del) Archivo de Mani, Yucatán. 1557-1813.

(Está en el Department of Middle American Research. Tulane University of Louisiana, New Orleans).

CRONICA de NAKUK PECH.—En el Catálogo Gates, al hablarse de este MS.

en fol. de 27 páginas, aparece una noticia importante sobre el códice: "De esta obra de gran importancia histórica, escrita por un príncipe maya en la época de la Conquista, sólo tenemos la copia hecha por Pío Pérez, de la cual se hizo la reproducción. La copia de Pérez, en cambio, llegó a ser del señor Rafael Regil, quien tuvo que salir al destierro cuando la invasión de Alvarado en 1915, y su casa fué sellada, aunque no tan herméticamente como para prevenir la sustracción del manuscrito y del Diccionario de San Francisco, de cuyo paradero no se tiene noticias".

"Toda la historia de la colección de Pío Pérez, a la cual tanto debemos, es la misma historia. Se la dejó al Obispo Crescencio Carrillo y Ancona, apareciendo intacta después como "propiedad" del señor Figueroa, albacea de Carrillo. Al entrar Salvador Alvarado a Yucatán, la colección fué quitada a la viuda de Figueroa, (dejándole recibo para pagarle después, lo cual nunca se hizo) y colocada en la Biblioteca Pública Cepeda en Mérida".

"Al mismo tiempo todos los objetos del Museo, inclusive muchas valiosas antigüedades, fueron removidas de su sitio y (textualmente) al edificio de una escuela, para convertir al Museo en cuartel de los soldados invasores, que no eran yucatecos. Poco tiempo después los objetos fueron llevados a otro lugar, dando su nuevo local a las oficinas del I.W.W., y hasta allí hubo que dejarlo para oficinas de la Reguladora del Henequén".

"Al mismo tiempo los más importantes manuscritos de Pío Pérez desaparecieron de la Biblioteca "Cepeda", especialmente el de Chumayel (afortunadamente, se le había fotografiado y después publicado en facsímile por la Universidad de Pensilvania), el de Calkini, etc. Se cree, sin embargo, que el de Chumayel por lo menos no está destruído y la voz pública lo hace parar en manos de cierto "científico" que más tarde prestó servicios a la Reguladora bajo el régimen de Alvarado").

CODEX Peresianus.—Les Manuscrits de l'Antiquité Yucateque. (Falsa portada). Codex Peresianus. Manuscrit hieratique des ancienes indiens de l'Amerique Centrale conservé a la Bibliotheque Nationale de Paris. Publié en couleurs avec une introduction par Leon Rosny, President de la Societé Americaine de France, Membre correspondant de l'Academie de l'Histoire de Madrid, de la Societé Philosophique Americaine de Philadelphia, etc. Paris, 1887, Au bureau de la Societé Americaine. (Al fin): Achevé d'imprimer le XXVII Decembre MDCCCLXXXVII a l'imprimiere de Eugene Danger a Saint Valery en Caux. Tire a cuatre-vingt cinc exemplaires dont quarente cinq exemplaires sur papier colombier vergé. Dedié a M. Augusto Leseuf ancien President de la Societé Americaine de France. 310 Mm. 94 pp.

(Introduction: Pp. 1-49. Appendice, Pp. 53-70. Note sur les religions de l'Amerique Centrale a l'epoque de la composition des manuscrits kateouniques conservés jusq'a nos jours; Pp. 77-85. Glosaire des noms des divinités yucateques: Pp. 87-94. Publications de M. León Rosny sur l'Archeologie Americaine et la Paleographie Yucatéque. Esta es la segunda edición, hecha en colores. La tercera es de 1888, pero no en colores).

CODEX PERESIANUS.—Manuscrit dit Mexicaine Nº 2 de la Bibliothéque Impériale. Photographié par ordre de S. E. M. Duruy, Ministre de l'Instruction Publique, President de la Commission Scientifique de Mexique, Paris, 1864.

———. Codex Peresianus.—Redrawn and slightly restored, and with the coloring as it originally stood, so far as posiible, given on the basis of a new and minute examination of the Codex itself. Drawn and edited by William Gates. Point Loma, California, 1909.

———. The Codex Perez, an ancient Mayan hieroglyphic book; a photographic facsimile reproduced from the original in the Bibliothéque nationale, Paris, by Theodore A. Willard... Glendale, Cal., The Arthur H. Clark company, 1933. 10 pp. facsimil. 24 cm.

(La edición fué de 250 ejemplares para distribución privada. El formato es el mismo del original. Sumario: Los manuscritos mayas, el idioma maya, - textos; el idioma tzental, - textos; Escritura pictórica, - maya; escrituras pictóricas, -tzental).

CODICE PEREZ.—Cronología antigua de Yucatán y examen del método con que los indios contaban el tiempo; sacada de varios documentos antiguos por Don Juan Pío Pérez. (Manuscrito en la biblioteca del Museo de la Universidad de Pennsylvania, y según el Catálogo de Pilling, Nº 2952, estaba en la biblioteca de Carrillo y Ancona, teniendo 200 páginas).

———. (Véase Chilam Balam).

———. (Véase "Códices Mayas").

———. (Véase Pérez, José Pío).

(El original del Códice Peresiano existe en la Biblioteca Nacional de París. Lo han estudiado León Rosny, el Conde de Charencey y Mr. A. Pouse. Se cree que sea originario de Guatemala. Lo dió a conocer D. José Pérez en la "Revue Orientale Americaine" y luego se ha hecho otra reproducción en los **Archives Paleographiques de l'Orient et de l'Amerique.** (MA.) (Teixidor, 392).

CODEX TRO-CORTESIANUS.—Códice Maya denominado Cortesiano que se conserva en el Museo arqueológico nacional (Madrid). Reproducción fotocromolitográfica ordenada en la misma forma que el original hecha y publicada bajo la dirección de D. Juan de Dios de la Rada y Delgado y D. Jerónimo López de Ayala y del Hierro. Madrid.

(Debe agregársele los grabados reproducidos del Codex Troanus tomados del Manuscrito Troano del abate Brasseur de Bourbourg, publicado en París en 1869-70. Ambos códices son partes del original).

CODICE TROANO.—Nota informativa de la edición de Madrid, de 1929. **Anales de la Sociedad de Geografía e Historia de Guatemala,** junio, 1935. II (4) 435-37.

———. (Véase "Códices Mayas").

———. (Véase Charencey, H. de).

(Fué bautizado así por el Abate Brasseur de Bourbourg y es una contracción del nombre de su antiguo propietario, D. Juan Tró y Ortolano, profesor de paleografía en la Universidad de Madrid. Se publicó en Francia bajo los cuidados del Ministerio de Instrucción Pública en 1869, en dos volúmenes en folio. Sobre él han hecho estudios interesantísimos el mismo Abate Brasseur de Bourbourg, Cyrus Thomas, el Dr. Cresson, el Dr. Le Plongeon y otros, dando el primero una descripción exacta. (MA) (Teixidor).

CODICE TIZIMIN.—(Véase Barrera Vásquez, Alfredo).

———. (Véase Sol, Angel).

———. (Véase Valle, Rafael Heliodoro).

COGOLLUDO.—(Véase López de Cogolludo).

COLECCION de escritos menores en lengua kekchi de la Verapaz. Coban. 1875-18....

(Este manuscrito de 16 páginas en 4º. está en la Brinton Library. En él aparece: "Frases de conversación en lengua kekchi", copiado de un Ms. en cuarto de año de 1819, (véase Coy, José Domingo), propiedad de Francisco Poou, indio de Cobán. Cobán, 1875", y el "Sermón para el día de San Juan en lengua Kekchi. Copiado de un manuscrito en cuarto del Archivo de la parroquia de Cobán, transcrito por Juan de Morales, Fiscal en San Juan Chamelco, 1741", por C. Hermann Berendt, M. D., Cobán, 1875). (Pilling, 834-a).

COLECCION POLIDIOMICA Mexicana que contiene la oración dominical vertida en cincuenta y dos idiomas indígenas de aquella República. Dedicada a N.S.P. el señor Pío IX, Pont. Max., por la Sociedad Mexicana de Geografía y Estadística. México. Librería de Eugenio Maillefert y Comp., esquina del Refugio y Puente del Espíritu Santo. (Imprenta de Andrade y Escalante), 1860, VII-52 pp., folio.

COLMONT, Bernard de.—Entre Guatemala y México... Visita a la misteriosa tribu de los lacandones B. de Colmont. **El Imparcial**, Guatemala, 13 julio 1936.

(Traducido de "The Sphere", de Londres, edición de 15 de febrero de 1936).

———. Revisting the mysterious Lacandons. **The Sphere**, Febrero 15, 1936, pp. 291 et seq.

COLONEL and Mrs. Lindbergh aid archaeologists. **Masterkey**, 1930, III (6): 5-17.

(Presenta el trabajo "The aerial survey of the Maya region" por A. V. Kidder).

COLTON, F. B.—"Génesis" de la "Biblia" maya. **Diario del Norte**, Coahuila, Méx. 9 junio 1934.

COLLINS, G. N.—The rediscovery of teosinte in Guatemala. **The Journal of Heredity**, 1932, XXIII (7): 261-65.

(Aparece en este trabajo una carta de Mr. Wilson Popenoe a Mrs. Collins, en la que habla del "teocinte").

CONCESION otorgada por el Gobierno Mexicano a la Carnegie Institution of Washington para exploraciones arqueológicas en Chichen Itzá, Yucatán. Publicaciones de la Secretaría de Educación Pública. Departamento de Antropología. Tom. III, Nº 8. Secretaría de Educación Pública, Dirección Editorial. México, 1925. 10 pp.

CONFESIONARIO en castellano y pocomchí. Tactic, Año de 1814.

(Está este MS. en la Brinton Library. La advertencia va firmada por el Dr. Berendt. El título completo, dado en la "caption", es: "Diálogo entre Confesor y Penitente, ó modo de confesar Yndios en lengua Poconchi", 1814. Está dispuesto en dos columnas, español y poconchi, y fué copiado por Berendt de un manuscrito de 42 páginas, en 16º en el archivo parroquial del pueblo de Tactic). (Pilling, 853-a).

CONFESIONARIO en la lengua de San Miguel Chicah, dialecto de la lengua Quiché de Rabinal.

(Manusçrito de 11 hojas. Brasseur de Bourbourg da el título). (Pilling, 855).

CONFESIONARIO en lengua Kahchi, en método breve.

(Manuscrito en 10 hojas en 4º, hecho por un fraile de la Orden de Santo Domingo, en el pueblo de Taktic, en 1812. Según Brasseur de Bourbourg, se lo regaló un cura de dicho pueblo, que está cerca de Cobán y en el cual se habla el pocomchi y quien le dijo que había sido escrito por uno de sus antecesores, fraile dominico de la Vera Paz. En el documento aparece en la hoja 7: "Para administrar el Sacramento del matrimonio", siguiendo en la número 8 los numerales en lenguaje cachi, y "Modo de administrar el Sacrto. del Viático"). (Pilling, 853).

CONSTITUCION y significado de la gran pieza de jade hallada en Kamminal Juyú (Guatemala). **Diario Comercial**, San Pedro Sula, 1º abril 1937.

CONTRERAS, Rafael.—Vocabulario en la lengua Mam, por D. Rafael Contreras, Cura de Chiantla. 1866. Copiado del original en poder de D. Juan Gavarrete en Guatemala, por Dr. C. H. Berendt. Febrero de 1875.

(Este manuscrito, en la Brinton Library, tiene 7 páginas en 8º y ofrece 80 palabras en mam). (Pilling, 863-a).

COOK, O. F.—The Maya breadnut in Southern Florida. **Science**, 1935, n.s., LXXXII (2139): 615-16.

———. The size of Maya farms. **Journal of The Washington Academy of Sciences.** 1919. IX: 11-14.

———. Vegetation affected by agriculture in Central America. **U. S. Bureau of Plant Industry, Bull.** 145, 1909.

COOKE, C. Wythe.—A possible solution of Maya mystery. 1933, 4 p.

(Mr. Cooke dió por radio una plática el 4 de agosto de 1933, invitado por el Science Service, de Washington, D. C., por medio del Columbia Broadcasting System. Hay ejemplar del texto en la biblioteca del Middle American Research Department).

COPLEY, Charles (grabador).—Indian map. En "Incidents of travel in Yucatan", por John L. Stephens, New York, 1848, II, entre pp. 264 y 265.

CORLETT, Dudleys S.—The Art of the Mayas. **Art and Archeology.** Washington, 1924, XVIII: 145-153.

CORDY, N.—The meaning of the Maya day names. **Masterkey**, Dec. 1931, V (5): 135-44.

CORN CROPS centuries ago. **Spyglass**, Nov. 1933, I (4): 2.

(La siembra del maíz entre los mayas).

CORNYN, John Hubert.—Ixcit cheel. **Maya society quartely**, Mar. 1932. 1 (2): 47-55.

(El título es: "La tía del iris").

———. X'Tabay. The enchantress. **Maya society quartely**, June 1932. 1 (3): 107-11.

CORONEL, Fr. Juan.—Doctrina Christiana, en Lengua de Maya. Recopilada y enmendada por el P. F. Ioan Coronel, de la Orden de N. S. P. S. Francisco, Guardian del Conuento de Ti Kax, muy vtil para los Indios. Dirigida al Illvstmo. S. Don Fray Goncalo de Salazar, del Consejo de su Magestad, Obispo de Yucathan. En la Emprenta de Diego Garrido. Por Cornelio César. (México). M.DC.XX (1620). 240 pp. 8º.

(En esta obra aparecen: "Tabla de los discursos y materias que se contienen en este libro, acerca de los Artículos de la Fé", "Unas pláticas espirituales, con la exposición del Pater noster y de los artículos de la fe, La Doctrina cristiana con su declaración; unos ejemplos de la Sagrada Escritura, y sobre los siete sacramentos, con un Confesionario breve y Arte". El texto maya aparece en las páginas 1-240. La exposición que hace Fr. Coronel lleva fecha de Mérida, 16 enero 1620. Civezza dice: "Un ejemplar MS. existía en nuestro Colegio de San Buenaventura de Sevilla: lo que ha sido de él después de la destrucción de los Conventos, no lo sé: pues todas las tentativas de localizar-lo fueron inútiles". Este es el "Catecismo de la Doctrina cristiana en lengua maya" al que se refiere Beristáin así: "Fr. Juan de S. Antonio en su Biblioteca Franciscana, asegura que en la librería de S. Buenaventura de Sevilla, letra M., Nº 165, existía manuscrita una Doctrina Cristiana en lengua de Yucatán de nuestro Coronel, más difusa que la impresa". Coronel, graduado en la Universidad de Alcalá, España, fué discípulo de López de Cogolludo en Yucatán, y murió en Mérida siendo guardián del convento recoleto de la Mejorada, en 1651, después de haber predicado y enseñado a los frailes el maya durante 27 años en aquella península. De este libro trae amplia descripción Pilling, 895 y 896. En el Catálogo Gates hay una fotocopia de la portada. Pero al hablar en los números 893-896 Pilling no se fijó en que las obras que señalaba están incluídas en la "Doctrina".—**(Teixidor)**.

———. (Véase Gropp, Arthur E.)

CORREA, Gustavo C.—El henequén. México, 1916. 225 mm. 11 pp.

(Trabajo presentado por el autor en un examen profesional. Da una lista de nombres en lengua maya de los diferentes géneros del agave que se da en Yucatán).

COTO, Pe. F. Thomas.—Vocabulario de la Lengua cachiquel, v. Guatimalteca. Nueuamente hecho y recopilado con summo estudio trauajo y erudicion por el Pe. F. Thomas Coto, Predicador y Padre de esta Prouia. de el S. Smo. Nobre de Jesus de Guatimala. En que se contienen todos los modos y frases elegantes conque los Naturales la hablan y d. q. se pueden valer los Ministros estudiossos para su mejor educacion y enseñanza.

(Este MS. de 476 hojas en folio se halla en la Biblioteca de la American Philosophical Society, en Filadelfia. El título fué tomado del artículo que el Dr. D. G. Brinton publicó en el **American Journal of Science and Arts**, VII: 222-30. E. G. Squier le da el nombre de "Thesaurus Verborum: o Frases y elegancias de la Lengua de Guatemala", con que aparece en Beristáin, quien dice que el manuscrito estaba en la librería del convento principal de dicha orden en la ciudad de Guatemala. La obra es valiosa no sólo por el material lingüístico que trae sino por los datos sobre costumbres, botánica y zoología del país y por sus citas de manuscritos en cachiquel. (Pilling 907 y 908).

COVENS, Jean y Corneille Mortier.—Atlas Nouveau. (Boston Athenaeum). Map of Yucatan by People (1740). En colores. Entre otros lugares figuran Sisal, Quyo, Mérida, Valladolid, Lago de Bacalal, Thub, Salamanca, Chuckabul, Peten Lake, Lagu-Astal, Verapaz, etc.

COY, José Domingo.—Frases de conversación en lengua cacchi. Apuntadas por Domingo Coy, Indio de Cobán, 1868.

(Este manuscrito de la Brinton Library y copiado por el Dr. Berendt en Cobán, tiene 7 páginas en 8º y presenta en doble columna español y cacchi). (Pilling, 917-c).

———. Ortografía en lengua cacchi, traducida por José Domingo Coy, en la ciudad de Cobán. Año de 1870.

(Este manuscrito de la Brinton Library tiene 16 pp. en 16º y está íntegramente en cacchi. Perteneció al Dr. Berendt, quien hizo una copia con este título: "Ortografía en lengua cacchi. Traducida por José Domingo Coy, Indio de Coban. En la ciudad de Cobán, Año de 1870. Copiado de su original en Cobán, Abril de 1875, por Dr. C. H. Berendt". La segunda copia tiene 33 pp. en 4º). (Pilling, 917-a y 917-b).

CREASER, Edwin Philip.—Crusaceans from Yucatan. En "The cenotes of Yucatan; a zoological and hydrographic survey", por A. S. Pearse, etc. Washington, 1936. (Carnegie Institution of Washington).

———. Parasites from Yucatan. En "The cenotes of Yucatan; a zoological and hydrographic survey", por A. S. Pearse, etc. Washington. 1936. (Carnegie Institution of Washington).

———. Chironomid larvae from Yucatan. En "The cenotes of Yucatan; a zoological and hydrographic survey", por A. S. Pearse, etc. Washington, 1936. (Carnegie Institution of Washington).

———. (Véase Pearse, Arthur Sperry).

CRESSON, H. T.—Phonetic value of the Ch'i glyph in the Maya graphic system. Science, New York, 1892. II: 101-102.

———. Remarks upon the graphic system of the ancient Mayas. Science, 1892. XX: 25, 26.

———. The antennae and sting of Yikilcab as components in the Maya day signs. Science, 1892. XX: 77-79.

———. (Véase Códice Troano).

CRUZ, Fr. Juan.—Catecismo en lengua Maya. México, 1571-1639.

("Pimentel da el título. Posiblemente es un error"). (Pilling, 935).

CUARTOS, Fr. Julián de.—Arte compendiado de la Lengua Maya.

(Parece que este manuscrito es de 1572 y no se sabe que se hubiera impreso la obra). (Pilling, 936).

CUEVAS, S. J., Mariano.—Impresiones de un viaje a Yucatán. **Diario de Yucatán,** 1° marzo 1936.

———. Misterios prehistóricos de Tulum. (Conferencias sustentadas en la Academia Nacional de Historia y Geografía). **Diario de Yucatán,** 17 y 24 enero 1937.

CUEVAS GOMEZ, Octavio.—Breves disertaciones sobre las ruinas de Yucatán. **Boletín de la Universidad Nacional del Sureste.** Mérida, Yuc., enero 1925, V (1): 36-51.

Sumario: Las ruinas de Xkichmoo-Uc., Nohpat, Kabah, Labnâh, Xkox y Sayí. Las célebres aguadas de Xkichmoo-Uc y Uxmal).

CULEBRO C., Alberto.—Historia de Chiapas. Huixtla, Chis. Huixtla. 1932.

(Habla de los pueblos descendientes de la raza Quiché, Mox, Yhg, Been y Votan).

CULIN, Stewart.—Bibliography of Dr. Brinton. Brinton Memorial Meeting. Report of the memorial meeting held Jan. 16, 1900, under the auspices of the American Philosophical Society by 26 learned societies in honor of the late Daniel Garrison Brinton, M. D. Philadelphia, 1900. Pp. 42-67.

———. Games of the North American indians. En **Twenty-Fourth Annual Report of the Bureau of American Ethnology** to the Secretary of the Smithsonian Institution. 1902-1903. By W. Holmes, Chief. Washington, 1907, Government Print., Pp. 143, 731, 741, 762, 772, 784, 788, 151.

CUMMINS, Harold.—A retabulation of the palmar dermatoglyphics in Wilder's collection of Mayas, with note on the Wilder collection of dermatoglyphics. En "Measures of men", (Tulane Univ. of La., Dept. of Middle American Research. Middle American research ser., pub. 7, study 6). 1936, pp. 197-203.

———. Dermatoglyphs in Indians of Southern Mexico and Central America. (Santa Eulalia, Tzeltal, Lacandon and Maya tribes). En "Middle American papers". New Orleans, 1932. (Middle American Research Series. Publication N° 4).

———. (Véase "A Maya skull from the Uloa Valley").

———. (Véase Blom, Frans).

———. (Véase "Middle American papers; Studies in Middle America").

CUMMINS, Harold y STEGGERDA, Morris.—Finger prints in Maya Indians. En "Measures of men". (Tulane Univ. of La., Dept. of Middle American research. Middle American research ser., pub. 7, Study 4). 1936, pp. 103-26).

D

DALL, William Healy.—List of marine mollusca comprending quaternary fossils and recent forms in American localities between Cape Hatteras and Cape Roque including the Bermudas. **Bulletin U. S. Geology Survey,** 1885, Núm. 24, 336 pp.

(Se refiere a muchas especies de Yucatán).

DANZAS Mayas.—(Radiotransmisión en la "Hora Nacional" organizada por el D. A. P. P. el domingo 10 de octubre de 1937, de 10 a 11 de la noche, con "Danzas del Mayab", de Efraín Pérez, sobre el poema de Antonio Mediz Bolio "La tierra del faisán"), **La Prensa,** 9 octubre 1937.

DANZAS religiosas y guerreras de los aztecas y los mayas. **Revista de Revistas.** 30 diciembre 1934.

DANZEL, Dr. William Wilhelm.—Die letzten archaeologischen Entdeckungen in Yukatan. Ausgrabungen der amerikanischen expedition unter Führung des Professor Morley. **Der Welt Spiegel,** Berlín, 13 diciembre 1935. Nº 50: 2.

(Danzel publicó en 1925 el libro "Mexiko" en 3 vols., ilustrado con 250 láminas).

DARIO, Rubén.—Tutecotzimí. (Poema). En "Canto a la Argentina, Oda a Mitre y otros poemas", Madrid, Imp. de Juan Pueyo, 1920, pp. 165-177.

(Este poema está inspirado en temas de la América maya).

DARLINGTON, P. J.—Aquatic Coleoptera from Yucatan. En "The cenotes of Yucatan; a zoological and hydrographic survey", por A. S. Pearse, etc. Washington, 1936. (Carnegie Institution of Washington).

D'ARPI, Mario.—Messico. Istituto Italiano d'Arti Grafiche, Editore. Bergamo, (1924).

(Entre las buenas ilustraciones que dan valor al libro aparecen reliquias de Palenque, Chichén-Itzá, Uxmal).

DATED Mayan pottery.—**El Palacio,** 1933. XXXIV (¾): 22-3,

DAVALOS, Fr. Luis.—Sermones de Cuaresma y Festividades en Idioma Kiché (Beristain).

(Natural de Guatemala, en cuya provincia fué franciscano observante).

DAVILA GARIBI, José Ignacio.—Brevísimos apuntes acerca de los mayas. Civilización y costumbres de los mismos. Guadalajara, Tip. Dosal, 1927. 57 pp., 6 láminas. 16½ cms.

DAVIS, Bob.—Cómo fué descifrado el Calendario Maya. La relación del Obispo Diego de Landa, sirvió de llave para los jeroglíficos paganos. Una profecía que se cumple. Grandezas y misterios de Chichen-Itza. **Diario de la Marina,** Habana, 19 octubre 1936.

DAVIS, Emily.—Home of America's vestal virgins. **Science News Letter,** 1931, XIX (526).

(Es la descripción del cuadrángulo del Templo de las Monjas en Uxmal).

———. Science spends 100 years on one puzzle. **Every Week Magazine and Science Service,** 26 mayo 1935.

(Es un comentario a "The Gomesta manuscript of Maya hieroglyphs and customs", número 7 de The Maya Society Publications).

DECIPHERING ancient Mayan inscriptions. **Literary Digest,** New York, 1933, CXVI (16): 15.

D'EICHTAL, Gustave.—Etudes sur les origines boudiques de la civilization americaine. **Revue Archeologique,** segunda serie, París, 1865. X: 187-370; III: 273-486.

DEL SER de Dios, 4º, 12 pp.

(Copia fotográfica de este manuscrito, que parece de 1750 y que habla de la naturaleza de la Trinidad (Cat. Gates, 964).

DELAFIELD, John.—An inquiry in the origin of the antiquities of America. New York, 1839, 4º, 142 pp., 10 láminas.

(Es una memoria tendenciosa (Teixidor, **Bibliografía yucateca,** 568).

DELGADO, Fr. Damián.—Arte y Diccionario de las Lenguas Quiché y Kachiquel, por Fr. Damián Delgado, dominico. (Siglo XVIII). (Beristain, Squier).

———. Compendio del arte quiché. Síguese la Doctrina Cristiana en lengua quiché del mismo autor, con sermones del mismo Padre y otros de la Orden de N. P. Santo Domingo. (S. l. n. f.) en 4º.

(MS. de 35 ff. comprendiendo el "Arte" los 9 primeros ff., los 11 siguientes la "Doctrina Cristiana", los otros materias varias, la salutación de los alcaldes indios, se trasmiten el bastón de mando, "Mudanza de Varas", y otras salutaciones, más o menos imitadas de los discursos que pronunciaban antiguamente los señores indios en las ocasiones solemnes. El sermón del Viernes Santo compuesto y predicado es importante y el copista le añadió estas palabras: "Con este solo sermón sabías bien lengua". (Brasseur de Bourbourg, Cat. Pilling, 1016). (Delgado vivió en el siglo XVII).

———. Sermones para los domingos después de Pentecostés en los mismos idiomas (Quiché y Kachiquel). 2 vols.

(La noticia aparece en Beristain, quien asegura que esos sermones sirvieron mucho a los misioneros).

———. Sermones varios, predicados en lengua quiché por el padre fray Damián Delgado, y trasladados, para el uso de los padres de la Santa Orden de nuestro padre Santo Domingo en Rabinal (por el padre fr. Domingo de Basseta), etc. (1698-1712) MS. en 4º en 123 hojas.

("Las 83 primeras comprenden las homilías y sermones, sobre los domingos y fiestas, del P. Damián Delgado, este título: "Quaderno de Evangelios en la lengua quiché, los cuales saqué de un librito viejo que no tenía principio", y al fin de ellos: "Fin de los Evangelios que estaban escriptos de letra de Fr. Damián Delgado. **Basseta"**. Siguen dos sermones, también de la mano del P. Basseta, pero no parecen ser obra suya. Todo es, al parecer, una recopilación que él hizo, año de de 1698. Siguen tres más, que, según dice la nota final que llevan, fueron predicados en Zacualpan, San Antonio y Santa Cruz del Quiché, por el P. Fray Joaquín Ramírez de Aguilera, en 1712" (Viñaza, citando a Brasseur de Bourbourg. Véase también Cat. Pilling, 1017).

DELGADO, Joseph.—From Cahabon to Bacalar in 1677; tr. by Etherl-Jane Bunting. **Maya society quarterly**, Baltimore, 1932, I (3): 112-19.

DELGADO, Juan.—(Véase Zemurray Stone, Doris).

DELLENBAUGH, F. S.—The North Americans of yesterday. 1901.

(En las páginas 242 y 351 hace una breve mención de Copán. (Morley, **Inscriptions at Copan**).

DELORME SALTO, Rafael.—Los aborígenes de América. Disquisiciones acerca del asiento, origen, historia y adelanto en la esfera científica de las sociedades precolombinas. Con un prólogo del general don Vicente Riva Palacio y Guerrero, etc., etc. Madrid-Habana, Librería de Fernando Fé, 1894, Imprenta de E. Rubiños, Madrid.

(El capítulo XV lo consagra a "Los quichés de Guatemala y los pueblos precolombinos de la América Central").

DENIS, Ferdinand.—Arte plumaria. Les plumes. Leur valeur et leur emploi dans les arts au Mexique, au Pérou, au Brésil, dans les indes et dans l'Océanie. Paris, Ernest Leroux, éditeur. 1875. 23.5 x 15 cms.

(Cap. IV: L'Arte plumaria au Yucatan, au Guatemala et au pays des zapoteques, pp. 24-31).

DENTISTRY among Mayas. **El Palacio**, 1931, XXXI (12): 177-78.

DEO, Laus.—Serie cronológica de los padres provinciales que tuvo la orden franciscana de Yucatán, según consta de la historia y de las tablas capitulares. **El Registro Yucateco**, Mérida, Yuc. 1846, III: 270-72.

DEPPE.—(Véase Minutoli, J. H. von).

(En un informe, Deppe hace comentarios al hablar de Palenque. Véase el **Haude-un Spenersche Zeitung**, Nº 199, de 1825).

DESCUBRIMIENTO de una vieja ciudad mexicana.—**El Imparcial,** 18 agosto 1897.

(Habla del descubrimiento de una antigua ciudad a 40 millas de Chilpancingo, por el señor W. Niven, el cual ha encontrado analogías con las construcciones de Uxmal, de Labda, de Kabah y de Chichén Itzá).

DIAZ BOLIO, José.—El Mayab resplandeciente. Poemas legendarios. México, Editorial Nuestra Raza, 1934, 101 pp.

(Ofrece algunas palabras mayas de la página 99 a la 101).

DIAZ DEL CASTILLO, Bernal.—Verdadera y notable relación del descubrimiento y conquista de la Nueva España y Guatemala, escrita... en el siglo XVI. Prólogo de Eduardo Mayora. Guatemala, Tip. Nacional, 1933-1934. 2 vols. (Biblioteca "Goathemala" de la Sociedad de Geografía e Historia de Guatemala, vols. X y XI).

(La obra clásica de Bernal Díaz es imprescindible para el conocimiento de los habitantes de Yucatán al tiempo del descubrimiento y conquista y aporta datos fundamentales en la geografía histórica de los mayas).

DIAZ DURAN, Enrique.—El Petén. **La Locomotora,** Guatemala, 1906, I: (8-9): 15-17.

(Datos para la Geografía de Guatemala).

DIAZ LOZANO, Enrique.—Geografía física y geológica de la región maya. **Quetzalcoatl,** 1930, I (3): 16-9.

DIAZ XEBUTA QUEH, Francisco, y HERNANDEZ ARANA XAHILA, Francisco.—(Véase Hernández Arana Xahilá).

DICK, Sheldon.—(Véase Mackie, Edith).

DICCIONARIO de la lengua maya de Yucatán. Tomo I. Maya-español. Tomo II. Español-maya. Tomo III. Adiciones y correcciones. Providence, R. I., 1864 (Colección Brinton).

(Este MS. lleva por subtítulo: "Diccionario de Motul", en 3 vols., que tienen 1-VIII, 1-1595 y 1-308 pp., respectivamente. En el catálogo de la Colección Berendt se dice que es el diccionario más completo que hay en maya; que el Abate Brasseur de Bourbourg compró en la ciudad de México, por 3 dólares, un diccionario manuscrito en dos volúmenes, en cuarto menor, y que más tarde lo vendió a Mr. John Carter Brown, cuya biblioteca en Providence, lo tiene ahora en su poder. (Ver el Nº 1030 de dicho Catálogo). En 1864 el Dr. Berendt obtuvo permiso para sacar una copia, dedicándose a la labor durante un año, añadiendo y ampliando dicho vocabulario, y parece que fué un franciscano quien lo escribió hacia 1577. La parte español-maya es de mano diferente y acáso de fecha posterior. El vol. III, con adiciones y correcciones del Dr. Berendt (Cat. Pilling, 1030 a). En el catálogo de dicha biblioteca dice Mr. Bartlett: "Este diccionario lleva adentro la evidencia de que fué compuesto entre los años 1590 y 1600, por un fraile franciscano que vivió mucho en Yucatán, y que este ejemplar es una transcripción hecha en el siglo siguiente. Está bellamente escrito, del gran número de palabras y definiciones completas que contiene, se deduce que sólo pudo haber sido compilado por alguien que estaba familiarizado con el idioma. El diccionario no ha sido superado por ninguno de los de lenguas aborígenes de América, y, si hubiera sido impreso, haría probablemente un volumen del tamaño del bien conocido de Molina sobre el idioma mexicano". Y agrega Mr. Bartlett: "El diccionario no ha sido publicado y no se sabe que haya otro ejemplar de él". Cat. Pilling, 1030).

DICCIONARIO español-maya del convento de San Francisco en Mérida. Copiado por C. Hermann Berendt, MD., Mérida, 1870 (Colección Brinton).
(MS. de 386 pp. en 4º. Tanto éste como el que sigue, en poder del Dr. Brinton, de cuyo catálogo manuscrito de la Colección Berendt es tomada la nota que sigue: "De acuerdo con los más hábiles conocedores del maya, este diccionario fué compuesto en el siglo XVII y es más viejo que el de Ticul. Cuando en 1820 el convento franciscano de Mérida fué clausurado, el manuscrito original fué regalado a un ciudadano de Mérida y después de pasar por varias manos llegó a poder de don Juan Pío Pérez, quien hizo una copia fiel, de la cual este fué tomado por el Dr. Berendt en 1870. El original no pudo ser encontrado en ninguna parte en aquella fecha, ni se sabe quién fué el autor o cuál la fecha exacta de sus labores". (Cat. Pilling, 1030 e).

DICCIONARIO maya-español del convento de San Francisco de Mérida. Copiado por C. Herman Berendt, M. D. Mérida, 1870. (Colección Brinton).
(Es un MS. de I-VII, 1-364 pp. en cuarto (Cat. Pilling, 1030 d).

DICTIONAIRE Cakchiquel.
(Manuscript in the Bibliothéque Impériale. "I have availed myself of a Cakchiquel dictionary in manuscript of great extent, which belongs to the Imperial Library". Ternaux-Compans in **Nouvelles Annals,** 1840, vol. 4, (Cat. Pilling, 1034).

DIE KULTUR der Maya.—**Neue Zürcher zeitung,** erste Sonntagausgabe, 12 januar, 1936. Nº 55.

DIESELDORFF, ERWIN P.—A clay vessel with a picture of a vampire-headed deity. **Bureau of Ethnology.** Bulletin 28, pp. 665-666, Washington, 1904. (Translation of German edition published in **Zeitschrift für Ethnologie,** 1894, pp. 576-577).

———. A kekchi will of 1583. **Maya Society quarterly,** 1932, I (2): 65-8.

———. Conferencia que dió en la Sociedad de Geografía e Historia de Guatemala sobre el calendario Maya. **El Imparcial,** Guatemala, 16 diciembre 1935.

———. El Calendario Maya de Quiriguá. **Anales de la Sociedad de Geografía e Historia de Guatemala,** 1936. XII (3): 272-77.

———. El Tzultacá y el Mam, los dioses prominentes de la religión Maya.—**Anales de la Sociedad de Geografía e Historia.**—Guatemala, 1925, II (4): 378.

———. Extracto del Libro antiguo que conserva la Cofradía de Carchá. Auszug aus einem alten Buch, welches die Carchá-Indianer besitzen. Von E. P. Dieseldorff, Coban, República de Guatemala. En "Internationaler Amerikanisten-Kongress Vierzehnte Tagung Stuttgart 1904", Stuttgart, 1906, pp. 399-402.

———. Kunst und Religion der Mayavoelker. Im alten und heutigen Mittelamerika. Verlag von Julius Springer, Berlin, 1926, 49 pp., 53 láminas.
(Sobretiro de **Zeitschrift für Ethnologie,** 1925).

———. Kunst und religion der Mayavoelker II; die Copaner **denkmaeler. Mit** 38 abbildungen im text und auf 24 tafeln. Berlin, Julius Springer, 1931. 2 p. 1, 44 (2) pp., 24 láminas, 25.5 cms.

(Sobretiro de **Zeitschrift für Ethnologie,** 1930).

———. Kunst und religion der Mayavoelker III; die datierung der tempel. Mit 177 abbildungen. Hamburg, Im selbstverlag des verfassers, buchhandlerische auslieferung durch: L. Friederischsen & Co., 1933. 52 (2) pp., láminas, 25.5 cms. ("Literaturverzeichnis", pp. 51-52).

(En estos estudios Dieseldorff diserta sobre arte, religión, antigüedades, cronología, mitología, etc., etc., de los mayas, y se refiere también a Copán).

———. La arqueología de la Alta Verapaz y los problemas de los estudios mayas.—**Anales de la Sociedad de Geografía e Historia de Guatemala,** Dic. 1936, pp. 183-191.

———. Maya intercalary systems. Abstract by E. P. Dieseldorff (Guatemala). **Maya Research.** New Orleans, La., 1935. II (1): 76-77.

———. Mayan intercalary system. (Abstract) **Compte-rendu de la premiére session,** Londres 1934, **Congres international des sciences anthropologiques et ethnologiques,** p. 244.

———. Religión y arte de los mayas. **Anales de la Sociedad de Geografía e Historia de Guatemala,** Dic. 1928. pp. 184-203.

———. Sobre la manera probable de averiguar el orden de la raza de los toltecas. **Congreso Internacional de Americanistas. Actas de la Undécima Reunión.** México, 1895. Agencia Lit. de F. Díaz de León.

(Memorias presentadas en el XI Congreso de Americanistas, que no pudieron ser leídas en las sesiones por falta de tiempo. En pp. 511-526 cita varios historiadores de Yucatán y habla de la raya maya).

——. Two vases from Chama, by E. P. Dieseldorff, Eduard Seler, and E. Foerstemann. **U. S. Bureau of American Ethnology, Bull.** 28, 1904, **p. 635-666.**

———. Uber Jadeit — und anderen Schmuck der Mayavoelker. **Z. f. Ethn.,** Berlín, 1905, XXXVII; 408-411, 12 fgs.

(Describe objetos de Chamá, Ulpaná, Canaséc, Arenal en la Alta Verapaz y de Copán, así como de concha de Arenal y Zacapa).

———. Uber Klassificierung meiner archaologischen Funde im noerdlichen Guatemala. **Z. f. Ethnol.,** Berlín 1909, XLI: 862-73.

(Vasijas de los lacandones, ídolos y vasos de los quichés, los acalás y poconchíes).

———. (Véase Bowditch, C. P.)

DIEZ, P. Fr. Manuel.—Canciones in lingua Tzeldaica, exáratas a Reverendo Pater Fr. Manuel Diez, Ordinis Sti. Dominici, de Provincia Sancti Vincentii, dicta de Chiapa et Guatemala. 1675.

(Es un MS. de 103 hojas, en el que van 123 sermones en lenguaje tzendal. La firma del autor aparece dos veces, una en la hoja primera y en la última, siguiendo una especie de alocución a los alcaldes del lugar donde fué escrito. Parece que este lugar fué el pueblo de Tzibacha, también llamado Ocotitlán, de las palabras hombre "Tzibac- ha vinic" o habitante de Tzibac-ha, que se encuentra bajo la última de dicha firmas, a menos que ellas indiquen el lugar del nacimiento. Estos sermones fueron dichos en varios lugares, según se deduce de los títulos de algunos, los cuales van fechados en 1672 y 1675. Brasseur de Bourbourg (Cat. Pilling, 1039).

DIEZ DE COSSIO, Martín.—Yucatan's henequen (Mexican sisal). English translation by Diez de Cossío. Barcelona, Talleres gráficos Hostench, 1928. pp. (5)-37, ilustraciones, 1 mapa.

DIFERENTES aspectos de la civilización Maya-Quiché. Mujer, México, 1932. I (1): 9-12.

DISCURSOS breves en Lengua Quiché, "Letra de Juan Sipriano, Escribano", 4to., 73 pp.

(Lleva muchas rúbricas adornadas, caligrafía muy clara de fines del siglo XVIII. (Cat. Gates, 1005).

DITTRICH, Arnost.—Die Korrelation der Maya-Chronologie. Berlín: de Gruyter in Komm. 1936. 39 S. 40. Abh. d. Preuss. Akad. d. Wiss. Physik.-math. Klasse. Jahrgang. 1936. Nr. 3.

DIVEN, Thomas J.—Aztecs and Mayas. Chicago, The Antiquarian Co., 1909, Vol. I.

DOCTRINA Abreviada en Lengua Tzotzlem. 4º, 21 pp. Copia fotográfica.

(Brasseur le adjudicó fecha aproximada a 1800 (Cat. Gates, 1041).

DOCTRINA.—(Doctrina Christiana, Arte, etc., in Cakchiquel). 100 hojas en 4º.

(El ejemplar está en la biblioteca de la Philosophical Society, de Filadelfia. El Dr. D. G. Brinton escribió sobre él un artículo publicado en el "American Journal of Science and Arts", XLVII: 222-230 y dice que en el MS. aparecen: "Preguntas de la Doctrina", "Confesionario breve en lengua cakchiquel", una oración a la Virgen en latín y unas pláticas entre las cuales aparece una sobre un episodio de la vida de San Vicente Ferrer y sólo por éste Brinton atribuye esta "Doctrina" a un dominico, más bien que a un franciscano. El "Arte" lleva como colofón: "Martes a 24 de junio de 1692 años dia del Nacimiento de S. Juan Baptista se acavo el traslado de oraciones y Arte en Kakchiquel". (Cat. Pilling, 1046).

DOCTRINA cristiana en lengua guatemalteca.—Ordenada por el Rmo. Sr. D. Francisco Marroquín, primer obispo de Guatemala, etc., con parecer de los intérpretes de las religiones del señor Santo Domingo y San Francisco Fr. Juan Torres y Fr. Pedro de Betanzos.—En Guatemala, con licencia de los superiores, por el B. Antonio Velasco, 1724.

DOCTRINA Christiana en la lengua utlateca alias kiché del uso de Fr. Josef Ant. Sánchez Vizcayno, año de 1790.

(El MS. tiene 11 hojas en cuarto. El título es tomado del Cat. Pinart, 312 (Cat. Pilling, 1047 a).

DOCTRINA Christiana en lengua chapaneca.—Fragmento de un manuscrito anónimo, copiado en facsímile por C. Hermann Berendt, M. D., Tuxtla Gutiérrez, 1869.

(El MS. tiene 67 páginas, en las que va el Padre Nuestro, del "Cuadro Descriptivo" de Pimentel. Es un manuscrito muy bello, con numerosos dibujos a pluma y letras iniciales en color. En la advertencia del Dr. Berendt se lee: "El original de este MS. es un cuaderno en 4to., papel y letra del siglo XVII o XVIII; escritura muy clara y regular. Le faltan la portada y las primeras veinte páginas, que parece han contenido la parte principal de la doctrina cristiana la cual concluye en la página 36. Siguen después 14 fojas más en la lengua, faltando en uno el principio de esta parte, que contiene oraciones en versos acrósticos y anagramas y concluye con una alocución o sermón. El resto es en castellano; dos fojas con una disertación sobre el lugar del paraíso, que pone el cerro Gólgota; 3 fojas tablas de los Evangelios y Epístolas y en 136 pp. de nueva numeración los evangelios de todos los Domingos. Las epístolas se encuentran en 8 fojas sin numeración, en parte destruídas y seguidas por una foja blanca que en el reverso del pedazo que se conservó muestra un pedazo de una rúbrica y algunas palabras que parece una advertencia ritual. Sólo las 44 páginas en lengua chapaneca van copiadas aquí.
Este MS. es propiedad de D. Angel Carnas en la ciudad de Chiapas, en cuya familia lo han conservado desde muchos años y me lo consiguió para estudiar y copiarlo mi amigo D. Francisco Amado Calebro (¿Culebro?) de esta ciudad. (Cat. Pilling, 1046 b).

DOCTRINA Christiana en lengua zoque. Año de 1736. (Colección Brinton).

(MS. original. Tiene 51 más 7 hojas en cuarto menor. Son fragmentos de una "Doctrina", escrita a principios del siglo XVIII y regalado al Dr. Berendt por don José María Sánchez, cura de Ocosocantla. Es bien legible (Cat. Pilling, 1047 b).

DOCTRINA christiana en pocomchí. Año de 1810. (Colección Brinton).

(Es un MS. con la advertencia firmada por el Dr. C. Hermann Berendt, en Cobán, en agosto de 1875. El texto tiene 38 pp., copiado del original que tiene 22 hojas en 8º, en la parroquia de Tactic, llevando la inscripción: "Para el uso de Bacilio Co. Año de 1810". El MS. todo en poconchí. (Cat. Pilling. 1047 c). (Cat. Gates, 1033).

DOCTRINA Christiana y confesionario en lengua kekchí y castellano con un pequeño vocabulario del Archivo de la Parroquia de Cobán, copiado por C. Hermann Berendt, M. D., Cobán, febrero de 1875. (Colección Brinton).

(Es un MS. que tiene 49 páginas de texto, con el índice hasta la 51, a doble columna el español y el kekchí. En la advertencia se lee: "El original de esta doctrina es un libro en octavo, escrito en letra moderna. Por las formas de las varias palabras parece copia de una obra antigua. Pertenece al archivo de la iglesia parroquial de Cobán y me lo prestó para copiarlo mi buen amigo el Vicario de la Alta Vera Paz y Cura de Cobán, Presbítero don Manuel González. C. H. B." (Cat. Pilling, 1050 b).

DOCTRINA y confesionario. 8º, 47 pp. Copia fotográfica.

(Con unas cuantas notas gramaticales; escrita en 1824 por el cura de Nebah, y la única pieza conocida, sobre el ixil, que está vinculado al mam (Cat. Gates, 1050).

DOCTRINA y confesionario en lengua ixil. Precedidos de un corto modo para aprender la lengua y ritual de matrimonio por el cura párroco de Nebah. 1824. (Colección Brinton).

(MS. original, de 28 hojas, en buena condición. (Cat. Pilling, 1056 b).

DOCTRINA y prácticas devotas con otras oraciones sacadas del catecismo, lo (sic) todo en lengua tzoque.

(MS. de 23 hojas en 4º. Escritura del siglo XVII. Título tomado del Cat. Pinart, 313. (Cat. Pilling, 1056 c).

DOCUMENTO CANEC, (El).—Documentos relativos a los Caciques José Pablo Canec y Francisco Exquin-canec, señores que fueron del Peten, encontrados en el Archivo General del Gobierno de Guatemala, por J. Joaquín Pardo, Director de dicho Archivo. **Maya Research**, New Orleans, La., July-October, 1936, III (3-4): 294-295.

DOCUMENTO en lengua maya relativo al pueblo de Sahcabchen.—Sahcabchen, 30 de enero de 1812. Una hoja escrita por las dos caras, de 310 mm. x 190 mm. (BMA, Serie A, Nº 45). (F. Teixidor, **Bibliografía Yucateca, 107**).

DOCUMENTOS de Cacalchén, en lengua maya. Folio, 48 pp. Copia fotográfica.

(Son varios documentos que datan de 1647 en adelante, especialmente ordenanzas de 1552 a 1583, así como varios testamentos. Aparecen nombres de la familia Cocom, los antiguos señores de Sotuta y el oriente de Yucatán. (Cat. Gates, 966).

DOCUMENTOS de Chamelco, en Vera Paz. Folio, 26 pp. Copia fotográfica.

(Contiene copias o transcripciones de testamentos, etc., fechados 1540, 1593, etc., etc. (Cat. Gates, 1023).

DOCUMENTOS de Ticul, en Lengua Maya. Folio, 64 pp.

(Varios documentos oficiales y papeles, de 1642 a 1761, copia fotográfica. (Cat. Gates, 965).

DOCUMENTOS de Totonicapam, año de 1689-90, etc. Copia fotográfica.

(Son varios testamentos y papeles semejantes. (Cat. Gates, 1001).

DOCUMENTOS varios en lengua maya. Folio, 44 pp. Copia fotográfica.

(Varios papeles documentales, fechados de 1571 a cerca de 1800. Incluye un fragmento de un "Diccionario maya" perdido, escritura del siglo XVII. (Cat. Gates, 968).

DOCUMENTOS y títulos de Ebtún, en Lengua Maya. Folio, 144 pp. Copia fotográfica.

(Son varios documentos fechados de 1638 en adelante, acompañados de varios mapas. (Cat. Gates, 967).

DOMINGUEZ y ARGAIZ, Dr. Francisco Eugenio.—Pláticas de los principales mysterios de nuestra Sta. Fee, Con una breve exortacion al fin, del modo con que deben exitarse al dolor de las culpas. Hechas en el Idioma Yucateco, por orden del Illmo. y Rmo. Sr. Dr. y Mtro. D. F. Ignacio de Padilla,

Del Sagrado Orden de San Augustin, Dignissimo Arzobispo Obispo de estas Provincias de Yucatan, de el Consejo de su Majestad, Por el Doctor... Cura propio de la Parrochia del Santo Nombre de Jesús, intramuros de la Ciudad, y Examinador Synodal del Obispado de Yucatan (sic). Quien las dedica al dicho Illmo. Rmo. Señor. Contiene seis Platicas: la 1. la Explicación de N. Santa Fee; la 2. el Mysterio de la SS. Trinidad; la 3. el de la Encarnación del Verbo Divino; la 4. el de la Eucharistia; la 5. la Explicacion del Fin ultimo para que fue criado el hombre: que es solo Dios; la 6. la Explicacion del modo con que deben excitarse al dolor las culpas. Impresas enMexico en la Imprenta del Real y mas Antiguo Colegio de S. Yldefonso. Año de 1758. 6 pp. ll., pp. 1-24 en 4º.

(El título fué comunicado por García Icazbalceta a quien se lo diera el Dr. Berendt, quien era dueño de un ejemplar. Otro estaba en poder de Carrillo y Ancona. (Pilling, 1064).

DONDE, Joaquín y Juan.—Lecciones de botánica arregladas según los principios admitidos por Guibourt Richard, Duchartre, De Candolle y otros. Por... (padre e hijo) farmacéuticos titulados, químicos y naturalistas. Mérida de Yucatán, Imprenta Literaria de Juan F. Molina Solís, 1876.

(Hay en las páginas 229-236 un "Indice alfabético de las plantas citadas en esta obra, con sus nombres vulgares, sus nombres científicos o botánicos, y los de las familias a que pertenecen", figurando en letra negra los que corresponden a la lengua maya. Según Pilling esta lista fué hecha por Tomás Aznar Barbachano).

———. Noticias de varias plantas (de Yucatán) y sus virtudes. 8º, 29 pp. Copia fotográfica.

(Es probable que sea de don Joaquín Dondé. (Gates, 971).

DONNELLY, Ignatius.—Atlantis: the antediluvian world. New York, Harper & Brothers, 1882. V-X, 1-490 pp., 12vo.

(El alfabeto maya aparece en las pp. 217-234. (Cat. Pilling, 1067 b).

DONOHO, Mary Brown.—Uxmal, times past.—The Pan-American Magazine. New York, 1920, XXXI: 55-60.

DR. BREASTED declares Mayan culture indigenous. **El Palacio**, 1932, XXXII (17/8): 243-44.

DOUAY, León.—Mémoire sur les affinités du Maya avec certaines langues de l'Amérique méridionale. (París?) (1890?). 17 pp. 24 cms.

(Prefacio de Paul Gaffarel. En el texto van "Exemples d'un travail d'ensemble sur les affinités du Maya avec le kechua, l'aymara et l'araucanien", pp. (15)-17.

DRESDEN Codex.—(Véase Bowditch, C. P.)

———. (Véase Forstemann, E. W.)

———. (Véase Villacorta, José Antonio).

DUBOIS, Anthony.—La civilisation Maya connaissait-elle un systéme musical? **Bulletin de la Société des Américanistes de Belgique,** agosto, 1934. Nº 14: 111-17.

DUCHATEAU, Julien.—Sur l'écriture calculiforme des Mayas. Par... A. M. Emile Burnouf. Londres, le 22 octobre 1873. **Archives de la Société Américaine de France.** París, 1875. 2ª serie. (I): 31-34.

DUPAIX.—Antiquités Mexicaines. Relation des trois expeditions ordonnées en 1805, 1806 y 1807. París, 1834. Imp. de J. Didot. 2 vols. Fol.

———. Viajes de Guillermo Dupaix sobre las antigüedades mexicanas. En "Antiquities of Mexico", de Lord Kingsborough, Londres, 1830, V: 207-339; VI: 421-486.

(**Contiene:** "Antigüedades de Ciudad Real y Ocoxingo", pp. 289-294; "Descripción tocante a Palenque", pp. 294-302; "De la escultura plástica, yeso, o estuco", pp. 303-311; "Sobre la arquitectura del Antiguo Palenque. Del órden de arquitectura inventada por nuestros celebérrimos palencanos", pp. 311-321; "Suplementos a la descripción del Palenque", pp. 322-326; "Suplementos al Número 22, Las. 15 y 16: acerca de las figuras agigantadas", pp. 327-; "Suplemento a la descripción de las láminas en el Templo de la Cruz", pp. 328-333; "Suplementos o explicación acerca de las figuras de las tres losas geroglíficas", pp. 334-339. El texto inglés aparece en el tomo VI.

La primera expedición la hizo Dupaix en 1805, siendo capitán retirado de dragones de México; la segunda el de 1806, yendo acompañado del delineador y dibujante José Castañeda, el escribiente Juan Castillo y un dragón, habiendo en ella visitado Monte Albán y Mitla; y la tercera en 1807, en la cual hizo el recorrido por la comarca de Palenque. Dupaix era austriaco).

DURLAND M. F., WILLIAM D.—Nel Guatemala sconosciuto. La grande regione di Peten. **Le Vie d'Italia e dell'America Latina,** marzo, 1927. pp. 283-90, ils.

DURON, Jorge Fidel.—Interesantes declaraciones hechas por el arqueólogo noruego Gustav Stromsvik al Lic. Jorge Fidel Durón, acerca de las ruinas de Copán. **Renacimiento,** Tegucigalpa, 1935, XVIII (148): 49-52.

DURON, Rómulo E.—Las ruinas de Copán. Museo nacional, **Anales,** San Salvador, 1909. IV: p. 100-109).

DURUY, Víctor.—(Véase "Codex Peresianus").

DUSSAUSSAY, Eugenio.—Las Ruinas de Quiriguá. **El Progreso Nacional,** Guatemala, 1894. I (12): 92-93, y en "Lecturas para los Niños", (folletín del "Diario de Costa Rica"), San José, pp. 108-111.

E

EARLY description of Maya customs. **El Palacio, Santa Fe, N. M., 1931, XXX (9): 137.**

EARLY MAYA culture in Northern Yucatan.—**Nature, París, 2 julio 1932, CXXX: 30-1.**

ECHANOVE, Policarpo Antonio de.—**Observaciones sobre la planta llamada henequén. Firmadas por el Alferes de Fragata don José María de Lanz.** El **Registro Yucateco, Mérida, II.**

———. (Véase Lanz, José María de).

ECHANOVE T., Carlos A.—Yucatán monumental, el ex convento de Izamal y Fray Diego de Landa. **Revista de Revistas, 1933, XXIII (1217).**

ECHEVERRIA, Adalberto P.—Monografía de Quiché. **El Imparcial,** Guatemala, 13 marzo 1937.

EFFLER, Louis Robert.—**The ruins of Chichen Itza; a tourist guide.** (Toledo, U. S. A., 1935) **48 pp. 23 cms.**

(Subtítulo: "Chichen Itza, the "Sacred City" and the center of the ancient Mayan civilization in Yucatan". Bibliografía, pp. 46-47).

EGGAN, Fred.—**The Maya kinship system and cross-cousin marriage. American Anthropologist, 1934, n. s., XXXVI** (2): 188-202.

EICHHORN, Albert.—**Naual, oder Die hohe wissenschaft (scientia mirabilis) der architectonischen und künstlerischen composition bei den Maya-voelkern, deren descendenten und schülern. Mit vielen in den text gedruckten beispielen. Von A. Eichhorn... Berlin, M. Spielmeyer, 1896. 1 p. l., 126, (2) pp. ilustraciones, 31 cms.**

EISEN, G.—Ruins of Copan. **Great divide,** 1893-1894, X.

(El Dr. Eisen, que visitó Copán en 1882, escribió al Dr. O. Stoll una carta en la que le hablaba del chortí "como de la mayor importancia para descifrar los glifos, pues pudo haber sido el lenguaje original de Copán". (Morley, **The Inscriptions at Copán,** p. 607.

(El) EJERCICIO del Santo Viacrucis puesto en lengua Maya y copiado de un antiguo manuscrito. Lo da a la prensa con superior permiso el **Dr. D. J. Vi-**

cente Solís y Rosales, quien desea se propague esta devoción entre los fieles, principalmente de la clase indígena. Va corregida por el R. P. Fr. M. Antonio Peralta. Mérida, Imprenta de J. D. Espinosa e hijos, 1869, 31 pp. 16º.

("Hay un manuscrito que tiene literalmente este título: "Manuscrito de estación de Pixilá y yo,· Damian Chim, maestro de capilla", de 48 páginas en cuarto. De una nota resulta que la copia fué concluída por el indio Damian Chim. Por otro título que aparece después de la portada parece que el autor de obra fué el doctor Pedro Nolasco de los Reyes: "A devocion del Dr. D. Pedro Nolasco de los Reyes, cura interino de la parroquia de Santiago. Héle en 30 de Enero de 1826 años". La obra fué dada a la estampa finalmente en 1869 con con el título indicado arriba" (Carrillo y Ancona). Se han reimpreso extractos, sólo en maya, con el nombre de "Textos Mayas" en **Archives de la Societé Américaine de France**, nouvelle série, tomo I, pp. 373-378. Véase Rosny, (L. de), Nos. 3376-3377. (Cat. Pilling, 1169).

ELGUETA, Manuel.—Vocabulario mam i español. Folio, 17 pp. Copia fotográfica.

(Escrita hace unos 25 años (1898) por un aficionado de Totonicapán. (Cat. Gates, 1048).

ELLIOT, Lillian E.—Central America: New paths in ancient lands. Londres, Mathuen, 1924, XII-280 pp.

———. QUIRIGUA. **Pan American Magazine**, New Orleans, La., June 1910. X (2): 71-75.

———.The mystery of the Maya. Tracking ancient clues in Central America forest. **Pan American Magazine**, Panamá, Dic. 1928, p. 233-240.

EMERSON, R. A.—A preliminary survey of the milpa system of maize culture as practised by the Maya Indians of the northern part of the Yucatan peninsula. Ithaca, N. Y., (1935) 14 p. 1.

(Ejemplar mimeográfico en el M.A.R.D. de la Universidad de Tulane).

———. (Véase Carnegie Institution of Washington).

ENGLAND, George Allan.—Sailing the Mayan coast. **Travel**, 1934, LXII: 31-35.

EPSTEIN, Isidoro.—Cuadro sinóptico de las lenguas indígenas de México y representación gráfica de su clasificación; formado según la obra del señor Francisco Pimentel intitulada "Cuadro descriptivo y comparativo de las lenguas indígenas de México o trato de Filología Mexicana". 1876, 1 hoja en folio. (Cat. Pilling, 1223 a).

ENOCK, G. Reginald.—Central American marvels "The Secret of the Pacific" (A discussion of the origin of the early civilizations of America, the Toltecs, Aztecs, Mayas, Incas, and their predecessors; and of the possibilities of Asiatic influence thereon). New York and London, Scribner's Sons, T. Fisher Unwin, 1914(?). Cap. VIII, pp. 140-54.

(**Resumen:** Migration from Mexico to Central America. Ancient sculptures and reliefs. Farthest limit of Maya culture. Chac-mol sculpture. Ruins of Quirigua.

Beautiful stelae. Ancient city. Terraces and plazas. Huge carved stones. Hieroglyphs. The "Greek" pattern. Santa Lucía Cozamalhuapa. Numerous ruins. Expedition of Cortes. Three pyramids. The Quiches. The famous Popol-Vuh. Story of the Creation and the Deluge in prehistoric America. Ruins of Copan. Pyramids, ramparts, and terraces. Metal-craft of Chiriqui. Reading the hieroglyphs. Junction between Mayas and Incas).

EROSA PENICHE, José A.—Guía para visitar las ruinas de Chichén-Itzá. Por... Arqueólogo de la Oficina de Monumentos Prehispánicos. Traducida al inglés por John W. Germon. Mérida, Yuc., 1937. Cía. Tip. Yucateca, 56 pp., 23 x 17 cms.

ESCALONA, Fr. Alonso.—Sermones en Lengua Megicana, que tradujo despues á la Achi Guatimalteca. (Cat. Pilling, 1227).

ESCALONA RAMOS, Alberto.—Historia de los Mayas por sus crónicas. Mérida, Yucatán, 1934. 18 pp. (Publicación de la Universidad nacional del Sureste).

———. The expedition to Piedras Negras, Guatemala. **Bulletin of the Pennsylvania university Museum**, 1935, V(6): 74-5.

———. Las profecías de Chilam Balam. **Revista de Revistas**, 1935, XXV, (1303).

ESCOBAR, Fray Alonso de.—Account of the Province of Vera Paz, in Guatemala, and of the Indian settlements or Pueblos established therein. By Padre Fr. Alonso de Escobar. Communicated by don Carlos Meany. **Journal of the Royal Geographical Society**, London, 1841. XI, 89-97.

ESCRIPTURA de testamento en quiché. 4º, 20 pp. Copia fotográfica.

(Trata de las tierras de Domingo Sandalis, difunto. (Cat. Gates, 1000).

ESPINOSA y QUESADA.—Lenguas de América. Catálogo bibliográfico de XXI MSS., existentes en la Biblioteca del Rey de España. Madrid, Victoriano Suárez, 1914, en 4º. (Palau, **Manual del Librero Hispanoamericano**).

ESQUIVEL PREN, José.—La profecía de Chilam-Balam. **Revista de Revistas**, 1933, XXIII (1197).

ESTA EXPLICACION de la Doctrina Christiana va con el mismo testo de la cartilla impresa el Año de mill y quinientos y cinquenta y seys por explicar los términos que los Yndios Saben mal entendidos, por tuviendo el mismo autho rrefformado la dicha Cartilla por mandado del illmo. Señor Don fray juan capata y Sanctoval obispo de guatemala, se puso aqui en la misma forma que la Corregie para que sirva de brevissa. exposicion A la antigua sub censura Sanctte Romane eclessiae.

(MS. de 9 hojas en folio, en la Biblioteca de la American Philosoph. Society. Se sabe que en 1748 fué hecho por Sebastián López en Sololá, utilizando dos obras, la más antigua impresa en 1556, sin darse el autor, y la otra por Francisco Maldonado. El primero debe haber sido la "Doctrina Cristiana en Lengua Utlateca" o quiché, publicada en México en aquel año, cuyo autor, Dr. Francisco Marroquín, murió en 1563. Brinton añade: "Es cierto que de esta se dijo que era en quiché y que Zapata y Sandoval no fué obispo hasta 1613. Pero como hasta hoy no he visto un ejemplar de la Doctrina por Marroquín, no estoy en capacidad de conciliar estas discrepancias" (Cat. Pilling, 1236). Dice Squier en "Monograph of authors who have written on the language of Central America, etc., etc.", p. 52: que Fr. Pedro de Betanzos, que murió en 1570, publicó una "Doctrina en Lengua de Guatemala", también en México, sin que se sepa el año. (Véase en esta bibliografía el título "DOCTRINA cristiana en lengua guatemalteca").

ESTATUTOS DE LA Asociación Conservadora de Monumentos Arqueológicos de Yucatán. Mérida, Yucatán, México, Imp. "El Porvenir", de Lauro Franco. 1922. 150 mm. 7 pp.

(Suscrito en Mérida el 9 de junio de 1922, por Felipe G. Cantón, June F. James, Gonzalo Cámara, P. Alcalá Hernández, A. González R., V. Suárez, Julio Rendón, M. Amábilis, Edward H. Thompson, Arthur P. Rice, E. Manero y F. Gómez Rul).

ESTUDIO bibliográfico. Disertaciones sobre la historia de la Lengua Maya. **Boletín de la Sociedad de Geografía y Estadística**, 1872, 2ª época, IV: 134-195.

EVANGELIO de San Juan (El), traducido al idioma maya. Cambridge. The University Press. 1869.

EXCAVATION work at Quirigua reveals wonders of Mayan race long hidden. **Christian Science Monitor**, Chicago, May 24, 1912.

EXCAVATIONS at Piedras Negras. **Bulletin of the Pennsylvania university Museum**, 1932, III (6): 178-79.

EXCERPTS from letter by Captain Kenneth Beer to Dr. Alfred V. Kidder, April 13, 1936. **Maya Research**, New Orleans, La., July-October, 1936. III (3-4): 329-330.

EXCURSION alpestre al volcán de Tajumulco. **Anales de la Sociedad de Geografía e Historia de Guatemala**, 1934, X(3): 374-80.

EXPLORANDO los vestigios de la cultura maya en la aldea de Guiatán. (Investigación de Pollock). **El Imparcial**, Guatemala, 3 abril 1937.

EXPLOTACION racional de las maderas en Quintana Roo. **El Nacional**, 15 enero 1937.

EXPOSICION de tejidos de Guatemala. **Boletín de la Unión Panamericana**, Washington, D. C., 1934, LXVIII (5): 338-39.

F

FAJARDO, P. Domingo A.—(Véase Molas, Miguel).

FALLA, Salvador.—Tecún Umán, héroe y caudillo quiché. **Anales de la Sociedad de Geografía e Historia de Guatemala,** 1933, X(2): 119-129.

FANCOURT, Charles St. John.—The History of Yucatan from its discovery to the close of the seventeenth century. By... Esq., recently H. M. Superintendent of the British settlements in the Bay of Honduras. With a map. John Murray, Albemarle Street. 1854.

(En el capítulo I habla sobre "civilization of the inhabitants" de Yucatán al tiempo del descubrimiento español; y el VIII presenta este sumario: First population of Yucatan. Form of government. The laws of the Mayas, their forms of worship, and superstitious observances. Witchcraft. Painted records. Calendar of the Mayas. Historical eras. Religious ceremonies. Idolworship. Celebrated shrines. Blood sacrifices. Priestcraft. El apéndice trae la descripción que de los cenotes de Yucatán hace Mr. Norman en su libro "Rambles in Yucatan" (Philadelphia, 1849), p. 335. El mapa que acompaña a la obra presenta a Yucatán y los territorios adyacentes, de los itzáes o "Maya Indians", los tipuans, quecheachés, mopanés, lacandones, cholés, etc. "tal como fueron conocidos por los españoles desde el descubrimiento de la Península en 1506, al final del siglo XVII, mostrando también la probable ruta de Cortés en su viaje de México a Honduras". El mapa fué hecho por Dudley Costello, 1854).

FERNANDEZ, F.—(Véase Saville, Marshall H.)

FERNANDEZ, León.—Lenguas indígenas de Centroamérica en el siglo XVIII según copia del Archivo de Indias, hecha por el licenciado don León Fernández y publicada por Ricardo Fernández Guardia y Juan Fernández Ferraz para el 9º Congreso de Americanistas. San José de Costa Rica, Tipografía Nacional, 1892, VII-113 pp. 26.2 x 16.7 cms.

(Son los varios informes hechos por orden del Rey, dada el 13 noviembre 1787 sobre las 21 lenguas y dialectos que se hablaban en el Reino de Guatemala. Llevan fecha 1788. Fray Carlos Cadena (dominico) los dió sobre el quiché cacchí y poconchí, pp. 1-12; Fray Juan López (franciscano), sobre el kiché, cachiquel y tzutuhil, pp. 13-24; sobre el pocomán, sin indicarse quién, pp. 25-30; el pupuluca, pp. 31-36; el cura de San Francisco Tecpan Guatemala, Joaquín de Paredes, sobre el cakchiquel, pp. 37-42; el cura de Tila, Juan José de la Fuente Albores, sobre el chol, pp. 43-48; Nicolás de Morales y Astiná, del pueblo de San Andrés, sobre el zotzil, pp. 49-55; Antonio de Rivera, de Comitán, sobre el chanabal, pp. 63-68; Feliciano Antonio Vivero, de Tuxtla, sobre el zoque, pp. 69-74; Fray José de Camposeco Lorenzana, del convento de la

Merced, en Ixtahuacán, sobre el mam, pp. 87-92; y sobre el chapaneca, pp. 81-86, y el tzendal, pp. 57-62).

———. San Salvador y Honduras el año 1576. Con prefacio y notas del Dr. A. Frantzius... tr. del alemán por don Manuel Carazo, 1881. (Colección de documentos para la historia de Costa Rica, tom. 1, p. 1-52).

FERNANDEZ DURO, Cesáreo.—Antigüedades en América Central. **Bol. de la Soc. Geográfica.** Madrid, 1885, XVIII: 7-44.

(Habla sobre las obras de Maudslay, Charnay, el P. Alonso Ponce, la visita de José Antonio Calderón al Palenque de orden del Presidente de Guatemala Estachería, el viaje de Stephens, etc. El trabajo es muy erudito).

FERNANDEZ FERRAZ, Juan.—Lengua quiché. Síntesis trilingüe. Síntesis de un libro inédito. 24 pp. Tipografía Nacional, San José Costa Rica, 1902.

(La sinópsis comprende: 1. Fonética elemental. a) Modulación simple (vocales), b) Modulación compleja (consonantes).—2. Combinación fonética.—3. Constructiva. Luego se publica lo mismo en francés y después en inglés. El prólogo del libro está también en las tres lenguas. Al final del texto, hay un cuadro gráfico titulado "Quiché Chabal". Dice el autor: "En 1897 escribí un estudio analítico de la lengua quiché, el cual por motivos especiales, no ha podido ver la luz. Aunque tengo en mira publicar mi obra próximamente, me ha parecido útil, después de cinco años de escrita, antes de imprimirla, adelantar una sinopsis trilingüe de ella" (Luis Dobles Segreda, **Indice Bibliográfico de Costa Rica,** II, 65).

———. Síntesis de constructiva gramatical de la lengua quiché. Ensayo lingüístico. San José, Costa Rica, 1902. Imprenta Nacional. 153 pp.

(Tomo I. Primera parte. A y B. Comprende: Parte A.—(Síntesis constructiva). Notas sobre el idioma quiché. Homología y aliteración. Raíces envolventes. Temas reversivos envolventes. Temas iterativos. Voces reduplicantes. Parte B: (Apéndice sobre la Ley de Reversión). Diccionario radical comparativo: a) Raíces elementales.—b) Raíces primarias. (Luis Dobles Segreda, **Indice Bibliográfico de Costa Rica,** II, 64).

FERNANDEZ GUARDIA, Ricardo.—(Véase Fernández, León).

FERNANDEZ y GONZALEZ, Francisco.—Los lenguajes hablados por los indígenas del Norte y Centroamérica. Conferencia de Francisco Fernández y González, senador por la Universidad Literaria de La Habana, pronunciada el día 29 de febrero de 1892. Madrid. Est. y Tip. "Sucesores de Rivadeneyra". Imp. de la Real Casa. 1893, VIII-112 pp.

FILIO, Carlos.—Un importante descubrimiento en el Palenque. Los mayas tenían en sus palacios el sitio indispensable para aligerar el cuerpo, dice el arqueólogo Miguel Angel Fernández. **El Nacional,** 12 julio 1936.

FLEISCHMANN, C. L.—Los indios mayas. **El Heraldo,** Guatemala, agosto 1910, 1. 121.

FLETCHER, R.—On prehistoric trephaning and cranial amulets. **Contributions** to North-American Ethnology, Washington, V.

FLETCHER, Rev. Richard.—Breve devocionario para todos los días de la semana. Payalchioob utialtulacal le u Kiniloob tile Semana. Londres, W. Watts, 1865.37 pp. 8°.

(De este libro, 17 páginas están en español y el resto en maya (Cat. Pilling, 1307).

———. Catecismo de los metodistas N° 1, para los niños de tierna edad. Catecismo ti le metodistavol N° 1 utial mehen palaloob. Londres, W. Watts, 1865. 37 pp. 8°.

(17 páginas en español y 17 en mayo. (Cat. Pilling, 1308).

———. Leti u Evanhelio Hezu Crizto hebix Huan. Londres, 1869, Cambridge, Printed for the British and Foreing (sic) Bible Society by C. J. Clay M. A. at the University Press. 100 pp. 8°. (Cat. Pilling, 1309).

("Están de acuerdo nuestros bibliógrafos solamente en lo que toca a dos de las obras de este autor. Pero en cuanto a los Evangelios que tradujo, Carrillo solamente se refiere al de San Juan, edición de 1869. Tozzer cita dos ediciones del Evangelio de San Juan, más los de San Marcos y San Mateo, publicados en 1900. También consigna publicaciones parciales de estos evangelios. Teixidor sólo se refiere a la primera edición del Evangelio de San Juan y no menciona los evangelios de San Marcos y San Mateo. Mireya Priego de Arjona, **Notas acerca de Bibliografía Yucateca**, p. 12).

FLEURY, Claudio.—Catecismo histórico o compendio de la istoria sagrada y de la doctrina cristiana. Con preguntas y respuestas y lecciones seguidas, por el abate Fleuri; y traducidas del castellano al idioma yucateco por el Rev. J. Ruz, de la Orden de San Francisco. Para la instrucción de los naturales. Con licencia. En Mérida de Yucatán, en las oficinas a cargo de Domingo Cantón, año de 1822, 2° de la Independencia del Imperio Megicano. 3-186 pp. 16°.

(Es la traducción del catecismo del abate Claudio Fleury. París, 1690. 2 vols., en forma abreviada. (Cat. Pilling 3415).

FLORES, Fr. Ildefonso Joseph.—Arte de la Lengua Metropolitana del Reyno Cakchiquel, o Guatemalico, con un Paralelo de las lenguas metropolitanas de los Reynos Kiché, Cakchiquel, y Zutuhil, que hoy integran el Reyno de Guatemala. Compuesto por el R. F. ..., hijo de la Santa Provincia del Dulcissimo Nombre de Jesus de Guatemala, de la Regular Observancia de N. Seraphico P. S. Francisco, ex-lector de Phylosophia, Predicador, y Cura Doctrinero por el Real Patronato del Pueblo de Santa María de Jesus. En Guatemala, Por Sebastián de Arévalo, año de 1753. 387 pp. 4°. (Cat. Pilling, 1314).

(Se trata de un libro muy raro —añade el Catálogo Goupil—, descubierto a los bibliógrafos por M. Brasseur de Bourbourg. El autor, nativo de Guatemala, fué profesor de kakchiquel en la Universidad de dicho país).

FLORES BARNES, Alura.—The jarana yucateca. **Real Mexico**, 1934, III (17): 24-5.

(Se refiere a una de las danzas típicas de Yucatán).

FOLLET, Prescott H. F.—War and weapons of the Maya. En "Middle American papers".—New Orleans, 1932. (Middle American Research Series. Publication No. 4, pp. 373-410).

FOLLEY, H. S.—A Maya "abacus" (an experiment). **Maya Research.** New Orleans, La., 1935, II (4): 398-400.

FOLSON, Charles J.—Mexico in 1842: a description of the country, its natural and political features; with a sketch of its history. To which is added an account of Texas and Yucatan; and of the Santa Fe Expedition.—12°. New York, 1842. 256 pp., Map. (Cat. Blake).

FORBIN, V.—A la recherche des civilizations disparues. Le secret des mayas. **L'Illustration,** París, 2 julio 1927.

FORD, Margaret Allen.—The story of the Maya. Chicago, Colortext publications (1933). 6 hojas, ilustraciones en color.

(Preparado para el Mapa Temple de la Century of Progress International Exposition, Chicago, 1932).

FOERSTEMANN, Ernst Wilhelm.—Aids to the deciphering of the Maya manuscripts. **U. S. Bureau of American Ethnology Bull.,** 1904. 28: 393-472.

———. Commentar zur Madrider Mayahandschrift. Dantzig, 1902.

(Es un comentario sobre el Códice de Madrid).

———. Commentar zur Mayahandschrift der Koeniglichen oeffentlichen Bibliothek zu Dresden. Dresden, 1901.

(Hay una traducción de Foerstemann de 1906. Es un comentario al Códice Dresden).

———. Commentar zur Pariser Mayahandschrift. Dantzig, 1903.

———. Commentary on the Maya manuscript in the Royal Public Library of Dresden. Harvard University, Peabody Museum Papers, 1906, IV (2): 48-266.

(Es la traducción del mismo trabajo publicado en alemán en 1901).

———. Der zehnte Cyklus der Mayas. **Globus,** 1902, LXXXII: 140-143.

(Es una disertación sobre el Décimo Ciclo de los Mayas).

———. Die Maya handschrift, der koeniglichen oeffentlichen Bibliothek zu Dresden. Herausgegeben von Prof. Dr. E. Forstemann Notzat und ober bibliothekar. Leipzig, 1882. (The Bovan Library Catalogue, 2210).

(Las 74 láminas en color, admirablemente realizadas, presentan en facsímil el Códice Dresden. La segunda edición de esta obra fué hecha por Naumann und Schroeder, Leipzig, 1892, en 4º, 18 pp. y 74 láminas. Excelente reproducción de uno de los documentos manuscritos mayas de máxima importancia, de fecha 1502).

———. Die Mayahieroglyphen. **Globus,** 1894, XLVI: 77-80.

———. Die Stela J von Copan. **Globus,** 1904, LXXXV: 361-63.

———. Eine historische Maya-Inschrift. **Globus,** 1902, LXXXI: 150-3.

(Se refiere a una inscripción histórica maya).

———. Erlaeuterungen zur Mayahandshrift der Koeniglischen oeffentlichen Bibliotek zu Dresden; von prof. dr. E. Foerstemann... Hrsg. auf Veranlassung der General-direktion der koenigl. sammlungen für kunst und wissenschaft. Dresden, Warnatz & Lehmann, 1886. 80 pp., 27.5 cms.

(Se trata de explicaciones al Códice Dresden, habiendo editado el trabajo la Dirección General de las Colecciones de Artes y Ciencias, de Dresden).

———. Zur Entzifferung der Mayahandschriften. Dresden, 1887. (Para la traducción véase U. S. **Bureau of American Ethnology, Bulletin** 28, p. 393-472).

(Contribución para interpretar los jeroglíficos mayas).

———. (Véase Bowditch, C. P.)

———. (Véase "Códice Dresdensis").

FOULKE, William Dudley.—Maya; a story of Yucatan. New York and London, G. P. Putnam's sons, 1900. X-219 pp. 19 cms.

FRANCK, Harry A.—Tramping through Mexico, Guatemala, and Honduras. New York, The Century Co., pp. 291-292.

(Hace una breve referencia a Copán y la aldea de Chupá).

FRANK, Waldo David.—Maya, Aztec, Mexican. (Discussion of culture, life and race distinctions of these Indians). **Mexican Life**, 1934, X (6): 16-18 y 44-50; (7): 14 y 50-53.

FRANTZIUS, Dr. A.—(Véase Fernández, León).

FRASES en lengua tzotzil. 4º, 6 pp. Copia fotográfica.

(La escritura es de cerca de 1830. (Cat. Gates, 1042).

FRIDRISSHAL, Barón de M.—Carta a D. Justo Sierra, 21 de abril de 1841. **El Museo Yucateco**, Campeche 1841.

(En ella emite juiciosas opiniones acerca de quiénes fueron los constructores de los edificios precoloniales. **Registro Yucateco**, 1845, II: 438-443. (Larraínzar).

———. Voyage dans l'Amerique Centrale, Yucatan, etc.

(Según el Dr. León se publicó este trabajo en una colección de viajes; es un trabajo muy extenso y raro. Brasseur la cita en su "Historia de Yucatán". (MA.) (F. Teixidor, **Bibliografía Yucateca**, 655).

———. Yucatán: reflexiones sobre sus ruinas.—**Registro Yucateco**, Mérida, Yuc., 1845, II: 437-443.

(Aparece en las cartas del 20 y 21 de abril de 1841, de don Justo Sierra y el Barón de Fridrichsshal, sobre las ruinas de Yucatán).

FROST, Meigs O.—Football is sissy stuff. **Liberty**, 1934, XI (44): 16-9.

(Es la descripción del juego maya "Pok-ta-pok").

———. Save rare examples of a dying Indian art.—**Times Picayune**, New Or leans, feb. 2, 1936.

(Se refiere a la colección de 60 trajes indios de Guatemala hecha por Matilde Geddings Gray y Dolores Morgadanes, en una expedición del Department of Middle American Research de la Universidad de Tulane).

FROST, F. J. T.—(Véase Arnold, C.)

FUENTES, Manuel.—La doctrina christiana en la lengua mam, hallada entre los papeles que quedaron del defunto Sr. presbitero Don Manuel Fuentes, cura que fué de San Miguel Ixtlahuacan.

(Es un MS. de 18 hojas, en 12º. Lo describe Brasseur de Bourbourg en el Cat. Pilling, 1340).

———. Preguntas pa. administrar el Santo Sacramento del matrimonio en Mam, conformes al Manual que usamos. Siguen las varias partes de la doctrina cristiana en mam y en castellano, etc., lo (sic) todo hallado entre los papeles que quedaron del defunto Sr. presbitero Don Manuel Fuentes, cura propio que fué de la parroquia de San Miguel Ixtlahuacan.

(MS. de 8 hojas en 4º. Título de Brasseur de Bourbourg (Cat. Pilling, 1341). Los mames son los menos conocidos de las ramas principales de la raza; habitan todo el oeste y sudoeste de Guatemala, pero casi nada, sin embargo, se ha escrito sobre sus costumbres. Una pésima gramática y vocabulario de la lengua escribió Reynoso en 1644 (se conocen dos ejemplares); tenemos otro pequeño Ms. de Fuentes y nada más. (Cat. Gates, 1047). En el ejemplar del Dr. Brinton hay una nota manuscrita del Dr. Berendt que dice: "Traducido por el Rev. A. Henderson y el Rev. Rich. Fletcher. Tengo entendido ser esta la segunda edición; la primera fué impresa en Londres, 1868").

FUENTES y GUZMAN, Francisco Antonio de.—Historia de Guatemala o Recordación Florida escrita el siglo XVII por el capitán D..., natural, vecino y regidor perpetuo de la ciudad de Guatemala, que publica por primera vez con notas e ilustraciones D. Justo Zaragoza. Madrid, Luis Navarro, editor, 1882-1883, LVI-475 y 440 pp. (Biblioteca de los Americanistas).

(Contiene: Tomo I: "Del establecimiento de la monarquía de Goathemala en la gentilidad de sus Reyes, gobierno suyo en las mayores ciudades y pueblos, y la mucha y grande majestad de que usaron estos señores Tultecas", pp 17-21; Tomo II: "Reyes o señores del territorio de Guatemala anteriores a la conquista", pp. 166-173; y muy interesantes "Apuntes geográficos", pp. 211-311, de gran utilidad para la geografía de los pueblos mayances).

———. Recordación Florida. Discurso historial y demostración natural, material, militar y política del reyno de Guatemala. Edición conforme al códice del Siglo XVIII. Prólogo del licenciado J. Antonio Villacorta C. Guatemala. (Tip. Nacional). 1932-1933. 3 v. (Biblioteca "Goathemala" de la Sociedad de Geografía e Historia de Guatemala. Vols. VI y VIII).

FUERTES, E. A.—Vocabularies of the Chimalapa or Zoque; Guichiovian or Mixi; Zapoteco and Maya.

(MS. de 17 hojas en 4º, en la biblioteca del Bureau of Ethnology, de Washington, D. C. Cada uno de los vocabularios contiene 200 palabras, dispuestas en columnas paralelas y acompañadas con notas gramaticales. (Cat. Pilling, 1343).

FUHRMANN, Ernst.—Mexiko. III. **Kulturen der Erde,** 1922, XIII. Hagen in W. und Darmstadt.

FURTOS, N. C.—On the **Ostracoda** from the cenotes of Yucatan and vicinity. En "The cenotes of Yucatan; a zoological and hydrographic survey", por A. S. Pearse, etc. Washington. 1936. (Carnegie Institution of Washington).

G

GAGERN, Carlos de.—Rasgos **característicos de la raza indígena de México. Boletín de la Sociedad de Geografía y Estadística. 1869, 2ª época, I: 802-818.**

GAIGE, Helen Beulah Thomson.—Some reptiles and amphibians from Yucatan and Campeche, Mexico. En "**The Cenotes of Yucatan; a zoological and hidrographic survey**", por A. S. Pearse, etc. Washington, 1936, (Carnegie Institution of Washington).

GALA, Leandro de la.—**U Tz' ibhuun hach noh Tzicbenil Ahaucaan. 4to. 10 pp.** Ho (Mérida), u tz'alhuun José D. Espinosa, 1870, 10 pp. (Cat. Gates Nº 978).

(Pastoral en maya y español, a doble columna).

GALICH, Manuel.—El memorial de Tecpán-Atitlán o Anales de los Cakchiqueles. **Anales de la Sociedad de Geografía e Historia de Guatemala,** 1933, X: 84-98.

GALINDO, Juan.—A description of the ruins of Copan, in 1834. Report of the Scientific Commission appointed to make a survey of the antiquities of Copan in compliance with a decree dated January 15, 1834, issued by Dr. Mariano Gálvez, Commander-in-Chief of the State of Guatemala. En "The inscriptions at Copan", por Sylvanus Griswold Morley, Washington, 1920, Appendix XI: 593-604.

(El informe está fechado el 19 de junio de 1834, en Copán).

———. Central America. **London Literary Gazette and Journal of belles lettres, arts. sciences,** 1835, Nº 965: 456, 457.

———. Description of the River Usumasinta, in Guatemala. Communicated by ...., of the Central American Service, corresponding Member of the Royal Geographical Society. Dated Flores, on Lake Peten, 12th March, 1832. Read 26th Nov. 1832. **Journal of the Royal Geographical Society,** London, 1834, III: 59-64. (Cat. Pilling Nº 1388).

(Tiene breve vocabulario maya y putunc, p. 63).

———. **Informe de la Comisión Científica formada para el reconocimiento de** las antigüedades de Copán, por decreto de 15 de enero de 1834 del C° gefe supremo del Estado de Guatemala, Dr. Mariano Gálvez. 1834.

(Este MS. de 46 pp. fué de la Colección Gates. La traducción inglesa aparece en el libro de Morley "Inscriptions at Copan").

———. Memoire de M. Galindo, officer supérieur de la république de l'Amerique Centrale, adressé a M. le sécretaire de la Société de Géographie de Paris (Ruines de Palenque, 27 abril). **Bull de la Soc. de Geog.**, París, 1832, XVIII: 198-217.

(Describe a los lacandones y habla de la villa de Flores y la arqueología de Yachá, y ofrece algo de vocabulario cachiquel, poniendo al fin un "Vocabulario de las Lenguas Castellana y Maya" por Perfecto Baeza, vecino del Petén. En esta memoria aparecen la oración dominical y el Símbolo de los Apóstoles en maya, p. 213; los numerales de 1 a 10 en maya, p. 213; los numerales de 1 a 100 en cachiquel, p. 214).

———. Nombres numerales del idioma Maya (1-10) y cinco palabras en el Dialecto Puctunc, por (el) Coronel Galindo. **Bulletin de la Société de Géographie de París**, París, 1832, XVIII: 213-4.

———. Nombres numerales (1 a 100) del Lenguage Kachiquel, por (el) Coronel Galindo. **Bulletin de la Société de Geographie de Paris**, París, 1832, XVIII: 214.

———. Noticias del Petén, recogidas por su comandante el C(iudadano) J(uan) Galindo. **Gazeta Federal.** Guatemala, 29 septiembre 1831, pp. 257-260.

(Este trabajo de Galindo tiene mucha importancia).

———. Noticia del Petén, recogidas por su comandante el C(iudadano) J(uan) Galindo. **Registro Oficial del Gobierno de los Estados Unidos Mexicanos**, 27 de noviembre 1831, VIII (88).

———. Notions transmises par M. Juan Galindo, officier supérieur de l'Amerique Centrale, sur Palenque et autres lieux circonvoisins. **Antiquités mexicaines**, París, 1836, I: 67-76.

———. The Ruins of Copan, in Central America. **Transactions and Collections of The American Anticuarian Society.** Cambridge, 1836, II: 543-550.

(Es la carta dirigida el 19 de junio de 1835 por Galindo al Honorable Thomas L. Winthrop, Presidente de la Sociedad).

———. Une lettre en 36 pages dateé de Copan avec dix dessins assez bien exécutes. **Bulletin de la Société de Geographie**, Paris, deuxiéme série, 1836 V: 253-291.

(El coronel Juan Galindo era irlandés y entró al servicio de la República de Centro América en 1827, y antes de que visitara Copán en 1834, había sido comandante del Departamento del Petén, en Guatemala, donde se dedicó a las investigaciones arqueológicas. El Gobierno de Centro América lo comisionó en abril de dicho año para que visitara Copán y redactase un informe sobre dichas ruinas mayas, y fué entonces cuando Galindo escribió muchas cartas a las sociedades y publicaciones científicas de Europa y América. El informe que desde Copán dirigió al jefe del Estado de Guatemala don Mariano Gálvez, tenía

25 figuras —mapas y dibujos de monumentos— que desaparecieron antes de que el manuscrito fuese a poder del Dr. William Gates, manuscrito en español, que tiene 46 páginas. El coronel Galindo fué más tarde nombrado representante diplomático de Centro América ante el de la Gran Bretaña, pero por su origen irlandés no fué recibido como tal. Murió en un pueblo de Honduras. Dice E. G. Squier que si no fué observador estricto y bien informado, era, sin embargo, laborioso, y gracias a sus trabajos fué posible que se conocieran muchos datos interesantes sobre Centro América, habiendo sido después del P. Domingo Juarros quien primero llamó la atención, públicamente, hacia las ruinas de Copán).

———. (Véase Baeza, Perfecto).

———. (Véase "Honduras").

GALINDO y VILLA, Jesús.—Catálogo del Departamento de Arqueología del Museo Nacional. Formado por... (Primera parte. Galería de monolitos). México, Imp. del Museo Nacional, 1895.

(En el número 56 habla de una estatua de piedra descubierta por el Dr. A. Le Plongeon en las ruinas de Chichen-Itzá. Su descubridor cree que representa a Chac-Mool, rey de los Itzaes. En el número 312 habla de la Cruz de Palenque).

———. Geografía de la República Mexicana, 2 vols. México, 1927.

(Con datos estadísticos sobre las lenguas aborígenes de México).

———. Nota relativa a la sección de la República Mexicana. **Memorias de la Sociedad Científica "Antonio Alzate"**, México, 1892. VI (VII): 301-323.

(En el Primer Salón se presentaron: "La Cruz de Palenque" y un ídolo maya, modelo del precioso ejemplar que el Dr. Le Plongeon llamó "Chac-Mool").

GALLATIN, Albert.—Notes on the semi-civilized nations of Mexico, Yucatan and Central America. **Transactions of the American Ethnological Society, New York**, 1845, I: 1-352.

GALLO, Joaquín.—El calendario maya y la astronomía. **Universidad de México**, 1933, VI, (31/2): 52-67.

GAMEZ, José D(olores).—Historia de Nicaragua desde los tiempos prehistóricos hasta 1860, en sus relaciones con España, México y Centro América. Primera edición. Managua, Tipografía de "El País", 1889.

(En los capítulos IV, V y VI al hablar de la situación de Centro América a fines del siglo XVI y de Nicaragua precolombina, se refiere a los mayances y alude a Copán (pp. 35-61).

GAMIO, Manuel.—Cultural evolution in Guatemala and its geographic and historic handicaps. (Translated from the original Spanish by Arthur Stanley Riggs). **Art and Archaeology, Washington**, 1926, XXII (6): 202-222; 1927, XXIII (1/3): 70-78, 129-133.

———. Las razas de México. **El Universal, México**, 1° de enero 1923.

GAMIO, Manuel y otros.—La población del valle de Teotihuacán. El medio en que se ha desarrollado. Su evolución étnica y social. Iniciativas para pro-

curar su mejoramiento por la Dirección de Antropología, siendo Director de las investigaciones Manuel Gamio. La población prehispánica. Dirección de Talleres Gráficos, México, 1922. (Secretaría de Agricultura y Fomento. Dirección de Antropología. Tomo I, vol. I).

(En su estudio "Estratigrafía y extensión cultural" el Ing. J. Raygadas **Vértiz** habla de que ya se ha sugerido que en Chichén Itzá existe el tipo teotihuacano o tolteca, representado principalmente por grandes columnas en forma de serpientes emplumadas; pero refuta dicha opinión (pp. 267).

GANN, Thomas William Francis.—**Ancient cities and modern tribes; exploration and adventure in Maya lands. Londres, Gerald Duckworth and Co., Ltd. 1926, 256 pp. 23.5 cms., mapa, láminas.**

———. Change in the Maya censor, from the earliest to the latest times. En "Verhandlungen des XXIV. Internationalen **Amerikanisten-Kongresses". (Hamburg, 1930), pp. 51-4. 1934, láminas.**

———. **Discoveries and adventures in Central America, London, Duckworth, (1928), 261 pp. láminas, planos, 23 cms.**

(Se refiere a exploraciones arqueológicas en Belice, con especial referencia a Chumuchá).

———. In an unknown land. London, Duckworth and Co., 1924, 263 pp., **ils., láminas, mapa, 23 cms.**

———. **Maya cities, a record of exploration and adventure in Middle America. London, Duckworth, (1927), 256 pp. ils., láminas, 23 cms.**

———. Maya jades. En "Congres International des Américanistes. **Compte-rendu de la XXIe. session", 1924, pp. 274-282, ils.**

———. Mexico, from the earliest times to the Conquest. London, L. Dickson, **1936, XXII-206 pp. 8 láminas, 16 cms.**

———. Mounds of Northern Honduras. En "**U. S. bureau of American ethnology, 19th annual report", (1897-98) 1900, pt. 2, pp. 661-692.**

———. **Mystery cities. Exploration and adventure in Lubaantun. By Thomas Gann. London, Duckworth, (1925), 290 pp., láminas, 23 cms.**

(Se refiere a la visita que el arqueólogo hizo a Lubaantun, en la colonia británica de Belice).

———. (Review of) "The Conquest of the Maya", by J. Leslie Mitchell. 1934. (Reprint from the **Annals of Archaeology of the University of Liverpool,** 1934, XXI (2-4): 137-38).

———. The ancient monuments of Northern Honduras and the adjacent parts of Yucatan and Guatemala, the former civilization in these parts, and the chief characteristics of the races now inhabiting them; with an account of a visit to the Rio Grande ruins. **J. Anthrop. I.**, 1905, XXXV: 103-12.

———. The Maya Indians of Southern Yucatan and Northern British Honduras. **Bureau of American Ethnology**, Bulletin N° 64, Government Printing Office, **1918, 146 pp., ils., 28 láminas y 1 mapa, 24 cms. (Smithsonian Institution).**

———. Tzibanché. Quintana Roo, México. **Maya Research,** New Orleans, La. 1935, II (2): 155-166, ils.

GANN compares Mayan and Cambodian Architecture. (**Art and Archaeology,** Washington, July-August, 1929, XXVIII (1 y 2): 48.

La Gruta Lol Tum es quizá la tumba de reyes mayas. **Excélsior,** Guatemala, 30 junio 1926.

(**Sumario:**—Una peregrinación penosa. Notables descubrimientos. Hay muchos canales).

———. (Véase Lizardi Ramos, César).

———. (Véase Lothrop, S. K.)

——— (Véase Maudslay, A. C. y A. P., "A glimpse at Guatemala").

———. (Véase Washington, Henry S.)

GANN, Thomas, y THOMPSON, Eric.—The history of the Maya, from the earliest times to the present day. New York, C. Scribner's Sons, 1931, X-264 pp., ils., láminas.

GARCIA, José Antonio.—(Trad.) Nombres yucatecos. Traducción del Sr. D. José Antonio García, cura de Temax. **El Mexicano,** México, 1866, I (49): 392.

GARCIA ARGAEZ, Pedro.—U Kavil Col. **Diario de Yucatán,** Mérida, Yuc., 15 agosto 1937.

GARCIA CUBAS, Antonio.—Memoria para servir a la carta general del Imperio Mexicano y demás naciones descubiertas y conquistadas por los españoles durante el siglo XVI. México, 1892.

———. Diccionario Geográfico, Histórico y Biográfico de los Estados Unidos Mexicanos. México, 1888-1891, 5 vols.

GARCIA DE PALACIO, Diego.—A description of the ruins of Copan, in 1576. En "The inscriptions at Copan", por Sylvanus Griswold Morley, Washington, 1920, Appendix IV: 541-542.

———. Carta dirigida al Rey de España por don ...., año 1576. Being a description of the ancient provinces of Guazacapan, Izalco, Cuscatlan and Chiquimula on the Audiencia of Guatemala, with an account of the languages, customs, and religions of their aboriginal inhabitants & description of the ruins of Copan. En "Collection of rare and original documents and relations concerning the discovery and conquest of America, chiefly from the Spanish Archives, published in the original, with translations, notes, mapas & biographical sketches", by E. G. Squier, New York, C. B. Norton, 1859.

———. Carta dirigida al Rey de España, por el Lic. Dn...., Oydor de la Real Audiencia de Guatemala; año de 1576. (Precedida de una "Nota biográfica del autor de la carta"). Traducción (al español). **Gaceta Oficial,** San Salvador, 20, 23 y 27 febrero, y 2, 6, 9, 13, 16 y 20 marzo 1861.

———. Carta dirigida al Rey de España, por el licenciado Dr. Don Diego García del Palacio, Oydor de la Real Audiencia de Guatemala; Año de 1576. Ruinas de Copán. En "Prehistoric Ruins of Copan, Honduras", por George Byron Gordon, (1896), "Memoirs of the Peabody Museum of American Archaeology and Ethnology", Harvard University, Vol. I, Nº 1: 46-48.

(Es la reproducción del texto en español e inglés tal como lo publicó del original E. G. Squier, en Nueva York, en 1860).

———. Description de la province de Guatémala, envoyée au roi d'Espagne en 1576. Traduit sur le manuscrit inédit que se trouve dans la bibliothéque de M. Ternaux-Compans, en "Recueil de documents et mémoires originaux sur l'histoire espagnole dans l'Amérique" de Ternaux-Compans, París, 1840, pp. 5-45.

———. Letter to Philip II (1576). Translated by E. G. Squier. New York, C. B. Norton, 1860.

———. Relación importante. **Gaceta Oficial de Honduras**, Comayagua, 11 noviembre 1868, VI (91): 1-4.

———. Relación hecha por el licenciado D. Palacio al Rey D. Felipe II, en la que describe la Provincia de Guatemala, las costumbres de los Indios y otras cosas notab.es. En "Colección de documentos inéditos relativos al descubrimiento, conquista y colonización de las posesiones españolas en América y Oceanía", por J. F. Pacheco y otros, Madrid, 1866, VI: 5-40.

———. San Salvador und Honduras im Jahre 1576. Amtlicher Bericht an den Koenig von Spanien über die Centralamericanischen Provinzen San Salvador und Honduras im Jahre 1576. Aus dem Spanischen übersetzt und mit erklaerenden Anmerkungen und einer Karte versehen von Dr. A. von Frantzius. Darmstadt, Druck von C. W. Leske, 1873, 4º.

(Tengo noticias de que hay una edición de la traducción de Frantzius hecha en Nueva York por B. Westermann & Company en 1873).

———. San Salvador y Honduras el año 1576. Informe oficial del licenciado Diego García de Palacio al Rey de España sobre las Provincias Centroamericanas de San Salvador y Honduras el año 1576. Con prefacio y notas del Dr. A(lexander) von Frantzius, de Heidelberg. Traducidas del alemán por don Manuel Carazo, San José de Costa Rica, 1881. Imprenta Nacional. En "Colección de documentos para la Historia de Costa Rica", por León Fernández. I: 1-52.

(El texto lleva correcciones y notas valiosas que suscribe el señor Fernández).

(Noticia bibliográfica completa sobre García de Palacio en Navarrete, "Bibl. Marítima Española", I: 313-37).

———. (Véase "Ruinas de Copán").

(Diego García de Palacio, natural de Asturias, era Oidor de Guatemala en 1576 y doctor de la Universidad Real y Pontificia de México en 1581 y también su rector, y Oidor de la Real Audiencia de la Nueva España. Pedro Ocharte publicó en 1587 su libro "Instrvcion navthica, para el bven vso, y regimiento de las naos, su traca, y gouierno conforme a la altura de Mexico". Su carta al

Rey de España desde la ciudad de Guatemala el 8 de marzo de 1576, cuyo manuscrito original y firmado tuvo en su poder don Joaquín García Icazbalceta, es de gran importancia, pues es el documento más antiguo sobre las ruinas de Copán y ha sido traducida a varios idiomas, habiendo aparecido 4 veces en inglés, 6 en español, 2 en francés y 1 en alemán, como bien dice Morley en el apéndice IV de "Inscripciones at Copan". La carta de García de Palacio aparece incluída en la obra "The States of Central America" de E. G. Squier (New York, 1858, p. 242-3); en "Archaeology" por A. P. Maudslay, (Biologia Centrali-Americana, Londres, 1889-1902, Vol. I, pp. 5-7); en la traducción de "Ruinas Prehistóricas de Copán" por G. Byron Gordon hecha por Juan A. Sotto-Mayor (**El Comercio**, San Pedro Sula, febrero y marzo 1914); en el mismo trabajo de Gordon titulado "Prehistoric ruins of Copan, Honduras" (Harvard University, Peabody Museum Memoirs, Vol. I, Nº 1); en "Notice sur le Yucathan tirée des écrivains espagnols" (**Nouvelles Annales des Voyages**, Paris 1843, tomo XCVII, pp. 38-40); la de Squier, hecha en Albany, N. Y., por J. Munsell, 1860, que es la misma que aparece en su colección de documentos raros y originales, número 1, del mismo año; y las que se indican en esta bibliografía).

GARCIA ELGUETA, Manuel.—Ahavarem Quauhtimalan; Bixabal Izeolk'omin chua Qu'iché chabal. **The Maya Society Quarterly**, 1932, I (4): 147-149.

GARCIA PELAEZ, Francisco de Paula.—Memorias para la historia del antiguo Reyno de Guatemala. Guatemala, 1851-1852, L. Luna, 3 vols., 310, III-304 y III-299 pp. 8°.

(En el tomo I habla de Palenque, Copán, Petén, los exploradores Galindo y Catherwood (pp. 10-12); y luego se refiere a los quichés y los cachiqueles).

GARCIA ROBLES, Alfonso.—Cómo vió a México André Siegfried. IV. Yucatán y las ruinas mayas. **El Universal**, México, 14 octubre 1936.

GARLAND, Antonio.—El calendario y los jeroglíficos cronográficos mayas. **La Crónica**, Lima, 6 octubre 1935.

GARON, Claude.—La civilización tolteca y la maya, y la piedra del rayo. **El Imparcial**, Guatemala, 16 enero 1936.

GATES, William Edmond.—A Lanquin Kekchi calendar. **The Maya Society Quarterly**, Baltimore, 1931, I (1): 29-32.

———. Alphabet of the Maya language as it should be, and not as it is written now-a-days. **The Maya Society Quarterly**, Baltimore, 1931, I (1): 23-26.

———. An outline dictionary of Maya glyphs, with a concordance and analysis of their relationships. By ...., President of the Maya Society, Profesor Honorario del Museo Nacional de México, Research Associate The John Hopkins University. Baltimore, 1931, The Johns Hopkins Press, XII-174 pp., ils., láminas en color, 25.2 x 19.3 cms. (The Maya Society, Publication Nº 1).

(En la cubierta aparece el título "Maya glyph dictionary". La edición de esta obra fué de 207 ejemplares en papel Fabriano hecho a mano).

———. An outline dictionary of Maya glyphs, with a concordance and analysis of their relationships. The Johns Hopkins press. Baltimore, 1931, 34 pp., ils. 25.5 cms.

(Lleva a la cabeza del título: "Extracts from Maya society publications", Nº 1).

———. Arqueología de Guatemala. Informe del Presidente de las investigaciones del Instituto Carnegie. Las ciudades de Uayactún y Xultún. **Excélsior**, México, 28 septiembre 1924.

(Este informe se publicó también en **El Imparcial**, Guatemala, 1º noviembre 1924).

———. Arqueología de Guatemala. Las investigaciones de la Institución Carnegie. Interesante informe del Dr. William Gates. El Petén y sus maravillas prehistóricas. **Centroamérica**, Guatemala, 1921, XIII (1): 106-112.

———. Arte y diccionario en lengua choltí; a manuscript copied from the Libro Grande of fr. Pedro Morán of about 1625. In facsimile. Baltimore, 1935 (s.p.i.), 6 pp. 23 x 15.2 cms. (The Maya Society, Publication Nº 9).

———. (Comentario a) "Archaeology of the Cayo District", por J. Eric. Thompson. **The Maya Society Quarterly**, Baltimore, 1931, I (1): 37-44.

(**Sumario**: The birth of the Vinal).

———. Commentary upon the Maya-Tzental Codex Pérez, with a concluding note upon the linguistic problem of the maya glyphs. By ...., Professor in School of Antiquity, International Theosophical Headquarters, Point Loma, California. Papers of the Peabody Museum of American Archaeology and Ethnology, Harvard University, Vol. VI, (1): 64. Cambridge, Mass. November, 1910. Published by The Museum. 64 pp., 24.4 x 16 cms. (Con una nota de F. W. Putnam).

———. Copan and its position in American History. **Theosophical Path.**, Point Loma, December 1911, pp. 419-428.

———. Copan and its position in American History. **Pan American Magazine**, New Orleans, La., February, 1912, XIII: 37-44.

(Trae ilustraciones tomadas de Maudslay).

———. Die Kustenbildung des nordlischen Yucatan. **Petersman's Mith.**, XII, 1886. 127-130 pp.

———. Eras of the thirteen gods and the nine gods; Book of Chumayel, pp. 42-48. **The Maya society quarterly**, 1932, I (2): 78-92.

———. Glyph studies. **The Maya Society Quarterly**, Baltimore, 1931-1932, I (1-2): 32-33, 68-70, 153-82, 1 ilustración.

———. Naciones mayances. Tr. del inglés por J. Antonio Villacorta C. **Anales de la Sociedad de Geografía e Historia de Guatemala**, 1934, X (4): 401-12.

———. Pokonchi calendar. **The Maya Society Quarterly**, 1932, I (2): 75-7.

———. Réponse 2/Q. 2 (Ricardo Ossado). **Revue des Etudes Mayas Quichées.** París, 1934, I (3): 120.

———. Rural education in Mexico and the Indian problem. A lecture given at

Johns Hopkins University, Nov. 5, 1934. By .... Research Associate; President, the Maya Society; Profesor Honorario del Museo Nacional de Arqueología, Historia y Etnología de México. México, 1935. (s.p.i.) 28 pp. 22.3 x 16.9 cms.

(Se refiere al problema indígena en Yucatán).

———. Table for verifying Maya dates. **The Maya Society Quarterly**, Baltimore, 1931, I (1): 26-28.

———. The distribution of the several branches of the Mayance linguistic stock. En "The inscriptions at Copan", por Sylvanus Griswold Morley, Washington, 1920, Appendix XII: 605-615.

———. The Dresden Codex. Reproduced from tracings of the original colorings finished by hand. By ...., President, The Maya Society; Profesor Honorario del Museo Nacional de México; Research Associated, The Johns Hopkins University, etc. Baltimore, 1932. Edition of seventy-five copies. 8 pp. 20.5 x 8.5 cms. (The Maya Society, Publication Nº 2).

———. The Gomesta Manuscript, of hieroglyphs and customs; end of 16th century. Photographic facsimile, with introduction, translation and notes. Baltimore, 1935, (s.p.i) 14 pp. 24 x 16 cms. (The Maya Society, Publication Nº 7).

———. The Landa so-called "Alphabet". **The Maya Society Quarterly**, 1932, I (4): 187.

———. The Maya and Tzental calendars. Comprising the complete series of days, with their positions in the month, for each one of the fifty-two years of the cycle, according to each system. Compiled by .... Cleveland, 1900. (s.p.i.) 114 pp. 27.1 x 21 cms.

(La edición, terminada el 13 de octubre de 1900, fué de 94 ejemplares).

———. The Maya Calkiní chronicle; or, Documents concerning the descent of the Ah-Canul, or Men of the Serpent, their arrival and territory. In facsimile. Baltimore, 1935. 7 p., facsim.; 11-40 pp. 23 x 15.2 cms. (The Maya Society, Publication Nº 8).

(Introducción firmada por Gates, quien dice: "The present manuscript is the documentation of the territorial rights of the Canuls and their descendents, the Ah-Calkiní of 1821". (p. 5).

———. The Mayance nations. **The Maya Society Quarterly**, 1932, I (3): 97-106.

———. The specific type of word and syntax formation in Mayance family. **The Maya Society Quarterly**, 1932, I (4): 150-53.

———. The testing of the princess; Book of Chumayel, pp. 28-42. **The Maya Society Quarterly**, 1932, I (3): 123-44.

———. The thirteen Ahaus in the Kaua manuscript and related katun wheels in the Paris Codex, Landa, Cogolludo and the Chumayel. **The Maya Society Quarterly**, Baltimore, 1931, I (1): 2-20, ilustraciones.

———. The William E. Gates Collection. Manuscripts, documents, printed literature, relating to Mexico and Central America with special significance to Linguistics, History, Politics and Economics, covering the five centuries of Mexican civilizations from the Aztec period to the present time. With reproductions. American Art Association, Inc., New York, 1924. Press of J. J. Little and Ives Co. 23 x 15.3 cms.

(Presenta 1580 cédulas bibliográficas relativas a dicha colección en que hay mucho material sobre Mayas y Mayances).

Mr. William Gates insinúa la fundación de un Museo. Se ofrece sin sueldo mi recompensa. La Sociedad Maya cooperaría con nosotros. **Diario de Centroamérica,** Guatemala, 12 agosto 1921.

———. (Véase Ceballos Novelo, Roque).

———. (Véase "Codex Peresianus").

———. (Véase Landa, Diego de).

———. (Véase "The Maya Society").

GATSCHET, Albert Samuel.—Central-Amerikas sprachstaemme und dialekte. Von Albert S. Gatschet. **Globus,** Braunschweig, 1900, LXXVII (5-6): 81-84, 87-92, 31 cms., ils.

———. (Comentario a) "The hieroglyphic stairway, ruins of Copan", por George Byron Gordon. **American anthropologist,** new ser., 1902, IV: 302-3.

———. Chultuns, prehistoric subterranean chambers in Yucatan. **American Anthropologist,** Washington, 1898, II: 53-55.

———. Die erforschung der ruinen von Copan in Honduras. **Globus,** 1897, LXXI: 99.

———. Perez's Maya Spanish dictionary. **American Antiquarian,** 2: 30.

GATSCHET, Albert S., y KAY, Charles de.—Native american languages. **The Critic.** New York, 1883, III (61): 96-97.

(Examina el "Diccionario de la lengua maya" de don Juan Pío Pérez y "The Maya chronicles" del Dr. Brinton).

GAVIDIA, Francisco.—De muchos, uno.—**El Día,** San Salvador, 10 octubre 1923.

(Se refiere a la estampa de Catherwood que reproduce a Ah-Can-Wolcab).

———. Historia Moderna de El Salvador. San Salvador, Imp. Meléndez, 1917-18.

(En la introducción se refiere a la tradición y las inscripciones antiguas y aludiendo a la cultura maya en Centro América, así como al aparecimiento del maíz y el "Popol Vuh" (pp. 2-14).

———. La pilastra historiada. **La Nación,** San Salvador, 15 septiembre 1924.

(Disquisición sobre algunos motivos de la arquitectura maya).

GENEONOMIA maya-quiché. **Diario de Centro América,** Guatemala, 26 septiembre 1936.

(Es un comentario al libro que con ese nombre publicó David Vela).

GENET, Jean.—Bibliographie critique. "A discussion of the Gates classification of Maya hieroglyphs", por Herman Beyer. **Revue des Etudes Mayas-Quichées.** París, 1934, I (1): 35.

———. Bibliographie critique. "Annual report of the Chairman of the Division of Historical Research". (A. V. Kidder, chairman). **Revue des Etudes Mayas-Quichées.** París, 1934, I (1): 34-35.

———. Bibliographie critique. "Códices mayas. Dresdensis, Peresianus, Tro-cortesianus reproducidos y desarrollados por J. A. Villacorta C. y C. A. Villacorta", por J. Antonio Villacorta C. y Carlos A. Villacorta. **Revue des Etudes Mayas-Quichées,** París, 1934, I (1): 35-36.

———. Bibliographie critique. "The Book of Chilam Balam of Chumayel", por Ralph L. Roys. **Revue des Etudes Mayas-Quichées,** París, 1934, I (2): 81-82.

———. Bibliographie critique. "The Ethno-Botany of the Maya", por Ralph L. Roys. **Revue des Etudes Mayas-Quichées.** París, 1934, I (1): 33-34.

———. Bibliographie critique. "The year bearer's people", por Oliver La Farge II y Douglas Byers. **Revue des Etudes Mayas-Quichées.** París, 1934, I (2): 83.

———. Esquisse d'une civilisation oublieé (le Yucatan a travers les ages). París, Editions Genet, 1927, 269 pp., láminas, mapas, 20 cms. (Bibliothéque d'art, d'histoire et de géographie).

(Al fin de cada capítulo van las fuentes informativas. El libro se refiere también a los quichés y a los itzaes).

———. Histoire des peuples mayas quichées. (Mexique, Guatemala, Honduras). París, Editions Genet, 1927, diagrs., ils., 23 cms. (Bibliotheque d'Etudes Historiques" Genet & Chelbatz).

(M. Genet escribió además: "Notes d'archaelogie et d'histoire mayas-quichées", cuyo tomo primero contiene: "Les ruines de Mayapan", "Le roi Cotuha" y "L'histoire Tzutuhile". Preparaba "Les villes et les provinces du Yucatan". La bibliografía va en las pp. 247-49).

———. L'écriture maya-quichée et les glyphes phonétiques. **Revue des Etudes Mayas-Quichées.** París, 1934, I (2): 37-63, con ilustraciones.

(**Sumario:** I. Les glyphes phonétiques et leur emploi.—II. Quetzalcohuatl, Kukulcan, Cuchulchan, Gucumatz.—III. Canpech.—IV. Zizontun.—V. Amcan moo yk.—VI Ahpop-Zotzil.—VII. Kabul.—VIII. Différences entre le systeme graphique des indigénes de l'Amérique centrale et le systeme graphique des Européens).

———. Les débuts de l'histoire yucatéque d'aprés les documents en langue maya. **Revue des Etudes Mayas-Quichées.** París, 1934, I (3): 92-97.

———. Les glyphes symboliques dans l'écriture maya-quichée. Le glyphe symbolique de la guerre. **Revue des Etudes Mayas-Quichées.** París, 1934, I (1): 23-32, ilustraciones.

———. Les livres de "Chilam Balam" et l'origine du mot "Chilam Balam". **Revue des Etudes Mayas-Quichées.** París, 1934, I (3): 98-105.

———. Mélangues mayas-quichées (1934). **Revue des Etudes Mayas-Quichées.** París, 1934, I (2): 64-80, con ilustraciones.

(**Sumario.** 1. Ah-Poox, le marchand.—2. Calot, dieu yucateque.—3. Le livre de Chilam Balaam de Tixcocob —4. Les Putuns et les manuscrits glyphiques.—5. Le glyphe symbolique de la guerre dans l'écriture azteque et dans l'écriture maya-quichée.—6. Sur un passage de la Crónica de Oxkutz-cab.—7. L'eau de Jouvence chez les Mayas-Quichés.—8. Un détail de la vie de Gaspard Antonio Chi.—9 L'époque de la composition du Popol-Vuh).

———. Notes sur l'écriture maya-quichée. **Revue des Etudes Mayas-Quichées.** París, 1934, I (1): 1-22.

(**Sumario:** I. L'Histoire et les conceptions fatalistes des Mayas-Quichés.—II. Du caractere historique des inscriptions et des manuscrits mayas-quichés.—III. Caractere historique des manuscrits du Yucatan et du Peten-Itza.—IV. Le Putuns, les Quichés, les Cakchiquels, les Tzutuhils, les Choles et leurs manuscrits historiques).

———. Sur le sens de la phrase "lai tzolci pop". **Revue des Etudes Mayas-Quichées.** París, 1934, I (3): 85-91.

———. (Véase Reynoso, Diego).

GENET, Jean, et CHELBATZ, Pierre.—Histoire des peuples Mayas-Quichées (Mexique, Guatemala, Honduras). Paris, Les Editions Genet, 1927, 255 pp. 8°.

GERSTE, A(chille).—Notes sur la médecine et la botanique des anciens Mexicains. Par A. Gerste, S. J., Rome, Impr. Polyglotte Vaticane, 1909, 161 pp. 24 cms.

———. Notes sur la médecine et la botanique des anciens Mexicains. Par .... S. J. 2 éd. rev. et cor. Ouvrage couronné par l'Institut.... (Prix Loubat, 1910). Rome, Impr. Polyglotte Vaticane, 1910, 191 pp. 24 cms.

GETZE, E. B.—Two sculptures of the Maya old empire. **Art and Archaeology,** Washington, July-August, 1932. p. 213-217, ils.

GIACALONE, Benedetto.—Y Maja (Citado en el libro de R. Vásquez, sin editor). Génova, 1935.

GILLIP, E. P.—New Passifloras from Mexico and Central America. **Journal of Washington Academy of Sciences,** 1922. XII (11). 255-262.

GIMBREDE, J. N. (grabador).—(Véase Catherwood, F.)

GINZEL, Friedrich Karl.—Handbuch der mathematischen und technischen chronologie, das zeitrechnungswesen der voelker, dargestellt von...., Leipzig, J. C. Heinrichs, 1906-14, 3 vols., diagrs., 25 cms.

(**Sumario:** I. bd. Zeitrechnung der Babylonier, Agypter, Mohammedaner, Perser, Inder, Südostasiaten, Chinesen, Japaner und Zentralamerikaner).

GIRON CERNA, Carlos.—La raza quiché. En "El libro de la cultura", Editorial González Porto, Salvat Editores, S. A., Barcelona, 1936, VII: 220-36.

GIUNTINI.—(Véase Maudslay, A. C. y A. P., "A glimpse at Guatemala").

GODMAN, Frederick Ducane, y SALVIN, Osbert (Edits.) Biologia Centrali-Americana; or Contributions to the knowledge of the fauna and flora of Mexico and Central America. Edited by F. Ducane Godman and Osbert Salvin. Botany: Introduction by W. B. Hemsley. Commentary on the introduction by Sir J. D. Hooker and appendix by W. B. Hemsley. London, Taylor and Francis, 1888. Published for the editors by R. H. Porter and Dulau and Co., 1879-1902.

(Uno de los apéndices trae "The archaic Maya inscriptions", por J. T. Goodman (Parte XVIII, London, 1897).

GOLDEN relics of an ancient American people. **Literary Digest,** 1934, CXVII (11): 17.

GOLDENWEISER, A. A.—Diffusion vs. independent origin: a rejoinder to Professor G. Elliot Smith. **Science,** 1916, new ser., XLIV: 531-533.

GOMESTA, R.—The Gomesta Manuscript of Maya hieroglyphs and customs. In facsimile; translated and edited by William Gates. Baltimore, 1935, 46 pp. ils. 23.5 cms. (The Maya Society, Publication N° 7).

(Este discutido MS., que se supone de 1610, aproximadamente, provocó una ruidosa discusión en que tomaron parte Blom, Barrera Vázquez y Ceballos Novelo).

———. (Véase Barrera Vázquez).

———. (Véase Ceballos Novelo, Roque).

———. (Véase Gates, W).

GOMEZ CARRILLO, Agustín.—Compendio de Historia de la América Central Madrid, 1892, 286 pp. 8º.

(Obra premiada por la Academia de Honduras, en sesión pública del 14 de septiembre de 1890. 3ª edición, Guatemala, Imp. "La República", 1906, 311 pp., 8º).

———. Elementos de la Historia de Centroamérica por el Lic.... Tercera edición, enriquecida con materiales tomados de documentos inéditos, con prólogo del Dr. D. Fernando Cruz. Obra declarada de texto en la República de Costa Rica. San José, Lib. de María V. de Lines, 1899, 139 pp. 8°.

(La séptima edición, Madrid, Imp. de los Sucesores de Hernando, 1911, 176 pp. 8vo.)

GOMEZ DE OROZCO, Federico.—(Véase Cárdenas Valencia, Francisco de).

GOMEZ RUL, F.—(Véase "Estatutos de la Asociación Conservadora de Monumentos Arqueológicos de Yucatán").

GONDRA, Isidro Rafael.—Explicación de las láminas pertenecientes a la Historia Antigua de México y a la de su Conquista que se han agregado a la traducción mexicana de la de W. Prescott, publicada por Ignacio Cumplido. México, Imp. Lit. y Tip. del Editor, 1846.

(Ofrece un "Estudio sobre Quetzalcóatl", p. 67, y "Nacas e Idolillos de Yucatán, pp. 96-99).

GONZALEZ, José Antonio.—Album de México Monumental. (México). "Excélsior" Cía. Editorial, S. A., (1926).

(La parte relativa al "México arqueológico" contiene ilustraciones relacionadas con las ciudades mayas arqueológicas (pp. 21-35).

GONZALEZ, Presb. Manuel S.—Memorias sobre el Departamento del Petén por el .... (Guatemala, setiembre 1867). **Gaceta de Guatemala,** 9, 17 y 28 septiembre; 8 y 23 noviembre y 7 diciembre 1867.

GONZALEZ, Rodolfo B.—El henequén. Informe presentado al Secretario de la Junta Central de Agricultura de San Salvador, febrero 12 de 1902, por el Sr. Dr. ....., quien fué comisionado por dicha Junta para ir a Yucatán, México, a estudiar lo relativo a la plantación, cultivo y beneficio del henequén. **Boletín de Agricultura,** San Salvador, 1902, II: 161-227.

GONZALEZ DE MENDOZA, José María.—**El Libro y el Pueblo,** México, agosto 1932, X (6): 51.

(Es una lista de las traducciones del "Popol-Vuh").

———. (Véase Raynaud, Georges).

GONZALEZ POZA, J. Neri.—Los Libros Sagrados. Estudio filológico, simbólico, técnico e histórico del Popol-Vuh. **Diario de Centro América,** Guatemala, 30 agosto 1912, et seq.

GONZALEZ R., A.—(Véase "Estatutos de la Asociación Conservadora de Monumentos Arqueológicos de Yucatán").

GONZALEZ SARAVIA, Miguel.—Compendio de la historia de Centro América. 11ª ed. aum. y correg. por Manuel Mejía Bárcenas, San Salvador, 1900, Imp. Nacional, ils., 16°.

GONZALEZ SOL, Rafael.—Datos históricos sobre la patología precolombina. Dos tratados notables sobre nuestras enfermedades autóctonas. **Diario Latino,** San Salvador, 21 septiembre 1935.

GOODMAN, J. T.—The archaic Maya inscriptions. En "Biologia Centrali-Americana; or Contributions to the knowledge of the fauna and flora of Mexico and Central America", edited by F. Ducane Godman and Osbert Salvin. London, 1897.

———. Maya dates. **American Anthropologist,** 1905, n.s., VII: 642-647.

(Habla de Copán, Quiriguá, Tikal, Menche, etc., etc.)

———. (Véase Maudslay, A. C. y A. P., "A glimpse at Guatemala").

GOODNER, Kenneth.—Incidence of blood groups among the Maya Indians of Yucatan. **Journal of Immunology,** 1930, XVIII (6): 433-35.

GOOSE, L. A.—Essai sur les transformations artificielles du crane. París, J. B. Bailliere, 1885, 8º.

GORDON, George Byron.—A contribution to the archaeology of Middle America. En "Holmes Anniversary Volume", Wáshington, 1916, pp. 137-141.

———. A marble vase from the Ulua River, Honduras. **Art & Archaeology,** Washington, D. C., March 1920, IX: 141-45, ils.

———. An unpublished inscription from Quirigua, Guatemala. En "International Congress of Americanists. Proceedings of the XVIII session", London, 1912, Part I: 238-240, 2 láminas.

———. Caverns of Copan, Honduras. Report on explorations by the Museum, 1896-97. Cambridge, Mass., The Museum, 1898, 14 pp., 7 figs., 1 mapa, 36 x 28 cms. (Memoirs of the Peabody Museum of American Archaeology and Ethnology, Harvard University, Vol. I, Nº 5).

(**Sumario:** Caverns of Copan.—Contents of cave pottery.—Note on the formation of stalagmite).

(El doctor Gordon descubrió las cavernas de Copán del 1º al 13 de abril de 1896 y volvió a visitarlas en junio del año siguiente para completar su examen. El mapa que aparece en esta monografía es el del Valle de Copán. La lámina fué ejecutada por la Heliotype Company, de Boston).

———. Conventionalism and realism in Maya art at Copan, with special reference to the treatment of the macaw. En "Putnam Anniversary Volume", New York, 1909, pp. 191-195.

(Las figuras son: la cabeza de guacamayo de la estela B de Copán, y la que aparece en la escalinata jeroglífica de Copán).

———. Chronological sequence in the Maya ruins of Central America. **Transactions of the Department of Archaeology.** Free Museum of Science and Art, 1904, I: 61-66.

———. Examples of Maya pottery in the Museum and other collections. Part I. Edited by G. B. Gordon, 1925. (The University Museum, University of Pennsylvania, Philadelphia).

———. Los dientes de los antiguos habitantes de Copán, incrustados con piedras preciosas. **La Revista Dental Mexicana,** 1898, I (5): 236-237.

(Este artículo es "La misteriosa ciudad de Honduras" por G. G. Byron, tomado de **Century,** enero 1898).

———. Mrs. Nuttall and the Ulua River. **Art and Archaeology,** Washington, D. C., 1921, XI (6): 262-264.

———. Native American art. **The Museum Journal,** Philadelphia, Pa., March., 1918, IX (1).

(Sobre Centroamérica y con ilustraciones referentes a Copán).

———. On the interpretation of a certain group of sculptures at Copan. **American anthropologist**, Lancaster, Pa., 1902, new ser., IV: 130-143.

———. On the use of Zero and twenty in the Maya time system. **American anthropologist**, Lancaster, Pa., 1902, N. S., IV: 237-275.

———. Researches in the Uloa Valley, Honduras. Report on explorations by the Museum, 1896-97. Cambridge, Mass. 1898, 68 pp., 180 figs., XI láminas, I lámina en color, 1 mapa, 36 x 28 cms. (Memoirs of the Peabody Museum of American Archaeology and Ethnology, Harvard University, Vol. I, N° 4).

(**Sumario:** Researches in the Uloa Valley. Objects from the excavations. Painted decoration on pottery. Summary and conclusion. List of plates).

(La nota de introducción va suscrita por el doctor F. W. Putnam, director del Museo Peabody, Mr. Gordon da una nota histórica sucinta sobre la conquista del norte de Honduras (pp. 34-36). La lámina II es el mapa de la comarca bañada por el Ulúa y el Chamelecón. Las láminas fueron ejecutadas por la Heliotype Company, de Boston).

———. Ruinas prehistóricas de Copán. Traducido del inglés, por Juan A. Sotto-Mayor. **El Comercio**, San Pedro Sula, Honduras, febrero y marzo, 1914.

———. The Book of Chilam Balam of Chumayel, with introduction by ..... **Anthropological Publications**, University of Pennsilvania, Philadelphia, 1913, Vol. V.

———. The hieroglyphic stairway, ruins of Copan; report on exploration by the Museum. Cambridge, Mass., The Museum, 1902, 48 figs., XVIII láminas, 56 pp., 36 x 28 cms. (Memoirs of the Peabody Museum of American Archaeology and Ethnology, Harvard University, V. 1, N° 6).

(**Sumario:** Architecture.—The inscription.—Date I.—Date II.—Date III.—Date IV.—Date V.—Date VI).

(La nota editorial va suscrita por el doctor F. W. Putnam, director del Peabody Museum. Las láminas fueron ejecutadas por la Heliotype Company, Boston. El texto español de esta monografía aparece en "Ruinas prehistóricas de Copán", traducción del periodista portugués Juan A. Sotto-Mayor, quien dirigió en Honduras el periódico "El Comercio" de San Pedro Sula, Honduras).

———. The mysterious city of Honduras. An account of recent discoveries in Copan. **Century Magazine**, 1898, N. S., XXXIII: 407-419.

———. The ruined city of Copan. **American Geographical Society Bulletin**, New York, 1899, XXXI (1): 39-50.

———. The serpent motive in the ancient art of Central America and Mexico. **Transactions of the Department of Archaeology**, University of Pennsylvania, 1905, I: 132-163, ils.

———. The trail of the golden dragon. **The Museum Journal**, Philadelphia, Pa., 1918, IX (1): 29-38.

———. The wonderful city of Copan. **Daily Picayune**, New Orleans, La., October 20, 1901.

GORDON, George Byron, **SAVILLE**, Marshall T., y **OWENS**, John C.—Prehistoric ruins of Copan, Honduras. A preliminary report of the explorations by the Museum, 1891-1895. Cambridge, Mass., published by the Museum, 1896, IV-48-18 pp., 43 figs., 9 láminas, 1 hoja plegadiza, 1 mapa, 36 x 28 cms. (Memoirs of the Museum of American Archaeology and Ethnology, Harvard University, Vol. I, Nº 1).

(**Sumario:** Exploration of Copan.—General description of the site.—Historical sketch.—Plan of operations.—Detailed description of the ruins.—The monolithic monuments.—**Appendix.** Collection of rare and original documents and relations concerning the discovery and conquest of America. Chiefly from the Spanish archives, published in the original by E. G. Squier, New York, 1860. Carta dirigida al Rey de España, por el licenciado Dr. Don Diego García de Palacio, Oydor de la Real Audiencia de Guatemala; Año 1576. Ruinas de Copan. (Translation). Ruins of Copan).

(Esta monografía lleva prefacio suscrito por F. W. Putnam, conservador del Peabody Museum. La compilación de los materiales para el informe fué encomendada al doctor Gordon. Las expediciones organizadas por el Peabody para explorar las ruinas de Copán, contaron en 1894-95 con la cooperación del American Museum of Natural History of New York).

———. (Véase Chilam Balam of Chumayel", 1913).

———. (Véase Gatschet, A. S.)

———. (Véase Sullivan, Robert J.)

GOTZE, Johann Cristian.—(Véase "The Maya Manuscript in Dresden". En "Art and Archaeology", Washington, September-october, 1933, XXXIV (5): 270).

GOUBAUD CARRERA, Antonio.—Contribución al estudio del indio guatemalteco. Aspectos sociológicos. II. **El Imparcial**, Guatemala, 9 noviembre 1937.

———. El "Guajxaquip Báts", ceremonia calendárica indígena. **Anales de la Sociedad de geografía e historia de Guatemala**, 1935, XII (1): 39-50.

———. Etnografía de la República de Guatemala, por el doctor Stoll. **El Imparcial**, Guatemala, 25 mayo 1938.

———. No sólo arqueología y civilización maya. A la creación de una facultad de antropología, historia y etnología. **El Imparcial**, Guatemala, 4 julio 1936.
(**Sumario:** Estudio analítico de las naciones mayances de Guatemala. Estudio analítico de la nación pipil. Programa para la clase de antropología física. Primer año).

———. (Véase Stoll, Otto).

GRAFICAS de la jira del Sr. Lic. Gonzalo Vázquez Vela, Secretario de Educación Pública, por Yucatán. **El Maestro Rural**, México, 1936, VIII (1): 20-1.

GRANADO BAEZA, Bartolomé José del.—Los indios de Yucatán. Informe dado por el cura de Yaxcabá D. Bartolomé del Granado Baeza, con contestación al interrogatorio de 36 preguntas, circulado por el ministro de ultramar, sobre el manejo, vida y costumbres de los indios, que acompañó el Ilmo. Sr. obispo a la diputación provincial. **Registro Yucateco**, Mérida, 1845, I: 165-178.

(Este informe, muy interesante, dividido en 36 párrafos, fué dirigido con fecha 1º de abril de 1813, por el cura del Granado Baeza al Obispo de Yucatán, doctor Pedro Agustín Estévez y Ugarte).

GRATACAP, Louis Pope.—The prehistoric cities of Central America. **American Antiquarian,** September 1885, VII (5): 257-271.

(**Sumario:** The Ruins of Uxmal. Ruins at Kabah. The Ruins of Chichen-Itzá. The Ruins in Nicaragua).

———. Ruins at Palenque and Copan. **American Antiquarian and Oriental Journal,** 1885, VII: 193-207.

GRAY, Louis Herbert.—The Mythology of all races. Boston, 1916-1921. 13 vols., 8º, grabados.

GROPP, Arthur E.—(Comentario al 'Arte de la Lengua Maya", por Fr. Gabriel de San Buenaventura. **Maya Research,** New Orleans, La., 1935, II (2): 195-197.

———. Comentario a "Doctrina Christiana en Lengua Maya", por Juan Coronel. **Maya Research,** New Orleans, La., 1934, I (1): 54-56.

———. Manuscripts in the Department of Middle American Research. Described by .... Librarian. New Orleans, Department of Middle American Research, Tulane University of Louisiana, 1933, pp. 217-297. (Middle American Pamphlets: Nº 5 of publication Nº 5 in the "Middle American Research Series").

(**Sumario:** Authors and titles of manuscripts annotated.—Illustrations.—Manuscripts in the Department of Middle American Research.—Introduction.—Annotated list of manuscripts.—Art.—Genealogy.—Hieroglyphics.—History, travel, etc.—Linguistics. Maya.—Nahuatl (Aztec, Mexican).—Tarascan.—Totonac.—Zapotec.—Music.—Bibliography.—Index).

———. Maya collections in libraries in the United States. **Maya Research,** New Orleans, La. 1935, II (1): 77.

———. Notes on several doctrinal books in the Maya language. **Maya Research,** New Orleans, La., 1934, 1: 54-56.

———. Notice of new books and articles. **Maya Research,** New Orleans, La. Vol. I (1 y 2): 56-60 y 140-145, julio y octubre 1934; Vol. II (1-4): 91-102, 216-232, 307-324 y 407-411, enero, abril, julio y octubre 1935; Vol. III (1-4): 120-125, 221-227 y 337-342, enero, abril, julio y octubre 1936.

———. (Véase "Popol-Vuh").

———. (Véase "Studies in Middle America".

GROSJEAN, S. S.—(Véase "A Maya skull from the Uloa Valley").

———. (Véase "A Maya skull from the Uloa Valley")

———. (Véase "Studies in Middle America".

———. (Véase Blom, Frans.)

GOUPIL, M. E. Eugéne.—Catalogue de la Bibliotheque Américaine de feu..... Livres anciens imprimés au Mexique; ouvrages ayant trait a l'histoire, a l'ethnographie et a la linguistique de diverses contrées de l'Amérique. Paris, Em. Paul et Fils et Guillemin. Libraires de la Bibliothéque Nationale, Tours, Impr. Tourangelle. XVIII-117 pp.

GUATEMALA. (Legislación). Conservación de los tesoros bibliográficos. Decreto, N° 1569. **Revista del Museo Nacional de Guatemala,** Sección de Arqueología, sept. 1934, núm. 5, p. 94.

GUATEMALA highland tombs enclose rulers, dogs and slaves. New discoveries will prove "tremendous addition to knowledge of Maya life, ceremony, dress and art." **Science News Letter,** Washington, D. C., August 29, 1936, p. 140-141, ils.

GUATEMALA NATIONAL HYMN in Quiché and English. **The Maya Society Quarterly,** Baltimore, Vol. I, p. 147.

GUATEMALAN EXHIBITION of textiles and costumes collected by Miss Ruth Reeves under the auspices of Carnegie Institution of Washington, sponsored by the National Alliance of Art and Industry. New York, 23 pp.

(La exposición se llevó a cabo en Nueva York, en el edificio de la Radio City, del 16 de febrero al 1º de marzo de 1935).

GUERRA, José María.—**Pastoral del ilustrísimo Señor Obispo, dirigida a los Indígenas de esta diócesis. Mérida de Yucatán, impreso por Antonio Petra,** 1848, 8 pp. 4°.

(La pastoral del obispo Guerra iba dirigida en maya a los indios rebeldes, dice Brasseur de Bourbourg (Cat. Pilling Nº 1613). Hay una copia fotográfica de ella en la Colección Gates (Cat. Gates Nº 977).

———. (Véase Vela, José Canuto).

GUIA BIBLIOGRAFICA de la historia de México, época precortesiana, Nº 1, México, Ediciones de **El Libro y el Pueblo,** 1935.

(La civilización Maya-Quiché: p. (23-37).

GUNCKEL, Lewis Winters.—Analysis of the deities of Mayan inscription. Washington, D. C., Judd & Detweiler, printerns, 1897, 15 pp., ils., 24.5 cms. (Sobretiro del **American Anthropologist,** Dec. 1897).

GUTHE, Carl Eugen.—A possible solution of the number series on pages 51 to 58 of the Dresden Codex. Cambridge, Mass., The Museum, 1921. 34 pp. 24.5 cms. (Papers of the Peabody Museum of American Archaeology and Ethnology, Harvard University, Vol. VI, N° 2).

(Este trabajo forma parte de la tesis que Guthe presentó para optar el grado de doctor en Filosofía, tomado en curso de Antropología, en la Universidad de Harvard. La bibliografía comienza en la página 31).

———. The Maya lunar count. **Science,** 1932, n. s., LXXV (1941): 271-277.

(Este trabajo fué leído en la asamblea de la American Association for the Advancement of Science, New Orleans, el 29 de diciembre de 1931).

GUTHE tells of Mayan astronomers. **El Palacio,** 1932, XXXIII (23/4): 217-19.

GUTIERREZ ESKILDSEN, Rosario M.—Cómo hablamos en Tabasco. **Investigaciones lingüísticas**, México, 1933-34, I (3 y 4): 265-312.

(Mayismos usados en Tabasco: p. 303-05. Un comentario fué hecho por el Prof. Marcos E. Becerra, Ibid., II (1): 59-64, marzo-abril 1934).

———. Mayismos usados en Tabasco. En "Prosodia y fonética de Tabasco". Por .... Tesis que presenta la autora para adquirir el grado de Maestra en Ciencia de la Educación en Lengua Castellana. (s.p.i.) México, 1934, págs. 39-41.

GUTIERREZ PICON, Juan.—(Véase Mimenza Castillo, Ricardo).

GUZMAN, David J.—Antigüedades centroamericanas. Copán. **Anales del Museo Nacional**, San Salvador, 1908, III: 296-300.

GUZMAN, Eulalia.—(Véase Rejón Arias, Diego).

GUZMAN, Miguel de.—(Mapa del Petén, 1740, en Torres Lanzas).

GUZMAN, Fr. Pantaleón de.—Libro Yntitulado Compendio de Nombres en Lengua Cakchiquel y Significados de Verbos por Ymperativos y Acusativos Recíprocos, en doce Tratados. Por el Padre Predicador F. Pantaleón de Guzmán, Cura Doctrinero por el Real Patronato de esta Doctrina y Curato de Santa María de Jesús Pache. En veinte días del mes de Octubre de mil setecientos y quatro años.

(Este manuscrito, de 336 páginas en 4to., que aparece con el Nº 52 en "Catalogue of the Berendt Linguistic Collection", y que, copiado del original "lleva fecha 1704, pasó más tarde a poder de Mr. E. G. Squier. Véase su "Monograph of Authors", p. 33 (Nº 1622 de este catálogo). Es un libro muy útil, pero inconvenientemente dispuesto" (Brinton) (Cat. Pilling, Nº 1622a). Gates en el libro "The Maya Society and its work" dice que se trata de un manuscrito de magnífica letra, en 4º, de 332 pp.)

GYNT, Peer.—(Trad.) En busca de las civilizaciones desaparecidas. El secreto de los mayas. (Publicado en **L'Illustration**, de París). **Diario de Yucatán**, Mérida, Yuc., 7 agosto 1927.

(Peer Gynt era seudónimo de Oscar Menéndez R.)

H

HABEL, S.—The sculptures of Santa Lucía Cozumalhuapa in Guatemala with an account of travels, in Central America and in the West Coast of South America. Washington, 1878. Smithsonian Institution. 4º 90 pp., 8 láms.

(Sobretiro de **Smithsonian Contribution to Knowledge,** Tom. XXII. Traducido al francés en el tomo X de los Annales du Mussée Guinet).

HAEBLER, Konrad.—Die Maya-Litteratur und der Maya-Apparat zu Dresden. **Centralblatt für Bibliothekswesen,** Leipzig, Otto Harrassowitz, 1895, XII: 575.

(Trae la bibliografía sobre antigüedades mayas prácticamente completa hasta el año de 1895) (Hermann Beyer).

——. Die Mittelamerika Kulturkeis. Leipzig, Helmolts Geschichte, 1899, Vol. I.

HAEFKENS, J.—Central America, etc. Dordrescht, 1832. 8º.

(El autor fué cónsul de Holanda en Guatemala).

HAGAR, Stansbury.—The November meteors in Maya and Mexican tradition. (Reprinted from **Popular Astronomy,** Aug. Sept. 1931, XXXIX (7).

———. Zodiacal symbolism of the Mexican and Maya months and day signs. En "Reseña de la segunda sesión del XVII Congreso Internacional de Americanistas efectuada en la ciudad de México durante el mes de septiembre de 1910. (Congreso del Centenario)". México, Imp. del Museo Nacional de Arqueología, Historia y Etnología, 1912, pp. 140-159, láminas.

(Las ilustraciones XLII-XLV, que aparecen en esta monografía, fueron tomadas del simbolismo zodiacal de los meses mexicanos y mayas, según el P. Diego Durán. Se debe a Hagar el trabajo titulado "The Celestial Plan of Izamal").

HALBERT, A.—(Véase Catherwood, F.)

HALL, Franck Gregory.—Physical and chemical survey of cenotes of Yucatan. En "The cenotes of Yucatan; a zoological and hydrographic survey", por A. S. Pearse, etc. Washington, 1936. (Carnegie Institution of Washington).

———. (Véase Pearse, Arthur Sperry).

HALLAZGO de notable interés mayista; gran bloque de jade en Kaminal Juyú. **El Imparcial**, Guatemala, 23 febrero 1937.

(**Sumario:** Fué trabajado de antiguo. Tiene un peso de dos quintales. Otro hallazgo: un pebetero ritual. Ardua reconstrucción de la pieza).

HALLAZGO del gran bloque de jade en Kaminal Juyú. **Diario Comercial**, San Pedro Sula, Honduras, 5 marzo 1937.

HALLE, Jr., Louis J.—Pagan rites in Modern Guatemala. **Travel**, LXVII (4): 5-10, ils.

(Da idea gráfica de los mercados y los ritos indios en Chichicastenango, Guatemala).

HAMBLY, Wilfrid D.—**Skeletal material from San José Ruin, British Honduras.** By ...., curator, African Ethnology. (Field Museum-Carnegie Institution Expeditions to British Honduras). Chicago, Printed in the United States of America by Field Museum Press, 1937, 20 pp., 3 figuras, ils., 24.2 x 16.2 cms. (Anthropological Series, Field Museum of Natural History, Volume XXV, number I, publication 380).

(**Sumario:** List of illustrations. Introduction. I. Skulls and calvaria.—II. Jaws and teeth.—III. Long bones.—IV. Cranial capacities.—V. Comparative study of skull and head measurements).

HAMY, Jules Theodore Ernest.—**Anthropologie du Mexique.** Mission Scientifique au Mexique et dans l'Amerique Centrale. Recherches zoologiques. Premiére Partie. París, 1884-1891, 148 pp., 89 láminas, 4º.

(Figura en la primera parte de los "Recherches zoologiques de la Mission Scientifique au Mexique et dans l'Amerique Centrale").

———. **Decades Americaines.** Mémoires d'archéologie et d'ethnographie américaines. París, Leroux, 1888, 1898, 1902, Vol. I: 171 pp. 6 láminas; Vol. II: VIII-211 pp., 4 láminas y Vol. III: VII-144 pp., 4 láminas, 8º.

———. Essai d'interpretation d'un des monuments de Copan. En "Compte-rendu Soc. Geog.", París, 1886.

(Apareció en inglés con el título de "Copan monuments, Honduras (London, 1887). Cita de Pector, "Notes sur l'Americanisme").

———. **Galerie américaine du Musée d'ethnographie du Trocadéro; choix de piéces archéologiques et ethnographiques, décrites et publiées par le ...,** París, E. Leroux, 1897, 124 pp., ilustraciones, 60 láminas, 61.5 cms.

(Esta obra de Hamy va en dos portafolios y fué editada bajo los auspicios del Duque de Loubat, quien se interesó profundamente por la publicación de estudios sobre las antigüedades americanas. La lámina XVI, en la primera parte, ilustra el estudio que se titula "Tete de mort en cristal de roche" (México), y dice Hamy: "Los artistas mayas se muestran más superiores de acuerdo con este informe, si se ha de juzgar por la cabeza en cobre fundido, que M. Charnay encontró en Jaine y de ella se verá enfrente una reproducción fiel (p. 32).

———. **Les mutilations dentaires au Mexique et dans le Yucatan.** Paris, Typ.

A. Hennbuyer, 1883, 11 pp., ilustraciones 23 cms. (Extracto de **Bulletin de la Société d'Anthropologie,** séance du 21 décembe 1882).

(En esta monografía Hamy estudia anormalidades y deformidades en los dientes de los indios mexicanos).

———. Memoires d'Archéologie et d'Ethnographie Américaines. París, 1884, Ernest Leroux, pp. 88-94 y 104-115.

HANG-HU, Kiang.—Resemblances seen between the Maya civilization and that of the Chinese. Ottawa, Printed for the Royal Society of Canada, **Transactions of the Royal Society of Canada,** 1933, 3rd. ser., Section II, XXVIII: 75-85.

HARCOURT, Raoul d'.—Las civilizaciones desaparecidas; América antes de Colón. Traducción (del francés) de Miguel López Atocha. Madrid, Hernando, 1926, 134 pp., ilustraciones, 16 cms. (La Cultura Moderna", V. 5).

———. Les civilisations disparues. L'Amérique avant Colomb. París, Stock, 1925, 152 pp., ilustraciones, 14.5 cms. (La culture moderne (15).

HARCOURT, T. A.—The Gods of America. **The Overland Monthly,** San Francisco, Cal., 1875, XV: 87-95.

(Habla en general de los quichés, Comizahual, etc.; y cita mucho a H. H. Bancroft).

HARI VA VUH ru Lokolah Evangelio cheri Kanim Ahauh, Kanima Kolonel, Jesu Cristo, incheel tantzibatal rome San Marcos. Xtzolkomix ri chi popol Cakchiquelchi paruka hunqaxlan ahtzip. 16mo., 79 pp., (Belize) chi huna, 1901. (Cat. Gates, Nº 1019).

HART, Charles Henry.—Remarks on Tabasco, Mexico, occasioned by the reported discovery of remains of ancient cities being found in that locality. A paper read before "The Numismatic and Antiquarian Society of Philadelphia", Thursday evening, April 5, 1866. Philadelphia, 1867. **Numismatic and Antiquarian Society of Philadelphia. Proceedings,** May 4, 1865, to December 31, 1866, pp. 81-92.

HARTMANN, Waldemar.—Symbolik in der Mayatracht. **Die Koralle,** Berlín, febrero 1929, IV (2): 518-21.

HASSEL, Georg, y CARMABLICH, J. G. F. R.—Vollstaendige und neueste Erdbeschreibung von Reiche Mexico, Guatemala und West Indien, Weimar, 1824.

HAVAS, Zzilard de.—Antonio Mediz Bolio y las leyendas mayas, por ...; preliminar por Carlos Badía Malagrida, retratos de Matías Santoyo, ornamentación de César F. Díaz. México, Im. Editorial Española, 1926 (?) 36 pp., ilustraciones, 23.5 cms.

(Es un opúsculo sobre Mediz Bolio como escritor que se ha especializado en el estudio de la mitología maya; pero nada más).

HAY, Clarence L.—A contribution to Maya architecture. Rio Bec "B", a temple in the heart of Yucatan, is restored in miniature at the American Museum. **Natural History**, 1935, XXXVI, pp. 29-33.

HAZIUS and LOWITZ (Atlas).—(Véase **Mapas**).

HELD, John.—(Véase Lothrop, S. K.)

HELLER, Carl Bartholomaeus.—Reisen in Mexiko in den Jahren 1845-1848. Von Carl Bartholomaeus Heller. Mit zwei karten, sechs holzschnitten und einer lithographie. Leipzig, Verlag von Wilhelm Engelmann, 1853, XXIV-432 pp., 2 mapas, 21.6 x 13.5 cms.

(II. Abschnitt. Reise in Yucatan, Tabasco und Chiapas. XIV **Capitel.** Seereise nach Campeche.—Anblick der Stadt.—Ankunft am Lande.—Campeche.—Beschreibung der Stadt.—Tracht des Volkes.—Umgebungen.—Quintas.—Yucatan.—Industrie und Produkte. — Handel. — Indianer. — Klima. — Politisch Verhaeltnisse.—Aufenthalt in Campeche.—Armut des Landes.—Reichtum des Meeres. —Bürgerkrieg.—Die Padres Comachos.—Meine traurige Lage und Erkrankung. —Weihnachten.—Statistische Notizen. (S. 211-226).—**XV. Capitel.** Neujahr 1847. —Die Sylvesternacht in meinem Zimmer.—Kampf mit meiner Boa.—Lerma.—Reise nach Champoton.—Küstenfahrer oder Canoas.—Seefahrt auf selben.—Ungünstiges Wetter.—Champoton.—Der Fluss.—Uber Bevölkerung des Landes. —Cuyos.—Umgebungen des Paraiso.—Reise auf dem Fluss.—Xantel.—Ein Getränk "Posole".—Schöne Wälder.—Ulumal.—Ein Nacht bei den Indianern.—Rückreise nach Campeche.—Beendigung des Bürgerkrieges.—Schilderhebung der Ureinwohner.—Fastnacht.—(S. 227-240).—**XVI. Capitel.**—Schiffbruch des englischen Dampfers "Tweed".—Ein diesen Schiffbruch betreffendes Dokument.—Schilderung desselben.—Seltsame Rettung eines Briefes.—Weiterar Aufenthalt in Campeche.—Karte von Yucatan.—Politische Verhältnisse.—Die Charwoche. (S. 241-247).—**XVII Capitel.**—Reise nach Uxmal.—Jampolon.—Calzada, Quelle und Vegetation daselbst.—Tenabo.—Casa nacional.—Tupires.—Quemasones.—Jequelchacan. — Pocboc. — Zibalché. — Kalkini. — Bécal. — Uxmal. — Beschreibung der Ruinen.—Casa del adivino.—Casa de las monjas.—Casa del gobernador.—Casa de las tortugas.—Casa de las palomas.—Casa de la vieja.—El picote.—Geschichtliche Nachrichten über diese Gebäude zur näheren Bestimmung ihres Alters u. s. w.) Indianertanz.—Gefährliche Anzeichen eines Indianer-Aufstandes.—Abreise von Uxmal.—Ein Cooché.—Einöde.—Grosse Hitze.—Ein Waldbrand.—Rückreise und Ankunft in Campeche. (S. 248-268).—**XVIII. Capitel.**—Wallfahrten nach Sambula.—Nachrichten von Kriegsschauplatz.—Einnahme von Vera-Cruz.—Niederlage des mexikanischen Heeres bei Cerro Gordo.—Einnahme von Perote und Puebla.—Reise nach Merida.—Jalacho.—Die Hauptstdat.—Beschreibung derselben.—Leben und Treiben der Einwoner.—Industrie und Handel.—Jenequen-oder Sisal-Hanf.—Zeitungen.—Posada.—Fest von San Sebastian.—Reinlichkeit in der Kleidung der Yucatecos.—Opfer der Indianer.—Irrtümer derselben.—Umgebung Meridas.—Der Zenote von Copoma.—Uber den Ursprung der Zenotes.—Rückkunft in Campeche. (S. 269-280).—**XIX. Capitel.** Sommermorgen in den Tropen.—Chiná.—Hacienda Chivic.—Vegetation.—Blauholzwälder.—Dessen Preise im Lande.—Leben der Arbeiter.—Indianertanz.—Seiba cabezera.—Die Gränz der cultivirten Ländereien.—Indianer-Aufstand in Yucatan.—Proclamation derselben.—Unglücklicher Ausgang des Krieges in Mexiko.—Die Eroberung der Hauptsdt. — Friedensunterhandlungen.—Die Feste von San Roman.—Neue Unruhen in Yucatan.—Vorbereitungen zur Abreise.—Abschied von Campeche. (S. 281-293).

"Original-text der Proclamation des Manuel Ay und Hyacinth Canek in der Maya-Sprache" (p. 293) y "Maya oder tultekisch" (p. 386).

(El libro lleva al final un excelente mapa que se titula "Karte von Yucatan nach der handschriftlichen Karte von Juan José de León und andern, bearbeitet verbessert und gezeichnet von Carl Heller, 1847", Lith. Onst.v. Emil Wilhelmi in Leipzig. Presenta algunas notas sobre la gramática maya (pp. 380-81); los numerales mayas del 1 al 100 (p. 386) y algunas palabras mayas (pp. 387-88).

HELPRIN, Prof. Angelo.—Geological researches in Yucatan. **Proceedings of the Academy of the Society of Natural History,** 1891, pp. 136-158.

HENDERSON, Alexander.—Catecismo de los Metodistas (in Maya). 17 pp. 8:. (Cat. Pilling Nº 1727).

———. Breve Devocionario (in Maya). 17 pp. 8º. (Sabin's Dictionary Nº 31305). (Cat. Pilling Nº 1728).

———. (Véase Fretcher, Rev. Richard).

———. The Maya primer. Belize, Honduras, etc. Birmingham, Printed by Showell, 1852, 12 pp. 16º (Cat. Pilling, Nº 1726).

(Dice Pilling que conoció ejemplar en la biblioteca de D. G. Brinton).

HENDRICK, Joyce.—Lichens from the Yucatan peninsula. En "Botany of the Maya area", Miscellaneous papers, Nº 6; Nov. 26, 1935, pp. 107-14. (Preprinted from the Carnegie Institution of Washington, Publ. Nº 461).

HENEQUEN (El), en los tiempos coloniales. **El Universal Ilustrado,** México, 15 octubre 1925.

(El Lic. Martín Díaz de Cossío prepara hace algún tiempo un estudio histórico sobre el henequén, y en 1938 ha publicado el estudio "Henequén, riqueza yucateca" (Talleres Gráficos de la Editorial "El Mundo", 122 pp.)

HENNIG, K.—Das Kulturraetsel der Maya-Indianer.—**Westermanns Monatshefte,** Brunswick, 1936, LXXX, 361-364.

HENSELING, Robert.—Das Alter der Maya-Astronomie. **Forsch. u. Fortschritte,** 1937, XIII (26-27): 318-320.

——. Die bedeutung des "Tzolkin" in der zeitrechnung des Maya. **Die Sterne,** 1932, XII (7-8): 159-79.

HERBRUGER, Arturo, JIMENEZ, Jorge, y otros.—Excursión a través del Usumacinta. **El Imparcial,** Guatemala, 7 al 23 abril y 7 mayo 1937.

(**Sumario:** V. Llegada de los excursionistas guatemaltecos al Río Negro. Los raudales del Pellán. Desplegando las canoas modernas para iniciar el recorrido, entre el asombro de los lugareños acostumbrados a las canoas talladas a golpes de hacha en recios troncos de árboles.—VI. El primero de año. Cacerías. El rancho de Genarón. El primer tigre.—VII. El principio del Petén. México en la margen izquierda. Quimala, restos de inmensas posesiones. Las antiguas monterías. La montería de Nemegei.—VIII. En la montería de Nemiga. Los primeros monteros a la vista. Culebras e inyecciones. Fiesta. Los cortes. Cigarrillos y tagarninas.—IX. Salida de la montería de Nemiga. En la curva de El Bolsón. Guacas y loros en el crepúsculo. Tétrica llegada a Pico de Oro.—XI. De Pico de Oro a Loveremos: otro vestigio de antiguos esplendores. Incursión en la jungla. Atenciones en la montería del Dr. Todd. Ruinas en la montaña Haciendo de arqueólogos.—XII. Poblaciones mayas bajo tierra, frente a la montería del Dr. Todd. Pancho Jerónimo, viejo montero, cuenta cosas del pasado. Chaparrón, chechén y mosquitos.—XIII. Río adelante; primeras fiebres; confluencia del río de La Pasión; cacerías salvajes; llegada a las ruinas de Altar de Sacrificios.—XIV. Intermedio en Altar de Sacrificios.—XV. Fiebre y chaparrones. Una mala noche de inhospitalidad inglesa en Santa Rosita. Esplendidez del paisaje. Curiosidades de las crecientes. En las bocas del Lacantún.—XVI. La jornada más larga, hasta el Agua Azul. Paisajes de palmeras. El río Lacantún, que trae al Usumacinta las maderas de México. El bello espectáculo de La Chorrera. Monteros del doctor Todd.—XVII. Paso por el encajonado de Juan González. Panoramas espléndidos. Llegada al Agua Azul. Hospitalidad de los monteros. Conocimiento de la enfermedad de los chicleros: su curación.—XXX. Retorno del clán lacandón. Camino a Piedras Negras. Ruinas de la gran ciudad de los mayas).

HEREDIA U., Carmen.—Dialectología de Yucatán; apunte sobre algunas formas dialectales propias de la Península, usadas en sus canciones populares. Comparación de estas formas con las usadas en otros lugares. **Investigaciones lingüísticas**, 1934, II (5): 371-80.

HERGERT, H. M.—Portraits of ancient Mayas, a peace-loving people. **National Geographic Magazine**, 1935, LXVIII (5): 533-60, láminas 1-8.

HERNANDEZ, Juan José.—Modo de curar el gálico, entre los indios de Yucatán. Swediaur, en su tratado de las enfermedades sifilíticas. **El Museo Yucateco**, Mérida, (1841), I: 233-234.

———. Ruinas de Chichen-Itza. **El Museo Yucateco**, Mérida, (1841), I: 270-76.

(**Sumario:** Invocación.—El Convento de Monjas.—El Castillo.—El caracol.—La casa.—El templo).

———. Usos y costumbres de las indias de Yucatán. 1846. En "Yucatán, artículos amenos, etc." (Edit. Alvaro F. Salazar), Barcelona, 1913, pp. 33-39.

HERNANDEZ, Pedro Marcial.— (Trad.) De los primeros habitantes de la venturosa yucateca; traducción de la maya al castellano, por ...., Mérida, 1905, 21.5 cms.

(Habla de leyendas de Yucatán. Hay texto en español y maya y la parte 2a lleva por subtítulo "Novela histórica de los primeros guerreros de la península yucateca").

HERNANDEZ, Porfirio (Fígaro).—El turismo vernáculo. **El Universal**, México, 17, 23 y 29 de marzo, 2, 9 y 13 abril y 18 mayo de 1938.

(Habla de Chichén Itzá, el Dr. Morley, quiénes eran los mayas, el maíz, el colapso de la civilización maya, el cenote de Chichén, Tizimín, cabeza de negro, el baile, Uxmal, El Templo del Sol, El Templo de la Cruz, el Templo de Santa Cruz Enramada, el Templo del León y una noche en Palenque. Son artículos que, aunque en tono humorístico, contienen algunas impresiones de viaje muy interesantes).

HERNANDEZ ARANA XAHILA, Francisco, y DIAZ GEBUTA QUEH, Francisco.—Memorial de Tecpan-Atitlán. (Vae Memoria Chiré Vinak Chi). **La Sociedad Económica**, Guatemala, septiembre 1873, III: 29 y siguientes.

(Manuscrito encontrado casualmente en 1844 por Gavarrete, al arreglar el archivo del convento de San Francisco, en Guatemala, por disposición del arzobispo García Peláez).

———. Memorial de Tecpam Atitlán escrito por .... **Revista del Archivo y de la Biblioteca Nacional,** Tegucigalpa, 1907, III: 577-82, 641-655, 705-710; IV: 1-6 et seq.

(En la "Advertencia del editor", suscrita por J. G., dice que en 1844 encontró dicho documento, y agrega: "Algunos años después, por el de 1855, hizo su primer viaje a Guatemala el célebre abate Brasseur de Bourbourg, deseoso de estudiar los idiomas y antigüedades de estos países, y habiendo habido a las manos el manuscrito de que se trata, se dedicó a traducirlo empleando los conocimientos que ya poseía en el idioma mejicano y en las tradiciones primitivas de los pueblos de este Continente, y valiéndose, además, de vocabularios antiguos de las lenguas quiché y cakchiquel, con lo que logró llevar a cabo su empresa, vertiéndolo del cakchiquel al francés; aunque, a decir verdad, el mismo traductor, habiendo hecho posteriormente grandes progresos en el conocimiento de estos últimos idiomas y en la generalidad de sus estudios americanos, ha manifestado alguna desconfianza sobre la exactitud de una versión que desde entonces no ha tenido ocasión de rever y corregir. El texto original quedó, sin embargo, en su poder y en la gran colección histórica que ha logrado formar, se halla marcado con el número IX; pero habiendo dejado al que suscribe el borrador de su traducción, de él se ha servido para vertirlo a su vez al español, coleccionarlo entre los documentos históricos del Museo Nacional y darlo ahora a la luz pública. Contiene, pues, este interesante manuscrito, las memorias del último príncipe o cacique de la casa de Xahilá, la segunda del reino cakchiquel, después la Tzotzil, conocidas ambas en las crónicas españolas bajo los nombres de Ahpop-tziles o Ahpop-Xahiles, denominaciones que algunos escritores superficiales, tomaron por nombres propios de los últimos reyes de aquella nación". Y añade: "Su texto está escrito con tinta añil y en caracteres claros y bien formados, debiéndose admirar la habilidad del escritor que en una edad madura pudo aprender a componer y a trazar caracteres enteramente extraños a su idioma, acomodándolos a sus inflexiones. A su margen se hallan breves anotaciones en español, que indican el contenido del párrafo del texto, las que por su forma y circunstancias hacen pensar que fueron puestas con posterioridad y por mano extraña; pero que conocía la importancia del documento y penetraba perfectamente su sentido; habiendo estas pequeñas notas servido no poco para su traducción". El interesante memorial —a juicio de Gavarrete— tiene mucho enlace con el Popol-Vuh).

———. Memorial de Tecpan-Atitlán. (Anales de los cakchiqueles) por ...., Texto y traducción revisados con notas y estudios sobre lingüística guatemalteca por J. Antonio Villacorta C. Guatemala, C. A., marzo 1936. Imprenta Tipografía Nacional. 386 pp., figuras, mapas, prefacio del traductor, 26.5 x 17.5 cms.

(**Sumario:** Cap. I. Lenguas indígenas de Guatemala.—II. Expresión gráfica del pensamiento.—III. Literatura de las lenguas mayances.—IV. Bibliografía de los mayances guatemaltecos.—V. Estructura de las lenguas indígenas guatemaltecas.—VI. Continuación de la materia que trata el capítulo anterior.—VII. Leyendas y tradiciones de la literatura indígena.—VIII. Ms. cakchiquel de Arana Xajilá y Gebuta Quej. Memorial de Tecpan-Atitlan: Parte legendaria: texto cakchiquel, traducción castellana. Parte cronológica: texto cakchiquel, traducción castellana. Parte familiar: texto cakchiquel. Parte procesal:

texto cakchiquel. Notas y comentarios. Vocabulario de las principales voces que se hallan en el texto cakchiquel).

HERNANDEZ MEJIA, M.—Paxil-Cayalá. **El Salvadoreño,** San Salvador, 10 octubre 1925.

HERNANDEZ SPINA, Vicente.—Apuntamiento de idioma kiché. Junio de 1854. (MS. de 16 hojas en folio en la Biblioteca de Pinart. Al pie de la portada lleva escritas por la misma mano estas palabras: "Es del Padre Presb. Vicente Hernández Spina, cura de Santa Catarina Ixtlauacan" (Cat. Pilling, Nº 1749). Perteneció primero al Dr. Mariano Padilla, de Guatemala, quien lo regaló a Brasseur de Bourbourg. Su autor murió hacia 1860. Según el Dr. Padilla el vocabulario era el original de que habla el Dr. Karl Scherzer en "Sitzungsberitche der Philosophisch-Historischen Klasse der Kaiserlichen Akademie der Wissenschaften", Wien, 1855, XV: 28-35 ("Bibliotheque Mex-Guat", por Brasseur de Bourbourg, p. 83). Gates lo llama "Apuntes del idioma kiche" y dice que tiene 33 páginas en folio que "aunque moderno está bien escrito y es útil" y que el Padre Hernández Spina tomó mucho empeño en el estudio de las cuestiones indígenas ("The William Gates Collection"' Nº 994).

———. Ixtlavacan Quiche calendar of 1854; tr. by Ethel-Jane Bunting. **Maya Society Quarterly,** 1932, I (2): 72-5.

———. Kalendario conservado hasta el día por los sacerdotes del Sol Ixtlauacan (sic), pueblo descendiente de la nación kiché, descubierto por el Presbítero Vicente Hernández Spina. Santa Catarina Ixtlauacan, agosto 12 de 1854. En folio.

(MS. de 13 ff. El calendario es idéntico al del antiguo sistema quiché, y lo curioso es que el documento habla sobre los nombres de los lugares donde los indios de Santa Catarina iban a sacrificar, así como las plegarias que dirigían al sol, mezcladas de recuerdos antiguos de su idolatría y de las ideas cristianas. (Bibl. Pinart).

HERRERA, Alfonso L., y CICERO, Ricardo.—Estudios de Antropología Mexicana. **La Naturaleza,** 1869, 2ª serie, II: 462-469.

(Breve resumen de los trabajos hechos hasta 1895 e indicaciones para medir. Hermann Beyer).

HERRERA, Ing. Horacio.—Los mayas como astrónomos y matemáticos. **Diario de Yucatán,** Mérida, Yuc,, 13 marzo 1927.

(**Sumario:** Verdades que deben ratificarse en bien de la Historia. Opiniones de los arqueólogos).

———. Quintana Roo. **Revista de la Sociedad de Estudios Astronómicos y Geofísicos.** México, 1937, IV (1): 3-11.

(**Sumario:** Límites geográficos. Historia. Fisiografía. Geología histórica. Geodesia. Geología. Altitudes. Yucatán y Quintana Roo están en formación).

HERRERA VILLAVICENCIO, Pbro. José de.—Vía sacra del divino amante Corazón de Jesús, dispuesta por las cruces del Calvario. Por el presbítero José de Herrera Villavicencio. Traducida al idioma yucateco por el R. P. Fr. Joaquín Ruz. Mérida de Yucatán, Impreso por Nazario Novelo, 1849, 34 pp. 16º. (Cat. Pilling, Nº 3424).

HERRERA Y TORDESILLAS, Antonio de.—Historia general de los hechos de los castellanos en las Islas y Tierra Firme del Mar Océano. Madrid, 1601.

(La Década I, libro VI, capítulo XVII, trata del descubrimiento de Yucatán por Pinzón y Díaz de Solís. Al relatar Herrera el cuarto viaje de Colón, cuando visitó las costas de Centro América, habla de que encontró los primeros mayas. Véase el artículo "Cristóbal Colón esperaba descubrir México en un quinto viaje. No pudo llegar a las costas de Yucatán aunque en el camino encontró a unos comerciantes mayas, que le dieron noticias fascinadoras de una tierra bien rica en oro, plata y cacao", publicado en "Excélsior", México, 18 octubre 1936).

HERVAS Y PANDURO, Lorenzo.—Catálogo de las lenguas de las naciones conocidas y numeración, división, y clases de éstas según la diversidad de sus idiomas y dialectos. Su autor el abate don ...., Teólogo del Eminentísimo Señor Cardenal Juan Francisco Albani, Decano del Sagrado Colegio Apostólico y Canonista del Eminentísimo Señor Cardenal Aurelio Reverella, Predatario del Santo Padre. Volumen I. Lenguas y naciones americanas. Con licencia. Madrid, en la imprenta de la administración del Real Arbitrio de Beneficencia, 1800.

(El capítulo VI se titula: "Lenguas que se hablan en el continente de la Nueva-España". Hervás transcribe la carta que desde Bolonia le dirigió un jesuíta mexicano el 20 de diciembre de 1783, en la que hace comentarios al catálogo que aquél había formado de las lenguas de la Nueva España, entre las que aparecían las siguientes: la cakchí, la cakchiquila, la pocomana, la quiché, la utlateca, la mame (se hablan en la diócesis de Guadalajaxara, dice, en vez de decir Guatemala), la chiapaneca, la mame, la lacandona, la celdala, la zoque, en la diócesis de Chiapa; y la maya "o yucatana" que se habla "en el Yucatán y en Tabasco". Sobre ellas diserta Hervás desde las páginas 302 a la 306; y hace notar: "Tienen pues afinidad las lenguas **maya, cakchi, poconchi, cakchiquil** y **pocoman** (quizá la **maya** sea la matriz), y se hablan en los países siguientes: la **maya** (de cuyo nombre ignoro la etimología) en las provincias de Yucatán o Campeche: la **cakchiquila** y **pocomana** se hablaba en la provincia de Guatemala; la **cakchi** en la provincia de Verapaz por la extensión de treinta leguas, y por la de diez y seis al occidente de los **cakchis** la lengua **poconchi**").

———. Catalogo delle lingue conosciute e notizia della loro affinitá, e diversitá. Opera del Signor Abate Don Lorenzo Hervás. In Cesena 1784. Per Gregorio Biasini all' Insegna di Pallade. 260 pp. 4º. (Cat. Pilling, Nº 1754).

(Al hablar de las lenguas de la Nueva España y Centro América, trata del chontal, el lacandón, el mame, el quiché, el cachiquel y el utlatleca).

———. Aritmetica delle Nazioni e divisione del tempo fra l'Orientali. Operi dell' Abate Don Lorenzo Hervas, Socio della Reale Academia delle Scienze, ed Antichitá di Dublino. In Cesena, 1786, Per Gregorio Biasini al ' Insegna di Pallade. 201 pp. 4º. (Cat. Pilling, Nº 1757).

(Habla de los numerales mayas 1-72000, pp. 110-111).

HESTERMANN, P. Ferdinand. — Die Maya-Kultur Mittelamerika (Sprache, Schrift, Literatur, Kalender und Bauwerke). **Mitteilungen der Anthropologischen Gesselschaft, Sitzungsberichte, Viena,** 1915, XLV (8) (9). (Tozzer).

HEWETT, Edgar L.—Ancient America at the Panama-California Exposition. IV. The Rotunda; Replicas of Central American monuments.—V. The balconies: the Vierrá frescoes of ancient cities of America. **Art and Archaeology**, Washington, D. C., November, 1915, II (3): 81-89.

(Trata de Copán y Quiriguá).

———. Ancient life in Mexico and Central America, by ...., Indianapolis, New York, The Bobbs-Merrill company (1936), XX-341 pp., diagramas, láminas, mapas, 24 cms.

———. Latest work of School of American Archaelogy at Quirigua. En "Holmes anniversary volume", Washington, 1916, pp. 157-162.

———. The excavation of Quirigua, Guatemala, by the School of American Archaeology. En "International Congress of Americanists. Proceedings of the XVIII session, London, 1912". London, 1913, Part II, pp. 241-250.

———. The excavation at Quirigua, Guatemala, by the School of American Archaeology. By ...., London, Harrison and sons, printers, 1912, p. 241-248, ilustraciones, 3 láminas, 25.5 cms.

———. The third season's work in Guatemala (illutrated), by .... (Norwood? Mass., 1912), láminas, 23.5 cms. (Papers of the School of American archaeology, Nº 22, pp. 163-171).

(El artículo lleva en la parte superior el nombre del Archaeological Institute of America y es un extracto del **Bulletin** del Instituto, aparecido en junio de 1912)

———. Two seasons' work in Guatemala (illustrated), by .... (Norwood? Mass., 1931) láminas, 23.5 cms. (Papers of the School of American Archaeology, Nº 21, pp. 117-23).

(En la parte superior lleva el nombre del Archaeological Institute of America y es el extracto de lo aparecido en el **Bulletin** del mismo Instituto, de junio de 1911, pp. 111-134, y se refiere a Quiriguá).

HIDALGO, Pbro. Manuel.—Libro en que se trata de la lengua tzotzil; se continúa con el Bocabulario breve de algunos verbos y nombres, etc. La Doctrina cristiana; el Formulario para administrar los Santos Sacramentos; el Confesionario y Sermones en la misma lengua tzotzil. Obra (según parece) del ...., insigne siervo de María Santísima, 1735.

(Es MS. de 66 páginas en folio. "Lo he puesto bajo el nombre de D. Manuel Hidalgo, que va en la página 10 como autor del himno a la Santísima Virgen. El documento no tiene indicación de fecha, excepto estas palabras en la página 59: "De el pueblo de San Pablo en el año (17) 35-20 qu, etc." El tzotzil, o tzotzlem es el segundo lenguaje importante en el Estado de Chiapas. Su centro principal estuvo primeramente en la ciudad de Tzotzlem (guarida de murciélagos), llamado por los mexicanos, que lo fortificaron en tiempo de Moctezuma, Tzinacantlan, o Cinacatlan, de donde procede el nombre de Cinacanteca, dado también a este idioma. Actualmente el lugar más habitado por los indios tzotziles es Alanchen, llamado comúnmente San Bartolomé de los Llanos" (Brasseur de Bourbourg).

———. Vocabulaire de la langue tzotzil. (Con prefacio del Cte. de Charencey), Caen, 1885, 41 pp. en 8vo. ("The William Gates Collection", Nº 1045).

HIERSEMANN, Karl W.—Katalog 301. Americanische linguistik und Americana im Allgemeinen. Enthaltend U. A. einen teil der bibliothek des amerikanisten prof. Dr. J. Platzmann. Leipzig, 1904, 46 pp.

(Enumera obras raras y manuscritos relacionados con la lingüística americana y obras americanas en general. Muchas de ellas fueron de la biblioteca del finado americanista profesor J. Platzmann).

HILLS, Louis Edward.—A short work on the Popol Vuh and the traditional history of the ancient Americans, by Ixt-lil-xochitl. By ...., (Kansas City, Mo., Franklin Hudson pub. Co., 1918), 30 pp., láminas, mapas, 22.5 cms.

(Habla del Popol-Vuh, los quichés. Don Fernando de Alva Itlixochitl (1568?-1648) es uno de los cronistas postcortesianos de México. La obra está relacionada con el libro de los Mormones (Book of Mormon).

———. Historical data from ancient records and ruins of Mexico and Central America. Independence, Mo., L. E. Hills, 1919, 48 pp., ils., mapas, 23.5 cms.

HIRTZEL, J. S. Harry.—Collections d'Antiquités guatémaltéques du Musée d'Archéologie de l'Université de Gand. En "Congrés International des Américanistes. Compte-rendu de la XXIe. session. Deuxiéme partie tenue a Goeteborg en 1924", Goeteborg Museum, 1925, pp. 668-72, 33 figuras.

HISSINK, Karin.—Masken als fassadenschmuck, untersucht an alten bauten der halbinsel Yukatan (von) Karin Hissink. Strassburg (etc.) Heitz & Co., 1934, 130 pp., 1 ilustración, láminas, mapas, 24 cms. (Sammlung Heitz; **Akademische abhandlungen zur kulturgeschichte,** III, Reihe, bd. 2).

(Otra edición apareció en Berlín en 1933, con el título de "Die maske als fassadenschmuck altyukatekischer steinbauwerke". El libro trata de la arquitectura maya, las fachadas y las máscaras).

HISTORIA antigua de Yucatán. (Algunos apuntes sobre). 8º, 28 pp. Copia fotostática. (Gates, Nº 970).

(Son notas sobre los diferentes dioses de la mitología maya, con algunas sobre el alfabeto y las diferencias de la pronunciación).

HO, P. Silverio.—Pequeño catecismo traducido en lengua K'Ak'Chi, Dialecto de Cobán por el Padre Silverio Hó. París, 1897, 28 pp., 18º (Vol. VII de la "Petite Bibliotheque Américaine" de Mr. Pinart).

(El Padre Hó, según Pinart, era nativo de la Vera Paz y escribió en 1780 el catecismo. Este comprende el Credo, la Doctrina Cristiana y el Ave María, en forma de cuestionario).

HOIL, Juan José.—(fl. 1782, comp.) The Book of Chilam Balam of Chumayel; with introduction by G. B. Gordon. Philadelphia, University Museum, 1913, facsím., 27½ cms.

———. Book of Chilam Balam of Chumayel. Translated and ed. por Ralph L. Roys. Washington, 1933, VIII-229 pp., ilustraciones, 30 cms. (Carnegie Institution, Publication Nº 438).

———. (Véase: "Libro de Chilam Balam de Chumayel").

———. (Véase Mediz Bolio, Antonio).

HOLDEN, Edward Singleton.—Hieroglyphs of Central America. **Century Magazine,** 1881, I: 228.

———. Studies in Central American picture writing. **U. S. Bureau of American Ethnology,** 1st. annual report, (1879-80), Washington, Government Printing Office, 1881, p. 205-245, ils., láminas.

(Se hizo edición el mismo año por la Smithsonian Institution, Bureau of Ethnology, J. W. Powell, director. Holden fué Profesor de Matemáticas en el U. S. Naval Observatory).

HOLLENBACH, Marion.—An ancient Quiché ceremony. **El Palacio,** Santa Fe (New Mexico) 1937, XLII (13-15): 80-84.

(Describe la ceremonia "uajxaquip-vats" en Momostenango, Guatemala).

HOLMES, William Henry.—A ceramic masterpiece from Salvador. **Art and Archaeology.** Washington, D. C., January-February, 1921 (1-2): 68-9.

———. A Quirigua mystery. (Current notes and news). **Art and Archaeology,** Washington, December 1916, IV (6): 341.

———. Ancient Mayan ruins. En "Source Book in Anthropology", por A. Kroeber, L. & Waterman, T. T. Comp., 1931, pp. 188-201.

———. Archaeological researches. **Field Columbian Museum Anthr.,** I: 106-109. 1897, Vol. I, 144 pp.; Vol. II, 194 pp., figs., mapas, planos, 8º. (Field Columbian Museum, Publication 8, 16, Anthropological Series, Vol. I, Nº 1).

(La primera parte se refiere a los monumentos de Yucatán. El Dr. Hermann Beyer hace este comentario sobre la obra: "Trata en detalle de las ruinas de Chichén-Itzá, Uxmal, Palenque, Mitla y Monte Albán. Las claras vistas panorámicas de las grandes ciudades prehispánicas, son de especial valor. Una de las publicaciones que el estudiante debe leer con toda atención". Hay una edición de 1892).

———. Examples of spurious antiquities. I. Guatemalan pottery. **Art and Archaeology,** Washington, D. C., 1916, III (5): 287-288, ilustraciones.

———. Monuments of Yucatan. Chicago, 1895, 8º, 65 ilustraciones.

———. On a nephrite statuette from San Andrés Tuxtla, Veracruz, México. **American anthropologist,** 1907, new ser., IX: 691-701.

———. The great Dragon of Quirigua, Guatemala. En "Smithsonian Institution, Annual Report 1916", Washington, D. C., 1917, pp. 447-60; y en **Art and Archaeology,** Wáshington, December 1916, IV (6): 269-278.

———. The oldest dated American monument. **Art and Archaeology**, May 1916, pp. 275-278.

———. (Véase "Examples of the iconoclasm of the conquerors of Mexico", New York, 1885).

HOLTKER, Georg.—Eine typische kauf-und dienstehe bei den Maya im vorkolumbischen Mittelamerika. **Der Fels**, 1929, XXIII (12): 463-71.

HOMO HOMINIS.—El departamento de Copán. **El Nuevo Tiempo**, Tegucigalpa, Honduras, 31 julio 1913.

HONDEN.—(Véase "Códice Dresdensis").

HONDURAS.—A las municipalidades del Estado (por los editores). **Gaceta del Salvador,** 19 junio 1858. (Tomado de la "**Gaceta de Honduras**" del 30 de mayo anterior).

(Se refiere a la conservación de las antigüedades; y dice que el Cnel. Juan Galindo al visitar las Ruinas de Copán se llevó una hermosa taza de jaspe y otras curiosidades que compró a los vecinos; y el Dr. Alejandro Murure en 1839 varias petrificaciones y huesos que estaban en poder de don José María Cobos).

HONDURAS Expedition (The).—**Harper's Weekly,** 1891, XXXV (1823): 943.

HOUGH, Walter.—Censers and incense of Mexico and Central America. (1887) From the "**Proceedings of U. S. A. National Museum**", April 17, 1912, Washington, Government Printing Office, XLII: 109-137.

———. Fire clearing by Maya indians. En "Fire as an agent in human culture". Washington, Government Printing Office, 1926, 66 pp. (Smithsonian Institution, United States National Museum, Bulletin 139).

———. The Ancient Central and South American pottery in the Columbian Historical Exposition at Madrid, in 1892. En "Report of the United States Comission to the Columbian Historical Exposition at Madrid", Washington, Government Printing Office, 1895, pp. 349-355.

(Trata de las cerámicas de Nicaragua y Guatemala).

HOULSON, Jane Harvey.—Blue blaze; danger and delight in strange islands of Honduras. Indianapolis, Bobbs-Merril Co., (1934) 305 pp.

HOWE, G. .—The Ruins of Tuloom. **American Anthropologist,** new. ser., XIII: 539-550.

HOWE, J. L., y CAMPBELL, H. D.—Examination of specimens from Chichankanab, Yucatán. **The American Journal of Sciences,** 1896, pp. 413-415.

HOYOS SAINZ, Luis de.—Etnografía. Clasificaciones, prehistoria y razas americanas. 2ª edición. Madrid, 1900, 375 pp.

HUBBELL, Theodore H.—New cave crickets from Yucatan, with a review of the pentacentrinae, and studies on the Genus Amphiacusta (Orthoptera, Gryllidae). En "Fauna of the caves of Yucatan", por A. S. Pearse. Wáshhington, 1936, pp. 191-233, 78 figuras, 2 gráficas. (Carnegie Institution of Washington, Pub. Nº 491).

HUBBS, Carl Leavitt.—Fishes of the Yucatan peninsula. En "The cenotes of Yucatan; a zoological and hydrographic survey", por A. S. Pearse, etc. Washington, 1936. (Carnegie Institution of Washington).

———. Fishes from the caves of Yucatan. En "Fauna of the caves of Yucatán", por A. S. Pearse. Washington, 1936, pp. 261-294, 4 láminas. (Carnegie Institution of Washington, Pub. Nº 491).

HUEBBE, Joaquín, y AZNAR, A.—Mapa de la península de Yucatán y Campeche. París, Prevel, 1878, Hoja de 26 x 36 cms. (Palau en "Manual del Librero Hispanoamericano").

HUMBOLDT, Friedrich Heinrich Alexander von.—(Carta dirigida al Sr. Federico Ahrens en Guatemala: Postdan, 22 julio 1853). **Gaceta de Guatemala**, 20 enero 1854.

———. Ensayo político sobre el Reyno de Nueva España, sacado del que publicó en francés Alexandro de Humboldt. Por D. P. M. de O. Madrid, 1818, en la Imprenta de Núñez, Tomo I, pp. 226-29.
(En el Cap. VIII, al hablar de la Intendencia de Mérida, menciona los siguientes nombres de la geografía maya: Bacalar, Contoy, Champotón, Sisal, Xampolan, Equetchecan y Campeche, y dice que los indios hablan "la lengua maya, que es muy gutural, y de la cual hay cuatro diccionarios bastante completos").

———. Sitios de las cordilleras y monumentos de los pueblos indígenas de América. Trad. por Bernardo Giner. Madrid, Gaspar, 1878, 439 pp.

———. Voyage de Humboldt et Bonpland. Premiere partie. Relation historique. Atlas pittoresque. A Paris, Chez F. Schoell, 1810. (Cat. Pilling, Nº 1870).
(La lámina 45 da el facsímile de un fragmento de manuscrito maya).

———. (Véase "Códice Dresdensis").

HUMBOLDT, Karl Wilhelm von.—Maya gramatik.
(Manuscrito de 36 pp. en folio, hológrafo de Humboldt. Lleva 82 páginas de puño y letra de su secretario, un apéndice en 15 páginas de notas explicativas y una lista de afijos, preparada por Humboldt. No se le ha visto; pero da la noticia de su existencia el Catálogo Nº 135 de Stargardt, que anuncia obras de América y Oriente). (Cat. Pilling, Nº 1884).

HUNGERFORD, H. B.—Aquatic and semiaquatic **Hemiptera** collected in Yucatan and Campeche. En "The cenotes of Yucatan; a zoological and hydrographic survey", por A. S. Pearse, etc. Washington, 1936. (Carnegie Institution of Washington).

HUNTING, Gardener.—Tikal. Puzzle of a concrete age. **Technical World Magazine**, New York, August 1912, pp. 723-5.

HUNTINGTON, Ellsworth.—Guatemala and highest native American civilization. **Science**, New York, 1913, NS. XXXVII: 723-24; y **Proceedings** of the American Philos. Society, 1913, LII: 467-87.

(Trata de las ruinas del Petén).

———. Maya civilization and climate changes. En "Proceedings of the Nineteenth International Congress of Americanists", Washington, 1915, pp. 150-164.

(Habla de Quiriguá, Copán y otras ciudades mayas).

HUONDER, Antonio.—La fuente sagrada de Chichén Itzá. Narración del antiguo Yucatán. Friburgo de Brisgovia, Herder, 1907, 138 pp. 8º.

(Novela sin interés, dice Teixidor).

HURRICANES sweep Maya country.—**El Palacio**, 1931, XXXI (19): 295-97.

HURST, C. T., y BENSON, Isabel.—The Mayan culture. **El Palacio**, 1934, XXXVI (21-2 y 25-6): 161-74, 178-92, 201-04).

HUXLEY, Aldous.—Religious practices in Central America. **Geographical Magazine**, 1935, I (5): 435-449, ils.

(Se refiere a los nexos pagano-cristianos en la religión de los quichés de Guatemala).

HYMAN, Libbie H.—Land planarians from Yucatan. En "Fauna of the caves of Yucatan", por A. S. Pearse. Washington, 1936, pp. 23-32, 9 figuras. (Carnegie Institution of Washington, Pub. Nº 491).

I

IBARRA Jr., Alfredo.—Notas sobre "El Sumidero" del Río Chiapa. **Universidad de México,** 1933, VI: (33-4): 222-33.

IBARRA DE ANDA, Fortino.—Geonimia indígena mexicana o nombres geográficos indígenas de México. México. (Imprenta Mundial), 1932, 114 pp.
(El diccionario da referencias geográficas tomadas del maya y reglas para los nombres geográficos mayas, p. 13-4).

ICAZA, Francisco A. de.—Elementos decorativos del arte mexicano antiguo. **La Esfera,** Madrid, 27 enero 1923, ils.
(La documentación gráfica presenta un "relieve en piedra de la cultura maya representando una ofrenda").

ICHIKAWA, Schoichi.—Restoration of the turquoise mosaic plaque, (in the Temple of The Warriors, Chichen Itza). By ...., Department of Anthropology, American Museum of Natural History. **Art and Archaeology,** Washington, junio 1931, XXXI (6): 306-310, 1 lámina, 2 fotografías, 2 figuras.

———. (Véase "The Maya of Middle America").

IHERING, H. von.—Die Kunstliche Deformirung Der Zahne. **Zeitschrift für Ethnologie,** Berlín, 1882, XIV: 213-262.

IMESON, Charles V.—The Maya Calendar adapted to the slide rule.—**Maya Research.** New Orleans, La., 1935, II (2): 174-178.
(**Sumario:** The construction of the chart.—The usefulness of the calculator).

IMPORTANT MAYA discovery in the Guatemala highlands. **Maya Research,** New Orleans, April, 1936, p. 177-188, ils.

IMPORTANTE descubrimiento Maya en las tierras altas de Guatemala. **Anales de la Sociedad de Geografía e Historia,** Guatemala, marzo 1937, p. 270-282, ils.

INFORMACION sobre los Lacandones.—**La Nueva Era,** Guatemala, 22 diciembre 1837.

INFORME anual de la Sección de Investigaciones Históricas. Institución Carnegie de Wáshington, Washington, D. C. (Reimpreso del Anuario Nº 35 correspondiente al año 1935-1936) 38 pp. 25.4 x 17.2 cms.)

INFORME anual de la Sección de Investigaciones Históricas. (Reimpreso del Anuario N. 36 correspondiente al año 1936-1937). (Institución Carnegie, Washington, D. C.)

(El detalle de este informe va especificado en Kidder, Alfred Vincent).

INFORME de la Comisión Científica formada para el reconocimiento de las antigüedades de Copán, por decreto de 15 de enero de 1834 del Cº gefe supremo del Estado de Guatemala, Dr. Mariano Gálvez. (Manuscript, Gates Collection). 1834.

(Este MS. de 46 páginas en folio, que ha pertenecido a la Colección Gates, fué utilizado por Morley en el Appendix XI de "Inscriptions at Copan", pp. 593-603, y fué redactado por el Cor. Juan Galindo).

INLAID teeth of early Mayas. **El Palacio**, 1932, XXXII (15-16): 230.

INTRODUCTION a une etude comparative sur les langues de la famille Maya-Quiché. **Revue Americaine**, París, 1886, Nº 1. (Cat. Blake).

IRONDO, Fr. José.—Exposición del Símbolo de San Atanasio en idioma Kachiquel, por ...., franciscano.

(MS. citado por Beristáin y Squier).

ISAGOGE Histórico Apologético General de todas las Indias, y especial, de la Provincia de San Vicente Ferrer de Chiapa y Goathemala del Orden de Predicadores. Madrid, Tipografía de Tomás Minnesa de los Ríos, 1892, 445 pp. 4º.

(Libro inédito hasta ahora (1892) que con motivo de la celebración del IV Centenario del descubrimiento de América ha mandado publicar el Gobierno de la República de Guatemala, siendo Presidente de ella el General D. José María Reyna Barrios).

ISAGOGE histórica apologética de las Indias Occidentales y especial de la Provincia de San Vicente de Chiapa y Guatemala, de la Orden de Predicadores. Manuscrito encontrado en el convento de Santo Domingo de Guatemala, debido a la pluma de un religioso de dicha Orden, cuyo nombre se ignora. Colección de documentos antiguos del Ayuntamiento de Guatemala. Prólogo de J. Fernández Muñoz. Guatemala, Tip. Nacional, 1935, 447 pp. 26.5 x 17.5 cms. (Biblioteca "Goathemala" de la Sociedad de Geografía e Historia, dirigida por el Lic. J. Antonio Villacorta C., volumen XIII).

(El Libro II trata de las conquistas del Reino de Guatemala y en el Capítulo IV da el catálogo de los reyes del Quiché. En la edición se conserva la ortografía de la copia que en 1875 hizo D. Juan Gavarrete, que se guarda en la Biblioteca Nacional de Guatemala. El prologuista de la edición, señor Fernández Muñoz, cree que el "Isagoge" fué escrito entre 1700 y 1701. Al conocimiento de este libro precioso están unidos los nombres del Arzobispo García Peláez, el Dr. Mariano Padilla y el anticuario Felipe Valentini).

ITZA, MANCHE, PETEN, LACANDON, etc.—1684-5.

(Es un minucioso informe escrito por el Padre Joseph Delgado, sobre los sucesos relacionados con la entrada de los españoles a dicha región. Tiene 98 páginas en folio y comienza con el día en que entraron al pueblo de San Lucas del Chol, en donde fué escrita parte de esta reseña ("The William Gates Collection", Nos. 1039 y 620).

IXCIT Cheel: A Maya folk tale. The Maya Society Quarterly, Baltimore, I: 47-55.

IXTLAVACAN Quiché Calendar of 1854. The Maya Society Quarterly, Baltimore, I: 72-73.

J

JAMES, June F.—(Véase "Estatutos de la Asociación Conservadora de Monumentos Arqueológicos de Yucatán").

JIMENEZ, Jorge.—(Véase Herbruger Asturias, Arturo).

JOMARD, Mr.—Coup d'oeil sur l'Amérique Centrale et ses monuments. Por Mr. Jomard, membre de l'Institut et de la Société d'Etnographie et Orientale. Paris, Chez Challamel aine (1860?), 16 pp. 8º.

(Este artículo también fué publicado en **Revue Orientale et Americaine,** París, 1859, II: 229-37. Habla de las antigüedades del Petén, de los trabajos del Cnel. Galindo, etc.)

JOURDANET, Dr. D.—Le Mexique au point de vue de son influence sur la vie de l'homme par .... Dr. en Medecine de Facultés de París et Mexique. París, J. Bailliere et fils, Tip. Arbieu, 1861, 400 pp. 8º.

(El Dr. Jourdanet estuvo cinco años en Campeche, desde 1842. Sus observaciones se refieren a los Estados de Yucatán y Tabasco y los describe desde la página 114. En 1864 apareció en París su libro "Le Mexique et l'Amerique Tropicale").

JOYCE, Thomas Athol.—Central American and West Indian Archaeology. Being an introduction to the Archaeology of the States of Nicaragua, Costa Rica, Panama and the West Indies. London, Philip Lee Warner, 1916, 270 pp.

(Part. I. Southern Central America. Introduction.—I. Nicaragua and NE. Costa Rica.—II. Nicaragua and NE. Costa Rica.—III. Nicaragua and NE. Costa Rica (continued).—IV. Central Costa Rica.—V. Southern Costa Rica and Panama.—VI y VII. Southern Costa Rica and Panama).

———. Galerie Américaine du Musée d'Ethnographie du Trocadéro. Choix de piéces archéologiques et ethnographiques. 2 parts. Paris, 1897.

———. Maya & Mexican art. London, "The Studio" Ltd., 1927, VIII-192 pp., figuras, láminas, 21.5 x 15.4 cms.

(Esta obra, tan esencial para estudiar los temas que trata, se refiere particularmente, en 7 capítulos, a la arquitectura, la escultura, la cerámica, la pintura y el dibujo, el trabajo en metales, el traje y los adornos, los trabajos en piedra, mosaico y cuero. Ofrece una selecta bibliografía. Las ilustraciones, de primera calidad, presentan reliquias de Sayil, Palenque, Chichén-

Itzá, Tikal, Lubaantun, Copán, Quiriguá, Piedras Negras, Menché y Tulum. Las fotografías que ilustran el volumen son de reliquias que se encuentran en el Museo Británico).

———. Mexican Archaeology. An introduction to the Archaeology of the Mexican and Mayan civilizations of pre-Spanish America. By .... With many illustrations and a map. London, Philip Lee Warner, 1914, XVI-384 pp., 30 láminas, mapas, figuras.

(**Sumario:** Chapter VIII. The Maya: tribal history.—Chapter IX. The Maya. Religion and Myth.—Chapter X. The Maya: The calendar, calendrical feasts and minor religious observances.—Chapter XI. The Maya: Burial, social system, trade and war.—Chapter XII. The Maya: Dress, daily life and crafts.—Chapter XIII. The Maya: Architectural remains.—Chapter XIV. Conclusions.—Appendix I. Names of the days in the Mexican and Maya calendars.—Appendix II. Names of the months in the Mexican and Maya calendars.—Appendix III. Provisional scheme of dating to accompany chapters I, VIII, and XIV.—Index).

(Entre las ilustraciones que van en este libro extraordinario, mencionaremos las siguientes: la stela 14, de Piedras Negras; la stela H. de Copán; el dintel de piedra de Menché; la estela 24, de Naranjo; un edificio en Sayil; un templo en Tikal; el monolito P. esculpido en Quiriguá; el plano de las ruinas de Copán; ruinas de Palenque; templo del patio de danzas y el "Castillo" de Chichén-Itzá; el edificio de las "Monjas"; la "Casa del Gobernador" en Uxmal; varias deidades mayas, que aparecen en el manuscrito de Dresden; el dintel de madera labrada en Tikal; y de numerosas reliquias de Palenque y Tikal, Honduras Británica, Ocosingo, Cobán, Nebaj, el Valle de Ulúa, Santa Rita, Santa Rosa Xlabpak. El mapa lingüístico de las tribus mayas, que es la figura 45. Al final de la obra aparece un mapa de México y Centroamérica. El prólogo del libro lo suscribió Joyce en Londres, enero de 1914). (Dice el Dr. H. Beyer: "Buena introducción a la arqueología mexicana, cuya lectura es indispensable para el principiante". El mismo Dr. Beyer le ha hecho rectificaciones en sus "Apuntes sobre Arqueología Mexicana").

———. Mexican archaeology, an introduction to the archaeology of the Mexican and Mayan civilization of pre-Spanish America. By .... London, The Medici Society, Ltd.; Boston, The Medici Society of America (1920), XVI-384 pp., ilustraciones, 30 láminas, mapas, 23 cms. (Handbooks to ancient civilizations series).

———. Report on the British Museum Expedition to British Honduras, 1929. **Journal of the Royal Anthropological Institute,** London, 1929, LIX: 439-459.

———. Report on the investigations at Lubaantum, British Honduras, in 1926. **The Journal of the Royal Anthropological Institute of Great Britain and Ireland.** Londres, 1926, LVI: 207-230.

———. The hieroglyphic stairway at Naranjo, Guatemala. En "Congrés international des américanistes. Compte-rendu de la XXIe. session. Deuxiéme partie tenue a Goeteborg en 1924", Goeteborg Museum, 1925, pp. 297-304, figuras.

(La escalinata jeroglífica de Naranjo fué dibujada primero por Maler en "Memoirs of the Peabody Museum", Vol. IV, Nº 2; y ha sido estudiada por Bowditch en "Maya Numeration, calendar and astronomy", p. 143; por Morley en el "American Anthropologist", Vol. II, p. 543; y por Spinden en "The Reduction of Maya dates", "Peabody Museum Papers", IV, 4, p. 250. De los doce bloques de la inscripción, nueve se hallan en el Museo Británico; 1 en el Museum of the American Indian; y otra parte en el American Museum of Natural History. Lo que está en el Museo Británico fué trasladado por el Dr. Gann, con permiso del Presidente de Guatemala, señor Estrada Cabrera).

JOYCE, T. A., CLARK, J. Cooper, y THOMPSON, J. E.—Report on the British Museum Expedition to British Honduras 1927. **Journal of the Royal Anthropological Institute,** London, 1927, LVII: 295-323.

JOYCE, T. A., GANN, T., y GRUNING, E. L.—Report on the British Museum Expedition to British Honduras 1928. **Journal of the Royal Anthropological Institute,** London, 1928, LVIII: 323-350.

———. (Véase: Maudslay, A. P., and T. A. Joyce).

JUAREZ MUÑOZ, J. Fernando.—La Isagoge histórica apologética y documentos del Ayuntamiento de Guatemala. Prólogo al volumen XIII de la "Biblioteca Goathemala". **Anales de la Sociedad de Geografía e Historia de Guatemala,** 1935, XII (1): 125-41.

———. (Véase: Goubad Carrera, Antonio).

JUARROS, Domingo.—A statistical and comercial history of the kingdom of Guatemala, in Spanish America: containing important particulars relative to its productions, manufactures, customs, etc. With an account of its conquest by the Spaniards, and a narrative of the principal events down to the present time: from the original records in the archives; actual observation, and other authentic sources. By Don Domingo Juarros. Translated by J. Baily, Lieutenant R. M. London, Printed for John Hearne, 81 Strand; by J. F. Dove, St. John's Square, 1823, VIII-520 pp., 2 mapas.

(Hay una segunda edición hecha en Londres, de J. Cowie & Co., en 1825, con igual número de páginas y mapas. A la primera se refiere el señor José Luis Reyes M., bibliotecario de la Sociedad de Geografía e Historia de Guatemala, en su artículo "Edición inglesa desconocida para la Biblioteca Nacional", que se publicó en "El Imparcial", de aquella ciudad, el 5 de junio de 1938).

———. Compendio de la historia de la ciudad de Guatemala, escrito por el Br. D. ...., Presbítero secular de este Arzobispado. Tomo I, que comprende los preliminares de dicha Historia. Con licencia, en Guatemala, por don Ignacio Beteta, año de 1808.

———. Compendio de la historia de la ciudad de Guatemala escrito por el Br. D. Domingo Juarros, Presbítero secular y examinador synodal de este Arzobispado. Tomo II. Contiene un cronicón del Reyno de Guatemala. Con licencia, en Guatemala, por don Ignacio Beteta, año de 1818.

(**Sumario:** De las guerras que tuvieron que sostener los españoles en la Provincia de Chiquimula (del cacique de Copán) (pp. 151-56); De la conquista del gran señorío del Quiché, el mayor de los de este Reino (pp. 246-54); De la reducción de los indios zutugiles a la obediencia del Rey de España (pp.

277-80); De la prisión de los grandes caciques Sinacam y Sequechul, el primero Rey de los Kachiqueles y el segundo de los Quichees (pp. 300-9); De la conquista y reducción de los indios mames (pp. 309-20); y De la opugnación de la gran plaza de Uspantan (pp. 320-24).

———. Compendio de la Historia de la ciudad de Guatemala escrito por el Br. don (etc., etc.) Tercera edición. Guatemala, Tipografía Nacional, 1937, Tomo I: 280 pp.; Tomo II: 279 pp., 27 x 17.5 cms.

(Los dos tomos fueron publicados en folletín en "Diario de Centro-América", de Guatemala, en 1936; pero no se trata de nueva edición. Hay una segunda edición, la del Museo Guatemalteco, Imprenta de Luna, Guatemala, en 2 vols., hecha en 1857. La explicación de lo que sería la obra, antes de hacerse la primera edición, se publicó en la **Gazeta de Guatemala,** del 2 de octubre de 1802. El mismo periódico, del 22 de octubre de 1852, habla de un tomo III, en esta forma: "La celebridad de que goza esta obra por las curiosas noticias que contiene y por su veracidad, nos hacen esperar que se leerán con gusto los capítulos que iremos publicando y que hasta el día han permanecido inéditos".

JUDD, Neil M.—The use of glue molds in reproducing aboriginal monuments at Quirigua, Guatemala. American Anthropologist, N. S. (1915), XVII (1): 128-38.

K

KASTER, Adolphe.— Analyse des traditions religieuses des peuples de l'Amerique. Louvain, Chez J. Fonteyn, 1845.

KAUFMANN, Carl Maria.—Amerika und Urchristentum Weltverkehrswege, des Christentums, in dem Reiche der Maya und Inka in vorkolumbischer Zeit. Munich, Delphinverlag. (1924), 58 pp. 8º.

KEANE, A. H.—Central and South America. Vol. II. Central America and West Indies. Edited by Sir Clements Markham. London, Edward Stanford, 1901, XXIV- 496 pp. 8º. ("Stanford's Compendium of Geography and Travel").

(Habla de los maya-quichés, en el capítulo IX; y de las ruinas de Copán en el XI).

(**Sumario: Chapter II.**—The Nahuas, Aztecs, and Maya-Quichés... Mexican and Central American stock races and languages. The native languages... **Chapter VI.**—...Chiapas. Tabasco. Yucatan. Cenotes. Caves.—...**Chapter VII.** —The Maya-Quichés. Early records. Aztec and Maya contrasts... The ruined cities of Mayaland. Uxmal. Izamal. Aké. Chichén Itzá. Palenque. Tulha Lorillard. Maya inscriptions. Calendar. Writing system... **Chapter IX.**—Guatemala... Maya-Quichés... **Chapter XI.**—... Ruins of Copan).

———. Ethnography and Philology of America. En "Central America, the West Indies", &c., London, 1878.

(Da una lista alfabética de las tribus y lenguas americanas conocidas, en las pp. 498-561 (Cat. Pilling, Nº 2064).

KEKCHI native calendar, of good and bad days. 16 pp., copia fotográfica, 4º. (Cat. Gates Nº 1024).

(Se trata de un manuscrito que tiene ritual adivinatorio).

KEKCHI Will of 1565. The Maya Society Quarterly, Baltimore, I: 65-67.

KELEMEN, Pál.—Battlefield of the gods; aspects of Mexican history, art and exploration, by ...., with an introduction by Professor Alfred M. Tozzer. London, G. Allen & Unwin Ltd., 1937, 212 pp., láminas, 22 cms.

(Habla de las antigüedades de Yucatán, del arte y especialmente de la arquitectura maya).

KELSEY, Albert.—Yucatan scenes and sounds: an address before the Numismatic and Antiquarian Society of Philadelphia. Philadelphia, 1919, 40 pp. 8º.

KEMPTON, James Howard.—Preliminary report of the agricultural survey of Yucatan of 1935, 10 pp. (Copia mimeográfica en el Middle America Research Department, de la Universidad de Louisiana).

(Es la descripción del primer trabajo que ha sido dirigido por el Prof. R. A. Emerson en conexión con el proyecto de la Carnegie Institution de Washington para determinar la densidad de la población entre los mayas).

———. Teosinte in Guatemala; report of an expedition to Guatemala, El Salvador, and Chiapas, Mexico. By .... and Wilson Popenoe. With three plates and one map. (Issued June, 1937). IV (23): 199-217, ilustraciones, mapa, 29 x 23 cms. (Carnegie Institution of Washington. Contributions to American Archaeology, Washington).

———. (Véase "Carnegie Institution of Washington").

(KENNEDY, Dr. William A.) El imperio Maya tuvo sus orígenes en Java. El doctor Kennedy dice que tiene un método para traducir los jeroglíficos mayas. **El Universal**, México, 21 octubre 1936.

KEY TO MAYAN WRITING found in long forgotten book. (R. Gomesta's booklet of 300 years ago gives meaning of 40 Mayan hieroglyphs). **Science News Letter**, Washington, D. C., Feb. 16, 1935, p. 99.

KIDDER, Alfred Vincent.—A program for Maya research. **Hispanic American Historical Review**, Durham, N. C., May 1937, p. 160-169.

———. Air exploration of the Maya country. **Bulletin of the Pan American Union**, Washington, D. C., Dec. 1929, pp. 1200-1205, ils.

———. Cave discovered in Honduras. **Maya Research**, N. Orleans, 1936, II, pp. 208-9.

———. Disertación del doctor Alfredo V. Kidder, acerca de los hallazgos arqueológicos en el Valle de Guatemala. 23 de abril de 1936. **Anales de la Sociedad de Geografía e Historia**, Guatemala, 1936, XIII: 32-35, ilustraciones.

———. Evolución de las investigaciones mayas. Por ...., Jefe de la Sección de Investigaciones Históricas de la Institución Carnegie de Washington. **Diario de Centro América**, Guatemala, 19 y 20 agosto 1937.

———. Informe anual de la sección de Investigaciones Históricas. (Reimpreso del Anuario Nº 36 correspondiente al año 1936-1937). (s.p.i.) 30 pp., 25.5 x 17.2 cms. (Institución Carnegie de Wáshington, Washington, D. C.)

(**Sumario:** Sección de investigaciones históricas, A. V. Kidder, Jefe.—Subsección de historia antigua de América.—Uaxactun, A. L. Smith.—Trabajos realizados en Copán, G. Strómsvik.—Chichén-Itzá, S. G. Morley.—La investigación de la arquitectura, H. E. D. Pollock.—Los altos de Guatemala, A. V. Kidder, J. D. Jennings.—Tecnología de la cerámica, Anna O. Shepard.—Investigaciones etnológicas y sociológicas, R. Redfield, S. Tax, A. T. Hansen, A. Villa.—Investigaciones lingüísticas, M. J. Andrade.—Investigaciones relativas al maíz, G. W. Collins, J. H. Kempton, R. Stadelman.—Antropología y genética humana, Morris Steggerda.—Investigaciones en el Suroeste de los Estados Unidos, E. H. Morris.—Publicaciones de la subsección de historia antigua de América, Margaret W. Harrison.—Historia americana postcolombina. Estados Unidos.—Historia de Yucatán.—Estudio de documentos coloniales mayas, R. L. Roys. —Historia de la ciencia e investigaciones anexas, George Sarton).

———. Informe de la Sección de Investigaciones Históricas (Institución Carnegie de Wáshington). **Diario de Centro América**, Guatemala, 15 junio 1937.

———. La evolución de las investigaciones mayas. Reimpreso de las Actas de la Segunda Asamblea General del Instituto Panamericano de Geografía e Historia, celebrada en Wáshington del 14 al 19 de octubre de 1935. Imprenta del Gobierno de los Estados Unidos, 1937, pp. 226-234, 23.2 x 14.9 cms.

———. Notes on the ruins of San Agustín Acasaguastlan, Guatemala. (Issued November 1935). En "Contributions to American Archaeology", Nº 15, Wáshington, 1937, 29 x 23 cms., Vol. III, pp. (105)-120, ils., mapa, planos, 3 láminas (Carnegie Institution of Washington, Publication Nº 456 (pt. 15).

———. The aerial survey of the Maya region. **Masterkey**, 1930, III (6): 5-17.

(Se refiere al Coronel Lindbergh en su vuelo sobre las comarcas arqueológicas mayas y la ayuda que con él prestó a las investigaciones arqueológicas. Hay, además, un trabajo del Dr. Herbert J. Spinden).

———. The archaeological problem of the Maya. By ...., Chairman, Division of Historical Research, Carnegie Institution of Washington. **Art and Archaeology**, Wáshington, junio 1931, XXXI (6): 291-297, fotografías, figuras.

———. The development of Maya research. En **"Proceedings of the Pan-American Institute of Geography and History"**, 1937, pp. 218-25.

———. (Véase "Carnegie Institution of Washington").

———. (Véase "Colonel and Mrs. Lindbergh air archaeologists").

———. (Véase Genet, Jean).

———. (Véase "The Maya of Middle America").

———. (Véase Strong, William Duncan).

KIDDER, Alfred Vincent, y otros.—Annual report of the Division of Historical Research. En "Year Book" (Carnegie Institution of Washington) Nº 34, pp. 113-14 y 146-50.

KING, Padraic.—Reliquias de los sacrificios mayas. Han sido descubiertas por los exploradores científicos en las ruinas del viejo castillo. **La Opinión**, Los Angeles, Cal., 12 septiembre 1937.

KINGDON, Rev. John.—Dictionary Maya-Spanish-English, and English-Spanish-Maya.

(MS. en poder de la American Bible Society (Cat. Pilling, Nº 2090).

———. (Véase Ruz, Joaquín).

KINGSBOROUGH, Lord.—Antiquities of Mexico: comprising facsimiles, of ancient Mexican paintings and hieroglyphies, preserved in the Royal Libraries of Paris, Berlin and Dresden; in the Imperial Library of Vienna; in the Vatican Library; in the Borgian Museum at Rome; in the Library of the Institute at Bologna; and in the Bodleian Library at Oxford. Together with the Monuments of New Spain, by M. Dupaix; with their respective scales of measurement and accompanying descriptions. The whole illustrated by many valuable inedited manuscripts, by Lord Kingsborough. The drawings, on stone, by A. Aglio. In seven volumes. Vol. I (II, etc.) London, Printed by James Moyes, Castle Street, Leicester Square. Published by Robert Havell, 77, Oxford Street; and Colnaghi, Son and Co., Pall Mall East. (1848).

(En el tomo VI, página 473, aparece "Antiquities of Palenque". El facsímile de una pintura mexicana (maya) conservada en la Biblioteca Real de Dresden (en jeroglíficos mayas) va en la obra).

KIRKHAM, Stanton Davis—Mexican trails. A record of travel in Mexico, 1904-1907, and a glimpse at the life of the Mexican indian. New York and London, 1909, fotos.

KLUCKHOHN, Clyde.—A note on the source of the drawings in the Del Rio volume on Palenque. **Maya Research,** New Orleans, La., 1935, II (3): 287-290.

KNAUTH, Víctor W.—Mayan motifs. New York, 1935.

(Diseños con temas mayas en el Restaurant Mayan, ejecutados por Raymond Anthony Court, arquitecto y decorador. Texto de Víctor M. Knauth y dibujos por Cardwell S. Higgins).

KOEBEL, W. H.—Central America. Guatemala, Nicaragua, Costa Rica, Honduras, Panama and Salvador. New York, Charles Scribner's Sons, 1917.

(**Sumario: Chapter I.** The founding of the Aztec and the Quiché empires. Power of the Quichés... Some physical distinctions between the ancient Quiché and the Central American of to-day. Industries of the Quichés. Accomplishments and religion. Some peculiarities of belief. The Quiché pantheon. Curious variety of gods... Grim features of the Quiché religion. Human sacrifice. Floral appreciation. Feathers and their uses. Curious superstitions. Fate of the early beliefs. (Descripción de las ruinas de Copán por el Lic. Palacio, en 1576, pp. 322-324).

KOEHLER, K. F.—(Antiquarium) Katalog Nº 465, (Central und Süd Amerika, Nos. 378-479 (Lenguas americanas), 46 pp.

KRAMER, Gerhardt T.—Among the Maya. **The Walther League Messenger,** febrero a junio 1934, XLII (7-8): 334-45, 406-07; (9-11): 470-71, 534-35, 596-97.

———. (Comentario a "The Caracol", por Karl Ruppert). **Maya Research,** New Orleans, La., 1935, II (4): 404-406.

———. Maya design. **Architect and Engineer,** septiembre 1935, CXXII (3): 21-8.

———. Roof-combs in the Maya area. An introductory study. **Maya Research,** New Orleans, La., 1935, II (2): 106-118, ilustraciones.

———. Waterless water-holes; through the bush of British Honduras to the ruins at Tikal. **The Walter League Messenger,** abril 1936, XLIV (9): 468-69.

KREICHGAUER, Dam.—Anschluss der Maya- Chronologie an die julianische. **Anthropos,** St.-Gabriel-Moedling, 1927, XXII: 1-15.

———. Das Alter der Maya-Monumente und der kodizes. **Anthropos,** St. Gabriel-Moedling, 1926, XXI: 1025-26.

KRICKEBERG, Walter.—Los totonaca; contribución a la etnografía histórica de la América Central; tr. del alemán por Porfirio Aguirre. México, 1933. (Secretaría de Educación Pública).

(Habla de los mayas en las pp. 145-58, y de sus influencias sobre la cultura totonaca).

———. Maerchen der Azteken und Inkaperuaner, Maya and Muisca; übersetzt, eingeleitet und erlaeutert von ...., Jena, E. Diederichs, 1928, XV-408 pp., ilustraciones, láminas, mapas, 19.5 cms.

(Trae noticias sobre la religión y la mitología de los mayas).

KRIECKEGAUER, Dr. E.—La correspondencia entre la cronología maya y el cómputo europeo, 1928.

KROEBER, A. L.—Anthropology, New York, Harcourt, Brace and Company, 1923.

(Hace alusiones a los mayas en las páginas 100, 105, 113, 116, 135, 197, 223, 232, 239, 246, 266, 268, 333, 338, 347, 349, 362, 438 y en las partes de capítulos 95, 106, 129, 186, 194, 195 y 197, que respectivamente se refieren al Zodíaco, la cuenta del tiempo, los "leap" días como paralelos, el nacimiento de las instituciones políticas, los templos y los sacrificios, la arquitectura, la escultura, y el calendario y la astronomía. La obra de Kroeber es de carácter fundamental y tiene mucha materia prima para el estudio de la cultura maya).

———. Native American population. **American Anthropologist,** enero-marzo 1936, N. S., XXXVI (1): 1-25.

(Se refiere a México y Centroamérica, pp. 21-3).

KRUMM-HELLER, Arnolfo.—El Zodíaco de los Incas en comparación con el de los Aztecas. En "Reseña de la segunda sesión del XVII Congreso Internacional de Americanistas efectuada en la ciudad de México durante el mes de septiembre de 1910". (Congreso del Centenario). México, Imprenta del Museo Nacional de Arqueología, Historia y Etnología, 1912, pp. 173-179.

KUHLMANN, Mrs. Elly von.—Un viaje aéreo a las ruinas mayas de Yucatán. **Anales de la Sociedad de Geografía e Historia de Guatemala,** 1934, X (3): 265-90.

(Este trabajo fué leído ante la Sociedad de Geografía e Historia de Guatemala el 6 de diciembre de 1933 y fué contestado por don Sinforoso Aguilar).

KUNIKE, Hugo.—Die Tageszeichen der Mexicaner und der Maya. **Internationales Archiv für Ethnographie,** Leiden, 1935, XXXIII: 1-34.

KUNZ, George Frederick.—Jadeite. Jade, Guatemala. En "New observations on the ocurrences of precious stones of archaeological interest in America". En "Congres International des Americanistes-XVe. session tenue a Quebec en 1906", 1907, II: 297.

KUTTNER, R.—Mexikanische Pyramiden geben Geheimmisse preis. El Castillo, der Pyramidentempel Kukulcans, des Gottes der Maya. **Wissen u. Fortschrift,** 1937, XI (10): 819-825, 9 ils.

KYBAL, Milic.—Yucatán. **El Universal Gráfico,** México, 14 junio 1937.

L

L., T. L.—Carlos M. Castillo, arquitecto mayista.—**Revista de Revistas, México,** 8 diciembre 1935.

LA EMBAJADA de los Itzaes. (Fragmento histórico). **Registro Yucateco,** Mérida, 1845, II: 5-10.
(Habla de don Martín Urzúa y del Canek).

LA ESTATUA monolítica de Chac-Mool. **La Ilustración Española y Americana,** Madrid, 22 abril 1892.

LA FARGE, Oliver G.—Post-Columbian dates and the Mayan correlation problem. **Maya Research,** New Orleans, La., 1934, I (2): 109-122.
(**Sumario:** Post-conquest correlations.—Post-Columbian intra-Mayan correlations.—II. The uinals and the haab).

———. (Véase Blom, Frans).

———. (Véase Genet, Jean).

LA FARGUE, O.—Land of Gog and Magog; exploring the lost Maya civilization and their wild descendants. **Scribner's Magazine,** enero 1926, 79:607.

LA ROCHEFOUCAULD, F. A. de.—Palenqué et la civilisation maya avec des croquis et indications a la plume par l'auteur. Paris, Ernest Leroux, éditeur, (Libraire de la Société Américaine de France). Jouaust et Sigaux, imprimeurs, 1888, 194 pp., figuras, 23.5 x 15 cms.

(**Sumario:** Table des matiéres: Palenqué.—Alphabet phonétique des anciens Mayas.—L'ecriture sacrée de Palenqué.—**Les inscriptions de Palenqué.** I. L'inscription de la Reine des Mayas.—1er. Phonogramme. La Reine des Mayas.—2e. Phonogramme. La Téte et la Main.—3e. Phonogramme. Itzamna héros.—4e. Phonogramme. Itzamna roi.—5e. Phonogramme. Les Insurrections des Mayas.—6e. Phonogramme. La Bataille de Tulum.—7e. Phonogramme. Palenqué l'enfant de la forét.—8e. Phonogramme. Le Yucatéque des six villes.—9e. Phonogramme. Les Montagnards de Mitla.—10e. Phonogramme. Autour de l'Océan. —La Chanson du petit oiseau des bois.—**Les inscriptions de Palenqué.** II. L'inscription du sculpteur.—1er. Phonogramme. Exécution du bas-relief.—2e. Phonogramme. L'écriture sacrée symbolisée par une béte féroce.—3e. Phonogramme. Construction du Temple.—4e. Phonogramme. Le Vautour et la Mort.—Systéme graphyque des Mayas.—Systéme chronologique des indiens d'Amérique.—Le Triangle des inscriptions.—**Notes et piéces justificatives.**—Inscription de

Copanaquista.—Alphabet des Yucatéques de Ti-Hoo-Mérida, dit alphabet de Landa.—Pierres de sanctuaires et fresque.—Note relative aux calculiformes katouniques.—Les jours du mois Maya, analyse graphique.—Analyse d'une légende du Manuscrit Troano.—Déchiffrement du Manuscrit de Dresde, 1re. ligne du folio 10).

(Este libro reproduce el "bas-relief de la Croix au Grand Temple de Palenqué" Héliog. Dujardin, Imp. Ch. Chardon, después de la p. 22; lo mismo que el facsímil de un diseño de Catherwood publicado en la obra de Stephens (p. 172).

LA VARRE. Im Lande der Maya. Auf den Spuren uralter Reiche Mittelamerikas. Ein Bildbericht der Expedition des Forschers La Varre. **Koralle,** 1937, V (3): 81-83.

LAGUNA, Sebastián.—Note sur le rio Pasion, ou Uzumacinta (Yucatan). **Annales des Voyages,** Oct. 1868, pp. 121-124.

(Agrega una carta de M. Berendt, **Bulletin de la Soc. de Geogr.,** junio 1868, p. 596).

LAND, Hans.—Maya Traum und Erwachen, Roman aus dem neuen Berlin, von... Leipzig, W. Schwabe (1929), 261 pp., 18.5 cms.

LA GRAN ESFINGE MAYA de Quiriguá, llevada a los Estados Unidos. **El Norte,** San Pedro Sula, 6 julio 1922.

LANDA, Fr. Diego de.—Arte perfeccionado de la lengua maya.

(El título lo da Carrillo y Ancona en el "Boletín de la Sociedad Mexicana de Geografía y Estadística" (Cat. Pilling, Nº 2193).

———. Relation des choses de Yucatan de Diego de Landa. Texte espagnol et traduction française en regard comprenant les signes du calendrier et de l'alphabet hiéroglyphique de la langue maya. Accompagné de documents divers historiques et chronologiques, avec une grammaire et un vocabulaire abrégés francais-maya. Précédés d'un essai sur les sources de l'histoire primitive du Mexique et de l'Amérique Centrale, etc., d'aprés les monuments égyptiens et de l'histoire primitive de l'Egypte d'aprés les monuments américains. Par...., ancien administrateur eclésiastique des indiens de Rabinal (Guatémala), membre de la Commission scientifique du Mexique, etc. Paris, Arthus Bertrand, éditeur, Imprimerie de Mme. Ve. Belin, 1864, CXII-518 pp., figuras, 23.8 x 15.3 cms. (El editor fué **Brasseur de Bourbourg).**

(**Sumario:** Avant-propos.—**Des sources de l'histoire primitive du Mexique** (por Brasseur de Bourbourg). I. Préambule.—II. Influence de la découverte de l'Amérique sur la civilization moderne. Etat de la science á cette époque. Gloire de Colomb.—III. Monuments du Yucatan. Leur utilité pour l'épigraphie américaine. Traditions et documents historiques. L'esprit de systéme un obstacle aux progrés de la vérité.—IV. Rituels religieux sources de l'histoire primitive. Antiques traditions du cataclysme et du renouvellement de la terre, conservées dans les fétes. Souvenirs divers d'un déluge.—V. Comment se fit la mer, d'aprés la traditions haitienne. Souvenir du cataclysme aux Antilles, á Venezuela, au Yucatan. Géologie de cette péninsule. Personnification des puissances de la nature et leur localisation dans l'Amérique centrale.—VI. Personification des puissances de la nature au Pérou. Légende de Coniraya-Viracocha. Le pasteur d'Ancasmarca sauvé de l'inondation. Les Arás de Cañari-Bamba. Soulévement des montagnes. Con et Suha-Chum-Sua.—VII Désolation du monde américain. Déluge de feu des Mocobis. Tradition des Yuracares. Effet des catastrophes volcaniques. Tradition d'un changement survenu dans les astres.—VIII. Tradition de l'Atlantide dans Platon. Son authenticité confirmée par les souvenirs historiques de la Gréce et géologiques de l'Afrique septentrionale. Les Petites Panathénées, établies en mémoire d'une invasion antique, sortie des mers de l'ouest. Disparition du lac Triton.—IX. Identité des traditions sur le cataclysme en Amérique, en Europe et en Afrique. Qu'etait l'Amenti des Egyptiens. Origine incertaine de ce peuple. Sa parenté avec les nations libyennes. Sa ressemblance avec les Américaines et les races qui échappérent au cataclysme de l'ouest.—X. Les Cares ou Cariens. Leur nom identique avec celui des Barbar, Berber ou Varvar. Leurs institutions gynécocratiques. Etendue de leurs relations en Asie, en Afrique et en Europe.—IX. Les Cares en Amérique. Leur extension considérable sur ce continent. Culte des dieux Macares en Asie, dans l'Inde, en Amérique. Macar, Cipactli, Ymox, Macar-Ona. Le Melcarth des Tyriens et les dieux poissons du Guatémala.—XII. La création suivant le Livre Sacré des Quichés. Origine des cosmogonies antiques. Identification de Hurakan, l'Ouragan américain, avec Horus. L'Uroeus égyptien et le Quetzalcohuatl au Mexique. Epervier et Vipérê, Quetzal et Serpent.—XIII. Pan et ses diverses personnifications. Amon-Ra. Pan et Maia en Gréce et au Mexique. Pantecatl et Maiaoel á Panuco. Les quatre cents mamelles de la déesse. Khem et Itzamna. Les quatre Canopes en Egypte et au Mexique. Le Sarigue et Soutech.—XIV. Les dieux de l'Orcus mexicain. Ixcuina, déesse des amours, personnification de Mictecacihuatl, déesse de l'enfer. Ehecatl au Mexique, Yk au Yucatan. Ekton en Gréce, Hik en Egypte, l'air, l'esprit, le souffle. Phtha et Hun-Batz. Chouen et Chou-n-aten, etc.—XV. Le Thoth mythique. Viracocha, Bochica, Quetzalcohuatl. Civilization qu'ils établissent. Opinion des philologues moderns sur les races couschites. Oú était leur berceau? Mythes de l'Occident. Gaia et Iaia. Peuples divers. Origine des métaux, etc.—XVI. La Limmé de l'Occident. Si elle était située en Amérique? Nations Cares de l'Amérique méridionale et leurs alliés. Les Tayronas ou peuples forgerons des montagnes de Santa-Marta. Leur habileté dans la mise en oeuvre des métaux et des pierres précieuses. Cultes divers qui s'y rattachaient. Mythe de Bochica et de Chia. —XVII. Antiques sanctuaires. Les Cabires et les Curétes. Souvenirs des dieux Macares, existant encore en Amérique. Dieux et cosmogonie du Pérou. Signes distinctifs de la civilisation antique, couschite, assyrienne, égyptienne, américaine, etc.—XVIII. Résultats de ces recherches. Décadence d'une civilisation et d'une navigation antiques. Las Phéniciens en héritent, puis les Carthaginois. Souvenirs affaiblis des anciennes connaissances maritimes. L'Amérique dans Diodore de Sicile, etc. **Relation des choses de Yucatan de Diego de Landa.** I. Description du Yucatan. Saisons diverses de l'annéee.—II. Origine du nom de cette province. Sa situation.—III. Geronimo de Aguilar. Sa captivité chez les Mayas. Navigation d'Hernandez de Cordoba et de Grijalva á Yucatan.—IV. Voyage de Cortés á Cuzmil. Sa lettre á Aguilar.—V. Provinces du Yucatan. Ses principaux édifices antiques.—V. De Kukulcan et de la fondation de Mayapan.—VII. Gouvernement politique. Sacerdoce, sciences et livres du Yucatan.—VIII. Arrivés des Tutul-Xius et leur alliance avec les rois de Mayapan. Tyrannie des Cocomes, ruine de leur puissance et abandon de Mayapan.—IX. Monument chronologique de Mayapan. Fondation du royaume de Zotuta. Origine des Chéles. Les trois Etats principaux du Yucatan.—X. Calamités diverses qu'éprouve le Yucatan au siécle précédant la conquéte, ouragan, pestes, guerres, etc.—XI. Prédictions de l'arrivée des Espagnols. Histoire de Francisco de Montejo, premier adelantado du Yucatan.—XII. Montejo s'embarque pour le Yucatan et en prend possession. Les Chéles lui cédent pour s'établir le site de Chichen Itza. Les Indiens l'obligen á le quitter.—XIII. Montejo abandonne le Yucatan et retourne a Mexico avec son monde. Francisco de

Montejo, son fils, pacifie plus tard le Yucatan.—XIV. Etat du Yucatan aprés le départ des Espagnols. Don Francisco fils de l'Adelantado Montejo rétablit le gouvernement espagnol dans ce pays.—XV. Barbaries des Espagnols envers les indigénes; comment ils se disculpent.—XVI. Maniére d'être des villes du Yucatan. Cédule royale en faveur des indigénes. Mort de l'Adelantado. Postérité des son fils Francisco Montejo.—XVII. Les franciscains s'établissent dans le Yucatan. Ils prennent la défense des indigénes. Haine des Espagnols pour les moines.—XVIII. Défauts des Indiens. Maniére dont les instruisirent les religieux. Enseignement de la langue et des lettres. Châtiments infligés á quelques apostats.—XIX. Arrivée de l'évéque Toral; il délivre les Indiens emprisionnés. Le provincial des franciscains se rend en Espagne pour se justifier.—XX. Habitations des Mayas. Leur soumission á leurs princes. Ornements de tête et vétements.—XXI. Nourriture et repas des Indiens mayas.—XXII. Tatouage des Yucatéques. Orgies, vin et banquets. Comédie, instruments de musique et ballets.—XXIII. Commerce et monnaie. Labour et semailles. Justice et hospitalité.—XXIV. Maniére de compter des Yucatéques. Noms de famille. Héritages et tutelle des orphelins. Succession princiére.—XXV. Répudiation fréquente des Yucatéques. Leurs mariages.—XXVI. Sorte de baptême au Yucatan. Comment on le solennisait.—XXVII. Confession chez les Yucatéques. Abstinences et superstitions. Idoles de tout genre. Charges diverses du sacerdoce.—XXVIII. Sacrifices cruels et obscénes des Yucatéques. Victimes humaines tuées a coups de fléches et autres.—XXIX. Armes des Yucatéques. Deux généraux, l'un héréditaire et l'autre électif. Abstinence du dernier. Milice et mercenaires. Guerre, etc.—XXX. Châtiment de l'adultére, du meurtre et du vol. Education des jeunes gens. Coutume d'aplatir la tête aux enfants.—XXXI. Toilette des femmes yucatéques. Leurs vétements divers.—XXXII. Chasteté des femmes yucatéques. Leur education; leurs grandes qualités. Economie du ménage, etc. Leur caractére dévot et leur couches.—XXXIII. Deuil chez les Yucatéques. Enterrement des morts, des prétres, etc. Statues renfermant les cendres des princes. Vénération qu'ils avaient pour elles. Idées de leur paradis et de leur enfer.—XXXIV. Computation de l'année yucatéque. Signes qui président aux années et aux jours. Les quatre Bacab et leurs noms divers. Dieux des jours néfastes.—XXXV. Fêtes des jours supplémentaires. Sacrifices du commencement de l'année nouvelle au signe Kan.—XXXVI. Sacrifices de l'année nouvelle au signe de Muluc. Danse des Echasses. Danse des vielles femmes aux chiens de terre cuite.—XXXVII. Sacrifices de l'année nouvelle au signe d'Yx. Pronostics sinistres; comment on en conjurait les effets.—XXXVIII. Sacrifices de l'année nouvelle au signe de Cauac. Pronostics sinistres, conjurés par la danse du feu.—XXXIX. Explications de l'auteur sur le calendrier yucatéque. Son dessein en écrivant ces diverses notices.—XL. Ici commence le calendrier romain et yucatéque.—XLI. Ahau-Katun ou cycle des Mayas. Leur écriture et leur alphabet. — XLII. Multitude des édifices du Yucatan. Ceux d'Izamal, de Mérida et de Chichen-Itza.—**Du commencement et de la fondation de ces omules sacrés de ce site et ville D'Izamal par le Pere Lizana.—Chronologie antique du Yucatan et examen de la méthode a l'aide de laquelle les Indiens computaient le temps.**—I. Origine des périodes de treize jours.—II. Du jour et de ses divisions.—III. De la semaine.—IV. Du mois.—V. De l'année.—VI. De l'anneée bissextile.—VII. Du Katun on Cycle yucatéque.—VIII. De l'indiction du Cycle de 52 ans, appelé Katun.—IX. Des Ahau-Katun ou grands Cycles de 312 ans.—X. De l'origine de ce Cycle.—**Série des époques de l'histoire Maya.—Ecrit de frére Romain Pane.—Esquisse d'une grammaire de la langue Maya.—Vocabulaire Maya-francais.—Quelques vestiges d'un vocabulaire de l'ancienne langue de Haiti).**

(El texto de la obra de Landa va en francés y español, de las páginas 1 a 347. En seguida reproduce Brasseur de Bourbourg "Del principio y fundación destos cuyos omules deste sitio y pueblo de Ytzmal sacada de la parte primera de la obra del padre Lizana titulada Historia de Nuestra Señora de Ytzamal" (pp. 348-65); la "Cronología antigua de Yucatán y examen del método con que los indios contaban el tiempo, sacada de varios documentos antiguos, por don Juan Pio Pérez, jefe político de Peto, Yucatán" (pp. 366-419), trabajo que Pérez dedicó a Mr. J. L. Stephens; "Lelo lai u tzolan katunil ti mayab" (pp. 420-429); "Ecrit de frére Romain Pane des antiquités des indiens, qu'il a recueillies soins en homme qui sait leur languee, par ordre de l'Amiral (Cristóbal Colón) (pp. 431-458); "Esquisse d'une grammaire de la langue Maya d'aprés celles de Beltran et Ruz" (pp. 459-478); "Les priéres en Maya et en francais d'aprés le P. Joaquin Ruz" (pp. 478-79); y "Vocabulaire Maya-francais d'aprés divers auteurs anciens et modernes").

———. Relación de ls cosas de Yucatán. En "Ensayo sobre la interpretación de la escritura hierática de la América Central", por León Rosny. Traducción anotada y precedida de un prólogo por D. Juan de Dios de la Rada y Delgado. Madrid, 1881, Apéndice I, pp. 71-114.

(Esta es la segunda edición de la obra de Landa, y de ella solamente se hicieron 200 ejemplares).

———. Relación de las cosas de Yucatán. En "Colección de documentos inéditos relativos al descubrimiento, conquista y organización de las antiguas posesiones españolas de Ultramar", Madrid, 1900, serie 2, tomo XIII, pp. 265-411. (Publicación de la Academia de la Historia).

———. Relation des choses de Yucatan (Relación de las cosas de Yucatán). Texte espagnol et traduction francaise en regard. Edition complete accompagné de notes tirées des principaux auteurs anciens et modernes précedée d'un introduction sur la vie et l'oeuvre de l'auteur et suivi d'un index sur matiers contenues dans la Relation par Jean Genet. Les Editions Genet, París, tomo I, 1928, 247 pp.; tomo II, 1929, 23 x 14 cms.

(Esta edición en su introducción lleva: I. Biographie de Landa. II. La chronique de Diego de Landa. III. Les sources de Diego de Landa. IV. Les editions de la Relation).

———. Yucatán before and after the conquest by .... with other related documents, maps and illustrations; translated with notes by William Gates. Baltimore, The Maya Society, 1937, 2-XVI-162 pp., ilustraciones, mapas, facsímiles, 25 x 18.5 cms. (The Maya Society, Publication Nº 20).

(De esta edición se hicieron 80 ejemplares en papel Whatman, ilustrados a mano, y 15 ejemplares en papel ordinario).

(**Sumario:** "Introduction" por William Gates.—**Sec. I. Description of Yucatan.** Variety of seasons.—**Sec. II.** Etimology of the name of this province. Its situation.—**Sec. III.** Captivity of Geronimo de Aguilar. Expedition of Hernandez de Cordoba and Grijalva to Yucatan.—**Sec. IV.** Expedition of Cortes to Cozumel. Letter to Aguilar and his friends.—**Sec. V.** Provinces of Yucatan. Its principal ancient structures.—**Sec. VI.** Cuculcan. Foundation of Mayapan.—**Sec. VII.** Government, priesthood, sciences, letters and books in Yucatan.—**Sec. VIII.** Arrival of the Tutul-xius and the alliance they made with the lords of Mayapan. Tyranny of Cocom, the ruin of his power and of the city of Mayapan.—**Sec. IX.** Chronological monuments of Yucatan. Foundation of the kingdom of Sotuta. Origin of the Chels. The three principal kingdoms of Yucatan.—**Sec. X.** Various calamities felt in Yucatan in the period before the conquest by the Spaniards: hurricane, wars, etc.—**Sec. XI.** Prophecies of the coming of the Spaniards. History of Francisco de Montejo, first admiral of Yucatan.—**Sec. XII.** Montejo sails for Yucatan and takes possession of the country. The Chels cede to him the site of Chichen Itza. The Indians force him to leave.—**Sec. XIII.** Montejo leaves Yucatan with all his people and returns to Mexico. His son, Francisco de Montejo, afterwards pacifies Yucatan.—**Sec. XIV.** State of Yucatan after the departure of the Spaniards. Don Francisco, son of the admiral Montejo, re-establishes the Spanish rule in Yucatan.—**Sec. XV.** Cruelties of the Spaniards toward the Indians. How they excused themselves. —**Sec. XVI.** State of the country before the conquest. Royal decree in favor of the Indians. Health of the admiral Montejo. His descendants.—**Sec. XVII.** Arrival of the Spanish Franciscan friars in Yucatan. Protection they gave to the natives. Their contests with the Spanish military element.—**Sec. XVIII.** Vices of the Indians. Studies of the friars in the language of the country. Their teachings to the Indians. Conversions. Punishments of apostates.—**Sec. XIX.** Arrival of Bishop Toral and release of the imprisoned Indians. Voyage of the Provincial of San Francisco to Spain to justify the conduct of the Franciscans.—**Sec. XX.** Construction of the houses of Yucatan. Obedience and respect of the Indians for their chiefs. Headgear and wearing of garments.—**Sec. XXI.** Food and drink of the Indians of Yucatan.—**Sec. XXII.** Painting and tattooing of the Indians. Their orgies, wines and banquets. Their comedies, music and dances.—**Sec. XXIII.** Industry, commerce and money. Agriculture and seeds. Justice and hospitality.—**Sec. XXIV.** Method of counting of the Yucatecans. Genealogies. Inheritances and tutelage of the orphans. The succession of the chiefs.—**Sec. XXV.** Divorces frequent among the Yucatecans. Nuptial customs.—**Sec. XXVI.** Method of baptism in Yucatan; how it was celebrated.—**Sec. XXVII.** Kind of confessions among the Indians. Abstinences and superstitions. Diversity and abundance of idols. Duties of the priests.—**Sec. XXVIII.** Sacrifices and self-mortifications, both cruel and obscene, among the Yucatecans. Human victims slain by arrows, and others.—**Sec. XXIX.** Arms of the Yucatecans. Military chiftains. Militia and soldiers. Customs of war.—**Sec. XXX.** Penalties and punishments for adulterers, homicides and thieves. Education of the young men. Custom of flattening the heads of children.—**Sec. XXXI.** Clothing and ornament of the Indian woman.—**Sec. XXXII.** Chastity and education of the Indian women of Yucatan. Their chief qualities and their household economy. Their devotion and the special observances at the time of childbirth.—**Sec. XXXIII.** Funerals. Burials of the priests. Statues to preserve the ashes of the chiefs, and the honors they paid to them. Their belief regarding a future life, with rewards and punishments.—**Yucatan. Before and After the Conquest. Part Two.—Sec. XXXIV.** Count of the Yucatecan year. Characters of the days. The four Bacabs and their names. Gods of the "unlucky" days.—**Sec. XXXV.** Festivals of the "unlucky" days. Sacrifices for the beginning to the new year Kan.—**Sec. XXXVI.** Sacrifices for the new year of the character Muluc. Dances of the stilt-walkers. Dance of the old women with terracotta dogs.—**Sec. XXXVII.** Sacrifices for the new year with the sign IX. Sinister prognostics, and manner of conjuring their effects.—**Sec. XXXVIII.** Sacrifices of the new year of the letter Cauac. The evils prophesied and their remedy in the dance of the fire. **Sec. XXXIX.** The author's explanation as to various things in the calendar. His purpose in giving these things notice.—**Sec. XL.** Months and festivals of the Yucatecan calendar.—**Sec. XLI.** Cycle of the Mayas. Their writings.—**Sec. XLII.** Multitude of buildings in Yucatan. Those of Izamal, of Merida, and of Chichen Itza.—**Sec. XLIII.** For what other things the Indians made sacrifices.—**Sec. .XLIV.** The soil and its products.—**Sec. XLV.** The waters and the fishes found in them. —**Sec. XLVI.** How there are serpents and other poisonous animals.—**Sec. XLVII.** Of the bees and their honey and wax. **Sec. XLVIII.** Of the plants, flowers and trees; of the fruits and other edibles.—**Sec. XLIX.** Of the birds.—**Sec. L.** Of the larger animals, and of the smaller ones.—**Sec. LI.** The author's conclusion and appeal.—**Sec. LII.** Criticism and correction of certain statements.—Letter of Francisco Montejo Xiu.—Letter of Diego Rodríguez Bibanco. The Xiu family papers.—The map, and the meeting at Maní.—The 1685 page by Juan Maní.—**Yucatán in 1549 and 1579.** The tax list of 1549 and Relaciones.—The Royal Audiencia in the City of Santiago de Guatemala.—The Island of Cozumel. Ekab.—Cochuauh.—Chauac—há (Choaca), or "Long water".—The Tazees.—The Cupuls.—The Chiefdom of Ahkin-Chel.—The Cocom Chiefdom.—Ceh-pech.—Hocabá-Humún.—The Xius of Maní.—Chakán.—Zipatán.—The Canuls, Campeche and Champotón.—The ordinances of Tomás López.—Identification of plant names mentioned in Land's text).

———. Relación de las Cosas de Yucatán sacada de lo que escribió el Padre Fray Diego de Landa, de la Orden de San Francisco. M. D. LX. VI. Primera edición yucateca. Precedida de una "Nota sobre la vida y la obra de Fr. Diego de Landa". Escrita por el Prof. Don Alfredo Barrera Vázquez; y seguida de un apéndice que contiene la reimpresión de diez relaciones de las escritas por los encomenderos de Yucatán en los años de 1579 y 1581. Mérida, Yucatán, México. E. G. Triay e hijos, Imps., 1938, XXII-298 pp., ils., mapas, facsímiles, 24 cms.

("Esta edición de los Sres. José E. Rosado Escalante y Favila Ontiveros de la célebre "Relación de las Cosas de Yucatán" por Fr. Diego de Landa, representa una valiosa contribución a la Bibliografía Yucateca. Para llevarla a cabo han hecho la transcripción de una copia fotostática del manuscrito original, adaptándose fielmente a su texto y cambiando únicamente la ortografía anticuada del manuscrito por la moderna. Como Genet, los editores yucatecos han conservado la división en capítulos y el texto de los epígrafes a ellos asignados por Brasseur de Bourbourg en su edición de 1864. Además de la transcripción íntegra del manuscrito de Landa, la presente edición contiene un estudio intitulado "Notas sobre la vida y la obra de Fr. Diego de Landa" por el profesor Alfredo Barrera Vásquez, una nota sobre cronología maya, del señor don Juan Martínez Hernández, y diez de las relaciones de los encomenderos de la Provincia de Yucatán entresacadas de las que publicó la Real Academia de la Historia, de España, con el título de "Relaciones de Yucatán", en la "Colección de documentos inéditos, relativos al descubrimiento, conquista y organización de las antiguas posesiones españolas de Ultramar". En la génesis de esta edición debe consignarse que la copia fotostática usada en ella, procede de una negativa de la propiedad del señor profesor Alfredo Barrera Vásquez, quien la obtuvo de la copia fotostática del señor Frans Blom, Jefe del "Department of Middle American Research of Tulane University", de Louisiana, Estados Unidos de América" (A. Canto López, en "Boletín de Bibliografía Yucateca", Mérida, octubre de 1938, Nº 1).

———. Relación de las cosas de Yucatán. Por el P .... Obispo de esa diócesis. Introducción y notas por Héctor Pérez Martínez. Séptima edición. Con un apéndice en el cual se publican por primera vez varios documentos importantes y cartas del autor. México, Editorial Pedro Robredo, A. del Bosque, impresor, 1938, 418 pp., mapas, 25.3 x 20 cms. (De esta edición se tiraron cien ejemplares en papel "Defensa Ledger" numerados de 1 a 100).

(**Sumario. Introducción.**—(Fray Diego de Landa.—Su carrera.—Su época.—Landa; él mismo.—Maní quiere decir "pasó, acabó".—La reacción.—Años de destierro.—El obispado.—El otro Diego de Landa.—La Relación.—Fuentes de información de Landa.—Ediciones de la Relación.—Esta edición.—**Relación de las**

cosas de Yucatán, sacada de lo que escribió el padre fray Diego de Landa, de la orden de Sn. Francisco.—I. Descripción de Yucatán.—Variedad de las estaciones.—II. Etimología del nombre de esta Provincia. Situación de ella.—III. Cautiverio de Gerónimo de Aguilar.—Expediciones de Hernández de Córdova y Grijalva a Yucatán.—IV. Expedición de Cortés a Cuzmil.—Carta a Aguilar y a sus compañeros.—V. Provincias de Yucatán.—Los principales edificios antiguos.—VI. Kukulcán.—Fundación de Mayapán.—VII. Gobierno, sacerdocio, ciencias, letras y libros de Yucatán.—VIII. Llegada de los Tutul-Xiu y alianza que hicieron con los señores de Mayapán.—Tiranías de Cocom, ruina de su poder y de la ciudad de Mayapán.—IX. Monumentos cronológicos de Mayapán.—Fundación del reino de Zotuta.—Origen de los Cheles.—Los tres reinos principales de Yucatán.—X. Varias calamidades sufridas en Yucatán en el siglo anterior a la Conquista: Huracanes, pestilencias, guerras, etc.—XI. Profecias de la llegada de los españoles.—Biografía de Francisco Montejo, primer Adelantado de Yucatán.—XII. Montejo navega a Yucatán y toma posesión de la tierra.—Los Cheles le conceden el asiento de Chichén Itzá.—Los indios le obligan a que los deje.—XIII. Montejo deja Yucatán con toda su gente y va a México.—Su hijo Francisco de Montejo, pacifica después la tierra.—XIV. Estado de Yucatán después de la salida de los españoles.—Don Francisco, hijo del Adelantado, restablece el gobierno español en Yucatán.—XV. Crueldades de los españoles con los naturales.—Como se disculpaban.—XVI. Estado del país antes de la Conquista.—Una sublevación.—Cédula real en favor de los indios.—Muerte del Adelantado.—Sus descendientes.—XVII. Llegada de los frailes franciscanos españoles a Yucatán.—Protección que dispensaron a los indígenas.—Sus luchas con los encomenderos.—XVIII. Vicios de los indios.—Los frailes estudian la lengua del país.—Sus enseñanzas a los naturales.—Castigos a los apóstatas.—XIX. Llegada del obispo Toral.—Suelta a los indios arbitrariamente presos.—Viaje de Landa a España para justificar la conducta de los franciscanos.—XX. Manera de fabricar las casas en Yucatán.—Obediencia y respeto de los indios a sus señores.—Modo de ornar sus cabezas y de llevar sus vestidos.—XXI. Comidas y bebidas de los indios de Yucatán.—XXII. Pintura y labrado de los indios.—Sus borracheras, banquetes, farsas, músicas y bailes.—XXIII. Industria, comercio y moneda.—Agricultura y semillas.—Justicia y hospitalidad.—XXIV. Manera de contar de los yucatecos.—Genealogías.—Herencias y tutela de los huérfanos.—Sucesión de los señores.—XXV. Matrimonios.—Repudios frecuentes entre los yucatecos.—Sus casamientos.—XXVI. Manera de bautismo en Yucatán.—Cómo lo celebran.—XXVII. Especie de confesión entre los yucatecos.—Abstinencias y supersticiones.—Diversidad y abundancia de ídolos.—Oficios de los sacerdotes.—XXVIII. Sacrificios y mortificaciones crueles y sucios de los yucatecos.—Víctimas humanas matadas a flechazos.—XXIX. Armas de los yucatecos.—Jefes militares.—Milicia y soldados; costumbres de guerra.—XXX. Penas y castigos a los adúlteros, homicidas y ladrones.—Educación de los mancebos.—Costumbre de allanar la cabeza a los niños.—XXXI. Vestidos y adornos de las indias de Yucatán.—XXXII. Castidad y educación de las indias de Yucatán.—Sus relevantes cualidades y su economía.—Su devoción y especiales costumbres en sus partos.—XXXIII. Duelos.—Entierros de los sacerdotes.—Estatuas para conservar las cenizas de los señores.—Reverencia que les tributaban.—Creencia acerca de una vida futura.—XXXIV. Cuenta del año yucateco.—Caracteres de los días.—Los cuatro Bacabes y sus nombres.—Los días aciagos.—XXXV. Fiestas de los días aciagos.—Sacrificios del principio del año nuevo en la letra de Kan.—XXXVI. Sacrificios del año nuevo en la letra Muluc.—Baile de los zancos.—Danza de las viejas con perros de barro.—XXXVII. Sacrificios del año nuevo de la letra Ix—Pronósticos malos y sus remedios.—XXXVIII. Sacrificios del año nuevo en la letra Cauac.—Pronósticos malos y su remedio con el baile del fuego.—XXXIX. Explicación sobre el calendario.—XL. Comienza el Calendario Romano y Yucateco:—XLI. Siglo de los mayas.—Escritura de ellos.—XLII. Multitud de edificios de Yucatán.—Los de Izamal, Mérida y Chichén Itzá.—XLIII. Por qué cosas hacían otros sacrificios los indios.—XLIV. Producción de la tierra.—XLV. Peces de Yucatán.—XLVI. Iguanas y lagartos.—XLVII. De la manera que hay de serpientes y otros animales ponzoñosos. —XLVIII. De las abejas y su miel y cera.—XLIX. La flora de Yucatán.—L. Aves de la tierra y el mar.—LI. Otros animales de Yucatán.—LII. Conclusión.—Apéndice. — Documento número uno. — Información hecha por Sebastián Vázquez, Escribano de Su Majestad sobre los atropellos cometidos y tolerados por el Doctor Diego Quixada Alcalde Mayor de las provincias de Yucatán, Mérida, 25 de marzo de 1565.—**Documento número dos.**—Carta de Gómez de Castrillo y otros a S. M. enterándole de los agravios hechos por el Alcalde Mayor y otros varios asuntos. Mérida, 15 de marzo de 1563.—**Documento número tres.**—Carta de don Fray Diego de Landa a los Inquisidores de Nueva España, de 22 de marzo de 1574.—**Documento número cuatro.**—Carta de don Fray Diego de Landa a los Inquisidores de Nueva España, de 19 de enero de 1578.—**Documento número cinco.**—Carta de don Fray Diego de Landa a los Inquisidores de Nueva España, de 20 de diciembre de 1575.—**Documento número seis.**—Carta de don Fray Diego de Landa al Inquisidor Mayor de Nueva España, fechada a 11 de diciembre de 1578. — **Documento número siete.** — Información de la limpieza de Diego de Landa, clérigo residente en Mérida de Yucatán, para notario del comisario de allí.—Año de 1582.—**Documento número ocho.**—Ordenanzas de Tomás López.—**Documento número nueve.**—Compendio y descripción de las Indias Occidentales.—Capítulo I de la prouincia de Yucatán, de su fertilidad y otras cosas notables que ay en ella.—Capítulo 2, de la fundación de la ciudad de Mérida y otras cosas de aquella tierra.—**Documento número diez.**—Fragmento de una carta de Juan Martínez Hernández a Jean Genet, de 12 de agosto de 1928. —Noticias sobre como las gentes de nuestro muy magnífico Señor, rey de romanos y de España, han descubierto una tierra nueva y muy rica.—Nueva noticia del país que los españoles encontraron en el año de 1521, llamado Yucatán.—**Indices.—Indice de las voces mayas empleadas en el texto de Landa y en las notas.—Indice de nombres propios.**—Láminas).

———. (Véase "The Landa Alphabet, a Spanish fabrication" por el Dr. Ph. Valentini, en Proceedings of the American Antiquarian Society, Worcester, Mass., 1880).

(Para estudiar a Fr. Diego de Landa pueden ser consultados entre otros, los libros y publicaciones siguientes: "El Obispado de Yucatán" por Crescencio Carrillo y Ancona; "Historia de Yucatán" por López de Cogolludo; "Historia de Yucatán" por Bernardo de Lizana; "Historia de la Iglesia en México" por Mariano Cuevas; "Historiadores de Yucatán" por Gustavo Martínez Alomía; "Galería biográfica de los señores obispos de Yucatán. D. F. Diego de Landa" (**Registro Yucateco,** Mérida, Yuc., 1845, I: 72-80); "The Landa so-called "Alphabet" (**The Maya Society Quarterly,** Baltimore, pp. 178-182); "Bibliografía de la lengua maya" por J. Antonio Villacorta C.; "Lingüistas, editores y comentarios sobre dos ediciones de Landa" por Héctor Pérez Martínez (**El Nacional,** México, 29 octubre 1938); "Fray Diego de Landa" por Joaquín Ramírez Cabañas (**Letras de México**, México, 1º diciembre 1938).

———. Cómo el fuego hizo pavesas la historia de un pueblo. El auto de fe en que fueron quemados los libros y manuscritos que guardaban la verídica historia de la raza maya. El aniversario del desembarque en Yucatán de Fray Diego de Landa, que fué quien mandó se hiciera ese auto de fe. **El Universal,** México, 22 enero 1927.

(**Sumario:** La labor evangélica de Fray Diego de Landa.—El auto de fe de Maní y los objetos destrozados.—Lo que nos dice don Justo Sierra).

LANE, Mary Steele.—(Véase "Measures of Men", Steggerda, Inez D.)

LANG, J. M.—Ancient religions of Central America. Edinburgh and London, 1882.

LANGLOIS, Mr. le Colonel.—L'Amérique pre-colombienne et la conquete européene. París, Boccard, 1928.

LANZ, José María de.—Observaciones que el alférez de fragata ...., forma sobre la planta nombrada henequén, sus utilidades, y lo conveniente de su fomento, en cumplimiento de la comisión con que lo despachó a Yucatán para la inspección de la jarcia de esta especie, el Sr. D. Francisco de Borja, jefe de escuadra de la real armada, y comandante de las fuerzas marítimas del departamento de La Habana. **El Registro Yucateco**, Mérida, Yuc., 1846, III: 81-95.

———. (Véase Echánove, Policarpo Antonio de).

LANZ TRUEBA, Joaquín.—Chichén Itzá y su verdadera historia. **El Universal**, México, 13 julio 1936.

———. El jeroglífico maya de Yaxché. **Diario de Centro América**, Guatemala, 6 septiembre 1937.

———. Estudios históricos. Mérida, 1938.

———. "Historia antigua de Yucatán", por Crescencio Carrillo y Ancona. **El Universal**, México, 6 septiembre 1937.

———. La misteriosa ciudad de Calakmul. **El Universal**, México, 24 enero 1938.

———. Quetzalcouatl y Kukulcán. **El Universal**, México, 28 septiembre 1936.

LANZI, P. Luis.—(Véase Ruz, P. Fr. Joaquín).

LARCEGUI, F.—Los mayas en Guatemala. **El Comercio**, Lima, (Perú), 22 marzo 1937, y **El Cronista**, Tegucigalpa, 13 abril 1937.

LARDE, Jorge.—Apuntes históricos. **El Salvadoreño**, San Salvador, 14 diciembre 1926.

(**Sumario:** I. La invasión chorotega.—II. La Villa de Apopa).

———. Cronología indiana. El calendario usado por el analista cakchiquel. Réplica al Lic. Villacorta. **El Salvadoreño**, San Salvador, 26 y 27 julio 1926.

(El Sr. Lardé refuta los artículos del Lic. J. Antonio Villacorta, publicados en "Diario de Centro América", "Prensa Obrera" y "Excélsior" de Guatemala, en respuesta a la crítica que aquél hizo a la cronología indiana adoptada en su primera conferencia sobre el Popol-Vuh).

———. El calendario del memorial cakchiquel y cronología de éste. Réplica al Lic. Villacorta. **El Salvadoreño**, San Salvador, 12 agosto 1926.

———. El Popol-Vuh. El monumento literario de los pueblos maya-quiché. **El Salvadoreño**, San Salvador, 12 julio 1926.

———. La primera conferencia sobre el Popol-Vuh. Concordancia del calendario cakchiquel con el europeo. **El Salvadoreño,** San Salvador, 10 junio 1926.

(Es una disquisición en torno a la conferencia que el Lic. J .Antonio Villacorta sustentó en la Sociedad de Geografía e Historia de Guatemala y que se publicó en el Nº 3 del Tomo II de los "Anales" de dicha sociedad).

———. Orientación del observatorio maya de Uaxactum, de Guatemala. **El Salvadoreño,** San Salvador, 9 noviembre 1926.

(En este estudio el Sr. Lardé comenta el que don Mariano Pacheco Herrarte publicó en los "Anales" de la Sociedad de Geografía e Historia de Guatemala (IV: 4) con el título de "Orientación astronómica del observatorio maya de Uaxactun y verdadero significado de sus monumentos").

———. Superchería en el Museo Británico. Una india de Panchimalco en Londres. **El Salvadoreño,** San Salvador, 9 marzo 1926.

LARENAUDIERE, M. de.—Mexique et Guatemala. París, Firmin Didot Freres, 1843. (L'Univers. Histoire et Description de tous les peuples), 88 grabados, 1 mapa.

(En la página 276 da una noticia histórica sobre Guatemala. Los dibujos de Lemaire, que ilustran admirablemente la obra, se refieren a reliquias de Copán, Palenque y Yucatán).

(Hay edición en italiano, hecha en Venecia, por Antonelli, 1845, y en castellano; y otra en Barcelona, en 1844, con 91 láminas ("Manual del Librero Hispano-Americano", por Antonio Palau y Dulcet, 1926, tomo IV).—Don Francisco Cruz tradujo al español parte de dicho libro, con el título de "Relación acerca de la América Central", que se publicó en la **Revista del Archivo y de la Biblioteca Nacional de Honduras,** Tegucigalpa 1907, IV (3-4): 51-59, 102-107).

LARIOS, Hieronimo.—Arte de la lengua mame, por fray Hieronimo Larios, dominico. Impresa en México, año de 1607.

(Gil González Dávila dice que el P. Larios fué el primero que predicó a los mames en su lengua. Beristáin dice que era mercedario y ministro de los mames en Guatemala por encargo de los PP. dominicos. Remesal lo llama Fr. Gerónimo de la Cruz. Ludewig da por fecha de edición 1697 y Pilling la llama "Arte o gramática de la lengua mame". (Cat. Pilling, Nº 2203).

LARRAINZAR, Lic. Manuel.—Estudios sobre la Historia de América. Sus ruinas y antigüedades, comparadas con lo más notable que se conoce del otro Continente en los tiempos más remotos, y sobre el origen de sus habitantes. México, Imprenta de Villanueva, Villageliu y Comp., e Imprenta Poliglota de Carlos Ramiro, 1875-1878. Tomo I, XLIV-431-XII pp.; Tomo II, IX-542-XXI pp.; Tomo III, 528-XX- pp.; Tomo IV, XXXII-542-XXVIII pp.; y Tomo V, XVI-788-VII-XLVII pp., 22 x 15 cms.

(**Sumario:** Tomo I, Primera Parte. **Capítulo I.**—1. División política de Chiapas antes y después de la conquista.—2. La provincia de Tzendales, su extensión y número de poblaciones de que se componía.—3. El Palenque: su fundación y situación: su población, carácter de sus habitantes y medios de subsistencia.—**Capítulo II.**—1. De las ruinas del Palenque. Su descubrimiento. Providencias dictadas para su exploración y resultados que se obtuvieron. Reconocimiento hecho por Calderón. El practicado por Bernasconi. Examen de su informe por el historiógrafo Muñoz—2. ... Nada se sabe respecto del Palenque.

—3. Situación de sus ruinas. Camino que a ellas conduce. Trabajos emprendidos para darlas a conocer. Expedición del capitán Del Río. Reflecciones que ocurren a la vista de tales ruinas.—4. Informe dado por Del Río. Imperfección de los trabajos ejecutados. — 5. Nueva exploración confiada al capitán Dupaix. Expedición que se organizó al efecto. La relación de sus viajes y el resultado que tuvieron quedaron ocultos por mucho tiempo.—6. Cómo fué excitándose en Europa la curiosidad e interés por esas ruinas. Influencia que tuvo en esto el informe del Coronel Galindo a la Sociedad de Geografía de París en 1825. Olvido en que yacían los trabajos de Dupaix. Publicación notable que de ellos se hizo, con noticias y comentarios de Lenoir, Warden, Farey, Baradero y Saint-Priest. Obra de Lord Kingsborough. Impresión que causó en Europa la lectura de estas obras.—7. Nueva exploración hecha por Stephens.—8. Reconocimiento verificado por Waldek. Obras que se propuso publicar y lo que cada una de ellas debía contener.—9. Publicaciones que han aparecido últimamente. **Capítulo III.**—Las ruinas cuando fueron reconocidas por el capitán del Río y por Dupaix. Su estado actual. Su descripción.—2. El palacio; figuras que se hallan en el frente; otras tres figuras notables que se encuentran en uno de los corredores.—3. La torre.—4. Medallón que se halla en el centro del edificio contiguo.—5. Salones subterráneos.—6. Sobre-puertas notables que están en las entradas que conducen a los subterráneos.—7. Conjetura formada acerca de ellas por Dupaix.—8. Refutación de Waldeck y su opinión sobre el significado de estas sobre-puertas.—9. Explicación del P. Ordóñez. Estas opiniones no dejan del todo quieto el entendimiento y libre de las dudas que le asaltan.—10. Adornos y figuras de estuco mutiladas y casi destruídas. Cuarto con un pequeño altar.—11. Acueducto subterráneo.—12. Plano del Palacio. **Capítulo IV.**—1. Continuación de la misma materia. Templo de la lajas. Descripción de las figuras que se encuentran en él.—2. Lápidas con geroglíficos o caracteres simbólicos; reflexiones a que da lugar la vista de estos caracteres. Semejanza que tienen, según Stephens, con los de las ruinas de Copán y Quiriguá. Esperanza de que se encuentre alguna tradición, manuscrito o monumento entre las tribus salvajes, que arroje algún destello de luz sobre estas ruinas.—3. Descripción de otro edificio a poca distancia del acueducto. Lápida encontrada en él, y su descripción. La cruz. Objetos notables que la rodean, lugar en que existe y nombre que por esta causa se le ha dado. Aspecto notable de todo el edificio en que está. Vista que se disfruta desde la última galería.—4. Descripción de este bajo relieve, hecha por el **Dr. Constancio. Capítulo V.**—1. Continuación del mismo asunto. Estatua encontrada cerca de las ruinas.—2. Descripción de otro edificio inmediato al que se ha dado el nombre de oratorio: hermoso relieve encontrado en él; lápidas con un bajo relieve colocadas en las pilastras que se hallan a la entrada del oratorio.—3. Otros edificios.—4. Edificios donde se encontró un bajo relieve en estuco, de una mujer.—5. Descripción del bajo relieve encontrado en el oratorio, hecha por D. Juan Orozco.—6. Resumen y conclusión. **Capítulo VI.**—1. Descuido con que se han visto estas ruinas. Medidas propuestas acerca de ellas, su utilidad y conveniencia.—2. Proyectos para una nueva exploración.—3. Reconocimiento que se proponía hacer el Lic. D. Ramón Larrainzar.—4. Celebridad de las ruinas, e impresión que han hecho en Stephens, Morelet, Balbi y otros que las han visitado.—5. Datos que sobre ellas me comunicó el Lic. D. Felipe Larrainzar.—6. Pájaro de las ruinas. **Capítulo VII.**—1. Excavaciones hechas en las ruinas del Palenque y objetos encontrados en ellas. Falta de datos sobre el menaje de los palencanos, sus usos y costumbres. Brasero hallado por Dupaix.—... 3. Observaciones sobre una lanza encontrada en el Palenque.—4. Utensilios de los antiguos habitantes de este continente. objetos de alfarería; utensilios y vajilla de que hacía uso Moctezuma.—5. No era conocido entre los indios el uso de lámparas.—6. Candelabros funerarios. **Capítulo VIII.**—1. Observaciones respecto de algunos de los objetos encontrados en las ruinas del Palenque... ...3. Esqueleto animal encontrado en las ruinas del Palenque. Conjetura de Mr. Lenoir sobre la culebra hallada en las representaciones de los mexicanos. Piedra monumental con caracteres cerca de Tenosique... **Capítulo IX.**—1. De las ruinas de Ococingo.—2. Descripción de la villa cerca de la cual se hallan. Su clima. Carácter de sus habitantes. Sus producciones.—3. Su categoría política. Cambios ocurridos en la división territorial. Población. Lengua que hablan los indios.—4. Descripción del camino entre esta villa y la del Palenque y de algunos puntos por donde se pasa. Itinerario. **Capítulo X.**—1. Descripción de las ruinas. Estado en que se encuentran.—2. Moldura notable de estuco encontrada sobre una puerta, y otras figuras.—3. Vestigios que indican el lugar donde estuvo fundada la ciudad.—4. Cosas que llaman la atención en estas ruinas.—5. Noticias de otras situadas a diez leguas de distancia que no han sido exploradas todavía.—6. Observaciones sobre lo que hasta ahora se ha hecho.—7. Probabilidades respecto de la existencia de otras ruinas en la parte habitada por los Lacandones, e importancia que tendrán ulteriores descubrimientos. **Capítulo XI.**—Conocimiento que tuvieron de las ruinas del Palenque los antiguos escritores de América.—2. Causas por que no fueron exploradas entonces.—3. Edificios antiguos de que habla el P. García.—4. Grandes edificios en Tabasco de que hace mención Hornio.—5. Herrera habla también de grandes edificios de cantería en Yucatán.—6. Casas de cal y canto de que habla Bernal Díaz del Castillo.—7. Consecuencias que de todo esto se deduce. **Capítulo XII.**—1. Juicio crítico y comparativo de las ruinas, comenzando por la arquitectura y carácter que presentan su grandeza e importancia.—2. Rasgos generales que las distinguen, y adelanto que revelan en el pueblo que las construyó.—3. Su arquitectura.—4. Comparación con las de las naciones más remarcables de la antigüedad.—... 10. Ruinas de Djerash, y las más notables de la India: rasgo únicc en que aparece alguna semejanza con las del Palenque.—11. Ruinas de Etiopía: cierto aire de semejanza con las del Palenque.—12. Ruinas de Abisinia: alguna analogía con los monumentos mexicanos. **Capítulo XIII.**—Continúa el juicio comparativo de las ruinas.—... 9. Comparación de la arquitectura del Palenque con la de las naciones antiguas de que se ha hecho mención... **Capítulo XIV.**—... 3. Comparación con lo descubierto en las ruinas del Palenque y Ococingo... **Capítulo XV.**—1. Columnas: las encontradas en Mitla, en las ruinas de Yucatán y en las de Zacatecas... **Capítulo XVI.**—... 2. El de las ruinas del Palenque. Canal subterráneo de que habla Mr. Beauchamp... 7. ...Arquitectura militar. Obras de Ococingo de esta clase...... 8. Murallas: restos que existen en el Palenque... 10. Construcciones subterráneas en el Palenque: las que se hallan cerca del Usumacinta...).

(Tomo II, Primera parte. **Capítulo XVII.**—... 3. Comparación entre estos templos, el del Palenque y los demás de este continente: lo que de ella resulta: rasgos de semejanza entre el palacio del Palenque y el templo de Belo.. 6. Resto de construcciones mayas: comparación con las del Palenque. **Capítulo XVIII.**—1. Analogías en orden a la arquitectura: no se parece la del Palenque a la griega, ni a la romana, ni a la gótica, ni a la china, ni a la hindú: calificación de Dupaix.—2. Sentir del barón de Humboldt respecto de los teocallis: juicio formado por Mr. Warden: parecer de Mr. Farcy, originalidad que encontraba Mr. Lenoir en las obras del Palenque: opinión de Stephens y de Mr. Larenaudiere.—3. Carácter peculiar de su arquitectura.—4. Rasgos de analogía entre estas ruinas y las construcciones de Egipto: juicio de varios sabios sobre esta semejanza que aparece igualmente en las demás construcciones de este continente. **Capítulo XIX.**—1. Escultura de las ruinas del Palenque: naturaleza del arte, su antigüedad y progreso.—... 10. Comparación de las obras del Palenque con las de las naciones de la antigüedad: rasgos que se descubren en las figuras de los palencanos, y adelantos que suponen en otros ramos. **Capítulo XX.**—1. Angulo facial que distingue a las figuras del Palenque: juicio que sobre esto han formado el barón de Humboldt y otros escritores: lo que expone Stephens: opinión de Kingsborough.—2. Los cráneos, observaciones de Mr. Morton, Camper y Cramer: práctica de los indios de amoldar la cabeza: juicio de Pintland y otros autores sobre los cráneos del Perú... 5. Caracteres de los habitantes del Palenque deducidos de las figuras que los representan; facciones de la cara. **Capítulo XXI.**—1. Vestidos de las figuras del Palenque: el de los hombres: su comparación con los usados en las naciones antiguas; el de las mujeres: comparación con las de la antigüedad... 4. Semejanzas: diversos trajes de los indios de Chiapas.—5. Conjeturas sobre las telas que usaban en estos vestidos... 6. Observaciones que se deducen de lo expuesto. **Capítulo XXII.**— ... 2. Lujo y ostentación que se nota en los vestidos de las figuras del Palenque. uso de las franjas en los vestidos: trajes de la clase popular en Egipto: semejanza con el que se ve en las figuras del Palenque: cinturón que tienen éstas y su carácter particular: semejanza con el de las figuras egipcias: su uso entre los romanos y los griegos... 4. Variedad del calzado en las figuras del Palenque y su descripción. **Capítulo XXIII.**—1. Los cascos de las figuras del Palenque: los usados por muchos pueblos de la antigüedad, sus adornos y analogías que de ellos resultan... 4. Adelantos de la platería en los tiempos antiguos: collares usados por los egipcios, valor y estimación de las piedras preciosas desde entonces, y conocimiento que se tenía del modo de cortarlas y pulirlas.—5. Aplicación de lo expuesto a las figuras del Palenque, y observaciones sobre la antigüedad de sus habitantes, su adelanto y cultura... 7. Brazeletes, su uso en la antigüedad: los tienen las figuras del Palenque: adelantos que esto prueba y observaciones a que da lugar. **Capítulo XXIV.**—1. Figuras notables del Palenque: piel que llevaba una de ellas sobre la espalda: funciones de los sacerdotes egipcios y trajes e insignias con que se distinguían... **Capítulo XXV.**—1. Estuco usado por los palencanos: uso que de él hacían los egipcios: su empleo en Asia y otros países... 4. El bajo relieve en las ruinas del Palenque: su carácter y adelanto que revelan las obras en ellas ejecutadas: comparación con las de los egipcios: causa por qué entre éstos, lo mismo que entre los mexicanos, se mantuvo estacionaria la escultura: opinión de Stephens: posturas de las figuras del templo de los Lajas en las ruinas del Palenque y su semejanza con las egipcias: otras semejanzas notables... **Capítulo XXVI.**—4. Estatuas encontradas en el Palenque y Ococingo: comparación con una estatua egipcia de las más notables, y semejanzas que se advierten: observaciones sobre el instrumento dentado que tiene sobre el pecho, y la insignia que lleva en la mano... 5. Observaciones sobre los pantalones que se notan en la expresada estatua del Palenque.—6. No se han encontrado en las ruinas cariátides ni atlantes.—7. La escultura entre los mexicanos: ídolos en la isla de Cozumel: efigie de Quetzalcoatl. 8. Nacas del Petén.—9. Estatua de la colección de Waldeck. **Capítulo XXVII.**—1. Falta de pinturas en las ruinas como ornato de los edificios: data del arte de pintar... 7. Restos de pintura descubiertos en las ruinas del Palenque.—8. Pinturas encontradas en las ruinas de Yucatán.—9. Uso que hacían de los colores los tzendales y mexicanos... 11. Pinturas y manuscritos que se salvaron.—12. Colores de que hacían uso los mexicanos y tzendales; y lo que era en general la pintura entre los indios. **Capítulo XXVIII.**—1. Escritura palencana. Medios que se usaron antes de la escritura para conservar la memoria de los sucesos... 10. Escritura del Palenque... 11. Las inscripciones de Egipto y cómo fueron descifradas.—12. Obstáculos y dificultades con que se tropieza para obtener igual resultado respecto de los caracteres del Palenque. Su naturaleza y forma en que se representan: comparación con los egipcios. Trabajo y tiempo empleados por Ordóñez para entender un manuscrito que llegó a sus manos. **Capítulo XXIX.**—1. Continuación del mismo asunto. Uso que hacían los palencanos de signos geroglíficos, simbólicos y fonéticos... 3. Género de escritura propia de los palencanos. No tenían noticia de la escritura alfabética. Consecuencias importantes que de esto se deducen... 5. Tipo de originalidad de los caracteres del Palenque... Comparación de los del Palenque con los conocidos, y lo que de esto resulta. Juicio de Schmalz.—... 8. Geroglíficos palencanos y mexicanos. Trabajos de M. Aubin. Caracteres de Yucatán... **Capítulo XXX.**—1. Continuación del mismo asunto.—2. Uso de las planchas de metales y tablitas de madera para grabar en ellas los caracteres; de hojas de palma y corteza de árboles. Libros de los itzaeses, mapas y otros escritos de los de Chiapas y Guatemala).

(Tomo III. Primera parte. **Capítulo XXVI.**—1. Conocimientos astronómicos y cronológicos de los palencanos.—2. División del tiempo entre ellos. Signos que representaban los meses: objetos a que estaban consagrados los días, y nombres con que los designaban.—3. Calendario chiapaneco: comparación con el tulteco: observación sobre la conformidad que se nota entre ellos. Calendarios de Yucatán, Oaxaca, Guatemala y Nicaragua... **Capítulo XXXVIII.**—1. Religión de los antiguos habitantes del Palenque y Ococingo.—2. Idea de un Dios creador de todas las cosas: la que sobre esto tenían los mexicanos, y denominación que le daban: creencia de los peruanos: la de los tzendales: nombre que daban a Dios: los Mayas.—2.-3. Juicio que debe formarse, sobre lo que exponen los historiadores de los primeros tiempos de la conquista respecto del sistema religioso, teología, y origen de los hombres: observaciones sobre algunos puntos religiosos de importancia, encontrados en la provincia de Chiapas de que hablan el P. Ordóñez y Remesal, y de los Mayas: lo que exponen Las Casas y Torquemada: Landa, Piedrahita, y San Román... 6. No se han encontrado ídolos en las ruinas del Palenque: conjeturas sobre la religión y culto de los que la habitaron: falta de datos sobre su mitología, sus ritos, y ceremonias religiosas, y su gobierno, leyes y costumbres... 10. Teogonía de los palencanos, mayas y mexicanos... **Capítulo XXXIX.**— ...5. No hay pruebas suficientes para creer que los habitantes del Palenque practicasen el sacrificio de víctimas humanas, como entre los mexicanos, otomites, quatitlaneses y otros.—6. Sacrificio en Yucatán y entre los itzaes.—7. Número de víctimas que se inmolaban en las fiestas religiosas de los indios... **Capítulo XLI.**— ... 12. Cueva de Huehuetan en Soconusco; huesos encontrados en las barrancas y montañas.... 15. ... Tesoros enterrados en sepulturas encontradas en varias partes de América.—16. Conjeturas respecto del Palenque. **Capítulo XLII.**— ... 5. Costumbre de quemar a los muertos en las naciones antiguas, las piras y hogueras de que hacían uso al efecto... 6. Existencia de esta costumbre en América, y circunstancias que la acompañaban.—7. Conjetura respecto de los palencanos... **Capítulo XLIII.**—Civilización de los antiguos habitantes del Palenque.—... 3. Comparación de lo que en ellos se ve con lo que aparece en las ruinas del Palenque y Ococingo. Observaciones a que ésto da lugar, y juicio que han formado el Barón de Humboldt, Mr. Farcy y Mr. Warden.—4. Reflexiones que ocurren a la vista de esas ruinas... 6. Lo que es de pensarse al contemplar lo que queda del Palenque, y recordar lo sucedido con otras ciudades como Menfis y Tebas... 12.—Revelaciones que se obtendrán con el descubrimiento de la clave del alfabeto de los palencanos... **Capítulo XLIV.**—1. De las ruinas de Yucatán. Trabajos de Mr. Waldeck y sus conjeturas.—2. Uxmal según el reconocimiento hecho por Stephens. El edificio llamado la casa del **Enano,** sus dimensiones y ornamentaciones—3. La del Gobernador: descripción de ella y construcciones adyacentes.—4. La de las **Monjas,** su estructura, extensión y adornos.—5. Edificios laterales, y en el fondo del patio.—6. La casa de las **Palomas,** sus dimensiones y particularidades que contiene. —7. Juicio de Stephens sobre estos edificios.—8. Ruinas de **Chichén Itzá.** Edificios que las forman. Sus dimensiones, adornos, geroglíficos, figuras humanas, columnas y demás particularidades que contienen, y descubrimientos recientemente hechos en ellas.—9. Ruinas de **Labna.** Figuras colosales y otros objetos que en ellas se descubren. Forma circular de las cámaras.—10. Ruinas de **Kabah,** Gran teocalli de figura piramidal. Pilastras y pilares con chapiteles y pedestales. Arco solitario. Otros edificios. Figuras y escalinatas.—11. Ruinas de **Sacbey.** Calzada de piedra.—12. Ruinas de **Tuloom.** El castillo. Muralla cerca del mar.—13. Ruinas de **Labphak.** Figuras y adornos de estuco.—14. Ruinas de **Mayapan.** Su situación, y dimensiones. Filas de columnas. —15. Ruinas de **Zayi.** Edificios que aparecen en ellas, columnas, dinteles de las puertas.—16. Existencia de otras varias ruinas en Yucatán.—17. Falta de exploración científica, su importancia: cómo se obra sobre esto en otros países.—18. Cómo califica el barón Friderichsshal estas ruinas.—19. Apreciaciones de Mr. de Morelet.—20. Juicio sobre estas ruinas: apreciación de Stephens. **Capítulo XLV.**—1. Otras ruinas de la República Mexicana.—2. En el Estado de Chiapas. Piedras paradas en figura de lengua o hierro de lanza. Sol esculpido en peña viva. Ruinas cerca de Comitán, Ococingo, Chiapas, Laguna Mora y Capanabastla, sepulcros de los señores o reyes tzendales. Obras de fortificación en los cerros de la Colmena, y Petapa y cerca de San Cristóbal. Ruinas de Huey-Teopan, y de Tolan-Tzuy. Las del Petén.—3. Ruinas en el Estado de Tabasco. Las de Tenocique.—4. Otras ruinas en Yucatán. Los Cenotes. Las de Telchaquillos, Xcoh, Cuak, Bolonchen y Xtacumbi-Xuuan... **Capítulo XLVI.**—1. Ruinas y antigüedades de la América Central.—2. Las de Quirigua, obeliscos y piedras esculpidas encontradas en ellas, su carácter y antigüedad.—3. Las de Copán, su situación, carácter que presentan.—4. Columnas e ídolos notables.—5. Piedras circulares.—6. Cámara con nichos y objetos que se encuentran en ella.—7. Curiosidad y admiración que excita la vista de los ídolos de estas ruinas.—8. Altares notables.—9. Algunas de las estatuas que más llaman la atención.—10. Resumen de lo que contienen estas ruinas y juicio de Stephens acerca de ellas.—11. Utatlán y sus ruinas.—12. Tecpan Guatemala y restos que quedan de sus antiguos edificios.—13. Ruinas que existen en otros lugares.—14. Ruinas de Honduras, especialmente las llamadas de **pueblo viejo.** ... **Capítulo XLIX.**— ... 13. Lo que expone el abate Brasseur de Bourbourg sobre ruinas y antigüedades...).

(Tomo IV. Segunda parte.— ...**Capítulo VII.**— ... 5. Otras semejanzas, especialmente las de los nombres de los personajes del calendario chiapaneco con el hebreo... **Capítulo XI.**—1. Tradiciones sobre el origen de la población de América que se recogieron en los primeros tiempos de la conquista.— ... 3. Tradición yucateca.—4. Tradición chiapaneca. ... **Capítulo XIV.**—1. Opinión de D. Ramón Ordóñez: se da idea de la obra que escribió; lo que comprende, y cómo está dividida.—2. Llegada de los primeros pobladores de las Antillas. Votán. Fundación de la ciudad de Nachan.— ... 3. ... Llegada al Palenque de siete tribus cartaginesas y dos españolas. Origen del reino tulteco. Establecimiento de los reinos de Yucatán, Culhuacán, Tulha y Chiquimula ... 6. Carácter y circunstancias del sistema de Ordóñez.—7. Coincidencia de los datos reunidos por Boturini con la opinión de Ordóñez. Análisis de la opinión de uno y otro. Los fundadores de Tula, Culhuacán, Ococingo, y el Palenque ... 9. Manuscrito titulado **"Probanza de Votan". Capítulo XV.**—1. Calificación del Sr. Núñez de la Vega sobre lo expuesto acerca de Votan en el capítulo anterior.—2. Depósito de unas tinajas de barro hecho por Votan, encontradas en 1691 cerca de Huehuetlan.—3. Otras noticias sobre Votan.—4. Repertorios y calendarios, que sirven de apoyo al Sr. Núñez de la Vega, sobre el origen de la población de América.—5. El nagualismo, sus creencias y sus prácticas.—6. Importancia que da Clavijero a la tradición de los chiapanecos sobre Votan.—7. Observaciones con que se combate el sistema de Ordóñez.—8. Respuesta a estas observaciones ... **Capítulo XVII.**— ... 6. El nombre de Batz con que se designa uno de los caudillos de la población de América. Nombre del primer hijo de Solivá'-ham. Maya, nombre del segundo de sus hijos, así como de la lengua y nación que pobló a Yucatán.—7. Analogía o casi identidad entre las palabras Votan y Boutan, y significación que tienen en arábigo y caldeo. Un personaje notable en la India. Significado de las palabras Valumvotan y Daru-Botam.— ... 11. La estatua de Boodhoo, y la descubierta en las ruinas del Palenque. Algunas figuras allí encontradas, y otras de las Pagodas. ... **Capítulo XIX.**— ... 6. Contradicciones que se notan, comparándola con la anterior. Calificaciones que hace en el capítulo III, contradichas por lo que expone más adelante. Variaciones que hace al referir de nuevo lo relativo a Votan, a las tradiciones tzendales, y a lo manifestado por Ordóñez.— §.. ... 8. Semejanzas que encuentra entre el tronco más antiguo de las provincias de Quiché y Yucatán, y las razas de Palestina y del Egipto, y formas ingertadas en épocas posteriores que recuerdan las de los tártaros y mongoles. **Capítulo XX.**— 1. Sigue exponiéndose la opinión del abate Brasseur de Bourbourg: lo que expresa en la obra titulada "Popol-Vuh" ... **Capítulo XXXII.**— ... 2. Angulo facial de las figuras del Palenque. ... **Capítulo XXXIII.**— ... 4. Traje y calzado de los indios de Guatemala).

(Tomo V. **Capítulo XLIII.**—1. Caminos: los de México y el Perú. su extensión compostura y posadas establecidas en ellos y los de los Mayas. ... **Capítulo LVI.**—1. De otras analogías y semejanzas.—2. Las encontradas por el A. Brasseur, el huracán entre los quichés; Pan y Maya según las tradiciones americanas.— ... 4. Quetzalcoatl, Kuculcan, Vochica, y Viracocha, personajes americanos, y el Thorth de los egipcios. ... **Capítulo LVII.**—1. Instituciones phálicas. Lo que de ellas se encontró en Cuextlán y en la ciudad de Tihoo en Yucatán. ... **Capítulo LXX.**— ... 4. Colegios entre los Quichés y demás indios de Guatemala.—5. Moral que se les inspiraba: exortaciones que les dirigían; frutos y efectos de esta especie de educación. ... **Capítulo LXXIV.**— ... 4. Los reinos Quiché, Kachiquel y Zutugil.— 5. Los Chiapanecos; forma de su gobierno; importancia e influencia entre ellos de la clase sacerdotal y militar, hasta llegar a establecerse un gobierno teocrático militar. ... **Capítulo LXXIX.** — ... 8. Sistema penal de los indios de Guatemala. ... **Capítulo LXXXI.**— ... 14. Piedra metálica notable, encontrada en las ruinas de Utatlán. ... **Capítulo LXXXII.**— ... 8. Los votanides según el Sr. Núñez de la Vega, y los manuscritos quiché y cakchiquel.— ... 15. Opinión de Landa.—16. Lo que opina Cogolludo respecto de los que poblaron Yucatán. ... **Capítulo LXXXVII.**— ... 2. Pruebas sacadas de las ruinas del Palenque, Ococingo, y otras construcciones antiguas, y de los objetos que entran en el dominio de la arqueología.—3. Otros datos y fundamentos que apoyan la procedencia egipcia. La ignorancia de la construcción de la bóveda era común a los indios y a los egipcios. Carácter arquitectónico idéntico de las ruinas del Palenque y Yucatán, Quiriguá y el Copán; deducciones que de esto se han pretendido sacar, y cómo deben calificarse).

(**Apéndice I.**—1. De las tribus de Lacandones: territorio que ocupan: estado indómito e independiente en que continuaron aún después de la conquista: sus incursiones en las poblaciones inmediatas, y estragos cometidos en ellas.— 2. Tentativas hechas para su reducción, y providencias que al efecto se dictaron: invasión de los indios de Putchutla y Lacandon; expedición proyectada por el obispo de Chiapas fray Tomás Casillas; representación que elevó al rey, cédula que se expidió en virtud de ella; nueva expedición contra los expresados indios, y resultados que por lo pronto se alcanzaron.—3. Vuelta de los indios a los lugares de donde habían sido arrojados; nuevos esfuerzos de los religiosos para apartarlos de sus depravados intentos; reducciones que se hacían y cédulas expedidas al efecto.—4. Expedición de 1632 del alcalde mayor de la Provincia de Chiapas: junta convocada por el Presidente de Guatemala; lo que en ella se acordó y en virtud de ella se practicó.—5. Expedición del capitán D. Juan Mendoza en 1694, cédulas que sobre esto se expidieron e intervención del Consejo de Indias; junta que para efectuarlo se reunió en Guate-6. Nueva junta reunida en Guatemala para organizar otra expedición, que se realizó en 1696: resultados que se obtuvieron.—7. Juicio crítico acerca de estas expediciones.—8. La que formó para Yucatán D. Martín de Urzúa en 1797 y éxito que obtuvo.—9. Formación de varias poblaciones a consecuencia de la expedición de 1696.—10. Naciones o tribus que ocupan el inmenso espacio de tierra entre Veracruz, Chiapas y Yucatán: su naturaleza y producciones.—11. Sublevación en 1712 de la Provincia de Tzendales de acuerdo con muchos de los Lacandones y su ramificación; designio que se habían propuesto; muerte de varios religiosos; aprestos para la defensa: combate sangriento el 21 de noviembre de 1782, y triunfo que se consiguió; cédula que con motivo de este suceso se dictó en 24 de febrero de 1715.—12. Expedición que se formó al mando del gobernador y capitán general de Guatemala D. Toribio José de Cosío y Campa para castigar a los sublevados, y procurar la pacificación y seguridad de la Provincia; sumisión de los pueblos sublevados, cédulas relativas a esta expedición.—13. Reflexiones sobre todo lo expuesto en que aparece lo que son los Lacandones, terrenos que ocupan, y sus producciones.—14. Pensamiento que se tuvo respecto de estos indios y lo que se practicó: lo que se proyectó después de la independencia: decreto expedido por la legislatura de Chiapas en 27 de junio de 1827).

———. Noticia histórica de Soconusco y su incorporación a la República Mexicana, escrita por el ... Ministro plenipotenciario del Tribunal Superior de Justicia del Departamento de Chiapas, vocal de la honorable Junta Legislativa, miembro del ilustre y nacional Colegio de Abogados de México, socio de la Compañía Lancasteriana de la misma ciudad, y corresponsal de la de Chiapas, etc. México, Imp. de J. M. Lara, 1843, VIII-198 pp., 17 x 11.1 cms.

LARSEN, Helga.—The 260 day period as related to the agricultural life of the ancient Indian. Ethnos, 1936, I (1): 9-12.

LAS RUINAS de Quiriguá y el americano Mr. A. P. Maudslay.—**Revista Cubana,** Habana, 1887, V: 383.

LAS RUINAS de Uxmal. **El Museo Yucateco,** Mérida (1841), I: 71-73.

(Habla de las ruinas de Uxmal, en la hacienda de Don Simón Peón, a 16 leguas de Mérida, y de la visita que les hizo Federico Waldeck).

LAS RUINAS del Cacao. **El Cronista,** Tegucigalpa, 4 agosto 1938.

(Con ese nombre se han bautizado unas antiguas ruinas que están en la planicie situada en el Municipio de La Unión, departamento de Copán, Honduras, y que se cree son tan antiguas cómo las de Copán).

LAST of the explorers. **Popular Mechanics,** junio 1934, LXV (6): 856-58.

(Se refiere a exploraciones en la zona maya).

LATCHAM, Ricardo E.—Tubos para aspirar rapé con decoración centroamericana. **Revista Chilena de Historia Natural,** Santiago, 1927, XXXI: 252-255. 1 lámina.

(Relación del arte maya con el sudamericano y transformación de la serpiente emplumada con motivo ornamental).

LATHAM, Robert Gordon.—On the languages of Northern, Western and Central America, by R. G. Latham. **Transactions of the Philological Society,** London, 1856, pp. 57-115.

(Presenta un breve vocabulario comparativo de Guajiquiro, Opatoro, e Intibucá (Honduras y El Salvador) (pp. 109-110), del nagrandano y chorotega (pp. 111-12).

———. Opuscula. Essays chiefly philological and ethnographical... Leipzig, R. Hartman, 1860.

("On the language of Central America", pp. 323-25; "On the languages of Northern, Western and Central America", pp. 326-27).

LAUGHLIN, Ruth.—An ancient American riddle that rivals the Sphinx. A new expedition studies the strange Mayan sculptures of Quirigua, in Guatemala. More puzzling than the oldest monuments of Egypt. By Ruth Laughlin (of the American Expedition). **The New York Sunday American,** September 12, 1915.

———. Jungle cities of Guatemala. Unearthing the buried homes of the ancient Mayas of Central America. Some early chapters in the story of Man. Grotesque Mayan monuments and curious methods of writing and reckoning time. **Travel,** New York, October, 1915, pp. 18-20.

LAVACHERY, Henri.—Les arts anciens du Mexique. Conférence donnée por Henri Lavachery, conservateur adjoint, collaborateur libre, des Musées Royaux d'Art et d'Histoire de Bruxelles, á Anvers, le 10 janvier 1933, en la "Salle des Fetes" de l'Athénée Royal. 27 pp., 19 cms. (Nº 3 des publications de la "Asociación Belgo-Ibero-Americana" d'Anvers).

———. Préliminaires á une étude des arts archaiques de l'Amérique. **Bulletin de la Société des Américanistes de Belgique,** agosto 1933, pp. 59-73.

LAWRENCE, David H.—Il serpente piumato. Trad. di E. Vittorini. Milano, Mondadori, 1935, 523 pp.

LAZARO, Fr. Juan.—Arte y vocabulario y sermones (en varias lenguas de Guatemala).

(Se trata de un manuscrito, cuyo título da Beristáin. Dice Squier que Vázquez en su "Crónica" y Arochena en su "Catálogo" hacen mención de dicha obra (Cat. Pilling, Nº 2228).

———. Combinación y analogía de diversos idiomas del Reyno de Guatemala, por Fray Juan Lázaro, franciscano. (Siglo XVII). (Cat. Pilling, Nº 2229).

(Vino a Nueva España en la misión franciscana de 1610; vivió en la provincia del Santísimo Nombre de Jesús de Guatemala durante 40 años, y murió en 1650. Dice Beristáin que "tenía **don** sobrenatural de lenguas", pues poseía bien hasta 20, y que escribió varios vocabularios).

LE BARON, J. Francis.—Ruins in Central America. **Records of the Past,** Sept.-October, 1912, pp. 220-222.

(Habla de Bonaca y otros sitios de Honduras).

LE PLONGEON, Dr. Augustus.—Letter from D. Augustus Le Plongeon (to the

Right Rev. Bishop Courtenay, Bishop of Kingston). **American Antiquarian Society, Proceedings**, Worcester, 1879, Nº 73: 113-17.

(Son comentarios sobre la lengua maya, mostrando las afinidades con los de las naciones antiguas del continente oriental. Va después una "Note by the Publishing Committee" firmado por S. F. H (aven), citando otras autoridades que coinciden en las apreciaciones que formula Le Plongeon (Cat. Pilling. Nº 2265).

———. (Letter to Right Rev. Bishop Courtenay, Bishop of Kingston, on the antiquity of the Mayas). **The Present Century**, New York, 1880, II (22).

(El trabajo contiene algunos vocablos de la lengua maya comparados con el sánscrito, el welsh, etc. (Cat. Pilling, Nº 2266).

———. Los misterios sagrados entre los mayas y quichés hace 11,500 años; la francmasonería en épocas anteriores al Templo de Salomón y su relación con los misterios sagrados de Egipto, Grecia, Caldea y la India. Trad. por Salvador Valera. Barcelona, Biblioteca Orientalista, 1931, 181 pp. ils., láminas.

———. Queen Móo and the Egyptian sphinx. New York, The author, 1896, LXV-277 pp., ilustraciones, 63 láminas, mapas, facsímiles, 25 cms.

———. Sacred mysteries among the Mayas and the Quiches, 11,500 years ago. Their relation to the sacred mysteries of Egypt, Greece, Chaldea and India. Free masonry in times anterior to the temple of Solomon. Illustrated. New York, Robert Macoy, 1886, XVI-163 pp., ilustraciones, láminas, 23 cms.

———. Sacred mysteries among the Mayas and the Quiches. 3d. ed. New York, Macoy Publishing and Masonic Supply Co., 1909, 8º, ils.

———. The Maya alphabet. **Scientific American**, 1885, XIX, (474): 7572-7573.

———. Vestiges of the Mayas, or, facts tending to prove that communications and intimate relations must have existed, in very remote times, between the inhabitants of Mayab and those of Asia and Africa. New York, John Polhemus, printer and stationer, 1881, 86 pp. 24 cms.

(Da los nombres de divinidades mayas, p. 39 et seq., y algunos vocablos mayas. (Cat. Pilling, Nº 2264).

LEBZELTER, Viktor.—(Comentario a) "The Ethno-botany of the Maya" by Ralph L. Roys. **Anthropos**, XXIX (1-2): 281-82.

LECCION dada por un indio a Mr. Stephens y sus compañeros de viaje sobre el modo de hacer fuego. **El Registro Yucateco**, Mérida, Yuc., 1846, III: 157-59.

(Mr. Stephens es el autor del relato).

LE CENOTE de Valladolid (Yucatán) (grabado).—En "Grande géographie Bong illustrée", París, 1914, V: 161.

(Admirable reproducción de lo que es un cenote).

LECHE, Stella M.—Dermatoglyphics and functional lateral dominance in Mex-

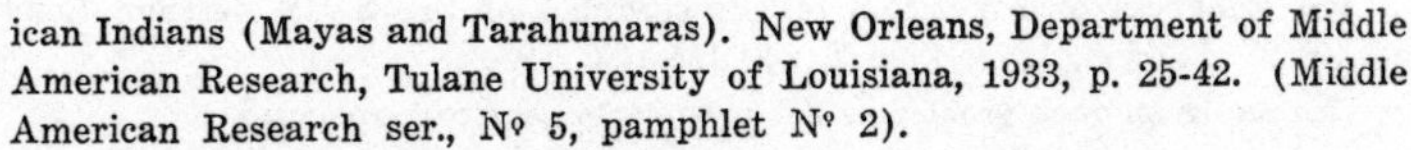

ican Indians (Mayas and Tarahumaras). New Orleans, Department of Middle American Research, Tulane University of Louisiana, 1933, p. 25-42. (Middle American Research ser., Nº 5, pamphlet Nº 2).

———. (Véase "Measures of Men").

———. (Véase "Studies in Middle America").

LECLERC, CHARLES.—Bibliotheca Americana. Histoire, Géographie, Voyages, Archéologie et Linguistique des deux Amériques et des Iles Philippines rédigéé. París, Maisonnéuve et Cie., 1878, 2-1-xx-1-737 pp., 8º.

(La parte lingüística de este volumen ocupa las páginas 537-643, y está arreglada por familias).

LEE, Thomas F.—Guatemala: land of volcanoes and progress. Cradle of ancient Mayan civilization, redolent with its later Spanish and Indian ways, now reaping prosperity from bananas and coffee. **The National Geographic Magazine,** 1926, L, pp. 599-648, ilustraciones.

LEEMANS, C.—Description de quelques antiquités américaines conservées dans le Musée royal néerlandais d'antiquités a Leide. En "Proceedings, International Congress of Americanists, 2nd. Session", Luxemburgo, 1877, II (2): 299-301.

LEGUIA, Jorge Guillermo.—Los mayas. En "Historia de América". Epocas precolombina y colonial. Lima, Lib. Francesa y Científica, 1938, 1ª edición, VI: 53-66.

———. Los mayas. En "Historia de América", Epoca precolombina, 2ª edición. Lima, Imp. La Voce d'Italia, 1934, pp. 112-128.

LEHMANN, Dr. Walter.—Die Sprachen Zentral-Amerikas. Berlin, Dietrich Reimer, 1920, Vol. I: XII-595 pp., 1 mapa; Vol. II: XII-402 pp., 1 mapa; 4º.

(Lehmann recorrió de 1907 a 1917 Jamaica, Panamá, C. América, México y volvió a Europa. Dos años estuvo estudiando arqueología en C. Rica. Sus trabajos fueron subvencionados por la Baessler-Stiftung y por el Duque de Loubat. En 1921 publicó los dos volúmenes mencionados. Esta sirve de prólogo a una serie de publicaciones. Presenta importantes documentos de los idiomas de los indios centroamericanos. Lehmann publicó en Munich, en 1914, un diccionario del idioma "Rama" con un compendio de gramática, 124 páginas. El idioma de los habitantes de la isla Rama, en la costa oriental de Nicaragua, muy cerca del idioma guatuso, es hablado actualmente por 300 individuos, más o menos. Son los descendientes de la tribu salvaje (chontales), los cuales, en la época de la Conquista vivían en las selvas vírgenes entre los chibchas al Sureste y los Mayas al Noroeste. Por consiguiente, el estudio de esos idiomas es de gran importancia para el conocimiento de los nexos entre las tribus indias de Centro y Sud América).

———. Ein kostbares Raüchergefäss aus Guatemala. **Zeitschrift für Ethnologie,** Berlin, 1916, XLVIII: 335-39.

———. Einige probleme des Centralamerikanischen Kalenders. En "International Congress of Americanists. Proceedings of the XVIII session, London, 1912". London, 1913, Part I, pp. 155-163.

(Habla de algunos problemas del calendario centroamericano).

———. El pozo de los Itzá. Las maravillas de una ciudad antigua en la tierra de los mayas de Yucatán. **Anales de la Sociedad de Geografía e Historia de Guatemala,** Guatemala, 1934, II (1): 45-49.

———. Ergebnisse der Forschungsreise des Dr. Walter Lehmann nach Zentralamerika 1907 bis 1909. Berlin, 1910, 16 pp.

Son los resultados del viaje de estudio del Dr. Lehmann a Centroamérica en 1907-1909).

———. Ergebnisse einer Forschunsgreise in Mittelamerika und Mexico, 1907-1909. **Zeitschrift für Ethnologie, 1910, XLII: 687-749.**

(Habla de su viaje de estudio a Centroamérica y México).

———. L'art ancien du Mexique. Simple esquisse. Traduction d'Emile Letz. Paris, Les Editions G. Crés & Cie., 1922, 28 pp., 48 láminas, 1 tabla, 25 x 17 cms. (Documents d'Art).

(Es un esquema del arte en el México Antiguo, en el que Lehmann hace comparaciones entre el Maya y el de otros pueblos, declarando que su arquitectura fué maravillosa, y refiriéndose a las influencias toltecas en Yucatán. Presenta una gráfica en la que apunta noticias cronológicas sobre los mayas primitivos. Entre las ilustraciones que avaloran el libro figuran el dintel de piedra de la casa M. de Menché, la fachada del templo-palacio de Sayil, la columna con serpientes emplumadas en la colina del "Templo de los Tigres y de los Jaguares" en Chichén-Itza, y numerosas reliquias para cuyas producciones utilizó documentos que posee el Museo Etnográfico de Berlín y fotografías de Cécile Seler y Teobert Maler).

———. Les anciens calendriers de Mexicains et des Mayas. **Les Etudes atlantéennes,** París, 1927, I (4): 28-29.

———. Methods and results in Mexican research. By .... Assistant keeper of the Royal Ethnographical Museum at Berlin. Originally published in the **Archiv für Anthropologie,** Vol. VI, 1907, pp. 113-168. Translated from the German with kind permission of the Editors of the **Archiv.** By Seymour de Ricci. Paris, Published at the expense of the Duke of Loubat, 1909, 130 pp., 20.2 x 13 cms.

(Lehmann presenta datos bibliográficos numerosos; diserta sobre los documentos pictográficos y los monumentos históricos del México precortesiano; los relieves, las inscripciones y los mitos mayas. Dice el Dr. Hermann Beyer: "Estudio de importancia, resumen de nuestros conocimientos actuales sobre arqueología y etnología mexicanas").

———. Problemas americanistas. **Centro-América Intelectual,** San Salvador, Nº 10, 1909, pp. 3-10.

(Trata algunos temas de arqueología de C. América).

———. The history of ancient Mexican art. An essay in outline. New York,

1922. (Orbis pictus. The Universal Library of Art, ed. by P. Westheim, Vol. 8).

———. Ueber die Stellung und Verwandtschaft der Subtiaba-Sprache der pazifischen Küste Nicaraguas und über die Sprache von Tapachula in Südchiapas. **Zeitschrift für Ethnologie,** Berlín, 1915, XLVII: 1-34.

(Habla de la posición y conexiones entre el idioma subtiaba de la costa del Pacífico de Nicaragua y el idioma de Tapachula en el sur de Chiapas. Disertación de Lehmann para obtener el doctorado).

———. (Véase "Las obras de Spinden y Lehmann. Notas al margen" por Otto von Buchwald, en **Revista de Costa Rica,** San José, marzo 1922, pp. 187-196.

(Importante para el estudio etnológico de Centro-América).

LEHMANN, Heinz.—Le fonds Maya du Musée d'Ethnographie du Trocadéro de París. **Maya Research,** New Orleans, La., 1935, II (4): 345-366, ilustraciones.

LEJEAL, León.—Les Antiquités Mexicaines (Mexique, Yucatan, Amerique Centrale). Par ...., Chargé d'un cours d'antiquités americaines au College de France. París, Alphonse Picard et Fils, Editeurs, Imp. Repessé-Crépel et Fils, 1902, Arras, 250 mms. 78 pp. (Bibliothéque de Bibliographies critiques publiée par la Société des Etudes Historiques).

(Bibliografía crítica de las antigüedades mexicanas. **Contiene.** I. Bibliographies et catalogues de manuscrits.—II. Cartes.—III. Documents de provenance européenne.—IV. Documentos de provenance indigéne: A) Historiens mexicains de langues indigénes ou espagnole (texte et tratuctions); B) Editions de manuscrits figuratifs en fac-simile. Paleógraphie.—V. Linguistique, Littérature, Folklore, Toponymie, etc.—VI. Anthropologie, Préhistoire, Ethnologie, Migrations.—VII. Mythologie, Religion, Croyance astrologiques, Calendrier.—VIII. Ethnographie et Archéologie.—IX. Historiens modernes.—X. Melanges (Dictionaires, Biographies, Geographie, Periodiques).

LELO lai u tzolan katunil ti Mayab. En "Relation des choses des Yucatan de Diego de Landa", por l'Abbé Brasseur de Bourbourg, París, 1864, pp. 420-29.

(Texto maya y francés).

LENOIR, Alexandre.—Paralléle des anciens monuments Mexicaines avec ceux de l'Egypte, de l'Inde et du reste de l'Ancien Monde par .... ("The Boban collection of antiquities", Nº 1974).

LENTZ, F. J.—Aus dem hochlande der Maya; bilder und menschen an meinen wegen durch Guatemala. Stuttgart, Verlag von Strecker und Schroeder, 1930, (VII)-(XVI)-486-(I) pp., ilustraciones, láminas, mapa.

LEON, Juan José de.—Karte von Yucatan nach der handschriftlichen Karte von Juan José de León und andern bearbeitet verbessert und gezeichnet von Carl Heller, 1847. Lith. Anst. v. Emil Wilhelmi in Leipzig. En "Reisen in Mexiko in den Jahren 1845-1848", por Carl Bartholomaeus Heller, Leipzig, 1853, p. 435.

LEON, Nicolás.—Data about a new kind of hieroglyphical writing in Mexico. En "International Congress of Americanists. Thirteenth session held in New York in 1902", Easton, 1905, p. 175.

———. Bibliografía Mexicana del Siglo XVIII. México, 1907.

(En la sección I, parte IV, reproduce parte del trabajo de Ordóñez y Aguiar, de 1790?).

———. Compendio de la Historia General de México desde los tiempos prehistóricos hasta el año de 1900, escrito por el Dr. ...., Encargado de la primera Sección de Antropología y Etnografía del Museo Nacional de México. Primera edición. México, Herrero Hermanos, editores, 1902.

(**Sumario: Cap. I.** Mayas, Chanes y Xiues. Confederación de Mayapán. Kukulkán.—**Cap. II.** Fin de la Confederación de Mayapán, Los nahoas en Yucatán. Los cocom. Los tutul-xiu. Cacicazgos de Yucatán. Dioses mayas. Su culto. Templos. Sacerdotes y sacerdotisas. Sus prácticas. Gobierno civil. Ejército. Pueblos y sus divisiones. Administración de justicia. Delitos y penas. Clases civiles. Agricultura. Costumbres domésticas.—**Cap. III.** Matrimonio. Educación. Bailes. Comercio. Moneda. Artes. Medicina y hechiceros. Comedias. Panteones. Vida futura. Fiestas religiosas. Zaput-Zihil. Bautismo. Aritmética. Escritura. Analtés. Calendario.—**Cap. IV.** Votánides. Tzequiles. Chanes. Nachán. Dinastía votánide. Tulhá. Religión. Zoolatría. Naciones pretoltecas...) (Entre las ilustraciones que aparecen en el libro mencionaremos las que siguen: Estela maya-quiché; Itzamná, según el **Códice Troano;** Kukulcán, según el **Códice Troano; Kin-Ich,** según el **Códice de Dresde;** Los cuatro Bacab, según el **Códice Cortesiano;** Uac-Lom-Chan, según el **Códice de Dresde;** Ek-Ahau, según el **Códice de Dresde;** Ah-Puch, según el **Códice de Dresde;** Templo maya del juego de pelota en Chichén-Itzá (Restaurado); Sacerdotisa maya, según el **Códice de Dresde;** El sacrificio de la lengua. Relieve en piedra en la ciudad **Lorillard;** Una ceremonia religiosa maya, según el **Códice de Dresde;** Guerreros mayas, según un relieve de los muros del juego de pelota en Chichén-Itzá (Maudslay); Casas y una batalla entre los mayas. Pintura mural del juego de pelota (Chichén-Itzá); Deformación artificial del cráneo entre los mayas, según De Nadaillac; El árbol de la vida, según el **Chilam Balam de Maní;** Bautismo maya, según el **Códice Cortesiano;** Numeración maya. 1 a 19; Signo del 20, según Maudslay; Alfabeto maya, según Landa (De fotografía); La Cruz de Palenque. Muestra de escritura calculiforme en jeroglífico maya; Escritura maya de los Códices. Fragmento del **Códice Cortesiano;** Inscripción maya sobre una vasija de barro (Museo de Historia Natural de New York); Bukxoc; Meses y días del año maya, según Landa; y Reconstrucción del Palacio de Palenque).

———. Familias lingüísticas de México y sinopsis de sus familias, idiomas y dialectos.—México, Imp. del Museo Nacional, 1912.

———. La Obstetricia en México. Notas bibliográficas, étnicas, históricas, documentarias y críticas de los orígenes históricos hasta el año de 1910. Elegidas y ordenadas por .... Partes 1ª y 2ª. Año del Centenario. México, Tip. de la Vda. de F. Díaz de León, Sucs., 1910.

(Prácticas obstetriciales de la familia Maya-Quiché, I: 66-70).

———. Las lenguas indígenas de México en el siglo XIX. Nota bibliográfica y crítica. **Anales del Museo Nacional de México,** 1905, 2ª ep., II: 180-188.

(Bibliografía de los libros sobre lingüística mexicana del siglo XIX. (Hermann Beyer).

———. (Véase Berendt, Karl Hermann).

LEON PINELO, Antonio.—Relación en el Consejo Real de las Indias, sobre la pacificación y población de las provincias del Manché; Lacandon, que pretende hazer Don Diego de Vera Ordoñez de Villaquirán. 1639.

——— (Véase Zemurray Stone, Doris).

LES INDIENS lacandons.—**Museum National d'Histoire Naturelle et du Jardin des Plantes,** 1935, N. S., Nº 13: 27-28.

LES ZUTUGILS; antiquités de la région du lac Atitlán (Guatemala). **Bulletin Soc. Amer. Belgique,** 1937, Nº 22: 3-14.

LEVER, E. A.—Central America; or the land of the Quiches and Chontales. By Gen'l E. A. Lever. Foreign Editor, Times Democrat, New Orleans, E. A. Brandao & Co., 1885.

LEWY, E.—Die Sprache der Quiché (Kice) von Guatemala. **Anthropos,** Wien, 1937, XXXII: 929-958.

LEYRER, Dan.—A new method used in photographing Maya hieroglyphs. Por Dan Leyrer, official photographer to the Uxmal expedition conducted by Tulane University of Louisiana for the World's Fair at Chicago 1933. **Maya Research,** New Orleans, La., 1935, II (1): 60-63, ilustraciones.

LIBRO DE Chilán Balam de Chumayel, traducción del idioma maya al castellano por Antonio Mediz Bolio. San José, C. R., Imprenta y Librería Lehmann (Sauter & Co.) 1930, 124-XLI-3 pp., facsímiles, 24 cms. (Ediciones del "Repertorio Americano").

(Trata de los manuscritos mayas, lengua maya, vocabulario, glosarios, etc., el Calendario maya; presenta una interpretación de los nombres (p. V), y el vocabulario de los veinte días de la serie maya (pp. VI-XXX). En la introducción se dice: "Generalmente se ha tenido como compilador a un indio instruído llamado don Juan José Hoil, natural y vecino de Chumayel, en Yucatán, según aparece en una nota por él suscrita; pero es muy probable que, aparte del mencionado Hoil hayan intervenido otros indios, en la formación del manuscrito").

LIBRO DEL JUDIO.—(Véase Ossado, Ricardo, alias "El Judío").

LIGHTHALL, W. D.—The origin of the Maya civilization. Can China contribute to its solution? Ottawa, Printed for the Royal society of Canada, 1933. (From the **Transactions of the Royal Society of Canada,** 3d ser., Section II, XXVII: 47-55, 1933).

LINATI, Claudio.—Costumes civils, militaires et religieux du Mexique. Dessinés d'aprés nature par C. Linati. Imprimés a la Lithographie de la Cour des

P. B.—Bruxelles, Publiés par Ch. Sattanino, 1828, 4º front, retrato, y 48 láminas en colores.

(La lámina VII representa a una mujer de Ciudad Rodrigo, en la provincia de Yucatán; y la XXVIII a una joven de Palenque en la misma provincia. Después de la segunda lámina va una explicación que se titula "Jeune fille de Palenque").

LINDBERGH, Charles Augustus.—(Véase Kidder, A. V.)

LINNE, Dr. Sigvald.—Archaeological researches at Teotihuacan, Mexico. **The Ethnographical Museum of Sweden**; Stockholm, 1934, N. S. Publication, N* 1.

———. México a través de 3,000 años. **El Liberal Progresista**, Guatemala, 10 julio 1933.

(Es una conferencia sustentada por el Dr. Linné hablando en términos generales sobre la cultura maya).

———. Stroevtag genom Mexicos forntid; arkeologiska studier och grävningar som wahlbergsstipendiat i Mexico 1932. (Stockholm) Särtryck ur Ymer, 1934, 39 pp.

———. Stroevtag Genom Mexicos forntid. **Ymer**, Stockholm, 1934, Nos. 1-2.

(Sigvald en compañía de G. Montell formó parte de la expedición enviada a México en 1934-35 por el Museo Etnográfico de Suecia y la nota sobre dichos trabajos apareció en **Ethnos**, 1936, I: 39-48 y 60-66).

LIPSCHUTZ, Alejandro.—Indoamericanismo y raza india. Editorial Nascimento, Santiago, Chile, 1937.

LISTA DE MAPAS Y PLANOS de la Provincia de Yucatán. (Sin fecha). Archivo de Indias, Papeles de Simancas. Est. 145, Caja 7, Legajo 9. Yucatán. **Boletín del Museo Nacional de Arqueología, Historia y Etnografía**, México, 1933, Epoca 5, II (2): 89-90.

LIZANA, Fr. Bernardo.—Historia de Yucatán. En Valladolid por Gerónimo Murillo, Valladolid, 1633, 12 hojas, 204 fols. 4 h.

———. Historia de Yucatán y devocionario de Nuestra Señora de Izamal. (Valladolid, 1633). México, Edición del Museo Nacional, Imp. del Museo Nacional, 1893, 2 facs.

LIZANA, P.—Del principio y fundación destos cuyos omules deste sitio y pueblo de Itzmal sacada de la parte primera de la obra del Padre Lizana titulada Historia de Nuestra Señora de Itzamal. En "Relation des choses de Yucatan de Diego de Landa", por l'Abbé Brasseur de Bourbourg, París, 1864, pp. 348-364.

(Texto en español y francés).

LIZARDI RAMOS, César.—Astronomía primitiva. **Excélsior**, México, 15 noviembre 1937.

———. Chetumal a los ojos de un forastero. **Excélsior,** 19 septiembre 1937, y **Diario de Yucatán,** Mérida, 1º enero 1938.

———. Cómo son y cómo viven los chicleros de Quintana Roo. **Excélsior,** México, D. F., 14 noviembre 1937.

———. Cozumel histórico y arqueológico. **Excélsior,** México, 6 julio 1937.

———. De Chetumal a Belice. **Excélsior,** 15 agosto 1937.

———. Dos nuevas zonas arqueológicas mayas. **Excélsior,** 8 agosto 1937.

———. El Caracol de Chichén-Itzá. **Revista de Revistas,** 8 sept. 1935.

———. El Chilán Balam robado. **Excélsior,** México, 19 agosto 1938.

———. El corte de caoba y la producción de chicle en Quintana Roo. **Excélsior,** 24 octubre 1937.

———. El misterio de las ruinas mayas que la selva ha devorado. **Revista de Revistas,** 12 enero 1936.

———. En busca de la ciudad maya inexplorada. Titánica lucha contra la selva mortífera de Quintana Roo. Cómo se dió a conocer al mundo la existencia del Templo de las Higueras. **Excélsior,** México, 22 agosto 1937.

———. En las selvas de Quintana Roo. **Excélsior,** 1º agosto y 5 y 12 de septiembre 1937.

———. En los caminos de Quintana Roo. **Excélsior,** 31 octubre 1937.

———. En torno a la última inscripción palencana. **Revista de Revistas,** 23 febrero 1936.

———. Histórico viaje a Yucatán. **Diario de Yucatán,** Mérida, 5 y 17 agosto 1938.

(Se refiere a la edición del libro "Viaje a Yucatán. 1841-1842" por John L. Stephens, trad. de Justo Sierra O'Reilly, México, 1937-1938).

———. La civilización maya. **Excélsior,** México, 13 noviembre 1936.

(Se refiere al libro "The Civilization of the Mayas", de J. Eric Thompson, 1932).

———. La Isla de Mujeres. **Excélsior,** México, 2 julio 1937.

———. La miseria de los mayas, vástagos de una raza ilustre. Colocados al margen de la civilización, hambrientos por siglos y vejados siempre, sufren sus males con resignación conmovedora. III. **Excélsior,** 17 enero 1936.

(**Sumario:** Santa Ana, llave de las ruinas.—El hambre y la enfermedad.—Una imagen de miseria.—Una raza abandonada).

———. La misteriosa ciudad de Palenque. **Excélsior,** México, D. F., 21 enero 1937.

———. Los españoles en Palenque. **Excélsior,** México, D. F., 20 junio 1937.

———. Los secretos de Chichén Itzá. **Excélsior,** México, D. F., 21 diciembre 1936.

———. Los últimos descubrimientos arqueológicos en Quintana Roo. **Excélsior,** México, D. F., 10 octubre 1937.

———. Mayas y mexicanos en Quintana Roo. **Excélsior,** México, 27 octubre 1937.

———. Recurrencias de las fechas mayas. Trabajo presentado al Segundo Congreso Mexicano de Historia, inaugurado en Mérida, Yucatán, el 20 de noviembre de 1935. Tip. "Excélsior", México, D. F., 1936, 16 pp. 20 x 14.9 cms.
(**Sumario:** Introducción.—Resumen de las recurrencias de fechas en la cronología maya.—El problema aritmético.—Recurrencias.—La gran Era de Goodman.—Orden de los Tunes y Katunes en que se realiza la recurrencia de la fórmula de rueda de Calendario, como final de esos dos períodos.—Numerales de los Kines finales de período (Uinales.—Tunes.—Katunes.—Baktunes).—Discusión de las fórmulas de los numerales correspondientes a Kines finales de período).

———. "Relación de las cosas de Yucatán". **Excélsior,** México, 12 octubre 1938.

———. Un problema de la historia maya. **Excélsior,** 6 mayo 1936.

———. Una crónica maya. **Excélsior,** México, 11 agosto 1936.

———. Una noche en la ciudad muerta de Tulum, Quintana Roo. **Excélsior,** 25 julio 1937.

———. Yucatán arqueológico. **Revista de Revistas,** México, D. F., 20 septiembre 1936.

———. (Véase TEMPLE, John D.)

LIZARRAGA, Nicolás.—Representación al Rey, pidiéndole la Conquista de Itzá y Lacandón, con unas noticias y mapa de dichas tierras.
(Según Beristáin MS. en la librería de Barcia, y así lo dice Pinelo).

LLOYD, W. E.—El México que no conocemos.—La Isla de Cozumel.—**Revista de** Revistas, 2 enero 1916.

LO QUE PIENSAN los teósofos acerca del Popol Vuh. **Anales de la Sociedad de Geografía e Historia de Guatemala,** 1935, II (4): 459-64; y El Teósofo, julio 1929, IV (13-17): 169, y julio 1931, VI (22-25): 65-79.

LONG, Richard C. E.—Maya and Mexican writing. (Abstract). En **"Compte rendu de la premiére session, Londres, 1934, Congrés international des sciences anthropologiques et ethnologiques,** p. 232.

———. Maya and Mexican writing. **Maya Research,** New Orleans, La., 1935, II (1): 24-32.

———. Maya writing and its decipherment. **Maya Research,** New Orleans, La., July-October 1936, III (3-4): 309-315.

———. Remarks on the correlation question. En "Maya chronology; the correlation question" por J. E. Thompson. En "Contributions to American Archaeology" 1937, III (14): 97-100 (Carnegie Institution of Washington).

———. Some Maya time periods. En "Congrés international des américanistes. Compte-rendu de la XXIe. session. Deuxiéme partie tenue a Goeteborg en 1924", Goeteborg Museum 1925, pp. 574-80.

(Long divide su estudio en tres partes: (I) The Cycle and Higher Periods.—(2). The Haab and the Tun.—(3). The U and the Uinal).

———. The age of the Maya calendar. **The Journal of the Royal Anthropological Institute of Great Britain and Ireland,** London, 1924, LIV: 353-362.

———. The Bowditch and Morley correlations of Maya chronology. **Man,** London, 1925, XXV: 7-11.

———. (Comentario a) "The Conquest of the Maya" by J. Leslie Mitchell. **Man,** 1934, XXXIV, art. 151.

———. The correlation of Maya and Christian chronology. **Journal of the R. Anthropological Institute of Great Britain and Ireland,** July-December, 1931, LXVI: 407-12.

(El trabajo aludido se leyó en el XXIV Congreso Internacional de Americanistas, reunido en Hamburgo en 1930. En la página 60 del "Compte rendu" de dicho Congreso (1934) va un extracto, pág. 60).

———. The dates in the annals of the Cakchiquels and a note on the 260-day period of the Maya. **The Journal of the Royal Anthropological Institute of Great Britain and Ireland.** London, 1935, LXIV: 57-68.

———. The Maya and Christian Eras. **Man,** London, 1918.

———. The setting in order of Pop in the Maya Calendar. **Man,** London, 1924, XXI: 37-40.

———. (Véase Thompson, J. Eric).

LONGYEAR, John M.—(Véase Stronsvik, Gustav).

LOOSER, Gualterio.—Los mayas y la cultura peruana. **Caras y Caretas,** Buenos Aires, 29 febrero 1936.

LOPEÑA, Juan.—(Véase Lothrop, S. K.)

LOPEZ ATOCHA, Miguel.—(Véase Harcourt, Raúl d'.)

LOPEZ COGOLLUDO, Fr. Diego.—Historia de Yucathan. Compuesta por el M. R. P. Fr. Diego López Cogolludo, Lector Jubilado, y Padre Perpetuo de dicha Provincia. Consagrada y dedicada al Excelentissimo Señor Don Fernando Ioachin Faxardo de Resquesens y Zuñiga, Marqués de los Velez, Molina y Martorel, Señor de las Varonias de Castelvi, de Rosanes, Mollins de Rey y otras en el Principiado de Catahiña, Señor de las Villas de Mula, Alhabama y Librilta, y de las siete del Rio de Almanzor a las Cueuas, y Portilla Alcayde perpetuo de los Reales Alcaçares, de las Ciudades de Murcia, y Lorea, Adelantado, y Capitan Mayor del Reyno de Murcia, Marquesado de Villena, Arcedianato de Alcarez, Campo de Montill, Sierra de Segura, y sus Partidos,

Commendador de la Encomienda de los Bastimentos de Castilla, del Orden de Santiago, Gentilhombre de Camara de su Magestad, de sus Consejos de Estado, y Guerra, Presidente en el de Indias, y Superintendente General de la Real Hazienda, &c. Sacala a luz el M. R. P. Fr. Francisco de Ayeta, Predicador, ex-custodio del Nuevo Mexico Comisario General del Santo Oficio, Custodio actual de la Provincia del Santo Evangelio en el Reyno de la Nueva España, y Procurador General en esta corte de todas las Provincias de la Religion Serafica del dicho Reyno. Con privilegio. En Madrid: Por Juan Garcia Ifanzon, año 1688, 11-760 pp., 4º.

———. Los tres siglos de la dominación española en Yucatán, o sea Historia de esta provincia desde la conquista hasta la independencia. Escribióla ...., provincial que fué de la orden franciscana; y la continúa un yucateco. Campeche, Imp. de José María Peralta, 1842, e Imprenta de Castillo y Co., 1845, vol. I: VI-7-615 pp.; vol. II, 663 pp., 8vo.

———. Historia de Yucatán. Escrita en el siglo XVII por el R. P. ...., provincial que fué de la Orden franciscana. Tercera edición. Mérida, Imprenta de Manuel Aldana Rivas, 1867, I: 616 pp.; 1868, II: 664 pp., 19.6 x 13 cms.

(**Sumario:** Tomo I., **Libro II:** ... Profecía de Patzin Yaxun Chan, sacerdote gentil de Yucatán. Profecía de Nahau Pech, gran sacerdote en Yucatán. Profecía de Ah Kukil Chel, sacerdote antiguo de Yucatán. Profecía de otro sacerdote gentil, llamado Ah Na Puc Tun. Profecía de Chilan Balam, gran sacerdote de Tixcacayom Cauich en Maní. ... **Libro IV.**—Cap. I. De la situación, temperamento, frutos y cosas singulares de la tierra de Yucatán. Cap. II. De la abundancia de mantenimientos que hay en Yucatán, y admirables edificios que en él se hallaron. Cap. III. De los primeros pobladores de Yucatán, que tuvo señor supremo, y cómo se dividió el señorío, gobernaban y trataban. Cap. IV. De los delitos y penas con que eran castigados los indios, y de muchas supersticiones suyas. Cap. V. Cómo conservaban la memoria de sus sucesos, dividían el año y contaban los suyos, y las edades. Cap. VI. De la credencia de religión de estos indios, que parece haber tenido noticia de nuestra santa fé católica. Cap. VII. De otros ritos de religión que tenían estos indios en tiempo de su infidelidad. Cap. VIII. De algunos ídolos especialmente venerados, y motivos que pera ello tuvieron. Cap. IX. Hállanse cruces en Yucatán que adoraban siendo idólatras gentiles, y lo que de esto se ha dicho...)

———. (Véase "Bibliografía. Historia de Yucatán, por el R. P. Fr. Diego López de Cogolludo. **El Registro Yucateco**, Mérida, Yuc., 1846, III: 241-249).

———. (Véase Cogolludo, Fr. Diego López de).

LOPEZ GUTIERREZ, Gustavo.—Votán y su civilización. Quetzalcoatl. Ruinas de Palenque. Toniná y Yaxchilán. Poderío y decaimiento de las que se llamaron naciones de Xibalbay y Quiche. En "Chiapas y sus epopeyas libertarias. Historia general". Tuxtla de Gutiérrez, Chiapas, Talleres Tipográficos del Gobierno del Estado, 1932.

LOPEZ DE AYALA Y DEL HIERRO, J.—(Véase "Codex Tro-Cortesianus", 1892.

———. (Véase Rada y Delgado, Juan de Dios de la).

LOPEZ DE MESA, Dr. Luis.—Los mayas. (Fragmento de la obra titulada "Disertación sociológica", cuyo autor es el .... Ministro de Relaciones de Colombia). **El Universal Gráfico**, México, 10 abril 1939.

LOPEZ MARTINEZ, Dr. Benjamín.—Interesante conferencia del Dr. Sylvanus G. Morley en Chichén. Versión del .... **Diario de Yucatán**, Mérida, 8 mayo 1939.

LOS MAYAS, ¿conocieron la forma elíptica de la órbita de la tierra? Deducciones calendáricas. Interesante observación hecha en el curso de mayismo en la Escuela de Verano (de Santiago de Chile). **El Imparcial**, Guatemala, 22 febrero 1938.

(Es el cablegrama dirigido desde Santiago de Chile por el corresponsal de la United Press a Nueva York, en torno al curso de Mayismo que en la Escuela de Verano de la Universidad de aquella ciudad, estuvo a cargo del Dr. Virgilio Rodríguez Beteta).

LOS MAYAS de la región central de América. Washington, D. C., 1931, 25 pp. ils. (Publicaciones suplementarias, Nº 4, Carnegie Institution of Washington).

LOS MAYAS en Yucatán.—El Jefe Arana y su comitiva. **El Imparcial**, México, 12 agosto 1897.

LOS MAYAS tenían también su bolcheviquismo y su fascismo. **Ultimas Noticias**, México, 19 noviembre 1937.

LOS NUEVOS descubrimientos en Quiriguá, Guatemala. **Revista de Revistas**, 13 enero 1935.

LOS XTOLES; canción al sol de los guerreros mayas. **Mexican Folk-ways**, 1933, VIII (2): 83.

(Las palabras que acompañan la música van en maya).

LOTHROP, Samuel K.—Atitlan, an archaeological study of ancient remains on the borders of Lake Atitlan, Guatemala. Washington, 1933, 123 pp., 74 figs. (Carnegie Institution of Washington, Publication 444).

———. Pottery types and their sequence in El Salvador. En "Indian Notes and Monographs", Museum of the American Indian, Heye Foundation, New York, 1927, Vol. I, Nº 4.

———. Sculptured pottery of the southern Maya and Pipil. **Maya Research**, N. Orleans, 1936, III, pp. 140-52.

———. Stone sculptures from the Finca Arevalo, Guatemala. En "Indian Notes", Museum of the American Indian, Heye Foundation, New York, 1926, III (3): 147-171.

———. Tulum; an archaeological study of the east of Yucatan. Washington,

D. C., Ind. and Detweiler, 1924, VII-179 pp., 27 láminas, 182 figuras, 282 mms. (Carnegie Institution of Washington, Publication 335).

(Dicha obra es el resultado de tres expediciones efectuadas por la Carnegie Institution en la costa de Yucatán, comprendiendo los lugares explorados desde el Cabo Catoche hasta los linderos de Honduras Británica. Los mapas de Tancah, Xelba y Tulum fueron revisados por Mr. D. G. Riketson. Los señores Arthur Carpenter y Juan Lopeña hicieron las fotografías, el Dr. T. W. F. Gann y el señor John Held han contribuído con las copias de los frescos de Tulum.—Las ruinas estudiadas son las siguientes: Tulum, Tulum Playa, Tancah, Xelha, Playa Carmen, Nisucte, El Meco, Kantunil, Isla Mujeres, Cozumel, San Miguel, El Cedral, San Benito, Cacakal, Nohku, Canche Balam, Chacmool, Cancucu).

———. Zacualpa: A study of Ancient Quiche artifacts. Washington, 1936, VI-103 pp., 7 láminas (3 en color), 107 figuras. (Carnegie Institution of Washington, Publication 472).

LOUBAT, Herzogs von.—Wissenschaftliche Ergebnisse einer auf Kosten Seiner Excellenz des Herzogs von Loubat in den Jahren 1895-1897 ausgeführten Reise durch Mexiko und Guatemala. Berlin, D. Reimer, 1901.

(Resultados científicos de un viaje efectuado en 1895-1897, a través de México y Guatemala, por cuenta de S. E. el Duque de Loubat).

———. (Véase "Codex Vaticanus 3738", 1900).

———. (Véase "Codex Telleriano-Remensis", 1899).

LOWELL, F. C.—(Véase Bowditch, C. P., y F. C. Lowell).

LOWITZ y HAZIUS (Atlas de).—(Véase "Mapas").

LUBAANTUN.—**The Geographical Journal**, Londres, 1926, LXVIII: 506-509.

LUDENDORFF, Hans.—Bemerkungen zu der arbeit von H. Beyer "Zur konkordanzfrage der Mayadaten mit denen der christlichen zeitrechnung". **Zeitschrift für Ethnologie**, 1933, LXV (3-4): 401-2.

———. Contribuciones a la interpretación astronómica de las inscripciones mayas. (Examinaciones de la Astronomía de los mayas, Nº 10). México, Editorial Cvltvra, (s.p.i.) 1938, 40 pp. 23 x 17.2 cms.

———. Die astronomische inschrift aus dem Tempel des Kreuzes in Palenque. Berlin, Verlag der Akademie der wissenschaften, 1935, 32 pp. (Untersuchungen zur astronomie der Maya, nr. 9. Sonderausgabe aus dem sitzungsberichten der Preussischen akademie der wissenschaften, Phys. math. klasse), 1935, 32 pp.

(Ludendorff prosigue su estudio astronómico de los jeroglíficos mayas tomando como base la correlación de Spinden).

———. Die astronomische inschrift aus dem Tempel des Kreuzes in Palenque. **Forschungen und Fortschritte**, enero 1936, XII (2).

———. Die astronomische inschriften in Yaxchilan. Berlin, Verlag der Akademie der wissenschaften, 1933, 29 pp., (Untersuchungen zur astronomie der Maya, nr. 7; Sonderausgabe aus den sitzungsberichten der Preussischen Akademie der wissenschaften, Phys. Math. Klasse, 1933, XXV).

———. El origen del período "Tzolkin" en el calendario de los Mayas. **Anales de la Sociedad de Geografía e Historia de Guatemala,** 1935, I (3): 310-12; y en **Investigación y Progreso,** enero 1931, V (1): 9.

———. La inscripción astronómica del Templo de la Cruz en Palenque. **Investigación y Progreso,** Madrid, 1936, X, 123-125.

———. Las inscripciones astronómicas de los Mayas. **Anales de la Sociedad de Geografía e Historia de Guatemala,** 1935, I (3): 353-55; y en **Investigación y Progreso,** Madrid, 1934, VIII (6): 173.

———. Los conocimientos agronómicos de los mayas. **Diario Latino,** San Salvador, 10 abril 1937 (De **Minerva** de Turín).

———. The astronomical inscription from the Temple of the cross at Palenque. **Research and Progress,** 1936, II: 25-27.

———. The Astronomical inscriptions of the Mayas. **Research and Progress,** Berlin, Jan. 1936, II (1): 15-7.

———. Ueber astronomische inschriften der Maya. **Forschungen und Fortschritte,** 1934, X (8): 101-2.

———. Ueber die Entstehung der Tzolkin—Periode im Kalender der maya. Berlín, 1930.

———. Ueber die seiten 51 und 52 des Dresdener Kodex und über einige astronomische inschriften der Maya. Berlin, Verlag der Akademie der wissenschaften, 1933, 48 láminas, ils. (Untersuchungen zur astronomie der Maya, nr. 6; Sonderausgabe aus den sitzungsberichten der Preussischen Akademie der wissenschaften, Phys. Math. Klasse, 1933, I).

———. Weitere astronomische inschriften der Maya. Berlin, Verlag der Akademie der wissenschaften, 1934. (Sonderausgabe aus den sitzungsberichten der Preussischen Akademie der Wissenschaften, Phys. Math. klasse III, 17 pp.) (Untersuchungen zur astronomie der Maya, nr. 8).

———. Zur astronomischen deutung der Maya-inschriften. Berlin, 1936, 26 pp. (Untersuchungen zur Astronomie der Maya, nr. 10. Sonderausgabe aus den Sitzungsberichten der Preussischen Akademie der Wissenschaften, Phys. Math. klasse, 1936, V).

———. Zur deutung des Dresdener Maya-Kodex. (Sitzungsberichten der Preussischen Akademie der wissenschaften, Phys. Math. klasse: Untersuchungen zur astronomie der maya, Nº 11), 1937, 26 pp.

LUDEWIG, Hermann E.—The literature of American aboriginal languages. With additions and corrections by Professor Wm. W. Turner. Edited by Nicholas Trübner and Co., (1858), I-VIII-IX-XXIV-1-260 pp. 8º.
(Va arreglado alfabéticamente por familias. La "Addenda" por Wm. W. Turner y Nicholas Trübner, pp. 210-258).

LUNDELL, Cyrus Longworth.—Archaeological discoveries in the Maya area. (Reprinted from **Proceedings of the American philosophical society, 1933, II (3)**: 147-79, 1933).

———. Chicle exploitation in the Sapodilla forest of the Yucatan peninsula. **Field and Laboratory**, 1933, II (1): 15-21, ils.

———. Preliminary sketch of the phytogeography of the Yucatan peninsula. Appendix: The grasses of the Yucatan peninsula by Jason R. Swallen. (Preprint from Pub. Nº 436 of Carnegie Institution of **Washington, p. 253-355**, Oct. 1934. Contributions to American archaeology, Nº 12).

———. Ruins of Polol and other archaeological discoveries in the Department of Peten, Guatemala, 1934. (Reprint from pub. N* 436 of Carnegie Institution of Washington, p. 173-86. Contributions to American archaeology, Nº 8).

———. The agriculture of the Maya. **Southwest Review**, Oct. 1933, XIX: 65-77.

———. The vegetation of Peten. With and appendix. Studies of Mexican and Central American plants. I. Washington, 1937, X-245 pp., 39 láminas, mapa, figuras, 29.2 x 23 cms. (Carnegie Institution of Washington).

———. (Véase Penfound, Wm. T.)

LUQUE BUTRON, P. Juan.—Catecismo de la Doctrina Cristiana en Lengua Kiche.

(El título viene en Beristáin. Squier lo reproduce y añade: "Es probablemente el mismo libro que Brasseur menciona con el nombre de "Confesionario y Oraciones, etc., en Lengua Kiché" por el R. P. Juan Luque Butron, Guatemala, 1752 (Cat. Pilling, Nº 2351).

———. Modo de administrar los Santos Sacramentos, compuesto en el idioma quiché. Impreso en Guatemala, en la Imprenta de Velasco, 1752, y reimpreso en la Imprenta de Arévalo, Guatemala, 1754, 13 pp. en 4º.

(Brasseur habla de la edición de 1752, pero le da título diferente. Medina lo reproduce, tomado de la "Monografía" de Squier, citando a Brasseur, y agrega: "autoridad que no nos inspira confianza". No hemos podido conocer ningún ejemplar de la edición de 1752, aunque el título que damos prueba que se hizo. El tipo especial quiché usado aquí, se encuentra solamente en cuatro impresos: los dos de 1752 y 1754, la Gramática Cachiquel de Flores, impresa por Arévalo en 1753, y una Doctrina en 20 páginas, en cachiquel, que va después de ésta en quiché, pero sin portada. (Véase el Nº 1018a de este catálogo). Sólo se conocen hasta hoy dos ejemplares de la presente edición de 1754, en tanto que la edición en cachiquel es aparentemente única. La Gramática de Flores, es por lo mismo, excesivamente rara. ("The William Gates Collection", Nº 1008).

LUQUET, G. H.—Mayas. En "Histoire des Arts en Amérique, en Océanie et en Afrique. Amérique Ancienne". ("Grand Mémento Encyclopédique Larousse"). París, 1936, p. 1007.

LUYTIES, Otto G.—Egyptian visits to America; some curious evidence discovered by .... New York City (Priv. print. by Noonan & Skelly), 1922, 24 pp., láminas, 23 cms.

M

M., R. E.—Réponse 1/Q. 2 (Ricardo Ossado). **Revue des Etudes Mayas-Quichées,** París. 1934, I (3): 119-120.

M. de A., F.—Viaje a Bolonchen-Ticul. **El Museo Yucateco, Mérida,** (1841) I: 217-221.

MacBRYDE, F. Webster.—Resumen de las investigaciones llevadas a cabo en Sololá, Guatemala, febrero 23 a mayo 4 de 1932. **Anales de la Sociedad de Geografía e Historia de Guatemala,** Guatemala, 1935, II (3): 275-76.

———. Sololá: a Guatemalan town and Cakchiquel market-center. New Orleans, Department of Middle American Research, Tulane University of Louisiana, 1933, 45-152 pp., ils. (Middle American Research, ser., Nº 5, Pamphlet Nº 3).

———. (Ver "Studies in Middle America").

MacCOUOH.—El Caracol u observatorio. **Todo,** México, 4 mayo 1939.

———. El mago de Chichén-Itzá (El Dr. Morley). **Diario de Yucatán,** Mérida, 30 mayo 1939.

———. Los últimos hallazgos del Dr. Kidder. Novísimos y desconocidos ejemplares de la cerámica maya. **Diario de Yucatán,** Mérida, 2 julio 1939.

———. Novísimos y desconocidos ejemplares de la cerámica maya. **Diario de Yucatán,** Mérida, 23 julio 1939.

MacFEE, W.—Mayan adventure. **Harper Magazine,** 1926, 154: 102-13.

MacGOWAN, Rev. R. A.—(Véase Dill Gamble, Anna).

MACKENZIE, Donald Alexander.—Myths of pre-Columbian America. London, The Gresham Publishing Company, 1924, III-XIV-351 pp., láminas, mapas, 22 cms.

MACKIE, Edith, y SHELDON, Dick.—Mexican journey; an intimate guide to Mexico. Nueva York, Dodge Publishing Co., 1935, 223 pp., láminas, mapas. (Habla de los mayas, Mérida, Chichén Itzá, Uxmal, pp. 129-47, 174-75).

MacLEAN, J. P.—Maya literature. **University Quarterly,** Boston, 1882-86, 40: 438. (Cat. Pilling, Nº 2392 (a).

(Contiene la profecía maya de los libros de Chilam Balam, con la traducción inglesa, en la nota al pie de la p. 442).

McNAMEE, Margie.—Observations of a novice. **Maya Research**, New Orleans, La., 1936, III (3-4): 319-321.

MADEIRA, Percy C., Jr.—An aerial expedition to Central America. **Museum Journal**, 1931, XXII (2): 95-152, mapa, láminas.

MADIER DE MONTJAU, (ed.)—Textes mayas. **Societé Américaine de France, Archives**, París, 1875, I: 373-378.

(Contiene extractos del "Ejercicio" del Santo Viacrucis", Mérida, 1869. (Cat. Pilling, 2399).

MAGAÑA, Juan de.—Relación de Juan de Magaña, encomendero de Zotuta y Tibolon. En "Colección de documentos inéditos, relativos al descubrimiento, conquista y organización de las antiguas posesiones españolas de Ultramar", Madrid, 1898, Tomo I, 2ª serie, relación IV.

MAGAÑA ARROYO, Juan de.—Relación de Juan de Magaña Arroyo, encomendero de Tahcib. En "Colección de documentos inéditos, relativos al descubrimiento, conquista y organización de las antiguas posesiones españolas de Ultramar", Madrid, 1898, Tomo I, 2ª serie, relación XIII.

MAGAÑA ESQUIVEL, Antonio.—El signo de Yucatán. **El Nacional**, México, D. F., 23 marzo 1937.

———. La lengua maya y el problema de la cultura indígena. **El Nacional**, México, D. F., 17 octubre 1937.

MAINERO, Guadalupe (prol.)—Los indios bárbaros de Yucatán. Nati Pat. Episodio de la guerra de castas. Con una introducción del señor licenciado ...., Cd. Victoria, Tamps., Imprenta del Gobierno del Estado, dirigida por Víctor Pérez Ortiz, 1893, XIII-79 pp., 18.5 cms.

———. Los indios bárbaros de Yucatán. Nati Pat. Episodio de la Guerra de Castas. Con una introducción del señor licenciado ...., Campeche, Tipografía "El Fénix", de José María Mercín, 1893, 95 pp., 8º.

MAINS, E. B.—Rusts and smuts from the Yucatan peninsula. En "Botany of the Maya area", 1935, pp. 93-106. (Miscellaneous papers, 5; preprinted from Carnegie Institution of Washington, Pub. Nº 461). (Papers of the Botany Dept. and the University Herbarium, University of Michigan, Nº 497).

MAIZE and the Maya. Washington, May 8, 1938, Vol. IV, Nº 26, 8 pp., 25.8 x 20 cms. (Carnegie Institution of Washington).

MALDONADO DE MATOS.—Arte de la lengua szinca. Szinca grammar, with some critical reflections on the Kakchiquel grammar, 1770. Vol. I: 219 pp.; II: 91 pp.

(El original está en la biblioteca del Peabody Museum, Harvard University).

MALER, Theoberto.—Chichén. **Revista de Yucatán**, Mérida, 21, 22, 23, 24, 25, 26, 27 y 28 julio 1926.

(**Sumario:** El templo de la figura recostada. El mazo férreo destructor. A través de las ruinas con Leopoldo Batres.—La mano de Bowdicht y Putnam. Sigue la visita de Batres.—Pruebas documentales contra Mr. Edward Thompson. Fotografías que hablan. La historia de los cocomes destruída.—Excavaciones en el Templo Mayor. Las vigas de zapote. Un cónsul en descenso.—La venida de dos americanos contrabandistas. Los objetos de las tumbas de los itzáes en un museo de Chicago.—El miedo de Thompson y Bolio. Una fotografía que habla. Instintos arqueológicos del ganado vacuno.—Lo hecho por Thompson en las ruinas es una vergüenza para México y una gran pena para el mundo entero. Las piedras del "bebedero" de la finca.—¡Una draga en el cenote sagrado! El pasmo de la ciudad muerta).

(Aunque aparece Maler como autor de esos artículos, se habla de los trabajos de él en Chichén).

———. Explorations in the Department of Peten, Guatemala, and adjacent region. Motul de San José; Chichén Itzá. En "Memoirs of the Peabody Museum of American Archaeology and Ethnology", Cambridge, Mass., 1910, Vol. IV, Nº 3.

———. Explorations in the Department of Peten, Guatemala. Tikal. Preliminary Study of the ruins of Tikal. En "Memoirs of the Peabody Museum of American Archaeology and Ethnology", Cambridge, Mass., 1911, Vol. V, Nº 1.

(Hay un comentario de A. P. Maudslay sobre esta obra en **Nature**, London, 1911, LXXXVIII: 247-8).

———. Impresiones de viaje a las ruinas de Cobá y Chichen Itzá. Escritas por D. Teoberto Maler, con un prólogo del Lic. D. Santiago Burgos Brito. Editor: José E. Rosado E. Mérida, Yuc., Imp. del editor, 1932, V-74 pp., 20 cms. 2 ils. (Edición de 500 ejemplares).

———. Piedras Negras, Yaxchilan, Peten. En "Memoirs of Peabody Museum", 1901-11, Vol. II, Nº 1; Vol. IV, Nº 2.

———. Researches in the central portion of the Usumatsintla valley. Reports of explorations for the Museum. En "Peabody Museum Memoirs", 1903, II (2): 77-208.

———. Yukatekische forschungen. **Globus**, Braunschweig, 1895, LXVIII (16): 247-259.

———. Yukatekische forschungen. **Globus**, Braunschweig, 1902, LXXXII (13 y 14): 197-230, ils.

MALKUS, Mrs. Alida Sims.—The dark star of Itza. The story of a pagan princess; illustrated by Lowel Houser. New York, Harcourt, Brace and Company, 1930, XV-217 pp., ilustraciones, láminas, 22.5 cms.

(Es un relato imaginativo que se refiere a los indios Itzaes).

MALTE-BRUN, Victor Adolphe.—(Comentario sobre "Histoire des Nations Civilisées du Mexique et de l'Amerique Centrale", del Abate Brasseur). En **Nouvelle Ann. des Voyages,** París, 1858, CLVII: 92-108.

———. Tableau de la distribution ethnographique des nations et des langues au Mexique. En "Congres Int. des Américanistes, Compte-rendu, seconde session", Luxembourg et Paris, 1878, II: 10-44. (Cat. Pilling, 2438).

(Lleva una carta etnográfica de México, según la de Orozco y Berra).

———. Un coup d'oeil sur le Yucatan. Geographie, histoire et monuments. Paris, Arthur Bertrand, édit. 1864, 34 pp., 20 cms.

(Dice Martínez Alomía: "Hace un resumen sintético de los trabajos de Brasseur, Stephens y Charnay sobre Geografía e Historia y monumentos arquitectónicos de los antiguos mayas". Hay una edición, en París, hecha por E. Thunot et Comp., 34 pp. 8vo.)

MAMMALS from Yucatan caves. En "Fauna of the caves of Yucatan", por A. S. Pearse, Washington, 1938, pp. 301-304. (Carnegie Institution of Washington, Pub. Nº 491).

MANERO, E.—(Véase "Estatutos de la Asociación Conservadora de Monumentos Arqueológicos de Yucatán").

MANI (Chilam-Balam de).—(Véase "Códice Pérez").

———. (Véase BRINTON, Daniel G.)

MANTER, H. W.—Some trematodes of cenote fishes from Yucatan. En "The cenotes of Yucatan; a zoological and hydrographic survey", por A. S. Pearse, etc., Washington, 1936 (Carnegie Institution of Washington).

MANUAL de historia y geografía de la península de Yucatán. Mérida, Imprenta de J. D. Espinosa e Hijos, (s. a.), 12º.

MANUSCRIPTS in the Department of Middle American Research. Described by Arthur E. Gropp, librarian. New Orleans, 1933. Pp. 221-297. (Department of Middle American Research. Tulane University of Louisiana. (Middle American pamphlets: Publication Nº 5 in the "Middle American Research Series").

(**Sumario:** Authors and titles of manuscripts annotated. Illustrations. Manuscripts in the Department of Middle American Research. Introduction. Annotated list of manuscripts. Art. Genealogy. Hieroglyphics.—History, travel, etc. etc. Linguistics: Maya. Nahuatl (Aztec, Mexican). Tarascan. Totonac. Zapotec. Music. Bibliography. Index).

MANUSCRIT yucatéque Nº 2 de la Bibliothéque Nationale de Paris (inédit). **Apud,** León de Rosny (editor). Archives Paleographiques de l'Orient et de l'Amérique, avec des notices historiques et philologiques. Maisonneuve et Cie., librs-edits., Paris, 1869.

(Reproducción facsimilar del Codex Peresianus de París, hasta entonces inédito, en las pp. 117-124, 125-132).

MANUSCRITOS

Commission Scientifique du Mexique. Manuscrit dit Mexicain. Nº 2 de la Bibliothéque Impériale. Photographie (sans réduction). Par ordre de S. E. M. Duruy, Ministre de l'Instruction Publique, Président de la Commission scientifique du Mexique. Paris, Imprimerie Bonaventure et Ducessois, Imprimerie photographique Benoist, 1864, 22 láminas, (Cat. Pilling Nº 2450).

Maldonado, Fr. Francisco.—Explicatio Fidei, en la lengua cakchiquel, por fray Francisco Maldonado, o la Explicación de la Fe y sus artículos.

(Medina en "La Imprenta en Guatemala", p. 120, dice que se trata de un manuscrito que comienza con una dedicatoria autógrafa y firmada por fray Maldonado en 29 de diciembre de 1616; que en una de las páginas lleva un soneto en diálogo entre las lenguas quiché, cakchiquel y castellana; que el libro fué escrito originariamente en quiché, en la cual se mandó examinar a los padres fray Juan Sánchez, fray Francisco Carrasco y fray Diego de Sanbuenaventura, los cuales le aprobaron "por muy útil y provechoso y necesario para los naturales desta tierra:" "el cual fué traducido en esta lengua cakchiquel por el mismo autor en este año de 1615". Y agrega Medina que el Ms. consta de 120 hojas de texto, todo en cakchiquel, está dividido en dos libros, y lleva al final una tabla de materias y un índice alfabético).

———. Ha nima Vuh vae Theologia Indorum ru binaam. (Auctore R. P. M. Fratre Francisco Maldonado). MS. en folio, de 178 hojas. Precédele otra con estas palabras: Dios nima Ahauh ti gohe aniquin at nu lokol ah tata: (Dios sea contigo, amable padre mío), y a continuación: (De la librería de N. P. S. Franco. de Guata. A. de la Raya). Después de la hoja 178 siguen otras dos hojas en Cakchiquel, pero de otra diferente mano, y firmadas: In Franco. Gonzalez. El ms. carece de fecha, pero le asignamos la misma del Sermonario. Brasseur de Bourbourg: "Biblioth. Mex-Guatemalienne", pág. 94. Civezza: "Sagio di Bibliog. Sanfranc", N° 372; Pinart: "Catálogo" de su Biblioteca, Nº 574. (Viñaza, p. 271).

———. Impedimentos del Matrimonio para los indios y orden que se debe guardar en denunciarlos y acudir por dispensación para los ya contraídos.

(Medina dice en "La Imprenta en Guatemala", p. 121, que se trata de un MS. en 4to. en lengua cakchiquel, de 17 páginas, y agrega que Maldonado es también autor de un libro de sermones en lengua quiché, con 239 hojas en 4º Este manuscrito, lo mismo que el de "Passión y muerte de Xpto. Señor Nuestro" y el de "Explicatio Fidei" fueron vistos por Medina en la Biblioteca Nacional de Guatemala; y el R. P. Daniel Sánchez G. hace notar: "Desgraciadamente han desaparecido ya tan preciosos MS. de tal Bibliot." ("Catálogo de los escritores franciscanos de la Provincia seráfica del Santísimo Nombre de Jesús de Guatemala", p. 58).

———. Passión y muerte de Xpto. Señor Nuestro, Mandato, Passión y Descendimiento, por el padre Fray Francisco Maldonado, de la Orden de N. P. S. Francisco. Año de 1615.

(En "La Imprenta en Guatemala", p. 121, dice Medina que se trata de un manuscrito de 36 hojas, todo en cakchiquel).

———. Ramillete manual para los indios, sobre la Doctrina Christiana. Folio, 160 pp., Copia fotográfica (Cat. Gates, N° 1012).

(Se trata de un manuscrito de 1748, magníficamente preparado en el pueblo de Sololá, cerca del Lago de Atitlán).

———. Sermones super Euangelia quae in Sanctorum Festivitatibus Leguntur: Cum eorumdem Vitis et Transitis Idiomathe Guatemalensi Cakchiquel. (1671). 2-153 hojas en folio.

(Unico MS. del siglo XVII, escrito con mucho cuidado en 157 hojas. La fecha que lleva es 1671 y está escrito en el "cachiquel" de Guatemala. La caligrafía es clara y distinta. Perteneció a la biblioteca de Brasseur, después a la de Pinart, y tiene sus ex-libris ("The Boban Collection of antiquities", Nº 2389). Pinart le asignó 155 hojas en folio. Fr. Maldonado era natural de Guatemala. Teólogo franciscano, que conoció muy bien el quiché, el cachiquel y el zutuhil, dejó al morir 13 volúmenes de MSS. que se conservaban en la biblioteca de los franciscanos de Guatemala y otros andaban traducidos al castellano en poder de misioneros y párrocos, según informes del P. Arochena, quien dió muchas noticias a Beristáin. Hablan de él: Brasseur en su "Bibliotheque Mex-Guat" (p. 94) y el Conde de la Viñaza (p. 107).

(Otras obras que enumera Arochena como de Fray Maldonado: "Instrucción teológica de los indios", "Explicación del símbolo de la Fé", "Explicación de los milagros de Jesucristo", "Diálogo moral y político, llamado entre los indios "Mama andres", "Sermones varios", "Explicación de los sacramentos", "Examen de penitentes", "Práctica de confesores", "Explicación de las indulgencias" (todos en dichas lenguas indígenas).

Manché. 1677. Itinerary of the road through Manché, north of Vera Paz, to the Itzá territory; with the leagues and time taken, place names, and descriptions. With another report. Facsímile fotográfico. 16 pp. en folio.

(El segundo escrito, sin firma, da los nombres de muchos indios, y habla de sucesos que entre ellos ocurrieron (Cat. Gates Nº 621).

Martínez, Fray Marcos.—Arte de la lengua utlateca o kiché, vulgarmente llamado el arte de Totonicapán. 4º, 132 pp. Photography copy. (Gates Nº 993). (Cat. Pilling 2483).

(Este MS. de 65 hojas (según el Catálogo Pinart) era de Brasseur de Bourbourg, quien lo obtuvo del Ing. Van de Gehuchte, y éste lo había obtenido en Totonicapán. Fray Marcos Martínez era de la Orden de Predicadores, tomando el hábito en el convento de México en 1557, predicó mucho tiempo en Guatemala y en el convento de los franciscanos de Totonicapán leyó dicho "Arte", habiéndole asegurado dichos frailes que era la mejor gramática que se había escrito en dicha lengua. Fray Martínez fué vicario rural de Comitán y murió en el convento de Cobán en 1598 ó 1606. Estas noticias son de Remesal, quien asegura que conoció el MS. en dicho convento y que el religioso franciscano se lo ponderó mucho. Según Brasseur parece que sirvió de modelo a la gramática de Ximénez y a la cachiquel del P. Ildefonso Flores (Pinart).

Modo de administrar los sacramentos en castellano y tzendal. Tuxtla Gutiérrez, Chis., 1870. (Cat. Pilling Nº 2599 a).

(MS. original de 36 hojas, con título moderno; en dos columnas. El Dr. Brinton lo cita en su catálogo manuscrito de la Colección Berendt).

Modo de confesar en lengua maya. Tuxtla Gutiérrez, 1803. (Cat. Pilling, Nº 2599 b).

Modo de dar el viático en lengua cakchiquel. (Guatemala, cerca de 1750). Copia fotográfica, de 20 páginas sin foliar, en 4º. (Cat. Gates, Nº 1018 a).

(Dos columnas en español y cakchiquel. En cinco que van numeradas, 4 páginas de firmas. Aparentemente es único y sólo se sabe de un ejemplar. Emplea el tipo especial para el cachiquel. (Cat. Gates, Nº 1018a).

Morán, Fr. Francisco.—Arte en Lengua Choltí. Con fragmentos de Doctrina Christiana y Confesionario en la misma lengua. Copia de 1685. 80 pp. en 8º.

(MS. copia del original que se halla en la biblioteca de la American Philosophical Society. Dicha copia está en la biblioteca del Free Museum of Science and Arts, de la Universidad de Pennsylvania (Nº 9 del "Catalogue of the Berendt Linguistic Collection" por Brinton, 1884). Sobre ella diserta Brinton en el "American Journal of Science and Art", May 1869, pp. 22-30. El ejemplar de la copia que describe Gates, se titula "Arte, doctrina y vocabulario en lengua cholti, o de los milperos", y dice que el MS. debe ser de una fecha entre 1685 y 1695, y que tiene 108 pp. (Cat. Gates, Nº 1038). "El idioma cholti —sigue diciendo— que ahora es hablado por un grupo reducido, se extiende desde Cobán y Quiriguá al este hacia Palenque y Ococingo por el oeste, y de ese modo representa el remanente **in situ** de la población del Antiguo Imperio. Con sus próximos parientes el tzental y el tzotzil, es el actual puente no sólo entre los períodos viejo y nuevo, sino entre el norte de Yucatán y el sur de las ramas guatemaltecas; convirtiéndolo en el de la más alta importancia histórica y lingüística.—Francisco Morán fué un dominico que acompañado de tropas intentó abrir un camino de la Verapaz a la Laguna de Términos en el Golfo Mexicano, y presentó al Rey en 1637 un informe, haciendo llegar a 100,000 habitantes la población del Manché y Lacandón. Cárdenas da 500,000 a todo el territorio; pero es probable que llegue a 5,000 la población actual, cuando mucho. Morán escribió un vocabulario, etc., que era de tamaño considerable, pero ha desaparecido. Todos los esfuerzos fracasaron para conseguir uno 50 años después, en cuyo tiempo el manuscrito de Morán había sido recopiado, con adiciones, y notas de diferencias dialécticas entre las regiones oriental y occidental. La de hoy es copia de aquella copia, escrita entre 1685 y 1695, en diversos lugares. Contamos con algunas listas modernas de palabras que se usan en las fronteras de Honduras y de Chiapas, pero esta obra es la única que nos da una gramática y textos, y es imprescindible para conocer el choltí, que es el descendiente territorial más directo de la antigua lengua, como un idioma real. El "Arte" tiene 24 páginas, la "Doctrina" 16 y el "Vocabulario" 68. (Cat. Gates, Nº 1038).

———. Choltí Grammar, Confessionario and Vocabulary.

(MS. 92, de 11 hojas, en la Biblioteca de la American Philosophical Society, de Philadelphia. (Cat. Pilling, Nº 2629).

———. Vocabulario en Lengua Cholti. Extractado del Vocabulario que compuso el R. P. Fray Francisco Morán, Dominicano, 12 pp. 8º.

(MS. en la biblioteca del Free Museum of Science and Art, de la Universidad de Pennsylvania. El original está en la biblioteca de la American Philosophical Society. El MS. del Free Museum tiene algunas páginas con el título "Some words of the Chorti Language of Zacapa. Collected by John L. Stephens, 1839". (Nº 85 del "Catalogue of the Berendt Collection", por Brinton, 1884). Dice Squier, en la p. 38 de "Collection of rare and original documents and relations", que el cronista Vázquez, al hablar de Fr. Morán, hace notar que éste usó en la composición de sus obras los caracteres inventados por Fr. Francisco de la Parra).

Morán, Fray Pedro.—Arte breve y compendiosa de la lengua Pocomchi de la provincia de la Verapaz compuesto y ordenado por el venerable Padre Fray Dionisio de Çuñiga para los principiantes que comiençan a aprender, y traducido en la lengua Pocomán de Amatitan (sic) por el Padre Fray Pedro Morán, quien lo empeçó a escrebir en este convto. de N. P. Sto. Domingo de Goatha. oy juebes diez del mes de abril de este año de mill cetessientos y veinte. MS. de 8 hojas en folio. (En la biblioteca de Pinart). Gates lo describe así:

Arte breve y compendiosa de la lengua pokonchí, compuesto por Fr. Dionysio de Zúñiga, y traducido en la lengua pocomán de Amatitlán. 18 pp. en folio (Cat. Gates, Nº 1036).

("Estos tres dialectos forman un grupo, del cual el Kekchí está al norte, enseguida los que hablan el Pokonchí, y los Pokomanes bien al sur, más allá de la ciudad de Guatemala al Lago de Atitlán. Los dos últimos difieren poco de él. No tenemos noticias de que se haya escrito algún diccionario kekchí; ni tampoco hay gramáticas, documentos y textos. En pokonchí hay algunos gruesos volúmenes de sermones, y Zúñiga escribió un diccionario del cual en la Colección Brinton figuran 145 hojas; en total deben haber sido 900 páginas en folio, de letra apretada. En cuanto al pokomán, parece que no tenemos ningún material de primera mano, pero hacia 1720 el padre Morán tomó las obras de Zúñiga, y las refundió en un número de volúmenes, para el dialecto pokomán").

———. Bocabulario de los nombres que comiençan en romance en la Lengua Pokoman de Amatitan (sic). Ordenado y compuesto por el padre fray Pedro Moran, en este convento de N. P. Santo Domingo de Goathemala. MS. de 99 hojas en folio.

(Especie de diccionario de la conversación, en el cual se empieza por castellano, y que es muy copioso. El P. Morán tradujo al pokomán el arte del P. Zúñiga (Brasseur, Pinart).

———. Bocabulario de solo los nombres de la lengua Pokoman, escrito y ordenado por el padre fray Pedro Moran en el convento de N. P. Sto. Domingo de Goathemala.

("MS. de 120 hojas en folio. Comprende de la A a la N inclusive, pero muy copioso (Brasseur de Bourbourg). La copia fotográfica que describe Gates, tiene 244 páginas en folio, y añade: "El tratamiento de estas obras es delicioso. Las palabras son tratadas como si fueran ciudadanos honorables o prominentes de una confederación; de uno se dirá "este caballero vive al norte, y no bebe nuestras aguas de Amatitlán", etc. La escritura en su totalidad es muy clara y regular, y las obras están llenas de ilustraciones y de análisis cuidadosos. No hubo en estas lenguas una obra mejor hecha que ésta". (Cat. Gates, Nº 1037).

———. Vidas de santos en forma de homilías, en pokoman y castellano, para los principiantes que comiençan a aprender la lengua Pokoman de Amatitán (sic), ordenadas por el P. Fr. Pedro Morán, en este convento de N. P. Sto. Domingo de Goathemala. MS. de 92 hojas en folio.

(Las homilías están en pokomán y llevan la traducción interlineal, seguida de notas y explicaciones, hechas evidentemente para facilitar su aprendizaje. Es una obra copiosa, y la única de su clase que conozco" (Brasseur).

Para ayudar a buen morir en lengua yucateca, traducida del Ramillete de Divinas Flores, y fué compuesto por D. Bernardo Sierra, expurgador del Santo Oficio del Real Consejo de Castilla. Copia fotográfica, 108 pp. en 8º.

(La escritura es aproximadamente de 1800. Se trata de una colección de plegarias, etc. Fué encontrado el MS. en el pueblo de Muna, a poca distancia de Uxmal).

Pasión de Jesucristo, en lengua maya. 46 pp. en 4to. (Cerca de 1800). Copia fotográfica (Cat. Gates, Nº 961).

Sermón de Nra. Sra. del Rosario. (1818). 77 pp. 8º. Copia fotográfica (Cat. Gates, Nº 1029).

Sermón en lengua cakchiquel. 8 pp. 4º. Copia fotográfica. (Cat. Gates, Nº 1017).

Sermones en lengua maya. 114 pp. en folio. Copia fotográfica. (Cat. Gates, Nº 962).

(Los textos caligráficos, que tanto abundan en México y Guatemala, casi no existen en Yucatán. Todos los escritos muestran un estilo desaliñado, y que cambia poco a través del tiempo. Por eso no es fácil situar manuscritos que carecen de fecha. Probablemente éste puede ser de 1750 o un poco después. (Cat. Gates, Nº 962).

Sermones super Euangelia, etc., etc. (Véase MALDONADO, Fr. Francisco).

———. (Véase MONTERO DE MIRANDA, Francisco).

MAPAS

1529.—Mapa de Diego Ribeiro. Reproducción de este mapa en la "Enciclopedia Universal" de Espasa, artículo "América".

(Aparecen los nombres "Guatimala", "Nicaragua" y R. de San Gregorio" al Sur. "Iucatán" aparece como isla).

1540.—El Yucatán e islas adyacentes (Islario de Alonso de Santa Cruz). Islas del Golfo de Panamá. **Boletín de la R. Sociedad Geográfica,** Madrid, 1919, Vol. LXV, lámina 117.

1579.—Yucatan in 1579 showing the Pre-Spanish Maya chiefdoms. En "Yucatan before and after the conquest" by Friar Diego de Landa, The Maya Society, Baltimore, 1937, pp. 137-8.

1594.—Ivcatana Regio et Fondura (18.23). En "Geographische und historische Beschreibung der oberaus grossen Landschafft America: welche auch West India und ihrer Groesse halber die New Welt gennant wird. Gedruckt zu Coelln im Jahre 1594.

1597.—Ivcatana Regio et Fondura (23.29). En "Descriptionis Ptolemaicae augmentum, sive occidentalis noticia brevi". Commentario illustrata Cornelio Wythffliet Lovaniensi auctore. Duaci, 1597.

(Otra edición en Lovaina, 1598).

1689.—WELLES, Edward. Mapa. Londres, 1689.

(Aparecen Mérida, Valladolid, Campeche y la Verapaz).

1697.—AVENDAÑO'S map of Lake Peten, circa 1697. En "History of the Spanish Conquest of Yucatan and of the Itzas", por Philip Ainsworth Means, Cambridge, Mass., 1917.

1746.—HAZIUS and LOWITZ (Atlas).

(En la Biblioteca del Harvard College, según Means, hay un excelente mapa de Yucatán que muestra los datos geográficos que dió la conquista de la región del Petén-Itzá-Quehache en 1697. El mapa indica, entre otros lugares, los que siguen: Mérida, Linchanchi, Sisál, Cujo, Bocas de Conil, Valladolid, Bacalar, Campeche, Chavich, Quehaches, Tipu, Batcab, Chanes, Itzá, Petén o Los Remedios, Chaxal River, Mopan, Chol, Cobán, etc., etc. Lacandón y Los Dolores se hallan situados al N. O. del Lago, en 1746).

1847.—Karte von Yucatan nach der handschriftlichen Karte von Juan José de León und andern, bearbeitet, verbessert und gezeichnet von Carl Heller, 1847. Lith. Anst. v. Emil Wilhelmi in Leipzig. En "Reisen in Mexiko in den Jahren 1845-1848", por Carl Bartholomaeus Heller, Leipzig, 1853, p. 435.

1853.—Der Rio Tabasco od. Grijalva und der Rio secco de Chiltepeque skizzirt 1847 von Carl Heller. En "Reisen in Mexiko in den Jahren 1845-1848", por Carl Bartolmaeus Heller, Leipzig, 1853, p. 437.

1853.—Carte von Yucatan nach der handschriftlichen Karte von Juan José de León und andern bearbeitet verbessert und gezeichnet von .... 1847. Lith. Anst. v. Emil Wilhelmi in Leipzig. En "Reisen in Mexiko in den Jahren 1845-1848", por Carl Bartholomaeus Heller, Leipzig, 1853, p. 435.

1854.—Map of Yucatan and the adjacent territories of the Itzaes or Maya Indians, the Tipuans, Quecheachés, Mopanés, Lacandones, Cholés &c, with the district of Vera Paz; as they were known to the Spaniards from the first discovery of the Peninsula, in 1506, to the close of the Seventeenth Century, showing also the probable route of Cortes on his march from Mexico to Honduras. Compiled from the earliest and corrected by the latest authorities by Dudley Costello Esqre. 1854. (Lith. by A. Petermann). En "The History of Yucatan from its discovery to the close of the Seventeenth Century", por Charles St. John Fancourt, Londres, 1854, (al final del libro).

1864.—Carte de Yucatan et des regions voisines. Pouvant servir aux explorations dans ce pays: Por V. A. M. Maltebrun, París, 1864.

1871.—Map to illustrate the travels of Mr. Arthur Morelet in the unexplored regions of Central America. The Major & Knapp Eng. Mfg. & Lith. Co.,

New York. En "Travels in Central America", por Arthur Morelet, trad. por Mrs. E. G. Squier, Nueva York, 1871.

1878.—HUEBBE, Joaquín, y AZNAR, A. Mapa de la península de Yucatán y Campeche. París, Prevel, 1878. (Hoja de 26 x 36 cms.)

1882.—Voyage au Yucatan et au Pays des Lacandons par D. Charnay. 1886. Echelle: 1: 5.000,000. Itinerario del Dr. Charnay por el Yucatán y el país de los lacandones. En "América pintoresca. Descripción de viaje al Nuevo Continente por los más modernos exploradores: Carlos Wiener, Dr. Crevaux, D. Charnay, etc.", Barcelona, 1884, pp. 344.

1883.—Map of Guatemala to illustrate Mr. A. P. Maudslay's paper. (Ed. Weller). Scale: 23 miles to 1 inch. **Proceedings of the Royal Geographical Society,** London, 1883, V: 248.

1886.—Sketch map of the site of ruins of Copan, y "Plan of the principal group of ruins at Copan". **Proceedings of the Royal Geographical Society,** London, 1886, p. 608.

1894.—Indianische Ortsnamen in noerdlichen Mittelamerika von Dr. K. Sapper. Scala: 1:2.500,000. **Globus,** 1894, LXIV (6).

1895.—Die unabhängigen Indianerstaaten von Yucatan von Dr. Carl Sapper. Scala: 1: 3100.000. (Friedrich Voeweg u. Sohn, Braunschweig). **Globus,** 1895, Bd. 67, Nr. 13.

1895.—Hoehenshichtenkarte des noerdlichen Mittelamerika. Entworfen von Dr. Carl Sapper. 1895. Farben-Erklärung, Nº 3 de "Das Noerdliche Mittelamerika", por Sapper, 1897.

1895.—Ruinenplätze und geographische Ortsnamen im noerdlichen Mittelamerika. Entworfen von Dr. Carl Sapper. 1895. Zeichen-Erklärung, Nº 8 de "Das Nordliche Mittelamerika", por Sapper, 1897.

(Abarca regiones que interesan especialmente a la etnología de Guatemala, Honduras y El Salvador, así como el sur de México, y señala comarcas arqueológicas mayas).

1898.—Map of the lower watersheds of the Ulloa and Chemilicon Rivers in the Republic of Honduras. En "Researches in the Uloa Valley, Honduras. Report on Explorations by the Museum, 1896-7", por George Byron Gordon, 1898, Lámina II.

1899.—COPAN. Plan of the principal ruined structures. 34.5 x 25 cms. En "A glimpse at Guatemala, and some notes on the ancient monuments of Central America", por Anne Cary Maudslay y Alfred Percival Maudslay, Londres, 1899, entre pp. 118-119.

1899.—Geological profile through Yucatan, Chiapas, Tabasco, Guatemala, etc. Nos. 24 y 25. Profile through Honduras. **Petermann's Mitteilungen,** Sup. 127, 1899 (Acompañando estudio del Dr. Carl Sapper).

1899.—PALENQUE. Plan of the Palace. 22.5 x 15.5 cms. En "A glimpse at Guatemala, and some notes on the ancient monuments of Central America", por Anne Cary Maudslay y Alfred Percival Maudslay, Londres, 1899, entre 226-227.

1899.—Plan of principal group of ruins at Palenque. 34.2 x 21 cms. En "A glimpse at Guatemala, and some notes on the ancient monuments of Central America", por Anne Cary Maudslay y Alfred Percival Maudslay, Londres, 1899, entre pp. 218-219.

1899.—Plan of the ruins at Quirigua. 26 x 12 cms. En "A glimpse at Guatemala, and some notes on the ancient monuments of Central America", por Anne Cary Maudslay y Alfred Percival Maudslay, Londres, 1899, entre pp. 148-149.

1899.—Plan of the ruins of Chichén Itzá. 36.6 x 22 cms. En "A glimpse at Guatemala, and some notes on the ancient monuments of Central America", por Anne Cary Maudslay y Alfred Percival Maudslay, Londres, 1899, entre pp. 200-201.

1899.—Rough plan of the ruins of Tikal. 35 x 25 cms. En "A glimpse at Guatemala, and some notes on the ancient monuments of Central America", por Anne Cary Maudslay y Alfred Percival Maudslay, Londres, 1899, entre 232-233.

1899.—Sketch map of the site of ruins at Copan. 12.2 x 9.5 cms. En "A glimpse at Guatemala, and some notes on the ancient monuments of Central America", por Anne Cary Maudslay y Alfred Percival Maudslay, Londres, 1899, p. 127.

1902 (?).—Mapa de la población y civilización de la América del Norte, según Ratzel y Deckert. En la "Enciclopedia Universal" de Espasa, artículo "América".

(Aparece la dominación "Estados toltecas" a lo largo del Istmo y la de "Mayas" hacia el Petén).

1904.—Mapa del Petén. En "El Petén. Datos geográficos e históricos", por José V. Mejía. Guatemala, 1904 (va en la última página).

1906.—Mapa etnológico de Guatemala, parte de Honduras y El Salvador, que precede al estudio "Choles und Chorties" de Karl Sapper. En "Congress International des Americanistes, XVe session tenue a Quebec en 1906", 1907, II: 423-465.

1908.—Lenguas de la América Central (mapa). Escala: 1: 10.000.000. En "El hombre y la tierra", por Elíseo Reclus; versión española por A. Lorenzo, bajo la revisión de Odón de Buen. Barcelona, 1908, IV (13): 445.

(Sumario: Mame, pokontsi, tsol, kwitse, pipil, sinka, tsorti, lenka, caraibie, tsotureka, tsondales, tsorotegas, mosko, tauka, nangrandán, dirián, talamanka, orotinas, niquiran, tauka).

1908.—Península de Yucatán y de Honduras. (Mapa). Escala: 1: 10.000.000. En "El hombre y la tierra", por Elíseo Reclus; versión española por A. Lorenzo, bajo la revisión de Odón de Buen. Barcelona, 1908, IV (13): 444.

1910.—Viaje de Hernán Cortés a las Hibueras por el profesor Marcos E. Becerra. En "Expedición de Hernán Cortés a las Hibueras, en 1524-1525", por ... En "Reseña de la segunda sesión del XVII Congreso Internacional de Americanistas, etc." México, 1912, entre las pp. 432-433.

(Es un mapa en que aparecen los lugares tocados por la expedición).

1914.—(?). Map of Southern Mexico and Central America showing approximate position of principal ruins. En "The secret of the Pacific", por C. Reginal Enock; New York and Londres, 1914 (?), frente a la p. 118.

1915.—The Maya World in the Old Empire. End of the Middle Period, 9-15. 0.0.0, aproximately 460 A. D. XIX Congress of Americanists. (Por Morley). Lámina IV. En "Proceedings of the Nineenth International Congress of Americanists", Washington, 1915, pp. anterior a la 143.

(Hay en seguida 7 mapas más que muestran dicho mundo maya en diversas etapas de su historia, y con las ciudades famosas como Copán, Quiriguá, Palenque, Tikal, etc.).

1916.—Linguistic may of Southern Central America. En "Central American and West Indian Archaeology, etc.", por Thomas A. Joyce. Londres, 1916, en frente de la p. 80.

1917.—Map of Mexico and Central America showing the principal archaeological sites with a detail insert of the Valley of Mexico. En "Ancient civilizations of Mexico and Central America", por Herbert J. Spinden, New York, 1917, entre las pp. 42-43.

1917.—Map showing entradas to Lake Peten. En "History of the Spanish conquest of Yucatan and of the Itzas", por Philip Ainsworth Means, Cambridge, Mass., 1917.

1920.—Map of Piedras Negras, Guatemala, showing location of the dated and the undated monuments. 14 x 9 cms. En "The inscriptions at Copan", por Sylvanus Griswold Morley, Washington, 1920, p. 569.

1920.—Map of Quirigua, Guatemala, showing location of the dated and the undated monuments. 12.3 x 8 cms. En "The inscriptions at Copan", por Sylvanus Griswold Morley, Washington, 1920, p. 570.

1920.—Map of the Copan valley showing the location of the main structure and the outlying monuments. 37.9 x 23 cms. Entre páginas 20-21 de "The inscriptions at Copan", por Sylvanus Griswold Morley.

(Figuran: la Villa de Copán, el cementerio de Copán, la ubicación de la construcción principal de las ruinas, la de las estelas, los altares rectangulares y los altares redondos).

1920.—Map of the region occupied by the Maya civilization, showing location of the principal cities having inscriptions. Eckert Litho. Co., Washington, D. C., U. S. A. 24 x 18.7 cms. Entre páginas 2-3 de "The inscriptions at Copan", por Sylvanus Griswold Morley, Washington, 1920.

(Figuran: Mayapan, Chichén Itzá, Uxmal, Kabah, Labná, Tulum, Holactun,

Palenque, Chinikiha, Uaxactún, Tikal, Nakum, Yaxka, Piedras Negras, Ococingo, Tzendales, Copan, Quiriguá, Ucaná, Seibal, Quen Santo).

1920.—Map showing distribution of the several branches of the Mayance linguistic stock. En "The inscriptions at Copan", por Sylvanus Griswold Morley, Washington, 1920, p. 606.

(Este mapa ilustra el estudio "The distribution of the several branches of the Mayance linguistic stock", por el Dr. William Gates, que figura como apéndice XII de "The inscriptions at Copan", por Morley.—La lista de las lenguas mayances, que Gates da para ilustrar ese mapa, es la siguiente: I. **Maya**, 1a., Maya. 1b, Itzá (Icaiche, Santa Cruz). 1c, Lacandón.—II. **Tzental**, 2a, Tzental, 2b, Tzotzil, 2c, Chontal, 2d, Chañabal.—III. **Cholti**, 3a, Choltí, 3b, Chortí.—IV. Mame. 4a, Mame, 4b, Ixil, 4c, Aguateca, 4d, Solomeca. 4e, Jacalteca, 4f, Chuje. 4g, Chicomucelteca. 4h, Motozintleca.—V. **Quiché**. 5a, Quiché. 5b, Cakchiquel, 5c, Tzutuhil. 5d, Uspanteca.—VI. **Pokom**, 6a, Pokomán, 6b, Pokonchí, 6c, Kekchí.—VII. **Huasteca**).

1920.—Map showing location of Copan and the principal cities along the southeastern Maya frontier. 13.3 x 10.5 cms. En "The inscriptions at Copan", por Sylvanus Griswold Morley, Washington, 1920, p. 381.

1928.—Le Yucatan (mapa). En "Géographie Universelle. Mexique. Amérique Centrale", por Max Sorre. París, 1928, XIV: 69.

(**Sumario:** Bandes de collines.—Ruines de la civilisation maya.—Echelle: 1: 4 000 000).

1933.—Lista de mapas y planos de la Provincia de Yucatán. (Sin fecha) Archivo de Indias, Papeles de Simancas. Est. 145. Caj. 7. Leg. 9. Yucatán. **Boletín del Museo Nacional de Arqueología, Historia y Etnografía, México**, Ep. 5, t. 2, Nº 2, p. 89-90, abril-junio 1933).

1935.—Mapa arqueológico de Yucatán. G. Velázquez, 1935. Zincografía de la Dir. de Geog. Met. e Hidr. Departamento de Monumentos, Secretaría de Educación Pública. En "Atlas arqueológico de la República Mexicana", México, 1939, entre pp. 280-281.

(Contiene las siguientes ruinas: Tacuché, Sihó, Halacho, Kalkini, Chochola, Calcehtok, Maxcanli, Oxkintok, Opichen, Santunsat. Sahcaba, Muna, Senuisacal, Uxmal, Sta. Elena, Dzecilna, Zayi, Sanacte, S. Isidro, Yokat, Ticul, Mani, Chunhuhub, Xkalupococh, Kabam, Sacbe, Tabi, Sabacchel, Xlabpank, Labna, Xampón, Bolonchen, Kiuic, Chacbolay, Itamte, Acanceh, Mayapan, Mani, Oxkutzkas, Chacohob, Felipe, Tekax, Sta. María, Ticum, Chachmultum, Saccacal, Supacal, Chuntichmu, Kikcmu, Becanchen, Chummu, Tampak, Halal, Tzitz, Nahulal, Peto, Tzucacab, Zitz, Mérida, Tixkokos, Luci, Motul, Tixmokos, Ake, Montecuyo, Joctun, Kantunil, Sotuta, Yaxcaba, Tixcalcatuyu, Yachebilchen, Tiholop, Tahdziu, Tikualtun, Ichmul, Expedt, Libre Unión, Yaxunal, Kancabo ct, Sodzit, Dzilam, Temax, Cucá, Tunkas, Litzmite-Saluk, Cenotillo, Tzebtun, Dzitas, Espita, Tizimin, Piste, Chichén Itzá, Kaua, Estun, Kancabzonot, Ticimul, Valladolid, Emal, Ticuh, Yaxche, Xlabpak, Xcabil de Yaxche, Ticub, Chemax, Cobá, Tecom, Xpcen, Xcahumil, Kauan).

1938.—Mapa de la Península de Yucatán, que muestra el concepto que de ella se tenía en la época de Landa. El original está anexo a la **Relación.** En "Relación de las Cosas de Yucatán", por el P. Fray Diego de Landa. México, Editorial Pedro Robredo, 1938, entre las pp. 44-55.

1938.—Mapa del Departamento del Petén, Guatemala. En "The vegetation of Peten", por Cyrus Longworth Lundell.

1938.—Muestra este plano una división aproximada en la época de la Conquista, con los cacicazgos entonces existentes. En "Relación de las Cosas de Yucatán", por el P. Fray Diego de Landa. México, Editorial Pedro Robredo, 1938, entre las pp. 68-69.

1938.—Otro mapa de Yucatán que también está en la **Relación.** En "Relación de las cosas de Yucatán", por el P. Fray Diego de Landa. México, Editorial Pedro Robredo, 1938, entre las pp. 56-57.

* * *

MARGAIN, Carlos.—El culto fálico entre las civilizaciones prehispánicas de México.

(Este trabajo se presentó en el XXVII Congreso Internacional de Americanistas, México, 1939).

MARGIL, Fray Antonio de Jesús.—Arte de la lengua cholti.

(Escribe el R. P. Daniel Sánchez García, en "Catálogo de los escritores franciscanos de la Provincia seráfica del Santísimo Nombre de Jesús de Guatemala", p. 60: "El P. Andrade, en la vida Ms. del P. Margil, dice: "Escribió Arte de la Lengua Choltí, cuyos papeles con muchos de lengua que escribió y trabajó N. V. P. Antonio Margil se hallan en la librería de este Colegio de Guatemala").

MARIAL sacro y santoral.—Sermones en la lengua qiche, escritos por varios autores, principalmente por un Indio lo qual hay mucho que correjir, o enmendar en todos los Textos Latinos. Pertenece al uso del Pe. Pr. Fr. Ie. A. S. hijo de la Sta. Prova. del dulce nbre. de J. H. S. Guatema. año de 1796. (Cat. Pilling Nº 2473).

MARIETTI, Pietro (editor).—Oratio dominica in CCL. lingvas versa et CLXXX, charactervn formis vel nostratibvs vel peregrinis expressa cvrarte ....Eqvite Typographo Pontificio Socio Administro Typographei S. Consilii de Propaganda Fide Printer's device. Romae Anno M.DCCC.LXX, XXVII-319 pp., 4º Title and note furnished by Dr. J. H. Trumbull from copy in his possessions). (Cat. Pilling, Nº 2473 a.).

(Poconchice seu Pocomanice, p. 283; Mayice seu Yucatinice, p. 281. El título y la nota fueron dados por el Dr. J. H. Trumbull de una copia en su poder).

MARIMON Y TIDO, Sebastián.—Über die Lacandones, 1695. **Zeitschrift für Ethnologie,** XIV: 130-132.

MARISCAL, Federico E.—Estudio arquitectónico de las ruinas mayas, Yucatán y Campeche. Contribución de México al XXIII Congreso de Americanistas. Secretaría de Educación Pública. México, Talleres Gráficos de la Nación, 1928, 109 pp., ilustraciones, 29.5 x 39 cms. (Dirección de Arqueología).

———. **La figura humana en la escultura maya.**

(Este trabajo se presentó en el XXVII Congreso Internacional de Americanistas, México, 1939).

MARISCAL, Mario.—La astronomía maya de Teeple: una proeza de la ciencia arqueológica.—**Revista de Revistas,** México, 17 abril 1938.

———. La "Bibliografía Yucateca" de Felipe Teixidor. **Revista de Revistas.** México, 2 enero 1938.

———. La estela número 10 de Chinkultic y el Juego de Pelota.

(Este trabajo se presentó en el XXVII Congreso Internacional de Americanistas, México, 1939).

———. La piqueta y el arado son arqueólogos extraordinarios. **Revista de Revistas,** México, 1º mayo 1938.

(Mariscal diserta sobre la conferencia que el Dr. A. V. Kidder, Jefe de la Sección de Investigaciones Históricas de la Institución Carnegie, de Wáshington, sustentó ante la Segunda Asamblea del Instituto Panamericano de Geografía e Historia, en la que dió noticias sobre la evolución que habían sufrido las investigaciones sobre la cultura maya).

———. Los jeroglíficos mayas entregan sus secretos. **Revista de Revistas,** México, 10 noviembre 1935.

MARQUINA, Ignacio.—Yucatán. En "Atlas arqueológico de la República Mexicana", por .... México, (s. p. i.), 1939, pp. 279-289.

(Aparecen los nombres siguientes: Acanceh, Ake, Akil, Bolonchen, Calcehtok, Chac, Chacbolay, Chacchob, Chichén Itzá, Chochola, Chunhuhub, Chunkatzin, Chunmu, Chuntichmul, Dzcecilna, Dzilan o Silan, Dzula, Ekal, Emal, Espita, Felipe, San, Halal o Jalal, Ichmul, Ichpich, Isidro, San, Itampte, Itzimte-Salux, Izamal, Jalal, Kabah, Kauan, Xichmu o Xkichmoh, Kiuic o Kewiwik, Kom, Labna, Loltum, Mani, Maria, Santa, Maxcanu, Mayapan, Merida (Tihoo), Montecuyo, Muna, Nitcte-ha, Nohcucab, Oxkintox, Oxkutzcab, Peto, Progreso, Río Lagartos, Sabacche, Sacbe o Sacbey, Saccacal o Sac-Akal, Sahcaba, Sanacte, Santa Elena, Nohcab, Santunsat, Senuisacal, Siho, Sisal, Sulpacal, Tabi, Tampak, Ticmul, Ticum, Tihoo, Tinun, Tixkokob, Tixualajtun, Tochatz, Tontzimin, Tzebtun, Tzitz, Uci, Oultunich, Uxmal, Xampon, Xcabil de Yaxche, Xcahumil, Xcoch o Xkoch, Xkalupococh, Xlabpak, Xul, Yaxche-Xlappak, Yokat y Zayi).

MARQUIS, Donald E.—Archaeological aspects of the Mayan theatre of Los Angeles, California. **Art and Archaeology,** Wáshington, marzo 1930, XXIX (3): 99-111, fotografías.

MARROQUIN, D. Francisco.—Doctrina Cristiana en lengua Guatemalteca. Ordenada por el R. Señor ..., primer obispo de Guatemala, y del Consejo de su Majestad & con parecer de los intérpretes de las Religiones del Señor Santo Domingo, y S. Francisco: Frai Jua de Torres y Frai Pedro de Betanços. Guatemala, por el B. Antonio Velasco, 1724, 32 pp., 4º (Cat. Pilling Nº 2477).

(Medina en "La imprenta en Guatemala", pp. 64-70, hace una erudita disertación sobre el obispo Marroquín, afirmando —contra la opinión de García Icazbalceta—, que dicho prelado fué el autor de la "Doctrina" aludida, con la ayud de dos intérpretes).

———. (Véase "Doctrina cristiana en lengua guatemalteca").

———. Arte para Aprender las (sic) Principales Idiomas de Guatemala.

(Squier da este dato, p. 37).

———. Doctrina Christiana y Catecismo en Lengua Utlateca (Quiché) por Fı Francisco Marroquín, Obispo de Guatemala. México, año 1556, 4to.

(Squier, p. 37, escribe: "Además del Arte y Doctrina mencionados abajo, pare ce que Marroquín compiló un diccionario kachiquel. De cualquier modo, sı nombre aparece al fin del ejemplar de un diccionario kachiquel que está er mi poder, y también al fin de otro en la Biblioteca Imperial de París").

MARSDEN, William.—A catalogue of dictionaries, grammars, and alphabets, iı two parts. I. Alphabetical catalogue of authors. II. Chronological catalogu of works in each class of language. London, 1796, VI-156 pp., 4º.

(Este catálogo es raro, porque se trata de una impresión privada. Contiene poco acerca de las lenguas de América (Sabin's **Dictionary,** Nº 44718).

———. Bibliotheca Marsdeniana Philologica et Orientalis. A catalogue of books and manuscripts collected with a view to the general comparison of languages, and to the study of Oriental Literature, by ... London, Printed by J. L. Cox, Great Queen Street, Lincoln's Inn Fields, 1827, 310 pp., 4°.

(Catalogue of works, American (general), American (North) and American (Central), pp. 143-145).

MARSHALL, Ruth.—Hydracarina from Yucatan. En "The cenotes of Yucatan; a zoological and hydrographic survey", por A. S. Pearse, etc., Wáshington, 1936. (Carnegie Institution of Wáshington).

MARTI, José.—Las ruinas indias. **La Edad de Oro,** Nueva York, 1889, I (2): 50-56.

(Habla del quetzal, los viajes de Le Plongeon, la princesa Ara, el príncipe Aak, la ciudad de Chichén, y presenta vistas de las ruinas de Kabah, la puerta de la Casa del Gobernador, en Uxmal, y Palenque. Hay una edición, la segunda, hecha por J. García Monge en la serie "El Convivio de los Niños", San José, 1921, Nos. 4 y 5, pp. 167-184).

MARTIN, Juan.—Relación de Juan Martín. Zamá. En "Colección de documentos inéditos, relativos al descubrimiento, conquista y organización de las antiguas posesiones españolas de Ultramar", Madrid, 1906, tomo II, 2ª serie, relación XXIII.

MARTIN, Robert E.—A qué se debió la desaparición del imperio maya. **Anales de la Sociedad de Geografía e Historia de Guatemala,** 1935, II (4): 437-40.

(Es un extracto de **Popular Science,** mayo 1932, y se publicó en **Síntesis,** de México, D. F.)

MARTINEZ, Fr. Marcos.—Arte de la lengua Utlateca o Kiche, vulgarmente llamado el Arte de Totonicapan: compuesto por el Rdo. Padre ..., de la orden de Predicadores. Manuscript 65 hojas 4º. (Cat. Pilling, 2483).

———. (Véase "Manuscritos").

MARTINEZ ALOMIA, Gustavo.—Historiadores de Yucatán. Apuntes biográficos de los historiadores de esta Península desde su descubrimiento hasta fines del siglo XIX, por ... Campeche, Tipografía "El Fénix", 1906, XII-362 pp., 22.8 x 16 cms.

(**Sumario: Códices mayas.—Siglo XVI.** I. Libros de Chilan Balan.—II. Pech (Nakuk).—III. Crónica de Calkiní.—IV. Díaz (Juan).—V. Burgos (D. Cosme de).—VI. Xiu (D. Gaspar Antonio).—VII. Solana (Fr. Alonso de).—VIII. Relaciones.—IX. Landa (Fray Diego de).—X. Cartas de Indias.—**Siglo XVII.** I. Fernández de Velasco (D. Diego).—II. Ciudad Real (Fr. Antonio de).—III. Lizana (Fr. Bernardo de).—IV. Sánchez de Aguilar (D. Pedro).—V. Cano Gaitán (Lic. Juan).—VI. Cárdenas Valencia (D. Francisco).—VII. Lizárraga (D. Nicolás).—VIII. López de Cogolludo (Fray Diego).—IX. Ayeta (Fray Francisco).—**Siglo XVIII.** I. Villagutierre Sotomayor (Don Juan).—II. Quiles Galindo (Ilmo. D. Andrés).—III. Avendaño (Fray Andrés).—IV. Vedoya (Fray Joaquín).—V. Solís Barbosa (D. Antonio Sebastián).—VI. Lara (Fray José Nicolás de).—VII. Castro (Agustín).—VIII. O'Neil y O'Kelly (Don Arturo).—IX. Gutiérrez (D. Ceferino).—X. Robertson (W.).—**Siglo XIX.** I. Granado Baeza (D. Bartolomé del).—II. Echánove (Don Policarpo Antonio de).—III. Regil (D. Pedro Manuel de).—IV. Peón (D. José Julián).—V. Waldeck (Jean Frederic de).—VI. Martínez de la Pedrera (Lic. don José).—VII. González (Fray Juan José).—VIII. Zavala (D. Lorenzo).—Aclaraciones históricas.—IX. Gómez de la Zorrilla (Lic. D. José Antonio).—X. Méndez (D. Santiago).—XI. Carrillo (Fray Estanislao).—XII. Pérez (Don Juan Pío).—XIII. Fancourt (Charles St. John).—XIV. Norman (B. M.).—XV. Castillo (Dr. D. Gerónimo).—XVI. Ramírez (D. José Fernando).—XVII. Stephens (John Lloyd).—XVIII. Regil Estrada (Lic. D. José María).—XIX. Sierra (Lic. D. Justo).—XX. Brasseur de Bourbourg (Carlos Esteban).—XXI. Fridrichssahl (M.).—XXII. Suárez Navarro (Gral. D. Juan).—XXIII. Malte-Brun (Víctor Adolfo).—XXIV. Calero (D. Vicente).—XXV. Oliver y Cásares (Lic. D. José María).—XXVI. Hernández (D. Juan José).—XXVII. Squier (Efraín George).—XXVIII. Laisne de Villeveque (Atanacio Gabriel).—XXIX. Morelet (Arthur).—XXX. Aznar Barbachano (Lic. D. Tomás).—XXXI. Galindo (D. Félix).—XXXII. Valentini (Philipphe J. J.).—XXXIII. Cervera (D. José Tiburcio).—XXXIV. Peniche (Lic. D. Manuel).—XXXV. Ancona (Lic. Don Eligio).—XXXVI. Carrillo y Ancona (Ilmo. Sr. D. Crescencio).—XXXVII. Brinton (Dr. Daniel G.).—XXXVIII. García y García (Lic. Apolinar).—XXXIX. Baqueiro (Lic. D. Serapio).—XL. Ramos Quintana (Lic. D. Felipe).—XLI. Spencer (Herbert).—XLII. Charnay (Desire).—XLIII. Fernández Duro (D. Cesáreo).—XLIV. Manzanilla (Lic. D. Yanuario).—XLV. Baranda (Lic. D. Joaquín).—XLVI. Salisbury (Hon. Stephen).—XLVII. Pavía (Lic. Lázaro).—XLVIII. Ramos y Duarte (D. Félix).—XLIX. Molina Solís (Lic. D. Juan F.).—L. Rubio Alpuche (Lic. Nestor).—LI. Pérez Alcalá (D. Felipe).—LII. Mercer (Henry C.).—LIII. Menéndez (D. Rodolfo).—LIV. Castillo Lavalle (Lic. Eduardo).—LV. Le Plongeon (Dr. Augusto).—LVI. Lanz (Manuel A.).—LVII.—Nicoli (Lic. José P.).—LVIII. Palma y Palma (D. Eulogio).—LIX. Núñez Ortega (D. Angel).—LX. Villaseñor y Villaseñor (Lic. Alejandro).—**Apéndice. Siglo XVI.** I. Domínguez (Francisco).—II. Nájera (Fr. Gaspar).—**Siglo XVII.** I. Ongay (Juan de).—II. Grau y Monfalcon (D. Juan).—III. Dr. Marques de Cisneros.—**Siglo XIX.** I. Anónimo.—II. Martínez Z. (Manuel).—III. Heller (Carl Bartholomaeus).—IV. Barreiro (Lic. Miguel).—V. Hubbe (D. Joaquín).—VI. Acevedo

(Justo R.).—VII. Maudslay, (Alfredo G. (sic).—VIII. Martínez Alomía (Lic. Santiago).—IX. Holmes (William H.).—X. Heilprin (Angelo).—XI. Memorias. Indice alfabético).

———. Situación de Yucatán antes de su descubrimiento. **Anales del Museo Nacional,** 1ª época, VII: 260-277.

MARTINEZ DEL RIO, Pablo.—El Instituto Carnegie y el Templo de los Guerreros. **Universidad de México,** 1931, II (10): 326-32.

———. Los orígenes americanos. México, Porrúa Hermanos, Imprenta Mundial, 1936, XIV-278 pp., 22 x 14.6 cms.

———. The antiquity of maize cultivation in America.

(Este trabajo se presentó en el XXVII Congreso Internacional de Americanistas, México, 1939).

MARTINEZ GRACIDA, Manuel.—Civilización chontal. Historia antigua de la Chontalpa oaxaqueña. **Memorias de la Sociedad Científica "Antonio Alzate",** México, 1910, XXX: 29-104.

(Cap. I. Se sitúan (los chontales) después en la América Central.—Los quichés reducen a los chontales, pp. 33-34).

MARTINEZ H., Víctor M.—Cuadros históricos del pueblo maya. 1ª edición. Mérida, Yuc., Imprenta, Papelería y Librería "Pluma y Lápiz", 1938, 90 pp., 24.1 x 17.6 cms.

MARTINEZ HERNANDEZ, Juan.—Correlation of the Maya Venus calendar. **En** "Middle American papers", New Orleans, 1932, pp. 137-143. (Middle American Research Series, Publication Nº 4).

———. Crónicas mayas. Crónicas de Yaxkukul. **Diario de Yucatán,** Mérida, Yuc., 18, 25 y 27 julio 1936.

———. Cronología maya de Uaxactún. **Diario de Centro-América,** Guatemala, 16 agosto 1938.

———. El planeta Venus, el Dr. Spinden y la cronología de los mayas. **Diario de Yucatán,** Mérida, Yuc., 8 enero 1926.

———. Fragmento de una carta de ... a Jean Genet, de 12 de agosto de 1928. En "Relación de las Cosas de Yucatán", por el P. Fray Diego de Landa, México, Editorial Pedro Robredo, 1938, pp. 362-63.

(Se refiere a la cronología maya que figura en la "Relación" de Landa y a los errores de éste).

———. La creación del mundo, según los mayas. Páginas inéditas del Manuscrito de Chumayel. Texto en maya, con su traducción al castellano y notas. Mérida, Yuc., 1912, 15 pp., 8º.

———. La cronología maya de Uaxactún. **Diario de Yucatán,** Mérida, Yuc., 1º diciembre 1937; **Diario de C. América,** Guatemala, 15 diciembre 1937.

———. Los grandes ciclos de la historia maya, según el manuscrito de Chumayel. Antecedentes del manuscrito de Chumayel. En "Reseña de la segunda sesión del XVII Congreso Internacional de Americanistas efectuada en la ciudad de México durante el mes de septiembre de 1910. (Congreso del Centenario)". México, Imp. del Museo Nacional de Arqueología, Historia y Etnología, 1912, pp. 180-213, tablas.

———. Paralelismo entre los calendarios Maya y Azteca. Su correlación con el Calendario Juliano. (Estudio publicado en el **Diario de Yucatán** del 17 de febrero de 1926). Mérida, Compañía Tipográfica Yucateca, S. A., 1926, 15 pp. en 8º.

———. Significación cronológica de los signos mayas. Mérida, Yuc., 1928.

———. (Véase LANDA, Fr. Diego de).

MARTINEZ LANDERO, Francisco.—Indicios arqueológicos sobre la cultura chorotegana. **El Cronista**, Tegucigalpa, 19 agosto 1938.

MARTINEZ LOPEZ, Dr. Eduardo.—Arqueología hondureña. En "Honduras. Geológico-etnológica". Tegucigalpa, 1923, pp. 142-148.

(Sumario: Ruinas de Copán.—Ruinas de Tenampúa).

———. Las ruinas de Honduras. **Centro-América**, Guatemala, julio-septiembre 1930, p. 389.

———. Ruinas de Copán. En "Geografía de Honduras", Tegucigalpa, 1919, pp. 123-133.

MARURE, Dr. Alejandro.—(Véase "Honduras").

MASON, Gregory.—Charting the empire of the mayas from the air. **The New York Times**, January 18, 1931.

———. Descubrimiento de nuevas ruinas mayas en la costa oriental de Yucatán (Traducido del "New York Times", especialmente para "El Diario de Yucatán", por el ingeniero G. Aznar Rivas). En: Album de recortes, propiedad del señor Vladimiro Rosado Ojeda, p. 34. ("Bibliografía sumaria del Territorio de Quintana Roo", por Elena Gómez Ugarte y Aurora Pagaza. México, 1937, p. 82).

(Descripción y fotografías de la ruinas de Tulum).

———. Flying back over the Mayan centuries. **New York Times Magazine**, New York, Jan. 11, 1931.

———. Green gold of Yucatan. New York, Duffield & Co., 12mo.

———. La ciencia busca la clave del misterio maya (Traducido del "New York Times", especial para "El Diario de Yucatán", por el ingeniero don Gabriel Aznar Rivas). En: Album de recortes, propiedad del señor Vladimiro Rosado Ojeda, p. 29. ("Bibliografía sumaria del Territorio de Quintana Roo", por Elena Gómez Ugarte y Aurora Pagaza, México, 1937, p. 81).

(Interesantes revelaciones de una expedición al Territorio de Quintana Roo, con fotografías de las ruinas de Tulum).

———. La cultura maya es de origen religioso. Descripción de las nuevas ciudades mayas descubiertas. (Traducción del "New York Times" para "El Diario de Yucatán, por el ingeniero G. Aznar Rivas. II). En: Album de recortes, propiedad del señor Vladimiro Rosado Ojeda, p. 32). ("Bibliografía sumaria del Territorio de Quintana Roo", por Elena Gómez Ugarte y Aurora Pagaza, México, 1937, p. 81).

———. Los antiguos templos mayas son usados por los indios de Yucatán (Traducido del "New York Times" exclusivamente para "El Diario de Yucatán", por el ingeniero G. Aznar Rivas. 4º y último artículo). En: Album de recortes, propiedad del señor Vladimiro Rosado Ojeda, p. 33. ("Bibliografía sumaria del Territorio de Quintana Roo", por Elena Gómez Ugarte y Aurora Pagaza, México, 1937, p. 81).

———. Silver cities of Yucatán. Preface by H. J. Spinden. New York, Putnam's Sons, 1927, 340 pp., 32 ils., 1 mapa.

———. Una expedición en Quintana Roo. II. Recorte de un artículo tomado de "Excélsior", México, s. a. En: Album de recortes, propiedad del señor Vladimiro Rosado Ojeda, p. 4. ("Bibliografía sumaria del Territorio de Quintana Roo", por Elena Gómez Ugarte y Aurora Pagaza, México, 1937, p. 82).

———. Yucatán añade otro capítulo a la historia de los mayas (Traducido del New York Times", exclusivo para "El Diario de Yucatán", por el ingeniero don G. Aznar Rivas). En: Album de recortes, propiedad del señor Vladimiro Rosado Ojeda, p. 31. ("Bibliografía sumaria del Territorio de Quintana Roo", por Elena Gómez Ugarte y Aurora Pagaza, México, 1937, p. 82). (Habla de importantes descubrimientos en las ruinas del Territorio de Quintana Roo).

MASON, J. Alden.—A Maya carved stone lintel from Guatemala. **Bulletin of the Pennsylvania University Museum,** 1931, VIII (1): 5-7, láminas I-III

———. A remarkable throne from Guatemala. **Bulletin of the Pennsylvania University Museum,** 1933, IV (4): 90-1.

———. A stela from Piedras Negras. **Bulletin of the Pennsylvania University Museum,** 1935, V (2): 53-7.

———. A stucco head from Guatemala. **Bulletin of the Pennsylvania University Museum,** 1934, V (1): 24-7.

———. Archaeological discoveries in the Americas: a record of recent excavations in North and South America. En "Encyclopaedia Britannica", 1935, II (3): 7-11.

———. Descripción de un magnífico lintel maya esculpido en piedra, procedente del sitio arqueológico de Piedras Negras, Guatemala. Traducción del inglés por J. Antonio Villacorta. **Anales de la Sociedad de Geografía e Historia de Guatemala,** 1934, X (4): 413-17.

———. Esculturas Maias resgatadas da floresta. **Boletim da Uniao Panamericana,** abril 1934, XXXVI (4): 221-33.

———. Esculturas mayas rescatadas de la selva. **Boletín de la Unión Panamericana,** Wáshington, D. C., 1934, LXVIII (5): 340-355.

———. Gold in ancient America. **Bulletin of the Pennsylvania University Museum,** 1935, V (4): 22-5.

———. Jade ornaments from Piedras Negras. **Bulletin of the Pennsylvania University Museum,** 1933, IV (2): 53-6, láminas.

———. Maya sculptures rescued from the jungle. **Pan American Union Bulletin,** 1934, LXVIII (2): 88-101.

———. Mexican and Maya sweat-baths. **Bulletin of the Pennsylvania University Museum,** 1935, VI (2): 65-9.

———. Preserving ancient America's finest sculptures. **National Geographic Magazine,** Washington, D. C., 1935, LXVIII (5): 537-70.

———. Resultado científico de las excavaciones arqueológicas en la zona de Piedras Negras, departamento del Petén. **Anales de la Sociedad de Geografía e Historia,** Guatemala, diciembre 1938, XV (2): 202-16, figuras.

———. Stela 12 from Piedras Negras. **Bulletin of the Pennsylvania University Museum,** 1933, IV (4): 89-90.

———. The air survey in Central America. **Bulletin of the Pennsylvania University Museum,** 1931, II (3): 73-9.

MASON, J. Alden, Linton SATTERTHWAITE, Jr., y Mary BUTLER.—The work of the Eldridge R. Johnson Middle American expeditions of the University Museum, Philadelphia, at Piedras Negras, Peten, Guatemala. **Maya Research,** New Orleans, La., 1934, I (1): 30-36.

MASON, Prof. O. T.—Pre-Columbian music again. **Science,** 6 septiembre 1898.

(Habla de ciertos instrumentos originales americanos, con mención de los indios del Kekchi y de algunos de Honduras. Referencia en **Journal of Am. Folk-Lore,** XI: 297).

MATA, Juan de.—Uchben X'Coholte. **Diario del Sureste,** Mérida, Yuc., 4 abril 1937.

MATHELIN, Mr.—Extrait d'une lettre adressée a M. Jomard par M. Mathelin, Consul-General de France a Guatemala, sur les antiquités de Quirigua (Amérique Centrale)-(6 juin 1840). **Bull. de la Soc. de Geographie,** París, 1840, XIV: 310-12.

(Está inserta la traducción del español de los apuntes de M. Catherwood sobre dichas ruinas).

———. (Sur des antiquités nouvellement découvertes a Quirigua). **Nouvelles Annales des Voyages,** Paris, 1840, LXXXVIII: 276-7.

(Mathelin era el Cónsul General de Francia en Guatemala).

MAUDSLAY, Alfred Percival.—Archaeology. En "Biologia Centrali-Americana; or, Contributions to the knowledge of the Fauna and Flora of Mexico and

Central America", edited by F. Ducane Godman and Osbert Salvin, Vols. I-IV (Text). Appendix by J. T. Goodman. London, R. H. Porter and Dulau Co., 1889-1902.

(Contiene: Vol. I. Preface, Introduction. Copan; Vol. II. Quirigua, Ixkun, Yaxché, Rabinal, Chacujal, Utatlán e Iximché, Guatemala-Mixco, Menché; Vol. III. Chichén Itzá, Tikal; Vol. IV, Palenque; **Appendix,** The Archaic Maya Inscriptions. Calendars (by J. T. Goodman).

(Hay un comentario de George Earl Church sobre "The ruined cities of Central America" en **The Geographical Journal,** London, 1900, XV: 392-4. Maudslay estuvo en Centro América (1883-84), habiendo visitado Quiriguá y Copán. Muchos moldes en yeso y papel llevó al Archaeological Museum of Cambridge. Su trabajo más serio lo efectuó en Copán; pero fué interrumpido en dos ocasiones, la primera cuando el presidente Barrios de Guatemala hizo la guerra a El Salvador, y la segunda cuando una peste de viruelas en Honduras).

———. Exploration in the Department of Peten, Guatemala. **Nature,** London, 1911, LXXXVIII: 247-8.

(Comentario sobre "Explorations in the Department of Peten, Guatemala, Tikal", por Teobert Maler; y "Preliminary study of the ruins of Tikal", por A. M. Tozzer).

———. Exploration of the ruins and site of Copan, Central America. (Read at the Evening Meeting, June 28, 1886). **Proceedings of the Royal Geog. Society,** London, 1886, VIII: 568-595, mapas y planos.

———. Exploration of the Ruins of Copan (por Maudslay). **Journ. of the Am. Geog. Society,** 1886, XVIII: 261.

———. Explorations in Guatemala, and examination of the newly-discovered Indian Ruins of Quiriguá, Tikal, and the Usumacinta. (Read at the Evening Meeting, December 11th, 1882). **Proceedings of the R. Geog. Society,** London, 1883, V: 185-204, mapa y planos.

(Hay edición de Clowes and Sons, London, 1883).

———. The ancient civilization of Central America. **Nature,** Londres, 28 abril 1892, XLV: 617-622.

(Importante; trae un mapa de Centro América).

MAUDSLAY, Anne Cary, y MAUDSLAY, Alfred Percival.—A glimpse at Guatemala, and some notes on the ancient monuments of Central America. London, John Murray, Albemarle Street, Printed by Taylor and Francis, 1899. XIX-289 pp., 114 ils., 28.8 x 22.5 cms.

(**Contents:** Preface. List of illustrations. List of maps and plans. Chapter I. The voyage.—Chapter II. The city.—Chapter III. The start.—Chapter IV. Antigua.—Chapter V. The volcanoes (and note by A. P. M.)—Chapter VI. The road to Godines.—Chapter VII. The Lake of Atitlan.—Chapter VIII. The quichés and cachiquels (by A. P. M.).—Chapter IX. Across the Altos.—Chapter X. Uspantan and the Rio Negro.—Chapter XI. Coban and the Vera Paz.—Chapter XII. Ruins at Rabinal (by A. P. M.).—Chapter XIII. The road to Zacapa and Copan.—Chapter XIV. Copan in 1885 (continued by A. P. M.).—Chapter XVII. Copan to Quirigua (and note by A. P. M.).—Chapter XVIII. On the way to the coast.—Chapter XIX. Cajabon and the northern forests (by A. P. M.).—Chapter

XX. The ruins of Ixkun and Pine Ridge (by A. P. M.).—Chapter XXI. Chichén Itzá (by A. P. M.).—Chapter XXII. Laguna and the Rio Usumacinta (by A. P. M.).—Chapter XXIII. Palenque (by A. P. M.).—Chapter XXIV. Tikal and Menché (by A. P. M.).—Chapter XXV. Conclusions (?) (by A. P. M.).—Chapter XXVI. The hieroglyphic inscriptions (by A. P. M.). Index).

(Contiene las siguientes ilustraciones: Coban, The Church, Coban; A Cobanera (Drawn by Ada Hunter from a photograph); The Plaza, Coban (Photograph by A. P. M.); The Calvario, Coban (Photograph by A. P. M.); A Temple near Rabinal (Photograph by Osbert Salvin, F. R. S.); Square Altar, Copan Village (Drawn by Annie Hunter from a plastercast); Copan. Stela B. (Photograph by A. P. M.); Copan, in the Great Plaza (Photograph by A. P. M.); Copan, The sculptured doorway, restored (Drawn by E. Lambert from photographs by A. P. M.); Copan. The east side of the sculptured doorway (Photograph by A. P. M.); Copan, A fragment from the hieroglyphic stairway (Drawn by Annie Hunter from a plaster-cast); Copan, A sculptured slab from the Western Court (Drawn by Annie Hunter from a plaster-cast); Quirigua, Stela F. (Photograph by A. P. M.); Quirigua, Stela D, north face (Photograph by A. P. M.); Quirigua, Stela D, east side (Photograph by A. P. M.); Quirigua, The Great Turtle (Photograph by A. P. M.); Caribs buying at Livingston (Photograph by A. P. M.); A hammock bridge (Photograph by A. P. M.); Cajabon (Photograph by A. P. M.); Sketch of a temple on hill-top near Yaxché; Sculptured monolith at Ixkun (Photograph by A. P. M.); Earthern pot from Yaxché (Drawn by Annie Junter); On the Pine Ridge (Photograph by A. P. M.); On the Belize-River (Photograph by A. P. M.); Carib women (Photograph by H. Price); Chichén Itzá, The Casa de Monjas (Drawn by Annie Hunter from a photograph by A. P. M.); Chichén Itzá, My room, 1889 (Photograph by H. N. Sweet); Chichén Itzá, "La Iglesia" (Photograph by H. N. Sweet); Chichén Itzá, Foot of the North Stairway of the Castillo (Drawn by Annie Hunter from a photograph by H. N. Sweet); Chichén Itzá. The Castillo (Photograph by H. N. Sweet); The Ball Court Temple, restored (Drawn by Annie Hunter from photographs and planes by A. P. M.); Chichén Itzá. Mural painting of a battle, from the Great Ball Court Temple (Traced by A. P. M. from the original and reduced); Chichén Itzá. Mural painting of a human sacrifice, from the Great Ball Court Temple (Traced by A. P. M. from the original and reduced); Chichén Itzá. Figures on the wall of the Sculptured Chamber (Drawn by Annie Hunter from a plaster-cast); Palenque. Gorgorino López, 1891 (Photograph by A. P. M.); Palenque. The Eastern Court (Photograph by A. P. M.); Palenque. The Western Court and Tower (Photograph by A. P. M.); Palenque. Carved Panel from the Temple of the Foliated Cross (Drawn by Annie Hunter from a plaster-cast); Palenque. The Temple of the Sun and the Palace (From a photograph by A. P. M.); The Serpent-Bird, from Tikál; Sacluc (La Libertad) (Photograph by A. P. M.); Tikál. View from the (Doorway of the) Great Temple E. (Photograph by A. P. M.); Tikál. Temple marked A in the plan (Photograph by A. P. M.); Tikál. Camp in the forest (Photograph by A. P. M.); Lacandones (Photograph by A. P. M.); The Río Usumacinta at Menché (Photograph by A. P. M.); Menché. Pottery incense burners (Drawn by Annie Hunter); Menché. Temple A. (Photograph by A. P. M.); Menché. Fragment of a stone lintel; Flores (Photograph by A. P. M.); The Island of Flores (Photograph by A. P. M.); The Serpent-Birds, Palenque; Month and days signs (After Landa); Maya numerals; Signs for periods of time; Great cycle signs and day signs; Month signs; Hieroglyphic inscriptions; Maya inscriptions from Piedras Negras (Teobert Maler); Adiós!).

MAUDSLAY, A. P., y JOYCE, T. A.—"A study of Maya art", by Herbert J. Spinden. (Review). **Current Anthropological Literature, 1913, ii: 238-247.**

Guide to the Maudslay collection of Maya sculptures (casts and originals) from Central America; with 8 plates, 20 illustrations and a map. London, The Trustees, 1923, 93 pp., ilustraciones, 8 láminas, mapa, 21.5 cms. (British Museum. Dept. of Ceramics and Ethnography).

Ha fallecido un sabio profesor especialista en arqueología maya.. El Dr. Alfred Percival Maudslay, era profesor honorario del Museo Nacional de Arqueología e Historia. **Excélsior,** México, 9 febrero 1931.

MAX, J. J., Comte de Waldeck.—Sur l'archéologie américaine. **Archives de la Société Américaine de France,** París, 1875, 2ª série (I): 143-146.

MAYA.—En "Enciclopedia Universal Ilustrada Europeo-Americana", Espasa-Calpe, S. A. Bilbao, etc. (1903). Tomo XXXIII: 1282-1289.

(**Sumario:** Etnografía. Estado social. Religión. Escritura. Artes. Historia. Bibliografía. Las ilustraciones son las siguientes: "La raza maya. Escultura de Gertrudis Vanderlitt. Fuente Monumental del Palacio de la Oficina Internacional de las Repúblicas Americanas"; "Reina maya (Quiriguá, Guatemala); "Corte vertical del templo rojo de Yaxchilan, según Maler"; "Planta del templo rojo de Yaxchilan, según Maler"; "Plano y elevación del **caracol** de Chichén-Itzá, según los trabajos de Seler"; "Pipa de barro cocido, hallada en Cobán"; "Obra de barro cocido, hallada en Chajcar cerca de San Pedro Carchán"; "Plano y corte transversal de las minas del **laberinto** de Yaxchilán"; "Bajo relieve de Yaxchilán"; "Escalera del Palacio llamado de las Monjas (Chichén-Itzá)"; "Palacio de Uxmal (o de las Monjas)"; "Lado Norte del Palacio de Uxmal"; "Cámara baja, llamada de los tigres (Uxmal)"; "Ruinas de Chichén-Itzá (ángulo Norte)"; "Ruinas del arco de Jabuá"; "Una de las puertas del Palacio de Chichén-Itzá" y "Ruinas de Chaibocoy (ángulo Sudoeste)". (Fotos de la Expedición Rubio, 1915).

MAYA.—En "The Columbia Encyclopedia", New York, 1935, pp. 1140-1141.

The MAYA Calkiní chronicle; or, documents concerning the descent of the Ah-Canul, or Men of the serpent, their arrival and territory. In Facsimile. Baltimore, The Maya Society, 1935, 7 pp. facsim.: 11-40 pp., 23.5 cms. (Maya Society, Publication Nº 8).

(El prefacio lo firma William Gates. Este manuscrito no es más que la documentación de los derechos territoriales de los Canuls y sus descendientes, es decir los Ah-Calkiní de 1821).

MAYA creation myth. **El Palacio,** 1932, XXXIII (9): 121-3.

MAYA exhibit.—**Masterkey,** 1934, VIII (1): 25.

(Se refiere a la exposición que en el Southwestern Museum hizo Alphonse B. Fages de una colección de acuarelas sobre templos mayas y otros asuntos que se refieren a dichas culturas).

MAYA glyphs on Vera Cruz monuments. **El Palacio,** 1932, XXXIII (1): 4-6.

MAYA Manuscript in Dresden (The).—**Art and Archaeology,** Washington, July-August, 1929, XXVIII (1 y 2): 270, 2 figuras.

MAYA QUICHE Antiquities.—En "The Boban collection of antiquities", 1886, pp. 24-28.

MAYA ruins found by chicle gatherer. El Palacio, 1932, XXXII (19-20): 258-59.

"MAYA SOCIETY QUARTERLY" (The).—To stimulate research into the languages, history and culture of the Maya. Vol. I, Dec. 1931, Baltimore, The Maya Society, at the John Hopkins University, 1932, ilustraciones, mapa, 25.5 cms.

MAYA tomb under Castillo stairway. **El Palacio,** 1937, XXXIV (19-20): 151.

MAYAN boulder of jade. **Science,** April 1937, LXXXV (2206): 11.

MAYAN capital being explored.—**El Palacio,** 1933, XXXIV (19-20): 151.

MAYAN discoveries.—**El Palacio,** 1931, XXXI (12): 175-76.

MAYAN excavations.—El **Palacio,** 1930, XXXIX (3): 125-28.

MAYAN mummy tooth.—**Contact point,** 1933, II: 102-03.

MAYAS.—"World's **Popular Encyclopaedia". The World Syndicate Publishing** Co., Cleveland-New York, 1937, Vol. VII.

MAYAS and Huastecs.—**El Palacio,** 1933, XXXV (13-14): 122-23.

MAYAS bred dogs for sacrifice.—**El Palacio,** 1930, XXVIII (5-9): 101.

MAYAS engaged in thrilling sports.—**El Palacio,** 1933, XXXV (1-2): 13.

MAYAS'fall now is laid to revolt.—Pennsylvania archaeologists find shattered thrones in Guatemala jungle indicating an uprising. Theory holds ruling priests, instead of leading an exodus, were overthrown. **The New York Times,** New York, 14 noviembre 1937.

MAYAS have good teeth.—**El Palacio,** 1932, XXXII (156): 231.

MAYAS were great road builders.—**El Palacio,** 1933, XXXV (9-10): 89-90.

MEANS, Philip Ainsworth.—Ancient civilizations of the Andes. Nueva York, Scribner, 1931.

(Se refiere a la civilización maya en las páginas 31-34, 40-42 y 47).

———. History of the Spanish conquest of Yucatan and of the Itzas. Cambridge, Mass., 1917, Published by the Museum, The University Press, VIII-XVIII, 24.6 x 16.4 cms. (**Note** de Charles C. Willoughby, Director de The Peabody Museum of American Archaeology, Harvard University; **Introduction** de Philip Ainsworth Means) (Papers of the Peabody Museum of American Archaeology and Ethnology, Harvard University, Vol. VII).

(**Sumario:** Chapter I. The Pre-Columbian History of the Mayas and of the Itzas, 1445.—Migratory period.—The Golden Age or Old Empire of the Maya.—The colonization period.—Transitional period.—Renaissance or League period.—The period of the Toltec mercenaries.—Disintegration.—Note: Cogolludo's account of the early history of the Maya and of some of their customs.—Chapter II. The political, social, and geographical features of the Itza State during the period of 1445-1697.—The significance of the Itzas.—The location of Peten or Tayasal.—Description of Peten and its surroundings.—The lake neither rises nor fails.—The temples of Tayasal described by Avendaño.—The palace of Canek, Chief of the Itzas.—The districts of Peten Itza.—Extent of the Itza dominion under the Chief Canek.—Quincanek.—Further information about the region.—The Itzas described. ... **Appendices:** I. The Question of Orthography.—II. The dialect of Peten (From an unpublished manuscript by Dr. Berendt in the Brinton Collection in the University Museum, Philadelphia).—III. The maps of Yucatan, 1501-1800.—IV. Itinerary of Avendaño, together with geographical information. Bibliography).

———. Las relaciones entre Centroamérica y Sudamérica en la época prehistórica. **Boletín de la Sociedad de Geografía,** Lima, 1918, XXXIII: 151-70.

———. Los mayas de Yucatán y los Conquistadores. Vívido y detallado relato de Frans Blom, de una magna civilización y de la invasión española. **El Nacional,** México, 23 agosto 1936; **El Imparcial,** Guatemala, 12 enero 1938.

(Son comentarios a "The Conquest of Yucatan" por Frans Blom).

———. Some objections to Mr. Elliot Smith's theory. **Science,** new ser., XLIV: 533-534.

MEASURES OF MEN; ten specialized studies in physical anthropology in Mexico, Central America and the West Indies by Harold Cummins, Mary Steele Lane, Stella M. Leche, Ruth Millar, Inez D. Steggerda, and Morris Steggerda. New Orleans, Department of Middle American Res., Tulane University of La., 1936, 327-VI pp. (Middle American research ser., pub. 7).

(**Contents:** 1. "Physical and physiological description of adult Maya Indians from Yucatan", por Morris Steggerda.—2. "Methodology in palmar dermatoglyphics", por Harold Cummins.—3. "Finger lengths of the Maya Indians as compared with negroes and whites", por Morris Steggerda y Ruth Millar.—4. "Finger prints in Maya Indians", por Harold Cummins y Morris Steggerda.—5. "A racial study of palmar dermatoglyphics with special reference to the Maya Indians of Yucatan", por Inez D. Steggerda, Morris Steggerda y Mary Steele Lane.—6. "A retabulation of the palmar dermatoglyphics in Wilder's callection of dermatoglyphics", por Harold Cummins.— ... 9. "Dermatoglyphics and functional lateral dominance in Mexican Indians. IV. Chamulas. "Anthropometry of the Chamulas", por Stella M. Leche).

MEDICINA doméstica.—(Véase OSSADO, Ricardo (alias El Judío).

MEDINA, A.—(Véase Zavala, M.)

MEDINA, José Toribio.—Fray Diego de Landa, inquisidor de los indios de Yucatán. En "International Congress of Americanists. Proceedings of the XVIII Session", Londres, 1912, Londres, 1913, II: 484-496.

MEDIZ BOLIO, Antonio.—"Después de los Siete Libros". Del Boletín de la Universidad Nacional del Sureste, correspondiente al segundo semestre de 1929.

Homenaje al Mayab hecho bajo el auspicio del señor Gobernador Constitucional del Estado, C. Prof. Bartolomé García Correa. Mérida, Yuc., febrero 1930, Talleres de la Compañía Tipográfica Yucateca, S. A., 16 pp. 15 x 23.2 cms.

(Es el último capítulo de "La tierra del faisán y del venado", por Mediz Bolio. Aparece el original en español por el mismo; la traducción inglesa por Héctor M. Irigoyen y al maya por Leopoldo Pérez Arceo).

———. El libro de Chilam Balam de Chumayel. Versión del maya al castellano. San José de Costa Rica, Ediciones del "Repertorio Americano", Imprenta y Librería Lehmann (Sauter & Co.), 120-XLIII pp.

———. "La ardilla". Fábula maya de Sara Molina Font. **Diario de Yucatán**, Mérida, 31 julio 1938.

———. La tierra del faisán y del venado; prólogo de Alfonso Reyes; estampas y ornamentación del pintor maya Miguel Tzab. México, Editorial "México", 1934, 283 pp., ilustraciones, láminas, 21 cms.

(Primera edición en Buenos Aires, por Contreras y Sáenz, 1922. El prólogo de lá segunda edición (pp. 17-18), es de Ermilo Abreu Gómez).

———. Nachi Cocom. En "Yucatán". (Artículos Amenos) 1903, pp. 351-358.

———. Síntesis mística de la historia maya según el Chilam Balam de Chumayel. Delegación de la Secretaría de Relaciones Exteriores, contribución al segundo Congreso Mexicano de Historia en Mérida de Yucatán, 1935. México, Imp. de la Secretaría de Relaciones Exteriores, 1935, VII-19 pp., mapa, facsímiles, 22.5 cms.

(Ofrece una discusión sobre el libro de Chilam Balam de Chumayel, pp. 77-78. Interpretación de textos indígenas, religión y mitología).

———. The land of the pheasant and the deer. Folksong of the Maya. Tr. by Enid Eder Perkins, ill. by Diego Rivera. México, Editorial "Cultura", 1935, 151-3 pp.

———. (Véase HAVAS, Szilard de).

———. (Véase "Libro de Chilam Balam de Chumayel").

MEINHAUSEN, M.—Ueber Sonnen und Mondfinsternisse in der Dresden Mayahandschrift. **Zeit. f. Ethnol**, 1913, XV: 221-227.

MEIXUEIRO.—(Véase "Códices").

MEJIA, José Víctor.—El Petén. Datos geográficos e históricos por ...., Guatemala, Tipografía Nacional, 1904, 68 pp.

MEJIA NIETO, Arturo.—La civilización maya y su sentido americanista. **Conferencias**, Buenos Aires, 1º octubre 1934.

MELCHIOR, G. H.—La morale et le droit chez les Mayas-Quichés. **Bull. de la Societé des Americanistes de Belgique**, septiembre 1936, pp. 49-93.

———. Les croyances religieuses chez les Mayas-Quiches. **Bulletin de la Société des Américanistes de Belgique,** Bruxelles, 1937, XXIV: 97-127.

MELENDEZ, Concha.—Novelas históricas de México. **El Libro y el Pueblo,** México, 1935, XIII (3): 117-24.

(Habla de "La cruz y la espada", por Eligio Ancona, y "La hija de Tutul Xiu").

MELGAR Y SERRANO, José María.—Copia del artículo sobre las medallas encontradas en Palenque y el nuevo sol cosmogónico. **Boletín de la Sociedad de Geografía y Estadística,** México, 1871, Segunda época, III: 109-118.

———. Examen comparativo entre los signos simbólicos de las teogonías y cosmogonías antiguas y los que existen en los manuscritos mexicanos, publicados por L. Kingsborough y los altos relieves de una pared de Chichén Itza. Veracruz, 1872, 27 pp., 3 láminas.

———. Juicio sobre lo que sirvió de base a las primeras teogonías. Traducción del Manuscrito Mayo perteneciente al señor Miró. Observaciones sobre algunos otros datos encontrados en los monumentos y manuscritos mexicanos, que prueban las comunicaciones antiquísimas entre el viejo y el nuevo Mundo. Veracruz, Imp. de R. de Zayas, 1873, 18 pp., 25.5 cms.

(El MS., dado en traducción y facsímile, consiste en una página del Códice Cortesiano, que está en el Museo Arqueológico Nacional de Madrid. El libro trata de la religión y las mitologías mayas y quichês. La traducción del MS. Mayo (sic) fué publicada en "La Ilustración" de Madrid, de 15 de marzo de 1871, p. 12)

———. (Véase "Códice Cortesiano").

MELIANS BETANCUR, Fr. Antonio.—(Véase ANLEO, Fr. Bartolomé de).

MENA, Carlos de.—Sermones y opúsculos piadosos en lengua de Yucatán.

(Nació en Valladolid de Yucatán. Vistió el hábito franciscano y fué guardián del convento de monjas. López de Cogolludo y Pinelo dan el título que Beristáin reproduce).

MENA, Lic. Ramón.—Catálogo del Salón Secreto (Culto al Falo). México, Imp. del Museo Nacional de Arqueología, 1923.

———. Signos orientales en los monumentos mayas. **Diario de Yucatán,** Mérida, Yuc., 28 noviembre y 12 y 25 diciembre 1937; 1º, 2 y 9 enero 1938.

———. Signos orientales en los monumentos mayas, por el Lic. ...., Compañía Tipográfica Yucateca, S. A., Mérida, Yucatán, México, 1938, 31 pp., 23.2 x 17.3 cms.

(Edición económica (50 ejemplares) del estudio publicado por su autor en el "Diario de Yucatán" durante los meses de noviembre de 1937 a enero de 1938).

MENA, Ramón, y JENKINS ARRIAGA, Juan.—Educación intelectual y física entre los nahuas y mayas precolombinos. México, 1930.

MENASSEH, Ben Israel.—Esperanza de Israel, 1650. Reimp. por Pérez Junquera, Madrid, 1881.

MENDEZ, Antonio.—Relación de Antonio Méndez. Tichotemo y Chikincenote. En "Colección de documentos inéditos, relativos al descubrimiento, conquista y organización de las antiguas posesiones españolas de Ultramar", Madrid, 1906, tomo II, 2ª serie, relación VIII.

MENDEZ, Francisco.—Al oído del lacandón. **El Imparcial**, Guatemala, 19 noviembre 1938.

MENDEZ, Fr. Gonzalo.—Catecismos, diccionarios y explicación de la doctrina cristiana, al principio en el idioma Zutuhil, que fué la colonia que más cultivó y después en las otras lenguas, donde con claridad teológica enseña los misterios más elevados de nuestra Fe.

(El dato lo proporciona el cronista Vásquez, I: 357-436. Fray Méndez era español, de Guadalajara, habiéndose trasladado en 1539 a la provincia franciscana, donde murió en 1582, siendo tenido como el fundador de dicha provincia).

MENDEZ, Modesto.—Ruinas de Tikal. (Flores, 6 marzo de 1848). **Gaceta de Guatemala**, 18 abril y 18 mayo 1848.

(Méndez era corregidor del departamento del Petén. Su relación es verdaderamente interesante. Frans Blom en el Congreso Internacional de Americanistas, celebrado en México en 1939, presentó un trabajo titulado: "Las exploraciones del Coronel Modesto Méndez en el Petén, Guatemala, 1848-1852, Tikal-Tixkun").

MENDES ET HESSE, Modesto.—Bericht über eine Untersuchungs Expeditions nach den Ruinen den alten Stadt Tikal. **Zeitschrift für Allg. Erdkunde**, I: 162-179.

Decreto del Congreso del Estado de Yucatán reconociendo el servicio del Corregidor del Petén, Estado de Guatemala, Modesto Méndez, en unión del cura del mismo lugar, D. José de la Cruz Hoil, prestado al Estado, por haber llegado al pueblo de Chichanhá, ocupado por indios sublevados, sometiéndolos al orden (Mérida, 4 marzo 1852). **Gaceta de Guatemala**, 2 julio 1852.

MENDEZ, Santiago.—Noticias sobre las costumbres, trabajos, idioma, industria, fisonomía, etc., de los indios de Yucatán. **Boletín de la Sociedad Mexicana de Geografía y Estadística**, 1861.

(Se reimprimió en el periódico "El Reproductor Campechano", de 1899. Martínez Alomía dice: "Es un trabajo lleno de palpitante interés que revela el profundo conocimiento que su autor tenía del carácter de la raza maya y que está sembrado de enseñanzas saludables y datos etnográficos e históricos que aumentan su indiscutible mérito. Lo escribió con su carácter de Agente del Ministerio de Fomento en el Estado de Yucatán y al terminar asegura que "tribus salvajes propiamente dichas no las hay en la Península, puesto que desde que se reconquistaron las poblaciones que habían ocupado durante la sublevación de 1847, sólo la parte más indómita se ha fijado en la costa oriental, donde ha formado poblaciones de alguna importancia como Chan Santa Cruz, pero la mayor parte se fijó en el Sur de Yucatán, donde vive pacífica, aunque sin reconocer á las autoridades del Estado ni de la Nación, pero en activo comercio con las poblaciones de los partidos limítrofes". —El estilo de esta relación es sencillo y elegante; no carece de cierta gracia cuando entra en pormenores sobre la vida íntima de la raza indígena, y se lee con interés por la descripción de sus prácticas y ceremonias y aún de aquellos detalles insignificantes á primera vista, pero que forman el carácter distintivo de los indios").

MENDEZ, Santiago, GARCIA Y CUBAS, Antonio, SANCHEZ DE AGUILAR, Pedro, y HERNANDEZ, Francisco.—Reports on the Maya indians of Yucatan, by ....; ed. by Marshal H. Saville. New York, Museum of the American Indian, Heye Foundation, 1921, pp. 137-226, 17 cms. (Indian notes and monographs, ed. by. F. W. Hodge, Vol. IX, Nº 3).

(**Sumario:** "The Maya indians of Yucatán in 1861", by Santiago Méndez.—"Notes on the superstitions of the Indians of Yucatán (1639)", by P. Sánchez de Aguilar.—"Of the religious beliefs of the Indians of Yucatán in 1545", Report of F. Hernández.—Glossary.—Bibliography.—Notes).

MENDEZ h., Joaquín.—Simbolismos maya-quichés. Aportación valiosa a los estudios del indigenismo. **El Imparcial,** Guatemala, 20 mayo 1938.

(Es una nota sobre el libro "Simbolismos maya-quichés" de Flavio Rodas N. y Ovidio Rodas Corzo).

MENDIZABAL, Miguel O. de.—Ensayos sobre las civilizaciones aborígenes americanas.—México, Museo Nacional, 1924.

———. Las artes aborígenes mexicanas. México, 1922.

———. Las culturas del Oriente, del Sur y del Sureste de México; huaxtecos y totonacos, mixtecos y zapotecos, mayas y quichés. En "Historia Económica y Social de México", 1ª y 2ª conferencias. Edición de la Oficina de Publicaciones, Secretaría de Educación Pública, México, 1935, pp. 31-39.

———. Los problemas actuales de los grupos indígenas de México y los medios de investigación.

(Este trabajo se presentó en el XXVII Congreso Internacional de Americanistas, México, 1939).

MENDOZA, Eufemio, y ROMO, Manuel A.—Cronologías maya, chiapaneca y de Centroamérica. En "Nociones de Cronología Universal", México, 1874, Imprenta del Gobierno, en Palacio, a cargo de José María Sandoval, pp. 293-300.

MENDOZA, Gumesindo, y SANCHEZ, Jesús.—Catálogo de las colecciones histórica y arqueológica del Museo Nacional de México arreglado por ....; **Anales del Museo Nacional de México,** México, 1882, II: 444-86.

(En la p. 451 habla de la estatua de Chac-Mool, hallada por Le Plongeon; y en la p. 463, de los idolillos de Yucatán, que tiene el Museo).

MENDOZA, Fray Juan.—Flos Sanctorum o Vidas de Santos, en Lengua Kachiquel, por ....

———. Pláticas doctrinales sobre los Evangelios de todo el año, en Lengua Kachiquel, por Fray Juan de Mendoza, franciscano.

(Los títulos son de Beristán. Los repite E. G. Squier en "Colection of rare and original documents and relations, concerning the discovery and conquest of America", p. 38. Era de México. Religioso franciscano. Profesó en Guatemala en

1565, volvió a México a estudiar y tornó a Guatemala donde murió (1619). Según el cronista Vásquez escribió muchos libros en lengua mexicana y guatemalteca, que fueron muy útiles a los religiosos, especialmente la "Doctrina Cristiana" en mexicano, "Vidas de Santos" en cachiquel, "Pláticas doctrinales sobre los Evangelios de todo el año" en cachiquel, (Sosa, "Efemérides").

MENENDEZ, Carlos R.—Apareció el original del célebre Códice Maya de Chumayel. (Noticia histórica sobre dicho documento). **Diario de Yucatán**, Mérida, 11 agosto 1938.

———. Documentos, datos, crónicas, opiniones y comentarios, recopilados, verificados y anotados por Carlos R. Menéndez. **Diario de Yucatán**, Mérida, Yuc., 6 diciembre 1936.

(**Sumario:** Impresiones de una visita a las Ruinas de Uxmal, en 1856, por don Pantaleón Barrera.—Carta del ilustre periodista y político yucateco al Dr. D. Justo Sierra O'Reilly).

———. El centenario de un ilustre yucateco (Dr. Crescencio Carrillo y Ancona). **Diario de Yucatán**, Mérida, 19 abril 1937.

———. Las memorias de don Buenaventura Vivó y la venta de indios yucatecos en Cuba. Apéndice a la historia de aquel infame y vergonzoso tráfico, con nuevos e interesantes datos y comentarios. Segunda edición. Mérida, Yuc., Talleres de la Compañía Tipográfica Yucateca, S. A., 1932, 108 pp., 23 cms.

MENENDEZ, Gabriel Antonio.—Cómo se explota el chicle y cómo viven los chicleros. En "Quintana Roo". Album monográfico. México, 1936, pp. 158-160.

———. Noticias históricas de Quintana Roo. **El Maestro Rural**, México, noviembre 1936, IX (6): 5-7 y 24.

MENENDEZ, Oscar.—Observaciones arqueográficas sobre la cultura maya (particularmente Chichen-Itzá y Uxmal). Guía de las 200 proyecciones, dibujos y fotografías que ilustran el ciclo de conferencias. México, Talleres Gráficos de la Nación, 1936, 74 pp., 16.7 x 11.7 cms.

(**Sumario: Primera parte.** Chichén Itzá. A. Situación geográfica y aspecto general o panorámico de la zona maya. B. Elementos arquitectónicos de las principales estructuras típicas mayas y noción de sus finalidades constructivas. —**Segunda parte.** Estudio particular de los edificios de Chichén-Itzá.—**Tercera parte.** Uxmal. A. Situación geográfica y aspecto general o panorámico de la zona arqueológica de Uxmal. B. Descripción de cada uno de los edificios.— **Cuarta parte.** Suplementos. Etiología (Tipos físicos). Religión y figuras mitológicas. Jeroglíficos. Bajorrelieves. Cronografía. El calendario maya. Ornamentación. Iconografía. Bibliografía).

———. Outline of a cycle of conferences to the knowledge of the Mayan culture (especially Chichen Itza and Uxmal) Guide to expose 200 plates, drawings and photographies. México, 1936, 60 pp., 23 cms.

———. (Véase GYNT, Peer).

MENENDEZ V., Miguel Angel.—La civilización maya y sus vestigios en Centroamérica. **Anales de la Sociedad de Geografía e Historia de Guatemala,** Guatemala, 1935, XI: 313-333.

(Es una tesis presentada en 1934 como alumno del Instituto Nacional Centroamericano de Varones).

MENENDEZ, Rodolfo.—La costa oriental de Yucatán. **Boletín de la Sociedad Mexicana de Geografía y Estadística,** México, 1894, 4ª época, III: 19-20.

MERCER, Henry C.—Cave hunting in Yucatan. Filadelfia, University of Pennsylvania, 1897, 25 pp. 4to.

———. Notes on Yucatan. 1895, 5 pp. 4to.

("Trata de arqueología en lo general, anunciando el descubrimiento de trabajos de cerámica de los mayas modernos" (Martínez Alomía).

———. Potters wheel in Yucatan. 5 pp. 4to.

———. Prof. Holmes' studies of aboriginal architecture in Yucatan. 1896, 7 pp. 4to.

———. The hills caves of Yucatan. A search for evidence of man's antiquity in the cavernes of Central America. Being an account of the Corwith Expedition of the Department of Archaeology and Paleontology of the University of Pensilvania. By ...., Curator of the Museum of American and Prehistoric Archaeology at the University of Pennsylvania, in charge of the Expedition. Philadelphia, J. B. Lippincott Co., 1896, 8º, 183 pp., ils.

MERIDA, Carlos.—Las manifestaciones artísticas populares en Guatemala. Conferencia escrita y leída por Carlos Mérida en la velada guatemalteca que tuvo verificativo en el Anfiteatro de la Preparatoria el día primero de diciembre de 1924. **El Indio,** México, 31. diciembre 1924, pp. 250-55.

MERRIAM, John Campbell.—Some aspects of cooperative research in history. Washington, Carnegie Institution of Washington, 1938, 13 pp., 25.5 cms. (Carnegie Institution of Washington. Supplementary publications, Nº 45).

(Con el título de "Methods of research, useful in study of the Maya civilization in Middle America" el autor leyó este trabajo el 8 de julio de 1936 en la Anglo-American Historical Conference, de Londres).

La civilización maya es objeto de amplios estudios científicos. El Presidente de la Carnegie Institution, de Wáshington, habla a "Excélsior" del interesante tema. Restauraciones de arqueología. El eminente Dr. Merriam, juzga que en la civilización nada puede hacerse sin orientaciones fijas. **Excélsior,** México, 17 marzo 1925.

MERRILL, E. D.—The improbability of Pre-Columbian Eurasian-American contacts in the light of the origin and distribution of cultivated plants. **Journal of the N. Y. Botanical Garden,** 1930, XXXI (369): 209-12.

MERWIN, Raymond Edwin, y VAILLANT, George C.—The ruins of Holmul, Guatemala; with thirty-one illustrations in the text, thirty-six plates and frontispice. Cambridge, The Museum, 1932, XIV-106 pp., 36 láminas, diagramas, ilustraciones, 36 cms. (Memoirs of the Peabody Museum of American Archaeology and Ethnology, Harvard University, Vol. III, Nº 2).

METTEL, Billie Teal.—Medicine in ancient America. **Hygeia,** 1935, XIII (4): 342-44.

MEXICAN AND CENTRAL AMERICAN Antiquities, Calendar systems and History. Twenty-four papers by Ed. Seler, E. Foerstemann, P. Schelhas, C. Sapper and E. P. Dieseldorff. Translated from the German under the supervision of Ch. P. Bowditch. **Smithsonian Institution, Bureau of American Ethnology,** Bulletin 28, Washington, 1904, 670 pp., 49 láminas, 134 figs., 8º.
(El "Bulletin 28" contiene una serie de trabajos de autores alemanes sobre antigüedades mexicanas y mayas, traducidos al inglés. Los siguientes estudios son relativamente sencillos: "Ayudas para descifrar los manuscritos mayas", "Cronología maya", "Calendario Centroamericano", "Nuevas investigaciones mayas" por Foerstemann y "Los indios de Quintana Roo", por Sapper. (Hermann Beyer).

MEXICAN ARCHAEOLOGY.—En "The New International Encyclopedia". (Editors: Daniel Coit Gilman, H. T. Peck y F. M. Colby) New York, Dodd, Mead and Co., 1906, XIII: 398-400.

MEXICO desconocido: Las "monterías" de Chiapas. **Universidad de México,** 1931, I (4): 323-30.

MEXICO, relicario de la arqueología. **Revista de Revistas,** 27 enero 1935.

MEXIQUE.—Races indigenes. En "Grand memento encyclopédique Larousse", Librairie Larousse, París, 1936, I, 398.

MEYE, Heinrich.—Die Steinbildwerke von Copán und Quiriguá, aufgenommen von ...., historisch erläutert und beschrieben von Dr. Julius Schmidt. Berlín, A. Asher & Co., 1883, 16 pp., 20 láminas.

———. The stone sculptures of Copan and Quiriguá, drawn by ....; historical and descriptive text by Dr. Julius Schmidt; Preface by Alphonse Stubel, tr. from the German by A. D. Savage. London, Asher and Company, 1883, 16 pp., 20 grabados.

MICHAUD, Julio.—Ciudades y ruinas americanas. México, Julio Michaud edit., 1865.

MIDDLE AMERICAN library. **Modern Mexico,** Nueva York, 1935, VII (7): 15.
(Es la descripción de la biblioteca del Department of Middle American Research, Tulane University).

MIDDLE American papers. Studies relating to research in Mexico, the Central American Republics, and the West Indies. Frans Blom: Director of the Department. Maurice Ries: Editor of the series. New Orleans, 1932, 566 pp., ils., 27.5 cms. (The Department of Middle American Research. The Tulane University of Louisiana. Middle American Research Series. Publication Nº 4).

(**Sumario:** "A reconnaissance of certain mounds and relics in Spanish Honduras", por R. A. Steinmayer.—"Some observations on mounds, idols and pottery in the Lower Papaloapam Basin, State of Veracruz, México", por Albert Weyerstall.—"Preface", por Frans Blom.—"The stylistic history of the Maya hieroglyphs, por Hermann Beyer.—"Mayan hieroglyphs: some tun signs", por Hermann Beyer.—"An ahau date with a Katun and a Katun ending glyph", por Hermann Beyer.—"Correlation of the Maya Venus calendar", por Juan Martínez Hernández.—"Maya-Christian synchronology or Calendrical correlation", por Enrique Juan Palacios.—"Dermatoglyphs in Indians of Southern Mexico and Central America. (Santa Eulalia, Tzeltal, Lacandon and Maya tribes)", por Harold Cummins.—"Some Spanish entradas, 1524-1695. A revision of the data on Spanish entradas into the country of the Lacandon and Ahitza, containing a full translation of Antonio de Leon Pinelo's report, and first publication of Juan Delgado's manuscripts", por Doris Zemurray Stone.—"Fray Alonso Ponce in Yucatán, 1588", translated and annotated by Ernest Noyes.—"War and weapons of the Maya", por Prescott H. F. Follet.—"Stamping: a mass-production printing method 2000 years old", por Maurice Ries.—"The Maya ballgame Pok-ta-pok (called Tlachtli by the aztec)", por Frans Blom.—"Commerce, trade and monetary units of the Maya", por Frans Blom.—"The negative batter at Uxmal", por Frans Blom).

MIER, Fray Servando de Teresa.—(Véase TERESA Y MIER, Fr. Servando).

MILLA Y VIDAURRE, José.—Historia de la América Central, desde el descubrimiento del país por los españoles (1502) hasta su independencia de la España (1821). Precedida de una "Noticia histórica" relativa a las naciones que habitaban en América Central a la llegada de los españoles, por ...., ... Tomo I. Guatemala, Establecimiento Tipográfico de "El Progreso", 1879, LXXV-342 pp., 8º.

(El calendario quiché, según Ximénez y Brasseur, en las pp. LXII-LXXIII. Los meses quichés; Los meses cakchiqueles, p. LXIV).

———. Historia de la América Central desde el descubrimiento del país por los españoles (1502) hasta su independencia de la España (1821). Precedida de una "Noticia histórica" relativa a las naciones que habitaban la América Central a la llegada de los españoles. Por Salomé Jil (José Milla). Segunda edición. Guatemala, Tipografía Nacional, 1937, T. I, 592 pp.; T. II, 516 pp., 18 x 12.5 cms. (Colección "Juan Chapin", Volúmenes XI y XII).

———. Lacandonia. Expedición al Lacandón y al Itzá. Episodios históricos (1555-1696). En "Artículos varios", por Salomé Jil (José Milla). Tercera edición. Guatemala, E. Goubaud y Cía., 1899, pp. 135-159.

MILLAR, Ruth.—(Véase "Measures of men", por Steggerda, Morris).

MILLS, Harlow B.—Collembola from Yucatan caves. En "Fauna of the caves of Yucatan", por A. S. Pearse, Wáshington, 1938, pp. 183-190, 27 figuras. (Carnegie Institution of Washington, Pub. Nº 491).

(Millward, Russell Hastings).—Found ruins of an ancient empire buried deep in Guatemalan jungles. Millward, the young American explorer, returning from El Peten, the "Land of Mystery", brings stories of vast archaeological interest and records of a hitherto unknown and rich region. **New York Tribune,** New York, 1º septiembre 1912.

MIMENZA CASTILLO, Ricardo.—Bibliografía arqueológica. **Diario del Sureste,** Mérida, Yuc., 22 diciembre 1936.

———. Chichen-Itzá el Egipto americano. **El Universal Ilustrado,** México, 15 octubre 1925.

———. El despojo del indio. **El Nacional,** México, 14 agosto 1938.

(Habla del maíz, el teocentli, el dios maya de las siembras Yum-Kaax, las fiestas de Moan, el árbol Luch y el henequén, para llegar a la conclusión de que el indio maya fué despojado con el "pretexto de estirpar la idolatría, en favor del regidor latifundista y español don Lorenzo Evia).

———. El Falo, ¿ídolo o amuleto entre los mayas y quichés?. **Diario del Sureste,** Mérida, Yuc., 7 febrero 1937.

———. El ilustre historiador yucateco Don Juan Francisco Molina Solís. **Anales de la Sociedad de la Geografía e Historia de Guatemala,** 1933, X: 82-83.

———. El mono hermafrodita del Museo. **Diario del Sureste,** Mérida, Yuc., 22 marzo 1937.

———. El mundo maya. En "Fulgores al Sureste", México, 1939, pp. 3-17. (Centro Yucateco).

———. Iqui-Balam El Tigre de la Luna. Por Ricardo Mimenza Castillo, autor de "La Civilización Maya" (editada en Barcelona (1929), y de la Sociedad de Americanistas de París. Mérida, Yuc. Editorial "Minerva", 1932, 48 pp., 16.8 x 11.6 cms.

(**Sumario:** Trabajo de ingreso a la Academia Nacional de Historia y Geografía.—De cómo Iqui-Balam o Ekbalam fué uno de los primeros pobladores del Yucatán arcaico, conforme a la relación de Juan Gutiérrez Picón, encomendero de Valladolid y el "Popol-Vuh".—Cómo concebían los mayas el Universo.—Uxmal, la capital de la dinastía Xiu.—Los templos redondos de Kukulcan.—Fuentes de nuestra historia.—La civilización muisca y la maya-quiché.—La cruz en América.—La grandeza del indio y su capacidad intelectual.—La dama escondida.—El hombre rojo que llora.—El retorno de don Quijote).

———. La civilización maya. (Enciclopedia gráfica). Barcelona, Ed. Cervantes, 1929, 80 pp., ils., 24 x 12 cms.

———. La diosa ex-simia del Dr. Urzáiz. **Diario del Sureste,** Mérida, Yuc., 3 mayo 1937.

———. La disertación sobre la historia de la lengua maya, de Carrillo y Ancona. **Diario del Sureste,** Mérida, Yuc., México.

———. La papa, manzana de tierra o manzana del diablo. **Diario del Sureste,** Mérida, Yuc., 25 marzo 1937.

———. Las tumbas mayas de Ayampuc. **Diario del Sureste, Mérida, Yuc., febrero 1937.**

———. Museo Yucateco. **Mérida, Talleres Tipográficos del Gobierno del Estado, 1920.**

———. Onohualco. **Mérida, Yuc., Editorial "Minerva", 1933, 46 pp., 17 cms.**

(**Sumario:** La leyenda Uci.—En noche callada.—La Xtabay. (La Loreley o Melusina Maya).—El cordel. Cuento revolucionario.—Los corcovados. (Los Sayabuincob).—El caracol en las ruinas incaicas. (Los mayas en el Perú).—Yucatán y el almirante de Flandes.—Primer médico y primeros artesanos en Yucatán.—Waldo Frank y la cultura maya.—El Cuzco, capital arqueológica del Perú.—"Diego el Mulato".—De cuándo y por qué dieron los españoles el nombre de Salamanca a Chichén Itzá).

———. "Relación historial eclesiástica" del bachiller Fco. de Cárdenas y Valencia. **Diario del Sureste, Mérida, Yuc., 18 marzo 1937.**

———. Waldo Frank y los panteísmos de los mayas. **Diario del Sureste, Mérida, Yuc., 27 enero 1937.**

———. "Yucatán, cuna del bizarro maya" de Morley. **Diario del Sureste, Mérida,** Yuc., 17 febrero 1937.

MINNAERT, Paul.—Antiquités de la région du Lac Atitlan (Guatémala). **Bulletin des Musées Royaux d'Art et d'Histoire, Bruxelles, VIII: 122-124.**

MINNAERT, Paul, y LAVACHERY, Henri.—La collection d'antiquités Mexicaines de M. Aug. Génin aux Musées Royaux d'art et d'histoire (Salles Auguste Génin). **Bulletin de la Société des Américanistes de Belgique, 1931, LXXXVIII.**

(Habla de los mayas en las páginas 14 a la 28).

———. La collection de terres cuites du Guatemala de M. Maurice Bekaert. **Bulletin de la Société des Américanistes de Belgique,** Bruselas, junio 1932. pp. 5-12.

MINUTOLI, J. H. von.—Beschreibung einer alten Stadt, die in Guatimala (Neuespanien), unfern Palenque entdeckt worden ist. Nach der englischen Übersetzung der spanischen Originalhandschrift des Capitain Don Antonio del Rio und Dr. Paul Felix Cabrera's Teatro Critico Americano, oder Loesung des grofsen historischen Problems der Bevoelkerung Amerika's, nebst einem raisonnirenden Verzeichnisse und 14 erläuternden Tafeln, die Palenqueschen, die Deppeschen und anderen auf der hiesigen Koenigl. Kunstkammer vorhandenen amerikanischen Alterthümern darstellend. Von J. H. von Minutoli, Koenigl. Preussischem Generallieutenant, der Akademie der Wissenschaften zu Berlin und mehrerer in- und ausländischen gelehrten Gesellschaften Mitglied. Berlin, Bei G. Reimer, 1832, XX-4-124 pp., 20.5 x 12.5 cms.

("Anhang vom Herausgeber" 88 pp. en el mismo volumen; es decir un "Apéndice por el autor". El autor suscribe el prólogo del libro en Berlín el 1º de junio de 1832).

(**Sumario:** Vorbericht des deutschen Herausgebers; Vorwort des englischen Herausgebers; Bericht von Antonio del Rio und Don José Estacheria, Brigadier, Statthalter und General-Kommandant des Koenigreichs Guatimala, etc.; Teatro crítico Americano, oder kritische Utersuchungen über die Geschichte Amerika's, durch den Dr. Paul Felix Cabrera; Loesung des grofsen historischen Problems der Bevoelkerung Amerika's; Appendix; Tabelle des mexikanischen Jahres; Zusatz; Anmerkungen von Cabrera; Anhang vom Herausgeber; Verzeichnifs der Kupfertaseln; Nachweisung einiger literarischen Quellen, die der Herausgeber dieses Werkes zum Theile brauchte).

(El título en español, sería: "Descripción de una vieja ciudad, descubierta en Guatemala (Nueva España), no lejos de Palenque. Según traducción al inglés del manuscrito original, en español, del Capitán don Antonio del Río y el "Teatro Crítico Americano" por el Dr. Paul Félix Cabrera, o "Solución del gran problema histórico de la población americana", con un catálogo comentado (tal vez bibliografía) y 14 tablas ilustradas ,representando antigüedades americanas de Palenque, de Deppe y otros, propiedad de este Museo Real (Real Gabinete de Curiosidades). Por J. H. von Minutoli, Teniente General de la Prusia Real, de la Academia de Ciencias en Berlín y miembro de varias sociedades científicas del continente y extranjera).

(El sumario presenta: el informe preliminar del editor alemán, prólogo del editor inglés; informe de Antonio del Río a don José Estachería, General Brigadier, Gobernador y Comandante General del Reino de Guatemala, etc., etc.; Teatro crítico americano o investigaciones críticas sobre la Historia americana, por el Dr. Paul Félix Cabrera; Solución del gran problema histórico de la población americana; Apéndice; Tabla del año mexicano; suplemento; acotaciones de Cabrera; apéndice del editor; catálogo de láminas de cobre; bibliografía de fuentes literarias que en parte necesitaba el editor de esta obra).

MIRABEL, Dr.—Un Egipto Americano. **Cromos, Bogotá,** 9 junio 1923.

MIRI, H. F.—Exhumación de las instituciones mayas. **Nosotros,** Buenos Aires, 1937, V: 297-306. (Comentario del libro de R. F. Vázquez: "Los Mayas").

MIRO, José Ignacio.—(Véase "Códice Cortesiano").

("El Códice Cortesiano tomó su nombre de Hernán Cortés y se conserva en el Museo Arqueológico de Madrid por compra hecha a su propietario don José Ignació Miró. Fué publicado en 1882, y de resultas de esta impresión pudieron los sabios ocuparse en su estudio. Ha sido descrito por Brinton y Putnam, y se cree que sea el complemento del anterior. En México se conoció desde 1873 por haberse ocupado de él don José María Melgar y Serrano en su "Juicio sobre lo que sirvió de base a las primeras teogonías". (Martínez Alomía, "Historiadores de Yucatán", p. 4).

MIRO QUESADA S., A.—El Calendario Maya en la cultura de Tiahuanacu. **El Comercio,** Lima, 20 febrero 1938.

MISTRAL, Gabriela.—Recado sobre Quetzalcóatl. **Diario Nuevo,** San Salvador, 27 enero 1937.

MITCHELL, J. Leslie.—Life in a city of the ancient Maya. **Mexican Life,** Mexico, August 1935, pp. 27-30 y 48-53.

———. Rediscovery of the Maya. **Mexican Life,** May 1936, pp. 21-22 y 52.

———. Rise of the Maya Old Empire. **Mexican Life,** Mexico, November 1936, pp. 17-20 y 59.

———. The conquest of the Maya. Preludes and prophecies. Montejo lands in Yucatan. **Mexican Life,** México, March 1936, pp. 17-18 y 43; April 1936, pp. 17-19.

———. The conquest of the Maya; with a foreword by Professor G. Elliot Smith. London, Jarrolds Limited, 1934, 279 pp., ils., láminas, 23.5 cms.

(Lleva datos bibliográficos en las pp. 271-273).

MITRE, Bartolomé.—Popol Vuh. El verdadero título del libro. En "Catálogo razonado de la Sección Lenguas Americanas" (Museo Mitre), por ...., Buenos Aires, 1910, III: 41-46.

———. Lengua Poconchí o Pocomán. En "Catálogo razonado de la Sección Lenguas Americanas" (Museo Mitre), por ...., Buenos Aires, 1910, III: 6-8.

MODERN Mayas: a people in transition. **Literary Digest,** 1934, CXVII (14): 19.

MOE, Alfred K.—Department of Copan. En "Honduras", Wáshington, 1904, pp. 45-55.

MOLAS, Miguel.—Las costas de Yucatán. Manuscrito inédito del español D. Miguel Molas, con notas del P. D. Domingo A. Fajardo. **Registro Yucateco,** Mérida, Yuc., 1846, I: 121-130.

(Es el derrotero de la península, indicando sus costas, islas, bajos, puertos y arrecifes. Molas era catalán).

MOLINA, Cristóbal.—War of the castes; Indian uprising in Chiapas, 1867-70, as told by an eyewitness ....; translated by Ernest Noyes and Dolores Morgadanes. New Orleans, Department of Middle American Research, Tulane University of Luisiana, 1934, p. 359-401, 1 ilustración, mapa, 27 cms. (Middle American Pamphlets: N° 8, Publication N° 5 en Middle American Research Series).

MOLINA, Lic. Ricardo.—Don Juan Cocom, o el poder del espejismo. **Diario de Yucatán,** Mérida, 1º enero 1939.

MOLINA FONT, Sara.—La Ardilla. Fábula maya, 1938.

MOLINA SOLIS, Lic. Juan Francisco.—Historia de Yucatán durante la dominación española. Mérida de Yucatán, Imp. de la Lotería del Estado, 1904-1910, IV-359 y III-455 pp. 22 cms.

———. Historia del Descubrimiento y Conquista de Yucatán, con una reseña de su historia antigua. Mérida de Yucatán, Imprenta y Litografía de R. Caballero, 1896, 969 pp.

(La mejor historia antigua de la Península Yucateca. (Herman Beyer). "Su reseña de la antigua historia de Yucatán, está inspirada también en las relaciones ya citadas, y en las afirmaciones de Landa, Lizana, Cogolludo y

Brinton, los tres primeros, testigos que comunicaron con los indios en los siglos XVI y XVII, y el último, poseedor de los valiosos materiales históricos recogidos en Yucatán por su padre político el doctor Berendt". (Martínez Alomía, "Historiadores de Yucatán", p. 293).

———. La libertad de trabajo de los Indios Mayas. En "Yucatán", (Artículos Amenos), pp. 47-50.

(Refiere el autor las reformas introducidas por el Obispo Gómez de Parada al obtener de Felipe II ser comisionado para poner en práctica lo que su informe proponía y más tarde al aprobarse sus constituciones sinodales en las que se establecieron reformas utilísimas y necesarias para el bien de los indios).

MONGE, G.—(Comentario a) "Geneonomía maya-quiché", de David Vela. **Revista del Colegio Mayor de Nuestra Señora del Rosario, Bogotá,** 1937, IV: 174-175.

MONTANDON, George.—Les statues simiesques du Yucatán. **Journal de la Société des Américanistes de Paris**, 1931, XXIII (1): 249-50.

MONTEFORTE TOLEDO, Mario.—(Véase HERBRUGER ASTURIAS, Arturo).

MONTERO, J. G.—Arqueología. Las ruinas de Yucatán. IV. Viajes y viajeros. (1862). **El Repertorio Pintoresco,** pp. 439-443.

MONTERO DE MIRANDA, Francisco.—Relación dirigida al Illmo. Señor Lu(sic) Palacio del Consejo de S. M. i. su Oydor, &c., sobre la provincia de la Verapaz o Tierra de Guerra, de su asiento, temple, productos, animales, minerales, sus naturales, su policia, tracto, lenguajes, &c., por .... Manuscrito de la Biblioteca Squier, 1575, 13 hojas.

(Lic. Palacio, el de la Carta sobre las Ruinas de Copán, al Rey).

———. Relation to Palacio by Fco. Montero, on the coutry, its products, languages, etc. (1575). 25 pp. en folio. Facsímil fotográfico (Cat. Gates, 632).

(Esta relación, según Gates se refiere a la Verapaz).

MOORE, J. Percy.—Leeches (Hirudinea) from Yucatan caves. En "Fauna of the caves of Yucatan", por A. S. Pearse, Wáshington, 1938, pp. 67-70, 2 figuras. (Carnegie Institution of Washington, Pub. Nº 491).

MORALES, Lic. Federico.—El último maya, príncipe kiché. Sacerdotes que leen los viejos jeroglíficos. El calendario de los quichés, códices, y, posiblemente, hasta el verdadero Popol Buj, salvados y ocultos por los descendientes del gran imperio. **El Imparcial, Guatemala,** 19 mayo 1936.

MORALES LEON, Milcíades.—Los indios mames. Cómo son. Dónde viven. Cómo sienten. **Diario de Centro América,** Guatemala, 16 febrero 1937.

MORAN, Francisco.—Arte y diccionario en lengua cholti; a manuscript copied from the Libro grande of fr. Pedro Moran of about 1625. In facsimile. Baltimore, The Maya Society, 1935, 7 pp., facsímile 24-16, 68 pp., 23.5 cms. (The Maya Society, Publication Nº 9).

(Lleva introducción de William Gates).

———. (Véase "Manuscritos").

MORELET, Arthur.—Travels in Central America. Including accounts of some regions unexplored since the Conquest. From the French of the Chevalier .... Traduction by Mrs. M. F. Squier. Introduction and notes by E. Geo Squier. New York, Leypoldt, Holt & Williams, 1871, XVIII-19-430-4 pp., ils., 1 mapa, 19.8 x 12.5 cms.

(**Sumario:** I. **The Lagoons.** Campeachy.—Surrounding scenery.—Fruits and flowers.—**Cazones.**—Currency.—Insect pests.—Antiquities.—Physical features of Yucatan.—**Acalan.** Population.—Social animosities.—Preparation for departure.—The Mediterranean of the New World.—Primitive navigation.—**Canoas** and **Cayucos.**—Roadstead of **Ceiba.**—Priestly pastimes.—The father and his flock.—Champoton.—Reminiscenses of the Conquest.—Island of Carmen.—Sterility of the soil.—Character of the people.—The town of Carmen.—Climate of Carmen.—Aboriginal relics.—Night thoughts.—Lagoon of Terminos.—Hydrography of the country.—The river Usumacinta.—Fishes.—Star for the interior.—Scorpions.—Entomology on a large scale.—Sunset.—**Boca Chica.**—A maze of waters.—Gigantic forest.—Storm.—River navigation.—Animated nature.—**Isla de Pájaros.**—A Mosquito Malakoff.—**Rio Viejo.**—Retrospects.—Palizada.—Spanish American hospitality. — Origin of the town. — Its trade. — Inhabitants. — Surrounding swamps and their inmates.—The **jacana.**—Logwood cutting and peonage.—Mangos.—Palma real.—Varieties of fish and turtles.—Rattlesnakes.—The deadly **nahuyaca.**—II. **The Ruins of Palenque.** Departure from Palizada.—**Pozol.**—A boat race.—**Alüates.**—Ortega. — Night adventures. — Magnificent foliage.—The chorcha.—A jaguar.—Mosquitos. — The **buho.**—The **nahuyaca** again.—Remedies against snake bites.—Fida.—Lagoon of Catsaja.—Forest solitudes.—Village of Las Playas.—Town of Santo Domingo.—Magnificent scenery.—A true philosopher.—Primitive habits.—Custodian of the ruins.—Vandalism of travellers.—Installation in the Palace of Palenque.—Speculations.—Origin of the ruins.—Voices of the night.—Lost!—An escape.—The **hocco.**—Adieu to the Ruins.—Geological discoveries.—The end of an exile.— ... V. **The forest.** The mystery surrounding Peten.—Departure from Tenosique.—**Arrieros.**—Absence of roads.—Perils of the saddle.—Thorns and their torments.—Encampment.—Regularity of the seasons.—Festival of Saint Isidore.—Indian customs.—The commissariat. —Cannibalism.—A character.—Don Diego de la Cueva.—His adventures, and how he came to be in Tenosique.—The forest.—Variety of vegetation.—Vines and their peculiarities.—Palm trees.—Insignificance of man before the grandeur of nature.—Reflections.—The **aristolochia grandiflora.**—Multitudes of **coleoptera.—Paso del Monte.**—Torrent of Yalchilan.—Drought of the country.—Dolores.—Emergence from the forest.—Savannas.—A nameless lake.—Sacluc.—Aspect of the country.—Vanilla.—Lake of Itza.—Town of Flores.—Reported death of San Diego.—IV. **Peten.**—The Itzaes of Peten.—An historical episode. —Visit of Cortez.—Reduction of the Itzaes.—Destruction of the aboriginal temples and idols.—Change of name.—Illness.—Goodnatured officials.—Medical experiences.—The pedagogue of Flores.—A school of practical natural history.—Grand hunt for beasts and birds.—Discovery of a new variety of the crocodile. —A night adventure with the reptile.—Convalescence.—Picturesque view.—The Island of Peten.—Town of Flores.—House of the inhabitants.—Lack of commerce. — General poverty. — Arcadian simplicity. — The evening **tertulia.**—Costume.—Music.—A formal ball.—A model padre.—The **Marimba.**—Specimens of

—An **El Dorado** for naturalists.—Birds.—The imperial **quetzal.**—Traditions concerning it.—Shells.—Significant Indian names.—The chase.—News aspects of the forest.—Tree ferns.—Hunting the **quetzal.**—Monkeys.—Mountains.—Distant volcanoes.—Magnificent view.—Health of Coban.—Fruits and vegetables.—The bananna.—Coffee.—Commerce of Coban.—The wilds of Chisec.—Refugee Indians. —The Bishop Las Casas.—**Tierra de Guerra.**—Reduction of the country.— Changes in its name.—Foundation of Coban.—Arms of the city.—Teachings of its founders.—Religious reminiscences.—The great church.—Negro **santos.**—Church of Calvario.—Confidences.—A sentimental episode.—**Juana.**—Growth of an attachment. — An illusion dispelled. — Abrupt departure from Coban. — Juana's epistle.—XI. **The Cordilleras.** Route from Coban to Guatemala.—Difficulties of a start.—Meteorological phenomena.—Town of Santa Cruz.—Flowers.—Town of Taltick.—**Tierra helada.**—The Doña Ana Guzmán. — A Taltick school and schoolmaster.—Scanty fare.—Sybaritic beds.—Valley of **Patal.**—Santa Rosa.— Mountains roads.—Salama.—**A fiesta.**—Sugar estate and refinery.—A deserter.— A caravansary.—Work and wages.—Armed travellers.—Rare plants.—**Solfatures.** —Hot springs.—A precocious child.—Motagua river.—Suspension bridge.—Pendant mosses.—Storm and suffering.—Glimpse of Guatemala.—Fording rivers.— Chinauta.—Ascent of the Plateau of Guatemala).

MORELET, Arthur.—Páginas de un viaje a la América Central y el Yucatán hacia mediados del siglo XIX. **El Imparcial,** Guatemala, noviembre 1936.

———. Voyage dans l'Amérique Centrale, l'Ile de Cuba, et le Yucatan. París, Guide et J. Baudry, 1857, I: 340 pp.; II: 330 pp. 8vo.

(El segundo tomo lleva un mapa del itinerario de Morelet. La traducción alemana fué hecha en Jena en 1872. Morelet era naturalista francés, que hizo viaje de exploración a Cuba, Yucatán y Centro América por comisión especial de la Academia de Ciencias de París, a la que rindió su memoria explicativa en la sesión del 25 de febrero de 1850, presentando valiosas colecciones que daban idea de la riqueza biológica y mineral de Centro-América. Dice Martínez Alomía: "El Profesor Rau, del Instituto Smithsoniano, en su descripción del Tablero de Palenque hace grandes elogios de la obra de Morelet, copiando a la letra sus observaciones sobre la Piedra de la Cruz, sobre los edificios y esculturas del Palenque, su descripción de la estatua ecuestre adorada por los itzaes y su apreciación sobre el tamaño de la isla del Petén").

MORGADANES, Dolores (tr.)—(Véase "Middle American papers"; PALACIOS, Enrique Juan; y "Studies in Middle America").

———. (Véase MOLINA, Cristóbal).

MORLEY, Sylvanus Griswold.—A group of related structures at Uxmal, México. **American Journal of Archaeology,** 1910, 2d. ser., XIV: 1-18.

———. An introduction to the study of the Maya hieroglyphs. Washington, Government Printing Office, 1915, XVI-286 pp., 22.8 x 14.5 cms., 32 láminas, (Smithsonian Institution, Bureau of American Ethnology, Bulletin 57).

———. Ancient temples and cities of the New World. Copan, the mother city of the Mayas. **Pan-American Union Bulletin,** 1911, XXXII: 863-878.

———. Ancient temples and cities of the New World. Chichen Itza. **Pan-American Union Bulletin,** 1911, Vol. XXXII: 453-468.

———. Ancient temples and cities of the New World. Uxmal, the city of the Xius. **Pan-American Union Bulletin,** 1911, XXXII: 627-642.

———. Another Old Empire Maya city discovered. **Art and Archaeology**, Washington, julio-agosto, 1932, XXXIII (4): 220.

(Se refiere a Calakmul).

———. Archaeology. En "Carnegie Institution of Washington. Year Book, 1917", Nº 16, pp. 285-289.

———. Archaeology. En "Carnegie Institution of Washington. Year Book Nº 24" (1924-1925), Washington, 1925, pp. 246-51.

———. Copán, la cuna de los mayas (traducción). **El Nuevo Tiempo**, Tegucigalpa, 6 octubre 1911; y **Repertorio del Diario del Salvador**, 1911, XX: 5444-47.

(Este trabajo de Morley es el mismo que señalamos en esta bibliografía con el nombre de "Copan, the modern city of the Mayas", y que al publicarse en el **Pan-American Union Bulletin**, 1911, lleva un mapa de Honduras para mostrar el sitio de los terrenos de Copán y una serie de buenas ilustraciones).

———. Correlation of Maya and Christian chronology. **American Journal Archaeology**, Norwood, Mass., 1910, 2d. ser., XIV: 193-204.

———. Chichen Itzá, an ancient American Mecca. **The National Geographic Magazine**, Washington, 1925, XLII (1): 63-95.

———. Excavations at Quirigua, Guatemala. **National Geographic Magazine**. Washington, 1913, XXIV (3): 339-361.

———. Guide book to the Ruins of Quirigua. Washington, D. C., VIII-205 pp., 48 text-figures, mapas, planos, Issued October 1935. (Publications of Carnegie institution of Washington, Supplementary Publication Nº 16).

———. Honduras, la Tierra Prometida, **Centro-América**, Guatemala, 1917, IX: 495-498.

———. How Holon Chan became the true man of his people. En "American Indian Life", edited by Elsie Clew Parsons, Nueva York, H. B. W. Huebsch, 1926.

———. Introduction to the study of the Maya hieroglyphs. 1915.

———. Maravillosas ruinas arqueológicas mayas. Se descubrió la Ciudad de la Serpiente Emplumada. Los exploradores americanos enviados por el Instituto Carnegie contemplan los restos de la milenaria ciudad. Un amplísimo espacio de terreno, cubierto de columnas, pirámides, templos, todo en torno de una plaza central. **El Universal**, México, 6 marzo 1926.

———. Maya civilization. **El Palacio**, 1931, XXXI (2): 17-20.

(Es el resumen de la conferencia dada por Sylvanus G. Morley ante la Santa Fe Archaeological Society).

———. Maya civilization and climatic changes. En "Proc. International Congress of Americanistas, 19 th. Sess.", Washington, 1917, pp. 150-164.

———. On computation for the Maya calendar. **American Anthropologist**, 1918, new ser., XX: 49-61.

———. Quirigua—An American town 1,400 years old. Glimpses of an extinct American civilization. Por Sylvanus Griswold Morley, Acting Director Quirigua Expedition, School of American Archaeology. **Scientific American**, New York, 1912, CVII: 96-97, 105, ils.

———. Quirigua ruins unearthed, described by .... **The New York Times**, Nueva York, 7 febrero 1914.

———. Recent epigraphic discoveries at the ruins of Copan, Honduras. En "So live the works of men; seventieth anniversary volume honoring Edgar Lee Hewett, edited by Donald D. Brand and Fred E. Harvey", Albuquerque, N. M., 1939.

———. Report of .... on the Etzná Expedition. En "Carnegie Institution of Washington, Year Book Nº 26" (1926-1927), Washington, pp. 263-66.

———. Research in Middle American Archaeology. En "Carnegie Institution of Washington, Year Book, 1924", Nº 23, pp. 209-221.

———. Review of J. T. Goodman's life and work. **American anthropologist**, 1919, N. S., XXI: 441-445.

———. The Calakmul expedition. **The Scientific Monthly**, 1933, XXVII (37): 193-206.

———. The correlation of Maya and Christian chronology. **American journal of archaeology**, 1910, 2d. ser., XIV: 193-204.

———. The earliest Mayan dates. En "Congrés international des Américanistes. Compte-rendu de la XXIe session. Deuxiéme partie tenue a Goeteborg en 1924", Goeteborg Museum, 1925, pp. 655-67.

(Morley puntualiza fechas mayas encontradas en la Tuxtla Statuette, la Leyden Plate, Uaxactun, Oalatun, Copan, Tikal, Xultun, Piedras Negras, Naranjo, Seibal y Palenque).

—. The foremost intellectual achievement of Ancient America. The hieroglyphic inscriptions on the monuments in the ruined cities of Mexico, Guatemala, and Honduras are yielding the secrets of the Maya civilization. **The National Geographical Magazine**, Washington, February 1922, pp. 109-130.

———. The Guatemala earthquake. **American museum journal**, 1918, XVIII: 200-210.

———. The historical value of the Books of Chilam Balam. **American Journal of Archaeology**, II series, **Journal of the Archaeological Institute of America**, 1911, XV (2): 195-214.

(Presenta un interesante esquema de la Historia Maya).

———. The Hotun as the principal chronological unit of the Old Maya Empire. En "Proceedings of the Nineteenth International Congress of Americanists", Wáshington, 1917, pp. 195-201.

(Habla de las ciudades mayas: Quiriguá, Tikal, Copán).

———. The inscriptions at Copan. By ...., Associate of the Carnegie Institution of Washington. Washington, Press of Gibson Brothers, Inc., 1920, XII-

2-644 pp., 33 ils., 91 figs., 29.3 x 23.5 cms. (Carnegie Institution of Washington. Publication N° 219).

(**Contents:** Chapter I.—Introduction. Location and environment. Description of the site. History of the site. History of the decipherment of the Maya hieroglyphic writing. Scope of the present investigation. Method of treatment. Chapter II. The inscriptions of the Early Period. Chapter III. The inscriptions of the Middle Period. Chapter IV. The inscriptions of the Great Period. Chapter V. Conclusions. General comparisons. Probable function of the Maya monuments. The origin of the Maya civilization. History of Copan during the Old Empire. Other cities of the Old Empire. The fall of the Old Empire. Appendix I. A petrographic description of the material of the Copan monuments, by Fred E. Wright. Appendix II. The correlation of Maya and Christian chronology. Appendix III. The nomenclature of the Copan monuments. Appendix IV. A description of the ruins of Copan, by Diego García de Palacio, in 1576. Appendix V. A description of ruins of Copan, by Francisco Antonio Fuentes y Guzmán, in 1689. Appendix VI. The Supplementary Series. Appendix VII. The hotun. Appendix VIII. List of monuments marking the hotun endings during the Old Empire. Appendix IX. The provenance and dates of the Copan monuments. Appendix X. List of day-signs and month-signs found in the Copan inscriptions. Appendix XI. A description of the ruins of Copan, by Juan Galindo, en 1834. Appendix XII. The distribution of the several branches of the Mayance linguistic stock, by William Gates. Bibliography. Index).

(Este libro de Morley es uno de los fundamentales para estudiar la cultura maya. De las pp. 617 a 628 va espléndida bibliografía; y el índice de temas y autores abarca las pp. 629 a 643. Muchas de las ilustraciones utilizan fotografías proporcionadas por el Peabody Museum. Las litografías son de Ecker Litoh. Co., Wáshington, D. C.).

———. The inscriptions of Naranjo, Northern Guatemala. **American Antropologist,** 1909, N. S., XI (4): 543-62.

———. The inscriptions of Peten. Washington, Carnegie Institution of Washington, 1938, 6 vols., ilustraciones, láminas, mapas, tablas, 30.5 cms.

(Sobre esta obra han aparecido comentarios suscritos por Hermann Beyer en **Deutsche Literaturzeitung,** 30 de julio 1939; **Diario de Yucatán,** Mérida, 21 mayo 1939; y por J. Antonio Villacorta C. en **Anales de la Sociedad de Geografía e Historia, Guatemala, septiembre** 1939, XVI (1): 8-21).

———. The rise and fall of the Maya civilization in the light of the monuments and the native chronicles. En "Proc. International congress of Americanists, 19th sess.", Washington 1915, p. 140-149 y en "Proc. Pan-American Scientific Congress", 2d sess., 1915-1916). Washington, 1917.

———. The ruins of Tuloom, Yucatan. The record of a visit of the Carnegie Institution, Central American expedition, 1916, to an important but little known ancient Maya city. **American museum journal,** 1917, XVII: 190-204.

———. The supplementary series in the Maya inscriptions. En "Holmes anniversary volume", Washington, 1916, pp. 366-396.

———. Yucatan, home of the gifted Maya. Two thousand years of history reach back to early American temple builders, corn cultivators, and pioneers in mathematics. **The National Geographic Magazine,** Washington, D. C., November, 1936, LXX (5): 591-644, ils.

D. C. Man solves mystery of lost city where girls painted and divorce was easy. Ancient monuments reveal romance of Copan in Honduras jungle. **Washington Herald,** Washington, 6 junio 1920.

Interesante disertación sobre arqueología maya. Hablan el Dr. Morley y Elliot Smith en la Sociedad de Geografía e Historia. **Diario de Centro América,** Guatemala, 24 febrero 1937.

Jacobo Dalevuelta.—El Dr. Morley habla de las maravillosas ruinas mayas. Se necesitan diez años para poner a descubierto, restaurada ya, la gran ciudad, construída cinco siglos antes de Cristo. Poco a poco van apareciendo suntuosos palacios, ricas residencias de grandes señores y hermosas calles de Chichén Itzá. **El Universal,** México, 7 enero 1925.

———. (Véase RECINOS, Adrián).

MORRIS, Ann Axtell.—Digging in Yucatan by .... Decorations by Jean Charlot. Illustrated with photographs. Doubleday, Doran & Company, Inc., Printed at the Country Life Press, Garden City, N. Y., 1931, XVIII-280 pp., 40 figs., 25 x 15.2 cms.

(**Sumario:** I. Is there treasure in your own backyard?.—II. What is Archaeology?—III. The America Columbus just missed.—IV. Why we went to Yucatan.—V. New Orleans to the Temple of the Plumed Serpent.—VI. The House of the Three Kings.—VII. What happened in the Court of the Thousand Columns.—VIII. Our workmen.—IX. Rebuilding stone serpents at the Temple Door.—X. Finding the Altar of Sacrifices.—XI. Field headquarters.—XII. I excavate a temple myself.—XIII. I become a painter.—XIV. The Cenote called Sacred.—XV. The High Priest's grave.—XVI. The buried temple.—XVII. Altar treasure.—XVIII. The Maya return to the wilderness).

———. The Temple of the Warriors murals. By .... Staff Artist, Chichen Itzá project, Carnegie Institution of Washington. **Art and Archaeology,** Washington, junio 1931, XXXI (6): 317-322, 1 lámina, 1 fotografía.

———. (Véase "The Maya of Middle America"; y MORRIS, Earl H.)

MORRIS, Earl Halstead.—The Aztec ruin. En "American museum of natural history", Anthropological papers, 1919, XXVI, I-108.

———. Report of .... on the mural painting of the Temple of the Warriors (Station 4). En "Carnegie Institution of Washington", Washington, 1925, Year Book, (1924-1925), Nº 24: 260-62.

———. Report of .... on the Temple of the Warriors (Station 4). En "Carnegie Institution of Washington, Year Book, 1925" (1924-1925), Nº 24: 252-260.

———. Report of .... on the Temple of the Warriors and the Northwest Colonnade (Stations 4 and 10). En "Carnegie Institution of Washington, Year Book Nº 26" (1926-1927), pp. 240-46.

———. Report of .... on the Temple on the Northeast Bank of the Xtoloc Cenote (Station 3). En "Carnegie Institution of Washington, Year Book 1925", (1924-1925), N° 24: 263-65.

———. The Temple of the Warriors. By ...., Archaeologist, Carnegie Institution of Washington. **Art and Archaeology,** Washington, junio 1931, XXXI (6): 298-305, fotografías.

———. The Temple of the Warriors; the adventure of exploring and restoring a masterpiece of native American architecture in the ruined Maya city of Chichen Itza, Yucatan. New York, London, C. Scribner's Sons., 1931, XII-251 pp., ils., láminas, mapa, 23.5 cms.

MORRIS, Earl H., CHARLOT, Jean, y MORRIS, Ann Axtell.—The Temple of the Warriors at Chichen Itza. Washington, Carnegie Institution of Washington, 1931, 2 vols., ils., láminas, mapas, planos. (Publication of the Carnegie Institution of Washington, Nº 406).

(**Contents:** Introduction.—"Description of the Temple of the Warriors and edifices related thereto, by Earl H. Morris.—**Temple of the Warriors.**—The portal and outer chamber.—The inner doorway and the sanctuary.—The altar.—Finish of the temple interior.—The Chac Mool.—The Serpent Columns.—The Western Façade.—The other façades.—Finish of the temple exterior.—The pyramidal substructure.—The compound zones.—The sculptured friezes.—The stairway.—The stair well.—The ramps.—Banner supports.—**The Northwest Colonnade.**—Interior features.—Sculpture dais.—Secondary dais.—The vaults.—Color treatment of interior.—Height of the building.—Exterior sculpture.—Junction with West Colonnade.—Roof ornamentation.—**The West Colonnade.—The North Colonnade.—Temple of the Chac Mool.** — Existing portions. — Original form and dimensions.—The altar.—Interior decoration: sculpture and painted.—The Chac Mool figure.—The substructure: North, East and South exposures.—Colonnade that flanked Western exposure.—Juncture of rear wall of West Colonnade with substructure of temple of the Chac Mool.—Arrangement of Colonnade interior.—**Excavation.**—The Western terrace; point of beginning.—Serpent columns and their reerection.—North and South terraces.—Clearing the temple interior.—Condition of the altar.—Frescos are found.—Clearing North side of pyramid.—Clearing South side of pyramid.—Older façade buries in Southwest corner of pyramid.—Transaction of Northwest Colonnade to foot of Warriors Stairway.—Statuette standard bearers.—Emptying South half, Northwest Colonnade. Dais and sacrificial stone.—North half, Northwest Colonnade.—First traces of the buried temple.—Dismantled sculpture built into rubble.—Type of the buried temple and its substructure revealed.—Resumption of excavation in 1927.—Raising North and West Pyramid shells to enclose outer chamber.—Column blocks among the rubble.—The buried Chac Mool.—Excavating the inner chamber.—Concrete foundation for Temple of the Warriors.—Support for the concrete foundation.—Roof of concrete for Temple of the Chac Mool.—Pillars placed beneath Warriors foundation.—Emptying the inner chamber.—Replacing razed portions of the columns.—Analysis of the rubble fill.—Procedure in construction.—Sculptured panels with flower and insect patterns.—Stair shaft to temple of the Chac Mool.—Rubble cut through by the shaft.—Painted stones in ancient masonry.—Tunneling in search of painted stones.—Tunnel following Chac Mool substructure.—Shaft beneath Warriors Stairway.—Exploratory tunnels.—**Chronological sequence.**—Recapitulation of constructional sequence.—Dearth of minor specimens.—Pipe or incense burner.—Ceramic types.—**Temple offerings.**—Northeast corner, Temple of the Warriors.—Northwest corner, Temple of the Warriors.—Dais, North Colonnade.—Dais, Northeast Colonnade.—Altar, temple of the Chac Mool.—Objects of jadeite and shell.—Vestiges of textile.—Birds as part of offering.—The turquoise mosaic; preliminary treatment.—Repair of the mosaic.—Repaired mosaic described.—Source of turquoise.—Analysis of materials.—**Repair.—Materials and methods of construction.**—

Preparing the site.—The substructure.—The faced veneer.—Lack of foundations.—The vaults.—Roof materils.—Lack of leveling instruments.—Tools of the stone cutters.—Sources of building stone.—Standardized form of structural units.—Large stones seldom used.—Classes of sculpture carved in situ.—Mosaic sculpture cut before placement in walls.—Quantity of wood used by Chichén builders.—Lime burning.—Sand substitute. — Mortar proportions. — Volume of materials.—"Bas-reliefs from Temple of the Warriors cluster", by Jean Charlot.—Introduction.—Technique.—Temple of the Chac Mool.—Decorative panels. Masks.—Atlantean figures.—Human representations.—Body-color, tattooing and mutilation.—Garments, body ornaments and accessories.—Headdresses.—Wigs. —Ear and nose ornaments.—Masks.—Necklace, shoulder-cape and breast ornaments.—Body covering.—Sleeve and wrist ornaments.—Belts, leg and foot gear. —Cloaks.—Weapons and accessories.—Human types.—Warrior.—Priest.—God impersonator. — Miscellaneous personages. — Art considerations. — Atlantean sketch.—Carving and painting.—Style.—Temple of the Warriors.—Northwest Colonnade. — Decorative panels. — Atlantean figures. Quetzalcoatl motif.—Sun God.—Human representations.—Skin-color, body-paint and tattooing.—Mutilation.—Garments, body ornaments and accessories.—Head-dress-diadem or crown. —Cylindrical cap, hat and turban.—Animal head-dress.—Skull-caps, hair-dressing, head-dress ornaments and wigs.—Ear, cheek and nose ornaments.—Masks. — Necklace, shoulder ornament and breast-plaque. — Tunic and loin-cloth. — Skirt, trouser and sleeve.—Arm, wrist ornaments and belt.—Knee and ankle ornaments.—Legging.—Cloak.—Sandal.—Weapons and accessories.—Comparative study of subject-matter of Chac Mool temple of the Temple of the Warriors.—Human types.—Warrior.—Priest and God impersonator.—Sorcerer.—Dignitary. —Prisoners.—Name glyphs.—Temple of the Warriors.—Northwest Colonnade.—Art considerations.—Preliminary sketches.—Perspective and substitution.—Relation between carved and painted version.—Art style.—Temple of the Warriors.—Northwest Colonnade.—Dais of the Northwest Colonnade.—West side.—North side.—South side.—Comparison with dais of North Colonnade.—Art of the warriors cluster compared with that of other periods of Maya Art.—**Appendix.**—"Murals from the Temple of the Warriors and adjacent structures", by Ann Axtell Morris.—Introduction.—Technical considerations.—Preparation of wall surface.—Technique not true fresco.—Medium.—Pigments.—Sources of pigments.—Chemical analysis of pigments.—Brushes.—Scheme of decoration.—Preliminary outlining.—Application of local tones.—Color symbolism.—Subject-matter and composition.—Temple of the Chac Mool.—Wall painting.—Bench painting.—Proof of original location.—South bench.—North bench.—Temple of the Warriors.—Area analysis.—Front chamber.—Area 1.—Areas 2 to 9.—Area 10.—Area 13.—Area 14.—Areas 15 and 16.—Area 17.—Area 18.—Areas 19, 20, 21.—Inner sanctuary.—Areas 22 and 25.—West wall.—North wall.—Triangular arch ends.—Area 23.—Area 24.—Area 27.—Area 28.—Area 29.—Area 30.—Area 31.—Area 32.—Area 33.—Area 34.—Area 35.—Area 36.—Capstone.—Exterior frescos.—North zone.—South zone.—Northwest Colonnade.—Altar panel.—**Classification and analysis of human types and costume.**—Physical characteristics.—Costume.—Priest.—Sorcerer.—Old man with a bone.—God impersonator.—Manikin scepter.—Warrior.—Star-symbol warrior variant.—Animal variants of warrior.—God-Warrior variant.—Warrior in combat.—Laborers.—Table of constant costume features.—**Classification of miscellaneous subject-matter.** — Landscape and vegetation.—Water scenes.—Water plant.—Marine life.—Birds.—Serpents.—Temple architecture.—Domestic architecture. — Pottery. — Way-signs.—**Conclusion.—Bibliography**).

(Esta obra fué impresa por H. F. Roberts Co., de Wáshington, habiendo intervenido en la ejecución de las litografías A. Hoen & Co. y Kirby Litho. Co. y en la ejecución de los grabados la Joyce Engraving Co. El volumen I lleva 323 figuras y el II 170 láminas. Es una de las obras más ricamente ilustradas de que se enorgullece la bibliografía maya).

———. (Véase también "The Maya of Middle America").

Morris surmises Maya rebellion.—**El Palacio,** 1931, XXXV (13): 190-92.

MORTON, Federico.—Tra foreste e vulcani del Guatemala. **Le Vie d'Italia e de Mondo,** Milán, 1913, IV (3): 303.

(Trae 4 ilustraciones sobre escultura maya y una de un monumento de Quiriguá).

MOTOLINIA, Fr. Toribio de.—Verapaz (Breve descripción). En "Historia de los Indios de la Nueva España. Colección de documentos para la historia de México", por J. García Icazbalceta, México, 1858, Tomo I, pp. 259-60.

MOYA DE MARTI, Ana Cristina.—La maternidad indígena.

(Este trabajo se presentó en el XXVII Congreso Internacional de Americanistas, México, 1939).

MUJERKI, Dhirenda Nath.—A correlation of the Maya and Hindu calendars. **Indian Culture,** II (4): 685-92.

MÜLLER, Dr. Friedrich.—Grundriss der Sprachwissenschaft von .... I band i Abtheilung. Einleitung in die Sprachwissenschaft. Die Sprachen der Schlichthaarigen Rassen. II. Abtheilung. Wien, 1876-1882. Alfred Hoelder, K. K. Universitäts-Buchhändler. Rothenthurmstrasse 15, 2 vols. 8º. **(Cat. Pilling** Nº 2678).

(Habla de la lengua maya en la p. 305).

MULLER, J. G.—Geschichte der Amerikanischen Urreligiones. Bale, Richter, 1867, 8º, VII-706 pp.

MÜLLERRIED, Federico.—Hachas lacandonas.

(Este trabajo se presentó en el XXVII Congreso Internacional de Americanistas, México, 1939).

MUÑOZ ZAPATA, Hernando.—Relación de Hernando Muñoz Zapata, encomendero de Oxkutzkab. En "Colección de documentos inéditos, relativos al descubrimiento, conquista y organización de las antiguas posesiones españolas de Ultramar", Madrid, 1898, tomo I, 2ª serie, relación XVIII.

MURILLO VELARDE, P. Pedro.—Geographia Historica. Libro IX. De la América, y de las Islas Adyacentes, y de las Tierras Arcticas, y Antarticas, y Islas de los Mares del Norte, y Sur, la escribia el ....; de la Compañía de Jesus (JHS). Con las licencias necessarias. Madrid, Imprenta de Agustín de Gordejuela y Sierra, 1752.

(Cap. II. De Guajaca, Yuçatán, Chiapas, y Verapaz, pp. 108-119. Cap. IV. De Guatemala, Soconusco, Honduras, Nicaragua y Veragua, pp. 120-134).

(Murphy, Henry C.)—Catalogue of the magnificent library of the late Hon. Henry C. Murphy, of Brooklyn, Long Island, consisting almost wholly of Americana or books relating to America. The whole to be sold by auction at the Clinton Hall Sales Rooms, on Monday, March 3d, 1884, and the following days. Two sessions daily, at 2.30 o'clock, and 7.30 p. m. Geo A. Leavitt & Co., Auctioneers. New York, 1884. Orders to purchase executed by the auctioneers, I-VIII-1-434, 8º. Compiled by the Hon. John R. Bartlett.

Museo Británico.—(Véase CARDENAS VALENCIA, Francisco de).

N

NACUN ruins. Les ruins de Nakcun.—Mission Archeologique dans l'Amérique Centrale.—**La Géographie,** Paris, July 15, 1912.

NADAILLAC, Marquis de.—L'Amerique prehistorique. París, 1883, 588 pp., 219 figs.

———. Pre-Historic America. Translated by N. D'Anvers, Edited by W. H. Dall. Londres, John Murray, 1885.

(Monuments of Copan (p. 328).—Important ruins at Santa Lucía Cosamalguapa. Sculptures at Quirigua (pp. 381-376). Habla del viajero alemán A. Bastian, quien en 1876 visitó Guatemala y habló de Santa Lucía).

NADAL MORA, Vicente.—Compendio de historia del arte precolombiano de México y Yucatán. Buenos Aires, Compañía impresora argentina, S. A., 1933, 253-1 pp., ils. del autor, mapas, planos, 19 cms.

NADIE (seudónimo).—Los indios bárbaros de Yucatán en 1853. Nátit Pát. Episodio de la guerra de castas. Por Nadie, miembro de la Sociedad Científica y Literaria "Tamaulipas". Con una introducción escrita por el señor Lic. Guadalupe Mainero, presidente de la Suprema Corte de Justicia del Estado de Tamaulipas. Victoria, Imprenta del Gobierno del Estado, 1893, 78 pp., 16 x 10 cms.

NAG, Kalidas.—Art and Archaeology abroad; a report intended primarily for Indian students desiring to specialize in those subjects in the research centres of Europa and America. Published by the University of Calcutta. Calcutta, Calcutta University Press, 1937, 125 pp., 24 cms., 20 ils.

(El reporte dedica 42 pp. a los museos y otras instituciones arqueológicas de los Estados Unidos y 12 pp. a las de la América Latina).

NAH, CHILAM BALAM DE.—

(Manuscrito. Copia fotostática en el Department of Middle American Research de la Universidad de Tulane University, La.)

NAJERA, Fr. Gaspar de.—Relación de las antigüedades de Yucatán.

(De la orden de San Francisco "que por ser lengua de esta tierra y saber muchas cosas curiosas y antiguallas de los yndios se entiende avra dado alguna relación de todo", dice Pero García en su "Relación de Chunchuchu y Taby", de 1581. Cogolludo lo llama "gran religioso, varón apostólico y una de las mejores lenguas". Se conjetura que escribió ese libro, porque el encomendero Martín Sánchez escribió: "me remito á la rrelación que ubiere dado el padre frai gaspar de naranja (sic) de la orden de señor san francisco que fué destas provincias á España que como hombre que sabe la lengua de los naturales y sabe muchas antiguallas y cosas curiosas della abrá dado noticia de todo" (Martínez Alomía, p. 341).

———. (Véase "Bibliografía de la lengua maya", por J. Antonio Villacorta C.)

NARCISO, J.—Arte de la lengua maya (?), Madrid, 1838.

("Ludewig está en un error al decir que Ruz habla en su prefacio de una Gramática Maya por Narciso. Lo que Ruz dice, solamente, es que su "Gramática Yucateca" está basada sobre la (española) publicada en Madrid por don Diego Narciso Herranz y Quiroz, en 1838. La Gramática de Herranz todavía figura entre los libros de texto en las escuelas de México" (García Icazbalceta). (Cat. Pilling, Nº 2714). Squier se pregunta si se trata de un arte de la lengua maya y Pilling escribe: "Maya Grammar").

NARCISO, Prof. Vicente A.—Estudios de la raza poconchi.

(Este trabajo fué premiado en la Exposición Centroamericana, Guatemala, 1897. Narciso era profesor de instrucción primaria y especialmente de música en 1910, cuando hizo una excursión al Petén y Belice).

NATABAL nu-tinamit.—The memory of my village: from the Quiche. **Maya Society Quarterly**, March 1932. I, (2): 71.

NEBEL, C.—Voyage pittoresque et archeologique dans la partie la plus interessante du Mexique. Paris, 1836.

NERI GONZALEZ POZA, J.—Palinkaj. Tradición quiché.

NESTLER, Prof. Julius.—Zwei von Dem oesterreichischen Konsul in Managua (Nicaragua) aufgefundene Idole. En "XVI Internationales Amerikanisten-Kongress", Wien, 1908, pp. 307-310.

NESTOR HERAS.—Anillos para el juego de pelota.—**El Nacional**, México, 16 junio 1940.

———. Casa maya. **El Nacional**, México, 22 abril 1940.

(Se refiere a la descripción que hace Landa de la casa maya).

———. En el Museo Nacional. **El Nacional**, México, 22 abril 1940.

———. Flecha tarahumara. Etnografía. 2ª sala. **El Nacional**, México, 20 abril 1940.

(El autor de este artículo al referirse a don Francisco Pimentel dice que muchas de sus afirmaciones son erróneas).

NEUENDORFF, George H. (trad. y ed.)—Der schatz der Mayas; indianische und kreolische geschichten ausgewählt, übersetzt und erklärt von George H. Neuendorff. Saarlouis, Hausen verlagsgesellschaft m.b.h. (1933), 189 pp., ils., mapa, 20.5 cms.

(Incluye un artículo de Miguel Angel Asturias: "Der schatz der Mayas").

NEVIN, John.—Se comprueba una leyenda de los mayas. Efectivamente arrojaban en un pozo sagrado bellas doncellas en honor del dios de la lluvia. **La Prensa,** San Antonio, Tex., 1º mayo 1938.

NEW finds at Yaxchilan. **El Palacio,** Santa Fe, Nov. 1931, (19): 297-98.

NEW food plants in Yucatan.—**Scientific American Supplement,** New York, October 11, 1902, (54): 22391.

NEW light on the mound builders.—**Literary Digest,** October 24, 1925, (87): 23-4.

NEW Maya theory propounded.—**El Palacio,** Sept. 27 y Oct. 4, 1933, XXXV (13-4): 115-17.

NEW Mayan discoveries.—**Outlook,** April 7, 1926, 142: 513-14.

NEW pottery found in Honduras.—**El Palacio,** May 22 y June 5, 1935, XXXVIII (21-3): 124.

(Sobre los hallazgos de Dorothy Popenoe en "Playa de los Muertos en el Río Ulúa").

NEW YORK. MUSEUM OF MODERN ART.—American sources of modern Art. May 10 to June 30, 1933, the Museum of Modern Art. New York, Printed by the Garrett Press, 1933, 50-2 pp., láms., 25.5 cms.

(Ofrece para los investigadores de arte precolombino, material sobre los indios de Centroamérica y de México. Holger Cahill suscribe "American sources of Modern Art". (pp. 5-21). Hay bibliografía de la p. 23 a la 28).

NEW YORK. MUSEUM OF THE AMERICAN INDIAN, HEYE FOUNDATION. —Guide to the Museum; third floor. New York Museum of the American Indian, Heye Foundation, 1924, 192 pp., ils., 3 mapas dobles, 17 cms. (Indian Notes and Monographs. [Miscellaneous], Nº 38).

(En el Museo aludido hay excelente material para el estudio de los indios de México y Centroamérica).

NEW zeittung. von dem lande. das die Spanier funden haben ym 1521, iare genant Iucatan. Newe zeittung vo Pzussla vo Kay: Ma: hofe 18 martze. 1522. Newe zceyt von des Turcken halben von Offen geschzieben. (1522, Boston, 1928, s. l.) Facsímil, 11 pp., ils., 22.5 cms. (Americana series, photostat reproductions by the Massachussets Historical Society, Nº 201).

(Referencias a las fuentes de la Historia de Yucatán, 1519-1540).

NEWS of prehistoric America reported to Mexico meeting. **Science,** New York, August 18, 1939.

(Sobre Chichén-Itzá).

NICHOLS, H. B.—In America's Valley of Kings. **Christian Science Monitor,** Boston, December 1, 1937.

NICOLI, Lic. José P.—Las ruinas de Yucatán y los viajeros. Estudio histórico.

Boletín de la Sociedad de Geografía y Estadística, México, 1870, II: 510-24; y **El Reproductor Campechano,** 1899, Nos. 526-30.

("Consta de una serie de eruditos artículos, que son estudio o análisis acerca de la historia de los monumentos antiguos de la Península y de la cultura y civilización de los aborígenes que la habitaban en la época del descubrimiento y conquista de estas regiones por los españoles" (Martínez Alomía, p. 323).

NIETO, Iñigo.—Relación de Quitelcam y Cabiche. (13 febrero 1581). En "Relaciones de Yucatán", Madrid, 1898, pp. 220-231.

(Don Gaspar Antonio de Herrera le ayudó en la redacción de dicho memorial).

NIGRA DE SAN MARTIN, Santiago.

(En 1848 publicó su plano de Yucatán en donde se anotaba con signos convencionales las localidades en donde existían ruinas o hasta entonces desconocidas por los hombres de ciencia o ya exploradas por Stephens y otros viajeros nacionales y extranjeros. (En "Prehistoria de México", por el Dr. Francisco Plancarte y Navarrete, México, 1923, p. 86).

NOGUERA, Eduardo.—Algunas características de la cerámica de México. **Journal de la Société des Américanistes.** París, 1930, XXII: 249-310.

———. Antecedentes y Relaciones de la Cultura Teotihuacana. **México Antiguo,** 1935, III (5-8).

———. Bibliografía de los códices precolombinos y documentos indígenas posteriores a la conquista. **Anales de la Sociedad de Geografía e Historia de Guatemala,** Guatemala, 1937, XIV: 230-240; 1938, XIV: 341-351.

———. Descubrimientos en el Castillo de Chichén Itzá. **Mapa,** México, 1939, **T.** VI (62): 19-22.

———. Edificios redondos del México antiguo. **Mapa,** México, 1939, T. VI (60): 13-15.

———. El arte de la pintura maya y azteca.—**México al Día,** México, 15 octubre 1936.

———. Extensiones cronológico-culturales y geográficas de las cerámicas de México (Contribución al XXV Congreso Internacional de Americanistas, La Plata, Argentina, 1932). México, Talleres Gráficos de la Nación, 1932.

———. ¡Jarros, cazuelas, botellones! **México al Día,** México, 15 enero 1937.

(En este artículo de divulgación, el señor Noguera diserta sobre la cerámica prehispánica en México y al final de su trabajo habla de la cerámica maya).

———. Leyenda de la Casa del Enano en Uxmal. **Mexican Folkways,** México, 1929, V: 146-151.

———. Ruinas arqueológicas de Xochicalco, Morelos. Guía para visitar las principales ruinas arqueológicas del Estado de Morelos. (Publicaciones de la Secretaría de Educación Pública, tomo 31, núm. 3, México, 1929).

———. The Pyramid of Tenayuca. Translated from the original Spanish by Arthur Stanley Riggs. Photographs by courtesy of the Mexican Government. **Art and Archaeology,** Wáshington, julio-agosto 1930, XXX (1-2): 3-10, 13 figuras.

———. Cerámica de Quintana Roo. **El México Antiguo**, 1940, V (1-2):

———. Chichicastenango. **Mapa**, México, 1936, III (32):

———. Las ruinas de Tulum. **Mapa**, México, 1940, VIII (74):

———. Las últimas exploraciones en Yucatán. **El Universal Ilustrado**, México, 19 abril 1928.

———. Yucatán. **Mapa**, México, 1935, II (18):

NOLL HUSUM, H.—Grundlegendes zur Zeitbestimmung der Maya. **Zeitschrift für Ethnologie**, Berlín, 1937, LXIX (1-3): 56-63.

NOMBRES de pájaros en lengua giche, y otras cosas.—Copia fotográfica. 32 pp. en 4º.

(Se trata de un Ms. del siglo XVI, en buen estado. (Cat. Gates, Nº 1002).

NOREÑA, P. Alonso de.—(Carta del P. ....., escrita en febrero de 1580, referente a las confesiones de los indígenas). En "Arte de las tres lenguas cakchiquel, quiche y tzutuhil", por Fr. Francisco Jiménez, manuscrito en folio (Véase Viñaza, Nº 302).

NORMAN, Benjamín Moore.—Rambles in Yucatán. Notes of travel through the Peninsula, including a visit to the remarkable ruins of Chi-Chen, Kaba, Zayi, and Uxmal. With numerous illustrations. New York; J. & H. G. Langley; Philadelphia: Tomas Cowperthewitt & Co.; New Orleans: Norman, Steel & Co., 1843, III-304 pp., 1 mapa, 22 cms.

(Se trata de la primera edición. La segunda y la tercera son iguales, excepto en las adiciones y las obras que citan; la cuarta y la quinta son de Nueva York (1844 y 1849); la séptima fué hecha en Filadelfia por Carey & Hart (1849), 2-III-VII-3-304 pp., ils., láminas, mapa, planos, 23 cms. Incluye una "Gramática maya" (pp. 240-49) y "Un breve vocabulario maya" (pp. 255-63).

(En su monografía "Huaxtec sculpture and the cult of apotheosis", **The Brooklyn Museum Quarterly**, Brooklyn, diciembre 1937, XXIV (4): 179-88, Mr. Spinden diserta en torno a los objetos arqueológicos de la New York Historical Society, exhibidos en el Museo de Brooklyn: varias esculturas huaxtecas de gran mérito artístico, que fueron encontrados por Norman, el author de "Rambles in Yucatan" en la zona del valle del Pánuco donde se juntan Tamaulipas, San Luis Potosí y Veracruz).

("B. M. Norman, the donor of these and other pieces, is best known for his **Rambles in Yucatan**, a book published in 1842, to anticipate slightly the brilliant work of John Lloyd Stephens and Francis Catherwood on Yucatan. Written in a florid style and dripping with early Victorian sentimentality, Norman's book was something of a success in its day. It is now useful to archeologist mainly for a short account of excavations in Campeche revealing several Maya figures. These early examples were presented to the New York Historical Society on October 1, 1842.—Later, in 1844, Norman made a second tour, in Cuba and along the Panuco river in Mexico, again engaging in some archeological exploration which he describes in flowery and fantastic phrases in a second and more slender volume published early in 1845. Under date of November, 1, 1844 he turned over to the New York Historical Society not only the rather unimportant pieces which he himself had secured but three magnificent sculptures presented to him by the wife of Captain Chase, then American Consul at Tampico. It seems that Norman picked up malaria on his Panuco journey and was nursed back to health by Mrs. Chase. He speaks of her kindness in this matter in his book but makes no description or mention of the fine sculptures. Perhaps these pieces followed him on a later ship, reaching the United States too late to have their descriptions included in his book. In the Proceedings of the New York Historical Society for 1844-46 we find first a list of the ten objects excavated by Norman as well as a second letter which gives meager details concerning the three large sculptures. I quote this document for what it may be worth merely remarking that the explanations of the monuments seem to lack validity").

(Mr. Norman llegó por Sisal a Mérida, visitó Uxmal y Chichén, salió por Campeche y se dirigió a Nueva York, donde publicó este libro que don Justo Sierra calificó en el **Registro Yucateco,** Mérida (1845, I: 372) en los siguientes términos: "Es la obra más desatinada y ridícula que hayamos leído en estos últimos tiempos. Escrita sobre relatos falsísimos, y datos erróneos, con una regular dosis de malevolencia y mala fe, no es extraño que el triste personaje, haciéndose el importante, se diese en espectáculo risible ante las personas que estaban cercioradas de los hechos. Norman, aprovechándose de trabajos ajenos, hizo de ellos tal embolismo, que nada razonable puede sacarse en limpio, sin embargo de haberse afanado en fortificar el entusiasmo público, a fin de que su libro tuviese pronto despacho. Sus cálculos no fueron fallidos; y el viajero de nuevo cuño ganó sus ocho o diez mil dollars, riéndose de la credulidad de los lectores. Y para probar que cuanto hemos asentado es verídico en todas sus partes, ofrecemos a los suscriptores del Registro publicar, dentro de poco, un ligero análisis de la obra de Mr. Norman, en que su profunda ignorancia quedará patente, y su libro relegado al desprecio que se merece". Y agrega Martínez Alomía (p. 150): "Los grabados y litografías representan objetos imaginarios, salvo aquellos que copió del libro que había motivado su viaje y sabemos positivamente que el doctor Sierra, pensó en formar una refutación de la obra de Norman, de lo que al fin desistió, porque le hubiera sido preciso traducirla toda, y no creyó que ese libro mereciese los honores de la traducción ni aun para refutarlo. Norman, en la parte que comprende las noticias históricas de Yucatán, propiamente dicho, tuvo la habilidad de no citar más autoridad que la de Waldeck y la de un periódico de Dublín de 1834-35").

NOTAS para la Bibliografía Maya.—**Eurindia,** México, D. F., diciembre 1936.

(Son notas que precedieron al trabajo que hoy publica el "Boletín Bibliográfico de Antropología Americana").

NOTES on the Codex Troano and the chronology of the Mayas.—**American Naturalist,** Philadelphia, 1881, XVI: 719-724.

NOTICE sur le Yucathan tirée des écrivains espagnols.—**Nouvelles Annales des Voyages,** París, 1843. XCVII: 30-52.

NOTICIA brebe de los vocablos mas usuales en la lengua cacchiquel. Manuscrito. 92 hojas en 4º.

(Título tomado de Brasseur de Bourbourg (Cat. Pilling, Nº 2774). Gates habla de sú copia fotográfica y dice que se trata de un Ms. en 8vo., del siglo XVII, (Cat. Gates, Nº 1015).

NOTICIAS de varias plantas y sus virtudes.—Manuscrito. 29 pp. 8º (Pilling, Nº 2774 b).

(Copiada de su original en Yucatán. Parece que fué escrito a principios del siglo actual, y da los nombres de muchas plantas que se supone tienen propiedades medicinales (Cat. Pilling, Nº 2774-b). Probablemente fué redactado por don Joaquín Dondé (Cat. Gates, Nº 971).

NOTICIAS geográficas y estadísticas del Departamento de Soconusco (Estado de Chiapas). **Boletín de la Sociedad Mexicana de Geografía y Estadística,** México, 1871, 2ª época, III: 76-86.

(Lleva un croquis del Sr. José Encarnación Ibarra).

NOVELO EROSA, Paulino.—Etimologías de los nombres de las poblaciones. Dzitihaaz hoy Dzitas. **Yikal Maya Than,** Mérida, Yucatán, México, 1939 (1): 11.

———. La ceiba de las fiestas. **Yikal Maya Than,** Mérida, Yucatán, 1939 (1): 17.

———. Los mayistas de antaño.—**Diario de Yucatán, Mérida, Yuc., 18 abril 1937.**

———. "Yikal Maya Than". Revista de literatura maya. Director: Prof. Paulino Novelo Erosa. Mérida, Yuc., 15 enero 1940, Año I, Nº 5, Imprenta Oriente, 24 pp., 26 x 17.5 cms.

NOYES, Ernest (trad.)—Fray Alonso Ponce in Yucatan, 1588 .... En "Middle American papers", New Orleans, 1932. (Middle American Research Series. Publication Nº 4).

———. (Véase Molina, Cristóbal).

———. Notes on the Maya day-count. **Maya Research,** New Orleans, La., 1935, II (4): 383-393.

NUCAMENDI, Esteban.—(Véase Núñez, Fr. Juan).

NUEVAS hipótesis acerca de los calendarios de los mayas y los aztecas.—**Excélsior,** México, D. F., 28 febrero 1937.

(**Sumario:** Cuando llegaron a México parece que ya sabían medir el tiempo y aquí sólo perfeccionaron sus métodos.—El astrónomo Francisco J. Escalante formula su opinión en tan importante problema.—Los cometas en el cielo de Moctezuma.—El Calendario Maya no nació aquí.—¿Vendrían del Perú los indios mayas?—Era una fiesta el paso del Sol.—Escalante, único egiptólogo aquí.—Ha descifrado mucho de Tutankamen).

NUFIO, Pedro.—(Véase Bancroft, H. H.)

———. (Véase "Ruinas de Copán").

NUMERATION, calendar systems, and astronomical knowledge of the Mayas. Peabody Museum, 1910.

NUÑEZ, Fr. Juan.—Algunas cossas curiossas en lengua chapaneca sacadas de pposito pa. doctrina de los ynos y pa. q. los pes. que deprenden esta lengua se aprovechen dellas por no aver en ella nada escrito. Los padres perdonen y Rnan. el buen deseo que tubo qen.lo trauajo por servirles y aprouechar las almas destos pobres. (1663). Manuscrito. 54 hojas en 4º. (Cat. Pilling, Nº 2783).

(De este Ms. dice Brasseur de Bourbourg: "Firmado al margen, Fr. Joan Núñez.

Es una serie de homilías o sermones, y es único en su clase, desde que, tal como dice el autor, nada había sido escrito en chiapaneco para instrucción de los nativos". Gates da la noticia anunciando que tiene copia fotográfica, de 122 pp. en 16avo. (Cat. Gates, Nº 951).

———. Sermones de Doctrina en lengua chiapaneca compuestos por el R. P. Fr. ...., dominico, recogidos en la familia del Sr. D. Esteban Nucamendi, gobernador que fué de Acalá. 81 pp. en 4º.

(Se trata de un Ms. cuyo título da Brasseur de Bourbourg. (Cat. Pilling, Nº 2784). (Cat. Gates, Nº 952).

NUÑEZ DE LA VEGA, Fr. Francisco.—Calendar and nagualism of the Tzeltals. by Alan Watters Payne. **Maya Society Quarterly**, 1932, I (2): 56-64.

(Traducción de una parte de una obra sobre los indios de Chiapas, publicada en Roma, 1702).

———. Constituciones diocesanas del obispado de Chiapa. **En Roma, en la Nueva Imprenta de Caietano Zenobi, en la Curia Innocenciana, 1702, 2 tomos en 1 vol. en 4º.**

(Esta obra, muy rara ya, es muy curiosa por la abundancia de noticias relativas a la historia antigua de Chiapas).

NUÑO, José Antonio.—Estadística de Soconusco. (1811). **Boletín de la Sociedad Mexicana de Geografía y Estadística.** México, 1875, 3ª época, II: 329-36.

(Es una relación detallada de los pueblos, sus distancias a la cabecera, número de habitantes, explicación de haciendas, trapiches y hatos, y está firmada en Tapachula el 29 de octubre de 1811).

NUSBAUM, Deric.—(Véase "Informe anual de la Subsección de Historia Antigua de América", por A. V. Kidder (1934-1935).

NUTTALL, Zelia.—A marble vase from the Ulua river, Honduras. Reply. **Art and Archaeology**, Washington, D. C., January, 1921, (1-2): 63-5.

(Respuesta al artículo que con igual nombre publicó Mr. George Byron Gordon en la misma revista, en marzo de 1920).

———. New light on ancient American calendars. **Bulletin of the Panamerican Union**, Wáshington, julio 1927.

———. Origin of the Maya calendar. **Science**, New York, 1927, LXV: 1678, Supplement, pp. XII, XIV, P. A. L. L'Exposition Mujica. **La Revue Latine**, París, 1927, Nº 13: 43-45.

———. Some comparisons between Etowan, Mexican and Mayan designs. Phillips Academy, Andover, Mass., Department of Archaeology. "Etowah papers". 1932, pp. 137-44.

———. Suggestion on Maya numerals. **American Anthropologist**, (5): 667.

———. The fundamental principles of Old and New World civilizations. A comparative research based on a study of the ancient Mexican religious, sociological and calendrical systems. By .... Honorary Special Assistant of the Peabody Museum. Seven plates and seventy three illustrations in the text.

Cambridge, Mass. The Salem Press Co., 1901, 602 pp., 24.3 x 15.4 cms. (Archaeological and Ethnological Papers of the Peabody Museum, Harvard University, Vol. II).

("Symbols and names connected with middle or centre", "Names of symbols connected with four quarters, above and below", (en maya) (pp. 277-279); Appendix I, "Comparative table of some quechua, nahuatl and Maya words" ((p. 549-555).

(Es este uno de los libros en que Mrs. Nuttall desplegó lo mejor de su saber americanístico. En él trata de establecer nexos entre las civilizaciones de América y del Oriente, utilizando los documentos e hipótesis que proporcionan códices, lenguas, mitos, arqueologías, etc., etc. El espléndido índice que va al final permite la rápida consulta y en él sobresalen los temas mayas).

———. The Island of Sacrificios. **American Anthropologist, Lancaster, Pa., 1910.** XII (2): 267-295.

———. The round temples of Mexico and Yucatan. **Art and Archaeology, Wáshington, 1930, XXX (6): 229-233.**

NUTTING, Charles C.—Antiquities from Ometepec, Nicaragua. En "Smithsonian Report for 1883", Wáshington, 1885.

O

O., J. A.—La prodigiosa esattezza del calendario dei Maya. **Il Nazionale, Torino (Italia), 1935, XIII (477): 127-28.**

OBER, Prof. Frederick A.—Ancient cities of America.—**Journal of the Am. Geog. Society, 1888, XX: 39-74.**

(Habla brevemente de Copán).

———. Catherwood and Stephens. En "Travels in Mexico and Life among the Mexicans", por ...., Boston, 1884, pp. 38.

("The lamented archaeologist, J. L. Stephens, whose writings on the ruins of Central America and Yucatan have secured him permanent fame, resided here forty years ago, in company with his artist, Mr. Catherwood, and Dr. Cabot, of Boston. The house he then occupied, and rented at four dollars a month, is now leased for sixty dollars").

———. Travels in Mexico and life among the Mexicans. By .... author of "Camps in the Caribbees", "Young folk's History of Mexico", etc. I. Yucatan.—II. Central and Southern Mexico.—III. The Border States. With 190 illustrations, mainly from the author's photographs and sketches. Boston, Estes and Lauriat, 1884, XXII-22-672 pp., ils., mapas, 23 x 14.5 cms.

(**Sumario: I. Yucatan.** I. **A Glimpse of Yucatan.** From Cuba to Yucatan.—Progreso.—Its one hotel.—Sisal the desolate.—An antiprogressive railroad.—The Lagoon.—Henequen.—Indians.—Garbs of centuries agone.—The Uipil.—Advent of the steam monster.—Sleepy cabmen.—Moresque architecture.—Caged beauties.—The Plaza.—An ancient dwelling.—T'ho, or Merida.—Street of the Elephant.—El Museo Yucateco.—American gold at premium.—The "Sabios" of Yucatan.—A hot climate.—Houses that are heat and vermin proof.—Catherwood and Stephens.—Summary of settlements.—II. **Yucatecos.** A dip into history.—The first Indians of New Spain.—The captured canoe.—Cacao as currency.—The error of Columbus.—First view of Yucatan.—Hernandez de Cordoba.—Juan de Grijalva.—An intrepid soldier and faithful cronicler.—Montejo, conqueror of Yucatan.—The conquest.—The indigenous race.—The Sublevados.—Indians in arms.—The hidden city.—Mestizos.—Servants.—Wages.—A primitive mill.—The Metate.—Tortillas and frijoles.—A rare Consul.—The market.—The monastery.—Ancient religion. — The Carnival.—Estudiantes. — Caleza and volante. — The nunnery.—The Grand Paseo.—A Yucatan salute.—Sun worshippers.—Waltzing in higher circles.—Sweet daughters of the South.—Polite and polished people.—Lovers' intrigues.—III. **Uxmal, the ruined city.** Ruins of Yucatan.—A Volan.—Mules with ears.—Yucatan hospitality.—The Cenote.—An oasis.—"Buenos días, señores!".—Subterranean rivers.— Swallows and hornets.— The cattle-yard.—Oración.—The Sierra.—The double-headed tiger.—The pyramid.—The various Casas, del Gobernador, de las Monjas, de las Tortugas, de las Palomas, de la Vieja.—The Royal Palace.—A maze of sculpture.—A hanging garden.—Description baffled.—The House of the Turtles.—The Temple of the Vestals.—The Serpent's Court.—Puzzling wealth of hieroglyphics.—The feathered serpent. A reminder of Aztec mythology.—Other ruins: Kabah and Labná.—Comparison of the Central American ruins. A recently discovered statue.—Theories regarding the people who built these cities.—Prejudiced historians.—A week in the ruins.—Our Maya guide.—An Aguada.—The king vulture.—The "Maya Arch" and "Elephant's Trunk.—Misled antiquarians.—Gnomes and goblins.—The Nameless Mound.—The House of Birds.—Night in the Palace.—The Bloody Hand.—IV. A **new industry and an old monument.** Hemp, or Henequen.—The native wealth of Yucatan.—Cultivation and preparation of henequen.—Cordage and hammocks.—The cotton and its worm.—On the road.—Processions of indians.—Where hammocks are made.—The coach Carlotta rode in.—Aké.—More ruins.—Cyclopean columns.—Katunes, or epochs, of aboriginal history.—Records of a vanquished people.—Who raised them?—House of the Priest.—Akabná, or dark house.—The Cenote and its inhabitants.—Lizards and iguanas.—The lizard that tortures you by biting your shadow.—The oldest monuments in America.—Our host, the Condé Peon.—V. **Mayapan, the Ancient Empire.** Mayapan, and Chichen-Itza.—Aboriginal history.—The Maya Genesis.—Xibalba.—The itzaes.—The three invasions of Yucatan.—Mayas, Tutul Xius, Caribs.—King Cocom.—The mound at Mayapan.—Dr. Le Plongeon's statue.—Maya astronomy.—Chaldean and Egyptian resemblances.—Antiquity and civilization of the Mayas.—Itzamal, the holy city.—The Yucatan rebellion.—A ravaged country.—Mural paintings and sculptures.—The great ruined city.—Chaacmol, the Tiger King.—A disappointed discoverer.—A glance at Kabah.—Consul Aymé's horse.—The man on horseback.—M. Charnay and his theories.—How archaeologists are working.—How they should work.—VI. **A grand turkey hunt**. The ocellated turkey.—John.—Our dreadful driver, and how we managed him.—Motul.—Its Cenote.—"Toh", the bird that baffled Noah and survived the flood.—A revolutionary general.—An impromptu ball.—An array of beauty.—A reasonable request.—A town where English had never been spoken.—Tho young ladies wish to hear it.—They are gratified.—English speech-making to a Spanish audience.—An "original" poem.—Timax, an isolated town.—A home-made physician.—Another dance.—A dignity ball.—The Musicos.—The Mestiza ball.—Dancing against one's will.—"Vamonos".—The turkey-buzzard dance.—The Toro.—A change of scene.—The dyeing Indian women.—A welcome for death.—VII. **In the logwood forests.** Sleeping spoon-fasion.—A bolt for the coast.—The great mound of Dilam.—Izamal.—The start for the rancho.—"Muy temprano".—A Yucateco refresco.—The lovely Aguada.—Rare birds.—The camp.—Logwood cutters.—Dinner-table etiquette.—"At your disposal, sir".—A quarrel.—Familiar Maya words.—Weighing the logwood.—Palo de Campeche.—Quail, deer, and turkeys.—The Indian with evil eyes.—The haunts of adders.—A walk at sunset.—Industrious women.—Toiling at the mills.—VIII. **North Coast of Yucatan.** Trogons and parrots.—Wild hemp.—Puntas Arenas.—Sea birds by the thousand.—The Lagoon.—Spoonbills and flamingoes.—Ibis and heron.—Fish and coco-nuts.—Failure.—Cozumel and Isla Mujeres.—First landing of the Spaniards.—Important discovery.—The Brasero, or incense burner.—A wilderness of ruins.—Tulum.—Rio Lagartos.—A fall.—Puerto de Dilam.—Mangrove forests.—Excessive politeness.—El Viejo.—Timax again.—The Medico and his patients.—The Correo.—Motul.—Generous Compañeros. Merida.—**Book II. Central and Southern Mexico.** IX. **Palenque and the Phantom City.** Farewell to Yucatan.—Why one should love the Yucatecos.—An honest people.—The Alexandre steamers.—Delightful voyaging.—Campeche.—Aboriginal catacombs.—Champoton, or

"Mala pelea".—Laguna de Terminos.—Unexplored territory.—Frontera.—The River Tabasco, or Grijalva.—San Juan Bautista.—Marina, the Tabascan Princess. —Palenque, the vast group of ruins.—The "Palenque Cross".—The ancient Xibalba.—Peten and Flores, land of the Itzaes.—The deified horse.—Tizimin, the white tapir.—The mysterious city.—An aboriginal centre of civilization).

OBERLIES, H.—Das Kulturwunder der Maya. **Die Propyläen**, 1936, XXXIV (9): 67-68.

OBRAS maestras del arte indígena americano.—**Revista de Revistas**, México, 7 noviembre 1915.

(Las noticias las toma del artículo del Dr. W. H. Holmes, aparecido en la revista "Art and Archaeology", de Wáshington, sobre los mosaicos arquitectónicos de Yucatán).

OCAMPO, C. J.—Así acabó la desventurada Quiché. Cuento popol-vuhvesco. **Excélsior**, México, 10 mayo 1925.

OCAÑA, Fr. Diego de.—Varios escritos en Cakchiquel.

(Fr. Ocaña nació en Almodóbar en la Mancha y recibió el hábito franciscano en el Convento de Guatemala. Sujeto, dice Vázquez, en quien concurrían singulares prendas, maestro excelente en los idiomas quiché, cakchiquel y zutuhil. Murió en 1676. Su "Descripción de la Laguna de Atitlán" la publicó Vázquez en el primer tomo de su "Crónica" (p. 170-177). "En un Arte de kachiquel" que tenemos de principios del siglo XIX se alaba lo que escribió el P. Ocaña". ("Catálogo de los escritores franciscanos de la Provincia Seráfica del Santísimo Nombre de Jesús de Guatemala", por Daniel Sánchez G., p. 69).

OCULTO en la misma estructura de El Castillo, fué descubierto otro maravilloso templo en Chichén-Itzá. Arqueólogos mexicanos hallaron el inapreciable tesoro, que es una de las más gloriosas manifestaciones de la cultura maya. Jaguar de piedra tallado en una sola piedra, con incrustaciones de jade. **El Universal**, México, 26 septiembre 1937.

(Este estudio de la Institución Carnegie de Wáshington fué también publicado en "Diario de Centro América", Guatemala, 31 agosto y 1º septiembre 1937).

OKADA, Takashi.—Cultura Maya en la península de Yucatán. 1935, 103-41 pp. 1 mapa.

(El Prof. Okada ha visitado Centroamérica. Su trabajo apareció en japonés).

OLAVARRIETA, José de.—Informe del Teniente de Alcalde Mayor de Totonicapam y Güegüetenango, en virtud de la Real Orden de 28 de julio de 1739-(1740). **La Semana**, Guatemala, 19 y 26 mayo 1867.

OLD, Marcus C.—Yucatan fresh-water sponges. En "The cenotes of Yucatan; a zoological and hydrographic survey", por A. S. Pearse, etc. Washington, 1936, pp. 29-32. (Carnegie Institution of Washington).

———. (Véase "Informe anual de la Subsección de Historia Antigua de América", por A. V. Kidder (1932-1933).

OLD gods in Guatemala.—**Grace Log**, 1934, XVII (3): 461-64.

OLD YUCATAN history in print.—El Palacio, Santa Fe, 1932, XXXII (19-20): 260.

OLDER pyramid beneath El Castillo.—El Palacio, 1932, XXXII (19-20): 259-60.

OLDEST American dated antiquity made in 100 B. C.—**Scientific American, Supplement,** New York, September 2, 1916, (82): 150.

ON MAYA research. Being two papers read at the Hispanic-American session of the meeting of the American Historical Association at Providence in 1936, Wáshington, Carnegie Institution of Washington, 1937, 22 pp., ilustraciones, 22.5 cms. (Carnegie Institution of Washington, Supplementary Publications, Nº 28).

(Estos trabajos son los siguientes: "A program for Maya research" por el Dr. A. V. Kidder y "The second epilogue to Maya history", por el Dr. Robert Redfield. Se hizo un sobretiro por la "Hispanic Historical Review", 1937, XVII: 160-169.

ON the track of the Mayas: Maya Indians of British Honduras. **Scientific American, Supplement,** January 1931 (144): 48-9.

O'NEALE, Lila M.—Investigaciones sobre tejidos guatemaltecos. En "Informe anual de la Sección de Investigaciones Históricas", por A. V. Kidder, (1935-1936), pp. 29-30.

O'NEILL, John P.—Reconocimiento de Yaxuná. En "Informe anual de la Subsección de Historia Antigua de América", por A. V. Kidder (1932-1933).

———. (Véase "Informe anual de la Subsección de Historia Antigua de América", por A. V. Kidder, (1931-1932).

O'NEIL O'KELLY, Arturo.—Descripción, población y censo de la provincia de Yucatán en la Nueva España (1795). Manuscrito.

(Era brigadier español y gobernador de Yucatán (1793-1800). La obra no llegó a imprimirse. Beristáin dice que estaba en la Biblioteca de la Catedral de México, Tomo XXXIV de "Providencias y discursos". Martínez Alomía, que equivocadamente da al manuscrito la fecha 1705, dice que puede estar en el Archivo Nacional, a donde pasaron algunos documentos de aquella famosa colección).

ORACIONES (Las).—En lengua quiché de Rabinal, con unos fragmentos en lengua cuchechi (cagchi). Manuscrito. 7 hojas en 4º.

(Manuscrito único y original, escrito en el quiché de Guatemala. Perteneció a Brasseur de Bourbourg y más tarde a Alphonse Pinart (Cat. Pilling, Nº 2842a y "The Boban collection of antiquities", Nº 2395).

ORDENANZAS de la Cofradía del Rosario, año de 1869.—Copia fotográfica. 24 pp. en folio.

(Este Ms. es atribuído al maestro y escribano Pascual Vázquez. (Cat. Gates, Nº 998).

ORDENANZAS y ritual de la Cofradía de la Sta. Vera Cruz, en Totonicapam. Copia fotográfica. 52 pp. en folio.

(Se trata de un manuscrito en quiché y español, de fines del siglo XVII. (Cat. Gates, Nº 999).

ORDOÑEZ, Fr. Diego.—Doctrina dogmática en lengua de Guatemala. Manuscrito, 1 vol. (Cat. Pilling, Nº 2848).

———. Exhortaciones sobre la penitencia y comunión en la misma lengua. Manuscrito. 1 vol. (Cat. Pilling, Nº 2849).

———. Sermones panegíricos y morales en la misma. Manuscrito. 2 vols. Titles from Beristain. (Cat. Pilling, Nº 2850).

(Estas noticias las reproduce Pilling de Beristain y Squier. Ordóñez era de familia ilustre de Salamanca. Vino a América con cinco compañeros franciscanos, estableciéndose en Guatemala, donde estuvo más de veinte años. Fray Jerónimo de Mendieta dice en su "Historia eclesiástica indiana" que misionó en aquella Provincia. Fué teólogo calificador de la Inquisición en México y custodio en la iglesia parroquial de Sombrerete, Zac., habiendo alcanzado la edad de 117 años).

ORDOÑEZ, José de.

(Vicario perpetuo del partido de Chamula, en la provincia de Chiapas, quien en 1784 avisó, de parte de su hermano Ramón de Ordóñez y Aguiar, al Capitán General de Guatemala, el descubrimiento de las Ruinas de Palenque.

ORDOÑEZ Y AGUIAR, Ramón de.—Descripción de la ciudad palencana. (1796). Libro II.

(Está el Ms. en el Department of Middle American Research, Tulane University of Louisiana, New Orleans. Se trata de un Ms. original y único, de 23 folios en 4º mayor, que fué copiado de su original en el Museo Nacional de México. "Va después de los documentos relativos a las ruinas de Palenque, que se hallan en los archivos de la Biblioteca de la Real Academia de Historia de Madrid. Formaron parte de las colecciones de Brasseur de Bourbourg y de Pinart" ("The Boban collection of antiquities", Nº 2397). Entiendo que su verdadero nombre es así:

———. Historia de la creación del cielo y de la tierra, conforme al sistema de la gentilidad americana. Theología de las culebras, figurada en ingeniosos geroglíficos, símbolos, etc.—En "Bibliografía Mexicana del siglo XVIII", por el Dr. Nicolás León, México, Imprenta de la Vda. de Francisco Díaz de León, 1907, Sección primera, Cuarta parte, 1-272 pp.

(Dice el Dr. León que se trata de un manuscrito en folio, del siglo XVIII y agrega: "La importancia de esta obra para la etnografía de las naciones indias del extenso Estado de Chiapas y Guatemala, no menos que para la inteligencia de la arqueología maya, y su total desconocimiento por los estudiantes americanistas, me impelen a darlo a luz, íntegro, por vez primera" (p. 1). De Ordóñez y Aguiar era clérigo y canónigo del Obispado de Chiapas. El abate Brasseur de Bourbourg fué quien primero dió a conocer extractos de ella. En la p. 242 habla del italiano don Pablo Félix Cabrera (véase Minutoli, en esta bibliografía). El manuscrito formaba parte de la biblioteca de don José Fernando Ramírez y constaba de 326 hojas, 21 de notas y 7 más de fragmentos, según se lee en la página 86 de su catálogo. Squier dice en "Collection of rare and original documents and relations" (pp. 65) que el manuscrito estaba en el Museo Nacional de México (1860).

(Este libro es uno de los más interesantes documentos para la historia de la Mitología Americana y especialmente de los maya-quichés. El autor utiliza materiales de Clavijero, Boturini, fray Gerónimo Román ("República de los Indios"), fray Francisco Ximénez ("Historia de la Provincia de San Vicente de Chiapa y Goathemala"), fray Francisco Núñez de la Vega, Obispo de Chiapa ("Constituciones diocesanas"), fray Ildefonso José Flores ("Arte de la lengua metropolitana del reyno cachiquel"), Bernal Díaz, Antonio de Solís, José de Acosta, Remesal, Villagutierre, Cogolludo. El libro ofrece mucho material para la Etnografía y el estudio de la fauna. El Dr. Santiago I. Barberena llama "indigesta" esta obra de Ordóñez y Aguiar, quien utilizó la traducción que el padre Francisco Jiménez, dominicano, hizo de el "Popol-Vuh"; y "disparatada", el Lic. J. Antonio Villacorta C.)

(**Sumario:** Prefación.—Historia de la Creación del Mundo, conforme al sistema americano. Parte primera. Libro primero.—**Capítulo I.** Texto.—**Capítulo II.** Del libro del Génesis conforme al sistema Americano. Creación del cielo, de la tierra, y de todas las cosas visibles y invisibles. Formación y destrucción del Adan de Barro. Creación del Adan de Palo, y de la Eva de Carbon. Destruccion del Mundo con los Diluvios de fuego y agua; y transformacion en Monos de los pocos hombres que escaparon.—**Capítulo III.** De la noticia que los Culebras tuvieron de los Angeles: y del modo que entendieron la ruina de Lucifer.—**Capítulo IV.** En que continuando la materia del pasado, concluien los Culebras la Historia de Ucub-Caquix.—**Capítulo V.** De la alevoza muerte que Zipacná, primogenito de Ucub-Caquix, dió á quatro cientos Angeles: y del prodigioso modo, con que el mismo Zipacná, y sus hermanos Cabracam, fueron vencidos y muertos, por los Dioses Niños.—**Capítulo VI.** En que se explica la generación eterna de los Dioses Niños Hunahpu y Xbalaque, y la muerte del Padre, y tío de esos Niños, á manos de los Demonios.—**Capítulo VII.** Del milagroso modo, con que una Doncella llamada Xquic concibió sin obra de Varon, á un proprio tiempo, dos Niños, que lo son Hunahpu y Xbalanque.—**Capítulo VIII.** De como la Doncella Xquic fué a Casa de su Suegra y del maravilloso modo, conque se la dió á conocer.—**Capítulo IX.** Del prodigioso nacimiento de los Dioses Niños, y de la transformación de Huanchoven, y Hunbatz en Monos.—**Capítulo X.** Exercitanse los Dioses Niños en el juego de la Pelota, emplazados de Huncame y Ucubcame, descienden á los Infiernos.—Destruyen el Imperio de los Demonios.—Resucitan á Hunhunahpu y á Ucubhunahpu y al Vac de Niños, muertos á manos de Zipacná. Transforman en Sol y Luna á los primeros, y en Estrellas á los segundos, subenles consigo al cielo, y les colocan en los Orbes de las Planetas.—**Capítulo XI.** De la simultanea creacion de los Quatro Adanes postdiluvianos, de quienes, en el systema Americano proceden los hombres todos, blancos, y negros, que habitan oy las quatro partes del Universo.—**Parte segunda.** Libro primero. De la antigua historia de la Gentilidad Americana, en que suponiendo otra anterior, se cuenta la dispersión Post-diluviana: se dá razón de las primeras Gentes, que emigraron á las Antillas: de su transito por el Oceano: del origen de los sacrificios de victimas humanas: del que tuvo su primer Imperio: de la Fundacion de las quatro primeras Cortes Americanas, conviene á saber, la Imperial "Culhuacán", y las Coronadas "Tul-há", "Maayhá" y "Chiquimulha", con otras cosas dignas de saberse. Prelusión).

(Ordóñez y Aguiar, muerto en 1840, era presbítero domiciliario en Ciudad Real de Chiapas y descubrió las Ruinas de Palenque, dando las primeras noticias sobre ellas al Capitán General de Guatemala a fines de 1784).

ORELLANA.—Nombramiento de Comandante militar y Gobernador civil de los mayas. Diario de Centro América, Guatemala, 3 septiembre 1936.

(Es una nota que el comandante de la frontera del Petén envió al Gobierno federal en Guatemala el 7 de abril de 1832).

ORIGIN of the Maya calendar.—**Science,** (65): Supplement, 12-14, February 25, 1927.

OROZCO Y BERRA, Manuel.—Algo acerca de la civilización mexicana y de la Cruz del Palenque.—**El Artista,** 1874, I: 98-108; 156-157; II: 201-208; 265-273.

———. Algunas nociones de cronología. **El Mexicano.** México, 8 marzo 1866.

(Orozco y Berra en este estudio utiliza datos de don Juan Pío Pérez respecto a los días del mes maya y alude a la lista dada por Boturini).

———. Geografía de las lenguas y carta etnográfica de México, precedidas de un ensayo de clasificación de las mismas lenguas y de apuntes para la información de las tribus.—México, Imp. de J. M. Andrade y F. Escalante, 1864, pp. XIV-392, carta etnográfica.

(**Sumario:** Familia huasteca-maya-quiché.—El maya y sus dialectos: el lacandón, el petén, el caribe, el chañabal y el punctunc.—Lengua hermana, la chontal.—Afinidad del maya con los idiomas hablados antiguamente en las islas.—Tabla general de clasificación.—III. Familia maya.—Escritura jeroglífica de los pueblos de México. Hay otra escritura más antigua y es la que se encuentra en los monumentos del Palenque, de Uxmal y de Copan, etc.—El calendario de los pueblos de filiación tolteca. El calendario de Yucatán. Los días. Los meses. Comparaciones. Calendario chiapaneco. Las tres diferencias proceden de una misma fuente. Su antigüedad relativa.—Reproduce los nombres de los días y de los meses, según Pío Pérez publicados en el Dicc. U. de H. y G. (Apéndice). Antigua cronología yucateca.—Las ruinas de Chiapas, Yucatán y Guatemala dan testimonio de una civilización anterior a la de los pueblos conocidos en México.—Familia maya-quiché. Sus inmigraciones.—Geografía de las lenguas de México. Yucatán.—Tabasco, lugares del Estado donde se habla el idioma maya.—Chiapas, lugares de esta entidad donde se habla el maya).

———. Historia de la dominación española en México. México, Antigua Librería Robredo, de José Porrúa e Hijos, 1938, Tomo I: 249-256.

(Prosigue la conquista de Yucatán. Montejo funda la Villa de Salamanca en Chichén Itzá.—Le combaten los mayas.—Abandona la villa y viene a fundar en Campeche la segunda Salamanca).

———. (Véase "Códice Dresdensis").

ORTH, Charles D.—Henequen. **Modern Mexico,** 1936, VII (10): 4.

ORTIZ DE MONTELLANO, Bernardo.—La poesía indígena de México. México, Talleres Gráficos de la Nación, 1935, 96 pp. 21.2 x 16 cms.

(**Indice:** El Popol-Vuh (fragmentos); El Libro de Chilan Balam de Chumayel. Canto religioso, Libro de las Pruebas, Kah-Lay de la Conquista, Libro de los Linajes).

———. México en "La serpiente emplumada" de D. H. Lawrence.—**El Libro y el Pueblo,** México, 1934, XII: 180-183.

OSBORNE, Lilly de Jongh.—Ensayo sobre temas indígenas: artes menores. **Ana-**

les de la Sociedad de geografía e historia de Guatemala, 1934, XI (4): 418-25.

———. Guatemala textiles, by Lilly de Jongh Osborne. New Orleans, Department of Middle American Research, The Tulane University of Louisiana, 1935, 110-1 pp., ils., láminas en color, 1 mapa, 27 cms. (Middle American Research series. Publication Nº 6).

(Este estudio versa sobre lo que se relaciona con la industria textil entre los indios de Centroamérica, especialmente Guatemala. El prefacio está firmado por Frans Blom, quien hace notar que la autora ha residido gran parte de su vida en Guatemala y El Salvador. Las ilustraciones son espléndidas y hacen de la obra un hermoso espectáculo. En el apéndice III se indican los lugares guatemaltecos que en el texto se mencionan y que pueden ser encontrados en el mapa (p. 94).

(**Contents:** Illustrations.—Foreword.—Guatemala textiles.—1. Indians. 2. Indian clothes (women). 3. Indian clothes (men). 4. Spinning and loom-weaving. 5. Technique and trimmings. 6. Dyeing processes. 7. Design and symbols. 8. Customs. 9. Miscellaneous weaving. 10. Trade-routes. Appendix I: Foot-looms as used in El Salvador.—Appendix II: Indian tribes mentioned.—Map: Guatemala and its departamentos.—Appendix III: Location of towns in departamentos.—Index).

———. Los indígenas de Quezaltenango. **Anales de la Sociedad de geografía e historia de Guatemala,** 1935, II (3): 281-89.

———. Making a textile collection. **Bulletin of the Pan American Union,** 1933, LXVII (12): 947-63.

(La autora de este trabajo hizo esa colección de tejidos que actualmente llevan los indios de Guatemala, y más tarde publicó el libro "Guatemala textiles" utilizando tales documentos).

———. The Guatemalan Indians. **Bulletin of the Pan American Union,** 1932, LXVI (9): 651-62.

———. Tupui or coral serpent. Black spots on Indian children. **Maya Research,** New Orleans, La., 1935, II (2): 179-183.

OSORIO (L. de S.)—Auto de Real Visita hecha por don Lope de Osorio en el Pueblo de Chiapa de la Real Corona a favor de los Indios de dicha Comunidad, fecho en Guatemala a 24 de junio de 1665, 17 pp. en 4º mayor.

(Manuscrito único, impreso en papel sellado, del siglo XVII. Este documento original contiene detalles curiosos sobre los indios de Chiapas en aquel período. El autor narra sus querellas contra las persecuciones extraordinarias que les hacían las autoridades españolas. El ejemplar perteneció a las bibliotecas de Brasseur de Bourbourg y de Pinart. ("The Boban Collection of Antiquities", Nº 2394).

OSORNO CASTRO, Fernando.—Xtacumbil-Xunaan. En "Leyendas y Narraciones Históricas", México, 1940.

OSPINA, Pastor.—Ruinas de Cotzumalguapa (Antigua, 18 diciembre). **La Semana,** Guatemala, 6 enero 1869.

OSSA, B.—El misterio del Mayab. (Comentario sobre) "The conquest of the

Maya" por J. L. Mitchell. **La Nueva Democracia**, Nueva York, 1935, XVI (5): 14-15.

OSSADO, Ricardo (alias el Judío).—Medicina doméstica y descripción de los nombres y virtudes de las yerbas medicinales de Yucatán y las enfermedades a que se aplican que dejó manuscrito el famoso Médico Romano, don Ricardo Osado, el Judío, siendo esta copia fiel del original de la señora Doña Petrona Carrillo y Valladares, de Ticul, a quien Dios guarde por muchos años. —F. Buenfil G. (1834) (Martínez, Maximino: **"Las plantas medicinales de México"**, 1933, pt. 4, pp. 563-83).

(El original fué probablemente la desconocida fuente común que sirvió a muchos escritores en español sobre la Medicina maya, dice Ralph L. Roys en "The Ethno-Botany of the Maya" (p. 356) y a continuación enumera dichos escritores: "Libro del Judío", manuscrito en lengua maya, 156 pp. en 16º. (El original está en el Peabody Museum); "El libro de medicos, yervateros de Yucatán ó noticias sobre yervas y animales medicinales yucatecos sacados de los antiguos libros mayas de Chilam Balam, calendarios y demás copias curiosas", manuscrito de 72-117 folios en 8º de un libro de notas. Hay copia de él en la Tulane; "Libro de Medicina", manuscrito en lengua maya, 176 pp. en 12º; "Medicina maya", manuscrito en lengua maya, 92, 2 folios en 4º (folios 8, 52-57, 60-73, 75-92 faltan): "Yerbas y hechicerías del Yucatán", 408 folios (En la Tulane); "Recetario de indios en lengua maya. Indice de plantas medicinales y de enfermedades coordinados", manuscrito de 85 folios en 4º, por Juan Pío Pérez; "Conocimiento de yerbas yucatecas", etc. (1834), 80 pp., 16º; "Medicina doméstica o descripción de los nombres y virtudes de las hierbas indígenas de Yucatan, y las enfermedades a que se aplican que dejó manuscrito el famoso medico romano D. Ricardo Ossado, alias "El Judío" (1834), título dado por Mac Kinney, 1890, p. 7; "Medicina domestica o descripcion de los nombres y virtudes de las yerbas indigenas de Yucatan y las enfermedades a que se aplican dedicados a los pueblos que carecen de facultativo", por Martín Espinosa de los Monteros (1934); y "Segunda edicion corregida ordenada alfabeticamente y anotada con los nombres castellanos y cientificos de dichas plantas" por Emilio Mac Kinney. Mérida, Juan Miró, 1890).

———. (Véase Gates, William).

———. (Véase R. E. M.)

OSWALD, Félix F.—Streifzüge in den Urwäldern von Mexico und Central America. Leipzig, 1881, pp. XIX-XX.

———. Summerland sketches, or rambles in the backwoods of Mexico and Central America. With numerous illustrations by H. F. Farny and Hermann Faber. Philadelphia, J. B. Lippincott & Co., 1880, 425 pp., 21 x 13.5 cms.

(Chapter IX.—**Rambles in Yucatan.**—The American Hindostan.—Indestructible forests.—Yucatan indians.—A belligerent peninsula.—Free-soilers.—An ethnological problem.—San Joaquín.—Tropical fruits in Midwinter.—The teamster from Tennessee.—A water-cure.—The Arenal.—Evergreen forests.—A summerland.—Arboreal quadrupeds.—El Hormiguero.—A gypsy camp.—The tabascanos. —Shooting frugivorous bats for supper.—De gustibus, etc.—Macoba. Plum-pudding day.—An elaborate feast.—Victimized by indian hogs.—The avenger.—Lynching a lunch-fiend.—Christmas eve.—Kettle-drums.—Indian converts.—Heavy armed missionaries.—Dog as tax-collectors.—Reclaiming an apostate.—Don Pedro Santo.—The dangers of unbelief. Stricking and shooting arguments.

—Cerro de Macoba.—Vestiges of former civilization.—Summer diet.—Frugality. —Christmas dinner.—In the greenwood shade.—Arcadian pastimes.—North and South.—Day-dreams.—The Camino Real.—Weather prophets.—Ominous sounds. —Chased by a tornado.—The "Tower-house".—Just in time.—A tropical thunderstorm.—Jupiter tonans.—Von Haller's conjecture.—A mountain farm.—Monkey traps.—Carnivorous squirrels.—An unlucky pet.—The banana zone.—Spontaneous orchards.—Wild honey.—Cheapness of happiness in the tropics.—Our lost garden home (pp. 290-325).—Chapter X. **The American Pompeii.**—Ruins of the New World.—Man and nature.—Fate of the Aryan empires.—A strange contrast.—Redeemed deserts.—Prehistoric cities.—Chichen.—Macoba.—The discovery of Uxmal.—Baron Waldek's account.—An archaeological treasure-trove. —Don Yegro's guest.—A lucky accident.—Arrival at Uxmal.—The Majordomo.— Our cicerone.—The "Governor's House".—El Palomal.—Spanish nomenclature. —The nunnery.—A sculptured coliseum.—Startling frescos.—The House of the Dwarf.—"Altar of Abraham".—Gigantic ruins.—The oldest inhabitant.—A problematic quadruped. — The "Town-Crier". — Curious inscriptions. — Sculptured nondescripts.—The Sphinx.—Camping in a palace of unknown kings.—Fireside tales.—La Rebosada.—Outwitting a night-hag.—A narrow scape.—Indian traditions.—Legend of the nunnery.—Nocturnal dancers.—Sensitive spooks.—A disappointed treasure-hunter.—Historical enigmas.—The malady of civilization.—Nature's remedy.—Redeemed ruins (pp. 326-61).

———. Yucatan. Sharpe's London Magazine, Londres, Nº 43: 294.

OTERO, Naniel L.—Gramática maya; hunpic hotu yoxbac, catac oxlahun haab. Mérida, 1914. 8º mayor, (Cat. Gates, Nº 980 a).

OWEN, Robert, y SALVIN, Osbert.—On the nesting of some Guatemala birds. With remarks by ...., etc. The Ibis, London, 1861, III: 56-68.

OXKUTZCAB (Crónica de).—(1618-1817).

(Ms. en el Peabody Museum, Cambridge, Mass. Reproducido por W. Gates y C. P. Bowditch, lleva introducción de A. C. Bretón. También se le llama Crónica Xiu. Es una colección de títulos, partidas de bautismo y "probanzas de hidalguía, papeles de familia, etc.", de la familia Xiu. Dicho Museo lo obtuvo de Bernabé Xiu (1839-1911) o de alguno de sus familiares, por Thompson, en 1900 ó 1901. En la página 66 de la Crónica, que se reproduce en facsímil en "The inscriptions at Copan" por Morley, (p. 471), se lee: "Ahora yo, en 29 de mayo de 1685 años, he copiado esto de un libro antiguo que lleva por nombre Anares. Yo, Don Juan Xiu". En el libro de Morley, (p. 506-507) aparece una transcripción y traducción de la misma página 66 de la Crónica).

P

P., M. F.—La Isla de Cozumel. **El Registro Yucateco**, Mérida, Yuc., 1846, III: 215-218, 1 il.

PACAB, Juan.—(Véase Carrillo y Ancona, Crescencio).

PACH, Walter.—Greatest American artists; work of the Aztecs, Toltecs and Mayas. **Harper's Monthly Magazine**, January, 1924, (148): 252-62.

———. L'Art au Mexique. **L'Amour de l'Art**, París, septiembre 1926, pp. 285-294.

PACHECO, Melchor.—Relación de Hocaba. (1º enero 1571). En **Relaciones de Yucatán**, Madrid, 1898, pp. 88-93.

PACHECO CRUZ, Santiago.—Compendio del idioma maya. Método "Pacheco Cruz" para aprender en muy poco tiempo la lengua maya, obra aumentada, corregida y reformada por su autor. Segunda edición. Mérida, Yuc., Imp. Constitucionalista, 1920.

(La p. 142 a manera de epílogo.—Historia que parece cuento.—El autor hace una historia del proceso de la edición de la obra, refiriéndose al incidente que tuvo con Mr. William Gates, quien le ofreció que se la editaría y le devolvió los originales después de conservarlos durante mucho tiempo y sin darle ninguna explicación).

———. Compendio del idioma yucateco. Dedicado a las escuelas rurales del Estado. Obra propia para aprender la lengua maya en muy poco tiempo. Método sencillo y fácil. Util para los señores hacendados, administradores y encargados de fincas de campo. Arreglado especialmente para los profesores de instrucción primaria rudimental, por el Prof. Santiago Pacheco Cruz, actual director de la Escuela Civil de Varones del pueblo de Mocochá. Mérida, Yuc. Tip. Económica, 1922, 8-13-122-2-1 pp., 20 cms.

———. Compendio del idioma maya. Tercera edición. Mérida, Yuc., Imprenta Oriente, 1938, XVI-17-136 pp., 24 x 17.2 cms.

(**Sumario:** "El idioma maya y Yucatán", por Edmundo Bolio Ontiveros.—"El estudio de la lengua maya" por Antonio Mediz Bolio.—Algo acerca de la escritura maya i su grado de civilización en la antigüedad.—La escritura, i qué se requiere para aprender el idioma maya.—Lecciones i ejercicios.—Las cabañuelas o Xoc Kin.—Xmehen.—Ahau Xkokoltzek. (leyenda).—Léxico de las voces que en la actualidad, unas están adulteradas, i otras han caído en completo desuso.—La mitología maya).

———. Cuestiones de enseñanza y de educación social. Hunucma, Yucatán, 1914, 91 pp.

("Por un maestro entusiasta y muy capaz, de origen maya, tiene un capítulo final sobre la lengua maya". (Cat. Gates, Nº 979).

———. En defensa del idioma Maya. **Investigaciones lingüísticas**, 1935, III (3-4): 214-19.

(Réplica dirigida al Prof. Marcos E. Becerra).

———. Estudio etnográfico de los mayas del ex territorio Quintana Roo; su incorporación a la vida nacional. Mérida, Imprenta Oriente, 1934, 92 pp., ils., mapa, diagramas, láminas, 23.5 cms.

———. Léxico de la fauna yucateca. Por el profesor .... Inspector federal de educación, miembro del Instituto Mexicano de Investigaciones Lingüísticas i del Frente Indigenista de América. Segunda edición reformada, corregida i aumentada. Mérida, Yucatán, México, Imprenta Oriente, 1939, 171 pp., 17.5 x 12.5 cms., ils. Bibliografía: pp. 170-71.

———. Payalchi ti Ukah-ik. **Investigaciones Lingüísticas**, México, 1938, V (1 y 2): 75.

———. Traducción literal al idioma yucateco del decreto expedido a favor de los jornaleros de campo, etc. Mérida, 1914, 15 pp., 8º. (Cat. Gates, Nº 979a).

PACHECO HERRARTE, Mariano.—Algunas consideraciones sobre el Templo del Sol de los mayas. **El Imparcial**, Guatemala, 9 noviembre 1926.

———. El origen de la raza americana. Curiosas esculturas mayas. **El Imparcial**, Guatemala, 12 octubre 1926.

———. La música de los antiguos indígenas americanos. **El Imparcial**, Guatemala, 25 diciembre 1926 y 1º y 8 enero 1927.

———. (Véase Lardé, Jorge).

PACHECO y CÁRDENAS, J. F., y otros (ed.)—(Véase García de Palacio. Diego).

PADILLA, Dr. José Mariano.—Historia de Guatemala, desde los tiempos anteriores a la conquista hasta después de su independencia del Gobierno español. (inédita).

(**Sumario:** I. Historia de las Indias antes de la Conquista.—II. Conquista por los españoles.—III. Dominación española en la América del Centro, hasta su emancipación.—IV. Historia de la revolución que precedió y siguió a la independencia de España.—V. Historia de Guatemala como nación soberana e independiente. (A. Batres Jáuregui en **La Semana**, Guatemala, 24 noviembre 1869).

PADILLA MELLADO, A.—Las ruinas mayas en la pantalla. **La Opinión**, Los Angeles, Cal., 26 agosto 1938.

PALACIO, Diego García de.—(Véase García de Palacio, Diego).

PALACIOS, Enrique Juan.—Cómo se leen los jeroglíficos de la cronología maya. Sinopsis preliminar. México, Talleres Gráficos de la Nación, 1932, 17 pp. (Dibujos de Luis Orellana). 22.9 cms. (Publicaciones de la Secretaría de Educación Pública).

———. Cultura totonaca. El Totonacapan y sus culturas precolombinas. Ediciones encuadernables de **El Nacional.** México, 1940, 160 pp., 22.7 x 14 cms. (Biblioteca del Maestro).

———. Christian and Maya synchronology or calendrical correlation. New Orleans, 1933. (Middle American Research Series. Publication Nº 4).

———. El prodigio de la arquitectura maya. Su interpretación según un artista de la raza. **El Universal**, México, 7 septiembre 1924.

(Hace una reseña de arqueólogos, artistas y viajeros que se han ocupado de la cultura maya y especialmente del arquitecto Manuel Amábilis).

———. El calendario y los jeroglíficos cronográficos mayas. México, Editorial "Cvltvra", 1933, 183 (8) pp., (dibujos de Luis Orellana). 66 figuras, 24 cms. (Publicaciones de la Secretaría de Educación Pública. Estudios y trabajos de la Dirección de Monumentos Prehispánicos). (Sobretiro del volumen "Primer centenario de la Sociedad Mexicana de Geografía y Estadística", tomo II, pp. 457-635).

(**Sumario: Calendarios y jeroglíficos cronográficos mayas.**—I. Parte teórica.—**Capítulo I.** Materiales de estudio.—**Capítulo II.** Fechas mayas. Su mecanismo: a) El tzolkin. b) Kines (días). d) Series iniciales.—**Capítulo III.** El año.—Sus "portadores" o días iniciales. Grupos de años.—**Capítulo IV.** Posiciones de los días en el año.—**Capítulo V.** Aritmética maya.—**Capítulo VI.** Características de los glifos numerales.—**Capítulo VII.** Glifos de período: e) Katún. d) Baktunes o "ciclos". Resumen.—**Capítulo VIII.** Los cuatro tipos de fechas o expresiones cronológicas mayas.—Series iniciales.—Fechas de rueda de calendario. Series secundarias. Finales de período.—**Capítulo IX.** Rasgos y particularidades materiales de las inscripciones. Advertencias para el ensayo de descifración.—II. Parte práctica. **Lectura de inscripciones.—Capítulo I.** Series iniciales y fechas de rueda de calendario.—**Capítulo II.** Series secundarias.—**Capítulo III.** Finales de período. Sinopsis de historia maya, según los monumentos (series iniciales y manuscritas de Chilán Balam (U kahlay, katunob).—**Capítulo IV.** Series suplementarias.—**Capítulo V.** Correlación calendárica.—**Capítulo VI.** Secuela de la investigación.—Bibliografía).

(Los dibujos de Orellana son reproducciones de trabajos de Maudslay, Maler, Morley, Humboldt, etc.)

———. En los confines de la selva lacandona. Exploraciones en el Estado de Chiapas, mayo-agosto 1926. Contribución de México al XXIII Congreso de Americanistas. México, Talleres Gráficos de la Nación, 1928, 224 pp., 132 figuras, mapas, 33.5 x 23.8 cms. (Secretaría de Educación Pública, Dirección de Arqueología).

(**Sumario: Cap. I.** Rumbo a Chiapas.—**Cap. II.** Reliquias arqueológicas de Tonalá.—**Cap. III.** A través del Estado.—**Cap. IV.** Una metrópoli famosa.—**Cap. V.** Comitán de las Flores.—**Cap. VI.** El Cerro Hun Chabín.—**Cap. VII.** Un descubrimiento arqueológico.—**Cap. VIII.** Otras ruinas.—**Cap. IX.** Por la frontera.—**Cap. X.** Datos diversos.—**Cap. XI.** Trío de viajeros.—**Cap. XII.** Hallazgos arqueológicos en Las Cañadas.—**Cap. XIII.** La ciudad maya precolombina de Poco-Uinic.—**Cap. XIV.** Rumbo al país de los lacandones.—**Cap. XV.** Entre El Real y Ococingo.—**Cap. XVI.** La Aguja de Diamante de Tumbalá.—**Cap. XVII.** El Usumacinta.—**Cap. XVIII.** Palenque. Apéndice I. Apéndice II. Apéndice III. Apéndice IV. Bibliografía).

(Entre las ilustraciones aparece un croquis de las ruinas de Tonalá y otro de las de Santa Elena Poco-Uinic. El Sr. Palacios resume sus observaciones arqueológicas después de las visitas que hizo al Cerro de Gouc y Piedra Parada, las ruinas de Tenam, Toniná y Palenque. La obra lleva los siguientes apéndices: "Estadística de Tapalapa y sus anexos", por Fr. Víctor María Flores (Tapalapa, 10 abril 1833); "Copia de la exposición que los infrascritos José Farrera y José Inés Salvatierra hacen ante el Exmo. Sr. Gobernador del Departamento, pa. explorar los obstáculos del río grande de Chiapa, desde Quechula hta., dicha Villa, pa. poderse navegar" (Ciudad de Tuxtla, 20 febrero 1894); e "Informe de los trabajos realizados por la expedición científica organizada por la Universidad de Tulane, Nueva Orleans, en colaboración con la Secretaría de Educación Pública de México, en los Estados de Chiapas, Departamento del Petén en Guatemala, Campeche, Yucatán y Territorio de Quintana Roo, en el primer semestre del año de 1928", por Carlos Basauri). Este libro es el fruto de la investigación emprendida por el Sr. Palacios en compañía de don Miguel Othón de Mendizábal y Mr. Frank Tanembaum).

———. ¿Existen indios lacandones? **Excélsior**, México, 8 enero 1928.

———. Guía arqueológica de Chichén Itza. Aspectos arquitectónicos, cronológicos y de interpretación. México, Talleres Gráficos de la Nación, 1935, 5-162 pp., mapa, 47 ils., 1 plano. (Secretaría de Educación Pública, Departamento de Monumentos Artísticos, Arqueológicos e Históricos).

(**Indice:** Aspectos arquitectónicos, cronológicos y de interpretación.—Advertencia preliminar.—Trabajos del Gobierno de México.—Pirámide del Castillo.—El Juego de Pelota.—Sagrario del Templo de los Tigres.—Templo de los Tigres.—Banquetas esculpidas del Juego de Pelota.—Templo del Hombre Barbado.—Tribuna del Sur.—Trabajos de la Institución Carnegie.—Templo de los Guerreros. Atrio del Chac-Mool.—Atrio de las Mil Columnas.—Caracol.—Otros edificios de Chichén.—La Iglesia.—Chichanchob o Casa Colorada.—Akabzib o Casa de la Escritura Oscura.—Las Monjas.—Templo de los Paneles Esculpidos.—Templo de los Atlantes.—Osario o Tumba del Sumo Sacerdote.—Templo de Xtoloc.—Mercado.—Templo de las Mesas.—Templo de las Aguilas.—Tzompantli.—Templo del Chac-Mool o Mausoleo III.—**Edificios de Chichén Viejo.**—Templo de las Inscripciones.—Grupo de la Fecha.—Templo de los Dos Dinteles.—El Castillo de Chichén Viejo.—**Resumen arquitectónico y cronológico.**—Apéndice.—Comunicaciones.—**Descripción General.**—Los Cenotes.—La ciudad tolteco-maya.—La zona de Chichén Viejo.—Edificios y monumentos.—**Fisiografía de la comarca**).

———. Informe mensual (al C. Director de Monumentos Prehispánicos). (Inédito).

(Es el informe de la expedición a Campeche en febrero de 1933. **Sumario:** Objeto de la expedición.—Expedición a Calakmul. Itinerario.—Condiciones del terreno.—La ciudad de Calakmul.—Construcciones ceremoniales.—Las fechas.—Conclusiones).

———. Inscripción recientemente descubierta en Palenque (Para el 2º Congreso Mexicano de Historia). **Maya Research**, New Orleans, La., 1936, III (1): 3-17, ils.; y **"Anales de la Sociedad de Geografía e Historia"**, Guatemala, Diciembre 1936.

———. Investigaciones en torno de la Estela de Hueyapan (Veracruz). **Boletín Bibliográfico de Antropología Americana,** México, 1939, III (2).

———. La ciudad arqueológica del Tajín. (En colaboración con Enrique E. Mayer). México, 1932.

———. La orientación de la pirámide de Tenayuca y el principio del año y del siglo indígenas. **Universidad de México,** 1932, V (25-6): 18-47, láminas; en "Actas y Trabajos Científicos del XXVI Congreso Internacional de Americanistas, 1932", La Plata (R. A.), 1934, II: 125-48; y en "Tenayuca", México, 1935, Cap. VII: 115 (Secretaría de Educación Pública, Departamento de Monumentos).

(En este trabajo el señor Palacios diserta sobre "El sistema maya-tolteca de medida del tiempo").

———. La pirámide de El Tajín. **Mapa,** México, agosto 1934, I (5); 17-22.

———. Lápida Nº 2 con relieves (Creación o fuego nuevo) descubierta en Palenque. ¿Kukulcán en la metrópoli del Usumacinta?

(Copia mimeográfica en poder del autor de esta bibliografía).

———. Más de un millón y medio de pesos valen las joyas arqueológicas extraídas de Uxmal. **El Universal,** México, 2 octubre 1924.

———. Maya-Christian synchronology or calendrical correlation. Tr. from the Spanish by Dolores Morgadanes. New Orleans, Department of Middle American Research, Tulane University of Louisiana, 1932, pp. 145-80. (Reprinted from Middle American Research Ser., Pub. Nº 4).

———. Más gemas del arte maya en Palenque. **Anales del Museo Nacional de Arqueología, Historia y Etnografía,** México, 1935, II: 193-225, 26 láms., 26.3 x 20 x 6 cms.

(Se hizo un sobretiro por Talleres Gráficos de la Nación, México, 1937, 40 pp., 26 láms.)

———. Naturaleza astronómica y matemática de los glifos mayas. **Universidad de México,** México, julio-agosto 1933, pp. 166-190, ils., láminas.

(Sumario: A. Lunaciones. B. Eclipses, Códice de Dresden. C. Valor del año trópico entre los mayas. D. Venus y otros planetas).

———. The Stone of the Sun and the first chapter of the History of Mexico. Tr. from the Spanish by Frederick Starr. Chicago, The University of Chicago Press, 1921, 77-1 pp., láms., 24 cms. (University of Chicago, Department of Anthropology, Bull. 6).

———. (Véase "Middle American Papers").

PALAZUELOS, Roberto, y ROMERO, J.—Informe preliminar de los trabajos antropológicos efectuados en la Pirámide de Cholula. **Anales del Museo Nacional de Arqueología, Historia y Etnografía,** México, 1933, 4ª época, VIII (1): 211-220.

PALAZUELOS, Vizconde de.—El Arte maya y el nahua. **El Centenario,** Madrid, III: 271-282.

(Intenta demostrar analogías entre la arquitectura maya y la nahua, estudiando algunas de las ruinas de Yucatán).

———. (Véase López de Ayala y del Hierro, Jerónimo).

PALENQUE.—Beschreibung einer alten Stadt die in Guatimala, unfern **Palenque** entdeckt, worden ist. Berlín, Von J. H. von Minutoli, 1832.

(Es la traducción alemana de la obra "Teatro crítico americano" por el Dr. Paul Félix Cabrera y la del capitán Antonio del Río, con adiciones. Véase el título completo en la página 189 de esta bibliografía).

PALENQUE.—Fragmentos de un viejo manuscrito sobre las ruinas de la antigua ciudad del Palenque, en el departamento de Chiapas, situada á 48 lenguas de la Isla del Cármen. **Registro Yucateco**, Mérida, Yuc. 1845, I: 318-22.

PALENQUE.—Unpublished copies of plans and sketches of the buildings and stucco ornaments, from drawings made at the time of the first discovery of the ruins, about 1785. On five sheets about 14 by 17 inches. (Cat. Gates, Nº 1200).

PALFREY, J. G.—Stephens' travels in Central America. **Edinburgh Review**, April-July, 1842, vol. LXXV.

———. Stephens's travels in Central America. **North American Review**, Boston and New York, Nº 53: 479.

PALMA y PALMA, Eulogio.—Los mayas. Disertaciones histórico-filológicas. Motul (Yucatán), Imp. Justo Sierra, 1901, 2-VIII-753-2 pp., 22.5 cms.

(Contiene un catálogo de los reyes indígenas (pp. 713-18); un catálogo de voces aztecas castellanizadas y sus equivalentes en maya (pp. 718-35) y otro de voces mayas castellanizadas (pp. 735-38). En esta obra se habla de las ruinas de Motul, el Palacio de los Peches, la leyenda de Ucí (pp. 64-73); establece algunas comparaciones entre el maya y el náhuatl, el estilo arquitectónico, la cronología; comenta el Libro de Maní, compara el calendario de los toltecas con el de los mayas).

———. (Véase Martínez Alomía, G.)

PALOMAR, Martín de.—Relación de Mutul. (20 febrero 1580). En "Relaciones de Yucatán", Madrid, 1898, pp. 75-88.

PALOMAR, Martín de, y CHIS, Gaspar Antonio.—Relación de la ciudad de Mérida (18 febrero 1579). En "Relaciones de Yucatán", Madrid, 1898, pp. 37-75.

(Habla de las costumbres de los indios y da noticias sobre fauna y flora. Palomar era regidor de la ciudad de Mérida).

PANIAGUA, Flavio Antonio.—Catecismo elemental de historia y estadística de Chiapas. Puesto bajo la protección del Gobierno y Ayuntamientos del Estado, y dedicado a los alumnos y preceptores de escuelas primarias. San Cristóbal Las Casas, Impr. del "Porvenir", a cargo de M. M. Trujillo, 1876, 2-108 pp., 23 cms.

"PARA-RAYO de la Capital de Chiapa, (El)", Nos. 1, 2, 4-13, 37-49; octubre 3, 1827 a septiembre 2, 1828.

(Esta colección, aunque incompleta, forma parte de la colección hecha por el Dr. Gates. El Nº 6 de dicho periódico menciona un manuscrito "Ruinas de Palenc, o su historia fantástica". (Cat. Gates, Nº 1186).

PARDAL, Dr. Ramón.—Medicina aborigen americana. Buenos Aires, Imp. Luis L. Gotelli, 378 pp. 20.2 x 14.1 cms. (**Humanior.** Biblioteca del Americanista Moderno, dirigida por el Dr. Imbelloni, Sección C, Tomo III).

PAREDES, Juan de.—Relación de Quizil y Sitipeche. (13 febrero 1851). **En** "Relaciones de Yucatán", Madrid, 1898, pp. 209-220.

PAREDES, Mariano.—Lista de las producciones que se encuentran en los pueblos de la alta y baja Verapaz en la clasificación de los temperamentos en donde se dan y valores de su espendio. (Salamá, agosto 5 de 1854). **Gaceta de Guatemala,** 11 agosto 1854.

PARKER, Henry Bamford.—2. The Mayas and Toltecs. En "A History of Mexico", por .... Cambridge, Mass., 1938, pp. 10-18.

(Contiene las siguientes ilustraciones: Maya sculptured lintel.—The eastern range of the House of the Nuns, Uxmal).

PARKER, Howard.—Mérida's new watercolors. **Bulletin of the Milwaukee Art Institute,** 1933, VI (2-3).

PARRA, Fray Francisco de la.—Vocabulario trilingüe guatemalteco de los tres principales idiomas, kachiquel, quiché y tzutuhil, por ...., franciscano (Siglo XVI).

(Según Beristáin dicho Ms. estaba en la Biblioteca del Convento de San Francisco de Guatemala. Lo llama "Trilengüe". De la Parra era gallego; fué presidente y visitador de las custodias de Guatemala y Yucatán, respectivamente. Perfeccionó, después del arte y vocabulario compuesto por Motolinía, el idioma de los indios de Guatemala, añadiendo cuatro o cinco letras, para pronunciarla mejor (Mendieta). "Notando que muchos vocablos de la lengua indígena significaban cosas diferentes según fuese más suave o más fuerte la pronunciación de las mismas palabras, inventó algunos nuevos caracteres o letras para obtener más fácilmente su debida pronunciación. De estas letras se sirvieron en adelante todos los franciscanos en sus escritos, el gran maestro de la lengua y esclarecido mártir dominicano Fr. Domingo Vico, el notable lingüista Francisco Morán, O. P., aun para explicarse en la lengua Cholti, y casi todos los escritores de las lenguas indígenas de Guatemala". ("Catálogo de los escritores franciscanos de la Provincia Seráfica del Santísimo Nombre de Jesús de Guatemala", por Daniel Sánchez G. (p. 74).

PARRIS, F. P.—(Véase "Informe anual de la Subsección de Historia Antigua de América", por A. V. Kidder (1932-1933).

———. (Véase "Informe anual de la Subsección de Historia Antigua de América", por A. V. Kidder (1933-1934).

PARRY, Francis.—The sacred Maya stone of Mexico and its symbolism. London, Dulau & Co., 1893, 4-70 pp., 8 láms., 37.5 cms. (Cat. Blake).

PASION (La).—Fragmento en lengua zoque. Original manuscript of the early part of this century. 1-4 hojas. (Cat. Pilling, Nº 2918 c).

PASION de Jesucristo, en lengua maya.—46 pp. en 4º. Copia fotográfica. (Cat. Gates, Nº 961).

(Se trata de un manuscrito aproximadamente de 1800).

(La) PASION de Nuestro Señor Jesucristo en lengua zoque.—Los Evangelios del Domingo de Ramos, Jueves Santo y Viernes Santo, como los cantan los indios de Tuxtla. Tuxtla Gutiérrez, 1870. Manuscrito. 1-1-1-55 pp. 4º). (Cat. Pilling Nº 2918 a).

("Es costumbre antigua de los indios de Tuxtla la de nombrar a ciertos vecinos de su pueblo para que canten la historia de la Pasión durante la Semana Santa. Un lector se sienta en medio del círculo que forman y procede a leer un párrafo que los otros repiten, cantando las palabras con un aire monótono. Los textos de estas historias difieren considerablemente. El Dr. Berendt ha coleccionado 3 de ellos en este volumen, para que se puedan comparar". (D. G. Brinton).

(La) PASION en lengua chiapaneca. Canciones de los indios de Suchiapa. Tuxtla Gutiérrez, 1870. Manuscrito. 1-1-1-1-93 pp. 4º. (Cat. Pilling, Nº 2918 b).

("Los indios de Suchiapa tienen tres cofradías que se consagran, respectivamente, a la adoración de Jesús Nazareno, la Santa Cruz y la Virgen del Rosario. Cada una de ellas tiene un volumen de reglas u "ordenanzas", escritas en lengua chiapaneca, y las cuales contienen fragmentos de la Pasión, que acostumbran a cantar en la iglesia durante la semana Santa. Este volumen contiene copia de las ordenanzas, que llevan las fechas de 1723, 1780 y 1781". (D. G. Brinton).

PASO Y TRONCOSO, Francisco del.—XIV. Mayas. En "Exposición histórico-americana de Madrid para 1892. Catálogo de la colección del señor Pbro. Dn. Francisco Plancarte". **Anales del Museo Nacional de México**, México, 1897, IV: 356.

———. Ensayo sobre los símbolos cronológicos de los mexicanos. **Anales del Museo Nacional de México**, México, 1882, II: 323-402, 1 lámina con 2 figuras.

(En el capítulo XVI de este estudio habla de los trabajos de Landa, Juan Pío Pérez y López de Cogolludo en relación con la cronología maya).

PAT, Filomeno.—(Véase "Parte del informe del Dr. A. V. Kidder", (1929-1930).

(Cacique indio que ofreció presentar a los representantes de la Institución Carnegie con los mayas salvajes de Quintana Roo).

PATRON PENICHE, Prudencio.—Léxico yucateco; barbarismos, provincialismos y mayismos. **Memorias y Revista de la Sociedad Científica "Antonio Alzate"**, México, 1929-1930, LII (1-4): 73-178.

(Esta obra se editó después en los Talleres Tipográficos "Tenoxtitlán", México, 1932, 176 pp.)

PAUL Jr., A. J. Drexel.—(Véase Strong, William Duncan).

PAUMIAN, Abraham.—El añil en Tonalá, Chiapas. **Boletín de Geografía y Estadística**, México, 1872, T. IV.

PAVIA, Lázaro.—Cómo quedó el mapa del Estado de Yucatán después de la guerra social habida entre la raza blanca y los indios mayas. Discurso leído en la "Sociedad Mexicana de Geografía y Estadística" por el socio honorario... (México, 27 septiembre 1921).

(Una copia obra en poder del autor de esta bibliografía).

PAVIA ANGULO, Alvaro.—La preciosa Isla de Cozumel. Mérida, Yuc., Compañía Tipográfica Yucateca, S. A., 1938, 36 pp., 22.1 x 13.8 cms.

PAWLING, Mr.—(Véase "Tablero del Palenque").

PAYNE, A. W.—Flying over the past; archaeological exploration by air in Middle America. **Pan American Magazine**, Washington, D. C., November 1929, (42): 200-7.

PAXBOLON, Pablo.—(Véase "Informe anual de la Subsección de Historia Antigua de América", por A. V. Kidder. (1934-1935).

(Paxbolon se hizo cargo del gobierno de Tixchel y era descendiente de los caciques de Acalán).

PAZ, Fr. Alvaro.—Escala del cielo en lengua kachiquel, por ...., franciscano.

(Squier lo llama "Alonso" (p. 41). Muy versado en cakchiquel, quiché, zutugil y mexicano, una verdadera eminencia, según Vázquez. Murió en el Convento de Momostenango. Era de Guatemala (1540-1610).

PAZ, Fr. Domingo.—Confesionario y doctrina christiana en lengua chanabal de Comitán y Tachinulla en las Chiapas, su autor el R. Padre Fray ...., de la orden de Santo Domingo, el año de 1775.

(Manuscrito en 8º, de 47 hojas, escritas en chanabal, al que siguen tres hojas en blanco y una Doctrina Cristiana, en español, de 25 hojas (Cat. Pilling, 2924). La última hoja da los nombres de los numerales de 1 a 21. Este pequeño manuscrito es de gran valor y, a excepción del Confesionario de Camposeca, es el único documento que existe de la lengua chanabal (Brasseur de Bourbourg). "Es probable que el P. Paz era en esa época uno de los religiosos del Monasterio de dominicos de Comitán" (Pinart).

PEABODY MUSEUM OF AMERICAN ARCHAEOLOGY AND ETHNOLOGY (The).—(Véase Gordon, George Byron).

PEARL, I.—Quetzalcoatl. **Mexican Life**, México, 1934, X (9): 30-31.

PEARCE, Arthur Sperry.—Estudio biológico sobre las aguas interiores de Yucatán. En "Informe anual de la Subsección de Historia Antigua de América", por A. V. Kidder, (1932-1933), pp. 35-37.

———. Maya country in Yucatan. **Current History**, julio 1937, 77-81 pp.; y **Science Monthly**, New York, November 1937, (45): 463-69.

———. The cenotes of Yucatan; a zoological and hidrographic survey.—Por

A. S. Pearse, Edwin P. Creaser, F. G. Hall and the following collaborators: J. Bequaert, H. B. Hungerford y otros. Washington, 1936, 2-304 pp., ils., tablas, diagramas, láminas. 29 x 23 cms. (Carnegie Institution of Washington. Publication Nº 457).

(**Sumario:** "Introduction", por A. S. Pearse; "Physical and chemical survey of cenotes of Yucatan", por F. G. Hall; "Results of survey of the cenotes in Yucatan", por A. S. Pearse; "Yucatan fresh-water sponges", por M. C. Old; "Some trematodes of cenote fishes from Yucatan", por H. W. Mancer; "**Polyzoa**", por C. J. D. Brown; "**Hirudinea** from Yucatan", por J. P. Moore; "Parasites from Yucatan", por A. S. Pearse; "A second contribution to the molluscan fauna of Yucatan", por J. Bequaert and W. J. Clench; "Copepods from the cenotes and caves of the Yucatan peninsula, with notes on cladocerans", por C. B. Wilson; "On the **Ostracoda** from the cenotes of Yucatan and vicinity", por N. C. Furtos; "Crustaceans from Yucatan", por E. P. Creaser; "**Hydracarina** from Yucatan, por Ruth Marshall; "**Odonata from Yucatan**", por E. B. Williamson; "Aquatic and semiaquatic **Hemiptera** collected in Yucatan and Campeche", por H. B. Hungerford; "Chironomid larvae from Yucatan", por A. S. Pearse; "Aquatic **Coleoptera from Yucatan**", por P. J. Darlington; "Fishes of the Yucatan peninsula'.' por C. L. Hubbs y "Some reptiles and amphibians from Yucatan and Campeche, México", por Helen T. Gaige).

PECCORINI, Atilio.—Anales de Xahilá. Traducción del francés por el Dr. ...., tomada del texto cachiquel de dichos anales que el Dr. George Raynaud, Director Adjunto de la Escuela de Altos Estudios de París, hizo de la versión inglesa de Mr. Daniel Brinton. **Revista de la Enseñanza,** San Salvador, 1915, I (4): 55-61.

———. Conferencias sobre la civilización de los mayas y las ruinas de Copán, por el .... Edición especial obsequiada por el Excmo. Sr. Don Carlos Meléndez, Presidente Constitucional de la República de El Salvador, a los alumnos de las escuelas primarias de la hermana República de Honduras. San Salvador, Imprenta Nacional, 1918, 52 pp., 30 ils., retratos, 26.7 x 18.2 cms.

———. Copán. En "Enciclopedia universal ilustrada europea-americana", 1910, XV: 368-73.

———. Excursionistas salvadoreños en Honduras. **Diario del Salvador,** San Salvador, 9 de agosto 1909.

———. Fotografías de las Ruinas de Copán obtenidas por el Sr. D. Atilio Pecorini, presentadas al Museo Nacional de México por el Ing. D. Ignacio Rivero, en nombre de S. E. D. Gustavo Barrón, Ministro del Salvador en México.

(En la Biblioteca de dicho Museo la colocación del volumen es: X-3-11).

———. Las Ruinas de Copán. **Diario del Salvador,** San Salvador, 10 septiembre 1909.

———. Ligeros apuntes sobre el dialecto camotán. **Centro-América Intelectual,** San Salvador, 1909, pp. 79-83.

———. Ruinas de Copán. **Centro-América Intelectual,** San Salvador, 1909, pp. 47-56.

PECH, Ah (Pablo) Nakuk.—Historia y crónica de Chac-Xulub-Chen. Prólogo, versión y notas de Héctor Pérez Martínez. México, Talleres Gráficos de la Nación, 1936, 66 pp., 23.1 x 17.1 cms. (Edición del Departamento de Bibliotecas de la Secretaría de Educación Pública. Oficinas de Publicaciones).

(Pech escribió este libro hacia 1562. El original figuró entre los papeles de don Juan Pío Pérez, titulados por él "Documentos de tierras de Chixulub, 1542" y contiene también una mensura de las tierras de dicha villa y otros documentos relativos a la familia Pech. La crónica iba acompañada de un mapa que se ha perdido. Y agrega Martínez Alomía (pp. 12-13): "Por el año de 1860 hizo una traducción literal de ella don Manuel Encarnación Avila, de Mérida; pero al decir de Brinton, aunque el traductor estaba muy familiarizado con la lengua maya moderna, era evidente que no lo estuvo con los términos usados para explicar los signos del calendario, ni los usos de los antiguos indios. En consecuencia incurrió en muchos errores y para ajustarse a una traducción completamente literal, sacrificó la claridad y la corrección y muchos pasajes son ininteligibles. No conozco la traducción de Avila, pero para juzgarla de esta suerte descanso en la aseveración de Brinton, por cuanto he reconocido siempre en él una imparcialidad severa y un criterio desapasionado. De la crónica de Chicxulub publicó algunos fragmentos el Abate Brasseur de Bourbourg en su edición del "Manuscrito Troano", añadiéndole una traducción francesa, la mayor parte de las veces incorrecta, porque siendo sus conocimientos de la lengua maya muy deficientes, no podía esperarse un resultado feliz de su trabajo. Brinton en su "Maya Chronicles" publicó íntegra la relación en su idioma primitivo y en el inglés, conservando la fidelidad del estilo original aun cuando tuvo que incurrir en las repeticiones que aquel contiene").

PECTOR, Desiré.—Considerations sur quelques noms indigenes de localités de l'Isthme Centre-Americain. En "Congres International des Americanistes. Compte-rendu de la huitieme session tenue a Paris en 1890", París, 1892, p. 565-585.

(Muy interesante y habla de Honduras, Guatemala, Nicaragua).

———. Indication approximative de vestiges laissés par les populations précolombiennes du Nicaragua. En "Congres International des Americanistes. Compte-rendu de la septieme session. Berlin, 1888", Berlín, 1890, pp. 303-307.

PECULIARIDADES de la lengua maya.—Yikal Maya Than, Mérida, Yuc., 1940, I (9): 17.

PECULIARIDADES de la lengua maya.—Yokal, Tumen Iix Xma. Yikal Maya Than, Mérida, 15 diciembre 1939, I (4): 8.

PEET, Stephen D.—Architecture of the Mayas. American Antiquarian, (23): 113.

———. Buried cities in Honduras. Current Literature, New York, April 1903 (34): 424.

———. Palaces and temples in Central America. American Antiquarian, Chicago, 1903, XXV: 1-24.

———. Ruined cities in Honduras. **The American Antiquarian**, Chicago, XXV, 1903, pp. 287-302.

(Habla de Copán).

PENAGOS, Ranulfo.—Los lacandones. Expediciones llevadas a cabo para someterlos. Su origen, religión y costumbres. **Chiapas y México**, México, 1908, I (1): 28-30.

PENFOUND, Wm. T.—(Comentario a) "Phylogeny of Zea Hays", por Paul Weatherwax. **Maya Research**, New Orleans, La., 1936, III (1): 116-119.

———. (Comentario a) "Preliminary sketch of the phytogeography of the Yucatan Peninsula", por Cyrus L. Lundell. **Maya Research**, New Orleans, La., 1935, II (2): 200-201.

———. (Comentario a) "The grasses of the Yucatan Peninsula", por Jason R. Swallen. **Maya Research**, New Orleans, La., 1935, II (2): 201.

———. The origin of maize. **Ecology**, Jan. 1936, XVII (1), (170-72).

(Es un comentario a "Phylogeny of Zea Mays", por Paul Weatherwax, que apareció en **Amer. Middle Naturalist**, Jan. 1935, XVI: 1-71).

PENICHE VALLADO, Humberto.—(Carta al presidente Cárdenas). La incorporación del indio a la civilización es la obra complementaria del reparto ejidal. Mérida, Yuc., Talleres Gráficos del Sudeste, S. A., 1937, 32 pp. 21 x 13.8 cms. (Ediciones de la Universidad Nacional del Sureste).

(Trata algunos problemas relacionados con los indios mayas).

PENNSYLVANIA UNIVERSITY. University Museum. Library.—Catalogue of the Berendt linguistic collection. By Daniel Garrison Brinton. (Philadelphia) Department of Archaeology and Paleontology, University of Pennsylvania, 1900, 32 pp., 23 cms. (Reprinted from Bulletin of the Free Museum of Science and Art, University of Pennsylvania, Vol. 2, Nº 4).

———. Examples of Maya pottery in the museum and other colections; edited by G. B. Gordon. Philadelphia, The University Museum, 1925, 53.5 cms. (University Museum, Pennsylvania).

(Se refiere a ejemplares de cerámica proveniente de Guatemala, Honduras, Honduras Británica, Yucatán y Chiapas).

———. Ruins of Piedras Negras, Department of Peten, Guatemala; surveyed and drawn by Fred P. Parris, architect. (1933) 2 planos (110.5 x 70.5 cms.; y 51.5 x 85.5 cms.)

(**Contents**: a). Partially completed plan of principal groups. Eldridge R. Johnson expedition, 1931 and 1932. b). Section through ruins).

———. The South group ball court (Structures R-11-a and R-11-b) with a preliminary note on the West group ball court (Structures K-6-a and K-6-b). Philadelphia, The Museum, 1933, 24 pp., 7 láminas. (Piedras Negras preliminary papers, Nº 2).

(The) PENTATEUCH, in the cakchiquel language. Ms. 202 pp. en 4º.

(Un hermoso manuscrito que es, aparentemente, una traducción del Pentateuco, elegante y clara, escrita en caracteres antiguos que, al final, llevan la fecha de 1553. Se halla en la Biblioteca Imperial de París (Squier) .(Cat. Pilling, Nº 2941).

PEÑA, Pepe.—El mal de ceguera en el sur de Chiapas. **Revista de Revistas,** México, 18 junio 1933.

PEÑAFIEL, Antonio.—Monumentos del arte mexicano antiguo. Ornamentación, mitología, tributos y monumentos. Berlín, 1890, 3 vols. en folio.

———. Principio de la época colonial. Destrucción del templo mayor de México antiguo y de los monumentos encontrados en la ciudad, en las excavaciones de 1897 y 1902, por el ....; fotografías por Porfirio Peñafiel. Se imprime por acuerdo del señor general don Porfirio Díaz, Presidente de la República, siendo Secretario de Fomento el señor licenciado don Olegario Molina. México, Imp. de la Secretaría de Fomento, 1910, 2-III-IV-61 pp., láminas, 38 cms.

(Se refiere también a las antigüedades mayas. La edición de la obra constó de 200 ejemplares numerados).

PEÓN, Alonso Manuel.—Estadística de Yucatán. **Boletín de la Sociedad Mexicana de Geografía y Estadística,** tomo III.

PEÓN CONTRERAS, Juan.—(Informe sobre la estatua del Chac Mool). **Anales del Museo Nacional de México,** México, 1877, I: 272.

(Este informe fué rendido el 9 de abril de 1877 y aparece en la "Memoria presentada al Congreso de la Unión por el Secretario de Fomento el Sr. D. Vicente Riva Palacio en el año de 1877", p. 360).

PERALTA, Fr. M. Antonio. (rev.)—El ejercicio del Santo Viacrucis puesto en lengua maya y copiado de un antiguo manuscrito. Lo da a la prensa con superior permiso el Dr. José Vicente Solís y Rosales, quien desea se propague esta devoción entre los fieles principalmente de la clase indígena. Va corregida por el R. P. Fr. M. Antonio Peralta. Mérida, Imprenta de J. D. Espinosa e Hijos, 1869.

(El texto en maya aparece en "Archives de la Societé Américaine de France", París, 1875, I: 373-78. Véase "Textes mayas").

PERALTA, Manuel M., y ALFARO, Anastasio.—Etnología centroamericana. Catálogo razonado de los objetos arqueológicos de la República de Costa Rica en la Exposición Histórico-Americana de Madrid, 1892. Madrid, 1893.

(Tiene bibliografía importante y lista de material manuscrito).

PERAZA, Dr. J. Antonio.—Nuestras ruinas de Copán. **Tegucigalpa,** Tegucigalpa, 17 diciembre 1938

———. Nuestras ruinas de Copán; relato completo de los monumentos históricos tal como se encuentran ahora, leído en el Rotary Club de San Pedro Sula. San Pedro Sula, Honduras, Compañía Editora de Honduras, S. A., 1939, 14 pp., ils., lámina, 14.5 x 20 cms.

———. Nuestras ruinas de Copán. Relato completo de los monumentos históricos, tal como se encuentran ahora, leído en el Rotary Club de San Pedro Sula, por el .... **Revista del Archivo y Biblioteca Nacionales**, Tegucigalpa, 1940, XVIII (9): 485-88; (10): 555-57.

PERAZA, Gral. Martín F.—Una incursión al interior: carta dirigida a uno de los redactores de este periódico. **Registro Yucateco**, Mérida, Yuc. 1845, I: 361-370.

PEREA Y ALONSO, S.—Coincidencias gramaticales y lexicográficas de las lenguas precolombianas de América, entre sí, y con las de allende los mares. **Boletín de Filología**, Montevideo, 1937, I: 359-380.

(PERESIANUS CODEX.)—Manuscrit hieratique des anciens indiens de l'Amérique Centrale conservé a la Bibliotheque National de París avec une introduction par Léon de Rosny. París, 1888, 33.3 x 0.25 cms.

PEREYRA, Carlos.—Yucatán y Centroamérica. En "Breve Historia de América", por .... Santiago de Chile, Editorial Letras, 1938, pp. 96-101.

PEREYRA, Fr. Dionisio.—(Véase Rodaz, Fr. Juan).

PEREZ, J. Baltasar.—Origen de la embriaguez entre los mayas. **Diario de Yucatán**, Mérida, Yuc., 9 septiembre 1934.

PEREZ, José.—Note sur un ancien manuscrit américain inédit. **Revue Oriéntale et Américaine** (Premiére série des mémoires de la Société d'Ethnographie de Paris), París, 1858, I: 35-39.

(Con un facsímil de una de las páginas del "Codex Peresianus", de la Biblioteca Nacional de París, entonces inédito).

———. Véase "Códice Peresiano").

("El Códice Peresiano existe en la Biblioteca Nacional de París y se ha hecho de él una corta edición. Ocúpanse en su estudio el Profesor León de Rosny, el Conde de Charencey y Mr. A. Pousse. Se cree que es originario de Guatemala. Se ha hecho otra reproducción en los "Archivos Paleographiques de l'Orient et de l'Amérique". (Martínez Alomía, "Historiadores de Yucatán", p. 4).

(Este manuscrito maya, anterior a la Conquista, fué descubierto por León de Rosny en un montón de desechos, en la Biblioteca Nacional de París y le impuso ese nombre por encontrar el apellido Pérez en letra del siglo XVII; iba escrito en la envoltura. D. José Pérez fué uno de los primeros anticuarios que de él se ocupó, describiéndolo en la "Revue Orientale et Americaine" (Tomo I, p. 35). Primero se le llamó "Manuscript Guatémalien de París"; luego "Manuscrit mexicain Nº 2 de la Bibliothéque Impériale"; después se le ha impuesto el nombre de "Codex Peresianus" con el que más generalmente se le cita hoy. Supongo que el Prof. de Rosny lo encontraría antes de 1856, porque ya en ese año, según nos dice él mismo en las "Escrituras figurativas" (2ª edición, p. 19) lo tenía publicado. La mejor reproducción de este Códice, fué la que se hizo por fotografía, sin reducción, en 1864, de orden del Ministro de Instrucción Pública, M. Duruy. Brasseur en la "Bibliothéque Mexico-Guatémalienne" (p. 95) afirma que la edición fué de 50 ejemplares: Leclerc en su "Biblioteca Americana" la redujo a 10 ejemplares, por motivos que él sabría.

La otra reproducción, litográfica y reducida, fué la de los "Archives paléographiques de l'Orient et de l'Amérique" (París, 1870-73).—De este Códice dice Brasseur (loc. cit.) comparándolo con el Troano y el de Dresde: "Il est le plus parfait des trois, quant á la beauté et á la finesse des caractéres; mais aussi il est celui qui a le plus souffert". (Francisco de P. Troncoso, **"Anales del Museo Nacional"** 1866. III: 106).

———. (Véase Perrin, Paul).

———. (Véase Villacorta C., J. Antonio, y Villacorta, Carlos A.)

PEREZ, Fr. José Ramón.—Catecismo y confesionario en idioma Zozil para el uso de los señores curas principiantes en ese idioma. Manuscrito. 40 pp.

(Franciscano y misionero de la Provincia de Guatemala (D. Sánchez G., p. 76).

PEREZ, Miguel.—(Véase "Tablero del Palenque").

PEREZ, Rafael.—Informe sobre el Departamento del Petén. (Guatemala, abril de 1870). En "La Compañía de Jesús en Colombia y C. América", 1898, III, pp. 615-16.

PEREZ ALCALÁ, Felipe.—Ensayos biográficos; cuadernos históricos hojas dispersas. Mérida, 1914, (6) 434 pp., 8º.

(Una colección de leyendas indias y españolas a la vez que de bocetos sobre Yucatán, y que contiene mucho sobre los mayas, la rebelión de 1847, las costumbres, etc. (Cat. Gates, Nº 1523 a).

PEREZ ARCEO, Leopoldo.—Chan ɔalbilhun camzic Mayab thañ, tu ɔiibta Leopoldo Pérez Arceo t'ho, tu yax imilob u habil hun pic hotu yoxbak catac la hicatukal. Cuaderno que enseña la lengua maya. Escrito por L. P. A. Mérida, Imp. Oriente 63 y 64, 1932, 43 pp. 21.5 cms.

———. (Trad.) El sermón de la montaña tomado del libro "Nuestro Señor Jesucristo", escrito por el padre Remigio Vilariño Ugarte, S. J. y traducido a la maya por Leopoldo Pérez Arceo. U. Tzeecil yok muul chaab ti jalbilhuun "Nuestro Señor Jesucristo" tu jübta vum h'kin Remigio Vilariño Ugarte S. J. hooch jübtaab ti Mayab thaan tumen Leopoldo Pérez Arceo t'ho, Yuc. Mex. Cakalzukin ti u habil hun pic hotu yoxbak catac buluctukal. Mérida, Yuc., Imp. Oriente 63 y 64, 1931, 23 pp. 20.7 cms.

PEREZ DE BARRADAS, José.—Arqueología y antropología precolombinas de Tierra Dentro (!); informe que acerca de los hallazgos y excavaciones practicadas en 1936, eleva al excelentísimo señor Ministro de Educación Nacional el profesor doctor .... Bogotá, Imprenta Nacional, 1937, 100 pp., XXXIV láminas, 24 cms. (Ministerio de Educación Nacional, Publicaciones de la Sección de Arqueología, Nº 1).

PEREZ MARTINEZ, Héctor.—Ah Nakuk Pech. Historia y crónica de Chac-Xulub-Chen. Prólogo, versión y notas de ... México, Edición del Departamento de Bibliotecas de la Secretaría de Educación Pública, Talleres Gráficos de la Nación, 1936, 66 pp., 23.1 x 17.1 cms.

———. Escaparate. 1. La antigua sabiduría.—2. Libros de Historia. **El Nacional**, México, 15 octubre 1936.

———. Introducción y notas (en la) "Relación de las cosas de Yucatán", por el P. Fray Diego de Landa. México, Editorial Pedro Robredo, 1938, pp. 9-50.

———. Lingüistas, editores y comentarios sobre dos ediciones de Landa. **El Nacional**, México, 29 octubre 1938.

(Contesta el comentario de Alfredo Barrera Vásquez sobre la edición de la "Relación de las Cosas de Yucatán" por Landa, prologada por Pérez Martínez, comentario que apareció en el "Diario del Sureste" de Mérida, y el que en "Diario de Yucatán" hizo don José E. Rosado Escalante, con el seudónimo de Favila Ontiveros).

———. Una investigación y sus tropiezos. La muy ilustre familia de los Pech. El Nacional, 8 febrero 1936.

PEREZ Y BERMÓN, Juan Pío.—A manuscript written in the Maya language, treating of the principal epochs of the history of the Peninsula of Yucatan before the Conquest. With comments by Don .... En "Incidents of travel in Yucatan", por J. L. Stephens, New York, 1843, II: 465-468.

———. Ancient chronology of Yucatan; or a true exposition of the method used by the Indian for computing time. Translated from the manuscript of Don Juan Pío Pérez, Yucatán. En "Incidents of travel in Yucatan", por J. L. Stephens, New York, 1843, I: 434-459.

(Contiene los nombres de los días, meses, años, etc., en maya, vol. I, pp. 434-459; y está reimpreso en la edición de Stephens, de 1860, los mismos volumen y páginas; y en "Collection de documents dans les langues indigènes" de Brasseur, (París, 1864); y según Brinton en el tomo III de "El Registro Yucateco", "Diccionario universal de historia y geografía" tomo VIII (México, 1855); "Diccionario histórico, biográfico y monumental de Yucatán", tomo I (Mérida, 1866). He visto un ejemplar manuscrito de esta obra, posiblemente el original, en la Biblioteca de M. Alph. Pinart, de San Francisco de California, y su título es así: "Explicación del calendario y de la cronología antigua de Yucatán, escrita por D. Juan Pío Pérez, Juez que fué de Peto". Ms. 14 hojas en folio. (Cat. Pilling, Nº 2950).

———. Antigua cronología yucateca o exposición sencilla del método que usaban los antiguos habitantes de esta Península de Yucatán para contar y computar el tiempo. En "Historia antigua de Yucatán", por Crescencio Carrillo y Ancona, Mérida, 1883, pp. 637-663.

(**Sumario:** I. Origen de las triadecatéridas (pp. 637-638).—II. Del día y sus divisiones (pp. 638-641).—III. De la semana (p. 641).—IV. Del mes (p. 641-644).—V. Del año. (pp. 644-46).—VI. Del bisiesto. (pp. 646-49).—VII. De la indicción o siglo de 52 años llamado katun. (pp. 650-52).—VIII. De los grandes siglos de 312 años o ajau katunes. (pp. 652-663).

———. Apuntes para un diccionario de la lengua maya, compuestos en vista de varios catálogos antiguos de sus voces y aumentado con gran suma de las de uso común y otras que se han extractado de manuscritos antiguos, por ... Copiado en Mérida, 1870. Manuscript. 1-2-1-468-8 pp. (Cat. Pilling, Nº 2949 c).

(El Ms. original, escrito a dos columnas, con letra firme y clara, por el célebre lingüista yucateco, fué regalado por la sobrina de éste, doña Nicolasa León y Escalante, al Dr. Berendt, quien dice que dejó de copiarlo cuando adquirió dicho original, en agradecimiento que le quiso demostrar por su escrito "Los trabajos lingüísticos de don Juan Pío Pérez". El original consta de 10 hojas y 469 páginas. (Cat Pilling. Nº 2949 b).

———. Apuntes para una gramática maya. Copia de los fragmentos que están en poder de D. Pedro Regil. Mérida, octubre 1868. Ms., con las páginas numeradas 45-188.

(Este Ms., que pertenecía al Dr. D. G. Brinton, mereció de éste el siguiente comentario en "The Maya chronicles": "El eminente anticuario don Juan Pío Pérez pensaba escribir una gramática maya y reunió un número de notas para tal fin, así como también lo hizo el Dr. Berendt, pero ninguno de los dos pudo completar la obra. Tengo en mi poder copias de las notas que ambos estudiosos dejaron, así como de las dos ediciones de Beltrán, y una minuciosa copia manuscrita de Buenaventura, de todos los cuales he obtenido ayuda para completar este estudio". Carrillo y Ancona al hablar de la "Gramática maya de la lengua maya", se expresa así: "Es evidente que el señor Pérez la dejó escrita, ya que no solamente hallamos pruebas de ello en varios documentos que hemos examinado, sino que también hemos tenido en nuestras manos una hoja que se sabe ha sido tomada del libro original, en cuarto menor, de puño y letra del autor, y el cual se halla en poder del Lic. D. Carlos Peón". Es probable que ese manuscrito sea el que ahora pertenece al Dr. Brinton. (Cat. Pilling, Nº 2953).

———. Carta a D. Vicente Calero sobre la literatura de los indios. **El Registro Yucateco**, Mérida, Yuc., tomo III, y en la "Historia Antigua de Yucatán", de Carrillo y Ancona.

———. Carta XVI. Manuel al Dr. Frutos. Mérida 12 de julio de 1824. **El Registro Yucateco.** Mérida, Yuc., 1846, III: 312-332.

(Habla de los calendarios chiapaneco y yucateco).

———. Códice Pérez, in the Mayan language. 200 pp. en 4º.

(Manuscrito en la biblioteca de don Crescencio Carrillo y Ancona). (Cat. Pilling, Nº 2952).

———. Códice. Extractos de varios ejemplares del "Chilam Balam". Mérida, 1870 (?). Por Juan Pío Pérez. 1 vol. en fol.

(Manuscrito cuyo texto está en maya, copia original, con ilustraciones, en el Departamento de Manuscritos de la Biblioteca Nacional de México).

———. Coordinación alfabética de las voces del idioma maya que se hallan en el arte y obras del padre Fr. Pedro Beltrán de Santa Rosa, con las equivalencias castellanas que en las mismas se hallan, compuesta por .... Mérida, Yuc., Imprenta de la Ermita, 1898, 3-V-VI-295-1 pp., 24 cms.

("Nómina de diversas plantas") (p. 103-112); "Coordinación alfabética de la colección de voces de la lengua maya, compuesta por varios autores, hallada en el archivo de libros bautismales del pueblo de Ticul en el año de 1836, copiada en dicho año por Juan Pío Pérez y arreglada en 1847 por él mismo" (p. 123-289).

———. **Cronología antigua yucateca** o exposición sencilla del método que usa-

ban los antiguos habitantes de esta Península de Yucatán para contar y computar el tiempo.—En "Incidents of Travel in Yucatan", por J. L. Stephens.—Publicado en El Registro Yucateco, Mérida, 1846, Tom. III.

———. Cronología antigua de Yucatán y examen del método con que los indios contaban el tiempo, sacada de varios documentos antiguos, por don ...., jefe político de Peto, Yucatán. En "Relation des choses de Yucatan de Diego de Landa", por l'Abbé Brasseur de Bourbourg, París, 1864, pp. 366-419.

(El texto va en español y en francés. El sumario es el mismo de "Antigua cronología yucateca" por Pérez, que va en esta bibliografía).

———. Cronología yucateca. En el "Apéndice al Diccionario Universal de Historia y Geografía", México, 1855, pp. 722-731.

———. Cronología antigua de Yucatán y examen del método con que los indios contaban el tiempo; sacada de varios documentos antiguos por Don Juan Pío Pérez.

(Ms. en la Biblioteca del Museo de la Universidad de Pennsylvania, Berendt Linguist Collection num. 50. Dicho Museo lo obtuvo en Yucatán, de una fotografía hecha para la Carnegie Institution de Wáshington, por Raúl Cámara, y de copias por Hermann Berendt, y por Emilio Solís y Ermilo Solís M. El Ms. es de 1837 aproximadamente).

———. Chilam Balam, el de Maní o Códice Pérez. Edición cuidadosamente revisada con un prólogo de don Juan Martínez Hernández, miembro de la "American Academy of Political and Social Science" de Philadelphia, presidente regional en Yucatán de la "Alliance Scientifique Universelle", de París. Mérida de Yucatán, Imp. del Colegio de San José de Artes y Oficios. 1909, 1.65 cms., 18 pp.

(Traducción de Chilam Balam, formado a dos columnas. Se trata de una traducción de don Juan Pío Pérez, tal como la publicó el obispo Carrillo y Ancona en 1881, del manuscrito maya en vista de lo publicado por Stephens, Brasseur, Valentini, Brinton y el Lic. Eligio Ancona).

———. Diccionario de la lengua maya. Mérida de Yucatán, Imprenta Literaria, de Juan F. Molina Solís, 1866-1877, X-XX-438 pp., 27.3 x 18.5 cms.

(Introducción de Eligio Ancona. D. Juan Pío Pérez. Memoria biográfica, por el Dr. Fabián Carrillo Suaste).

(El Dr. Brinton, que puso una nota en el manuscrito que está en la Colección Berendt, habla de esta obra así: "Los monumentos de una labor que duró toda la vida no aparecieron hasta algunos años después de la muerte del autor (6 marzo 1859). La impresión comenzó en 1866, se interrumpió en 1867 por la guerra civil, durante la cual el ejemplar manuscrito estuvo a punto de ser destruído, y finalmente se terminó en 1877. Aunque Pío Pérez era considerado un verdadero mayista, no dejan de ser frecuentes los errores en su diccionario, debido a la ortografía incompleta o a la tipografía. El Dr. Berendt señala **eche** por **ecbe**, **bich** por **abich**, etc.; pero en su totalidad las correcciones que hace son pocas. Pérez dejó incompleto su manuscrito, concluyendo en la palabra **ulchahal**. El resto lo preparó don Crescencio Carrillo hasta **xen** y hasta el final el Dr. Berendt. El diccionario es, en general, muy inferior al Diccionario de Motul. Así, bajo la letra **a**, Pérez da 586 palabras, y el de Motul 2059, y tal es la proporción que se nota". (Cat. Pilling, Nos. 2949 y 2949 a). Según el Dr. Carrillo Suaste, en la biografía de Pérez, éste comenzó a preparar el diccionario en 1835; y refiere que Fr. Estanislao Carrillo descubrió al año siguiente en el archivo de la Parroquia de Ticul "un grueso vocabulario español maya fechado en 1690, que facilitó de muy buena voluntad a su amigo el Sr. Pérez, quien sacó de él una copia en 46 páginas". Y agrega Carrillo Suaste que en 1848 el mismo D. Pío encontró en casa del cura D. José María Meneses un Diccionario de la lengua maya más voluminoso que los dos anteriores, el cual había sido de la Biblioteca del Convento grande de San Francisco, y cuya fecha y autor se ignoraban por faltar a la obra las primeras páginas. Con esos materiales y el vocabulario maya del P. Beltrán y las "Pláticas" del P. Domínguez, comenzó a redactar su obra, habiendo llegado hasta la **u**, cuando le sorprendió la muerte. La obra estuvo olvidada durante mucho tiempo hasta que don Carlos Meneses y D. Eligio Ancona, en 1866, cuando el segundo acababa de establecer en Mérida una imprenta, se propusieron darla a la estampa, y desde dicho año hasta 1875 se concluyó la edición. La obra contiene cerca de 30,000 voces, según el Dr. Hermann Beyer. Hay un análisis de ella bajo el título de "Native American Languages" en **The Critic**, New York, 1883, III (61): 96-97).

———. Diccionario maya-español de Ticul. Coordinación alfabética de las palabras mayas que su anterior parte castellana. Por D. Juan Pío Pérez. 1847. Copiado en Mérida, 1870. Ms. 2 hojas, 1-241 pp.

(Ambos en poder del Dr. Brinton, quien en el catálogo manuscrito de la Colección Berendt, dice que el manuscrito que Fr. Estanislao Carrillo encontró en 1836, siendo cura de Ticul, tenía 154 hojas y se titulaba "Vocabulario de la lengua maya que comienza en romance, compuesto de varios autores de esta lengua" y que llevaba como fecha de su terminación la del 26 de enero de 1690. La primera copia que hizo el Sr. Pérez fué hecha en 1836; el original se perdió; y el Sr. Pérez hizo otra copia en 1847, de la cual hizo una nueva copia el Dr. Berendt en Mérida, en 1870, con muchísimo cuidado. (Cat. Pilling, Nº 1030 c).

———. Diccionario español-maya de Ticul. 1690. Transcrito por D. Juan Pío Pérez en 1836, y arreglado en 1847 por el mismo. Copiado en Mérida, 1870. Manuscrito de la Colección Brinton. I-VIII-1-267 en 4º. (Cat. Pilling, 1030 b).

———. Juicio analítico del manuscrito maya de las épocas.

———. La serie de los katunes o principales épocas de la historia antigua. Traducción de Juan Pío Pérez. En "Los Mayas" por Eulogio Palma y Palma, p. 750.

———. Recetarios de indios en lengua maya. Indices de plantas medicinales y de enfermedades coordinados por .... Con extractos de los recetarios, notas y añadiduras, por C. Hermann Berendt, M. D., Mérida, 1870. Manuscrito, 1-80 pp., en 4º. (Cat. Pilling, Nº 2953 a).

("La parte médica de los libros de Chilan Balam fué cuidadosamente estudiada por Pérez y por Berendt, teniendo el último los conocimientos necesarios en Medicina y Botánica para apreciar debidamente el tema. El resultado se presenta en esta obra, lo cual sin embargo, quedó inconcluso"). (D. G. Brinton). (Cat. Pilling, Nº 2953 a). Dice Ralph L. Roys en "The Ethno-Botany of the Maya" (p. 357) que este manuscrito "puede ser la fuente de las definiciones de los nombres de plantas mayas que aparecen en Brasseur de Bourbourg, 1869-70, y atribuídas a Pío Pérez"). (Don Juan Pío Pérez nació en Mérida el 11 de julio de 1798. Su amigo el Dr. Carrillo Suaste habla de que también escribió una "Disertación sobre la historia de la lengua maya").

———. (Véase Ancona, Eligio).

———. (Véase Beltrán de Santa Rosa, Fr. Pedro).

———. (Véase Carrillo Ancona, Crescencio).

———. (Véase "Colección de documents dans les langues indigenes" por Brasseur de Bourbourg, París, 1864).

———. (Véase "Diccionario histórico biográfico y monumental de Yucatán" por Jerónimo Castillo).

———. (Véase "Códice Pérez).

———. (Véase Gatschet, Albert Samuel).

———. (Véase Martínez Alomía, Gustavo).

———. (Véase Stephens, J. L.).

PEREZ VERDÍA, Lic. Luis.—Yucatán; escritura y civilización de los mayas; monumentos, guerras y tradiciones. En "Compendio de la historia de México", por .... Séptima edición. Guadalajara, Jal., 1935, pp. 7-13.

PERIGNY, Maurice de.—Le Peten. **La Geographie,** París, 1907, XVI: 278-90.

———. Les indiens quéchis ou kekchis de la Alta Vera Paz (Guatemala). **Revue d'Ethnographie et de Sociologie,** 1912, III: 238-240.

———. Les ruines de Nackun. Mission archéologique dans l'Amérique Centrale (1909-1910). **La Geographie,** París, 1912, XXVI: 18-32.

———. Maya ruins in Quintana Roo. **Records of the Past,** August 1907, (6): 232-35.

———. Mission dans l'Amerique Centrale 1909-10. **Nouvelles Archives Missions Sc. et Lit.,** 1911, N. S., fasc. 4, pp. 1-15, ils., diags.

———. Villes mortes de l'Amérique Centrale. Les ruines de Nackun. **Le Tour du Monde,** 1911, XVII: 349-60, mapa, ils.

———. Yucatán inconnu. **Journal de la Société des Americanistes de Paris,** 1908, vol. V.

(El Ministerio de Instrucción Pública de Francia y la Sociedad de Geografía, de París, dieron al Conde de Perigny una comisión para hacer investigaciones arqueológicas en Centroamérica, habiéndola terminado con su nueva visita a las ruinas de Nakun, al norte de Guatemala, (1910) y fué quien primero estudió dicha ciudad arqueológica, según dice Means en "History of the Spanish Conquest of Yucatan and of the Itzas", (p. 3). Hay un comentario de Frederic Lemoine sobre "A travers le Peten et le Yucatan" por **Perigny,** que apareció en **La Geographie,** París, 1906, XIII, pp. 482-85).

PERRIN, Paul.—Les annotations européenes du Peresianus. **Archives de la Société Américaine de France,** N. S., V: 87.

PERTONER, Ignacio.—El culto al Falo y demás divinidades precedentes a la generación, entre los antiguos y modernos. Barcelona, Tip. Editorial de José Miret, 1875.

PETAZZONI, Raffaele.—La confession des péchés; traduit par R. Monnot,

Paris, Librairie Ernest Leroux, 1931, v. I, pt. I. (Bibliothéque historique des religions).

(Ofrece materiales que se refieren al área maya: Chiapas, pp. 238-40; Yucatán, pp. 241-52; Guatemala, pp. 252-59).

———. Tiempos prehistóricos en Centroamérica y México. (Conferencia leída en el Congreso de Historia y Arqueología de Roma en 1926).

PETER, George.—(Véase "Informe anual de la Sección de Investigaciones Históricas", por A. V. Kidder (1936-1937).

PETICION vuc ahau Presidente, etc. Copia fotográfica. 16 pp. en 4º.

(Este manuscrito es un bello documento, que en columna doble da texto en español y quiché, y es una apelación oficial de los indios de San Francisco, cerca de Totonicapam, en la disputa que tenían con los de San Cristóbal. (Cat. Gates, Nº 997).

PETRULLO, Vincenzo.—Ancient civilizations of America. **Pan American Union Bulletin**, March, 1935, LXIX (3): 169-82.

———. Antiguas civilizaciones de América. **Boletín de la Unión Panamericana**, marzo 1935, LXIX (3): 190-204.

———. As antigas civilizaçoes da America. **Boletim da Uniao Pan-Americana**, março 1935, XXXVII (3): 203-16.

PFERDEKAMP, Wilhelm.—Die perle am hals der erde; roman einer reise. Berlin, Schlieffen-verlag, 1934, 240 pp., ils., mapas, 21.5 cms.

(Descripción y viaje en Yucatán; habla de antigüedades mayas).

PHILADELPHIA ANTHROPOLOGICAL SOCIETY. Twenty-fifth anniversary studies; edited by D. S. Davidson. Philadelphia, University of Pennsylvania Press; London, H. Milford, Oxford University, 1937, VI-235 pp., ilustraciones, láminas. 23.5 cms. (Publication of the Philadelphia Anthropological Society, Vol. I).

(Hay dos estudios: "Gods and heroes on Maya monuments", por Mary Butler, e "Identification of Maya temple buildings at Piedras Negras", por Linton Satterthwaite, Jr.)

PHILLIPS, H. A.—Wings over Yucatan. **Country Life**, New York, June 1939.

PI Y MARGALL, Francisco.—América en la época del Descubrimiento. Conferencias pronunciadas por ...., el 9 de junio y 16 de noviembre de 1891. Reunidas ahora en un solo discurso. Madrid, Establecimiento Tipográfico "Sucesores de Rivadeneyra", 1892, 40 pp., 24 x 17.5 cms. (Ateneo de Madrid).

PICK, Rev. B.—The Bible in the languages of America. By .... Rochester, N. Y. **The New-York Evangelist**, New York, June 7, 1878.

(Es un artículo en el cual se da la traducción de 24 diferentes pasajes de la Biblia en lenguas de América).

PICKFORD, Grace E.—Earthworms in Yucatan caves. En "Fauna of the caves of Yucatan", por A. S. Pearse, Wáshington, 1938, pp. 71-100, 3 láminas, 16 figuras. (Carnegie Institution of Washington, Pub. 491).

PICTET A. (coaut), GODMAN, Frederick Ducane, y SALVIN, O.—Biologia centrali-americana. Londres, 1897-1910, 61 vols.

PICTURE of Mexico and Yucatan. **Christian Remembrancer,** London, (5): **758.**

PICTURESQUE Mexico and Central America. **Literary Digest,** 16 diciembre 1933, CXVI (25): 38.

PIJOAN, José.—Art of the American Indians. En "An Outline History of Art", University of Knowledge, Inc., Chicago, 1938, pp. 357-79, 20 ils.

PILET, Raymond.—Melodies populaires des indiens du Guatemala. En "Congress International des Americanistes. Compte-rendu de la huitieme session tenue a Paris en 1890", París, 1892, pp. 463-480.

PILLING, James Constantine.—Catalogue of linguistic manuscripts in the Library of the Bureau of Ethnology. En "Bureau of Ethnology, First Annual Report", Wáshington, 1881, pp. 553-577.

(Esta obra, de extraordinaria importancia para la bibliografía de América, me ha servido en primer término para redactar este trabajo (4,308 cédulas). Su edición fué de 100 ejemplares, y el que me ha servido es el que pertenece al bibliófilo D. José Porrúa y Turanzas, mi buen amigo, quien me la allanó).

PIMENTEL, Francisco.—Algunas observaciones sobre las palabras mayo y maya. **Boletín de la Sociedad de Geografía y Estadística,** México, 1860, VIII: 471-472.

———. Cuadro descriptivo y comparativo de las lenguas indígenas de México, por .... Socio de número de la Sociedad Mexicana de Geografía y Estadística. Tomo primero (segundo). México, Imprenta de Andrade y Escalante, 1862-1865, LII-539 pp.; VI-427 pp., 8º.

(El mame o Zaklohpakap, (Vol. I: 79-113); el yucateco o maya, (II: 1-39); el quiché, cachiquel y zutuhil, (II: 119-150); el chañabal, el chiapaneco, el chol, el tzendal, el zoque y el tzotzil (II: 229-245).

———. Cuadro descriptivo y comparativo de las lenguas indígenas de México o tratado de filología mexicana. Por ...., miembro de varias sociedades científicas y literarias de México, Europa y Estados Unidos de América. (Segunda edición, única completa). Obra publicada a expensas de la Sociedad Mexicana de Geografía y Estadística. Tomo tercero. México, Tipografía de Isidoro Epstein, 1875, 572 pp., 19 x 12 cms.

(**Contiene: Capítulo cuarenta y tres.** El yucateco o maya.—**Capítulo cuarenta y cuatro.** El quiché, cachiquel y zutuhil.—**Capítulo cuarenta y cinco.**—El mame o zaklopakap.—**Capítulo cuarenta y seis.** El huaxteco.—**Capítulo cuarenta y siete.** Comparaciones relativas a los idiomas maya, quiché, huaxteco y mame. —**Capítulo cuarenta y ocho.** Idiomas pertenecientes a la familia maya. El chontal. el caribe y otras lenguas que infundadamente se supone pertenecen a la misma familia. 1. El lacandón.—2. El Petén o Itzae.—3. El Punctunc.—4. El chol o Mopan.—5. El chorti o chorte.—6. El chañabal, comiteco o jocolobal.—7. El tzotzil o tzinanteco.—8. El tzendal o cendal.—9. El poconchi o pocoman.—10. El cakchi o caichi.—11. El coxoh y el ixil.—12. El achi y el manche.—13. El haitiano y sus dialectos. El caribe.—14. Chontal.—15. El zoque.—16. Chiapaneco.—17. Zapoteco.—18. Idiomas que forman la familia maya: 1. Yucateco o maya. 2. Punctunc. 3. Lacandón o xoquinos. 4. Peten o itzae. 5. Chañabal, comiteco, jocolobal. 6. Chol o mopan. 7. Chorti, chorte. 8. Cakchi, caichi, cachi, cakgi, etc. 9. Ixil, izil. 10. Coxoh. 11. Quiché, utlateca. 12. Zutuhil, zutugil, atiteca, zacapula. 13. Cachiquel, cachiquil. 14. Tzotzil, zotzil, tzinanteco, cinanteco. 15. Tzendal, zendal. 16. Mame, mem, zaklohpakap, tapachulano. 17. Poconchi o Pocoman. 18. Ache, Achi. 19. Huaxteco con sus dialectos de que he mencionado tres en el cap. 46. 20. El haitiano, quizqueja o itis con sus afines el cubano, boriqua, y jamaica (de clasificación dudosa).—3er. orden. Lenguas paulo-silábicas sintéticas).

(Pimentel considera como de la familia maya: El yucateco o maya, el punctunc, el lacandón o xiquinel, el petén o itzae, el chañabal, comiteco, jocolobal, el chol o mopan, el chorti o chorte, el cakchi, caichi, cachi, cakgi, el ixil, izil, el cozoh, el quiché, utlateco, el zutuhil, zutugil, atiteca, zacapula, el cachiquel, cachiquil, el tzotzil, zotzil, tzinanteco, cinanteco, el tzendal, zendal, el mame, mem, zaklohpakap, el poconchi, pocoman, el atche, atchi, el huaxteco con sus dialectos, el haitiano, quizqueja o itis con sus afines, el cubano, boriqua y jamaica).

PINART, Alph. L.—Catalogue de livres rares et précieux manuscripts et imprimés principalement sur l'Amérique et sur les langues du monde entier composant la bibliothéque de M.... et comprenant en totalité la Bibliothéque Mexico-Guatémalienne de M. L'Abbé Brasseur de Bourbourg. Paris, Vve. Adolphe Labitte, Libraire de la Bibliothéque Nationale, 1883, I-VIII, 248 pp.

———. Colección de Lingüística y Etnografía americanas. Tomo IV. San Francisco, A. L. Bancroft & Company, 1882, 73 pp.

———.

(No hace sino muy poco tiempo que llegó a mi noticia, el descubrimiento en una antigua biblioteca de España de un Catecismo escrito en caracteres mayas, y acompañado de una traducción española. Se ha guardado, sin embargo, secreto acerca de ello. Este hecho ha sido revelado por Mr. Alfonso Pinart, en una carta dirigida en mayo de 1879 a Mr. Alberto S. Gaschet, de la Comisión Exploradora del Mayor Powell. "Tablero del Palenque", **Anales del Museo Nacional**, México, 1882, Tomo II: 183).

PINEDA, Emeterio.—Descripción geográfica del Departamento de Chiapas y Soconusco, por ...., Magistrado del Tribunal Superior de Justicia del mismo Departamento. México, Imprenta de Ignacio Cumplido, 1845, IV-4-150 pp., 22.3 x 13.2 cms.

(**Contiene:** Carácter de los chiapaneses.—Partido del Palenque. Nomografía).

———. Descripción Geográfica del Departamento de Chiapas y Soconusco. **Boletín de la Sociedad Mexicana de Geografía y Estadística**, México, 1852, 1ª época, III: 341.

(Para corregir algunos errores que se hallaron en el trabajo del señor Pineda, la Sociedad Mexicana de Geografía y Estadística nombró una comisión, cuyo dictamen, firmado por el señor Francisco Jiménez, fué publicado en **Boletín de la Sociedad Mexicana de Geografía y Estadística**, México, 1860, VIII: 352-3).

PINEDA, Emilio.—Descripción del Departamento de Chiapas y Soconusco, por ...., Magistrado del Tribunal Superior de Justicia del mismo Departamento. **Boletín de la Sociedad Mexicana de Geografía y Estadística, México,** 1852, III: 341-435.

PINEDA, Juan de.—Descripción de la provincia de Guatemala. Año 1594. En "Relaciones históricas y geográficas de América Central". Madrid, Librería General de Victoriano Suárez, 1908, pp. 414-471.

(Pineda la presentó al Rey y en ella habla de Chiapas, Soconusco y la Verapaz).

PINEDA, Lic. Vicente.—Gramática de la lengua tzel-tal.

(En su "Historia de las sublevaciones indígenas habidas en el Estado de Chiapas").

———. Historia de las sublevaciones indígenas en el Estado de Chiapas. Gramática de la lengua Tzel-tal, y diccionario de la misma. Chiapas, Tip. del Gobierno, 1888.

(La historia va de las pp. 1 a 132, habiendo tomado los datos del manuscrito que sirvió a Brinton de base para escribir su "María Candelaria", pero también refiriéndose a todas las rebeliones indias que hubo hasta la de 1869-70. El autor escribió esta obra para recalcar la necesidad de que la población "blanca" aprenda el idioma, a fin de estar en más íntimo contacto con los nativos. Al fin de la primera parte hay noticias sobre el calendario, los nombres de meses y días, etc.; en seguida va un título para la "gramática", pero con la paginación continuada hasta 340; 7 hojas llevan el índice, la fe de erratas, etc.; el diccionario, no tiene ningún título, pero sí nueva paginación, de 1 a 143, y dos hojas la fe de erratas. Es obra importante y rara. (Cat. Gates, Nº 1040).

PINELO, Fr. Juan Esteban.—Licencia del Superior Fr. Juan Esteban Pinelo .... Ministro Provincial dos veces de esta Santa Provincia de San José de Yucatán .... Dadas en nuestro convento de S. Antonio de Ticul (1743). En "Arte del idioma maya reducido a sucintas reglas", por Fr. Pedro Beltrán de Santa Rosa María, México, 1746.

PINELO, Julián A.—El tratado Menche-Segura. **El Imparcial, Guatemala,** 14 mayo 1940.

PINELO, León.—(Véase León Pinelo, Antonio de).

PIROTTO, A. D.—Literaturas precolombinas. **Boletín de Filología, Montevideo,** 1937, I: 381-394.

(Trata de los aztecas, los mayas y los incas).

PIZARRO, Fr. Juan.—

(Compañero de misión de los PP. de Betanzos y Bienvenida en la conquista de Costa Rica. Trabajó primero en la provincia de Yucatán, pero tuvo serios disgustos con el gobernador. (Mendieta).

PLAGUES of locusts, drought, may have driven out Mayas. **Science News Letter,** Wáshington, D. C., May 14, 1938, (33): 314.

PLANCARTE Y NAVARRETE, Dr. Francisco Hilarión.—Prehistoria de México. Obra póstuma del Ilmo. Sr. Arzobispo de Linares .... Tlalpan, D. F., Imprenta del Asilo "Patricio Sanz", 1923, VIII-1014 pp., 23 x 16 cms.

(**Sumario:** Cap. V. Los mayas.—Cap. VI. Tamoanchán.—Cap. VIII. El dios de los ulmecas.—Cap. IX. Mitos relativos al dios ulmeca.—Cap. X. Quetzalcóatl y Cadmo.—Cap. XI. Athene, Quetzalcóatl y los dioses encargados de la fecundidad.—Cap. XII. Cadmo y los cabiros; Quetzalcóatl y los xolomes; otros seres mitológicos afines de ambos hemisferios).

(Habla también de los mayas en las siguientes páginas: 34, 58, 70, 71, 86, 88, 90, 104, 169, 410, 428, 438, 518 y 519).

———. Tamoanchán. El Estado de Morelos y el principio de la civilización en México, por ...., obispo de Cuernavaca. Segunda edición. México, Editorial El Escritorio, 1934, 196 pp., 24 x 17.5 cms.

(Cap. XIII. Kukulkán y Mixcoatl (pp. 90-106).—Cap. XIV. Huemán y Zamná (pp. 107-113).

PLANO de los tres ríos de Baliz Nuevo y Hondo cituados entre el Golfo Dulce o Provincia de Goatemala, y la de Yucatán.... La situación del Real Presidio de San Phelipe de Bacalar, el camino que de él va a la capital de Mérida, la Laguna del Peten Itza.... (Torres Lanzas, I: 143).

(El dibujo de este plano es minucioso, especialmente lo que se refiere al litoral y las islas. Aparece la zona noreste de la costa de Guatemala hacia el oeste del Petén, el norte hacia Bacalar. Parece ser ésta la ruta de que hablan Villagutierre, Cogolludo y Avendaño).

PLANTA medicinal.—Revista científica nacional. **La Escuela de Medicina,** México, 1889, X (5): 94-95.

(Es un estudio del **chab-ak**, nombre con que se conoce en Yucatán la Dentelaria (Plumbago scandens) de Linneo).

PLATICAS de la Historia Sagrada en lengua cacchí. Con un fragmento de un tratado, por Fr. Domingo de Vico (1629). Manuscrito. 2-11-(moderno)-18 hojas en 4º.

(La escritura, clara y regular, es del siglo XVII. (Cat. Pilling, Nº 3016 a).

PLATICAS de la historia sagrada en lengua cacchí, del siglo XVII. Manuscrito. 1-1-126-11 pp. 4º. menor.

(Algunas de las hojas están casi destruídas y el total muy manchado. El Dr. C. H. Berendt suscribe la advertencia en Cobán, abril 1875). (Cat. Pilling, Nº 3016 b).

PLATICAS de los principales misterios de la religión, en lengua pokonchí. Copia fotográfica, 36 pp., 8º.

(El Ms. perteneció a Brasseur de Bourbourg. (Cat. Gates, Nº 1028).

PLATICAS piadosas en lengua mexicana vulgar de Guatemala. **Manuscrito. 10** hojas en folio.

(La escritura parece ser del siglo pasado. (Brasseur de Bourbourg). (Cat. Pilling, Nº 3018).

PLATICAS sobre los mandamientos del Decálogo en lengua kekchi. **Traducidas** por un indio de Cobán, de orden del Padre cura. Del Archivo de la Parroquia de Cahaban. Cobán, 1856. Manuscrito. 1-88 hojas en 4º menor.

(Forma parte de la Colección del Dr. Berendt, en poder del Dr. Brinton. Son 11 sermones. (Cat. Pilling, Nº 3018 a).

POHORILLES, Noah Elieser.—Das Popol Vuh die mythische Geschichte des Kice-Volkes von Guatemala nach dem original text übersetzt und bearbeitet. Leipzig, Hinrichs, 1913, XVI-123 pp. 8º. (Mythologische Bibliothek, t. VI, cuad. 1).

POINDEXTER, Miles.—The Ayar-Inca. Horace Liveright, New York, 1931, Tomo I, XXII-274 pp., 64 ils.; Tomo II, XII-358 pp., 45 ils.

(El autor trata de establecer conexiones entre los indios quechuas del Perú y los quichés de Guatemala, y también ofrece un capítulo sobre "palabras inglesas en el lenguaje maya").

POLANCO MAC, E.—Estudio general de Quintana Roo. **El Nacional**, México, 15 junio 1937.

POLLOCK, Harry Evelyn Darr.—(Comentario a) "People of the serpent: Life and adventure among the Mayas", by Edward Herbert Thompson. (1932). **Art and Archaeology**, Washington, D. C., 1933, XXXIV (5): 279.

———. La investigación arquitectónica (en Yucatán). En "Informe anual de la Sección de Investigaciones Históricas", por A. V. Kidder, (1935-1936) pp. 12-15.

———. La investigación de la arquitectura. En "Informe anual de la Sección de Investigaciones Históricas", por A. V. Kidder (1936-1937), pp. 10-12.

———. Problemas arquitectónicos que se presentan en la zona maya. En "Informe anual de la Subsección de Historia Antigua de América", por A. V. Kidder (1930-1931).

———. Round structures of aboriginal Middle America. Publications of Carnegie Institution of Washington, 1936, VIII-182 pp., 45 ils.

———. The Casa redonda at Chichen Itza, Yucatan. With eight plates and seven text-figures. (Issued March 14, 1936). En "Carnegie Institution of Washington. Contributions to American archaeology, Washington, 1937, 29 x 23 cms. Vol. 3, Nº 17, pp. 129-54. (Carnegie Institution of Washington, Publication Nº 456, pt. 17).

———. (Véase "Informe anual de la Subsección de Historia Antigua de América", por A. V. Kidder, (1931-1932).

———. (Véase "Informe anual de la Subsección de Historia Antigua de América", por A. V. Kidder (1932-1933).

———. (Véase "Uaxactun, Guatemala", Wáshington, 1937). (The Carnegie Institution of Washington, Publication Nº 477).

PONCE, Fray Alonso.—Relación breve y verdadera de algunas cosas de las muchas que sucedieron al padre fray Alonso Ponce en las provincias de la Nueva España, siendo Comisario General de aquellas partes. Trátanse algunas particularidades de aquella tierra, y dícese su ida a ella y vuelta a España, con algo de lo que en el viaje le aconteció hasta volver a su provincia de Castilla. Escrita por dos religiosos, sus compañeros, el uno de los cuales le acompañó desde España a México, y el otro en todos los demás caminos que hizo y trabajos que pasó. Ahora por primera vez impresa. Tomo I. Madrid, Imprenta de la Viuda de Calero, 1873, 552 pp., 23 x 17 cms.

(Este libro es de gran utilidad para los estudiosos de Etnología en México y Centroamérica. En él se trata del viaje del padre Ponce por tierras donde florecieron las culturas mayas y se hablan las lenguas mayances: Soconusco, Chiapas, Guatemala. Por ejemplo: "De los indios del Acandón (sic) y de un caso notable que sucedió con uno que querían sacrificar" (pp. 473-76).

———. Fray Alonso Ponce in Yucatan, 1588; trad. and annotated by Ernest Noyes. New Orleans, Department of Middle American Research, Tulane University of Louisiana, 1932, pp. 297-372. (Reprinted from Middle American Research ser., Pub. Nº 4).

(En la página 362 aparece el mapa que indica la ruta de fray Alonso Ponce, señalándose los nombres geográficos mayas; en la página anterior hay bibliografía que Noyes utilizó. El relato de viaje se debe a fray Antonio de Ciudad Real. Hay dos ilustraciones: vista del convento franciscano en Campeche que visitó fray Alonso y una choza maya en Uxmal, del tipo que describe el insigne viajero).

PONCE, Pedro.—Breve relación de los dioses y ritos de la gentilidad. **Anales del Museo Nacional de México,** VI: 3.

(Lleva además el "Informe contra "idolorum cultores" del Obispado de Yucatán", por Pedro Sánchez Aguilar, p. 13).

POORE, Charles.—El arte maya. Música, pintura, arquitectura, cerámica, etc. **La Opinión,** Los Angeles, Cal., 13 noviembre 1938.

POP, Eugenio.—Doctrina en lengua kekchí, escrita por ...., alcalde del pueblo de Lanquin en 1795. In facsimile. Baltimore, The Maya Society, 1935, 2-2-17 pp., 22.5 cms. (Maya Society, Publication Nº 16).

(Esta es la reproducción fotostática (positiva) del manuscrito original que perteneció a Brasseur de Bourbourg y después a Pinart, llevando en la última página el sello de la Biblioteca Nacional de París. El manuscrito consta de 17 hojas en 4º, llevando al margen de una de ellas las palabras "Padrón del pueblo de San Agustín" y en la número 17: "Año de 1795, en 22 de junio, Doctrina christiana: ha yn Eugenio Pop", indicando toda la escritura que Pop lo escribió, probablemente a petición del cura, como traducción del catecismo español. Las añadiduras, que son de otra letra y el nombre de los alcaldes Juan Xol y Carlos Karl, 18 de enero de 1806, etc., prueban que la obra era de un alcalde anterior y que cada año iba pasando a los sucesivos, de acuerdo con la costumbre de los indios de la Verapaz (Brasseur de Bourbourg). (Cat. Pilling, Nº 3035). Una copia fotográfica de 38 pp. en 4º. (Cat. Gates, 1025 a).

POPENOE, Dorothy H.—Some excavations at Playa de los Muertos, Ulua River, Honduras. **Maya Research,** New Orleans, La., 1934, I (2): 61-85, ils.
(**Sumario:** A preliminary visit to Playa de los Muertos at Santiago. The second attempt. The field work of February 1929. Burial Nº 1. Burial Nº 2 .... Burial Nº 14. Conclusion).

POPENOE, William.—(Véase Collins, G. N.)

POPENOE, Wilson.—How a vanished American race lived. **Our World,** New York, August, 1923.

———. Regional differences in the Guatemalan huipil. En "Annaes do Congresso Internaccional des Americanistas realizado no Rio de Janeiro, 1922, etc., etc.", Río, 1924, pp. 217-220.

———. The avocado in Guatemala. **U. S. Department of Agriculture, Bulletin** 743, Washington, 1919.

———. Useful plants of Copan. **American Anthropologist,** April, 1919, XXI: 125-38.

POPENOE, Wilson y Dorothy.—The human background of Lancetilla. Unifruitco Magazine, Boston, agosto 1931.

POPENOE, Wilson, y KEMPTON, J. H.—Investigaciones relativas al maíz. En "Informe anual de la Sección de Investigaciones Históricas", por A. V. Kidder, (1935-1936), pp. 30-32.

———. Teosinte in Guatemala: Report of an expedition to Guatemala; El Salvador; and Chiapas, Mexico. En "Contributions to American Archaeology from Carnegie Institution", Wáshington, Vol. IV, 1937. (Contribution Nº 23).

POPOL VUH:

Ediciones

1857.—XIMENEZ, P. Francisco.—Las historias del origen de los indios de esta Provincia de Guatemala, traducidas de la lengua quiché al castellano para más comodidad de los ministros del S. Evangelio. Por el R...., cura doctrinero por el Real Patronato de S. Thomas Chuila, publicado y anotado por el Dr. Karl Scherzer a expensas de la Academia Imperial de Ciencias. Viena, Impreso en casa de Carlos Geroll e Hijo, 1857.
(Hay una reimpresión hecha en Londres por Trübner en 1857).

1861.—POPOL VUH.—Le Livre Sacré et les mythes de l'antiquité américaine, avec les livres héroiques e historiques des Quichés. Ouvrage original des indigénes de Guatemala, texte Quiché et traduction française en regard, acompagnée de notes philologiques et d'un comentaire sur la mythologie et les migrations des peuples anciens de l'Amérique, etc., composé sur les documents originaux et inedits. París, Editor Aug. Durand, 1861, CCLXXIX-368 pp., 2 cartas geográficas.

(El manuscrito del abate, hoy en la biblioteca del Free Museum of Science and Art, University of Pennsylvania, aparece bajo el Nº 59 del "Catalogue of the Berendt Linguistic Collection" por Brinton (1884) y este se expresa así: "El Popol-Vuh es la más completa colección de mitología americana que existe. El texto está editado y traducido por el abate, pero en forma tal, que deja mucho qué desear en uno y otro caso. La omisión de los signos distintivos de las cuatro consonantes peculiar al idioma quiché es al principio una falta grave. La traducción está hecha bajo la influencia de teorías que adulteran su sentido exacto. Para conocer otros reparos, véase el ensayo que leí ante la American Philosophical Society, titulado: "The Name of the Gods in the Kiché Myths", (Proceedings of the American Philosophical Society", Vol. XIX (1881). L. de Cressonnier hizo un comentario y sinopsis de la traducción de Brasseur, en "Nouvelles Annales des Voyages", París, 1862, Nº 164; 87-116).

1894.—GAVARRETE, Justo.—(Traducción española de la versión francesa de Brasseur, hecha en presencia de la de Ximénez e ilustrada con notas que parecen ser de Navarrete). **El Educacionista,** Guatemala, 1894-96.

1905.—POPOL-VUH (El) o libro sagrado de los antiguos votánides. Documento de capital importancia para el estudio de la historia precolombina de estos países. Precedido de un estudio preliminar por el doctor Santiago I. Barberena. San Salvador, Dutriz Hermanos, editores, Tip. "La Unión", 1905, I: 82 pp.; II: 76 pp.; y III: 72 pp. 16 x 11 cms. ("Biblioteca Centroamericana", Arturo Ambrogi, Director. Tomo VI).

(El Dr. Santiago I. Barberena tituló el prefacio de esta edición: "El Popol-Vuh, el más antiguo y el más notable de los monumentos literarios americanos". Al final de la edición va el "Nuevo método para traducir una expresión númérica, arreglada al sistema décuplo común, a su equivalente en el sistema de numeración verbal quiché", por Santiago I. Barberena).

1918.—RAYNAUD, Georges.—Les creátions et les guerres des dieux, d'apres une bible centro-americaine. Ecole pratique des Hautes-Etudes. Section des sciences religieuses. Paris, Imprimerie national, 1918, p. 1-43, 8º.

1923.—POPOL-VUH (El) o libro sagrado de los antiguos votánides. Documento de capital importancia para el estudio de la historia precolombina del Sureste de México y Centroamérica. Precedido de un estudio preliminar por el doctor Santíago I. Barberena. Reproducción del Departamento Cultural de la Liga Central de Resistencia del gran Partido Socialista del Sureste de México. (Tomado de la edición centroamericana de 1905). Mérida, Yuc., Talleres "Plùma y Lápiz", 1923, I: 78 pp.; II: 76 pp. y III: 56 pp. 17 x 11.5 cms.

(Esta edición utiliza todo el contenido de la hecha por Barberena en San Salvador y agrega el estudio "El Popol-Vuh", por Ricardo Mimenza Castillo, quien la vigiló (pp. 69-81).

1927.—VILLACORTA C., J. Antonio, y ROSAS N., Flavio.—Manuscrito de Chichicastenango (Popol Buj). Estudio sobre las antiguas tradiciones del pueblo quiché. Texto indígena fonetizado y traducido al castellano. Notas etimológicas y grabados de sitios y objetos relacionados con el célebre Códice guatemalteco. Guatemala, Sánchez & De Guise, 1927, XVI-416 pp., figuras, 25 x 17 cms.

(**Contiene**: "Estudios sobre el Manuscrito de Chichicastenango", conferencias pronunciadas en la Sociedad de Geografía e Historia de Guatemala, por el Lic. J. Antonio Villacorta C., en 1926 (pp. 3-154); "Diego Reynoso, presunto autor del Manuscrito de Chichicastenango" (pp. 157-160); y luego el texto quiché y traducción castellana del Manuscrito (pp. 161-416), con notas y etimologías).

1939.—CAPDEVILA, Arturo.—El Popol-Vuh para todos. Ilustraciones de Miguel Angel Ayala. Guatemala, 1938, 161 pp., 19 cms. (Secretaría de Educación Pública).

1939.—RAYNAUD, Georges, GONZALEZ DE MENDOZA, J. M., y ASTURIAS, Miguel Angel.—El libro del consejo. Traducción y notas de .... Prólogo de Francisco Monterde. México, Imprenta Universitaria, 1939, XIV-266 pp., 17.5 x 14.3 cms. (Ediciones de la Universidad Nacional Autónoma, Biblioteca del Estudiante Universitario, 1).

Comentarios

ALEXANDER, Harthley Burr.—The mythology of all races. Boston, Marshall Jones Camp., 1920, Cap. II.

BANCROFT, Hubert Howe.—The Native races, myths, languages. III: 42.

BATRES JAUREGUI, Antonio.—Mitología centroamericana. En "La América Central ante la Historia", Guatemala, 1915, I: 365-85.

BRINTON, Daniel G.—The names of the gods in the Kiche myths, Central America. Philadelphia, McCalla and Stavely, 1881, 31 pp.

CARDOZA Y ARAGON, Luis.—Poesía del Popol Vuh. El Nacional, México, 26 mayo 1940.

CHAVERO, Alfredo.—Historia antigua y de la conquista. En "México a través de los siglos". Tomo I. Historia antigua de la conquista. México, pp. 307-309.

DARIO, Rubén.—Estética primitiva. Ariel, San José, 1938, X (28): 740.

GALICH, Manuel.—El señor Gukup-Cakix; pasaje del Popol Vuh adaptado a la escena escolar; con algunas observaciones previas sobre el teatro escolar y el poema escenificado. Guatemala, Tipografía Nacional, 1939,

56 pp., ils. 18.5 x 13 cms. (Publicaciones de la Secretaría de Educación Pública).

GONZALEZ DE MENDOZA, José María.—Traducciones del "Popol-Vuh". **El Libro y el Pueblo,** México, agosto 1932, X (6): 51.

HILLS, Louis Edward.—A short work on the Popol Vuh and the traditional history of the ancient Americans, by Ix-lil-xochitl. Kansas City, 1918.

LARDÉ, Jorge.—Cronología indiana. El calendario usado por el analista cakchiquel. Réplica al Lic. Villacorta. **El Salvadoreño,** San Salvador, 26 y 27 julio 1926.

(Refuta los artículos del Lic. J. Antonio Villacorta, publicados en "Diario de Centro América", "Prensa Obrera" y "Excélsior" de Guatemala, en respuesta a la crítica que aquél hizo a la cronología indiana adoptada en su primera conferencia sobre el Popol-Vuh).

———. El calendario del memorial cakchiquel y cronología de éste. Réplica al Lic. Villacorta. **El Salvadoreño,** San Salvador, 12 agosto 1926.

———. El Popol-Vuh. El monumento literario de los pueblos maya-quiché. **El Salvadoreño,** San Salvador, 12 julio 1926.

———. La primera conferencia sobre el Popol-Vuh. Concordancia del calendario cakchiquel con el europeo. **El Salvadoreño,** San Salvador, 10 junio 1926.

(Es una disquisición en torno a la conferencia que el Lic. J. Antonio Villacorta sustentó en la Sociedad de Geografía e Historia de Guatemala y que se publicó en el Nº 3 del Tomo II de los "Anales" de dicha sociedad).

MILLA, José.—Fuentes históricas: el "Popol-Vuh", el manuscrito cakchiquel, etc. En "Historia de la América Central", Guatemala, 1879, I: III-V.

MÜLLER, Federico Max.—Las religiones. La mitología comparada. Versión castellana de García Moreno, Madrid.

PI Y MARGALL, Francisco.—La América precolombina.

POHORILLES, Noah Elieser.—Das Popol Vuh die mythische Geschichte des Kice-Volkes von Guatemala nach dem original text übersetzt und bearbeitet. Leipzig, Hinrichs, 1913, XVI-123 pp., 8º. (Mythologische Bibliothek, T. VI, cuad. 1).

POPOL-VUH, sacred book of the quichés. **Christian Remembrancer,** London, LIV: 430.

PORRAS TROCONIS, G.—La creación del mundo según el Popol Vuh. **Anales de la Sociedad de Geografía e Historia de Guatemala,** Guatemala, septiembre 1933, X: 21-31.

SOLÓRZANO, Juan Antonio.—Leyendas sagradas de los votánides. I. En la tierra feliz. El hombre de maíz. Después de la inundación. Creación de las compañeras del hombre. **La Quincena**, San Salvador, 1º mayo 1907, IX (98): 55-56.

———. Leyendas sagradas de los votánides. La creación de las montañas. Saludo de los dioses a Huracán. Creación de los animales. **La Quincena**, San Salvador, 15 abril 1907, IX (99): 92-93.

———. Leyendas sagradas de los votánides. Preámbulo del génesis quiché. **La Quincena**, San Salvador, 1º abril 1907, VIII (96): 380.

("Estas leyendas que he venido publicando en "La Quincena", están basadas en el Popol-Vuh. Puede decirse que no son más que simples paráfrasis del Libro Sagrado de los votánides. Poco, muy poco he puesto de mi cosecha, procurando siempre seguir, en lo posible, el estilo del original").

VALLE, Rafael Heliodoro.—Sobre el Popol Vuh. **Investigaciones Lingüísticas**, México, 1934, II: 331-332; **Diario de Yucatán**, Mérida, 9 julio 1934; y **Diario Latino**, San Salvador, 20 julio 1934.

VELA, David.—Leyendo el Popol Vuh. Zipacná y los cuatrocientos muchachos. **El Imparcial**, Guatemala, abril 1934.

("El descubridor del Popol-Vuh era también dominicano, mas no un simple lego, sino un cumplido sacerdote, como que de cura estaba en Chichicastenango cuando encontró tan valioso tesoro. Era natural de Ecija, en la Alta Andalucía, y aunque se ignora la fecha de su nacimiento, consta que floreció un siglo después que su tocayo el comentador de Hernández, pues en tanto que la obra de éste se publicó en 1615, aquél escribía la página 247 del tercer tomo de su **Historia general** en 1721. Los escritos del P. Ximénez han permanecido inéditos y, lo que es peor, están incompletos; lo cual no impide que hayan sido ampliamente aprovechados por nuestros historiógrafos, desde el desconocido autor de **Isagoge**, que ya menciona el manuscrito de Chichicastenango en el capítulo VIII del libro primero de esa obra, hasta Peláez y Milla. La traducción de Ximénez sirvió al P. don Ramón Ordóñez y Aguilar (sic) para componer su indigesta **Historia del Cielo y de la Tierra**, de la cual encontró el abate Brasseur de Bourbourg un manuscrito incompleto en México, hallazgo que dió motivo para que este americanista hablara de Ximénez y de Ordóñez en una de las cartas que dirigió al Duque de Valmy, impresas en México el año de 1850. En 1854 llegó a Guatemala el doctor C. Scherzer y, conocedor de las cartas antedichas, buscó el manuscrito del P. Ximénez y sacó copia de la traducción del Popol-Vuh. A su regreso a Europa la publicó en Viena, en 1857, "a expensas de la Imperial Academia de Ciencias". El 1º de febrero de 1855 llegó a su vez a la metrópoli centroamericana el Abate don Esteban Brasseur de Bourbourg, posesor de vasta y sólida erudición, especialmente respecto a estudios americanistas. Dos meses después fué nombrado cura del Rabinal, donde pronto aprendió con suma perfección la lengua quiché, adquisición que le permitió traducir de nuevo el texto del Popol-Vuh. En 1861 publicó en París la versión francesa que había hecho, junto con el original, en el idioma de los votánides, precedidos de una larga y notabilísima introducción y todo enriquecido con abundantes y oportunas notas". ("El Popol-Vuh, el más antiguo y el más notable de los monumentos literarios americanos", por Santiago I. Barberena. **La Quincena**, San Salvador, pp. 186-88.)

POPPLE, Henry.—(Mapa del Petén).

("Hacia 1741 el gran fabricante de mapas londinense, hizo un excelente mapa de la región. En éste se halla bien situada la Laguna del Petén. No hay duda de que Popple obtuvo su información de los ingleses en Honduras Británica. A través de ellos probablemente supo la conquista de los itzaes. No es difícil, por consiguiente, que también se haya familiarizado con las obras de Cogolludo y Villagutierre, si bien esto no parece ser así. Desde aquella época los itzaes han aparecido con toda regularidad en los mapas de aquella región". ("History of the Spanish Conquest of Yucatan and the Itzas", por P. A. Means, p. 199).

POR la ruta de la Atlántida. Los nahoas y los mayas en las Antillas. **Revista Municipal**, Guayaquil, julio y agosto 1938, Nos. 53 a 55, pp. 69 y 68.

PORRAS TROCONIS, G.—La creación del mundo según el Popol Vuh. **Anales de la Sociedad de Geografía e Historia de Guatemala**, Sept. 1933, X: 21-31.

PORTER, Francis L.—(Véase "Parte del Informe del Dr. A. V. Kidder", etc. (1929-1930).

PORTER, J. Hampden.—Native races. (An ethnological series, written by Dr. ...., for the International Bureau of the American Republics).

(Son 7 folletos manuscritos, inéditos, en la Biblioteca de la Unión Panamericana de Wáshington, D. C., y que contienen material sobre Guatemala, Nicaragua, Costa Rica, El Salvador, etc.)

———. Native races of Honduras. Appendix Nº 1. En "Honduras. Geographical sketch, natural resources, laws, economic conditions, actual development, prospect of future growth", por Alfred K. Moe, Wáshington, 1904, pp. 201-222, ils.

POSELGER, Heinrich.—Reise nach Mexico in den jahren 1849-1852.

(Ms. en el Department of Middle American Research, Tulane University of Louisiana, New Orleans).

POSNANSKY, Arthur.—I. El signo escalonado en las ideografías americanas con especial referencia a Tihuanacu. Berlín, editor Dietrich Reimer, Druck von Paul Funk, 1913, 90 pp., ils., 20.5 x 13.8 cms. (Thesaurus ideographiarum americanarum).

(Habla sobre las ruinas de Uxmal, Chichén Itzá y Copán, acerca del estilo degenerado en Tihuanacu).

POTENTE mano en relieve en el remate de un obelisco. **El Universal**, México, 31 julio 1930.

(**Sumario:** La estela en que el prodigio se admira es una de las diecinueve recientemente descubiertas en Uxmal, Yucatán, por la expedición de la Tulane. Estudio de don Enrique Juan Palacios sobre el maravilloso monumento. Según la cronología de nuestro calendario data del año 495 de N. E.)

POTT, August Friedrich.—Die quinare und vigesimale Zählmethode bei Voelkern aller Welttheile. Nebst ausführlicheren Bemerkungen über die Zahlwoerter indogermanischen Stammes und einem Anhange über Fingernamen. Von

Dr. ...., ord. Prof. der (&c., four lines). Halle, C. A. Schwestschke und Sohn. 1847, I-VIII-1-1304 pp., 8º.

(Huasteca y quiché, p. 92; Maya, pp. 93-95. (Cat. Pilling, Nº 3046).

POTTERY discovery in ancient Maya grave. En "Carnegie Institution of Washington. News Service Bulletin. School edition", Washington, 1932, II (36): 243-50, ils.

(**Sumario:** The Peten region. The ruins of Uaxactun. Contents of ancient graves. Vessels described. An ancient day recorded. Importance of the discovery. Ceramic research. Scarcity of fine wares).

(Este artículo se ha documentado en los siguientes trabajos: "Two recent ceramic finds at Uaxactun", por A. Ledyard Smith, con notas de Sylvanus G. Morley; "Why the Maya cities of the Peten District, Guatemala, were abandoned", por C. Whythe Cooke, U. S. Geological Survey; y en la conferencia dada por Oliver G. Ricketson, Jr. en la Carnegie Institution, 3 noviembre 1931, sobre "Excavations at Uaxactun").

POUSSE, A.—Sur les notations numériques dans les manuscrits hiératiques du Yucatan. Archives de la Société Américaine de France, París, IV: 97-100; V: 7-35.

POVEDANO, Diego.—Arausi; novela histórica referente a los indios güetares de Costa Rica y a los mayos (sic) del Yucatán, México. San José de Costa Rica, Editorial Gutemberg, 1929, 244 pp., láminas, 21 cms., ils.

POWELL, John Wesley.—A study of the Manuscript Troano by Cyrus Thomas Ph. D. With and introduction by D. G. Brinton, M. D. Washington, Government Printing Office, 1882, I-XXXVII-1-237 pp., 4º. (Department of the Interior. U. S. Geographical and Geological Survey of the Rocky Mountain Region. J. R. Powell in charge. (Cat. Pilling, Nº 3097).

(Incluye muchos términos del vocabulario maya, especialmente nombres de días, meses, años, etc.)

POWERS, Sidney.—Notes on the Geology of Eastern Guatemala and Northwestern Spanish Honduras. The Journal of Geology, septiembre-octubre 1918, pp. 511-517.

POZARENCO, Fr. Juan.—Doctrina christiana en lengua tzoque, seguida de un confesionario y del modo de dar el viático a los enfermos, en la misma lengua; obra del Rdo. Padre Maestro Fray ...., quien la acabó en veinte y dos de agosto del año de 1696. Manuscript. 38 hojas, 8º.

(Firmado al pie de la última página con el nombre del autor, medio borrado por el de Fr. Luis Medina, quien quizá quería adjudicarse ese honor. La obra es clara, bien escrita, y va al fin una especie de vocabulario de los nombres de las diferentes partes del cuerpo y de los diferentes grados de relación. Este documento era del convento de los dominicos de Ciudad Real (San Cristóbal), dice Brasseur de Bourbourg. (Cat. Pilling, Nº 3106).

(Una copia fotográfica es descrita por Gates, siendo de 64 páginas en 16º, yendo un breve vocabulario en las últimas 14. (Gat. Gates, Nº 498).

POZOS antiguos.—**Registro Yucateco**, Mérida, Yuc., 1845, I: 350-52.

PRE-HISTORIC Mayan throne may be seen, not touched.—**Science News Letter**, Washington, D. C., May 15, 1937, XXXI: 312.

PREHISTORIC ruins of Copan (Honduras).—En "Memoirs of the Peabody Museum", Cambridge, Harvard University, 1896, 48 pp., láminas.

PREHISTORIC ruins of Copan.—**Scientific American Supplement**, New York, March 24, 1900, XLIX: 20255-8.

PRE-MAYA explorations.—**Science**, June 11, 1926, LXIII, sup. 13-14.

PREM B., J. Gregorio.—(Véase Herbruger Asturias, Arturo).

PRESCOTT, William H.—Historia de la Conquista de México, con una ojeada preliminar sobre la antigua civilización de los mexicanos, y con la vida del conquistador Fernando Cortés. Traducida al español por Joaquín Navarro. México, impreso por I. Cumplido, 1844.

(Habla de los viajes de Hernández de Córdoba, Grijalva y Cortés en torno a Yucatán; hace una "Interpretación de una de las figuras de las ruinas de Palenque y de la Cruz de Cozumel" (pp. 393 y nota 24) y habla también de las ruinas de Chiapas y Yucatán).

———. Quizás los mayas descienden de los faraones. **El Universal, México**, 16 marzo 1925.

PREUSS, P.—Die Alten Ansiedelungen von Chacula, Guatemala. **Globus**, Braunschweig, 1902, LXXXI: 346-350.

(Se refiere a las antiguas poblaciones de Chaculá, Guatemala).

PRIAPIC.—Des divinités generatrices ou du culte du phallus chez les anciens et les modernes des cultes du dieu de Lampsaque, de Pan, de Venus, etc. Avec leur continuation chez les indiens et les chretiens l'Europe par "J. A. D." París, 1805. ("The Boban collection of antiquities", Nº 2602).

PRICE, Weston A.—(Véase "Informe anual de la Subsección de Historia Antigua de América", por A. V. Kidder (1932-1933).

PRICHARD, James Cowles.—Researches into the Physical History of Mankind. Third edition. Londres, Sherwood, Gilbert, and Piper, Paternoster Row; and J. and A. Arch, Cornhill, 1836-1847. 5 vols. (Cat. Pilling, Nº 3124).

(Habla de las lenguas de México y Centroamérica, (pp. 339-342) numerales del 1 al 20 y vocabulario de las lenguas de Guatemala, Yucatán y el huaxteco (de Ternaux-Compans (p. 344). (Cat. Pilling, Nº 3124).

PRIEGO DE ARJONA, Mireya.—Las ediciones en español de la obra de John L. Stephens "Incidents of travel in Yucatan". **Boletín de Bibliografía Yucateca**, Mérida, Yucatán, México, 1939, (7): 3-6.

———. Un nuevo vocabulario español-maya.

(Este trabajo se presentó en el XXVII Congreso Internacional de Americanistas, México, 1939).

PRIETO, Guillermo.—Lecciones de historia patria, escritas para los alumnos del Colegio Militar. México, Oficina Tip. de la Secretaría de Fomento, 1886, LIV-55-710 pp., 19 x 13 cms.
(Entre las páginas XX-XXI habla de los mayas).

PRIMER centenario de la Sociedad Mexicana de Geografía y Estadística, 1833-1933. México, 1933, 2 vols., láminas, mapas, láminas, tablas, diagramas, 24 cms. (Sociedad Mexicana de Geografía y Estadística).
(Contiene estos artículos: "Las ruinas occidentales del viejo imperio maya en la sierra de "Tortuguero", en Macuspana, Tabasco", por Francisco J. Santamaría; "Bibliografía de la lengua maya y de los mayances guatemaltecos", por J. Antonio Villacorta C., y "El calendario y los jeroglíficos cronográficos mayas", por Enrique Juan Palacios).

PRIMITIVE methods used in Yucatan.—**Education**, Boston, December 1939, LX: 209-12.

PROROK, Byron Khun de.—En busca del Tut-Ank-Ammon americano. **El Universal Ilustrado**, México, D. F., 17 agosto 1933.

———. In quest of lost worlds. London, F. Muller, ltd., XII-281 pp., ils., láminas, mapas, 22.5 cms.
(Este es uno de los más finos charlatanes de la Americanística).

PROSPERO Mirador.—Palenque está gravemente herido. **Revista de Revistas,,** México, 8 octubre 1933.

PROVANCA del Cacique Don Felipe de León, indio, como hijo, nieto, viznieto y descendiente de tales, etc., para que se exente de los tributos y de servicios comunes a los Yndios, etc. Según causa hecha en virtud de la Real Cédula en Chiapa de la Real Corona, a 11 de octubre de 1618. Ms. en 69 folios.
(Los 36 primeros folios contienen detalles muy interesantes sobre la conquista de Chiapas por los españoles). (Pinart).

PROWE, Herman.—Altindianische Medicin der Quiché, Guatemala. **Verhandlungen der Berliner Ges. für Anthropologie**, 1900, pp. 352-354.
(Se apoya en el Popol-Vuh, texto de Brasseur. Afirma que el antiguo pueblo quiché conocía el hipnotismo y hace notar que entre los de la actualidad la histeria es muy común).

———. Das Wissen der Quiché-Indianer in mythischer Form. **Globus**, Braunschweig, 1906, XC: 157-60.

PUERTO, S. J., Martín del.—Documento inédito. Relación hecha al cabildo eclesiástico por el Prepósito de la Compañía de Jesús, acerca de la muerte de Jacinto Can-Ek y socios en Quisteil. **El Registro Yucateco**, Mérida, Yuc., 1846, IV: 99-103.
(Esta relación está suscrita el 26 de diciembre de 1761, en el Colegio de San Javier, de la Compañía, en Mérida).

PURNELL, I.—Wishing owl. New York, Macmillan, 1937.
(Leyendas que se relacionan con los mayas).

PUTNAM, Prof. F. W.—The Mexican hall of the American Museum of Natural History (in New York). **Science,** 1900, XI: 19-21.

(En dicho Museo se hallan originales "The Great Turtle of Quirigua", "The Quiriguan stele known as the "Dwarf", esculturas que estaban en Copán, etc., etc.)

PUXLEY, W. Lavallin.—The magic land of the Maya. London, G. Allen and Unwin, Ltd., 1928, 244 pp., 22.5 cms., láms.

(Este libro de viajes por Centroamérica y México se publicó por vez primera en 1928).

PUYDT, Col. R. de.—Ruines de Quirigua, ancienne ville americaine. En "Amerique Centrale. Colonisation du District de Santo-Thomas de Guatemala par la Communauté de l'Union, et", París, Rignoux, 1844, pp. 68-69.

(Transcribe el artículo que sobre la visita de F. Catherwood se insertó en **El Tiempo,** de Guatemala, del 7 de mayo de 1943 (?).

PYRAMID temple of Kukulcan. **Scientific American,** New York, August 1937.

PYRAMID uncovered near Merida. **El Palacio,** Santa Fe, N. M., Jan. 31 - Feb. 7, 1934, XXXVI (5-6): 47-8.

Q

QUADERNO en lengua tzendal, hecho en el año de 1798. Manuscrito. 9 hojas en cuarto.

(La confesión en español y tzendal, en forma de catecismo, conveniente para facilitar el estudio de esta lengua (Brasseur de Bourbourg). (Cat. Pilling, Nº 3149).

QUARITCH, Bernard.—American languages. En "General Catalogue", de Bernard Quaritch, III, America, &, pp. 1261-1269.

QUEDO construída la Academia de la Lengua Maya. **Diario de Yucatán,** Mérida, Yuc., 6 junio 1937.

QUEH, Francisco Díaz Gebuta.—Memorial de Tecpan-Atitlan. (Cat. Pilling, Nº 3150 a).

(Indio cakchiquel que escribió unos escritos en los "Anales de Xahila" ("Cakchiquel Grammar" de Brinton, (p. 16).

QUICHE CONQUEST.—La conquista de Utatlan: Drama histórico. Guatemala, (sin fecha), 55 pp. 8º Cat. Gates, Nº 1350).

QUICHE documents. Copia fotográfica. 88 pp. en folio.

(Una colección de testamentos y otros documentos de los años de 1775 a 1787, que ofrece noticias para la historia jurídica de los quichés. (Cat. Gates, Nº 995).

QUICHE documents.—Copia fotográfica, 64 pp. en folio.

(Una colección de documentos de 1762 a 1868. (Cat. Gates, Nº 996).

QUICHE Vinac.—(Véase Rodríguez Beteta, Virgilio).

QUICHE vocabulary.

(Manuscrito en poder del abate Dominic Jehl, de Palin, cerca de Amatitlán, Guatemala (Ludewig, p. 157). (Cat. Pilling, Nº 3152).

QUICHE vocabulary. Manuscrito. 32 pp.

(Sin título y parece ser reciente (Squier). Cat. Pilling, Nº 3153).

QUINTANA ROO.—Album monográfico. Editor y director: Gabriel Antonio Menéndez. México, 1936, 1ª edición (s. p. i.), 228 pp., 26 x 20.3 cms.

(**Sumario:** Chan Santa Cruz a través de la historia. El Comandante Blanco, el pontón "Chetumal" y la fundación de Payo Obispo. **Audaz visita del Co-**

mandante Blanco a Icaiché. "Cómo se explota el chicle y cómo viven los chicleros", por Gabriel Antonio Menéndez. "La Troya Peninsular: Bacalar", por Serapio Baqueiro Barreira. Bacalar, la heroica, hacia 1880. "Yucatán, tierra de suave misterio" por Filiberto Burgos Jiménez, Leyenda maya (de un libro en preparación de Miguel Saad y Felipe Ortegón).

QUIRIGUA.—Expedición Dussaussay. A propósito de las obras de Morley. **El Imparcial**, Guatemala, 10 marzo 1936.

QUIRIGUA revisited. **El Palacio**, 1934. XXXVII (9-10): 69-73.
(Es un extracto de informe del Presidente Hewett al Managing Board of School of American Research, en Santa Fe, Nuevo México, el 4 de septiembre 1934).

QUIZAS LOS MAYAS descienden de los faraones. **El Universal**, México, 16 de marzo de 1925.
(El autor de esta página es William H. Prescott).

R

RABINAL. Algunos sermones en lengua quiché. 48 hojas.
(El original perteneció sucesivamente a Brasseur de Bourbourg y A. Pinart, y ahora se halla en la Biblioteca Nacional de París. Reproducción de William Gates para el Peabody Museum en la Harvard College Library).

RABINAL-ACHÍ, ou le drame-ballet du Tun. Pièce scénique de la ville de Rabinal, transcrite pour la premiere fois par Bartolo Ziz... pour M. Brasseur de Bourbourg, qui la traduit en francais. Paris, Bertrand, 1862, 122-II (1)-pp. (Collection de documents dans les langues indigenes. Vol 2), 25 cms. en 8º.
(Los textos quiché y francés se hallan frente a frente).

———. Pièce scénique des indigenes de Rabinal dans la république de Guatemala. En "Grammaire de la langue quiché" por Brasseur de Bourbourg, pp. 1-7.
(Véase Bourbourg, Charles E.)

RADA, José Jacinto.—Culturas aborígenes americanas. Discurso de recepción del socio..., pronunciado en la Sociedad de Geografía e Historia, el jueves 13 de abril de 1939. **Anales de la Sociedad de Geografía e Historia,** Guatemala, 1939, XVI (1): 42-51.

RADA Y DELGADO, Juan de Dios de la.—Ensayo sobre la interpretación de la escritura hierática de la América Central. (Véase Rosny, León Louis Lucien Prunol de).

———. Jeroglíficos mayas. En "Congreso Internacional de Americanistas. Actas de la Cuarta reunión, Madrid, 1881", 1883, II: 142-49.
(Se refiere a los trabajos de M. de Rosny, el Códice Troano y el Códice Maya que está en el Museo Arqueológico Nacional de Madrid).

———. Le déchiffrement des inscriptions mayas. En "Congrès International des Américanistes. Compte-rendu de la cinquième session. Copenhague, 1883", Copenhague, 1884, pp. 355-361.
(Se refiere a la traducción que había hecho de la obra de M. Rosny sobre la interpretación de los caracteres jeroglíficos de Yucatán).

———. (Véase "Codex Tro-Cortesianus").

———. (Véase Landa, Fr. Diego de).

———. (Véase Rosny, León).

RADA Y DELGADO, Juan de Dios de la, y LOPEZ DE AYALA Y DEL HIERRO, Jerónimo.—Códice maya denominado "Cortesiano", que se conserva en el Museo Arqueológico Nacional (Madrid). Reproducción foto-cromolitográfica ordenada en la misma forma que el original, hecha y publicada bajo la dirección de D. Juan de Dios de la Rada y Delgado y D. Jerónimo López de Ayala y del Hierro, vizconde de Palazuelos. Madrid, 1892.

RADIN, Paul.—The glory that was Maya. **Mexican Life,** Mexico, 1924, pp. 13-15 y 44-55, ils.

———. The glory that was Maya. En "The story of the American Indian", New York, Boni & Liveright, 1927, Cap. II, pp. 52-81, ils.
(**Sumario:** The jungle. Copan. The civic center. Stone and stucco. The trail of the serpent. Gods. Government. Hieroglyphs. The harnessing of time. The evolution of Maya civilization).

———. The glory that was Maya. En "The story of the American Indian", Garden City Publishing Co., Garden City, N. Y., 1937, pp. 52-81.
(Esta es la tercera edición. Hay una del mismo libro, que apareció en 1934, por Liveright Publishing Corporation).

RAMBLES in Yucatan. **The Democratic Review,** New York, 1842, XI (53): 529-538.
(Es un comentario a "Rambles in Yucatan; including a visit to the remarkable ruins of Chi-Chen, Kabah, Zayi, and Uxmal", by a Modern Antiquary, New York, J. and H. G. Langley, 1842, siendo el autor Mr. Norman).

RAMÍREZ, Francisco Xavier.—Ramilletes de flores de la medicina para que los pobres se puedan curar sin ocupar otra persona. Escrito por el hermano ... Contiene remedios fuertes para todos los males, que naturalmente se padecen y dichos remedios y de la práctica que tiene la provincia de Yucatán y de otras partes de América y de Europa. Lo dedica a la Madre Santísima del Rosario, cuyo hijo es y será. Se imprimió en Mérida, Imp. de Florentino M. González, 1890, VII-132 pp., 16vo.
(Tiene el nombre de muchas plantas en maya).

RAMÍREZ, José Fernando.—Lenguas que se hablan en Aguascalientes, Colima, Chiapas, Guerrero, Oaxaca, Puebla, Veracruz, Yucatán y nóminas de los curatos y pueblos de sus obispados.
(Es el tomo XII de los veinte manuscritos que, de este autor, se conservan en el Museo Nacional de México. Véase "Datos biográficos y bibliográficos" por Luis González Obregón en el "Prefacio a las adiciones a la Biblioteca de Beristain" por José Fernando Ramírez, México, 1898).

———. Viaje a Yucatán y descripción de sus ruinas arqueológicas.
(MS. existente en la Biblioteca del Museo Nacional de México. Forma parte de la colección de manuscritos de Ramírez. Chavero publicó algunos fragmentos en su "Historia antigua de México", que es el tomo I de "México a través de los siglos").

RAMÍREZ, Pedro.—(Véase Maldonado, Alonso).

RAMÍREZ CABAÑAS, Joaquín.—Fray Diego de Landa. **Letras de México,** México, 1º diciembre 1938.

(Es un comentario a la "Relación" de Landa, con motivo de la edición que lleva prólogo de Héctor Pérez Martínez).

RAMÍREZ DE AGUILERA, Fray Joaquín.—(Véase Delgado, Damián).

RAMÍREZ DE UTRILLA, Fr. Antonio.—(Véase Anleo, Fr. Bartolomé de).

RAMOS, Samuel.—Mayas y aztecas, griegos y romanos de América. **Síntesis,** México, 1937, XII (66): 86-88. (Extracto de **Letras de México,** 15 enero 1937).

———. (Véase Thompson, J. Eric.)

RAMOS DUARTE, Félix.—Origen del nombre Yucatán. En "Congreso Internacional de Americanistas. Actas de la Undécima reunión, México, 1895", México, Agencia de J. Díaz de León, 1897.

(En las páginas 443-451 el autor refuta a Carrillo y Ancona y a A. Le Plongeon).

RAMOS QUINTANA, Felipe.—Raport sur les antiquités américaines récemment découvertes. Lettres à M. Squier. París, 29 décembre, 1847.

RATZEL, Federico.—Las razas humanas. Barcelona, 1888-89, vol. I, 672 pp., vol. II, 466 pp.

(La traducción inglesa se hizo utilizando la segunda edición de la "Voelkerkunde", la española de la primera. La primera edición tiene mejor disposición. (En la segunda, Oceanía y América son tratadas juntas). Como en casi todas las obras generales sobre Etnología, también en ésta, las partes que se ocupan de México contienen errores). (Hermann Beyer).

RAU, Charles.—The Palenque tablet in the United States National Museum, Washington. Published by the Smithsonian Institution, 1879, I-IX-1-81 pp., láminas. (Smithsonian Contributions to Knowledge, 331).

(Rau fué cónsul de U. S. A. en Taguma, Campeche, y regaló al U. S. National Museum los fragmentos de una tabla de las ruinas de Palenque. Hay un comentario sobre este trabajo en "The American Antiquarian", Washington, D. C., 1879, II (2): 181. Rau escribió también "Aboriginal writing in Mexico, Yucatan, and Central America", en donde hace consideraciones sobre el alfabeto maya y los códices).

———. La stèle de Palenqué. Lyon, (Francia), 1884.

———. (Véase "Códice Dresdensis").

———. (Véase Gatschet, Albert S.)

RAYNAUD, Georges.—Etude sur les Codex Troano. París, Lerroux, 1889, 16 pp. (Sobretiro de "Archives de la Société Américaine de France", nouvelle série, Tome VII, pp. 49-69).

———. Les codices et les calendriers du Mexique et de l'Amérique Centrale. En "Congrès International des Américanistes. Compte-rendu de la huitième session tenue à Paris en 1890", París, 1892, pp. 655-56.

———. Les créations et les guerres des dieux, d'après une bible centro-américaine. Ecole pratique des Hautes-Etudes. Section des sciences religieuses. Paris, Imprimerie National, 1918, p. 1-43, 8º.

———. Les manuscrits précolombiens. París, 1894, Lerroux, 200 pp. y 9 láminas heliográficas.

———. Les nombres sacrés et les signes cruciformes dans la moyenne Amérique. Paris, E. Lerroux, 1901.

———. Los dioses, los héroes y los hombres de Guatemala antigua, o el Libro del Consejo —Popol Vuh— de los indios quichés. Traducción de Miguel Angel Asturias y J. Manuel González de Mendoza. París, Editorial París-América, 1927.

———. Los dioses, los héroes y los hombres de Guatemala antigua. II.—Anales de los Xahil, de los indios Cakchiqueles. Traducción de la versión francesa inédita del profesor Raynaud, director de estudios sobre las religiones de la América precolombina en la Escuela de Altos Estudios de Paris, por los alumnos titulares de la misma, Miguel Angel Asturias y J. Manuel González de Mendoza. París, Editorial París-América, 1928.

———. Anales de los Xahil, de los indios cakchiqueles. Los dioses, los héroes y los hombres de Guatemala antigua. Traducción de la versión francesa inédita, por los antiguos alumnos titulares de la misma, Miguel Angel Asturias y J. M. González de Mendoza. Segunda edición, revisada. Guatemala, Tipografía Nacional, 1937, 71 pp., 26 x 17 cms.

———. Note sur le déchiphrement des inscriptions précolombiennes de l'Amérique Centrale. **Bulletin et Mémoires de la Société d'Anthropologie de París,** II: 589-92.
(El autor asegura poseer, con precisión matemática y científica, la llave para descifrar las inscripciones de la América Central precolombina).

REAU, Louis.—Visión del arte pre-colombino en tierras de América. **La Crónica,** Lima, 30 noviembre 1939.
(Es reproducción del capítulo II de "Histoire Universelle des Arts", por Louis Reau. Habla de las artes maya y peruana).

REBUILDING America's sacred city. **Popular Mechanics,** April 1927, (47): 546-52.

RECINOS, Adrián.—Estudios de antropología y etnografía. Razas y lenguas indígenas de Guatemala. **Centro-América,** Guatemala, 1916, VIII: 607-18.

———. Lenguas indígenas de Guatemala. Por Adrián Recinos, Subsecretario de Relaciones Exteriores de Guatemala. En "Proceedings of the Second Pan American Scientific Congress", Washington, 1915-16", Washington Government Printing Office, 1907, I: 209-19.

———. Monografía del Departamento de Huehuetenango, República de Guatemala. Guatemala, Tipografía Sánchez & de Guisse, 1913, xiv-269 pp., ils.

———. Quiriguá. **Diario de Centro América,** Guatemala, 27 julio 1912.

RECINOS, Adrián, y CRUZ, Fernando.—Monumentos indígenas de la República de Guatemala. RUINAS DE CHALCHITAN. **Centro-América,** Guatemala, 1913, V (2-3): 216-27.

———. Monumentos indígenas de la República de Guatemala. RUINAS DE UTATLAN, **Centro-América,** 1913, V: 336-46.

RECKEN, Wilhelm.—Silberstädte im Tropenwald. Aus der Kulturwelt der Maya mit 24 Kunstdrucktafeln und Textabbildungen. Kosmos, Gesellschaft der Naturfreunde. Franckh'sche. Verlagsbuchhandlung, Stuttgart, 1933, 104 pp. ils., láms., facsíms., (**Maya Research,** New Orleans, La., 1935 II: 86).

RECLUS, Elíseo.—Aztecas, mayas, pipils (sic) y quichuas, muizcas antioqueños aimarás e incas. En "El hombre y la tierra", por .... Versión española por A. Lorenzo, bajo la revisión de Odón de Buen. Barcelona, 1908, IV (13): 440-47.

RECUEIL de pièces manuscrites en lengue kakchiquel. MS. de 31 hojas.
(Está escrito por varios copistas del siglo XIX. Contiene piezas literarias de carácter religioso, plegarias, sermones, traducciones de la Biblia, etc. (Leclerc, 1878, Nº 2271). (Cat. Pilling Nº 3207).

REDFIELD, Margaret Park.—The Folk Literature of a Yucatan town. Washington, Carnegie Institution, 1935, 50 pp.
(Son 48 cuentos y varias adivinanzas recogidas en Dzitas, Yucatán, un pueblo maya-español).

REDFIELD, Robert.—Casamiento en un pueblo maya. **Mexican Folkways,** México, 1932, VII (3); 134-159.
(El pueblo maya en que Redfield observó esta ceremonia es el de Chan Kom, a sesenta kilómetros al sureste de Valladolid, en Yucatán).

———. Culture changes in Yucatán. **American Anthropologist,** 1934, XXXVI(1): 57-69 y 62-64.

———. Maya archaeology as the Mayas see it. **Sociologus,** 1932, VIII (3): 299-309.

———. Race and class in Yucatan. University of Chicago, Research Associate, The Carnegie Institution of Washington. Reprinted from "Cooperation in Research", Carnegie Institution of Washington. (Publication Nº 501: 511-532), 1938, 22 pp., 25 x 17.8 cms.

———. The coati and the çeiba. **Maya Research,** New Orleans, 1936, pp. 231-243.
(Habla de la ceremonia de plantar árboles).

———. The maya and modern civilization. **Science Monthly**, August 1933, (37): 110-23.

———. The Maya and modern civilization. En "The culture of the Maya", Washington, 1933, pp. 16-29, figs. (Carnegie Institution of Washington, Supplementary Publications, Nº 6).

———. The second epilogue to Maya history. **The Hispanic American Historical Review**, Durham, N. C., 1937, XVII: 170-181.

———. Visita de reconocimiento en las alturas de Guatemala. I. Estudio sociológico. **Diario de Centro-América**, Guatemala, 9 diciembre 1937.

REDFIELD, Robert, y VILLA R., Alfonso.—Chan Kom, a Maya village. Washington, 1934, VIII-387 pp., ilustraciones, 6 mapas, diagramas, 16 láminas, 30.5 x 23 cms. (Carnegie Institution of Washington, Publication, Nº 448).

(**Sumario:** Chan Kom, a Maya village.—Appendix A: A Chan Kom diary, by Alfonso Villa R.—Appendix B: Myths, legends and tales.—Appendix C: Texts of Maya prayers.—Appendix D: Notes on Maya midwifery, by Miss Katheryn MacKay.—Appendix E: Indian and Spanish elements in the Chan Kom culture.—Apendix F: Glossary of Maya and Spanish plant and animal names mentioned in the text.—Bibliographies (pp. 375-380).

———. Notes on the Ethnography of Tzeltal communities of Chiapas. En "Contributions to the American Anthropology and History", Washington, 1939, V (28). (Publication of the Carnegie Institution of Washington, Nº 509).

REDUCCION de los lacandones, 1586. **Boletín del Archivo General del Gobierno**, Guatemala, 1936-37, II: 132-184.

REED, Alma.—On the track of the Maya's secret. **El Palacio**, Santa Fe, N. M. 1923, XIV; 127-130.

———. The well of the Maya's human sacrifice. **El Palacio**, Santa Fe, N. M., 1923, XIV: 159-161.

———. Waiting on the Maya ghosts. **El Palacio**, Santa Fe, N. M., 1923, XIV: 115-122.

(REEVES, Ruth).—Guatemalan exhibition of textiles and costumes collected by Miss .... under the auspices of Carnegie Institution of Washington, sponsored by the National Alliance of Art and Industry. New York, 23 pp.

(La exposición se llevó a cabo en Nueva York, en la Radio City, del 16 de febrero al 1º de marzo de 1935).

"REGISTRO YUCATECO". Periódico literario, redactado por una Sociedad de Amigos. Mérida, Yuc., Imprenta de Castillo y Compañía, 1845-1846, tomos I-IV, 448, 486 y 485 pp. respectivamente, 21.5 x 13.6 cms., ils.

(Esta revista ofrece muchos materiales para la historia y mitología mayas, los cuales han sido aprovechados en esta bibliografía).

REGLAMENTO para la exploración, excavación y estudio de las ruinas de Honduras. **Boletín de la Secretaría de Fomento y Obras Públicas y Agricultura,** Tegucigalpa, mayo-julio 1917, p. 165, y **La Gaceta,** Tegucigalpa, 16 marzo 1918, p. 300.
(Es el decreto del 27 de junio de 1917).

REHN, James A. G.—A naturalist in Honduras. **Bulletin of the Pan American Union,** Washington, D. C., 1932, LXVI (6): 390-420.
(Algunas noticias para conocer aspectos del mundo biológico de los mayas).

REJÓN ARIAS, Diego.—Vocabulario de la lengua maya.
(Según "El Universal" de México, 28 marzo 1937, este MS. de la Biblioteca Nacional de Viena, fué encontrado por la Profa. Eulalia Guzmán).

REJÓN GARCÍA, Manuel.—Etimologías mayas. Los nombres de varias poblaciones yucatecas: algo sobre su origen. Mérida, 1910, VI-75 pp. (Cat. Gates, Nº 982).

———. Los mayas primitivos. Algunos estudios sobre su origen, idioma y costumbres. Mérida de Yucatán, Imp. de la Lotería del Estado, 1905, 125 pp., 18.5 cms.
(Contiene opiniones sobre el nombre de Yucatán y concluye asentando que el origen del nombre de la Península fueron las palabras en maya que los indios dijeron a Grijalva al pedirle cuentas verdes: litoon yu c'atan. Aparecen también un estudio etimológico sobre Tihosuco, estudios de lengua maya, la partícula ti, formación de los ordinales, Tul y Pok, los nombres mayas con su etimología y equivalencia en español, la nomenclatura de las ciudades, pueblos, etc., en maya, y unas páginas que tienden a demostrar que los mayas descienden de los egipcios).

———. Supersticiones y leyendas mayas. **La Revista de Mérida,** Mérida, Yuc., 1905, pp. 144.

REKO, B. P.—Einfuehrung in die vergleichende Astral-Mythologie. **El México Antiguo,** México, 1934, III (3-4): 15-47.

———. Star names of the "Chilam Balam of Chumayel". **El México Antiguo,** México, 1935, III (9-10): 1-52; 1938, IV (5-6): 163-78.

———. The royal stars of the Hebrews, the Aztecs and the Quiches. **El México Antiguo,** México, 1934, III (3-4): 49-56.

RELACION hecha por el Licenciado Palacio al Rey Don Felipe II, en la que describe la Provincia de Guatemala, las costumbres de los indios y otras cosas notables. En "Colección de documentos inéditos", por don Luis Torres de Mendoza, tomo VI; en "Colección de Muñoz", tomo XXXIX; y en el folletín de "El Monitor", Tegucigalpa, 27, 29 y 30 de junio y 1º, 2 y 3 de julio 1908.

———. (Véase García de Palacio, Diego).

RELACIONES DE YUCATAN. En "Colección de Documentos inéditos relativos al descubrimiento, conquista y organización de las antiguas posesiones españolas de Ultramar". Segunda serie. Publicada por la Real Academia de la Historia. Madrid, Establecimiento Tipográfico "Sucesores de Rivadeneyra", 1898, Tomo Núm. 11, XL-438 pp., 3 mapas.

(El prólogo del volumen es de José María Asensio. Contiene las relaciones sobre los pueblos de Yucatán, que se formaron por mandato del gobernador y capitán general de dicha provincia don Guillén de las Casas, por los alcaldes de los pueblos y encomenderos de indios, siguiendo las normas que daba la Real Cédula del 25 de mayo de 1577. El mapa que va entre las pp. XL y 1, carece de fecha, pero es muy importante en la historia de la geografía maya, porque aparecen varios nombres de ciudades y pueblos, y el que va al final del volumen es el que sobre Tabasco preparó Melchor Alfaro Santa-Cruz. Las "Relaciones" se refieren a los siguientes lugares: Cacalchen, Cihunchen, Cotuta (Sotuta), Cinanche, Chunchuchú, Can, Cancacabo, Cicontum, Cabiche, Cucal, Chalante, Camahil, Calamud, Choburna, Egum, Hocaba, Isamal, Mérida, Mutul, Mama, Mona, Moxopipe, Mococha, Nolo, Oscuzcas, Panabachen, Quitelcam, Quinacama, Quizil, Sitipeche, Santa María, Tabasco, Tibolon, Tequite, Tecauto, Taby, Tepacan, Tecal, Tanzib, Tizcoco, Tabucoz, Tetzal, Temax, Teav-y-Tec, Tiscolum, y Unacama. Las relaciones van suscritas por los siguientes encomenderos o autoridades: Juan de Aguilar, Melchor Alfaro Santa Cruz, Rodrigo Alvarez, Juan Bote, Hernando de Bracamonte, Briseño Diego, Juan de la Cámara, Juan de la Cueva Santillán, Pedro García, Alonso Julián y López, Juan de Magaña Arroyo, Hernando Muñoz Zapata, Iñigo Nieto, Melchor Pacheco, Martín de Palomar, Juan de Paredes, Alonso de Rojas, Alonso Rosado, Cristóbal de San Martín, Cristóbal Sánchez, Martín Sánchez, Diego de Santillán, Pedro de Santillana y Francisco Tamayo y Pacheco. En la redacción de algunas de ellas colaboró el indio Gaspar Antonio de Herrera (o Chi), muy versado en maya, mexicano y castellano).

"RELIGIOES amerindias" (por Jorge Bahlis). **La Nación,** Buenos Aires, 20 junio 1937.

REMARKS on the nature of the Maya group of languages. **Proceedings of the American Philosophical Society,** Philadelphia, 1871, pp. 4-5.

REMESAL, Fr. Antonio de.—Historia general de las Indias Occidentales, y particular de la gobernación de Chiapa y Guatemala. Prólogo del Lic. D. Antonio Batres Jáuregui. 2ª edición. Guatemala, Tip. Nacional, 1932 (Biblioteca "Goathemala" de la Sociedad de Geografía e Historia de Guatemala, vols. 4 y 5).

(Este es uno de los libros clásicos en la historia de Centroamérica y de México).

RENDON, Julio.—(Véase "Estatutos de la Asociación Conservadora de Monumentos Arqueológicos de Yucatán").

RESEÑA de la segunda sesión del XVII Congreso Internacional de Americanistas efectuada en la ciudad de México durante el mes de septiembre de 1910. (Congreso del Centenario). México, Imp. del Museo Nacional de Arqueología,

Historia y Etnología, 1912, IV-490-24 pp., láminas, tablas, mapas, 22.3 x 16.3 cms.

RESEÑA histórica de la familia maya. Su alfabeto actual. Su numeración. **Yikal Maya Than,** Mérida, Yucatán, México, 1939 (1): 6.

REVILLE, A. (Professeur du Collège de France).—Histoire des religions du Mexique, de l'Amérique Centrale et du Perou. París, Imp. de J. Steeg, 1885, XIII-413 pp.
(Habla de la civilización maya- mexicana, p. 20-52, y de las religiones de la América Central, pp. 221-250).

"REVUE des études mayas-quichées" (México, Guatémala, Honduras). Paris, 1934, vol. I.
(La dirigía M. Juan Genet y es muy importante para el estudioso, por los materiales y comentarios que ofrece).

REYES, Pedro Nolasco. (Véase "El ejercicio del santo viacrucis").

REYES MEJÍA, Alejo.—Los mayas precursores del basquetbol. **El Norte,** San Pedro Sula, Honduras, 29 octubre 1938.

REYGADAS VÉRTIZ, José.—The ruins of Labná, Yucatán. Translated from the original Spanish by Arthur Stanley Riggs. **Art and Archaeology,** Washington, octubre 1929, XXVIII (4): 126-130.

REYNA, F. (Marianne).—El Oriente, cuna del Méjico antiguo. **Oriente y Occidente,** Buenos Aires, 1939, I (2): 56.

REYNOSO, Fr. Diego de.—Arte y vocabulario en lengua mame. Dirigido a nuestro Reuerendissimo Padre F. Marcos Salmeron, Calificador del Supremo Consejo de la Inquisición, General de todo el Orden de N. Señora de la Merced, señor de la Varonia de Algar. México, Francisco Robledo, Impresor del Secreto del S. Oficio, 1644. 3-1-36-37-87 pp. 4º. (Cat. Pilling Nº 3242).
(Hay una reimpresión hecha por el Conde de Charencey, en París, 1897. Se conocen dos o tres ejemplares de la primera edición. Es el mame la menos estudiada de las lenguas mayances. La obra de Reinoso es la única que se ha impreso y la totalidad de los manuscritos de que se tiene noticia no pasan de unas treinta páginas (Cat. Gates, Nº 1049). El MS. se halla en la biblioteca del Free Museum of Science and Art, de la Universidad de Pennsylvania, y en los extractos hay 150 palabras del vocabulario de Reinoso. Sobre dicho libro proporciona datos Buckingham Smith "Historical Magazine", Nueva York, 1861, V: 117 (Nº 87 del "Catalogue of the Berendt Linguistic Collection" por Brinton, 1884).

———. Título de los señores de Totonicapan. Introduction et notes par Jean Genet. **Revue des Etudes Mayas-Quichées,** Paris, 1934, I (3): 106-119.
(**Sumario:** I.—Diego Reynoso, Popol-Vinak; II.—Diego Reynoso est-il l'auteur du Popol-Vuh?; III.—Le "título de los señores de Totonicapan" a-t-il été composé par deux auteurs différents?; IV.—Le texte du "título de los se-

ñores de Totonicapan" de 1554 à 1834; V.—Le texte du "título" de 1834 à nos jours).

———. (Véase Chonay, José Dionisio).

———. (Véase "Popol-Vuh").

REYU Puhval Mak, etc. Confesionario en lengua pocomán.
(Es un MS. de 18 hojas en cuarto, anónimo, y parece haber sido hecho en la última parte del siglo XVIII, dice Brasseur de Bourbourg).

RIBEIRO, Tomás.—Explicación de la Doctrina Christiana, en lengua kekchí y castellana. 88 pp. en folio, copia fotográfica (Cat. Gates, Nº 1026).
(Se trata de un MS., exquisitamente caligrafiado en el siglo XVIII, que da en columnas paralelas los textos en español y kekchí).

RICE, Arthur P.—(Véase "Estatutos de la Asociación Conservadora de Monumentos Arqueológicos de Yucatán").

RICHARDS, Horace G., y BOEKELMAN, Henry J.—Foot forms of pottery vessels at Piedras Negras. Twenty-fifth anniversary Studies. Philadelphia Anthropological Society, Philadelphia, 1937, pp. 37-46.

RICHARDSON, Francis B.—Non Maya monumental sculpture of Central America. En "The Maya and their neighbors", New York, 1940, pp. 395.

RICKARDS, Constantine George.—The ruins of Mexico. London, 1910, I, VII-153-VIII pp.
(Este magnífico tomo, que contiene 258 fotografías de monumentos antiguos de los Estados de Yucatán, Tabasco, Chiapas, Oaxaca y Puebla, se puede adquirir a un precio módico, mientras las costosas y raras obras de Maudslay y Charnay sólo están al alcance de personas de fortuna. (Hermann Beyer).

RICKETSON, Edith Bayles.—Sixteen carved panels from Chichen Itzá, Yucatan. Illustrated with drawing by O. G. Ricketson. **Art and Archaeology**, Wáshington, enero 1927, XXIII (1): 11-16, 1 lámina, figs.

———. The artifacts. En "Uaxactun, Guatemala", Washington, 1937. (Carnegie Institution of Washington, Publication number 477).

RICKETSON, Oliver, y KIDDER, A. V.—An archaeological reconnaisance by air in Central America. **Geographical Review**, April 1930.

RICKETSON, Jr., Oliver G.—A stratification of remains at an early Maya site. **Proceedings, National Academy of Sciences**, Washington, 1928, Vol. XIV: 505-08.

———. An outline of basic physical factors affecting Middle America. En "The Maya and their neighbors", New York, D. Appleton-Century Company, 1940, pp. 10-31.
(**Sumario:** The Antillean-Caribbean region. The Caribbean Mediterranean. The Ocean currents. Caribbean currents and the Gulf Stream. The Pacific slope. Climate. The annual march of tropical seasons).

———. Cuatro investigaciones llevadas a cabo en Guatemala durante el año 1932 por la Institución Carnegie. **Anales de la Sociedad de Geografía e Historia de Guatemala,** 1935, II (3): 247-48.

———. Excavations at Baking Pot, British Honduras. En "Contributions to American Archaeology", Washington, D. C., Vol. I, N° 1 (Carnegie Institution of Washington, Publication N° 403).

———. Excavations at Uaxactum. **Science Monthly,** New York, July 1933, XXXVII: 72-86.

———. Excavations at Uaxactun. En "The culture of the Maya", Washington, 1933, pp. 1-15, 12 figuras. (Carnegie Institution of Washington, Supplementary Publications, N° 6).

———. Four pottery moulds from Guatemala. **Maya Research,** New Orleans, La., 1935, II (3): 253-256, ils.

———. La Institución Carnegie de Washington en Guatemala. Guatemala, Tip. Nacional, 1936. 19 pp. (Reproducido del diario "El Imparcial" enero 30 a febrero 4 de 1936).

———. Maya pottery well from Quirigua farm, Guatemala. **Maya Research,** New Orleans, La., 1935, II (2): 103-105, ils.

———. Report of ..., on the repair of the Caracol (Station N° 5). En "Carnegie Institution of Washington Year Book (1924-1925)", Washington, D. C., 1925, N° 24: 265-67.

———. Report of .... on the Temple of the Four Lintels (Station 7). En "Carnegie Institution of Washington Year Book (1924-1925)", Washington, D. C., 1925, N° 24: 67-69.

———. Report of .... on the Uaxactun Project. En "Carnegie Institution of Washington", Year Book N° 26" (1926-1927), pp. 256-63, Washington, 1927.

———. Report on the excavations at Uaxactun. En "Carnegie Institution of Washington, Year Book N° 28", Washington, 1929, pp. 316-22.

———. Ruins of Tzalcam, Guatemala. **Maya Research,** New Orleans, La., 1936, III (1): 18-23, ils., 1 plano.

———. (Véase Ricketson, Edith Bayles).

RICKETSON Jr., Oliver G., y RICKETSON, Edith Bayles.—Uaxactun, Guatemala. Group E-1926-1931. Part I: The excavations, by .... Part II: The artifacts, by .... Appendices by Monroe Amsden, A. Ledyard Smith and H. E. D. Pollock. Washington, 1937, XIII-314 pp., ilustraciones, 88 láminas, mapa, 29 cms. (Carnegie Institution of Washington, Publication N° 477).

(**Contenido:** Part I. The excavations, by Oliver G. Ricketson Jr.; Part II. The artifacts, by Edith Bayles Ricketson. With appendices: A. Ruina Alta, by Monroe Amsden; B. Ruins of El Paraiso and Juventud, by A. Ledyard Smith; C. Architectural details of temples E-X and A-XVIII, by H. E. D. Pollock).

———. (Véase "Carnegie Institution of Washington").

———. (Véase Lothrop, S. K.)

———. (Véase "The culture of the Maya").

RICKETSON, Oliver G. jr., y BLOM, Frans.—Index of ruins in the Maya area. N. P. (privately issued), 1924-25.

RICKETSON, O. G., y KIDDER, A. V.—Minor excavations in Guatemala. (Véase Kidder, A. V.)

RICO FRONTAURA, Fr. Plácido.—Explicación de una parte de la doctrina cristiana e instrucciones dogmático-morales en que se vierte toda la doctrina del catecismo romano; se amplían los diferentes puntos que el mismo catecismo remite a los párrocos para su extensión y se tratan de nuevo otros importantes. Por el R. P. M. Fr. Plácido Rico Frontaura, ex-abad de los monasterios de Celorio y Oña y maestro general de la religión de San Benito. Traducido al idioma yucateco por el Rev. J. Ruz. Mérida de Yucatán. Oficina de José D. Espinosa, 1847. 2-389 pp. 4º. (Cat. Pilling Nº 3422).

———. (Véase Ruz, Fr. Joaquín).

RIES, Maurice R.—Amerigo Vespucci and the Maya area. **Maya Research,** New Orleans, La., 1936, III (1): 39-61, 1 croquis.

———. Stamping: a mass-production printing method 2,000 years old. En "Middle American papers", New Orleans, La., 1932, pp. 411-83. (Middle American Research Series. Publication Nº 4).

———. They grew their own money. **Louisiana Banker,** New Orleans, La., 1936, II (2): 6-9.
(Habla del sistema monetario maya antes de la llegada de los españoles. Véase el artículo que sobre idéntico tema escribió Frans Blom).

———. (Véase "Middle American papers: Studies in Middle America")

RIFE, Dwight W.—Blood groups of Indians in certain Maya areas of Central America. **Journal of Immunology,** XXII (3): 207-9.

RIGGS, Arthur Stanley.—Cultural evolution in Guatemala and its geographic and historic handicaps. Tr. by A. S. Riggs; with discussion by Manuel Gamio. **Art and Archaeology,** December 1926-March 1927, (22): 202-23; (23): 16-33, 70-8, 129-33.

———. (Véase Reygadas Vértiz, José).

———. (Véase Rosado Ojeda, Vladimiro).

RILEY, Robert M.—Ancient Mayas burned their forests. **American Forests**, 1932, XXXVIII (8): 442-43.

RIO, Antonio del.—Bericht von Antonio del Rio an Don Jose Estachería, Brigadier, Stathalter und General-Kommandant des Koenigreichs Guatimala etc. En "Beschreibung einer alten Stadt, die in Guatimala, Neuspanien, unfern Palenque entdeckt worden ist", Berlin, J. H. von Minutoli, 1832, pp. 1-22.
(Está suscrito en Palenque el 24 de junio de 1787. Es la traducción al alemán de la obra de Del Río y de Félix Cabrera, con adiciones. Una de las traducciones alemanas de dicho informe se titula "Huehuetlapallan, Amerikas grosse Urstadt in dem Koenigreich Guatimala, Neu entdeckt vom Capitain D. Antonio del Río, etc.", Mit 17 grossen Zeichnungen in Steindruck, Meiningen, 1824. Véase también el "Diccionario Universal de Geografía" (México, 1855), VIII: 528-33).

———. Description of the ruins of an ancient city, discovered near Palenque, in the Kingdom of Guatemala, in Spanish America: translated from the original manuscript report of Captain Don Antonio del Río: followed by Teatro Crítico Americano: or, a critical investigation and research into the History of the Americans, by Doctor Paul Felix Cabrera, of the city of New Guatemala. London: Published by Henry Berthoud, Nº 65, Regent's Quadrant, Piccadilly; and Suttaby, Evance and Fox, Stationer's Court. Printed by G. Schulze, 13, Poland Street, 1822, XIII-128 pp., 27.3 x 27 cms., 17 láminas litográficas de McQueen & Co.
(La obra está dedicada por el editor a Lord Holland, y después de la introducción aparece el "Teatro Crítico Americano" por Cabrera, con el informe de Antonio del Río a José Estachería, Gobernador y Capitán General de Guatemala. Del Río fué nombrado por éste, el 20 de marzo de 1787 para que, en cumplimiento de Real Orden del 15 de Mayo de 1786, pasara a visitar las ruinas de Palenque, habiendo llegado a ellas el 3 de mayo. Se refiere a Fray Tomás de Soza (sic), franciscano del convento de Mérida, que durante muchos años fué colector de dinero para la Santa Casa de Jerusalén, quien le suministró noticias curiosas, según dice, que se relacionan con las ruinas de edificos entre el curato de Mona y Ticul y el pueblo de Nocacab, a 20 leguas de Mérida; y de Fray Jacinto Garrido, de la orden de Santo Domingo, nativo de Hueste en España, quien visitó la provincia de Chiapas en 1638, donde enseñó teología y fué muy versado en hebreo, griego y latín, así como en varios dialectos indígenas, y en aritmética, cosmografía y música, dejó un manuscrito en latín en que opina que las comarcas del norte de América habían sido descubiertas por griegos, ingleses y otros pueblos).

———. (Véase Kluckhohn, Clyde).

RÍOS, Eduardo Enrique.—La rebelión de Jacinto Canek. **Diario de Yucatán**, Mérida, Yucatán, 22 noviembre 1936.
(**Sumario:** No fué un "mero motín de beodos", sino un movimiento bien tramado para independizarse del gobierno español, la sublevación de los mayas vecinos de Cisteil, en noviembre de 1761, hace 175 años. La coronación, derrota, prisión, tormento, condena y muerte del célebre "Re Jacinto Uc Canek, Chichán Moctezuma" y compañeros. El informe del Gobernador, brigadier don José Cres-

po y Honorato, al Virrey de Nueva España, Marqués de Cruillas, y la respuesta de éste. Nuevos e interesantes datos y documentos inéditos. Rectificaciones históricas).

———. Quintana Roo, tierra de Robinsones. **Todo,** México, 9 diciembre 1937.
(**Sumario:** La familia del último muerto guarda la llave del panteón. La vida es cara en Chetumal. Los peligros en la selva).

RIPALDA, P. Gerónimo de.—Catecismo y exposición breve de la doctrina cristiana. Por el padre y maestro Gerónimo de Ripalda, de la Compañía de Jesús. Traducido al idioma yucateco con unos afectos para socorrer a los moribundos. Mérida de Yucatán, Impreso por José D. Espinosa, 1847, 80 pp. (Tit. de Icazbalceta, Cat. Pilling Nº 3421).

RIVA AGÜERO, José de la.—Civilización tradicional peruana. Lecciones I, II, III, IV y V. **Revista de la Universidad Católica del Perú,** Lima, 1937, V (33): 273-306: y (34); 410-438.
(**Sumario:** I. Orígenes de las culturas americanas y en particular de las peruanas primitivas. II. Orígenes de la cultura de Tiahuanaco. III. Los tiahuanacos y los primitivos quechuas.. IV. Chimus y chinchas. Origen de los Incas. V. Cuzco preincaico. Sus pobladores. Familia agnática o uterina en los ayllos de los Incas).
(En estas conferencias hay alusiones a los mayas).

RIVAS, Pedro.—Ruinas de Tenampúa, Pueblo Viejo o Cantón de Cabañas. III. Excavaciones practicadas. **El Nuevo Tiempo,** Tegucigalpa, 9 enero 1919.
(Sobre dichas minas debe consultarse el trabajo de Dorothy H. Popenoe).

RIVAS, Pedro F.—Flores de mis campos. Zammá, símbolo del Mayab. **Diario de Yucatán,** Mérida, 20 marzo 1938.

RIVET, Paul.—Bibliographie américaniste. Journal de la **Société des Américanistes de Paris**, N. S., Vol. XIII (1-2): 149-168, 365-404.
(Es una bibliografía que versa sobre las publicaciones últimas en antropología, arqueología, etc., que más interesan a la Americanística).

———. GOUTHIER, Charles Félix Hyacinthe, Comte de Charencey. **Journal de la Société des Américanistes de Paris,** París, 1914-1919, N. S., XI: 625-629.

——. Note sur deux cranes du Yucatan. **Journal de la Société des Américanistes de Paris.** Paris, 1908. N.S., V: 251-259.

ROBELO, Cecilio Agustín.—Toponimia maya-hispano-nahoa, por .... Cuernavaca, (Cuauhnahuac), Mor., Imp. de J. D. Rojas, 1902, III-81 pp., 17 x 23 cms.

———. Toponimia maya-hispano-nahoa. (Cuernavaca, 1902). **Boletín del Museo Nacional de Arqueología, Historia y Etnología de México,** 1903.

ROBERTS, H. H.—Ceramic research En "Carnegie Institution of Washington. Year Book, Nº 32", Washington, D. C., pp. 86-88.

ROBERTSON, James Alexander.—(Comentario a) "The lost empire of the Itzaes and Mayas" por T. A. Willard, (Glendale, Cal., 1933). **The Hispanic American Historical Review**, Durham, N. C., 1934, XIV: 242-243.

———. (Comentario a) "The people of the serpent", por E. H. Thompson (Boston, 1932). **The Hispanic American Historical Review**, Durham, N. C., 1934, XIV: 241-242.

ROBERTSON, William Parish.—A visit to Mexico by West India islands, Yucatan and United States. With observations and adventures on the way. London, Published by the author, 1853.

ROBLES, Octavio.—(Véase Molina, Cristóbal).

ROCHEFOUCAULD, Aymar de la.—Palenque et la civilisation maya avec des croquis et indications à la plume par l'auteur. Paris, Imp. Leroux, 1888, 192 pp. (Es edición de 300 ejemplares. El libro fué el resultado de una exploración del Secretario de la Legación de Francia en Centroamérica y contiene un ensayo sobre el desciframiento de 14 inscripciones palencanas).

RODAS N., Flavio.—En el misterio de las civilizaciones precolombinas. Valioso hallazgo realizado en la región del Quiché: descubrimiento de curiosas inscripciones rupestres. **El Imparcial**, Guatemala, 8 y 9 julio 1938, y **Diario Comercial**, San Pedro Sula, 29 julio 1938.

RODAS N., Flavio, y RODAS CORZO, Ovidio.—Con los indios de Santiago Atitlán. Maximón o Rijilaj Achá y Judas. Segunda plática del Ciclo Agora Guatemalteca, de la Voz de Guatemala, radiada anoche. **El Imparcial**, Guatemala, 28 julio 1939.

———. Simbolismos (maya quichés) de Guatemala. Guatemala, Tipografía Nacional, 1938, 148 pp., 46 láminas, 19.1 x 12.8 cms. (**Sumario:** Ziguán Tinamit, Chuguilá, Santo Tomás Chichicastenango. Chaquetas y pantalones. El zut o zute. Capixay. Banda o cinturón. Kul o poncho. Pizbal-cotzij. Chim. Xajap. Pui o sombrero. Referencias. Traje de las mujeres. Paz o faja. Chachal y aretes. Kaperraj. Pizbal gua. Tocado de la cabeza. Observaciones complementarias. Kaperraj simbólico. Origen de los símbolos).

RODAZ, Fr. Juan de.—Arte de la lengua tzoltzlem o tzinacanteca. Con explicación del año solar y un tratado de las quentas de los indios en lengua tzoltzlem. Lo todo escrito el año de 1688, asi mismo como las frazes y oraciones útiles y provechosas en esta lengua tzoltzelm para que con facilidad aprehenda el Ministro y sepa hablar. Sacadas a luz por el P. ...., predicador y cura por su Magd. del Convto. de Nra. Sra. de la Assumpcion de Guegtyupa. Y ahora trasladadas nuevamente por el padre fray Dionycio Pereyra Diacono

y Conventual del convento de N. P. Sto. Domingo de Comitan. Del Sagrado Orden de Predicadores, etc. Oy dia 27 de henero de mill setecientos y veinte y tres. Años 1723. Manuscript. 30 hojas en folio. (Cat. Pilling Nº 3351).
(Está numerado 49-98, lo que prueba que fué encuadernado originalmente con otros documentos de igual naturaleza. La obra está incompleta, sin embargo. La recibí del Sr. Don Domingo Robles, Deán de la Catedral de Ciudad Real (San Cristóbal) de Chiapas. Las primeras 19 hojas comprenden el Arte; la siguiente hoja da el nombre de los 18 meses del año solar Tzotzlem, con explicaciones. El autor omite los nombres, pero afortunadamente los tenemos en Núñez de la Vega, Boturini, etc. En seguida va el tratado sobre las cuentas o numeración en lengua Tzotzlem, hojas 20-25. Las últimas cuatro hojas contienen cierto diccionario de conversación español y Tzotzlem, terminando con una tercera firma del copista, Fray Dionisio Pereyra. **Brasseur de Bourbourg**).

RODRIGO DE TRIANA, (Chávez González, Rodrigo A.)—El arte maya en la Isla de Pascua. **Revista Municipal**, Guayaquil, abril 1937, Nº 38, p. 61.

RODRÍGUEZ, Fr. Juan.—Arte y vocabulario en el idioma kachiquel. (Cat. Pilling Nº 3354).

RODRÍGUEZ ASSIAYN, Salvador.—La civilización de los antiguos mexicanos, Cap. VII: Filosofía de los antiguos mexicanos. México. Imprenta Mundial, 1913.

RODRÍGUEZ BETETA, Virgilio.—Argumento y letra de la ópera Quiché Vinac, **Studium**, Guatemala, marzo-junio 1925.
(**Sumario:** Acto primero. El sacrificio; Acto segundo. Cuadro primero. La cueva de los brujos; Cuadro segundo. El bosque del coyote; Acto tercero. La profecía).
(Jesús Castillo es el autor de la música de esa ópera, que fué estrenada el 25 de julio 1924).

———. Descubridores de un mundo nuevo en el Nuevo Mundo. El centenario de un libro que en tres meses alcanzó diez ediciones: el de John L. Stephens, Incidentes de viaje por Centro América, Chiapas y Yucatán. **La Prensa**, Buenos Aires, 15 septiembre 1940 y **El Imparcial**, Guatemala, 10 octubre 1940.

RODRÍGUEZ BIBANCO, Diego.—Exposición o carta del defensor de los indios al Rey D. Felipe II, contra Fray Diego de Landa y el Alcalde Mayor Diego de Quijada. (8 marzo 1563). En "El Obispado de Yucatán", por Crescencio Carrillo y Ancona, 1895, I: 210-14.

RODRÍGUEZ CABAL, Juan.—Apuntes para la vida del M. R. P. Presentado y Predicador general Fr. Francisco Ximénez, O. P. **Anales de la Sociedad de Geografía e Historia de Guatemala**, 1935, XII (2): 209-28.
(Hay que tener presente que el P. Ximénez fué el descubridor del "Popol-Vuh").

RODRÍGUEZ CERNA, José.—Arqueología guatemalteca. **Boletín de la Unión Panamericana**, Washington, D. C., 1934, LXVIII (4): 275-77.

———. Guatemala archaeology. **Bulletin of the Panamerican Union**, Washington, D. C., 1934. LXVIII (3): 212-14.

ROECK, Fritz.—Die Skorpionmenschen in Babylonien und bei den Maya von Yucatan. **Mitra; Monatschrift fuer vergleichende Mythenforschung.** Viena and Leipzig, 1914, 177-187.

———. Ein mythisch-religioeses Motiv der alten Mayakunst. En "Proceedings of the XXI International Congress of Americanists. Goeteborg, 1924", Goeteborg Museum, second part, 1925, pp. 270-73.

ROGERS, Cameron.—The Mayan twilight. Note of today's representatives of the stock. **Grace Log**, New York, 1931, pp. 165-67 y 181, ils.

———. El crepúsculo maya. **Noticias Ford**, 1933, I (7): 3-5, ilustraciones.
(**Sumario:** La gran raza maya sobrevive. Una gente trabajadora. Es una raza desorientada. Un rezo maya).

ROIGNEAU, Marcelle.—"Top of the World" in Yucatan. Native life on a small hacienda. Hunting for fossil mammals in the land of the Mayas. **Natural History**, New York, May-June 1930, pp. 267-75, ils.

ROJAS, Alonso de.—Relación de Cucal y Chalante. (1580 ?) En "Relaciones de Yucatán", Madrid, 1898, pp. 240-251.
(Le ayudó el intérprete don Gaspar Antonio de Herrera).

ROLDAN, Angel.—Apuntes acerca de la flora forestal del territorio de Quintana Roo. **Memorias y Revista de la Sociedad Científica "Antonio Alzate"**, México, 1934, LII (5-8): 179-83.

ROMAN, José Napoleón.—Literatura centroamericana precolonial. El Popol-Vuh. **El Consultor Bibliográfico**, Barcelona, España, 1926. III: 408-413.

ROMERO, José Guadalupe.—Noticia de las personas que han escrito o publicado algunas obras sobre idiomas que se hablan en la República. **Boletín de la Sociedad Mexicana de Geografía y Estadística**, México, 1860, VIII, 874-886.

ROMERO FUENTES, Luis C.—La lengua maya al alcance de todos. Manual que contiene 34 lecciones compuestas de las frases más usuales, presentadas con un método sencillo para facilitar su aprendizaje. Mérida, Yuc., G. Fernández, 1910, 100 pp., 20 cms.

ROSADO, Alonso.—Relación de los pueblos de Can, Oanabachén y Mona. (20 febrero 1581). En "Relaciones de Yucatán", Madrid, 1898, pp. 153-159.
(Gaspar Antonio Chi ayudó a redactar dicha relación).

ROSADO, E. de.—Birds were different then. San Diego, California, San Diego City Schools Curriculum Project, 825 Union St.

ROSADO, Salvador.—Breve excursión a la muerta ciudad. Chichén-Itzá, Yucatán. **El Universal,** México, 1º junio 1937.

ROSADO ESCALANTE, José E.—(Véase Landa, Fr. Diego de).

ROSADO OJEDA, Vladimiro.—Arte maya. **Artes Plásticas,** México, 1939, Nº 4: 83-85.

———. La expedición de la Universidad de Tulane en Uxmal. **Revista de Revistas,** México, D. F., 28 septiembre 1930.

———. The great Palace of Zayi. Illustrated with pencil sketches by Carlos A. Echánove T., and with photographs. Translated from the original Spanish by Arthur Stanley Riggs. **Art and Archaeology,** Wáshington, Septiembre-octubre, 1933, XXXIV (5): 258-261, 4 ils.

ROSADO VEGA, Luis.—Amerindmaya. Proyecciones de la vieja Tierra del Mayab, de aquella que fué en su día tierra encantada de maravilla, de amor, de ensueño, de fe. México, Ediciones Botas, (s. p. i.) 1938, 450 pp., 19.2 x 12.8 cms.

(**Sumario**: Amerindmaya. En que se dice que la jícara es el cielo. La mujer de pies y manos de pelo. Los vaticinios del Tamaychi. Así se dice que dijeron. El amor de la Mucuy. Las vidas anteriores de los mayas. El Chaa Chac. El Templo de la Sangre. ¿Zuhuy Kak o Zuhuy Pal? La flor de mayo. En que se habla de algunos pequeños espíritus. La leyenda de la mala nube. Esas cruces que ves. Cuando los astros son mordidos. Cuentos de animales. La leyenda de Kukulkán. Baalob Cizin. La gruta de Calcehtok. Izamná, hombre-dios. La leyenda de los Cat o genios del monte. El cuento de la señora Cascabel. Alegre tradición sobre la palabra Yucatán. El May Há. Las falsas profecías. La leyenda de las sombras del cuerpo. Cómo obtuvo el indio sus mejores cualidades. La sagrada Ceiba, árbol de la vida. Los guerreros emparedados. En aquellos tiempos. La leyenda de los cuatro Bacab. En que se prueba que sí vuelven los muertos. La Ley del Talión. El alimento como símbolo sacrificatorio. La leyenda de los hombres culebra. Los misterios del Yaxché sagrado. Xtacumbilxunan, caverna de encantamientos. La leyenda del Príncipe Tigre Negro. El Tunkul, instrumento de dioses. La buena Señora de los Cenotes. De cómo fué creada el agua. Apéndice).

———. El alma misteriosa del Mayab; tradiciones, leyendas y consejos. Ilustraciones de Fernando Güemes. México, Ediciones Botas, 1934, 269 pp.

ROSALES, Fr. Carlos José.—Gramática de la lengua cachiquel. Escrita en 1748 por un religioso franciscano, Fr. Carlos J. Rosales (?), publícala por vez primera con una introducción, una bibliografía cachiquel-quiché-zutuhil, notas, correcciones, un paralelo del cachiquel-quiché-zutuhil y un compendio de la doctrina cristiana en cachiquel y castellano, el R. P. Daniel Sánchez García, O. F. M. Guatemala, Tipografía San Antonio, 1920, XXVII-120 pp., 23 x 15 cms.

(Sánchez García, que la editó por vez primera, dice que Fr. Carlos José la escribió en el convento de la Asunción de Tzolalá (Sololá) en Guatemala).

ROSAS, Crescenciano.—(Véase Molina, Cristóbal).

ROSNY, León, Louis Lucien Prunol de.—Archives paléographiques de l'Orient et de l'Amérique, publiées avec des notices historiques et philologiques. Paris, Maisonneuve et Cie., 1869, I-XVIII-19-240-157 pp., láminas.
(Da una bibliografía paleográfica americana en la cual aparecen títulos que se refieren a los maya-quichés. La explicación del Códice Telleriano-Remensis va en las páginas 190-232).

———. Codex Cortesianus. Manuscrit hiératique des anciens indiens de l'Amérique Centrale, conservé au Musée Archéologique de Madrid. Photographié e publié pour la première foi, avec une introduction et un vocabulaire de l'écriture hiératique yucateque. Paris, Maisonneuve et Cie., 1883, 1-1-49-XXXVI pp., 42 láminas heliogr.
(Véase "Notas sobre el Códice Cortesiano" por el Conde de Cedillo, en "Bulletin Hispanique", París, 1901, tomo III). Esta edición hecha por Rosny consta de 85 ejemplares, de los cuales sólo 24 fueron puestos a la venta. Ofrece la primera parte del Códice Tro-Cortesiano).

———. Codex Peresianus. Manuscrit des anciens indiens de l'Amérique Centrale, conservé à la Bibliothèque Nationale. Fac-simile héliographique et glossaire des divinités yucateques. Paris, Bureau de la Société Américaine, 1887, 94 pp., 24 láminas en colores y 4 láminas explicativas.

———. Ensayo sobre la interpretación de la escritura hierática de la América Central. Traducción y prólogo de D. Juan de Dios de la Rada y Delgado. Madrid, Manuel Tello (editor), 1861.
(El tiro fué de 200 ejemplares).

———. Essai sur le déchiffrement de l'écriture hiératique maya. **Archives de la Société Américaine de France**, París, 1876, II: 5-108, 129-280.

———. Essai sur le déchiffrement de l'écriture hiératique de l'Amérique Centrale, par... Publié par la Société Américaine de France, Paris, Maisonneuve et Cie, Libraires-editeurs, 1876, 4-1-60 pp., 19 láminas, en folio. (Cat. Pilling, Nº 3379).
(Se hizo un tiro de 200 ejemplares, habiendo hecho la publicación la Société Américaine de France. En el trabajo aparecen los numerales y los jeroglíficos debidamente clasificados y algunos llevan la explicación de su significado).

———. Introduction à une histoire de la céramique chez les indiens du Nouveau-monde. **Archives de la Société Américaine de France**, París, 1875, 2ª série, I: 147-185.
(Aunque no se refiere especialmente a los mayas, sino a los peruanos, es un trabajo digno de ser consultado porque da idea del estado de las investigaciones arqueológicas en la época del autor).

———. L'Amérique pré-colombienne; études d'histoire, de linguistique et de paléographie sur les anciens temps du Nouveaumonde. París, E. Leroux, 1904,

XIV-376 pp., ilustraciones, 9 láminas, 22 cms. (Bibliothèque Américaine A. Lesouef).

———. Le mythe de Quetzalcoatl. París, 1878, 36 pp. Fig. 1. (Sobretiro de "Archives de la Société Américaine de France" Tom. VI).

———. Les documents écrits de l'antiquité américaine. Compte-rendu d'une mission scientifique en Espagne et Portugal. Paris, Maissonneuve et Cie., 1882, 43 pp., 10 láminas heliográficas y una carta en cromolitografía).

———. Les écritures figurątives et hiéroglyphiques des différents peuples anciens et modernes. Paris, Maissonneuve et Cie., 1860, VIII-75 pp., 11 láminas.

———. L'interpretation des anciens textes mayas. **Archives de la Société Américaine de France,** Paris, 1875, I: 53-118.
(**Sumario:** Notas sobre la gramática maya. (pp. 61-82). Ejemplares de textos mayas (pp. 83-94). Vocabulario maya-francés pp. 95-118).

———. L'interprétation des anciens textes mayas. Par ...., Professeur de l'Enseignement supérieur, membre de la Société Américaine de France. Suivie d'un apercu de la Grammaire Maya, d'un choix de textes originaux avec traduction et d'un vocabulaire. París, Gustave Bossange, 1875, 1-70-1 pp. 8º. (Edición de 85 ejemplares).
(Gramática (pp. 13-34). Textos mayas (pp. 35-46). Vocabulario maya-francés (pp. 47-70).

———. Mémoire sur la numération dans la langue et dans l'Ecriture sacrée des anciens Mayas. En "Congrès International des Américanistes. Compte-rendu de la première session", Nancy-Paris, 1875, tomo II, pp. 439-458.
(Véase Rada y Delgado, Juan de Dios de la).

ROSO DE LUNA, Mario.—La ciencia hierática de los mayas. (Contribución para el estudio de los Códices Anáhuac). Madrid, Librería de Pueyo, Imprenta de Fortanet, 1911, 88 pp., 21.5 x 14 cms.
(**Sumario:** Las **pictografías del Codice Cortesiano.** I. Los Códices Anáhuac. II. Análisis de los elementos que integran a los Códices Anáhuac. III. Descripcion general de las pictografías del Codice Cortesiano. **Los jeroglíficos nodulares del Codice Cortesiano.** I. Los chalchiuit del Cempohualli, o números de la serie llamada perfecta (unidades mayas). Los jeroglíficos ógmicos del Códice Cortesiano. II. Los numerales ógmicos por puntos y rayas. III. Los jeroglíficos ogmicos por sólo puntos).
(Este libro interesará a los que estudian Teosofía).

ROTHERY, Agnes.—Images of earth: Guatemala. New York, The Viking Press, 1934, X-206 pp., láminas.

ROXEL.—(Véase Maldonado, Alonso).

ROVIROSA, José Narciso.—Nombres geográficos del Estado de Tabasco o datos para un diccionario etimológico tabasqueño-chiapaneco. Estudio etimológico. Méjico, 1888, 36 pp.

ROYS, Lawrence.—Maya planetary observation. En "Contributions to American Archaeology", Nº 14 (Reprint from Publication Nº 456 of Carnegie Institution of Washington, pages 51 to 104, October 1935) pp. 92, 96.
(**Sumario:** Jupiter. Mars. Saturn. Venus. Mercury. Conclusion).

———. New Maya historical narrative. Bibliography. **American Anthropologist**, January 1922 (24): 44-60.

———. The engineering knowledge of the Maya. En "Contributions to American Archaeology", Washington, D. C., 1934, II (6): 27-105, 1 lámina, 32 ils. (Carnegie Institution of Washington, Publ. 436).

ROYS, Ralph Loveland.—A Maya account of the creation. **American Anthropologist**, Washington, 1929, XXII: 360-366.
(Esta narración se encuentra en las láminas 60 a 62 del libro de Chilam Balam de Chumayel, University of Pennsylvania Museum, **Anthropological Publications**, 1913, vol. V.).

———. Estudio de los documentos mayas coloniales. **Diario de Centro América**, Guatemala, 31 octubre 1938, y **Diario de Yucatán**, Mérida, 22 Diciembre 1938.

———. Ethno-botany of the Maya. New Orleans, 1931, XXIV-359, pp. 25 cms. (Middle American Research Series. Tulane University of Louisiana. Publication Nº 2).

———. Place-names of Yucatan. **Maya Research**, New Orleans, La., 1935, II (1): 1-10.

———. The book of Chilam Balam of Chuyamel. Published by the Carnegie Institution of Washington, 1933, VIII-229 pp., ils., láminas, mapa, 28 cms. (Carnegie Institution of Washington, Publication Nº 438).
(Texto en maya, traducción al inglés y bibliografía pp. 207-14).

———. **(trad.)** The Book of Chilam Balam of Chumayel, [translated] by Ralph L. Roys. Washington, Carnegie Institution of Washington, 1933, VIII-229 pp., ilustraciones, 2 láminas, diagramas, 29 cms. (Carnegie Institution of Washington, Publication Nº 438).
(En la traducción que Roys hizo del texto maya, se lee lo siguiente: "El último y más grande de los profetas mayas fué Chilam Balam. Balam era probablemente el nombre masculino familiar, y.... el nombre de su profesión le había sido prefijado. Chilam Balam vivió en Maní, durante el reinado de Mocham Xiu (primera mitad del siglo XVI)..." (pp. 186-7); y "Sabemos de manera evidente que el libro de Chilam Balam de Chuyamel fué compilado por don Juan José Hoil, de dicha ciudad, pues encontramos su nombre al calce de una nota puesta de su puño y letra, y que tiene fecha de 1782" (Introducción p. 7). El libro contiene párrafos que fueron escritos, o al menos inspirados,evidentemente, por los misioneros españoles).

———. The titles of Ebtun. Washington, Published by The Carnegie Institution of Washington, 1939, XVIII-472 pp., 15 láminas, 29.5 x 22 cms. (Carnegie Institution of Washington, Publication Nº 505).

(**Sumario:** Preface. Introduction. Prefatory note to the documents. **Part I.** I. Land agreements between the town of Yaxcaba and those of Ebtun, Kaua, Tekom, Cuncunul, and Tixcacalcupul, 1600. II. Land agreements between the towns of Ebtun and Kaua and those of Tekom, Cuncunul, and Tixcacalcupul, 1700. III. Survey by Antonio de Arze of boundary between the lands of Yaxcaba and those of Ebtun, Kaua, Tekom, Cuncunul, and Tixcacalcupul, 1775. **Part II.** IV. Documents connected with a lawsuit over the Tontzimin tract: don Diego Jacinto Tun vs. ensign Juan de Orozco. V. Documents connected with a lawsuit over the Tontzimin tract: Cuncunul, Tekom, and Tixcacalcupul, vs. Don Diego Jacinto Tun and Gabriel Virgilio. VI. Documents connected with a lawsuit to enjoin trespass on the Tontzimin tract: Cuncunul vs. Ebtun. VII. Documents connected with Ebtun's suit to compel Cuncunul to sell the Tontzimin tract and Cuncunul's countersuit to restrain trespass by Ebtun. **Part III.** VIII. Titles of Ebtun: sixteenth and seventeenth centuries. IX. Titles of Ebtun: first half of the eighteenth century. X. Titles of Ebtun: second half of the eighteenth century. XI. Titles of Ebtun: nineteenth century of the end of the colonial period. XII. Titles of Ebtun: nineteenth century following the revolution. **Part IV.** XIII. Miscellaneous documents: proclamations, edicts, census, complaints of ill-treatment by Spaniards, records of municipal supplies, and commitments to jail, 1774-1824. Appendix. References. Index. Illustrations).

———. Visita de reconocimiento en las alturas de Guatemala. II. **Diario de Centro América,** Guatemala, 10 diciembre 1937.

———. (Véase Genet, Jean).

———. (Véase Hoil, Juan José).

———. (Véase Thompson, J. E.)

RUBÍN DE LA BORBOLLA, Daniel F.—El arte maya en un nivel insuperable. **Heraldo de Cuba,** Habana, 8 noviembre 1937.

RUBIO, Julio Alberto.—Guía ilustrada del turismo en Guatemala. Guatemala, Talleres de la Unión Tipográfica, 1933, 176 pp. ils.

RUBIO MAÑÉ, José Ignacio.—El cacique de Campeche en México, 1550. **Diario de Yucatán,** Mérida, 16 julio 1939.

———. La personalidad de Juan Francisco Molina Solís como historiador. Mérida de Yucatán, Talleres de la Compañía Tip. Yucateca, 1933, 39 pp., ils.

———. Los primeros vecinos de la ciudad de Mérida, Yucatán. Mérida, Imp. Oriente, 1935, 57 pp., 23.2 x 15.5 cms.

(En las páginas 9-14 presenta un panorama de Ichcanzihó, hoy Mérida, a poco de la llegada de los españoles).

RUDIMENTOS gramaticales u obserbaciones en ydioma tzotzil de Cinacantlan. 14 hojas en cuarto.

(Se trata de un MS. del siglo XVII, único, que perteneció a Brasseur de Bourbourg y más tarde a A. Pinart (Pinart Sale Catalogue, No. 806, Cat. Pilling No. 3409 b y "The Boban Collection of antiquities", Nº 2391).

(RUINAS de Copán). (Decreto Nº 127 del Congreso Nacional de Honduras sobre su conservación). **La Gaceta,** Tegucigalpa, 20 abril 1900.

RUINAS de Copán. **América Latina,** México, 15 septiembre 1912.

RUINAS de Copán. **Revista del Archivo y Biblioteca Nacionales,** Tegucigalpa, 1931, XIII (5): 292-93; 1934, (6): 352-53; 1935, (7-9): 421-23, 517-19; XII (10-11): 580-82, 649-50; XIII (12): 713-14; IV (1-2): 46-7, 107-9.
(El número 6 presenta un "Fragmento de la carta al Rey de España por el Lic. Don Diego García de Palacio. 1576" y los 7-9 la traducción que Pedro Nufio hizo del, cap. 3, vol. IV de "The native races of the Pacific States", por H. H. Bancroft).

RUINAS de Quiriguá en Guatemala. **La Prensa,** New York City, 31 marzo 1926.

RUINAS de Uxmal. Tomó posesión de ellas en 1674 D. Lorenzo de Evia. **Revista Ilustrada,** Madrid, 1892, IV: 39.

RUINAS en Guatemala. **La Crónica,** Lima, 1º abril 1913.

RUINED cities of Yucatan. **Christian Remembrancer,** London (5): 490.

RUINED cities of Yucatan. **Current Literature,** New York, 1901, (30): 436-38.

RUIZ, Rómulo.—Visión de un caminante por tierras del Mayab. **El Tiempo,** Bogotá, 15 marzo 1936.
(**Sumario:** La llegada. Mérida. La Mestiza. El maya. El niño yucateco. Los farolitos).

RUIZ CATZUNIC, Nazario.—Plática con los indígenas que hablan lengua quiché. **El Imparcial,** Guatemala, 20 al 29 enero 1937.

RUIZ SANDOVAL, Humberto.—Existe un gran parecido entre el turco y el maya, dice el señor Ministro de la República de Turquía. Las antiguas tribus de Selim dejaron vestigios de su lengua en la península yucateca. **El Día,** México, 29 julio 1935.

RUPPERT, Karl.—A Special assemblage of Maya structure. En "The Maya and their neighbors", New York, D. C. Appleton-Century Company, 1940, pp 222-230.

———. Report of .... on the Caracol (Station 5). En "Carnegie Institution, Year Book Nº 26" (1926-1927), Washington, D. C., pp. 249-52.

———. Report of ... on the secondary constructions in the Court of the Columns. En "Carnegie Institution of Washington, Year Book Nº 24" (1924-1925), Washington, D. C., pp. 269-70.

———. Report of .... on the Temple of the Wall Panels (Station 14). En "Carnegie Institution of Washington, Year Book Nº 26" (1926-1927), Washington, D. C., pp. 252-56.

———. The Caracol at Chichén Itzá, Yucatán. Carnegie Institution of Washington, 1935, XII-294 pp., ils., láminas, planos, mapa, diagr. (Publications of the Carnegie Institution of Washington, Nº 454).

———. (Véase Kramer, Gerhardt).

RUSK, William Sener. (Comentario a).—"Idols behind altars", by Anita Brenner. (New York, 1929) Art and Archaeology, Washington, D. C., 1930, XXX (1-2): 52.

RUSSELL, Charles.—

(Cónsul en la Isla del Cármen, Campeche, en 1842, que recogió y envió a los Estados Unidos algunos fragmentos del Tablero del Templo de la Cruz de Palenque, que estuvieron en la Smithsonian Institution).

RUSSELL, Philliphs.—Red Tiger: Adventures in Yucatan and Mexico. Illustrated by Leon Underwood. New York, Robert M. McBride & Company, 1932, 335 pp., 22 cms.

RUSSELL-EMERSON, Ellen.—Indian myths or legends, traditions and symbols of the aborigines of America compared with those of other countries, including Hindostan, Egypt, Persia, Assyria and China. London, Trubner, 1882, 675 pp.

RUZ, Fr. Joaquín.—A Yucatecan Grammar: translated from the Spanish into Maya, and abridged for the instruction of the native Indians. Translated from the Maya into English by John Kingdom, Baptist Missionary, Belize, Honduras, Belize, Printed at the Baptist Mission Press, 1847, 2-11-3-68 pp., 8º (Cat. Pilling Nº 3423).

———. Análisis del idioma yucateco al castellano. Mérida de Yucatán, Impreso por Mariano Guzmán, 1851, 1-16 pp., 16º (Cat. Pilling Nº 3425).

———. Cartilla o silabario de la lengua maya, para la enseñanza de los niños indígenas. Mérida, por Rafael Pedrera, 1845, 1-16 pp., 16º (Cat. Pilling, Nº 3418).

———. Catecismo explicado en treinta y nueve instrucciones, sacadas del romano, primera parte. (Cat. Pilling, Nº 3427).

(Carrillo y Ancona poseyó un ejemplar, que perdió, y dice que fué impreso en Mérida, teniendo cerca de 200 páginas en cuarto. Ruz fué el más flúido de los escritores en maya que ha habido en Yucatán, y nació allí a fines del siglo pasado (1772). Siendo joven entró al convento franciscano de Mérida, habiendo tomado el hábito algunos años antes de que la revolución disolviera las órdenes religiosas. Sabía perfectamente dicho idioma y hasta el final de su vida predicada en él. Murió en Mérida, a edad avanzada, no hace muchos años (1855), dice Civezza en su "Bibliografía Sanfrancescana").

———. Catecismo histórico o compendio de la historia sagrada, y de la doctrina cristiana. Con preguntas, y respuestas, y lecciones seguidas, por el Abad Fleury; y traducidas del castellano al idioma yucateco, con un breve exorto para el entrego del santo Cristo a los enfermos, por el P. P. .... de la Orden de San Francisco. Para instrucción de los naturales. Con licencia. Mérida de Yucatán, En la Oficina a cargo de Domingo Cantón, 1822, 4-3-186 pp., 16º.

(Es una traducción al yucateco del Catecismo histórico del abate Claude Fleury (París, 1690, 2 volúmenes) en forma abreviada. (Cat. Pilling No. 3415).

———. Catecismo y exposición breve de la doctrina cristiana. Traducida al idioma yucateco. Alençon, (s. f.) 50 pp. 8vo. (Cat. Blake).

———. Catecismo y exposición breve de la doctrina christiana, por el Padre Maestro Gerónimo de Ripalda de la Compañía de Jesús. Traducido al idioma yucateco, con unos afectos para socorrer a los moribundos por el M. R. P. .... Mérida de Yucatán, Impreso por José D. Espinosa, 1847, 88 pp., 8º (Cat. Pilling Nº 3421). (Cat. Gates, Nº 983).

———. Colección de sermones para los domingos de todo el año, y cuaresma, tomados de varios autores, y traducidos libremente al idioma yucateco por el padre fray .... Mérida, Yuc., Imp. de J. D. Espinosa, 1846, tomo I, 145 pp.; Imp. por Nazario Novelo, 1849, tomo II, 268 pp.; 1850, tomo III, 254 pp.; 1854, tomo IV, 228 pp., 21.5 cms.

(El I contiene las domínicas desde Adviento hasta Quincuagésima: el II desde el Miércoles de Ceniza, Viernes de Cuaresma y Domínicas hasta el Pentecostés: el III desde el Pentecostés hasta la Domínica vigésima cuarta, y el IV las festividades principales del Señor, de Nuestra Señora, de algunos santos y cuatro pláticas de ánimas y sobre el dogma).

———. Leti u cilich Evangelio Jesucristo hebix San Lucas. Londres, W. M. Watts, 1865, 90 pp., 8vo.

(Contiene los capítulos 5, 11, 15 y 23 de San Lucas, en su mayor parte copiados de la edición de 1865. Las diferencias principales consisten en la forma de los acentos, en el cambio de la "c" inversa por "s", y de la "y" inicial en "i". En uno de los ejemplares que poseía el Dr. Brinton se lee esta nota: "A copy of this translation was made by Ruz for the Rev. John Kingdom when passing through Yucatan, who had it printed in London". Todo el texto está en maya y el primer borrador, con las correcciones hechas por Ruz, de su puño y letra, estaba en la biblioteca de Carrillo y Ancona (Cat. Pilling, Nos. 3426 y 3426a).

———. El devoto instruído en el Santo Sacrificio de la Misa, por el P. Luiz Lanzi de la Compañía de Jesús. Traducción libre al idioma yucateco, con unos afectos, por el P. .... Mérida de Yucatán, Impreso por José Antonio Pino, 1835. 9 pp.

(El MS. aparece entre las copias hechas por el Dr. Berendt. El título de la obra aparece dado por García Icazbalceta, quien habla del ejemplar que estaba en poder de José María Andrade. (Cat. Pilling No. 3416 y No. 3416a). En el Cat. Goupil es el número 42).

———. Explicación de una parte de la Doctrina Cristiana, o instrucciones dogmático-morales en que se vierte toda la doctrina del catecismo romano; se amplían los diferentes puntos que el mismo catecismo remite a los párrocos para su extension (sic); y se tratan de nuevo otros importantes. Por el R. P. M. Fr. Plácido Rico Frontaura, Ex-Abad de los Monasterios de Celorio y Oña y maestro general de la religión de San Benito. Traducido al idioma yucateco por el R. P. .... Mérida de Yucatán, Oficina de J. D. Espinosa, 1847, 1-389-3 pp., 4º. (Cat. Pilling, Nº 3422).

———. Gramática yucateca por el P. Fr. .... formada para la instrucción de los indígenas. Sobre el compendio de D. Diego Narciso Herranz y Quiroz. Mérida, por Rafael Pedrera, 1844, 4-8-119 pp., 4º. (Cat. Pilling, Nº 3417).

———. Les prières en maya et en francais d'après le ... En "Relation des choses de Yucatan de Diego de Landa", por l'Abbé Brasseur de Bourbourg, París, 1864, pp. 478-79.

———. Manual romano, toledano y yucateco para la administración de los santos sacramentos. Mérida de Yucatán, Oficina de José D. Espinosa, 1846, 9-5-191 pp. (Cat. Pilling, Nº 3419).
(Admonición del bautismo en lengua yucateca, verso 1.8— verso 1.9: Admonición del Sacramento de la Penitencia (en maya), pp. 29-31; Admonición (antes de la comunión) en lengua yucateca, pp. 41-43; Admonición (antes de la extremaunción) en lengua maya, pp. 56-57; El orden de celebrar el matrimonio en lengua yucateca, p. 97; Admonición para el matrimonio en lengua yucateca, pp. 98-100. El resto del texto se halla en español).

———. Traducción de varios nombres yucatecos. Por el R. P. Fr. Joaquín Ruz. **El Mexicano,** México, 1866, II (96): 263.

———. Vía sacra del Divino Amante Corazón de Jesús, dispuesta por las cruces del Calvario, por el Presbítero José de Herrera Villavicencio. Traducida al idioma yucateco por el R. P. .... Mérida de Yucatán, Impreso por Nazario Novelo, 1849, 1-34 pp. 8º. (Cat. Pilling, Nº 3424).

———. RUZ, Joaquín, y BELTRAN de Santa María.—Esquisse d'une grammaire de la langue maya d'après celles ... En "Relation des choses de Yucatan de Diego de Landa" por l'Abbé Brasseur de Bourbourg, Paris, 1864, pp. 459-78.

———. (Véase Rico Frontaura, Fr. Plácido).

———. (Véase Ripalda, Gerónimo de).

S

SABIAN calcular los mayas la posición exacta de los astros. Las inscripciones de Copán y Palenque dan las fechas exactas de notables fenómenos estelares de épocas remotas. **Excélsior**, México, 24 octubre 1933.

(Cablegrama de Postdam, Alemania, sobre la conferencia en la Universidad de Berlín por el astrónomo Robert Henseling).

SACATEPEQUEZ: Síntesis monográfica del rico Departamento. **El Imparcial**, Guatemala, 25 diciembre 1925.

SACERDOTES médicos. (Tomado de "Tradiciones y Leyendas Mayas"). **El Universal Gráfico**, México, 28 abril 1932.

SAFFORD, William Edwin.—Food plants and textiles of ancient America. By .... of the United States Department of Agriculture. En "Proceedings of the Second Pan American Scientific Congress", Washington, (1915-16), Section I, Washington, Government Printing Office, 1917, pp. 146-59.

SALCEDO, Fray Francisco.—

(Franciscano; oriundo de la Ciudad Real de Chiapa. Sabía la lengua mexicana, según Vásquez, por haber nacido en Chiapas y tenido conocimiento del **Zotzil** y del **Zotzlem**, por haber acompañado al Obispo de Chiapa, Tomás Casillas, en sus visitas a diferentes distritos de su diócesis. "Sabía también a la perfección las tres lenguas principales de Guatemala, el **Cakchiquel, Quiché o Utlateca** y el **Tzutuhil** o **Atiteca**". Como resultado de su profundo conocimiento de estas lenguas, se le llamó a Guatemala en donde fué nombrado **Catedrático de Lenguas Indias** y en donde las enseñó públicamente durante muchos años. Compuso cierto número de Gramáticas y diccionarios, además de varias doctrinas cristianas, y otras obras sobre las lenguas que él enseñaba, esto es: el mexicano, kachiquel, quiché y zutugil, algunas de las cuales, según (Beristain De Souza) existen en el convento franciscano de Guatemala. (Collection of Rare and Original Documents and Relations, (1860) por E. G. Squier, p. 42).

SALVIN, Osbert.—A description of a series of photographic views of the ruins of Copan, Central America, taken by ....

SANDBERG, Harry O.—Ancient temples and cities of the New World. Palenque. **The Pan American Union**, Washington, D. C., pp. 345-60, ils.

(Entre las ilustraciones figuran: el Palacio restaurado por Th. Armine, en **Das Heutige Mexico,** los jeroglíficos del Tablero occidental del Templo de las Inscripciones, 4 fotografías de Maudslay y la restauración que Waldeck hizo del altar del estuco en el Templo del Bajo Relieve).

———. Ancient temples and cities of the New World. Tikal. **Bulletin of the Pan-American Union,** Washington, D. C., pp. 319-37, ils.

(Las ilustraciones son: un plano de las ruinas por A. M. Tozzer y R. E. Merwin (escala 1 pulgada por 160 pies), un corte topográfico de las mismas, los templos I y V, algunos dibujos incididos en los muros de los templos y edificios, las estelas 1, 3, 10 y 16 y el altar núm. 5).

SANCHEZ GARCIA, Fr. Daniel.—(Véase Rosales, R. P. Fr. Carlos J.)

SANDS, W. F.—Mysterious temples of the jungle. The prehistoric ruins of Guatemala. **The National Geographic Magazine,** Washington, D. C., pp. 325-338, ils.

(Las nueve fotografías son de Valdeavellano, entre ellas las de las estelas F y K. Mr. Sands fué Ministro de los EE. UU. en Guatemala).

SANTO DOMINGO, Fray Alonzo de.—Vocabulario de la Lengua Cackchiquel. Ms., 140 hojas en 4º. (En poder del Abate Brasseur de Bourbourg. (Squier).

SAPPER, Karl.—Antiguas poblaciones y edificios indios en el norte de Centroamérica. **Globus,** 1895, LXVIII: 161-69, 183-89.

———. Beiträge zur Ethnographie des südlichen Mittelamerika. **Petermann's Mitteilungen,** 1901, XLVII (2): 4-40.

———. Das Noerdliche Mittel-Amerika nebst einem Ausflug nach dem Hochland von Anahuac. Reisen und Studien aus den Jahren 1888-1895 von Dr. Carl Sapper. Braunschweig, Druck und Verlag von Friedrich Vieweg und Sohn, 1897, 436 pp.

(Da noticias sobre el Petén, los habitantes de la región septentrional de Centro-América, los indios kekchi, sus actividades industriales, las diversas palabras interesantes en el vocabulario maya).

———. Der Feldbau mittelamerikanischer Indianer. **Globus,** Braunschweig, 1910, XCVII: 9-10.

(Habla de la agricultura entre los indios de Centro-América).

———. Der gegenwärtige Stand der ethnographischen Kenntnis von Mittelamerika. **Archiv für Anthr.,** Braunschweig, 1904, N. F., III: 1-38, 7 láms., mapa, 3 figs.

(El estado actual de los conocimientos etnográficos sobre Centro América).

———. Die Aussichten der Indianerbevoelkerung Guatemalas. **A. f. Rassen-u. Ges.-Biol.,** Leipzig, 1909, VI: 44-58.

(Trata de las condiciones etnológicas, sociológicas y económicas de los indios, especialmente de los de la Verapaz).

———. Die Verapaz und ihre Bewohner. **Das Ausland,** 1891 (51-52).
(Trata de la Verapaz y sus habitantes).

———. Die Zukunft der mittelamerikanischen Indianerstämme. **Archiv. für Rassen-u. G. Biologie,** 1905, II: 383-412.

———. Ein altindianischer Landstreit in Guatemala. **Globus,** 1897, LXXII: 94-97, 1 mapa.
(Va acompañado por el mapa de ejidos indios de 1611).

———. Ein Besuch bei den oestlichen Lacandones. **Das Ausland,** 1891 (45).
(Una visita a los lacandones orientales).

———. Ein chirurgisches Instrument der mittelamerikanischen Indianer. (Coban, 2 Dezember 1897). **Globus,** 1898, LXXIII: 68, 1 il.

———. El estado actual de los conocimientos etnográficos que se tiene acerca de Centroamérica. **Archiv für Antropologie,** Braunschweig, 1904, III: 1-38, mapa, 3 fgs.

———. Indianische Ortsnamen im Noerdlichen Mittelamerika. **Globus,** Braunschweig, 1895, LXVI: 90-96.
(Trata de los nombres geográficos indígenas en el norte de Centro-América).

———. Investigaciones de la etnografía del sur de Centroamérica. **Petermann's Mitteilungen,** 1901, XLVII.

———. Mittelamerikanische Waffen im modernen Gebrauche. **Globus,** Braunschweig, 1903, LXXXIII, pp. 53-63.
(Al tratar de las armas de los indios de Centro-América y México habla de los lacandones).

———. Speise und Trank der Kekchi Indianer.. **Globus,** 1901, LXXX, 259-263.
(Habla detalladamente de alimentación y bebidas de los kekchi, de Guatemala).

———. Título del Barrio de Santa Ana. Agosto 14 de 1565. Vorgelegt von Prof. Dr. .... Tübingen. En "Internationaler Amerikanisten Kongress - Vierzehnte Tagung, Stuttgart, 1904", Stuttgart, 1906, pp. 373-381.
(Presenta el texto pokonchi y la traducción española por V. A. Narciso, en columnas paralelas).

———. Ueber Alterthümer von Rio Ulua in der Republik Honduras. **Berliner Gesellsch. f. Anthropol. Verhandl.,** Berlín, 1898.

———. Ueber Einige Sprachen von Südchiapas. En "Reseña de la segunda sesión del XVII Congreso Internacional de Americanistas efectuada en la ciudad de México durante el mes de septiembre de 1910, (Congreso del Centenario)". México, 1912, pp. 295-320.
(Sobre algunos idiomas del sur de Chiapas).

———. Ueber seine Reisen in Honduras. Berlín, W. H. Kuhl, 1898.

———. Un antiguo pleito por tierra en Guatemala. **Globus**, 1897, LXXII, pp. 94-97.

SAPPER, Karl, y NARCISO, Vicente A.—Sitten und Gebräuche der Pokonchi Indianer nach Vicente A. Narciso mitgeteilt von Prof. Karl. Sapper, Tübingen. En "Internationales Amerikanisten Kongress. Vierzehnte Tagung, Stuttgart, 1904", Stuttgart, 1906, pp. 403-17. (Con música al final, intitulada "Siquil huál (Klagegesang) der Pokonchi-Indianer von S. Cristobal).

(Estudia los usos y costumbres de los indios pokonchi y utiliza el MS. "Estudios geográficos, históricos y etnológicos de San Cristóbal Verapaz", por V. A. Narciso).

SATTERHWAITE, Linton.—Some Central Peten Maya architectural traits at Piedras Negras. En "Los mayas antiguos", México, 1941, pp. 183-208, ils.

(**Sumario:** 1. Rear projection. 2. Anterior side outsets. 3. Indentation. 4. Raised shorter rear room. 5. Rear foundation mass. 6. Raised rear substructure level. 7. Inset corner. 8. Apron molding. 9. Basal molding. 10. Vertically cut batter. 11. Transverse end room with exterior doorway. Bibliography).

———. Identification of Maya Temple buildings at Piedras Negras. In "Twenty-fifth Anniversary Studies", Philadelphia Anthropological Society, Philadelphia, 1937, pp. 161-77.

———. The Sixth Piedras Negras Expedition. **Bulletin, University Museum,** Philadelphia, 1936, vol. VI, Nº 5.

———. Thrones at Piedras Negras. **Bulletin, University Museum,** Philadelphia, Pa., noviembre 1937, VII (1): 18-24, figuras.

(La séptima expedición a Piedras Negras trabajó en dicha zona arqueológica maya desde el 22 de marzo hasta el 14 de julio de 1937. Entre los exploradores se encontraban: Linton Satterthwaite Jr., Director de exploraciones, Francis M. Cresson Jr., ayudante de arqueología, Margaret C. Satherthwaite, ayudante, Tatiana Proskouriakoff, arquitecto, y Víctor M. Pinelo, inspector del gobierno de Guatemala).

SAVAGE, A. D.—(Tradujo "The stone sculptures of Copán and Quiriguá" del alemán al inglés, por H. Meye y J. Schmidt, publicando su trabajo en 1883 en Londres).

SAVILLE, Marshall Howard.—A comparative study of the graven glyphs of Copan and Quirigua. Explorations on the main structure of Copan (Honduras) New York, Reprinted from the **Journal of American Folklore,** July-September, VII (26): 237-243.

———. A grammar and vocabulary of the Szinca language of Guatemala.—**American Anthropologist,** Lancaster, N. S., 1918, XX: 339-40.

———. A sculptured vase from Guatemala. Leaflets of the Museum of the American Indian, Heye Foundation, New York, September, 1919 (1), 2 pp., 2 ilustraciones, 33 cms.

———. Archeological studies in northwestern Honduras. (Abstract). Nineteenth International Congres of Americanists, Washington, december 27-31, 1915.

———. Bibliographic notes on Quiriguá, Guatemala. New York, Museum of the American Indian, Heye Foundation, 1919.

———. Monolithic axes and their distribution in Ancient America. Contributions from The Museum of the American Indian, Heye Foundation, New York, The Museum of the American Indian, 1916, vol. II, Nº 6.

(En las pp. 10-13 trata de una hacha encontrada en Honduras y de dos de Bluefields, Nicaragua).

———. The glazed ware of Central America, with special reference to a whistling jar from Honduras. En "Holmes anniversary of anthropological essays", Washington, D. C., 1916.

———. The Maya word pax. **Journal of American Folk-Lore**, 1894, VII: 322.

———. The ruins of Quirigua, an ancient city of Guatemala, buried beneath a paradise of luxuriant growth. **Pan American Magazine**, New Orleans, 1910, X: 45-46.

PROF. M. H. Saville brings back relics of vanished civilization from Honduras. **The New York Times**, Sept. 30, 1915.

RELICS of lost city found in Honduras. Prof. Saville brings back a treasure from a vanished civilization. Bowls 3,000 years old. Beautiful pottery and jewelry found. A metropolis long before Columbus arrived. The New York Times, September 30, 1915.

SAWYER, Caroline M.—The civilization and religions of ancient Mexico, Central America and Peru. **The Universalist Quarterly**, Boston, 1888, vol. N. S. XXV: 479-90.

SAZ, Fr. Antonio.—Adiciones al arte de la lengua de Guatemala para utilidad de los indios y comodidad de sus Ministros, por ...., franciscano (Siglo XVII).

(MS. que dejó en la biblioteca de su convento en Guatemala, según Beristain, así como "Marial y Santoral para instrucción de los indios". Era de Chiapas, franciscano y misionero distinguido).

SCHELLHAS, P.—Der Ursprung der Mayahandschriften. **Zeitschrift für Ethnologie**, 1926, vol. LVIII.

———. Die Goettergestalten der Mayahandschriften. Zeitschrift für Ethnologie, 1892.

(Este trabajo fué publicado en libro en Dresden (1897) y una segunda edición revisada se hizo gracias a la ayuda desinteresada de C. P. Bowditch en Berlín (1904). Se publicó una traducción inglesa, revisada por el autor en "Papers of the Peabody Museum", Vol. IV, Nº 2, Cambridge, Mass. (1904).

———. Die Madrider Mayahandschrift. **Zeitschrift für Ethnologie,** 1929, vol. LXI.

———. Die Mayahandschrift der Koeniglichen Bibliotek zu Dresden. **Zeitschrift für Ethnologie,** Berlin, 1886, 12 pp.

———. Fifty years of Maya research. An epilogue. **Maya Research** (Mexico and Central America), New Orleans, La., April 1936, III (2): 129-39.

(Schellhas relata en este trabajo sus investigaciones desde 1885, es decir durante cincuenta años, y cuenta cómo se inició en ellas, al conocer el Códice Dresden, enumerando cuáles han sido sus principales monografías. Concluye declarando que todavía se está en los umbrales del conocimiento de la cultura maya, sin negar que ese conocimiento está más esclarecido que en la época en que él empezó a trabajar).

———. Representation of deities of the Maya manuscripts. En "Peabody Museum Papers", Cambridge, Mass., 1904, Vol. IV, Nº 1.

SCHERZER, Karl.—Aus dem Natur und Voelkerleben in tropischen Amerika. Leipzig, 1864, 380 pp.

(De la naturaleza y vida de los habitantes de la América Tropical).

———. Die Indianer von Santa Catalina Istlávacan (Frauenfuss). Ein Beitrag zur Cultur-geschichte der Urbewohner Central-Amerikas. **Sitzungsberichte der Phil-hist. Classe der Kaiserl. Akademie der Wissenschaften.** Wien, K. K. Hof-und staatsdruckerei, 1856, XVIII: 227, 24 cms.

(Estuvo en Guatemala (1853) y regresó en 1870, en comisión del Gobierno de Austria. (**La Semana**, Guatemala, 24 de enero 1870). Este estudio de los indios de Sta. Catalina Istlavacan, es una investigación sobre la historia de la cultura de los antiguos habitantes de Centro-América).

———. Fragmentos del diario de un viajero alemán en los Altos y la Costa de Suchitepequez. (Traducidos para la Gaceta). **Gaceta de Guatemala,** 14 y 21 julio 1854.

———. Mittheilungen über die Handschriftlichen Werke des Padre Francisco Ximénez in der Universitäts-bibliothek zu Guatemala. **Sitzungsberichte der Phil. Hist. Classe der Kaiserl. Akademie der Wissenschaften.** Wien, Aus der Kaiserlichkoeniglichen Hof- und staatsdruckerei, 1856, XIX: 166.

(No sólo se refiere a los indios de Centro América, sino al cakchiquel y al quiché).

———. Pharmakilogische Skizzen, gesammelt auf einer Reise durch Central Amerika. **Wochenblatt der Zeitschrift der k. k. Gesellschaft der Aerzte in Wien,** 3 marzo 1856.

(Notas de farmacología recogidas durante un viaje en Centroamérica).

———. Sprachen der Indianer Central Amerikas. Während seinen mehrjährigen, Reisen in den verschiedenen Staaten Mittel Amerikas aufgezeichnet und Zusammengestellt. **Sitzungsberichte der philos. histor. Classe der kaiserlichen Academie der Wissenschaften in Wien,** Viena, 1855, XV: 28.

(Notas sobre los idiomas de los indios de Centroamérica reunidas durante sus largos viajes por algunos Estados de Centroamérica).

———. Sprache der Indianer von Ixtlavacan (Quiché), von Quesaltenango, Guatemala. **Sitzungsberichte der philos. histor. Classe der Kais. Akademie der Wissenschaften.** Wien, 1855, XV (28).

———. Sprache der Indianer von Palín (Poconchi), Guatemala. **Sitzungsberichte der philos. histor. Classe der Kais. Akademie der Wissenschaften**, Wien, 1855, XV (28).

———. Sprache der Indianer von Sta. Maria (Pupuluca-Kachiquel), nach Antigua Guatemala. **Sitzungsberichte der philos. histor. Classe der kaiser. Akademie der Wissenschaften,** Wien, 1855, XV (28).

SCHMIDT, Julius.—The stone sculptures of Copán and Quiriguá; historical and descriptive text by Dr. ...., Trad. from the German by A. D. Savage. London, Asher and Co., 1883.

SCHOEMBS, Jakob.—Material zur Sprache von Comalapa in Guatemala. Dortmund, 1905, XI-227 pp. (Publicada bajo los auspicios de la Real Academia de Ciencias de Berlín y del Duque de Loubat).

(Materiales para la investigación del idioma de "Comalapa" en Guatemala).

SCHOOLCRAFT.—Comunicación del Dr. Schoolcraft. La Mano Roja. En "Viaje a Yucatán", por J. L. Stephens, México, Imprenta del Museo Nacional de Arqueología, Historia y Etnografía, 1939, II: 354-56.

SCHRAM, Robert.—Kalendariographische und chronologische Tafeln. Leipzig. 1908.

SCHULLER, Rudolf.—Apuntes etnológicos, lingüísticos y arqueológicos sobre Honduras. **Reconciliación,** Tegucigalpa, 26 mayo 1926.

———. Zur sprachlichen Verwandtschaft der Maya-Qu'itsé mit den Carib-Aruác. **Anthropos,** Viena, 1919-20, XIV-XV: 465-491.

(Diserta sobre el parentesco del maya-kiché con las lenguas caribe-arawak).

EL ORIGEN de la raza maya, descubierto. El distinguido hombre de ciencia Dr. Rodolfo Schuller, dice haber penetrado el misterio hasta ahora impenetrable para los etnólogos. **La Revista de Yucatán,** Mérida, Yuc., 31 julio 1926.

(La Biblioteca del Congreso, Washington, posee su bibliografía manuscrita que especializó en temas de Centro y Sud-América y México, y que consta de 7,000 cédulas, sobre historia, geografía, etnología, lingüística, tecnología, etc.).

SCHULTZ-SELLACK, C.—Die amerikanischen Goetter der vier Weltrichtungen und ihre Tempel in Palenque. **Zeitschrift für Ethnologie,** 1879, XI: 209-229.

SE DESCUBRIO una ciudad de los mayas. El arqueólogo O. L. Dundell, de Dallas, hizo el descubrimiento en Guatemala. **La Prensa,** San Antonio, Texas, 19 mayo 1932.

SECORD, Carlos F.—Alkaloidal practice in Guatemala. Some interesting experiences of a missionary physician. By ...., M. D., Chichicastenango, Quiché, Guatemala. **American Journal of Clinical Medicine,** March 1911, pp. 291-294.

———. Estudio en bronce (se refiere a Guatemala). (De **The American Journal of Clinical Medicine). Diario de Centro América,** Guatemala, 24 noviembre 1909.

(Secord recorrió Guatemala como doctor misionero y ayudado por su mujer vacunó a 12,000 indios).

SEELEY, Charles Sumner.—The lost canyon of the Toltecs. An account of strange adventures in Central America. By ...., Chicago, A. C. McClurg and Company, 1896, 275 pp.

(Es obra de fantasía, llama Centro-América a la región de las ruinas arqueológicas en que se hallan Palenque, Mitla, etc., pero no hay detalle personal que defina la presencia efectiva del autor).

SEGUN EL Dr. Morley no hay oro en Yucatán. (Exclusivo del Herald-Tribune News Service). Llega a Nueva York una de las primeras autoridades en asuntos mayas para dar una serie de conferencias. **La Opinión,** Santo Domingo, R. D., 21 mayo 1935.

SELER-SACHS, Caecilie.—Auf Alten Wegen in Mexiko und Guatemala. Reiseerinnerungen und Eindruecke aus den Jahren 1895-1897. Berlín, 1900.

(Seler y su esposa hicieron un viaje de estudio a través del sur de México y de Guatemala y pudieron realizar muy importantes investigaciones en arqueología y botánica).

———. Zur Tracht der mexikanischen Indianerinnen. En "Int. Amer. Kongr., Stuttgart, 1904", Stuttgart, 1906, pp. 419-26.

(Trata del vestido de las mujeres indias de México y de Guatemala).

SELER, Eduard.—Alterthuemer aus Guatemala. **Gesammelte Abhandlungen zur Amerikanischen Sprach-und Alterthuemskunde,** Berlín, 1908, III: 578-640.

———. Antrittsrede. **Sitzungsberichte der Preussichen Akademie der Wissenschaften zu Berlin,** Berlín, 1909, XXXIII: 867-70.

(Habla de las lenguas y la civilización de los antiguos pueblos de México y Centro-América en relación con las obras de Buschmann, Humboldt y Forstermann).

———. Archäolog. Reise in Süd-und Mittel-amer. 1910. Berlín, 1915, 52 pp., 13 láminas y 19 figuras.

(Son las notas de Seler sobre su viaje en Sud y Centro América).

———. Beobachtungen u. Studien in den Ruinen von Palenque. Berlín, 1915, 1 mapa, 19 láminas y 146 figuras.

(En este trabajo Seler hace observaciones sobre los estudios en las ruinas de Palenque).

———. (Comentario sobre "Die alten Ansiedelungen von Chaculá. Guatemala"). **The Geographic Journal**, Londres, 1902, NS. XX: 220-2.

(El trabajo de Seler versa sobre la antigua población de Chaculá).

———. Der Charakter der mittelamerikanischen Indianer. **Globus**, Braunschweig, 1905, LXXXVII: 128-131.

———. Die alten Einsiedelungen von Chaculá in Distrikte Nenton des Departments Huehuetenango der Republik Guatemala. Berlín, Dietrich Reimer, 1901, 282 láminas, 223 pp., mapa, ils.

(Un resumen lo da el Dr. Th. Preuss, con el nombre de "Die Alten Einsiedelungen von Chaculá" (Guatemala), en **Globus**, LXXXI: 346-350).

———. Die archaeologischen Ergebnisse meiner ersten mexikanische Reise. **Gesammelte Abhandlungen zur Amerikanischen Sprach-und Alterthuemskunde**, Berlín, 1904, II: 289-367.

———. Die Aussichten der Indianerbevoelkerung Guatemala's. **Petermann's Mitteilungen**, Gotha, agosto 1911, p. 82.

———. Die Cedra-Holzplatten von Tikal im Museum zu Basel. **Annales Zeitschrift für Ethnologie**, 1901, XXXIII: 101-26.

———. Die Chronologie der Cakchiquel. **Annales Zeitschrift für Ethnologie**, 1889, XXI: 475-476.

———. Die Monumente von Copán und Quiriguá und die Altarplatten von Palenque. **Annales Zeit. für Ethnologie**, 1899, XXI: 670-738.

(Este trabajo de Seler aparece también en la colección de sus obras, 1902; I: 712 - 91).

———. Die Wirkliche Länge des Katun der Maya-Chroniken und der Jahresanfang in der Dresdener Handschrift und auf den Copanstelen. **Verh. d. Berl. Ges. f. Anthrop.**, 1895, pp. 441-49.

———. Einiges mehr über die Monumente von Copán und Quiriguá. **Verh, d. Berl. Ges. f. Anth., Eth. u. Urgesch.**, 1900, XXXII: 188-224.

(Cuidadosa descripción y discusión de los jeroglíficos de muchos monumentos con buenas ilustraciones).

———. Les anciennes villes de Chaculá. En "Congres International des Americanistes. XIIe. session tenue a Paris en 1900", París, 1902, pp. 263-270.

———. Maya-Handschriften und Maya-Goetter. **Gesammelte Abhandlunger zur Amerikanischen Sprach-und Alterthuemskunde**, Berlín, 1902, I: 357-366.

———. Mexico und Mittelamerika aus der Amerikanisch-historischen Austellung in Madrid. **Globus**, LXIII (15), 5 ils.

———. On the present state of our knowledge of the Mexican and Central American hieroglyphic writing. En "International Congress of Americanists. Thirteenth session held in New York in 1902", Easton, Pa., 1905, pp. 157-170.

(Se refiere a los trabajos en Quiriguá y Copán, y a Goodman, Maudslay, Thomas, Gordon, etc.).

———. Über die Namen der in der Dresdener Handschrift abgebildeten Maya-Goetter. **Gesammelte Abhandlungen zur Amerikanischen Sprach-und Alterthuemskunde,** 1902, pp. 367-389.

———. Über einige ältere Systeme in den Ruinen von Uxmal. En "Proceedings of the XVIII International Congress of Americanists", Londres, 1912, pp. 220-235, 3 láms., 14 figs.

SHEPARD, Anna O.—(Véase Thompson, J. Eric).

SIERRA, Justo.—(Véase Stephens, John L.)

(SIERRA, Manuel J.)—La Astronomía y los mayas. **El Universal,** México, D. F., 27 febrero 1933.

SILVA, Felipe, y SOLIS, Ignacio.—América y teosinte. Datos etnográficos. Felipe Silva e Ignacio Solís, al señor conde de Perigny. (Guatemala, febrero 17, 1893). (Guatemala, 24 junio 1897). **Diario de Centro América,** 1º enero 1911.

SIVERS, Jegór.—Ueber Madeira und die Antillan nach Mittelamerika. Reisedenkwürdigkeiten und Forschungen von .... Leipzig, Berlag von Carl Fr. Fleischer, 1861, 388 pp.

(Habla de don Modesto Méndez, Corregidor del Petén, de la expedición a las ruinas de Tikal (pp. 247-54) y de las ruinas de Quiriguá (pp. 256-57).

SMITH, A. Ledyard.—Structure A-XVIII, Uaxactun. En "Contributions to American Archaeology", Carnegie Institution of Washington, 1937, Nº 20, Pub. Nº 483.

SMITH, Buckingham.—Mame vocabulary. **Historical Magazine,** Nueva York y Londres, 1861, V (5): 202-03.

SMITH GRAFTON, Eliot.—Dragons and raingods. **John Rylands Library Bulletin,** 1919, V: 317-380.

(Trata del desarrollo de narraciones sobre el dragón en el mundo antiguo y en el mundo nuevo, e incluye una discusión del dios de la lluvia, Chac, de los mayas, y Tlaloc, de los aztecas).

———. The origin of the pre-Columbian civilization of America. **Science,** 1916-1917, XLIV: 190-195; XLV: 241-246.

SMITH, Joseph Lindon.—(Véase "Mayan Sculpture shown. Paintings of archaeological interest and artistic merit").

SMITH, Robert Elliot.—A study of structure A-I complex at Uaxactun, Peten, Guatemala; with eleven plates and nineteenth text-figures. Washington, 1937, pp. 191-231, ilustraciones, 11 láminas, 19 cms. (Contributions to American Archaeology, Nº 19).

———. Ceramics of the Peten. En "The Maya and their neighbors", New York, D. C. Appleton-Century Company, 1940, pp. 242-249.

———. La importancia de la cerámica en la arqueología maya. **Diario de Centro América**, Guatemala, 24 febrero 1937.

———. Preliminary shape analysis of the Uaxactun pottery. Guatemala, 1936, 2 hojas, 8 láminas.

SO LIVE the works of men; seventieth anniversary volume honoring Edgar Lee Hewett, edited by Donald D. Brand and Feed E. Harvey. Albuquerque, N. M., Printed by the University of New Mexico Press, 1939, 366 pp., ilustraciones, 35 láminas, 28 cms.

(Trae un artículo de S. G. Morley que se titula "Recent epigraphic discoveries at the ruins of Copan, Honduras).

SOBRINO CAMPOS, Raúl.—Emchukil o el Jordán maya. El celo de las escopetas. (Leyendas mayas). **Yikal Maya Than, Mérida, Yuc.**, 1939 (1): 13-14.

SOBRON, Félix C.—Los idiomas de la América Latina; estudios biográfico-bibliográficos, por D. .... Madrid, Imprenta a cargo de V. Saiz, 1875 (?), 137 pp., 1 lám., 18 cms.

SOL, Hugo.—Leyendas mayas. 1912.

SOLA, Miguel.—El arte maya. En "Historia del arte precolombiano", Editorial Labor, S. A., Barcelona, 1936, Cap. III, pp. 78-124 (Colección Labor, Sección IV, Nº 391-392).

SOLANA, Fray Alonso de.—Apuntaciones sobre las antigüedades mayas o yucatecas. Estudios históricos sobre los indios. MS.

(Según M. A. no fueron impresas, pero Lizana las utilizó para la parte civil de su "Historia de Yucatán" y así lo asegura cuando dice: "Averigüó mucho de las antigüedades de estos indios y dexo mucho y no solo eso, mas nos dexo advertido lo mas que aqui yo escribo de la Planta de la Fe y en la Provincia y de los varones apostolicos que hubo hasta su tiempo que no fue poco..."—Escribió también un copioso diccionario de la lengua maya, unas apuntaciones teológicas y muchos sermones en el idioma de los indios. Falleció en el Convento grande de San Francisco de Mérida, en 1600. Fué por algún tiempo guardián del Convento de Tixkokob. (Teixidor) —Según Cogolludo, repetido por Squier, escribió: "Diccionario maya y español", "Sermones en lengua maya" y "Noticias sagradas y profanas de las antigüedades y conversión de los indios de Yucatán", habiendo sido ésta la que en gran parte utilizó Lizana para escribir su Historia).

———. Sermones en lengua maya. (Cat. Pilling Nº 3693).

(Pilling lo llama Solano en vez de Solana. López Cogolludo en su "Historia de Yucatán", Mérida, 1868, 3a. ed., t. II, p. 233, dice: "En breve comprendió la lengua de los indios, de tal suerte que después fué maestro de ella muchos años. Escribió un vocabulario muy copioso, sermonarios y muchos sermones sueltos con tan gran propiedad, como si fuera indio muy versado en la policía de su idioma, muchos apuntamientos de la sagrada escritura y algunas historias. Averiguó y dejó mucho escrito de las antigüedades de estos indios, que ya no se halla").

SOLAR y TABOADA, Antonio del.—(Véase Rújula y de Ochotorena, José de).

SOLER, M.—América precolombina. Ensayo etnológico, basado en las investigaciones arqueológicas y etnográficas de las tradiciones, monumentos y antigüedades de la América Indígena. Montevideo, 1887, 343 pp.

SOLIS LOPE, Mario.—Vocabulario español-quecchí. Tercera edición, corregida y aumentada. Guatemala, Talleres de "El Norte", A. Cobán, 1937, 80 pp.

SOLIS y ROSALES, José Vicente.—Vocabulario de la lengua maya, compuesto y redactado por ...., para el uso del Sr. abate Brasseur de Bourbourg, quien le da aquí las gracias. Manuscrito de 18 hojas. (Cat. Pilling, Nº 3700).

("Una obra moderna que me regaló el autor durante mi visita a Yucatán en 1870" (Brasseur de Bourbourg).

———. (Véase Peralta, Fr. M. Antonio).

SOLÓRZANO, Juan Antonio.—Entre el amor y el deber. Ultimos días de Ciguatehuacán (Siglo XVI). Leyenda centroamericana. **La Quincena,** San Salvador, 1º y 15 noviembre 1906, VIII (86): 62-63 y (87): 82-84.

———. La burladora de los enamorados. (Leyenda indígena centroamericana). **La Quincena,** San Salvador, 1º octubre 1906, VII (84): 368.

———. La destrucción de Tzacualpa y la oración de los reyes del quiché. (Leyenda centroamericana). **La Quincena,** San Salvador, 15 octubre 1906, VIII (85): 14-15.

———. Leyendas sagradas de los indios de Centro América. El Luzbel quiché. **La Quincena,** San Salvador, 1906, VII (82): 319-20.

SON ADMIRABLES los tesoros de la civilización maya, dice un editorial del "Evening Star". Afirma que debe haber sido excepcional el progreso cultural de aquel pueblo de amplio sentido artístico. **Excélsior,** México, 23 marzo 1933.

SORPRENDENTE descubrimiento de un nuevo tipo de amazonas. ¿Son las "abuelas danzantes" guatemaltecas un retroceso a la antigua doncella de los mayas? **Diario de Yucatán,** Mérida, Yuc., 16 junio 1927.

SORRE, Max.—Méxique. Amérique Centrale. "Géographie Universelle" publiée sous la direction de P. Vidal de La Blanche et L. Gallois. Tomo XIV. París, 1928.

(Trae los siguientes capítulos: "Le Yucatán" (pp. 67-70, con 1 mapa); "Les civilisations indigenes: Mayas et Chibcha" (pp. 89-93) y "Le Petén" (pp. 99-101).

SOSA, Ezequiel.—El Petén. **Diario Nuevo,** Guatemala, 4 y 5 enero 1921.

SOTO HALL, Máximo.—Curiosos aspectos de los indios de Guatemala. **El Porvenir,** Monterrey, N. L., 21 marzo 1926.

———. El Petén. En "Libro Azul de Guatemala, 1915", pp. 104-114.

———. La civilización de los mayas en el Egipto americano. Hay testimonios, y muy valiosos, para creer que los mayas fueron supervivientes de la Atlántida, después del gran cataclismo que sepultó a ese continente en el fondo de los mares. **El Comercio,** Lima, 1º enero 1925.
(**Sumario:** Zona de los mayas. Sobre el origen de la civilización. La escritura y los monumentos. La tortuga simbólica de Quiriguá).

———. La medicina, la terapéutica y la higiene entre los mayas. En "Publicaciones de la cátedra de Historia de la Medicina", dirigidas por el Dr. Juan Ramón Beltrán, Buenos Aires, Imp. de la Universidad, 1938, I: 129-154.

———. Los mayas. Barcelona, Editorial Labor, S. A., Talleres Gráficos Ibero-Americanos, S. A., 1937, 218 pp., 138 figuras, 33 láminas, 18 x 11.5 cms. (Biblioteca de Iniciación Cultural. Colección Labor, Sección VI. Ciencias Históricas, Nº 403).
(**Sumario:** I. Geografía de la región maya. II. El pueblo maya y sus orígenes. III. Psicología del pueblo maya y del maya quiché. IV. Vida espiritual. V. Usos y costumbres. VI. Indumentaria. VII. Cosmogonía y teogonía. VIII. Mitología. Panteón. IX. Supersticiones e ideas religiosas en la actualidad. X. La medicina y la terapéutica entre los mayas. XI. Cronología y numeración. XII. Lingüística. XIII. Agricultura. XIV. Comercio. XV. Las industrias. XVI. Artes. XVII. Arquitectura. XVIII. Escultura. XIX. Pintura. XX. Música, danzas, fiestas y teatro. XXI. Los mayas como posibles antecesores de los egipcios. Indice alfabético).
(Mario Mariscal en el "Boletín Bibliográfico de Antropología Americana", 1940, II (4): 150-56, hace la crítica del libro "Los Mayas" de Soto Hall).

———. Notable semejanza del arte maya al de Egipto. Los recientes descubrimientos de bellos objetos de alfarería en Yucatán y Guatemala, comprueban que sirvieron de modelo los ejemplares que se exhiben en Alejandría y el Cairo. **El Universal,** México, 10 abril 1932.

———. Supersticiones de los antiguos y modernos mayas. **Boletín de la Academia Nacional de la Historia,** Buenos Aires, 1938, XI: 157-165.

Los Mayas. Sugestivo manual de divulgación en español. Util y oportuna obra de Máximo Soto Hall. **El Imparcial,** Guatemala, 7 febrero 1940.
(Es un comentario al libro "Los Mayas" de Máximo Soto Hall).

SOTO-MAYOR, Juan A.—(Véase G. B. Gordon, 1914).

SOTOMAYOR, Fr. Pedro.—Arte, vocabulario y sermones en lengua guatemalteca, por Fray Pedro Sotomayor, franciscano (1554-1631).
(Hijo de Hernán Méndez, primer alférez mayor de la ciudad de Guatemala y doña N. Sotomayor. Tomó el hábito en 1581 y fué electo provincial en 1612 (Beristain, Squier).

SOUSTELLE, Georgette.—Note sur le rituel religieux chez les lacandons du Chiapas.
(Este trabajo se presentó en el XXVII Congreso Internacional de Americanistas, México, 1939).

SOUSTELLE, Jacques.—La culture materielle des indiens lacandons. **Journal de la Société des Américanistes,** París, 1937, XXIX (1): 1-95, 1 mapa y 8 figs.

———. Le totémisme des lacandons. **Maya Research,** New Orleans, La., 1935, II (4): 325-344, ilustraciones.
(**Sumario:** I. Vue d'ensemble; II. Transmission du nom de phratrie et de clan. Mariages; III. Attitude envers les animaux totémiques; IV. Mythologie et totémisme; V. Distribution géographique dans le Nord-Ouest. Fleuve Letjá. Lac Peljá. Fleuve Chocoljá. Rivière La Arena).

———. Les idées religieuses des lacandons. **La Terre et la Vie,** 1935, V: 170-178.

———. Notes sur les lacandons du Lac Peljá et du Río Jetjá (Chiapas). **Journal de la Société des Américanistes,** 1933, XXV, I: 153-80.

———. Les adorateurs du soleil. En "Mexique, terre indienne", Editions Bernard Grasset, París, 1936, Cap. X, pp. 179-201; Cap. XI, "Au bord du fleuve noir", pp. 202-221; Cap. XII, Vers le lac sacré, pp. 222-244; Cap. XIII, "La sortie", pp. 245-257.
(Sobre los lacandones, presenta un mapa en la p. 154 en que aparecen Chocacté, Lago Metsaboc, Tzajalhá, Yaxchilán, L. Lacanjá, L. Anaité, Sivocá, Cancuc, Oshuc, Palenque, Tumbalá).

SOUZA NOVELO, Narciso.—"Xtabentun". Leyenda maya. Flor-miel-licor. Mérida, Yuc., Imprenta y Litografía Gamboa Guzmán, 1935, 20 pp.

SOZA, José María.—Ciudad Flores, la histórica cabecera departamental del Petén. **Diario de Centro América,** Guatemala, 30 abril 1937.

SPEAKING of deserted cities. **World Outlook,** New York, October 1916, II: 20.
(Sobre Quiriguá; con notables ilustraciones).

SPECIMEN verses in 215 languages and dialects in which the Holy Scriptures have been printed and circulated by the Bible Society. Philadelphia, Craig, Finley & Co., Bible House, 48 pp., 16º (Cat. Pilling, Nº 3711c).
(La referencia a los mayas va en la pág. 28).

SPENCE, Lewis.—Atlantis in America. London, E. Benn, 1925, 213 pp., ils., mapas, 16 láminas, 22.5 cms.

———. Magic and mysteries of Mexico. Rider, 1930.

———. Myths of Mexico and Perú. New York, Farrar & Rinehart, Inc., 1931, XII-367 pp., ils., 25 cms.

———. The Popol-Vuh. **Times,** South American Suppl., London, enero 31, 1911, y julio 1911.

———. The magic and mysteries of Mexico or the arcane secrets and occult lore of the ancient Mexicans and Maya. London, Rider & Co., The Mayflower Press, Plymouth, (s.a.)

(**Sumario: Chapter X.** The Maya people. Maya origins. Downfall of Guatemalan centres. Maya colonization of Yucatán. Political confederacy of Yucatán. Disastrous wars. Maya culture. The Maya hieroglyphical system, Arithmetic and chronology, Maya architecture. The ruins of Palenque. Ake and Chichén-Itzá. Maya history. The Cocomes and the Tutul-Xius. The Maya in Guatemala. Crash of the Maya states. **Chapter XI.** Maya religion. Pictured forms of the gods in the Maya manuscript. Names unknown, so designed by letters of the alphabet. Places or origin of the manuscripts. The gods in their alphabetic order. Comparison with forms in monuments and in hieroglyphs. Old treatises on Maya religion. Heavenly bodies as deities. Itzamná. Identificacion of known names with "alphabetic" gods. Other gods. **Chapter XII.** The magic of the Maya. The book of Núñez de la Vega. Votan and his legend. The secret cavern of his cult. Classes of the Maya sorcerers. The Chilan or "Tigers". Strange prophecies. The oracle of Itzamul (sic). Astrological system of the Maya. Gods of the week. The Bacabs and the Uayayab demons. Magical significance of the Maya months. The Maya Venus period. Augury and superstitions. Demonology. Magical beliefs of the Zapotecs. Their scrying-stones. Oracle near Tehuantepec. Character of the Maya Magic. Magical formulae employed instead of human sacrifice. Maya faith as sun-worship. The Maya manuscripts. Brinton on Maya symbolism. **Chapter XIII. Mystical books of the Maya.** The Popol-Vuh. Story of its discovery. The Quiché indians. Book I. Quiché Mythology. The creation of man and his fall. The race of giants. The story of their destruction. The Second Book. The heavenly twins. Their adventures in the Underworld. The harrying of Hell. Ordeals of the brethren. The Third Book. The second creation of man. His subsequent history. The Quiché tribes. Native character of the "Popol-Vuh". A criticism of the book. The books of Chilam Balam. Their prophecies. **Chapter XIV.** Arcane philosophy of the Mexican and Maya. Kab-ul, "The Magic hand". The allegory of nature symbolism. Maya thought founded on operations of the Celestial bodies. Primitive astrology. The "Cosmic Symphony". Development of arcane thought. Quetzalcoatl as embodiment of the cult of rain. System of dualism. Arcane meanings, drawn from seasonal significance. The victory of Black Magic in Mexico).

(Spence es autor de los siguientes libros: "The gods of Mexico", "The civilization of Ancient Mexico", "The mystics of Mexico and Perú", "The problem of Atlantis" y "The history of Atlantis").

SPENCER, Herbert.—Descriptive sociology. Mexicans, Central America, etc. New York.

———. El Antiguo Yucatán. Traducción de Daniel y Genaro García. México, Tip. de la Secretaría de Fomento, 1898.

SPENCER, Herbert (y SHEPPIG, Richard).—Los antiguos mexicanos. Traducción por Daniel y Genaro García. México, Oficina Tipográfica de la Secretaría de Fomento, 1896, 228-8-VI pp., 3 tablas, 23 x 16 cms.

(Es un extracto de autores clásicos sobre México, con algunas referencias a los mayas, pp. 145, 160, 220 y 226. Sheppig aportó su colaboración en este libro).

SPINDEN, Ellen S.—Beyond the pulk. **Three Americas**, 1935, I (4): 7-10.

(Reseña de un viaje rápido a través de la parte norte y central de Yucatán).

SPINDEN, Herbert Joseph.—A great American emperor revealed. **Mexican Life**, México, abril 1926.

(**Sumario:** Cortes conquered quickly. What the sacred book says. Impressed by Mayan religion. His position in History. Mayapan the capital).

———. A study of Maya art; its subject matter and historical development, with two hundred and eighty-six illustrations in the text, twenty-nine plates and a map. Cambridge, The Museum, 1913, XXIII-285 pp., ilustraciones, 30 láminas, 36 cms. (Peabody Museum of American Archaeology and Ethnology, Harvard University, Memoirs, Vol. VI).

———. Advertising in Archaeology (exploring C. America). **The New York Times**, May 25, 1924.

———. Ancient civilizations of Mexico and Central America. American Museum of Natural History, Handbook series Nº 3, New York, 1917.

———. Ancient civilizations of Mexico and Central America. New York, 1922, 242 pp.

———. Ancient civilizations of Mexico and Central America, por Herbert J. Spinden. New York, 1928, 271 pp., ils. (American Museum of Natural History, Handbook series, Nº 3, 3d. and rev. ed.)

(Esta es una de las obras más importantes de Spinden, y, como él bien dice en el prefacio, se trata de "un comentario general y explicación de las fases más importantes de la vida antigua y de las artes de los indios de México y Centro América, especialmente de su historia").

(**Contenido del Cap. II:** The Mayan civilization. Architecture. Massive sculptural art. Minor arts. The Serpent in Mayan Art. The human figure. Design. Composition and perspective. The Mayan Pantheon. The Mayan time counts. Elements of the Day Count. The conventional year. The Calendar round. Mayan numbers. The true year. The Lunar Calendar. The Venus Calendar. Hieroglyphs. Codices. Bases of Mayan chronology. Historical development of art. Dated monuments. Books of Chilam Balam. Correlation with Christian chronology. Summary of Mayan history).

———. Ancient gold art in the New World. **American Museum Journal**, New York, 1915, XV (6): 307-13.

(Se refiere especialmente a Costa Rica y la colección de Mr. Minor C. Keith).

———. Ancient Maya astronomy. **Scientific American**, January, 1928 (138): 8-12.

———. Archaeological explorations in Honduras. **Explorers Journal**, New York, 1923, II (2): 7-8.

———. Central America, once seat of Maya Civilization, is coming back under modern enterprise. **The New York Times**, New York, May 18, 1924.

———. Central American calendars and the gregorian day. "Proceedings of the National Academy of Sciences of the United States of America", Washington, D. C., 1920, VI: 56-59.

———. Chapter of ancient American History. **Scientific American, May 23,** 1914 (77): 328-31; y **Bulletin of the Pan American Union,** March 1914 (38): 388-92.

———. (Comentario sobre) "Digging in Yucatan", por Ann Axtell Morris. **The Saturday Review of Literature,** New York, 19 septiembre 1933.

———. Deciphering Maya mysteries. **Scientific American,** March 1928 (138): 232-4.

———. Diffusion of Maya astronomy. En "The Maya and their neighbors", New York, D. C. Appleton-Century Company, 1940, pp. 162-178.

———. Fine arts of the Mayas. **Art and Archaeology,** February 1929, XXVII (2): 90-1.
(Hay traducción al español por Rafael Heliodoro Valle).

———. Importancia de la antigua civilización maya. **Revista Municipal,** Guayaquil, abril 1928, p. 56.

———. In quest of ruined cities. **Scientific American,** February 1928 (138): 108-11.

———. La Ciudad Santa de América. Nuevos descubrimientos acerca de la civilización que predominó entre la raza maya. **El Demócrata,** México, 27 diciembre 1925.

———. Los mayas: la primera alta civilización de América. **Boletín de la Unión Panamericana,** Wáshington, septiembre 1937, pp. 709-714.

———. Los mayas: la primera alta civilización de América. **Diario de Centro América,** Guatemala, 1º octubre y 8 diciembre 1937.

———. Los mayas, la primera civilización de América. **Diario de Yucatán,** Mérida, 13 agosto 1938.

———. Maya art. Cambridge, 1913, 308 pp., 29 láminas, mapas, 286 ils. (Memoirs of the Peabody Museum of Archaeology and Ethnology, Harvard University, (Vol. VI).

———. Maya dates and what they reveal; a re-examination of the evidence in correlation between Central American and European time counts. Brooklyn, The Museum of the Brooklyn Institute of Arts and Sciences, 1930, 111 pp., ilustraciones, diagramas, 25.5 cms. (The Museum of the Brooklyn Institute of Arts and Sciences. Science Bulletin, Vol. IV, Nº 1).

———. Maya inscriptions dealing with Venus and the Moon. Buffalo Society of Natural Sciences, Buffalo Museum of Science, Buffalo, N. Y., 1928, XIV (1).

———. Maya pots and skyscrapers. **Three Americas,** 1935, I (5): 26-8.

———. Notes on the archaeology of Salvador. **American Anthropologist,** 1915, N. S. XVII: 446-487, 3 láminas, ilust. con bibliografía.

(**Sumario:** Languages. Ethnology. Archaeological sites. Archaic period. The Maya period. Transition between Archaic and Maya periods. Post-Maya period. Miscellaneous. Bibliography).

———. On the greater use of Indian foods. **The American Museum Journal,** New York, March 1917, XVII: 189.

———. Origen de la agricultura americana. **La Prensa,** Nueva York, 25 octubre 1920.

———. Origin of civilizations in Central America and Mexico. (Sobretiro de "American Aborigines; their origin and antiquity", editado por Diamond Jenness, 1933, pp. 217-46).

———. Portraiture in Central American art. En "Holmes anniversary volume of anthropological essays", 1916, pp. 445-446.

(Habla de las estelas C, H, N y P de Copán y de la estela E de Quiriguá).

———. Primitive arts of the Old and New Worlds. **The Brooklyn Museum Quarterly,** Brooklyn, 1935, XXII (4).

———. Recent archaeological discoveries: in Central America and Mexico. En "The World today; Encyclopaedia Britannica", 1934, I (3): 49-52.

———. Recent progress in the study of Maya art. En "Proceedings of the Ninetheenth International Congress of Americanists, Washington, 1915", Washington, 1917, pp. 165-177.

(Habla de las investigaciones proseguidas en Copán).

———. Table showing the chronological sequence of the principal monuments of Copan, Honduras. American Museum of Natural History, 1910.

———. The Chorotegan culture area. En "Congres international des américanistes. Compte-rendu de la XXIe. session. Deuxieme partie tenue a Goeteborg en 1925", Goeteborg Museum, 1925, pp. 529-45, figuras.

(Este estudio lo divide Spinden en los siguientes subtemas: **Provinces in the Chorotegan Culture Area.** I. Northern Honduras east of Ceiba, and Eastern Nicaragua north of Pearl Lagoon. 2. Northern Costa Rica and Southern Nicaragua. 3. Northwestern Nicaragua, north of Rivas and west of the forest zona. **Nicaraguan Sites, Finds in Northern Honduras. Deductions from Decorative. Art. The modern indians. Population Shifts in Central América).**

(Según Spinden el área de la cultura chorotega comprende el territorio que empieza en La Ceiba, en Honduras, abarca Nicaragua y Costa Rica hasta los límites de Panamá. Su monografía tiende a demostrar que esa cultura fué construída históricamente sobre ideas mayas del Primer Imperio que terminó en 630 de nuestra era. Alude a reliquias arqueológicas obtenidas por donación de Mr. Michael J. Clancy y Mr. Edward Perry y a excavaciones hechas por Mr. M. G. Henerey. Las ruinas de Toloa le fueron mostradas por Mr. C. B. Van Sickler. Habla también de la colección de Mr. Víctor M. Cutter. Entre las seis figuras que ilustran el trabajo aparecen motivos de la serpiente emplumada en la cerámica chorotega y monos con cabeza policromada de los últimos mayas del Salvador, lo mismo que los hallados en Nicoya, Costa Rica, y Moyogalpa, Nicaragua).

———. The chronological sequence of the principal monuments of Copan (Honduras). En "Reseña de la segunda sesión del XVII Congreso Internacional de Americanistas efectuada en la ciudad de México durante el mes de septiembre de 1910. (Congreso del Centenario)", México, Imp. del Museo Nacional de Arqueología, Historia y Etnología, 1912, pp. 357-63, 6 láminas y 3 gráficas.
(Una de las gráficas se titula: "Table showing the chronological sequence of the principal monuments of Copan, Honduras").

———. The eclipse table of the Dresden Codex. En "Proceedings of the XXIII International Congress of Americanists", New York, 1928, pp. 140-148, 2 láms.

———. The invention and spread of agriculture in America. **The American Museum of Natural History Journal,** 1917, XVII: 181-188.

———. The language of the Mayas. **Mexican Life,** Mexico, August 1932, pp. 21 y 60.

———. The Mayas, America's first high civilization. **Bulletin of the Pan American Union,** September, 1937 (71): 672-76.
(La traducción española en **"Boletín de la Unión Panamericana",** septiembre 1937. (71): 709-14).

———. The origin and distribution of agriculture in America. En "Proceedings of the Nineteenth International Congress of Americanists, Washington, D. C., 1915", Washington, 1917, pp. 269-76.
(Se refiere a Centroamérica y habla del cacao que aparece reproducido claramente en una urna escultural de Copán).

———. The reduction of Mayan dates; four plates and sixty-two text illustrations. Cambridge, Mass., The Museum, 1924, XIII-286 pp., 62 ilustraciones, 4 láminas, 24.5 cms. (Papers of the Peabody Museum of American Archaeology and Ethnology, Harvard University, Vol. VI, Nº 4).

———. The royal tombs of Southern Mexico. **The Brooklyn Museum Quarterly,** Brooklyn, abril 1932, XIX (2): 56-62, ils.
(Sobre el descubrimiento que Alfonso Caso hizo en Monte Albán).

———. Yellow fever, first and last. **World's Work,** December, 1921 (43): 169-81.

Buchwald, Otto von.—Las obras de Spinden y Lehmann. Notas al margen. **Revista de Costa Rica,** San José, marzo 1922, pp. 187-96.
(Importante para el estudio de la Etnología de Centroamérica).

HACE miles de años idearon los mayas los primeros rascacielos, dice un arqueólogo. **Excélsior,** México, 29 octubre 1929.

URGES correlation of Maya Calendar. Dr. H. J. Spinden sees solution to mysteries in linking it to European chronology. Stresses recent finds. Brooklyn Museum ethnologist expects interpretation of eclipse symbols to aid work. **The New York Times,** Nueva York, 31 agosto 1930.

(**Sumario:** Origin of the cycle explained. "Recognized magic in numbers").

SPOTA, Jr., Luis.—El saqueo del Cenote (de Chichén-Itzá). La aventura del gambusino y cónsul de Estados Unidos Edward Herbert Thompson. **Hoy,** México, 27 julio 1940, pp. 48-54.

SPOTTING ancient relics with Mr. and Mrs. Lindy. **Literary Digest,** December 28, 1929 (103): 33-5.

SQUIER, Emma Lindsay.—Gringa; an American woman in Mexico. Illustrated with photographs by John Bransby. Boston, Houghton Mifflin, 1934, 282 pp., 24 láminas.

(Los capítulos 23-25 se refieren al área maya).

———. La novia del dios maya. **Carteles,** La Habana, 28 febrero 1937.

———. The bride of the Sacred Well; legend. **Good Housekeeping,** New York, November 1927 (85): 26-9.

———. The bride of the Sacred Well, and other tales of Ancient Mexico. New York, **Cosmopolitan,** 1928, 286 pp.

SQUIER, Ephraim George.—Aborigines of Honduras. En "Notes on Central America; particularly the States of Honduras and San Salvador: their geography, topography, climate, population, resources, productions, etc., etc., and the proposed Honduras Inter-oceanic Railway" (New York, Harper & Brothers, 1855), pp. 378.

———. American archaeological researches, Nº 1. The Serpent symbol, and the worship of the reciprocal principles of nature in America. New York, George P. Putnam, 1851, XVI-11-254 pp., figs.

(Hay edición española hecha en Habana en 1855, 226 pp.)

———. American ethnology: being a summary of some of the results which have followed the investigation of this subject. New York, 1849, 14 pp., 24 cms. (Reprinted from **The American Review,** April, 1849).

———. Ancient aboriginal families. Ancient monuments. The lencas, etc. Comparative vocabulary. En "The States of Central America", by .... (New York, Harper & Brothers, Publishers, 1858), pp. 241-256.

(Reproduce parte de la descripción del Lic. Diego García de Palacio (1576) en relación con Copán).

———. Antiquités de l'Amerique Centrale. Extrait d'une lettre de M. Squier a M. Jomard (Leon-de-Nicaragua, le 5 fevrier 1850). **Bulletin de la Societé de Géographie,** París, 1850, XIII: 232-75; XIV: 193-203.

(Sigue su estudio "Decouverte d'anciens monuments sur les iles du Lac Nicaragua" (Lu le 2 mars 1850 a la Societe Ethnologique des Etats-Unis). Es traducción del **Literary World** de Nueva York, 9, 16 y 30 marzo 1850, hecha por E. F. para dicho boletín).

———. Arte de Lingua Quiche, o utlatica; compuesto por U. M. R. P. Fray Bartolomé Anleo, Religioso Minor de N. S. P. San Francisco. With an essay on the Quiches by Mr. ...., in MS., 1860.

———. Catalogue of the library of E. G. Squier. Edited by Joseph Sabin. To be sold by auction, on Monday, April 24th, 1876, and following days, by Bangs, Merwin & Co. Nº 656 Broadway, New York. Charles C. Shelley, Printer, 68 Barclay and 227 Greenwich Streets, 1876, 2-1-277 pp.

———. Collection of rare and original documents and relations, concerning the discovery and conquest of America. Chiefly from the Spanish archives. Nº 1 Carta dirigida al Rey de España, por el licenciado Dr. don Diego García de Palacio.... Año 1576. Being a description of the ancient provinces of Guazacapan, Izalco, Cuscatlan, and Chiquimula, in the Audiencia of Guatemala: with an account of the language, customs, and religion of their aboriginal inhabitants, and a description of the ruins of Copan. New York, Chas. B. Norton, 1860, 72 pp., 21 x 17 cms.

———. Die Staaten von Central America, insbesondere Honduras, San Salvador, und die Moskitoküste. In deutscher Bearbeitung hrsg. von Karl Andrée. Neue Ausg. Leipzig, 1865. (Ed. alemana de E. G. Squier, 1858).

———. El símbolo de la serpiente y la adoración de los principios recíprocos de la naturaleza en América. Traducción del inglés por el Lic. José de I. G. García. Habana, Imp. del Tiempo, 1855, 226 pp.
(La primera edición es la de Nueva York, y la segunda, la traducida al español por el Lic. García. En este libro diserta sobre el culto fálico en Centroamérica y el Perú, llamando la atención sobre un probable asomo del culto en los monolitos de Copán. Luego estudia la adoración de los principios recíprocos en México y Nicaragua, los templos budistas en Centroamérica, los atributos de Dios y sus símbolos en Nicaragua (Theotbilabe) y Guatemala (Votán), el símbolo de la serpiente en los templos centroamericanos, las esculturas de la misma en México y Centroamérica y los calpules de los Estados Unidos, la iconografía de la serpiente en las antiguas pinturas nicaragüenses y la probable representación de la serpiente y el huevo en Copán).

———. Las Ruinas de Tenampúa, Honduras, Centroamérica. **Proceedings of the Historical Society of New York,** 1853.

———. Lettre de M. Ephraim George Squier a propos de la lettre de M. Brasseur de Bourbourg inserté au cahier des Annals l'Aout 1855. **Nouvelles Annales des Voyages,** París, 1855, IV (148): 273-285.
(Squier hace algunas observaciones generales sobre las lenguas aborígenes de la América Central y examina las observaciones de Brasseur de Bourbourg. Carta dirigida a Mr. Alfred Maury, París; y en la post-data dice que acaba de recibir del abate, desde Rabinal, (Vera-Paz), carta del 7 de agosto de 1855, en la que rectifica sobre el probable origen europeo de los indios de Guatemala).

———. Monograph of authors who have written on the Languages of Central America, and collected vocabularies or composed works in the native dialects of that country. New York, C. B. Richardson & Co., 1861, I-XVI-17-70 pp.

———. Notes on Central America; particularly the states of Honduras and San Salvador, New York, 1855.

———. Ruins of Tenampúa. En "Honduras; descriptive, historical and statistical", London, Trübner & Co., 1870, pp. 76-83.

———. Some aspects of the Lake of Yojoa, or Taulebé, in Honduras, Central America. **Journal of the American Geographical and Statistical Society**, New York, 1860, Part I, pp. 19-24.

(Una traducción de este artículo al alemán apareció en **Peterman's Mitthellungen**, 1859, Nº 5).

———. (Tenampúa, vulgarmente llamado Pueblo Viejo). En "Apuntamientos sobre Centro América", París, Imprenta de Gustavo Gratiot, 1856, pp. 127-133.

———. The States of Central America; their geography, topography, climate, population, resources, production, commerce, political organization, aborigines, etc., comprising chapters on Honduras, San Salvador, Nicaragua, Costa Rica, Guatemala, Belize, the Bay Islands, The Mosquito Shore, and the Honduras Inter-Oceanic Railway. New York, Harper & Brothers Publishers, 1855, XVI-17-782 pp., 5 mapas, 13 láminas.

(Trae vocabulario comparativo del maya y kacchiquel, pp. 552-553).

———. The States of Central America, their history, indians, ruins, travels, scenes, etc. By .... New York, 1869, 8º.

(Hay edición en alemán hecha en Leipzig, 1865).

———. Tongues from tombs; or the stories that graves tell. Nº 5. Central America. **Frank Leslie's illustrated newspaper**, June 26, 1869, p. 236.

———. Travels in Central America, particularly in Nicaragua: with a description of its aboriginal monuments scenery and people, their languages, institutions, religions, &c. Illustrated by numerous maps and colored illustrations. In two volumes. Nueva York, D. Appleton & Co., Publishers, 1853, 2 vols.

Valle, Rafael Heliodoro. George Ephraim Squier (Notas bio-bibliográficas). (En español e inglés). **The Hispanic American Historical Review**, November, 1922, V (4): 777-789.

———. George Ephraim Squier. (Notas bio-bibliográficas). **El Cronista**, Tegucigalpa, 10, 11 y 13 febrero 1922.

SQUIER, Mrs. M. F.—Travel in Central America, New York, 1871.

(Reproduce la parte más interesante de "Voyage dans l'Amerique Centrale", por Morelet, París, 1857).

STACY-JUDD, Robert B.—A Maya manuscript (Codex Merida) translated with notes and introduction by Robert B. Stacy-Judd, A. I. A. Foreword by T. A.

Willard. With complete facsimile. 1st. ed. Los Angeles, Cal., Philosophical Research Society, 1940, 66 pp., ils., facsims., diagrs., 22 cms.
(El manuscrito fué descubierto cuando parte de la catedral de Mérida fué recientemente demolida. Se compone de 12 páginas y tiene por título: "Copias de escrituras, de pizarras antes de la conquista. El dibujo que empleaban los indios mayas después de la conquista con traducción legal, hecha en Mérida, desde hoy 19 de mayo de 1830". Es la historia maya de la invasión española de Yucatán, interpretación hecha por Pedro Castilla, en lengua maya de las láminas IX y X con su "traducción de la interpretación maya al inglés, línea por línea": pp. 52-59 (Maya e inglés en páginas opuestas).

———. An all-American architecture; story of the Mayan civilization, pt. 3-4. **Architect and Engineer,** 1933, CXV (3): 29-36; 1934, CXVI (1): 29-37.

———. Atlantis-Mother of Empires. Los Angeles, Cal., DeVorss & Co., 1939, 4º.
(Trata de la cultura maya. La edición fué de 1,000 ejemplares).

———. Mayan art and the classics. pt. 2. **Architect and Engineer,** 1933, CXV (2): 33-40.

———. Some local examples of Mayan adaptations. **Architect and Engineer,** 1934 CXVI (2): 21-30.

———. The ancient Mayas: adventures in the jungles of Yucatan. Los Angeles, Haskell-Travers, 1934, 277 pp., ils. 24 cms.

———. Wanted an all-American architecture with ancient Mayan motifs as a background. **Architect and Engineer,** 1933, CXV (1): 2-9.

STANDLEY, Paul C.—Additions to the trees of Honduras. **Tropical Woods,** 1934, XXXVII: 27-39.

———. New plants from the Yucatan peninsula. (Botany of the Maya area: Miscellaneous papers, 4; preprinted from Carnegie Institution of Washington, pub. Nº 461, p. 49-91, Nov. 26, 1935).

———. Six additions to the forest flora of Central America and Mexico. **Tropical Woods,** 1932, XXXII: 14-8.

STARR, Frederick.—American Indians. New York, Heath, 1899.

———. Among Maya indians. **The Independent,** New York, September 12, 1901, (53): 2164-8.

———. Brinton on Mayas. **Dial,** Chicago, 19: 46.

———. Notes upon the ethnography of Southern Mexico. En "Proceedings of the Davenport Academy of Science", Davenport, Iowa, 1902, IX.
(Habla de los lacandones (p. 74), los tzendales (pp. 69-72) y los chamulas (pp. 67-69).

———. The purple spot on Maya babies. **Chicago Tribune,** Jan. 11, 1903.

———. The sacral spot in Maya Indians. **Science,** March 13, 1903.

———. (Véase Palacios, Enrique Juan).

STAUB, Walther.—Archaeological observations in the Huaxteca (Eastern Mexico). **Maya Research**, New Orleans, La., 1935, II (1): 33-36.

———. Some data about the pre-Hispanic and the now living Huastec Indians. **México Antiguo,** 1919, I (3): 49-65.

———. Zur Uebereinanderschichtung der Voelker und Kulturen an der Ostküste von Mexico. Zurich, Aschmann & Scheller, 1933. (Separatabdruck aus den Mitteilungen der Geographisch-Ethnographischen Gesellschaft in Zürich), 26 pp., 8 láminas.

STEGGERDA, Inez D.—(Ver "Measures of Men").

STEGGERDA, Morris.—A physical and physiological description of adult Maya Indians from Yucatan. En "Measures of Men", Tulane Univ. of La., Dept. of Middle American Research, Middle American Research ser., Pub. 7, 1936, pp. 17-21.

———. Anthropometry of adult Maya Indians; a study of their physical and physiological characteristics by .... Wáshington, 1932, IV-113 pp., 11 láminas, mapas, 25 cms. (Carnegie Institution of Washington, Department of Genetics, Paper Nº 38, Publication Nº 434).

———. Estudios de Antropología física y Geografía humana. **Diario de Yucatán,** Mérida, Yuc., 24 agosto 1936.

(**Sumario:** Notables investigaciones en Yucatán.—El tipo indígena más puro es el de Chichén Itzá.—Datos interesantísimos, demográficos, del pueblo de Pisté).

———. Some eugenical aspects of the Indians of Piste, Yucatan. **Science,** New York, December 27, 1935, LXXXII (2139): 616.

———. The Maya Indians of Yucatan. En "Cooperation in Research". Washington, 1938, The Carnegie Institution of Washington, Publication Nº 501: 567-584.

———. Visita de reconocimiento en las alturas de Guatemala. III. **Diario de Centro América,** Guatemala, 11 diciembre 1937.

———. (Véase Benedict, Francis G.)

———. (Véase Cummis, Harold).

STEGGERDA, Inez D., STEGGERDA, Morris, y LANE, Mary Steele.—A racial study of palmar dermatoglyphics with special reference to the Maya Indians of Yucatan. En "Measures of Men", Tulane University of La., Dept. of Middle American Research, Middle American Research Ser., pub. 7, 1936, pp. 129-94.

STEGGERDA, Morris, y HILL, T. J.—Incidence of dental caries among Maya and Navajo indians. **Journal of Dental Research,** 1934, XV (5).

STEGGERDA, Morris, y MILLAR, Ruth.—Finger lengths of the Maya Indians as compared with negroes and whites. En "Measures of Men", Tulane Univ. of La., Dept. of Middle American Research, Middle American Research Ser., pub. 7, 1936, pp. 83-100.

STEINMAYER, R. A.—A reconnaissance of certain mounds and relics in Spanish Honduras. New Orleans, 1932. (Middle American Research Series, Tulane University of Louisiana, Nº 4), pp. 1-22.

STEWART, Elizabeth C. (trans. y edit.)—Apuntes sobre algunas plantas medicinales de Yucatán. In facsimile; translated and edited by .... Baltimore, The Maya Society, 1935, 24 pp., facsimile, 19 láms., 23 cms. (Maya Society, Publication Nº 10).

(El título original es "Apuntes sobre algunas plantas medicinales de Yucatán escritos por un fraile franciscano de Campeche..." Parece ser redactado a principios del siglo XIX y fué regalado al Dr. Berendt por un amigo yucateco, en Veracruz en 1859. Para redactar esta obra fueron consultados los siguientes manuscritos mayas: "Chilám Balam de Nah", "Chilám Balam de Tekax", "Chilam Balam de Kaua", (1785) (fotografías originales de Maler), "Sotuta medical ms." "Ixil medical ms.", "Teabo medical ms.", "Peabody medical ms.", (llamado Libro Judío), "Itzamal medical ms.", "Maya Soc. Ms. G-8" y "Motul Maya dict.", siglo XVI (fotografías). Consultó también los siguientes manuscritos en español: "Sotuta-A", "Sotuta-B", "Ticul ms.", "Cuaderno de enfermedades", "Cuaderno de yerbas", "Reino vegetal", "Libro de los Médicos Yucatecos", "Apuntes sobre plantas", por Berendt; "Apuntes sobre enfermedades y plantas", por Pío Pérez, y "1700 plants, Maya, Span., botan. names", por G. G. Guamar. El autor añade la bibliografía que utilizó: "Medicina doméstica", por Ricardo Osado, Mérida, (1834); "El nuevo judío", por Emilio McKinney, Mérida (1890); "Apuntes sobre plantas", por J. y J. Dondé, Mérida, (1907); "Plantas medicinales", por B. Cuevas, Mérida (1913); "Flora of Yucatan", por C. F. Millspaugh, (1895-8); "Flora of Yucatan", (1930) y "Trees and shrubs of Mexico", (1920-6), por P. C. Standley; "Maya ethno-botany", por R. L. Roys, (1931); "Chan Kom, a Maya village", por Redfield-Villa, (1931); "Peninsula of Yucatan", por Shattuck y otros, (1933); "Diccionario maya", por Juan Pío Pérez, (1866); Thesaurus plant, Med. Mex.", (1651) y Madrid (1790), por Hernández; "Quatro libros de la naturaleza", por Jiménez, México (1888) y Morelia, (1888); "Historia Natural", por Nieremberg, Antwerp, (1635); "Ensayo para materia médica de México", Puebla (1832); "Sinonomía vulg. cient. plantas mexicanas", por José Ramírez (1902); "Diccionario de aztequismos", por Cecilio Robelo, Cuernavaca, (1904); "Plantas medicinales de México", México (1923) y "Plantas útiles Repúb. Mex.", México (1928), por M. Martínez; "Datos para materia médica mexicana", México, (1898-1907); "Dicc. diversos nomb. vulg., etc., plantas", por M. Colmeiro, Madrid (1871); "Materia médica mexicana", México (1908); "Farmacopea nacional", México (1913); "Farmacopea Mexicana", México (1925); "Diccionarium Nebrissensis", por Ant. Nebrija, Granada (1545) y Madrid (1758); "Histoire naturelle", por Plinio (trad. Littré), París, (1865); "Tropical diseases" por Manson-Bahr (1921); "Manual of Botany", por Asa Gray (1908); "Handbuch der Pharmacognosie", por Tschrich, Leipzig (1917); "Families flowering plants", por J. Hutchinson, London (1926) y "Materia médica and pharmacology", por D. M. R. Culbreth (1927).

———. Identification of plane names in Landa's text. En "Yucatan before and after the conquest by Fray Diego de Landa", translated with notes by William Gates, The Maya Society, Baltimore, 1937, pp. 161-162.

STEVENSON, Emma Rush.—Maya feast at Chichen Itza. **El Palacio**, Santa Fe, New Mexico, 1928, XXIV: 252-254.

STHAL, Günther.—Zigarre; Wort und Sache. **Zeitschrift für Ethnologie**, 1930, LXII (1-6): 45-111.

(Habla del tabaco entre los mayas (pp. 47-55) y da la bibliografía (pp. 99-111).

STEPHENS, John Lloyd.—Chichén (con una litografía). **El Registro Yucateco**, Mérida, Yuc., 1846, IV: 106-108.

———. Incidents of travel in Central America, Chiapas, and Yucatan. By John L. Stephens, author of "Incidents of travel in Egypt, Arabia Petrea, and the Holy Land", etc. Illustrated by numerous engravings. In two volumes. Vol. I. New York: Harper & Brothers, 82 Cliff Street, 1841. VIII-424 pp., 31 grabados, 1 mapa; Vol. II, VIII-474 pp., 22 x 14 cms., 46 grabados.

(**Contents of the first volume:** .... **Chapter V.** .... Wall of Copan. History of Copan. First view of the ruins. Vain speculations .... Thoughts of buying Copan. **Chapter VI.** How to begin. Commencement of explorations. Interest created by these ruins. .... **Chapter VII.** Survey of the ruins. Account of them by Huarros (sic) and by Colonel Galindo. Their situation. Their extent. Plan of survey. Pyramidal structures. Row of Death's heads. Remarkable portrait. "Idols". Character of the engravings. Ranges of terraces. A portrait. Courtyards. Curious altar. Tablets of hieroglyhpics. Gigantic head. Stone quarries. More applicants for medicine. "Idols" and altars. Buried image. Material of the statues. Idols originally painted. Circular altar. Antiquity of Copan.

(**Contents of the second volume:** .... **Chapter VII.** Ruins of Quirigua. Visit to them. Los Amates. Pyramidal structure. A colossal head. An altar. A collection of monuments. Statues. Character of the ruins. A lost city. Purchasing a ruined city. .... **Chapter X.** .... Ruins of Quiché. Its history. Desolate scene .... Description of the ruins. Plan. The royal palace. The place of sacrifice. An image. Two heads, &c. Destruction of the Palace recent. An arch. **Chapter XI.** .... Royal bird of quiché. Indian languages. The Lord's prayer in the Quiché language. Numerals in the same. Church of Quiché. Indian superstitions. Another lost city. Tierra de Guerra. The aboriginals. Their conversion to Christianity. They were never conquered. A living city. Indian tradition respecting this city. Probably has never been visited by the whites .... **Chapter XIII.** .... Gueguetenango. Sierra Madre. A huge skeleton. The ruins. Pyramidal structures. A vault. Mounds. A welcome addition. Interior of a mound .... **Chapter XV.** .... Ocosingo. Ruins. .... Arrival at the ruins. Stone figures. Pyramidal structures. An arch. A stucco ornament. A wooden lintel. A curious cave. Buildings, &c. A causeway. More ruins. Journal to Palenque. .... **Chapter XVI.** .... Village of Palenque. .... Ruins of Palenque. **Chapter XVII.** .... Arrival at the ruins. The Palace. A feu-de-joie. Quarters in the Palace. Inscriptions by former visitors. The fate of Beanham. Discovery of the ruins of Palenque. Visit of Del Río. Expedition of Dupaix. Drawings of the present work. First dinner at the ruins. Mammoth fireflies. Sleeping apartments. Extent of the ruins. Obstacles to exploration. .... **Chapter XVIII:** .... Mode of life at Palenque. Description of the Palace. Piers. Hieroglyphics.

Figures. Doorways. Corridors. Courtyards. A wooden relic. Stone steps. Towers. Tablets. Stucco ornaments, &s., &c. The Royal Chapel. Explorations. An aqueduct. .... **Chapter XX.** .... Plan of the ruins. Pyramidal structure. A building. Stucco ornaments. Human figures. Tablets. Remarkable hieroglyphics. Range of pillars. Stone terrace, Another building. A large tablet. A cross. Conjectures in regard to this cross. Beautiful sculpture. A platform. Curious devices. A statue. Another pyramidal structure, surmounted by a building. Corridors. A curious bas-relief. Stone tablets, with figures in bas relief. Tablets and figures. The Oratorio. More pyramidal structures and buildings. Extent of the ruins. These ruins the remains of a polished and peculiar people. Antiquity of Palenque .... **Chapter XXIV.** .... Arrival at Uxmal. Hacienda of Uxmal. .... Visit to the ruins of Uxmal. First sight of the ruins. Character of the Indians. .... **Chapter XXV.** Ruins of Uxmal. A lofty building. Magnificent view from its doorway. Peculiar sculptured ornaments. Another buildings, called by the indians the House of the Dwarf. An Indian legend. The House of the Nuns. The House of Turtles. The House of Pigeons. The Guard-house. Absence of water. The House of the Governor. Terraces. Wooden lintels. Details of the House of the Governor. Doorways. Corridors. A beam of wood. inscribed with hieroglyphics. Sculptured stones, &c. .... **Chapter XXVI.** Exploration finished. Who built these ruined cities? Opinion of Dupaix. These ruins bear no resemblance to the architecture of Greece and Rome. Nothing like them in Europe. Do not resemble the known works of Japan and China. Neither those of Hindu. No excavations found. The pyramids of Egypt, in their original state, do not resemble what are called the pyramids of America. The temples of Egypt not like those of America. Sculpture not the same as that of Egypt. Probable antiquity of these ruins. Accounts of the Spanish historians. These cities probably built by the races inhabiting the country at the time of the Spanish conquest. These races not yet extint...)

———. Stephens' ancient cities of Central America. Art. IV. Incidents of travel in Central America, Chiapas and Yucatan. By John L. Stephens, Londres, 1841. **The Dublin Review**, London, February 1842, XII: 192-196.

———. Incidents of travel in Central America, Chiapas and Yucatan. 2 vols. Nueva York, 1848.

———. Incidents of travel in Central America, Chiapas, and Yucatan. With numerous engravings. Revised from the latest American edition, with additions, by Frederick Catherwood. Londres, Arthur Hall, Virtue & Co., 1854, XVI-548 pp., 8º, mapas, láminas.

———. Reiseerlebnisse in Centralamerika, Chiapas und Yucatan. Von .... nach der 12 Aufl. ins Deutsche übertragen von Eduard Hoepfner. Leipzig, Dyk, 1854, XIII- (1)554 pp., láminas, mapa, 23 cms.

(Es la traducción al alemán de "Incidents of travel in Central America, Chiapas and Yucatan").

———. Viajes por la América Central, 1841. Costa Rica, 1921.

(Estas son las principales ediciones del libro: Londres, 1841, 1842, 1843, 1844, 1854; New York, 1841, 1842, 1843, 1844, 1845, 1846, 1848, 1850, 1851, 1852, 1853, 1854, 1855, 1856, 1858, 1860, 1863, 1867, 1871; Leipzig, 1854; Quezaltenango, 1939-40).

———. Fragmentos de un viaje a Yucatán. Por .... **El Museo Yucateco,** Campeche, 1841, pp. 357-60; 373-78.

———. Incidents of travel in Yucatan, etc. New York, Harper and Brothers, 1843, vol. I: XXI (9)-478 pp., 120 grabados, 1 mapa.
(El volumen II, pp. 465-68 incluye: "A manuscript written in the Maya language, treating of the principal epochs of the history of the Peninsula de Yucatan before the Conquest", with comments by J. Pío Pérez).

———. Incidents of travel in Yucatan. By ...., Author of "Incidents of travel in Egypt, Arabia Petrea, and the Holy Land", "Incidents of Travel in Central America", etc. Illustrated by 120 engravings. In two volumes. Vol. 1. New York: published by Harper & Brothers for Henry Bill, 1848, XII-9-459 pp., 54 ils., un mapa.
(**Sumario: Chapter I.** Embarcation. Fellow-passengers. A gale at sea. Arrival at Sisal. Ornithological specimens. Merida. Fete of San Cristoval. The lottery. A scene of confusion. Principle of the game. Passion for gambling. A deformed indian. **Chapter II.** Housekeeping. Description of a bull-ring. A bullfight. Spectators. Brutal torments inflicted on the bulls. Serious accidents. A noble beast. An exciting scene. Victims to bull-fighting. Danger and ferocity of bull-fights. Effects on moral character. Grand mass. A grand procession. The alameda. Calesas. A concert and its arrangements. Fete of Todos Santos. A singular custom. An incident. **Chapter III.** An old friend. Brief account of Yucatan. Early voyages of discovery. Columbus. De Solis and Pinzon. Expedition of Cordova. Voyages of Grijalva. Expedition of Cortes. Mission of Montejo, who receives a grant from Charles V. Discoveries, conquests and suffering of Montejo and his companions. Efforts to convert the natives. Contreras. Farther particulars relating to the conquest of Yucatan. **Chapter IV.** Political state of Yucatan. Alliance with Texas. Presentation to the governor. His character and personal appearance. A cordial reception. An arrival of strangers. A citizen of the world. Another old acquaintance. Population of Merida. Climate. General aspect of Merida. An interesting edifice. Mode of naming streets. Sculptured figures. Churches. Franciscan convent. A memorial of the past. Ruined cities of America. Former conclusions confirmed. **Chapter V.** Daguerreotype apparatus. Set up as ladies' daguerreotype portrait takers. Preparations. A pretty young lady to begin with. Preliminaires. A chapter of contingencies. Success of the first experiment. Other successful experiments. A change of fortune. Give up this business. An incident. Take up the practice cf surgery. Operation for strabismus. Details. First subject. A great gathering of squint eyes. A troublesome patient. A little hero. Extraordinary instance of fortitude. A military patient. A female patient. Practice of surgery abandoned. Instability of fame. **Chapter VI.** Departure from Merida. Map of Yucatan. Timucui. Tekoh. Human skulls and bones. Church of Tekoh. Convent. A revolting spectacle. View from the top of the church. Cura of Tekoh. Journey continued. A curious basin. Telchaquilo. A subterraneous well. An extraordinary cave. Hacienda of Joaquin. Ruins of Mayapan. A remarkable mound. Curious sculptured remains. Another extraordinary cave. A circular edifice. A double row of columns. Ranges of mounds. Arches. Derivation of the word Yucatan. Ancient city of Mayapan. **Chapter VII.** An accident. Journey continued. Hacienda of Xcanchakan. An indian dance. Whipping an indian. Hacienda of Mucuyché. A bath in a senote. Hacienda of San José. Arrival at Uxmal. First sight of the ruins. Changes since last visit. House of the dwarf. House of the nuns. Casa del Gobernador. Residence

at the ruins. Unpromising appearances. How to make a fire. Instance of perseverance. Arrival of luggage on the backs of indians. First night at Uxmal. **Chapter VIII.** Perplexities. Household wants. Indian mode of boiling eggs. Clearing. A valuable addition. Description of the ruins. Casa del Gobernador. Hieroglyphics. Ornaments over the doorways. Ground plan. Doorways. Apartments. Great thickness of the back wall. A breach made in the wall. Prints of a red hand. Sculptured beam of hieroglyphics. Wooden lintels. Loss of antiquities by the burning of Mr. Catherwood's panorama. Terraces. A curious stone. Circular mound. Discovery of a sculptured monument. Square stone structure. Sculptured heads. Staircase. House of the turtles. **Chapter IX.** Journey to Jalacho. Execrable road. Sight of ruins at Senuisacal. A motley multitude. Village of Becal. The Cura. Breakfast. Ruins. Arrival at Jalacho. A great fair. Fete of Santiago. Miracles. Figure of St. James. Bull-fight and bull-fighters. Horse-market. Scenes in the plaza. Gambling. Primitive circulating medium. A memorial of home. A bull. Search for ruins. Hacienda of Sijoh. Mounds of ruins. Remarkable stones. A long edifice. Hacienda of Tankuché. More ruins. A plastered wall covered with paintings. Annoyance from garrapatas. Return to the village. Ball. Fireworks. Condition of the indians. **Chapter X.** Sunday mass. A grand procession. Intoxicated indians. Set out for Maxcanú. A caricoche. Scenery. Arrival at Maxcanú. Cave of Maxcanú. Threading a labyrinth. An alarm. An abrupt termination. Important discovery. Labyrinth not subterraneous. More mounds. Journey continued. Grand view. Another mound. An accident. Village of Opocheque. View from the sierra. More ruins. Return to Uxmal. Change of quarters. An addition to the household. Beautiful scene. **Chapter XI.** Superintending indians. The storm El Norte. Arrival of Don Simon. Subterraneous chambers. Discovery of broken pottery and terra cotta vase. Great number of these chambers. Their probable uses. Harvest of the maize crop. Practical views. System of agriculture in Yucatan. Planting of corn. A primitive threshing machine. News from home. More practice in surgery. A rude bedstead. A leg patient. An arm patient. Increasing sickness on the hacienda. Death of an indian woman. A campo santo. Digging a grave. An indian funeral. **Chapter XII.** Means by which the city was supplied with water. Aguadas. A delightful bathing-place. Manner of living at the ruins. How to roast a pig. Nameless mound. Excavations made in it. Great exertions. A bitter disappointment. An attack of fever. Visit from the cúra of Ticul. Departure for Ticul. A painful journey. Arrival at the convent. Arrival of Dr. Cabot, ill with fever. Gloomy prospects. A simple remedy for fever. Aspect of Ticul. The church. Funeral urn. Monument and inscription. Convent. Character of the cura Carrillo. The date of the construction of the convent unknown. Probably built with the materials furnished by the ruins of former cities. Archives of the convent. **Chapter XIII.** Another ruined city. Relics. Ruins of San Francisco. Proved to be those of the aboriginal city of the name Ticul. A beautiful vase. Search for a sepulchre. Discovery of a skeleton and vase. An indian needle. These cities not built by descendants of Egyptians. Their antiquity not very great. Examination of the skeleton by Doctor Morton, and his opinion. Mummies from Peru. These cities built by the ancestors of the present race of indians. The seybo tree. The campo santo. A quiet village. **Chapter XIV.** Departure from Ticul. The sierra. Nohcacab. Ruins of Nohpat. Return to Uxmal. The campo santo. Work of Mr. Waldeck. General description of the ruins. Two ruined edifices. Great stone rings. House of the nuns. Dimensions &. Courtyard. Facades. A lofty edifice. Complicated ornament. Painted facades. Sculptured doorways. House of the birds. Remains of painting. An arch. House of the dwarf. Building loaded with ornaments. Long and narrow structure. Tasteful arrangement of ornaments. Human sacrifices. House of the pigeons. Range of terraces called the campo santo. House of the old woman. Circular mound of ruins. Wall of the city. Chose of description. Title papers of Uxmal. Of the antiquity of Uxmal. **Chapter XV.** Attacks from fever and ague. Final departure from Uxmal. Newyear's day. Fate of Chaipa Chi. Painful journey. Chetulish. Arrival at Nohcacab. Concourse of indians. A casa real. Plaza. Improvements. The church. A noria or well. Municipal elections. The democratic principle. Installation of alcaldes. Illness of the cura of Ticul. A wandering physician. Changed appearance of the cura. Return to Nohcacab. Take up quarters in the convent. Ancient town of Nohcacab. Ruined mounds. Ruins of Xcoch. A mysterious well. Fine grove. Circular cavity. Mouth of the well. Exploration of its passages. Uses of the well. Return to the village. Fatal accident. A house of mourning. Ceremony of El Velorio. **Chapter XVI.** Ruins of Nohpat. A lofty mound. Grand view. Sculptured human figure. Terraces. Huge sculptured figure. Other figures. Skull and cross-bones. Situation of ruins. Journey to Kabah. Thatched huts. Arrival at the ruins. Return to the village. Astonishment of the indians. Valuable servant. Festival of Corpus Alma. A plurality of saints. How to put a saint under patronage. A procession. Fireworks. A ball. Excess of female population. A dance. **Chapter XVII.** Ruins of Kabah. General description. Plan of the ruins. Great Teocalis. Ruined apartments. Grand view. Terrace and buildings. Ranges of buildings. Hieroglyphics. A rich façade. Wooden lintels. Singular structures. Apartments &. Rankness of tropical vegetation. Edifice called the cocina. Majestic pile of buildings. Apartments &. A solitary arch. A succession of ruined buildings. Apartments &. Prints of the Red Hand. Sculptured lintel. Instruments used by the aboriginals for carving wood. Ruined structure. Ornament in stucco. Great ruined building. Curious chamber & sculptured jambs. Another witness for these ruined cities. Last visit to Kabah. Its recent discovery. A great charnel house. Funeral procession. A ball by daylight. The procession of the candles. Closing scene.

———. Vol. II, XVI-9-478 pp., 70 ils.

(**Sumario: Chapter I.** Departure from Nohcacab. Outfit. Rancho of Chack. Fright of the women. Rancho of Schawill. Casa Real. Scarcity of water. Visit from the alcalde. Primitive mode of obtaining water. A peculiar people. Ruins of Zayi. Great tree-covered mound. The Casa Grande. Fortunate discovery. Staircase. Doorways &. Buildings on the second terrace. Doorways. Curiously ornamented columns. Building on the third terrace. Doorways, apartments &. Stone lintels. Facade of the second range of buildings. Ground plan of the three ranges. The Casa Cerrada. Doorways filled up inside with stone and mortar. Finished apartments, also filled up. This filling up simultaneous with the erection of the building. A mound. Ruined building. Its interior. Scuptured head &. A strange structure. An archway. Perpendicular wall. Stuccoed figures and ornaments. Great terrace and building. Apartments &. Want of interest manifested by the indians in regard to these ruins. **Chapter II.** Visit to a ruined building near Chack. A field of Taje. Description of the building. Hornet's nest. Young vulture. Picturesque view from the terrace. Well of Chack. Exploration of its passages. Return to the Rancho. Departure from Schawill. The camino real. Rancho of Sennacté. Wild appearance of the indians. Continued scarcity of water. Another ruined city. Two ruined buildings. Apartments, columns &. High wall. Journey continued. Rancho of Sabachshé. Casa Real. Well. Hut of the Alcalde. The Señora. Ruins of Sabachshé. Picturesque edifice. Alacrity of the indians, Façade. Pilasters, cornices &. Encounter with an iguana. Another ruined building. The agave americana. More ruins. The Red Hand. The Red Hand used as a symbol by the North American Indians. Conclusions to be deduced from this circumstance. Delicate manner of doing a service. **Chapter III.** Ruins of Labná. Accounts of the indians not to be relied on. Irretrievable ruin. Extraordinary structure. Doorways. Chambers. Gigantic wall, covered with designs in stucco. Death's heads. Human figures in alto relievo. Colossal figure seated. Large ball and figures. Dilapidated state of this structure. An arched gateway. Other buildings. Richly ornamented doorway. Courtyard. Ornaments in stucco. Large building. Magnificent edifice. Facade ornamented with sculptured stone. Circular hole leading to a subterranean chamber. The Ramon tree. A cave. Conversation with the Indians. A ride to the hacienda of Tabi. Sculpture ornament. Other figures. Visit to a cave. Tree-encumbered path. A vaquero. Descent into the cave. Fanciful scene. Return to the rancho. A warm bath. **Chapter IV.** Search for ruined cities continued. Journey to the rancho of Kewick. Ruined building. Lose of the road. Set right by an Indian. Arrival at Kewick. The Casa real. Visit from the proprietor of the Rancho, a full-blooded Indian. His character. Visit to the ruins. Garrapatas. Old walls. Façades. Imposing scene of ruins. Principal doorway. Apartments. Curious painting. Excavating a stone. A long building. Other ruins. Continued scarcity of water. Visit to a cave called by the Indians Actum. A wild scene. An aguada. Return to the Casa Real. A crisis in money matters. Journey to Xul. Entry into the village. The convent. Reception. The cura of Xul. His character. Mingling of old things with new. The church. A levée. A welcome arrival. **Chapter VI.** Journey to the rancho of Nohcacab. A fountain and seybo tree. Arrival at the Rancho. Its appearance. A sick trio. Effects of a good breakfast. Visit to the ruins. Terrace and buildings. Three other buildings. Character of these ruins. Disappointment. Return to Xul. Visit to another ruined city. Ruined building. An arch, plastered and covered with painted figures. Other paintings. Subterranean well. Return to the village. Journey to Ticul. Large mounds. Passage 'of the sierra. Gran view. Arrival at Ticul. A village festival. Ball of the mestizas. Costumes. Dance of the toros. Lassoing cattle. Ball by daylight. The fiscales. Ludicrous scene. A dance. Love in a phrensy. A unique breakfast. Close of the ball. **Chapter VI.** Bull-fights. Horse-race. Bull-fighters. Their villanous appearance. Death of a bull. A bull of etiquette. Society in Yucatan. Costumes at the ball. More bull-fights. A mestiza. Scenes in the bull-ring. A storm. Dispersion of the spectators. A discovery. A new reformation in Yucatan. Celibacy of priests. A few words about the padres. Arrival of Mr. Catherwood and Dr. Cabot. Rain. Daguerreotyping. "The ancient chronology of Yucatan". Don Pío Pérez. Calendar of the ancient Indians. Substantially the same with that of the Mexicans. This fact tends to show the common origin of the aboriginal inhabitants of Yucatan and Mexico. **Chapter VII.** Return to Nohcacab. Final departure from this village. An Indian sexton. Route. "Old walls". Ruins of Sacbey. Paved road. Journey continued. Ruins of Xampon. Imposing edifice. "Old walls", called by Indians Xlab-pak. Ruins of Hiokowitz and Kuepak. Zekilna. Altar for burning copal. Ancient terrace Lofty stone structure. Remains of a building. Scuptured stones. Platform. Rancho of Chunhuhu. Become involuntary masters of a hut. Its interior arrangements. Scarcity of water. Pressing wants. Visit to the ruins. Two buildings. Façade. Ornamented doorways. Welcome visitors. Another building. Plastered front. A building seen from the terrace. Visit to the ruins of Schoolhoke. Large stone structure. Ranges of buildings. Circular stone. Ruined edifice. Representations of human figures. Return to the rancho. Benefits of a rain. **Chapter VIII.** Journey to Bolonchen. Bad road. Large hacienda. Imposing gateway. An inhospitable host. Ruins of Ytsimpte. Ruined edifice.

Staircase with sculpture stones. Square building. Façade decorated with pillars. Ruined walls. Remains of a sculptured figure. Character and aspect of the ruins. Departure. Arrival at the village of Bolonchen. Scene of contentment. Wells. Derivation of the word Bolonchen. Origin of the wells unknown. The cura. Visit to an extraordinary cave. Etrance to it. Precipitous descents. A wild scene. Rude ladders. Dangers of the descent. Indian name of this cave. A subterranean ball-room. Cavernous chamber. Numerous passages. Great number of ladders. Rocky basin of water. Great depth of the cave. A bath in the basin. Its Indian name. Return to the rocky chamber. Exploration of another passage. Another basin. Indian stories. Two other passages and basins. Seven basins in all. Indian names of the remaining five. Want of philosophical instruments. Surface of the country. This cave the sole watering-place of a large Indian village. Return. Visit to the Cura. Report of more ruins. **Chapter IX.** Departure from Bolonchen. Lose the road. Sugar rancho. A new section of country. Rancho of Santa Rosa. Annoyance from fleas. Visit to the ruins of Labphak. A lofty structure. Apartments &. Staircases. Doorways. Interesting discovery. Courtyard. Square building on the second terrace. Ornaments in stucco. Oblong building on the third terrace. Colossal figures and ornaments. Centre apartment. Tokens of recent occupation. Ground plan of the lower range of apartments. Sculptured bas-reliefs. Builders adapted their style to the materials at hand. Abode at the ruins. Wants. Moonlight scene. Painting. Circular holes. Range of buildings. Staircases. Ornaments in stucco. Rain. Love of the marvellous. **Chapter X.** Departure from Labphak. Sugar ranchos. Hacienda of Jalasac. Cultivation of sugar. Another rancho. Its near appearance. Señor Trego's establishment. A well. Seybo trees. Journey resumed. Village of Iturbide. Its settlement and rapid growth. An acquaintance. Oppressive attentions. Lunar rainbow. Appearance of the village. Mound of ruins. Visit to the ruins of Zibilnocac. A well. A long edifice. Lazy escort. An anxious host. Return to the village. A prosperous emigrant. A dinner. Medical practice. Deplorable condition of the country in regard to medical aid. Second visit to the ruins. Front of an edifice. Square structures. Interesting painting. An ancient well. Mounds. Vestiges of a great city. **Chapter XI.** End of journey in this direction. Lake of Peten. Probable existence of ruins in the wilderness. Islands in the lake of Peten. Peten Grande. Mission of two monks. Great idol of the figure of a horse. Broken by the monks, who in consequence are obliged to leave the island. Second mission of the monks. Sent away by the Indians. Expedition of Don Martin Ursua. Arrival at the island. Attacked by the Indians, who are defeated. Don Martin takes possession of Itza. Temples and idols of the Indians. Destroyed by the Spaniards. Flight of the Indians into the wilderness. Preparations. Illness of Mr. Catherwood. Effects of gambling. From the church to the gaming-table. How people live at Iturbide. Departure. Rancho of Noyaxche. **Chapter XII.** Journey resumed. An aguada. The aguadas artificial, and built by the aboriginal inhabitants. Examination of one by Señor Trego. Its construction. Ancient wells. Pits. A sugar rancho. Rancho of X'Y-a-Walthel. Rancho of Choop. Arrival at Macobá. The ruins. Lodgings in a miserable hut. Wells. Ruined buildings. Another aguada. Pits. Astonishment of the Indians. Falling in love at first sight. Interesting characters. Departure. Thick undergrowth. Rancho of Puut. An incident. Situation of the rancho. Water. Ruins of Mankeesh. **Chapter XIII.** Rancho of Jalal. Picturesque aguada. Excavations made in it by the Indians. System of aguadas. Journey resumed. Lose the road. An effort in the Maya language. Grove of orange trees. Ruins of Yakatzib. Dilapidated edifice. Stony sierra. Village of Becanchen. Hospitality. Sculptured stones. Wells. Running stream of water. Derivation of the word

Becanchen. Rapid growth of the village. Source of the water of the wells. Accident to an Indian. The party separate. Aguadas. A trogon. Hacienda of Zaccacal. Visit to the ruins. Stone terrace. Circular hole. Two buildings. Garrapatas. Black ants. Return. **Chapter XIV.** Village of San Jose. Thatched church. The Cura. A refractory Indian. Attachment of the Indians. Journey to Mani. The sierra. Hacienda of Santa Maria. A ruined mound. Good road. Arrival at the city of Tekax. A bloodless revolution. Situation and appearance of the city. An interesting meeting. Curiosity of the people. Akil. The site of a ruined city. Sculpture stones. Journey resumed. Arrival at Mani. Historical notice. Tutul Xiu. Embassy to the Lords of Zotuta. Ambassadors murdered. Mani the first interior town that submitted to the Spaniards. Scanty supply of water throughout the country. Important consideration. A touching discovery. **Chapter XV.** Buying a wardrobe. Crowd of loungers. Visit to the ruins. A long edifice built by the Spaniards. Interesting well. Indian legend. The mother of the dwarf. Exploration of the well. Remains of large mounds. Cogolludo. Ancient and curious painting. Books and ancient characters of the Indians burned by the Spaniards. Archives of Mani. Important documents. Ancient map. Instrument indorsed on its back. Important bearing of these documents. What was Uxmal? Argument. No vestiges of a Spanish town at Uxmal. Churches erected by the Spaniards in all their settlements. No indications of a church at Uxmal. Conclusions. Suspicious of the people. Church and convent. Extensive view from the top of the church. **Chapter XVI.** Departure from Mani. Ornithology of Yucatan. Discoveries of Doctor Cabot. Village of Tixmeach. Peto. Church and convent. News from home. Don Pío Pérez. Indian almanac. A fragment of Maya manuscript. Journey resumed. Taihxiu. Yaxcala. Pisté. Arrival at Chichen. First sight of the ruins. The hacienda. A strange reception. Lodgings. Situation of the ruins. Mr. Burke. Magnificent appearance of the ruins. Derivation of the word Chichen. Senotes. Different from these before presented. Mischievous boys. Failure of the corn crop. **Chapter XVII.** Plan of the ruins. An edifice called Akatzeeb. Doorways. Apartments. Circular mass of masonry. Mysterious chamber. Sculptured stone tablet. Majestic pile of building called the Monjas. Hieroglyphics. Rich ornaments. Doorways, chambers &. Remains of painting. The Iglesia, or church. Ornaments on the façade. Cartouches in plaster. Circular edifice called the Caracol. Apartment. Staircase, having on each side entwined serpents. Gigantic head. Doorways. Paintings. Building called Chichanchob. Ornaments. Row of hieroglyphics. Another building. Vestiges of mounds and ruined buildings. Extraordinary edifice, to which the name Gymnasium or tennis-court is given. Ornamented columns. Sculptured figures in bas-relief. Massive stone rings, with entwined serpents. Indian sports. Two ranges of buldings. Procession of tigers. Sculptured columns. Figures in bas-relief. Richly-carved lintel. Paintings. The Castillo. Staircase. Colossal serpents' heads. Doorways. Carved lintels. Jambs ornamented with sculptured figures. Corridors. Apartments. Square pillars, covered with sculptured figures. Rows of columns. Occupation and abandonment of Chichen by the Spaniards. First discovery of Chichen. Senotes. **Chapter XVIII.** Departure from Chichen. Village of Cawa. Cuncunul. Arrival at Valladolid. An accident. Appearance of the city. Don Pedro Baranda's cotton factory. A countryman. Mexican revolution. The Indians as soldiers. Adventures of a demonio. Character of the people. Gamecocks. Difficulty of obtaining information in regard to the route. Departure for the coast. Party of Indians. Village of Chemax. Fate of Molas the pirate. Discouraging accounts. Plans deranged. The Convent. The cura. Population of the village. Its early history. Ruins of Coba. Indian sepulchre. Relics. A penknife found in the sepulchre. **Chapter XIX.** Departure. Journey to Yalahao. Stony road. Arrival at the port. The sea. Appearance of the village. Bridge. Springs. Pirates. Scarcity of Ramon. The Castillo. Its garrison. Don Vicente Albino. An incident. Arrangements for a voyage down the coast. Embarcation. The canoa El Sol. Objects of the voyage. Point Moscheto. Point Frances. An Indian fisherman. Cape Catoche. The first landing-place of the Spaniards. Island of Contoy. Sea-birds. Island of Mujeres. Laffite. Harpooning a turtle. Different kinds of turtle. Island of Kancune. Point of Nesuc. Sharks. Moschetoes. Bay of San Miguel. Island of Cozumel. Rancho established by the pirate Molas. Don Vicente Albino. Mr. George Fisher. Piratical aspect of the island. A well. Plantation of cotton. Stroll along the shore. **Chapter XX.** A crippled dog. Island of Cozumel known to the natives by the name of Cuzamil. Discovered by Juan de Grijalva. Extracts from the Itinerary of his voyage. Towers seen by the Spaniards. An ancient Indian village. Temples. Idols prostrated by the Spaniards. Present state of the island. Overgrown with trees. Terrace and building. Another building. These buildings probably the towers seen by the Spaniards. Identical with those of the Mainland. Ruins of a Spanish church. Its history unknown. Vanity of human expectations. Opinion of the old Spanish writers. Their belief that the cross was found among the Indians as a symbol of Christian worship. The "Cozumel Cross" at Merida. Platform in front of the church. Square pillars. Once supported crosses. The Cozumel cross one of them. The Cross never recognized by the Indians as a symbol of worship. Rare birds. A sudden storm. The canoa in a strait. Fearful apprehensions. **Chapter XXI.** Search for the canoa. An iron-bound coast. A wild opening. A sheltered cove. The canoa found. The account of the patron. A man overboard. Return. Sea-shells. Departure from Cozumel. Coast of Yucatan. Square buildings. First sight of the Castillo of Tuloom. Rancho of Tancah. Molas. His two sons. Visit to the ruins of Tuloom. Buildings seen on the way. Magnificent scenery. The Castillo. Front view. Grand staircase. Columns. Corridors. The red hand. The wings of the Castillo, consisting of two ranges. Devices in stucco. Flat roofs. Back view of the Castillo. A storm. Sudden change of feeling. Ruined buildings. Square terrace. Picturesque sight. Fragments of tablets. Isolated building. Curious figure. Paintings. Discovery of the city wall. Its good preservation. Gateways. Watchtowers. Buildings. Ceilings constructed on a new principle. Onslaught of moschetoes. **Chapter XXII.** Discovery of a building. Two others. Description of the first building. Ornaments in stucco. Columns. Corridor. Paintings. Central chamber. Altar. Upper story. Stone tablets. Another building. Mutilated figure. Apartments. Altar. A third building. This city seen by the early Spanish voyagers. Continued to be occupied after the Conquest. Adoratories. Accounts of ruined cities in the interior. Return voyage. Seasickness. Nesuc. Kancune. Ruined buildings. Island of Mujeres. Sea-birds. Appearance of the island. A hideous funeral pile. Ibises. Lafitte. Piratical associations. Confession of a pirate. Visit to the ruins. A lonely edifice. Grand scene. Corridors. Inscriptions. Square building. Account of Bernal Diaz. Departure from the island. Catoche. Yalahao. Ancient mound. El Cuyo. An old acquaintance in misfortune. **Chapter XXIII.** Port of Silan. Hospitality. Breakfast. Walk along the shore. Flamingoes. Shooting excursion to Punta Arenas. Wild road. Take possession of a hut. Great variety and immense numbers of wild fowl. Get stuck in the mud. Flamingoes and spoonbills. A ludicrous adventure. Dissection of birds. Return to the port. The quartel. A catastrophe. Departure. Village of Silan. Gigantic mound. View from its top. Another mound. Accounts of Herrera and Cogolludo. The grave of Lafitte. Hospitality of the Padres. Departure from Silan. Temax. Church and convent.

Izamal. Fiesta of Santa Cruz. Appearance of the city. Mounds. Colossal ornaments in stucco. Gigantic head. Stupendous mound. Interior chambers. Church and convent. Built on an ancient mound. A legend. A ball. **Chapter XXIV.** Departure for Merida. The road. Cacalchen. Hacienda of Aké. The ruins. Great mound called the Palace. Inmense staircase. Grand approach. Columns. No remains of a building on the mound. Other mounds. Interior chamber. A senote. Rude and massive character of these ruins. End of journey among ruined cities. Number of cities discovered. Of the builders of the american cities. Opinion. Built by the ancestors of the present race of Indians. Reply to arguments urged against this belief. Absence of tradition. Unparalleled circunstances which attended the conquest. Unscrupulous policy of the Spaniards. Want of tradition not confined to events before the Conquest. Nor peculiar to American ruins. Degeneracy of the Indians. Insufficiency of these arguments. Farewell to ruins. **Chapter XXV.** Departure. Arrival at Merida. Old acquaintances. Giraffes. Aspect of the political horizon. The great question of revolution undecided. Nomination of deputies to the Mexican Congress. Santa Ana's ultimatum. Dissensions. Pitiable condition of the State. Cause of the convulsions of the Southern republics. State rights. Preparations for departure from the country. Invasion of Yucatan. Parting with friends. Embarcation for Havana. Arrival there. A paseo. The tomb of Columbus. Passage home. Conclusion).

———. Viaje a Yucatán a fines de 1841 y principios de 1842. Consideraciones sobre los usos, costumbres y vida social de este pueblo y examen y descripción de las vastas ruinas de ciudades americanas que en él existen. Obra que con el título de "Incidents of travel in Yucatan", escribió en inglés Mr. J. L. S. y la traducen al castellano con algunas notas ocasionales D. Justo Sierra y Gregorio Buenfil. Campeche, Imp. a dirección de Gregorio Buenfil, 1850, 399 pp. y 9 del índice.

(Según Martínez Alomía la obra tuvo poco éxito y el dueño de la oficina tipográfica donde se imprimía y de la cual M. A. era empleado, vendía los pliegos como papel viejo, "al peso", por cuyo motivo se ha hecho sumamente escasa la obra. "La traducción tiene valor por las rectificacioes y aclaraciones que hace el famoso literato yucateco. En cambio, pierde claridad por la falta de grabados que son indispensables en obras de esta índole." (Herman Beyer).

———. Begebenheiten auf einer Reise in Yucatan. Deutsch von Dr. N. N. W. Meissner. Leipzig, Dyk'sche Buchhandlung, 1853, XVIII, 438 pp., láms., mapa, planos.

(Es la traducción al alemán de "Incidents of Travel in Yucatán").

———. Las ruinas antiguas de Yucatán; viaje a este país a fines de 1841 y principios de 1842. Consideraciones sobre los usos, costumbres y vida social de este pueblo; examen y descripción de sus ruinas. Obra que, con el título "Incidents of travel in Yucatan" escribió en inglés Mr. .... y la tradujo al castellano el Dr. Justo Sierra. 2ª ed., ilustrada con las vistas de las ruinas, por Manuel Aldana Rivas. Mérida, Impr. del editor, 1869-1871, vol. I: 212 pp., ils., láms.

(Es la segunda edición española "Incidents of travel in Yucatán", pero quedó incompleta).

———. Viaje a Yucatán. 1841-1842. Traducción al castellano de Justo Sierra O'Reilly. Tercera edición. En dos tomos, México, Imp. del Museo Nacional de Arqueología, Historia y Etnografía, 1939, I: VIII-354 pp., ilustraciones, figuras, 1 retrato, 1 mapa; II: 392 pp., ilustraciones, 24.6 x 17.8 cms.

(**Sumario del tomo primero:** Prólogo, por César Lizardi Ramos (V-VIII pp.) **Capítulo I.** Embarque. Compañeros de pasaje. Una tormenta en el mar. Arribo a Sisal. Muestras ornitológicas. Ciudad de Mérida. Fiesta de San Cristóbal. Lotería. Una escena de confusión. Pasión por el juego y su principio. Indio estropeado. **Capítulo II.** Providencias para poner casa. Descripción de una plaza de toros. Espectadores. Brutales tormentos infligidos a los toros. Accidentes serios. Noble bestia. Una escena excitante. Víctimas de la lucha de toros. Peligros y ferocidad de estas luchas. Efectos que producen sobre el carácter moral. Misa mayor. Procesión solemne. La alameda. Calesas. Un concierto musical y sus arreglos. Fiesta de Todos Santos. Costumbre singular. Un incidente. Un amigo antiguo. Breve relato sobre Yucatán. Primeros viajes y descubrimiento. Cristóbal Colón. Solís y Pinzón. Viajes de Grijalva. Expedición de Cortés. Misión de Montejo, quien recibe una merced del Emperador Carlos V. Descubrimientos, conquistas y sufrimientos de Montejo y sus compañeros. Esfuerzos para convertir a los naturales. Contreras. Ulteriores particulares con respecto a la conquista de Yucatán. **Capítulo IV.** Estado político de Yucatán. Alianza con Texas. Presentación al Gobernador. Su carácter y apariencia personal. Recibimiento cordial. Llegada de varios extranjeros. Un cosmopolita. Otro antiguo conocido. Población, clima y aspecto general de Mérida. Edificio interesante. Modo de dar denominación a las calles. Figuras esculturadas. Iglesias. Convento de San Francisco. Memorial de lo pasado. Ciudades arruinadas de América. Confirmación de mi primer juicio sobre ellas. **Capítulo V.** Máquina del daguerrotipo. Convertímonos en retratistas de señoras. Preparativos. Principio con el retrato de una bella señorita. Preliminares. Capítulo de contingencias. Exito del primer experimento. Continuación del buen éxito de nuestros experimentos. Cambio de fortuna. Total abandono de esta clase de negocios. Incidente. Ejercicio de la cirugía. Operación del estrabismo. Particularidades. Primer operado. Gran reunión de bizcos. Paciente pesado. Un pequeño héroe. Ejemplo extraordinario de fortaleza. Un militar operado. Una mujer operada. Abandono de la práctica de la cirugía. Instabilidad de la fama. **Capítulo VI.** Partida de Mérida. Mapa de Yucatán. Timucuy. Tecoh. Calaveras y huesos humanos. Iglesia y convento de Tecoh. Espectáculo desagradable. Vista desde la azotea de la iglesia. Cura de Tecoh. Continuación de la jornada. Estanque curioso. Telchquillo. Pozo subterráneo. Caverna extraordinaria. Hacienda de San Joaquín. Ruinas de Mayapán. Montículo notable. Curiosos restos esculturados. Otra caverna extraordinaria. Edificio circular. Doble hilera de columnas. Líneas de montículos. Arcos. Derivación de la palabra Yucatán. Antigua ciudad de Mayapán. **Capítulo VII.** Accidente. Continuación de la jornada. Hacienda Xcanchakán. Baile indio. Vapulación de un indio. Hacienda de Mukuyché.—Baño en un cenote. Hacienda San José. Llegada a Uxmal. Primera vista de las ruinas. Cambios ocurridos desde nuestra última visita. Casa del enano. Casa de las monjas. Casa del gobernador. Residencia en las ruinas. Apariencias poco favorables. Modo de hacer fuego. Un ejemplo de constancia. Llegada de nuestro equipaje a lomo de indios. Primera noche en Uxmal. **Cap. VIII.** Perplejidades. Faltas en nuestro arreglo doméstico. Manera india de cocer huevos. Limpia del terreno. Aumento importante. Descripción de las ruinas. Casa del Gobernador. Jeroglíficos. Adornos sobre las puertas. Plano de las ruinas. Puertas. Departamentos. Enorme espesor de la pared posterior. Abertura practicada en la pared. Rastros de una mano roja.

Viga esculpida de jeroglíficos. Dinteles de madera. Pérdida de antigüedades con el incendio del panorama de Mr. Catherwood. Terrazas. Piedra curiosa. Montículo circular. Descubrimiento de un monumento esculturado. Estructura de una piedra cuadrada. Cabezas esculturadas. Escalinatas. Casa de tortugas. **Capítulo IX.** Viaje a Halachó. Excecrables caminos. Vista de las ruinas de Sanuitzacal. Muchedumbre matizada. Pueblo de Becal. El cura. Almuerzo. Ruinas. Llegada a Halachó. Gran feria. Fiesta de Santiago Apóstol. Milagros. Imagen de Santiago. Lucha de toros y toreadores. Mercado de caballos. Escenas en la plaza. Juego. Primitivo medio de circulación. Recuerdos de la patria. Investigación de ruinas. Hacienda Sihó. Montículos de ruinas. Piedras notables. Un edificio largo. Hacienda Tankuiché. Más ruinas. Una muralla de estuco cubierta de pinturas. Molestias de las garrapatas. Regreso al pueblo. Baile. Fuegos artificiales. Condición de los indios. **Capítulo X.** Domingo. Misa. Gran procesión. Indios ebrios. Jornada a Maxcanú. Carrikoché. Paisaje. Llegada a Maxcanú. Gruta de Maxcanú. Entrada a un laberinto. Alarma. Súbita terminación. Descubrimiento importante. Resulta que el laberinto no es subterráneo. Nuevos montículos. Continuación de la jornada. Gran vista. Otro montículo. Accidentes. Pueblo de Opichen. Vista de la sierra. Más ruinas. Vuelta a Uxmal. Cambio de residencia. Aumento a nuestra servidumbre doméstica. Hermosa escena. **Capítulo XI.** Vigilancia y dirección de los trabajos indios. Un temporal del "Norte". Llegada de D. Simón. Cámaras subterráneas. Descubrimiento de varios restos de piezas de barro, y de un vaso de terracotta. Gran número de estas cámaras. Su uso probable. Cosecha de maíz. Sistema de agricultura en Yucatán. Siembra del maíz. Máquina primitiva para trillar el grano. Noticias de la patria. Más casos prácticos de cirugía. Un catre rudo. Una pierna enferma. Un brazo enfermo también. Progresiva insalubridad de la hacienda. Muerte de una india. Un camposanto. Excavación de una sepultura. Un funeral indio. **Capítulo XII.** Medios artificiales con que la ciudad se surtía de agua. Aguadas. Un delicioso sitio para bañarse. Manera de vivir en las ruinas. Manera de asar un lechoncillo. Montículo sin nombre. Excavaciones hechas en él. Grande esfuerzo. Un amargo desengaño. Un ataque de fiebre. Visita del cura de Ticul. Partida para Ticul. Marcha penosa. Llegada al convento. Llegada del Dr. Cabot enfermo de fiebre. Perspectiva triste. Sencillo remedio para las fiebres. Aspecto general de Ticul. La iglesia. Una urna funeraria. Monumento e inscripción. El convento. Carácter del cura Carrillo. Ignorancia de la fecha en que se construyó el convento. Probabilidad de haber sido edificado con materiales tomados de las ruinas de las ciudades antiguas. Archivos del convento. **Capítulo XIII.** Otra ciudad arruinada. Reliquias. Ruinas de San Francisco. Se prueba ser éstas las de la primitiva ciudad llamada Ticul. Un precioso vaso. Examen de un sepulcro. Descubrimientos de un esqueleto y de un vaso. Una aguja india. Aquellas ciudades no fueron edificadas por descendientes de Egipto. No es mucha su antigüedad. Examen que hizo del esqueleto el Dr. Morton, y su juicio en la materia. Momias del Perú. Estas ciudades fueron edificadas por los antepasados de la raza actual. El ceibo. El camposanto. Un pueblo tranquilo. **Capítulo XIV.** Partida de Ticul. La Sierra. Nohcacab. Ruinas de Nohpât. Vuelta a Uxmal. El camposanto. Obra de Mr. Waldeck. Descripción general de las ruinas. Dos edificios arruinados. Grandes piedras anulares. Casa de las monjas. Dimensiones, etc. Patio. Fachadas. Un edificio elevado. Adornos complicados. Fachadas pintadas. Pórticos esculpidos. Casa de los pájaros. Restos de pintura. Un arco. Casa del enano. Edificio recargado de adornos. Larga y estrecha estructura. Esmerado arreglo de los adornos. Sacrificios humanos. Casa de las palomas. Línea de terrazas llamada el camposanto. Casa de la vieja. Montículo circular de ruinas. Muralla de la ciudad. Fin de la descripción. Títulos de propiedad de la hacienda Uxmal, y papeles que lo comprueban. Su antigüedad. **Capítulo XV.** Ataques de fríos y calenturas. Partida definitiva de Uxmal. Día de Año Nuevo. Suerte de Chepa Chí. Marcha penosa. Hacienda Chetulix. Llegada a Nohcacab. Concurrencia de indios. Casa Real. Plaza. Mejoras. La iglesia. La noria. Elecciones municipales. El principio democrático. Inauguración de los alcaldes. Enfermedad del cura Carrillo. Partida para Ticul. Embriaguez de los conductores. Accidente. Llegada a Ticul. Un médico errante. Cambio en la apariencia del cura. Vuelta a Nohcacab. Arranchámonos en el convento. Antiguo pueblo de Nohcacab. Montículos arruinados. Ruinas de Xkoch. Un pozo misterioso. Bellísima arboleda. Cavidad circular. Boca del pozo. Examen y exploración de sus pasadizos. Usos a que estaba destinado este pozo. Vuelta al pueblo. Fatal accidente. Una casa mortuoria. Un velorio. **Capítulo XVI.** Ruinas de Nohpat. Montículo elevado. Gran vida. Figura humana esculpida. Terrazas. Monstruosa figura esculpida. Calavera y canillas. Situación de las ruinas. Viaje a Kabah. Chozas cobijadas de guano. Arribo a las ruinas. Regreso al pueblo. Asombro de los indios. Criado de precio. Fiesta de Corpus. Pluralidad de santos. Manera de poner un santo debajo de un patrocinio. Procesión. Fuegos artificiales. Baile. Exceso de población femenina. Una danza. **Capítulo XVII.** Ruinas de Kabah. Descripción general. Plan de las ruinas. Gran Teocali. Aposentos arruinados. Gran vista. Terraza y edificios. Grupos de edificios. Jeroglíficos. Rica fachada. Dinteles de madera. Estructuras singulares. Aposentos, etc. Lozanía de la vegetación tropical. Edificio llamado la Cocina. Grupo majestuoso de edificios. Aposentos, etc. Arco solitario. Una serie de edificios. Aposentos, etc. Impresiones de la mano roja. Dintel esculpido. Instrumentos que usaban los aborígenes para grabar en madera. Estructura arruinada. Adornos en estuco. Gran edificio arruinado. Curiosa cámara. Quicios esculpidos. Otro testimonio en favor de estas ciudades arruinadas. Ultima visita a Kabah. Su reciente descubrimiento. Gran osario. Procesión funeraria. Baile de día. Procesión de las velas. Escena final. **Apéndice).**

(Sumario del tomo segundo: Capítulo I. Partida de Nohcacab. Arreglo de los equipajes. Rancho Chaac. Terror y espanto de las mujeres. Rancho Chaví. Casa real. Escasez de agua. Visita del alcalde. Manera primitiva de proporcionarse agua. Pueblo de un carácter peculiar. Ruinas de Zayí. Gran montículo cubierto de arboleda. La casa grande. Feliz descubrimiento. Escalinata. Pórticos. Edificios sobre la segunda terraza. Pórticos, columnas curiosamente adornadas. Edificio sobre la tercera terraza. Puertas, departamentos, etc. Dinteles de piedra. Fachada de la segunda línea de edificios. Plano de las tres líneas. La casa cerrada. Puertas cerradas por dentro con piedras y mezcla. Piezas cerradas del mismo modo. Esta cerradura se verificó al mismo tiempo que se construyeron los edificios. Un montículo. Edificio arruinado. Su interior. Cabeza esculpida. Estructura extraña. Un arco. Muralla perpendicular. Figuras y adornos de estuco. Gran terraza y edificio. Departamentos, etc. Falta de interés que mostraban los indios con respecto a estas ruinas. **Capítulo II.** Visita a un edificio arruinado cerca de Chaac. Un tohonal o campo cubierto de tah. Descripción del edificio. Un enjambre de avispas. Un pequeño buitre. Vista pintoresca desde la terraza. Pozo de Chaac. Exploración de sus pasadizos. Vuelta al rancho. Partida de Chaví. El camino real. Rancho Sacnicté. Salvaje apariencia de los indios. Escasez continuada de agua. Otra ciudad arruinada. Edificios arruinados. Departamentos, columnas, etc. Pared elevada. Continuación de la jornada. Rancho Sabacché. Edificio pintoresco. Regocijo de los indios. Fachada. Pilastres, cornisas, etc. Encuentro con una iguana. Otro edificio arruinado. Agave americana. Nuevas ruinas. Vestigios de la mano roja. La mano roja usada como un símbolo entre los indios de Norteamérica. Conclusiones que se deducen de esta circunstancia. **Delicada manera de pres-**

tar un servicio. **Capítulo III.** Ruinas de Labná. No debe uno fiarse de los relatos de los indios. Ruina irreparable. Estructura extraordinaria. Puertas. Cámaras. Gigantesca pared cubierta de adornos de estuco. Calaveras. Figuras humanas de alto relieve. Colosal figura sentada. Gran baile y figuras. Miserable estado de esta estructura. Una puerta formada de un arco. Otros edificios. Puerta espléndidamente adornada. Patio. Adornos de estuco. Edificio amplio. Magnífico edificio. Fachada adornada de piedras esculpidas. Agujero circular que conducía a una pieza subterránea. El árbol de ramón. Una gruta. Conversación con los indios. Paseo a la hacienda Tabí. Adorno esculturado. Otras figuras. Visita a una caverna. Dificultad del paso. Un vaquero. Descenso a la caverna. Escena fantástica. Vuelta al rancho. Baño caliente. **Capítulo IV.** Continuación de la jornada en busca de ciudades arruinadas. Jornada al rancho Kiuic. Edificio arruinado. Extravío del camino. Llegada a Kiuic. La casa real. Visita al propietario, que era un indio puro. Su carácter. Visita a las ruinas. Garrapatas. Paredes viejas. Fachadas. Imponente escena de las ruinas. Entrada principal. Departamentos. Pinturas curiosas. Excavación de una piedra. Un edificio largo. Otras ruinas. Continuación de la escasez de agua. Visita a una caverna llamada por los indios Actún. Escena selvática. Una aguada. Vuelta a la casa real. Crisis monetaria. Viaje a Xul. Entrada en el pueblo. El convento. Recepción. El cura de Xul. Su carácter. Mezcla de los tiempos antiguos con los modernos. La iglesia. Visita de recepción. Un feliz arribo. **Capítulo V.** Viaje al rancho Nohcacab. Una fuente y una ceiba. Llegada al rancho. Su apariencia. Un trío de enfermos. Efectos de un buen almuerzo. Visita a las ruinas. Terraza y edificios. Carácter de estas ruinas. Desengaño. Vuelta a Xul. Visita a otra ciudad arruinada. Edificio en ruinas. Un arco revocado y cubierto de pinturas. Otras pinturas. Pozo subterráneo. Vuelta al pueblo. Jornada de Ticul. Grandes montículos. Pasaje de la sierra. Gran vista. Llegada a Ticul. Fiesta del pueblo. Baile de mestizas. Trajes. Baile del toro. El lazo. Baile diurno. Los fiscales. Escena burlesca. Una danza. Amor frenético. Almuerzo único. Fin del baile. **Capítulo VI.** Lucha de toros. Carreras de a caballo. Toreadores. Su ridícula apariencia. Muerte de un toro. Un baile de etiqueta. Sociedad en Yucatán. Trajes de baile. Nueva lucha de toros. Una mestiza. Escenas en la plaza de toros. Un chubasco. Dispersión de los espectadores. Un descubrimiento. Nueva reforma en Yucatán. Celibato de los clérigos. Dos palabras acerca de los padres. Llegada de Mr. Catherwood y del Dr. Cabot. Lluvia. Operaciones daguerrotípicas. "La antigua cronología de Yucatán". D. Juan Pío Pérez. Calendario de los indios antiguos. Es substancialmente el mismo que el de los mexicanos. Este hecho tiende a probar el origen común de los aborígenes de Yucatán y México. **Capítulo VII.** Vuelta a Nohcacab. Partida definitiva de este pueblo. Un sepulturero indio. Camino. Paredes antiguas. Ruinas de Sac̈hé. Vía empedrada. Prosecución de la jornada. Ruinas de Xampón. Edificio imponente. Paredes antiguas llamadas por los indios Xlab-Pak. Ruinas de Yokolouitz y de Xkúpak. Sicilná. Altar para quemar el copal. Terraza antigua. Elevada estructura de piedra. Ruinas de un edificio. Piedras esculpidas. Plataforma. Rancho Chunhuhú. Hacémonos involuntariamente dueños de una choza. Sus arreglos interiores. Escasez de agua. Necesidades urgentes. Visita a las ruinas. Dos edificios. Fachadas. Puertas ornamentadas. Visitas bien recibidas. Otro edificio. Un frontispicio revocado. Un edificio visto desde la terraza. Visita a las ruinas de Xkolok. Grande estructura de piedra. Líneas de edificios. Piedra circular. Edificio arruinado. Representación de figuras humanas. Vuelta al rancho. Beneficios de un aguacero. **Capítulo VIII.** Marcha a Bolonchenticul. Fatal camino. Una gran hacienda. Imponente entrada. Un huésped poco hospitalario. Ruinas de Itzimté. Edificio arruinado. Escalera de piedras esculpidas. Edificio cuadrado.

Fachada decorada de columnas. Muros arruinados. Restos de una figura esculpida. Carácter y aspecto de estas ruinas. Partida. Llegada a Bolonchenticul. Escena de satisfacción. Pozos. Derivación de la palabra **Bolonchén.** Origen desconocido de los pozos. El cura. Visita a una extraordinaria caverna. Su entrada. Bajadas precipitadas. Escena salvaje. Escaleras toscas. Peligros del descenso. Nombre indio de esta caverna. Una sala subterránea de baile. Cámara cavernosa. Numerosos pasadizos. Gran número de escaleras. Estanque rocalloso de agua. Gran profundidad de esta caverna. Un baño de estanque. Su nombre indígena. Vuelta a la cámara rocallosa. Exploración de otros pasadizos. Otro depósito. Historietas indias. Otros dos pasadizos y estanques. Siete estanques en todo. Nombres indígenas de los otros cinco. Falta de instrumentos científicos. Superficie del país. Esta caverna, la única proveedora de agua de un pueblo grande. Vuelta. Visita al cura. Noticias de nuevas ruinas. **Capítulo IX.** Partida de Bolonchén. Extravío. Rancho de azúcar. Una nueva sección del país. Rancho Santa Rosa. Plaga de pulgas. Visita a las ruinas de Xlabpak. Una elevada estructura. Departamentos, etc. Escaleras. Puertas principales. Interesante descubrimiento. Patio. Edificio cuadrado en la segunda terraza. Figuras y adornos colosales. Departamento central. Señales de reciente ocupación. Plan de la hilera baja de habitaciones. Bajorrelieves esculpidos. Los constructores acomodaron su estilo al género de materiales que tenían a la mano. Residencia en las ruinas. Necesidades. Escena a la luz de la luna. Pintura. Agujeros circulares. Escalinatas. Adornos de estuco. Lluvia. Afición a lo maravilloso. **Capítulo X.** Partida de Xlabpak. Ranchos de azúcar. Hacienda de Halalsak. Cultivo de la caña de azúcar. Otro rancho. Su agradable apariencia. Establecimiento del señor Trejo. Un pozo. Arboles de ceiba. Continuación de la jornada. Pueblo de Iturbide. Su formación y rápido aumento. Un conocido. Atenciones opresoras. Iris lunar. Apariencias del pueblo. Montículo de ruinas. Visita a las ruinas de Cibinocac. Un pozo. Amplio edificio. Escolta perezosa. Un huésped apurado. Vuelta al pueblo. Un emigrante en prosperidad. Una comida. Práctica médica. Deplorable situación del país con respecto a auxilios medicales. Segunda visita a las ruinas. Frente de un edificio. Estructuras cuadrangulares. Pintura interesante. Un pozo antiguo. Montículos. Vestigios de una gran ciudad. **Capítulo XI.** Termina nuestro viaje en esta dirección. Lago del Petén. Probable existencia de ruinas en medio de las selvas. Islas en el lago del Petén. Petén grande. Misión de dos religiosos. Gran ídolo en forma de caballo. Destrózanlo los religiosos, y en consecuencia se ven obligados a abandonar la isla. Seguda misión de los religiosos. Los indios los expulsan. Expedición de don Martín de Urzúa y Arizmendi. Llegada a la isla. Es atacado por los indios. Derrota de éstos. Don Martín toma posesión del Petén Itzá. Templos e ídolos de los indios. Destrucción que hacen de ellos los españoles. Fuga de los indios al interior de las selvas. Preparativos. Enfermedad de Mr. Catherwood. Efectos del juego. De la iglesia a la mesa de juego. Manera con que vive el pueblo en Iturbide. Partida. Rancho Nonyaxché. **Capítulo XII.** Prosecución de nuestro viaje. Una aguada. Las aguadas artificiales, construídas por los antiguos aborígenes. Examen de una de ellas por el señor Trejo. Su construcción. Pozos antiguos. Cisternas. Un rancho de caña dulce. Rancho Yakathel. Rancho Choop. Llegada a Macobá. Las ruinas. Alojamiento en una miserable cabaña. Pozos. Edificios arruinados. Otra aguada. Nuevas cisternas. Asombro de los indios. Amoríos subitáneos a primera vista. Caracteres interesantes. Partida. Espesuras. Rancho Puut. Incidente. Situación del rancho. Agua. Ruinas de Mankix. **Capítulo XIII.** Rancho Halal. Aguada pintoresca. Excavaciones hechas en ella por los indios. Sistema de aguadas. Continuación de la jornada. Extravío. Tentativa en la lengua maya. Alameda de naranjos. Ruinas de Yakabcib. Edificio destruído. Sierra pedregosa. Pueblo de Becanchén. Hospitalidad. Piedras esculpidas. Pozos. Corriente de agua. Derivación de la palabra Becanchén. Progreso rápido de este pueblo. Origen del agua en sus pozos. Accidente ocurrido a un indio. Separación de los viajeros. Aguadas. Pájaro raro. Hacienda Sacakal. Visita a las ruinas. Terraza de piedra. Agujero circular. Dos edificios. Garrapatas. Hormigas negras. Vuelta. **Capítulo XIV.** Pueblo San José. Iglesia de paja. El cura. Resistencia de un indio. Afecto de los indios. Jornada a Maní. La Sierra. Hacienda Santa María. Montículo arruinado. Buen camino. Llegada a la ciudad de Tekax. Revolución incruenta. Situación y apariencia de la ciudad. Encuentro interesante. Curiosidad de las gentes del pueblo. Akil. Asiento de una ciudad arruinada. Noticia histórica. Tutul Xiu. Embajada dirigida a los señores de Sotuta. Asesinato de estos embajadores. Maní fué el primer pueblo del interior que se sometió a los españoles. Escasez de agua por todo el país. Consideración de peso. Descubrimiento interesante. **Capítulo XV.** Compra de equipaje. Turba de haraganes. Visita de las ruinas. Grande edificio construído por los españoles. Pozo interesante. Leyenda indígena. La madre del Enano. Exploración del pozo. Restos de grandes cuyos. Cogolludo. Pintura antigua y curiosa. Libros y caracteres antiguos de los indios quemados por los españoles. Archivo de Maní. Importantes documentos. Mapa antiguo. Instrumento cuidadosamente envuelto. Importante consecuencia de estos documentos. ¿Qué era Uxmal? Argumento. Ningún vestigio de población española en Uxmal. Iglesias erigidas por los españoles en todos sus establecimientos coloniales. Ningún vestigio de que hubiese existido iglesia alguna en Uxmal. Conclusiones. Sospechas del pueblo. Iglesia y convento. Vista espléndida desde la torre de la iglesia. **Capítulo XVI.** Partida de Maní. Ornitología de Yucatán. Descubrimientos del Dr. Cabot. Pueblo de Tixmeuac. Peto. Iglesia y convento. Noticias de la patria. D. Juan Pío Pérez. Almanaque indio. Fragmento de un manuscrito maya. Continuación de nuestro viaje. Tahciú. Yaxcabá. Pisté. Llegada a Chichén Itzá. Primera visita de las ruinas. La hacienda. Extraña recepción. Alojamiento. Situación de las ruinas. Mr. Burke. Magnífica apariencia de las ruinas. Derivación de la palabra Chichén. Cenotes. Diferencia entre ellos y los vistos anteriormente. Muchachos dañinos. Pérdida de las cosechas. **Capítulo XVII.** Plano de las ruinas. Un edificio llamado Akabcib. Puertas. Departamentos. Masa circular de cal y canto. Cuarto misterioso. Tabla de piedra esculpida. Serie de edificios llamados Las Monjas. Jeroglíficos. Riqueza de los adornos. Pórticos, cuartos, etc. Restos de pinturas. La Iglesia. Adornos de la fachada. Medallones de estuco. Edificio circular llamado **El Caracol.** Departamento interior. Escalera decorada de cada lado con serpientes enlazadas. Cabeza colosal. Puertas. Pinturas. Edificio llamado **Chichanchob.** Adornos. Línea de jeroglíficos. Otro edificio. Vestigios de cultos y edificios arruinados. Extraordinario edificio al cual se da el nombre de **Gimnasio o Juego de pelota.** Columnas ornamentadas. Figuras esculpidas en bajorrelieve. Anillos de piedra maciza con serpientes enlazadas. Juegos y cacerías de los indios. Dos hileras de edificios. Procesión de tigres. Columnas esculpidas. Figuras en bajo relieve. Un dintel ricamente esculpido. Jambas decoradas de figuras esculpidas. Corredores. Departamentos. Ocupación y abandono que los españoles hicieron de Chichén Itzá. Primer descubrimiento de Chichén. Cenotes. **Capítulo XVIII.** Partida de Chichén. Pueblo de Kauá. Cuncunul. Llegada a Valladolid. Un accidente. Apariencia de la ciudad. Fábrica de hilados y tejidos de algodón, perteneciente a don Pedro de Baranda. Un compatriota. Revolución mexicana. Los indios como soldados. Aventuras de un famoso duende o demonio. Carácter del pueblo. Juegos de gallos. Dificultad de conseguir un informe seguro acerca de la ruta que debíamos seguir. Partida para la costa. Comitiva de indios. Pueblo de Chemax. Destino del pirata Molas. Relatos que nos desaniman. Tras-

tura grotesca. Disecación de pájaros. Vuelta al puerto. El cuartel. Una catástrofe. Partida. Pueblos de Cilam. Montículo gigantesco. Vista desde su parte superior. Otro montículo. Relatos de Herrera y Cogolludo. La tumba de Lafitte. Hospitalidad de los padres. Partida de Cilam. Temax. Iglesia y convento. Izamal. Fiesta de la Santa Cruz. Aspecto de la ciudad. Montículos. Adornos colosales en estuco. Cabeza gigantesca. Montículo estupendo. Cámaras interiores. Iglesia y convento fabricados sobre un montículo antiguo. Leyenda. Baile. **Capítulo XXIV.** Partida para Mérida. El camino real. Cacalchen. Hacienda de Aké. Las ruinas. Gran montículo denominado "El Palacio". Inmensa escalinata. Grande acceso. Columnas. No hay vestigio de edificio alguno en el montículo. Otros montículos. Cámara interior. Un cenote. Carácter rudo y macizo de estas ruinas. Número de ciudades descubiertas. Edificadores de estas ciudades americanas. Opinión. Fabricadas por los antepasados de la raza actual de indios. Réplica a los argumentos empleados contra esta creencia. Falta de tradiciones. Extraordinarias circunstancias que acompañaron a la Conquista. Política poco escrupulosa de los españoles. La falta de tradición no se limita a los sucesos anteriores a la Conquista. Ni es peculiar a las ruinas americanas. Degeneración de los indios. Insuficiencia de estos argumentos. Despedida final de las ruinas de Yucatán. **Capítulo XXV.** Partida. Llegada a Mérida. Conocidos antiguos. Jirafas. Aspecto del horizonte político. La gran cuestión de la revolución aún no decidida. Nombramiento de diputados al Congreso Mexicano. Ultimátum del general Santa Anna. Discusiones. Triste condición del Estado. Causa de las convulsiones intestinas en las repúblicas hispanoamericnas. Derechos del Estado. Preparativos de partida. Invasión de Yucatán. Despedida de los amigos. Embarque para la Habana. Llegada a dicha ciudad. Paseo. La tumba de Cristóbal Colón. Vuelta a la patria. Conclusión de esta obra. **Apéndice:** Un manuscrito escrito en lengua maya, que trata de las principales épocas de la historia de la Península de Yucatán antes de la Conquista, con comentarios por don Pío Pérez).

(Es esta la segunda edición completa, en español. El prólogo fué escrito por César Lizardi Ramos, que va en el vol. I, y en el segundo figuran "Copias del Chilam Balam de Maní", traducido al castellano (pp. 241-46); "Memorandum para la ornitología de Yucatán" (pp. 346-52); "Pájaros observados en Yucatán durante el invierno de 1841 a 1842", (pp. 353-54); y la "Comunicación" del Dr. Schoolcraft "La Mano Roja", (pp. 354-56).

———. Incidentes de viaje en Centro América, Chiapas y Yucatán. Obra escrita en inglés hace cien años. Por .... En dos tomos. Ilustrada con numerosos grabados. Tomo I. Traducción directa de la 1ª edición inglesa por Benjamín Mazariegos Santizo, revisada por Paul Burgess, A. B., B. D., Ph. D., Tipografía "El Noticiero Evangélico", Quezaltenango, Guatemala, 1939-40, Vol. I: XIII-332 pp.; Vol. II: VIII-370 pp., láminas, 21.7 x 14.2 cms.

(**Sumario:** Notas biográficas del autor. Prefacio. **Cap. I.** La partida. La travesía. Arribo a Balize. Mezcla de colores. La casa del Gobierno. El Coronel M'Donald. El origen de Balize. Escuelas de negros. Escena en un juzgado. Ley sin abogados. Los cuarteles. Excursión en un pitpan. Principian los honores. Acumulación de honores. Partida de Balize. Las dulzuras del cargo. **Cap. II.** Cada uno por sí mismo. Astucias de los viajeros. Punta Gorda. Una visita a los indios caribes. Una vieja caribe. Un bautizo. El Río Dulce. Hermoso paisaje. Yzabal. Recepción del padre. Un barbero en acción. Una banda de "Invencibles". Los partidos en Centro América. Un compatriota. Una tumba en tierra extraña. Preparativos para el paso de "la montaña". Una carretera sin macadam. Peligros por el camino. Una merienda bien sazonada.

Pasada la montaña. **Cap. III.** Un canónigo. Cómo se asa una gallina. Zapatería improvisada. El Río Motagua. Bello panorama. Cruzando el río. Las delicias del agua. Costumbres primitivas. Cómo hacer tortillas. Madera valiosa. Gualán. Calor opresivo. Un temblor de tierra. Un paseo por el pueblo. Un arriero impertinente. Un proceso. Importantes negociaciones. Una moderna **Bona Dea.** Cómo conseguir marido. Un reino de Flora. Zacapa. Tratando sin ceremonias al hospedador. **Cap. IV.** Comprando una brida. Una escuela y sus reglamentos. Conversación con un indio. Traducción española de "El Espía". Chiquimula. Una iglesia en ruinas. Un veterano del Imperio Francés. San Esteban. Una tierra de montañas. Lance con un arriero. Un pueblo desierto. Rudo asalto. Arresto. Prisión. Libertad. **Cap. V.** Un entierro indígena. El Río Copán. Mujer bondadosa. La hacienda de San Antonio. Extrañas costumbres. Una montaña de áloes. El Estado de Honduras. La aldea de Copán. Un hospedero descortés. La muralla de Copán. Historia de Copán. Primera visita de las ruinas. Vanas especulaciones. Petición de medicinas. En busca de una habitación. Una mujer enferma. Majaderías de un arriero. Una situación desagradable. Tempestad de truenos. Proyectando la compra de Copán. **Cap. VI.** Cómo empezar. Principio de las exploraciones. Interés creado por estas ruinas. Visita del Alcalde. Enfadosas sospechas. Un visitante bienvenido. Carta del General Cáscara. Comprando una ciudad. Visita de la familia de don Gregorio. Distribución de medicinas. **Cap. VII.** Deslinde de las ruinas. Informes de **Huarros** y del Coronel Galindo con respecto a ellas. Su situación. Su extensión. Proyecto de deslinde. Estructuras piramidales. Filas de calaveras. Retrato interesante. "Los Idolos". Carácter de los grabados. Cadenas de terraplenes. Un retrato. Patios. Curioso altar. Tabletas de jeroglíficos. Cabeza gigantesca. Canteras de piedra. Más solicitudes de medicamentos. "Idolos" y altares. Imagen sepultada. Material de las estatuas. Idolos originalmente pintados. Altar circular. Antigüedad de Copán. **Cap. VIII.** Separación. Una aventura. Río Copán. Don Clementino. Unas bodas. Una cena. Baile de bodas. Compra de una mula. La Sierra. Vista desde la cumbre. Esquipulas. El cura. Hospitalaria recepción. La iglesia de Esquipulas. Responsabilidad del cura. Montaña de Quezaltepeque. Un peligro inminente. San Jacinto. Recepción por el padre. Una fiesta de aldea. Una emboscada. El Río Motagua. La aldea de Santa Rosalía. Una escena de difunto. **Cap. IX.** Chimalapa. El cabildo. Una escena de borrachera. **Gustatoya.** Persecución de ladrones. Aproximación a Guatimala. Hermoso paisaje. Volcanes de Agua y de Fuego. Primera vista de la ciudad. Entrada a la ciudad. Primeras impresiones. La residencia diplomática. Los partidos en Centro América. Asesinato del vicepresidente. Flores. Situación política de Guatimala. Una situación embarazosa. La Asamblea Constituyente. Policía militar. **Cap. X.** Hacienda de Narengo. Lazando ganado. Correspondencia diplomática. Fórmulas. Fiesta de la Concepción. Tomando el velo negro. Una paisana. Renunciando al mundo. Fuegos artificiales, etc. Procesión en honor de la Virgen. Otra exhibición de fuegos artificiales. Un toro bravo. Soldadesca insolente. **Cap. XI.** El Provisor. Cómo se publicaban en Guatemala las noticias. Visita al convento de la Concepción. La despedida de la monja. Carrera. Esbozo de su vida. El cólera. Insurrecciones. Carrera encabeza la insurrección. Aparece en Guatimala. Toma de la ciudad. Carrera triunfante. Llegada de Morazán. Hostilidades. Persecución de Carrera. Su derrota. Predomina otra vez. Mi entrevista con él. Su carácter. **Cap. XII.** Paseo a Mixco. Una escena de placer. Procesión en honor del Santo Patrón de Mixco. Fuegos artificiales. Un bombardeo. Fumando cigarros. Un camorrista nocturno. Sufrimiento y pesar. Una riña de gallos. Un paseo por los suburbios. Diversiones del día domingo. Regreso a la ciudad. **Cap. XIII.**

Excursión a la Antigua y al Océano Pacífico. San Pablo. Paisaje en la montaña. El Río Pensativo. La Antigua. Relato de su destrucción. Un octogenario. La catedral. San Juan Obispo. Santa María. El Volcán de Agua. Ascención a la montaña. El cráter. Un elevado punto de reunión. El descenso. Regreso a la Antigua. El cultivo de la cochinilla. Terreno clásico. Ciudad Vieja. Su fundación. Visita de los indios. Salida de Ciudad Vieja. Primera vista del Pacífico. Alotenango. El Volcán de Fuego. Escuintla. Una puesta de sol. Masagua. Puerto de Istapa. Llegada al Pacífico. **Cap. XIV.** El regreso. Buscando una mula. Overo. Masagua. Escuintla. Las cataratas de San Pedro Mártir. El Río Michatoya. El pueblo de San Pedro. Un mayordomo. San Cristóbal. Amatitlán. Un americano errante. Entrada a Guatimala. Carta de Mr. Catherwood. Víspera de Navidad. Llegada de Mr. Catherwood. La plaza de toros. Una corrida de toros. El teatro. Asuntos oficiales. La aristocracia de Guatimala. La condición del país. Día de año nuevo. Ferocidad de los partidos. **Cap. XV.** En busca de un gobierno. Dificultades diplomáticas. Salida de Guatimala. Laguna de Amatitlán. Ataque de fiebre intermitente. Overo. Istapa. Un buque mercante francés. El puerto de Acajutla. Enfermedad. Zonzonate. Encuentro del gobierno. Vista del Volcán de Izalco. Curso de las erupciones. Descenso del volcán. **Cap. XVI.** Enfermedad y motín. Convulsiones del Capitán Jay. Situación crítica. Penosa asistencia. Un paisano en apuros. Los delfines. Sucesión de volcanes. El Golfo de Nicoya. El Puerto de Caldera. Otro paisano. Otro paciente. La hacienda de San Felipe. El monte Aguacate. "Zillenthal Patent Self-acting Cold Amalgamation Machine". Minas de oro. Vista desde la cumbre de la montaña. **Cap. XVII.** La Garita. Alahuela. Un pueblo benévolo. Heredia. Río Segundo. Cafetales de San José. El viático para un moribundo. Un encuentro feliz. Perplejidades en el viaje. Hospedaje en un convento. El Señor Carrillo, Jefe del Estado. Las vicisitudes de la fortuna. Visita a Cartago. Tres Ríos. Un encuentro inesperado. Ascensión del Volcán de Cartago. El cráter. Vista de los dos mares. El descenso. Paseo por Cartago. Un entierro. Otro ataque de fiebres intermitentes. Un vagabundo. El cultivo del café. **Cap. XVIII.** Salida para Guatimala. Esparza. Un pueblo de Costa Rica. La barranca. Historia de un paisano. Paisajes silvestres. Hacienda de Aranjuez. El Río Lagartos. Cerros de Collito. Manadas de ciervos. Santa Rosa. Don Juan José Bonilla. Un temblor de tierra. Una hacienda de ganado. Bagases. Guanacaste. Una agradable bienvenida. La bella de Guanacaste. Una grata posada. Las cordilleras. Los volcanes de Rincón y Orosí. Hacienda de Santa Teresa. Una puesta de sol. Otra vez el Pacífico. **Cap. XIX.** El Río Flores. El Río de San Juan. Soledad de la Naturaleza. Cocina primitiva. El Puerto de San Juan. Trazo del Gran Canal para unir el Océano Atlántico con el Pacífico. Nicaragua. El trazo del canal. El Lago de Nicaragua. Plano del canal. Las esclusas. Estimación del costo.. Esfuerzos anteriores para construirlo. Sus ventajas. La hospitalidad centroamericana. Tierra Caliente. Los horrores de la guerra civil).

(Primera edición en español de "Incidents of travel in Central America, Chiapas and Yucatán". En ella van las "Notas biográficas", por F. Catherwood, reproducidas de la edición de Londres (1854)).

(Estas son las principales ediciones del libro: New York, 1843, 1847, 1848, 1855, 1856, 1858, 1860; Londres, 1843; Leipzig, 1853; Mérida, 1869-71 y 1923 por Rosado Vega; Campeche, 1848-1850; y México, D. F., 1939).

ANTIGÜEDADES mexicanas. **El Cosmopolita,** México, 2 diciembre 1840.

(Traduce la noticia dada por el "Morning Journal" de Kingston, y se refiere a los hallazgos de Stephens y Catherwood en Quiriguá y Palenque).

ANTIGUOS poseedores del Continente Americano. **Colmena**, México, 1842-43, I: 29-35, 108-112; II: 125-129. (Dato de Arthur E. Gropp).

C., T. (Comentario sobre "Incidents of travels in Central America, etc.", ed. 1841). **Nouvelles Annales des Voyages**, París, 1841, XCII: 57-84; 221-240; 357-371.

(T. C. hace una sinopsis del libro de Stephens).

Cantón Rosado, Francisco.—El centenario del viaje de Mr. Stephens a Yucatán en 1841. **Diario de Yucatán**, Mérida, Yuc., Méx., 23 febrero 1941.

Charnay, Desiré.—Les ruines de Tuloom d'apres John L. Stephens. **Journal de la Societé des Americanistes de París**, París, 1906, III (2): 191-195, 1 ils.

Chateaubriand, M. Francisco Augusto.—Carta de .... (sobre "Antigüedades Mejicanas"). **El Comercio**, Lima, 25 abril 1840.

(Dicho libro es el de F. Waldeck).

Dauterman, Carl C.—The strange story of the Stephens stones. **Natural History**, New York, 1939, XLIV: 288-94.

Díez de Bonilla, Francisco.—Antigüedades de Yucatán. En "Diccionario geográfico, estadístico, biográfico, de industria y comercio de la República Mexicana", 1874, I: 490-93.

F. M.—Incidentes de un viaje a Centro-América, Chiapa (sic) y Yucatán. **El Comercio**, Lima, 27 octubre 1842.

(Es la traducción al español del artículo que sobre dicho libro apareció en la **North American Review**, octubre 1841).

Friederichsthal, Emmanuel de.—Les monuments de l'Yucatán. **Nouvelles Annales des Voyages**, (Digest written by Eyries), París, 1841, XCIII: 291-314.

Hawks, J. L.—The late John L. Stephens. **Putnam's Monthly Magazine**, N. Y., 1853, I: 64-68.

Kelemen, Pál.—The Stephens centenary. **El Palacio**, Santa Fe, 1941, XLVIII: 97-121.

Lizardi Ramos, César.—La vida heroica de Juan Lloyd Stephens. **Revista de Revistas**, México, 13 febrero 1938.

Manning, William R.—Diplomatic correspondence of the United States. Inter-American Affairs 1831-1860. Washington, Carnegie Endowment for International Peace, 1933, III Central America, pp. 22-4, 157, 159-61, 169.

(Son los documentos relacionados con el nombramiento de Stephens como agente especial de los Estados Unidos en Centro-América, las instrucciones que se le dieron, su arresto por el general Cáscara y su fracaso al no haber podido presentar credenciales).

(Prescott, William H.) (Cartas de .... a Stephens). (Marzo y agosto 2, 1841). En "Los Mayas antiguos", México, 1941, pp. 39-40 y 42-44.

Priego de Arjona, Mireya.—Las ediciones en español de la obra de John L. Stephens "Incidents of travel in Yucatan". **Bibliografía Yucateca**, Mérida, 1939, (7): 3-6.

REFLEXIONES de John L. Stephens sobre Chichén. **Registro Yucateco,** Mérida, Yuc., 1845, II: 471-74.

REFLEXIONES de Mr. Stephens sobre Chichén. **Nuestro México,** México, mayo-junio 1932, I (3-4): 36-37.

Rodríguez Beteta, Virgilio.—Descubridores de un mundo nuevo en el Nuevo Mundo. El centenario de un libro que en tres meses alcanzó diez ediciones, el de John L. Stephens, "Incidents of travel in Central America, Chiapas, and Yucatan". **La Prensa,** Buenos Aires, 15 septiembre 1940; y **Anales de la Sociedad de Geografía e Historia de Guatemala,** 1941, XVII: 66-73..

———. Es celebrado el centenario del viaje de Stephens a Centroamérica, 1840-1940, descubridor de la cultura maya. **Anales de la Sociedad de Geografía e Historia de Guatemala,** 1940, XVI: 490-2.

———. The discoverer of a New World in the New World. The centenary of a book by John L. Stephens, archaeologist, diplomat, man of many parts. **Bulletin of the Pan American Union,** Washington, LXXV: 12-19.

Spinden, Herbert J.—The Stephens sculptures from Yucatan. **Natural History,** New York, 1920, XX: 379-89.

STEPHENS' incidents of travel in Yucatan. **Eclectic Museum,** London, 1844, II: 249-54.

STEPHENS' travels in Central America. **Edinburg Review,** Edinburgh, 1842, LXXV: 397-421.

———. Tablero del Palenque en el Museo Nacional de los Estados Unidos. **Anales del Museo Nacional,** México, 1882, II: 144-145.

THE YUCATAN ruins. **Democratic Review,** N. Y., 1843, XII: 491-501. (Dato de Arthur E. Gropp).

"TRAVELS in Central America". **Chamber's Edinburg Journal,** Edinburgh, 1871, XLVIII: 764-ff.; **Dublin University Magazine,** Dublin, 1842, XIX: 159 ff.; **Dublin Review,** Dublin, 1842, XII: 184 ff.; **Little's Museum of Foreign Literature,** Philadelphia, 1841, XLIII: 257 ff.; **Monthly Review,** London, 1841, CLVI: 30 ff.; **New Englander,** New Haven, 1843, I: 418 ff.; **New Quarterly Review,** London, 1853, III: 416 ff.; **New York Review,** N. Y., 1841, IX: 225 ff.; **Quarterly Review,** London, 1841, LXIX: 52-91. (Datos de Arthur E. Gropp).

"TRAVELS in Yucatan". **Dublin University Magazine,** Dublin, 1843, XXII: 204-222; **Methodist Quarterly,** N. Y., 1843, III: 288 ff.; **Monthly Review,** London, 1843, CLX: 542 ff.; **New Englander,** New Haven, 1843, I: 418 ff.; **New Quarterly Review,** London, 1854, III: 416 ff.; **Southern Literature Messenger,** Richmond, 1843, IX: 509-511. (Datos de Arthur E. Gropp).

Valle, Rafael Heliodoro.—A cien años del libro de Stephens. (Trabajo presentado en la III Asamblea General de Instituto Panamericano de Geografía e Historia, en Lima, abril 1941). **Revista del Archivo y Biblioteca Nacionales,** Tegucigalpa, 1941, XIX (12): 719-21; XX, (1): 21-23, (2): 91-93.

(**Sumario:** Descripción del libro. Los dibujos de Catherwood. El diplomático viajero. El medio y la época. El itinerario. Significación del libro. Compra de ciudades extintas. Gentes de América y de Europa. Su América. Resumen. Anexos).

Velázquez, Pedro.—Memoir of an eventful expedition in Central America; resulting in the discovery of the idolatrous city of Iximaya, in an unexplored region; and the possesion of two remarkable Aztec children (etc.) described by John L. Stevens (sic) esq. and other travelers. Trad. from the Spanish of Pedro Velázquez, N. Y., C. C. Childs, printer, 1850, 35 pp. ils.

(El autor de esta relación acompañó a los señores Hertis y Hammond en su expedición a Centroamérica. Iximaya es un pueblo indio el que, según se dijo, era al que se refirió Stephens en su obra "Incidents of travel in Central America, Chiapas and Yucatán" (II: 195-197). Otra edición de esta relación apareció en Londres, impresa por Francis en 1853. (Nota de Arthur E. Gropp).

Velázquez, Pedro.—Mémoire illustré d'une expédition remarquable dans l'Amérique Centrale, d'ou est résultée la découverte de la ville idolatre (sic) d'Iximaya, située dans une région inexplorée et la possession de deux merveilleux Aztecs, Maximo (le jeune homme) et Bartola (la jeune fille) descendants et spécimens de la caste sacerdotale (maintenant presqu'éteinte des anciens fondateurs Aztecs des temples ruinés de ce-pays; décrite par John L. Stephens, esq. et d'autres voyageurs. Tr. de l'espagnol de Pedro Velázquez de San Salvador. (Ca. 1860) X-(11)-39 pp., ils., láminas.

(En la cubierta delantera del ejemplar que examinó el recopilador está una inscripción a mano: **vers 1860.** (Nota de Arthur E. Gropp).

Villacorta C., J. Antonio.—El primer centenario de un libro. **Anales de la Sociedad de Geografía e Historia de Guatemala,** Guatemala, 1941, XVII: 62-65.

White, Leslie A.—Pioneers in American archaeology. The Bandelier-Morgan letters, 1873-1883. 2 vols. Albuquerque, 1940.

Zavala, Lorenzo de.—Notice sur les monuments antiques d'Ushmal (sic) dans la province de Yucatán. En "Antiquités Mexicaines. Rélation des trois expéditions du capitaine Dupaix", París, 1834, I (6): 33-35.

———. (Véase Carrillo Ancona, Crescencio).

———. (Véase Catherwood, Frederick).

———. (Véase Palfrey, J. G.)

STIRLING, M. W.—An initial series from Tres Zapotes, Vera Cruz, México. En National Geographic Society, Contributed Technical Papers", 1940, Mexican Archaeology Series, I (1): 1-16.

———. Discovering the New World's oldest dates work of man; Mayan monument inscribed 291 B. C. unearthed near a huge stone head by a Geographic-Smithsonian expedition in Mexico. **National Geographic Magazine**, Washington, D. C., 1939, (76): 183-218.

———. Great stone faces of Mexico. **National Geographic Magazine**, 1940, LXXVIII: 309-334.

STOLL, Otto.—Die Ethnische Stellung der Tz'utujil-Indianer von Guatemala. Festschrift der **geographische-ethnographischen Gesellschaft**, Zürich, 1901, 33 pp.

(Se refiere a la posición étnica del tz-utujil en Guatemala. Según Stoll el zutuhil es un poco más que dialecto del quiché).

———. Die Ethnologie der Indianerstämme von Guatemala. Con 2 láminas y 3 ilustraciones en el texto, 112 pp. Suplemento al primer tomo del **Internat. Archives für Ethnographie**, Leiden, P. W. M. Trap, 1889, XII-112 pp.

(Sobre la etnología de las tribus indígenas de Guatemala. En el 2º tomo de "Internat. Archives für Etnographie" aparecen rectificaciones a la obra (p. 108).

———. Die Maya-Sprachen der Pokom-Gruppe. I. Teil. Die Sprache der Pokonchi-Indianer. (Los idiomas mayas del Grupo Pokom. 1ª Parte. El idioma del indio Pokonchi). Viena, Alfred Hoelder, 1888, X-203 pp.

———. Die Maya-Sprachen der Pokom-Gruppe. Zweiter Teil: Die Sprache der K'e'kchí Indianer, nebst einem Anhang: Die Uspanteca. Von Dr. Med. Otto Stoll, Professor in Zurich. Leipzig, K. F. Koehler, 1896, VIII-221 pp.

(Hay un comentario bibliográfico por A. S. Catschet en "The American Anthropologist", Washington, D. C., 1896, IX (12): 416-17).

———. Die Sprache der Ixil-Indianer. Ein Beitrag zur Ethnologie und Linguistik der Maya-Voelker. Nebst einem Anhang Wortverzeichnisse aus dem nordwest Guatemala. Leipzig, Brockaus, 1887, X-156 pp.

(El idioma del indio Ixil. Contribución a la Etnología y la Lingüística de los pueblos mayas. Junto con un apéndice: Lista de palabras del noroeste de Guatemala).

———. Die Sprache der Ke'kchi Indianer. Leipzig, 1896, VIII-221 pp.

(Esta es la segunda parte de su obra sobre los idiomas mayas del grupo Pokom).

———. Die Sprache der Tzutujil-Indianer. (El idioma del indio tz'utujil). Compendio de su gramática y un vocabulario.

(El Dr. Hans Wehrli da la noticia de esta obra inédita en **Mitteilungen der Geogr.-Ethnogr. Gesellschaft.** Zürich, 1928).

———. Etnografía de la República de Guatemala. Traducida del alemán con prólogo y notas por Antonio Goubaud Carrera. Miembro de la Sociedad de Geografía e Historia de Guatemala, de la Sociedad Etnológica Americana, Inc., de la Asociación Antropológica Norte Americana y de la Sección de Antropología de la Academia de Ciencias de New York. Guatemala, Tipografía Sánchez & de Guise, 1938, XXXIV-196 pp., 1 mapa, 1 diagrama, 24.5 x 16 cms.

(**Sumario:** Prólogo del traductor.—Indice.—Prefacio.—I. Los pipiles. Vocabulario del idioma pipil de Salamá.—II. Los indios pupulaca.—Vocabulario del idioma pupulaca.—III. Los caribes y su idioma.—Pueblos mayances.—Alfabeto de los idiomas mayances.—Vocabulario comparado de los idiomas mayances. —IV. Los huastecas.—V. Los mayas.—VI. Los chontales de Tabasco.—VII. Los tzentales.—VIII. Los tzotziles.—IX. El chañabal.—X. Los choles.—XI. Los mopanes.—XII. Los indios qu'ekchís.—XIII. Los indios pokonchis.—XIV. Los pokomames.—XV. Los indios chortis.—XVI. Los qu'ichés.—XVII. Los indios que San Miguel Uspantán.—XVIII. Los cakchiqueles.—Bosquejo de la gramática del idioma cakchiquel de San Juan Sacatepéquez.—Comentario sobre el idioma cakchiquel.—XIX. Los tz'utujiles.—XX. Los ixiles.—XXI. Los mames.—XXII. El aguacateca o idioma de Aguacatán.—XXIII. El idioma sinca.—XXIV. El idioma alagüilac.—La relación genética de los idiomas mayances.—Apéndices: Diagrama genético de los idiomas mayances.—Mapa etnográfico de Guatemala).

———. Guatemala. Reisen und Schilderungen aus den Jahren 1878-1883. Leipzig, F. A. Brockhaus, 1886, XII-518 pp., 23 cms., ils., láminas, 2 mapas, 2 tablas.

———. Los cakchiqueles. Capítulo décimoctavo de la obra sobre lingüística guatemalteca titulada: "Zur Ethnographie der Republik Guatemala". **Anales de la Sociedad de Geografía e Historia de Guatemala,** 1934, II (2): 191-216.
(Estudio sobre la etnografía de Guatemala, traducido y anotado por Antonio Goubaud Carrera).

———. Sammlung von Wendungen und Redensarten des Cakchiquel. (Colección de giros y expresiones del idioma cakchiquel).
(El Dr. Hans Wehrli da la noticia en **Mitteilungen der Geogr.-Ethnogr. Gesellschaft.** Zürich. 1928. Obra inédita).

———. Suggestion und Hypnotismus in der Voelkerpsychologie. Leipzig, 1904, 738 pp.
(Los fenómenos de sugestión en México y Centroamérica (pp. 149-90); las ilusiones sugestivas en la mitología quiché, el nagualismo en Centro América; el éxtasis profético en Guatemala, etc.).

———. Supplementary remarks to the Grammar of the Cakchiquel language of Guatemala, edited by D. G. Brinton, M. D. (Observaciones suplementarias a la gramática del idioma de Guatemala, editada por D. G. Brinton). **Proceedings of the American Philosophical Society,** Filadelfia, 1885.

———. Título del Barrio de Santa Ana. Agosto 14 de 1565. Transkribiert und übersetzt von Prof. Dr. .... En "Internationaler Americanisten-Kongress. Vierzennte Tagung Stuttgart, 1904", Stuttgart, 1906, pp. 383-397.
(Presenta la transcripción fonética del texto pokonchi y luego en alemán).

———. Vergleichendes Woerterbuch Cakchiquel-Pokomchi. (Diccionario comparado del cakchiquel y el pokomchi).
(El Dr. Hans Wehrli da la noticia de esa obra inédita en **Mitteilungen der Geogr.-Ethnog. Gesellschaft,** Zürich, 1928).

———. Vokabular der Ixil-Sprache (Ixil-Spanish). (Vocabulario del Idioma ixil, ixil-castellano).
(El Dr. Hans Wehrli da la noticia de tal obra inédita en **Mitteilungen der Geogr.—Ethnogr. Gesellschaft,** Zürich, 1928, según Goubaud Carrera).

———. Woerterbuch der Cakchiquel-Sprache von Guatemala. (Diccionario del idioma cakchiquel). 776 hojas en folio.

(Casi listo para darlo a la imprenta (última voz: **Xalcatya**, agua curada), tiene el prólogo principiado. Entre los manuscritos que Stoll donó a su muerte a la Zentralbibliotheke Zürich, también se encuentra el trabajo previo acerca de este diccionario, guardado en cartapacios y ordenado alfabéticamente. El Dr. Hans Wehrli da la noticia en **Mitteilungen der Geogr.—Ethnogr. Gesellschaft**, Zürich, 1928. (A. Goubaud Carrera).

———. Zur Ethnographie der Republik Guatemala. Zurich, Druck von Orell Füssli & Co., 1884, IX, 176 pp., mapa.

(Alphabet der Maya-Sprachen.—Vergleichendes Vocabular der Maya-Sprachen).

———. Zur Ethnographie der Republik Guatemala. Zürich, Druck und Verlag von Orell Füssli & Co., 1884, 8º.

(Stoll fué coautor de la "Biologia Centrali-americana").

———. Zur Psychologie der Indianischen Hochlandspachen von Guatemala. (Aportaciones a la Psicología de los idiomas indígenas del Altiplano de Guatemala). En "Mitteilungen der Geogr.-Ethnogr. Gesellschaft", Zurich, 1912-13, pp. 34-96.

NOTA bibliográfica. Obras sobre Guatemala escritas por Otto Stoll. **Anales de la Sociedad de Geografía e Historia de Guatemala**, 1935, XII (1): 78-9.

STONE, Doris Zemurray.—A new Southernmost Maya city. **Maya Research**, New York, 1934, I (2).

———. Land of the Quiches. **Holland's**, the magazine of the South, 1934, LIII (8): 7.

———. Some Spanish entradas, 1524-1695; a revision of the data on Spanish entradas into the country of the Lacandon and Ahitza. Containing a full translation of Antonio de Leon Pinelo's report, and first publication of Juan Delgado's manuscripts. New Orleans, Department of Middle American Research, Tulane University of Louisiana, 1932, pp. 209-96. (Reprinted from Middle American Research Ser., Pub., Nº 4).

———. The Ulua Valley and Lake Yojoa. En "The Maya and their neighbors", New York, 1940, pp. 386-394.

STREBEL, H.—Alt-Mexico. (Archäologische Beiträge zur Kulturgeschichte seiner Bewohner, 2 vols.) Hamburg, 1885-1889.

———. Die Ruinen von Cempoallan im Staate Veracruz (México). Mitteilungen über die Totonaken der Jetztzeit. **Naturwissenschaftlicher Verein von Hamburg-Altona**, 1884, VIII: 1.

———. Studien über Steinjoche aus Mexico und Mittel-Amerika. **International Arch. Ethnol.**, Leiden, 1890, XIII, pp. 563, 580, 595.

———. Über Ornamente auf Thongefässen aus Alt-Mexico. Hamburg, 1904.
(Sobre las decoraciones de la cerámica en el México Antiguo).

———. (Véase Stenach, Narciso).

STROMSVIK, Gustavo.—El verdadero valor y significado de las ruinas de Copán. Tegucigalpa, 1941, 27 pp., láms., 22.5 cms.

———. Informe anual sobre los trabajos de las Ruinas de Copán durante la temporada de 1939. **El Cronista**, Tegucigalpa, 29 diciembre 1939.

———. Informe anual dado al señor Ministro de Educación Pública, sobre los trabajos de las ruinas de Copán, durante la temporada de 1939. **Revista de los Archivos Nacionales de Costa Rica**, San José, 1940, IV (5-6): 342-44.

———. Las ruinas de Copán. **Diario de Centro América**, Guatemala, 11 junio 1937.

———. Notes on the metates of Chichen Itza. Carnegie Institution of Washington. Pub. 403. En "Contributions to American Archaeology", Washington, 1931, I (4).

———. Notes on metates from Calakmul, Campeche, and from the Mercado, Chichen Itza, Yucatan. Washington, 1935, pp. 123-27, láminas. (Contributions to American Archeology, Nº 16. Preprinted from Carnegie Institution of Washington, Pub. Nº 456).

———. The ruins on the "Comanche farm" in the Motagua valley (Extracts from personal diary of Gustav Stromsvik of Carnegie Institution of Washington during the 1934 season at Quirigua, Guatemala). **Maya Research**, New Orleans, La., 1936, III (1): 107-110, 1 ilustración.

———. Un interesante informe sobre los trabajos ejecutados en las famosas ruinas de Copán. **El Norte**, San Pedro Sula, 4 junio 1938.
(En este informe, suscrito por Mr. Stronsvik en Copán, el 22 de mayo de 1933, y dirigido al Ministro de Educación Pública de Honduras, da cuenta de los trabajos que se han realizado en el área de Copán durante dicho año y de la colaboración del arquitecto Aubrey S. Trink y del estudioso de cerámica, Mr. John M. Longyear, de la Universidad de Harvard).

———. (Véase "Carnegie Institution of Washington").

STRONG, William Duncan.—Anthropological problems in Central America. En "The Maya and their neighbors", New York, 1940, pp. 377-385.

———. Archaeological investigations in the Bay Islands, Spanish Honduras. Washington, Smithsonian Institution, 1935, VI, 176 pp., ils., láminas, mapas (Smithsonian Miscellaneous Collections, vol. 92, Nº 14).

———. Hunting ancient ruins in northeastern Honduras. An archaeological cruise among the Bay Islands of Honduras. (Reprint from: Explorations and Field Work of the Smithsonian Institution in 1933). Washington, 1934, pp. 44-53, ils.

———. Investigaciones arqueológicas en las Islas de la Bahía. Por .... Traducción del inglés del Prof. don Fernando Blandón. **Revista del Archivo y Biblioteca Nacionales**, Tegucigalpa, Honduras, 30 junio a 31 octubre 1939, XVII (12): 837-40; XVIII (1): 37-41, (2 y 3): 106-109 y (4): 176-178.

STRONG, William Duncan, KIDDER II, Alfred, y PAUL, A. J. Drexel, Jr.—Preliminary report on the Smithsonian Institution. -Harvard University archaeological expedition to Northwestern Honduras, 1936. Published by the Smithsonian Institution. Washington, 1938, V-129 pp., 24 cms., 16 láminas, mapas. (Smithsonian Miscellaneous Collections, volume 97, number 1. Publication 3445).

(Esta expedición extendió el trabajo de la Institución en el noreste de Honduras en 1933, y siguió el primer trabajo sobre el Río Ulúa realizado por George Byron Gordon y Mrs. Dorothy Hughes Popenoe, especialmente en 1928 y 1929).

STUDIES in Middle America: eight research papers relating to Mexico, Central America and the West Indies, by Hermann Beyer, Frans Blom, (and others); ed. by Maurice Ries. New Orleans, Department of Middle American Research, Tulane University of Louisiana, 1934, IX-XVI-401-(1) pp. (Middle American Research Ser., Pub. Nº 5).

(Contents: 1. A Maya skull from the Uloa valley, Republic of Honduras, by Frans Blom. S. S. Grosjean. and Harold Cummins. 2. Dermatoglyhics and functional lateral dominance in Mexican Indians (Mayas and Tarahumaras) by Stella M. Leche. 3. Sololá: A Guatemalan town and Cakchiquel market-center, by Webster McBryde. 4. Shell ornament sets from the Huasteca, Mexico, by Hermann Beyer. 5. Manuscripts in the Department of Middle American research, by Arthur E. Gropp. 6. The relation of the synodical month and eclipses to the Maya correlation problem, by Hermann Beyer. 7. Mexican bone rattles, by Hermann Beyer. 8. War of the Castes: Indian uprisings in Chiapas, 1867-70, by Cristóbal Molina, tr. by Ernest Noyes and Dolores Morgadanes).

STUDY of Maya art. **Records of the Past**, July 1913 (12): 155-68.

SUAREZ, V.—(Véase "Estatutos de la Asociación Conservadora de Monumentos Arqueológicos de Yucatán").

SUAREZ NAVARRO, Pablo.—Sucesos antiguos de Yucatán, escritos por los indios de la tierra adentro de aquella provincia, en su idioma maya.

(Sirvió al Padre Cogolludo para su Historia de Yucatán. Véase "Autores anónimos de Beristáin", p. 15, núm. 113).

SUNKEN Maya race of Yucatan. **Pan American Monthly**, November 1923, (36): 201-2.

SUÑIGA, P. D.—

(Justo Sierra en sus "Profetas de Yucatán" describe el Códice de Maní que poseía el Padre Súñiga y que es copia de otro fechado en Maní a 27 de febrero de 1697, diciendo al fin: "E yo Julian Mayen y Pantoja vicario de esta de Maní, asi lo hice escribir oy que contamos 27 de febrero del año del Señor de MDCICVII").

SUPERB Maya carving from Piedras Negras. **El Palacio**, 1932, XXXII (9): 127-28.

SUTTON, Virginia Hall.—The feathered serpent in Middle America. 75 pp.

(Tesis presentada en la Universidad de Chicago en marzo de 1936 para obtener el grado de Maestro en Artes).

SUX, Alejandro.—¿Ha existido el Continente Atlántido? Testimonios antiguos y modernos en pro de la Atlántida a propósito del libro de W. Scott Elliot. **Repertorio Americano**, San José de Costa Rica, 1922, V (7): 85-88.

(Se refiere también a los mayas al repetir algunas hipótesis sobre la Atlántida).

SWALLEN, Jason R.—(Véase Lundell, Cyrus Longworth).

———. (Véase Penfound, Wm. T.)

SWANTON, J. R.—(Véase Thomas, C.)

SWARTHY, S.—Tratado de mitología greco-romana, americana y universal. Buenos Aires, Editor: Araujo Hnos., 1939, 302 pp., ils.

SWAYNE, Frances.—(Fourteen photographs of Maya Indian Ruins at Quirigua, Guatemala). (Bibl. de la Roy. Geog. Society, London).

(Miss Swayne estaba emparentada con el Mayor General Sir Eric Swayne, Gobernador de Honduras Británica en 1911).

SWEDEN, Prince William of.—Between two Continents. Notes from a journey in Central America, 1920. (Londres, Eveleigh Nash and Grayson Limited, 1922), pp. 46-146, 4 ils.

(El autor presenta los siguientes capítulos: "Brief history of the mayas", "Mañana—and later, Tuloom"; y "Southward to Quiriguá").

SWINTON, Allan.—Romance! **Liberty**, 1934, pp. 12-14.

(El poema se inspira en los indios quichés).

SYPHILITIC lesions. **Maya Research**, New Orleans, La., July-October, 1936, III (3-4): 333.

T

TABLERO del Palenque en el Museo Nacional de los Estados Unidos. **Anales del Museo Nacional,** México, 1882, Tomo II: 131-188, 16 figuras.

(La advertencia, firmada por Spencer F. Baird, Secretario del Instituto Smithsoniano, dice lo siguiente: "El ejemplar que constituye el objeto de esta Memoria, es una losa esculpida que forma parte del célebre **Tablero** del llamado Templo de la Cruz en El Palenque, Estado de Chiapas, México, y fué hace muchos años enviado al Instituto Nacional de Washington, y encomendado por éste al cuidado del Instituto Smithsoniano. En las primeras figuras y descripciones de este tablero, se le ve completo; los de fecha posterior, sólo se refieren a dos terceras partes de él; y el descubrimiento de la porción que faltaba en el Museo de Washington, ha sido objeto de gran interés para los arqueólogos, y entre otros el Prof. Rau quien, como Jefe de la División Arqueológica del Museo Nacional, había fijado su atención durante algún tiempo en esta notable reliquia. Apreciándola en todo su valor, había emprendido grandes trabajos en la investigación de su historia, procurando a la vez descifrar los geroglíficos con que está cubierta. El resultado de estas árduas labores ha sido la descripción del tablero para la obra, y facilitadas otras bondadosamente por Mr. H. H. Bancroft, de San Francisco. Refiere también el autor la historia de las exploraciones de la antigua ciudad de Palenque, acompañando una relación de las obras descriptivas de las ruinas, y un capítulo sobre la escritura aborigen de México, Yucatán y Centroamérica, en las que expresa sus ideas respecto de los manuscritos y geroglíficos de origen Maya").

(El Dr. Charles Rau (1826-1887). La traducción de este trabajo fué hecha por los señores Joaquín Davis y Miguel Pérez).

(**Sumario:** "Advertencia", por Spencer F. Baird.—Prefacio.—**Cap. I.** Historia del Tablero de Palenque.—**Cap. II.** Exploraciones del Palenque.—**Cap. III.** El Templo de la Cruz.—**Cap. IV.** El Grupo de la Cruz.—**Cap. V.** Escritura aborigen de México, Yucatán y Centro América.—**Apéndice.** Nota sobre las ruinas de Yucatán y Centro América.—Indice).

(Contiene las siguientes ilustraciones: 1ª Plano del Palenque (según Waldeck).—2ª Templo de la Cruz (Vista del frente).—3ª Templo de la Cruz (vista lateral, según Stephens).—4ª Templo de la Cruz (planta, según Stephens).—5ª Estatua perteneciente al Templo de la Cruz (según Stephens).—6ª Parte del tablero de la Cruz (según Del Río; reducida).—7ª Parte del tablero de la Cruz (según Waldeck; reducida).—8ª Parte de la losa central del tablero de la Cruz, según la fotografía de Charnay, unida a la parte correspondiente de la losa del Instituto Smithsoniano.—9ª Parte de una figura en el manuscrito de Fejérvary (según Kingsborough).—10ª Alfabeto maya, de Landa.—13ª Geroglíficos del tablero de la izquierda en el Templo de la Cruz (según Waldeck).—14ª

Días del Calendario Maya (Landa).—15ª Meses del Calendario Maya (Landa).—16ª Diagrama del índice de los geroglíficos en el tablero de la Cruz.—17ª Restauración del Palacio y del Templo de los tres tableros en el Palenque (según Armín). y 2 láminas).

TAMAYO DE VARGAS, D. Tomás.—(Véase Cárdenas Valencia, Francisco).

TAMAYO Y PACHECO, Francisco.—Relación de Cacalchén, Yaxa y Chihunchén. (20 febrero 1581). En "Relaciones de Yucatán", Madrid, 1898, pp. 126-136.

TAYLOR, William Randolph.—Marine algae from the Yucatan peninsula. (Botany of the Maya area: Miscellaneous papers, 7; preprinted from Carnegie Institution of Washington, Pub. Nº 461, p. 115-24, Nº 26, 1935).
(Artículo tomado de **Papers of the Herbarium and the Dept. of Botany of the University of Michigan,** Nº 542).

———. Tablet from Ohio. **The American Antiquarian,** Chicago, 1886, VIII (5): 299.
(Relaciones de dicho tablero con el calendario maya).

TARAYRE, Guillermin.—Notes ethnographiques sur les régions mexicaines. "Archives de la Commission Scientifique du Mexique". París, 1869, láminas y grabados, III: 173-470.

TAX, Sol.—(Véase "Carnegie Institution of Washington").

TAX, S., VILLA, A., y REDFIELD, R.—Ethnological and sociological research. En "Carnegie Institution of Washington. Year Book Nº 34", Washington, 1935.

TAX, S., HANSEN, A. T., VILLA, A., y REDFIELD, R.—Ethnological and sociological research. En "Carnegie Institution of Washington. Year Book Nº 35", Washington, 1936.

TECPAM-Atitlán.—(Véase Hernández Arana Xahila, Francisco).

TEEPLE, John E.—Astronomía maya. **Anales del Museo Nacional de Arqueología, Historia y Etnografía,** México, enero-diciembre 1935, pp. 479-581 ils.

———. Astronomía maya, por .... Versión castellana y notas de César Lizardi Ramos. México, Talleres Gráficos de la Nación, 1937, 109 pp., 27 x 20 cms. (Publicaciones del Museo Nacional de México).

———. Factors which may lead to a correlation of Maya and Christian dates. En "Proceedings of the XXIII International Congress of Americanists". New York, 1928, pp. 136-139.

———. Maya astronomy. En **"Contributions to American Archaeology",** vol. I, Nº 2, (Carnegie Institution of Washington, Publication Nº 403, Washington, 1931), pp. 29-115.

———. Maya inscriptions. **American Anthropologist,** Menasha, 1925-28.

(Glyps C, D, and E of the suplementary series, 1925, XXVII (1): 108-15; (4): 544-49; the Venus calendar and another correlation, 1926. XXVIII (2): 402-8; Stele C at Copan, 1927, XXIX (3): 278-82; Maya inscriptions IV, 1927, XXIX (3): 283-91; Maya inscription VI, Jul.-Dic. 1928, XXX (3)).

———. The Carnegie expedition to Yucatan. **El Palacio,** Santa Fe, 1923, XLV: 65-68.

———. The lava temple at Cuicuilco. **El Palacio,** Santa Fe, N. México, 1923, XIV: 63-64.

TEEPLE, John E., y BLOM, Frans.—Tribes and temples. A record of the expedition to Middle America conducted by the Tulane University of Louisiana in 1925. New Orleans, La., 1926-1927, I: V-238 pp.; II: IV-239-552 pp. (Tulane University of Louisiana).

TEIXIDOR, Felipe.—Bibliografía yucateca. Mérida, Yuc., Talleres Gráficos del Sudeste, S. A., 1937, 264-(2) pp., 21 x 13.5 cms. (Ediciones del Museo Arqueológico e Histórico de Yucatán).

(Este libro tiene numerosos errores, además de los que figuran en la lista final. Le falta explicación de las abreviaturas).

TEJA ZABRE, Alfonso.—Cultura maya. En "Historia de México. La cultura primitiva", México, Imp. de M. León Sánchez, S. C. I., 1933. (Universidad Nacional de México).

TELETOR, Celso Narciso.—Compendio de la Doctrina Cristiana, en lengua quiché y castellana. Guatemala, Tipografía del Hospicio Nacional, 1937, 19 pp.

———. Nociones de lengua quiché. Breve manual de conversación. **El Imparcial,** Guatemala, 27, 28, 29 y 30, octubre 1941.

———. (Véase Nazario Ruiz Catzunic).

TELLECHEA, Fr. Miguel.—Compendio gramatical para la inteligencia del idioma tarahumaro. Oraciones, doctrina cristiana, pláticas y otras cosas necesarias para la recta administración de los santos sacramentos en el mismo idioma. **Boletín de la Sociedad de Geografía de México,** México, 1854, IV: 145-166, 8º.

(TELLO, Dr. Julio C.)—¿Quetzalcóatl, fué peruano o mexicano? **La Prensa,** San Antonio, Texas, 15 noviembre 1936.

TEMPLE within temple at Chichen Itza. **El Palacio,** 1934, XXXVI (7-8): 58-9.

TEMPLES of Maya. **American Archaeology,** (27): 204.

TEMPLO-PIRAMIDE (El) de Kukulcán, en México. La Institución Carnegie de Wáshington ha estudiado las ruinas de ese monumento en los mismos, descubierto en el territorio de Yucatán. **La Prensa,** Buenos Aires, 8 mayo 1938.

TEMPORAL, Fr. Bartolomé.—Libro de comparaciones y de moral cristiana, en lengua Tzendal, escrito por el P. Fr. ...., de la Orden de Predicadores. (Siglo XVII).

(MS. en folio de 169 hojas. La obra parece haber sido escrita a fines del XVI o comienzos del siglo XVII. (Brasseur de Bourbourg).

TEOGONIA de los antiguos indios de Yucatán. **El Museo Yucateco,** Mérida, 1841, I: 54-57.

TERMER, Franz.—Aerzte als Entdeckungsreisende in Amerika. 6 p. **Sonderabdruck aus Ciba Zeitschrift,** 1934, XII.

———. (Comentario a) "Silberstädte im Tropenwald. Aus der Kulturwelt der Maya", por Wilhelm Recken. **Maya Research,** New Orleans, La., 1935, II (1): 86-89.

———. Die ländlichen Siedlungen in Mittel Amerika. **Ibero-Amerikanisches Archiv,** 1933, VII (1): 20-37, 4 láms.

———. Die Mayakultur in Yucatan und Guatemala. **Sonderabdruck aus Preussische Jahrbücher,** Berlin, 1933, CCXXXII (2): 158-71.

———. Die Staatswesen der Mayavoelker. En "Congres international des américanistes. Compte-rendu de la XXIe. session. Deuxieme partie tenue a Goeteborg en 1924", Goeteborg Museum, 1925, pp. 174-172, 1 mapa.

(El mapa que va anexo al trabajo da a conocer el territorio ocupado por mames, quichés, cakchiqueles, tzutuhiles, icsaeis y mayas).

———. La civilización de los mayas como problema geográfico. **Investigación y Progreso,** 1931, V (10): 139-40.

———. La habitación rural en la América del centro, a través de los tiempos. **Anales de la Sociedad de Geografía e Historia de Guatemala,** 1935, II (4): 391-409.

———. Los bailes de culebra entre los indios quichés en Guatemala. En "Proceedings of the XXIII International Congress of Americanists", New York, 1928, pp. 661-667, 2 láms.

———. Paisajes geográficos del Norte de América Central; trad. de José Gavira. **Boletín de la Sociedad Geográfica Nacional,** Madrid, 1933; y **Anales de la Sociedad de Geografía e Historia de Guatemala,** 1933, X (2): 148-66.

———. Paul Schellhas. **Forschungen und Fortschritte,** Berlín, 1939, XV (32-33): 406-407.

———. Über Wanderungen indianischer Stämme und Wanderwege in Mittelamerika. En "Actas y trabajos científicos del XXV° Congreso Internacional de Americanistas, La Plata, 1932", 1934, I: 323-32.

———. Zur Archäologie von Guatemala. **Baessler-Archiv,** Berlín, 1931, XIV: 167-91.

———. Zur Geographie der Republik Guatemala. 1. Teil: Beiträge zur physischen Geographie von Mittel- und Süd-Guatemala. (Wissenschaftliche Ergebnisse einer im Auftrage der Geographischen Gesellschaft in Hamburg in .... 1925-1929 ausgeführten Forschungsreise). **Mitteilungen der Geographischen Gesellschaft in Hamburg,** 1926, XLIV: 71-275; ils., láms.

TERNAUX-COMPANS, Henri.—Description de la province de Guatémala, envoyée au roi d'Espagne en 1576. Traduit sur le manuscrit inédit qui se trouve dans la bibliothéque de M. Ternaux-Compans. En "Recueil de documents et mémoires originaux sur l'histoire espagnole dans l'Amérique", París, 1840, pp. 5-45.

———. Itinéraire du voyage de la flotte du roi catholique a l'Ile de Yucatan dans l'Inde. Fait en l'an 1518, sous les ordres du capitaine général Juan de Grijalva, rédigé et dédié a S. A. (1), par le chapelain en chef (2) de la dite flotte. (Recueil de pieces relatives a la conquete de Mexique, p. 1-47), París, 1838.

———. Vocabulaire des principales langues du Mexique. **Nouvelles Annales des Voyages,** París, 1840, IV (88): 5-37.

(Entre los vocabularios utiliza el maya de Beltrán de Santa Rosa y un Ms. guatemalteco. Ternaux-Compans publicó en francés la relación que Diego García de Palacio dirigió al Rey sobre las ruinas de Copán).

———. Véase "Dictionnaire Cakchiquel").

TESTAMENTO en lengua kekchí de Vera Paz; agosto 14, año de 1565. Copia fotográfica del Ms. en 4º, 5 pp. (Cat. Gates, Nº 1020).

TEXADA, Joseph de.—Informes de la reducción de indios lacandones, al paraje nombrado Ypchia (1712). **Boletín del Archivo General del Gobierno,** Guatemala, abril 1940, V (3): 180-181.

TEXTES mayas. **Archives de la Société Américaine de France,** París, 1875, 2da. série, I: 373-78.

(Los dos textos son extractos de un manuscrito revisado e impreso por segunda vez en México, por Fr. José de Torres en 1728, revisado después por orden de Monseñor Leandro R. de la Gala, por el P. Fr. M. Antonio Peralta, del Convento de la Penitencia, de Mérida, de Yucatán, aprobado por él en 1864, y reimpreso en México por tercera vez en 1869. El título en español es como sigue: "El Ejercicio del Santo Viacrucis puesto en lengua maya y copiado de un antiguo manuscrito. Lo da a la prensa con superior permiso el Dr. José Vicente Solís y Rosales, quien desea se propague esta devoción entre los fieles principalmente de la clase indígena. Va corregida por el R. P. Antonio Peralta, Mérida, Imprenta de J. D. Espinosa e Hijos, 1869. Ambos textos van en maya, pero en francés aparecen así: "Pour nous apprendre ce qu'a souffert notre divin maitre Jésus" y "Manière d'administrer le saint Viatique en langue maya").

TEXTILE arts of the Guatemalan natives. En "Carnegie Institution of Washington. **News Service Bulletin**", School edition, Washington, 1935, III (20): 159-68, ils.

(**Sumario:** Many gaps in information.—A broad program of research.—The collection of textiles.—The use of wool.—Spaniards report upon cotton.—Dress of Guatemalan Indians. — Women's attire.—Costumes of men. — Designs are symbolic.—Dyeing the textiles.—Scientific importance of the region.—Opportunity to glimpse the past).

THE CULTURE of the Maya. Being three lectures delivered at the Administration Building of Carnegie Institution of Washington. Washington, 1933, 44 pp., 34 figs., 25 x 17 cms. (Carnegie Institution of Washington. Supplementary Publications Nº 6).

(Sumario: "Excavations at Uaxactun", por el Dr. Oliver G. Ricketson, jr. (pp. 1-15).—"The Maya and modern civilization", por el Dr. Robert Redfield (pp. 16-29).—"The Calakmul expedition", por el Dr. Sylvanus G. Morley (pp. 30-43).

THANKS to Guatemala. **House and Garden,** marzo 1935, pp. 56-57.

(Habla de los tejidos indios de Guatemala y da ilustraciones).

THE ANCIENT phonetic alphabet of Yucatan. New York, Sabins & Sons, 1870, 8 pp.

THE ART of the Maya. **News Service Bulletin.** Carnegie Institution of Washington, 1929, Nº 5, pp. 25-31, ils.

THE CARACOL. A perplexing Maya ruin. En "Carnegie Institution of Washington. **News Service Bulletin.** School edition", Washington, 1935, III (27): 213-16, ils.

(**Sumario:** As an astronomical observatory.—As a temple of worship.—Dating the Caracol.—Concentric vaulted chamber.—The stairway and upper chamber.—The underlying terraces.—The work of repair).

THE CHILAM Balam of Tekax. In facsimile. Baltimore, The Maya Society, 1935, 2 pp., facsímile: 13-36 pp., 23 cms. (The Maya Society, Publication Nº 11).

THE CHULTUNES of the Northern Guatemala. **Science,** April 26, 1912, p. 669.

THE "dark backward" of American art. **Literary Digest,** 1933, CXV (22): 15.

(Ilustraciones sobre la escultura maya, pp. 15 y 16).

THE DATES and numbers of pages 24 and 45 to 50 of the Dresden Codex. Cambridge, 1909, 31 pp. (Publications of the Peabody Museum of Archaeology and Ethnology, Harvard University).

THE DISCOVERY of ruined Maya cities. **Science** suppl., October 25, 1929, pp. XII-XIV.

THE ENIGMA of the Mayas. **Literary Digest,** 1932, CXIV (8): 25.

THE EXCAVATIONS at Quirigua in 1912. **Archaeological Institute of America, Bull.**, 1912, III: 163-171.

THE EXODUS of the Maya. **News Service Bulletin,** Staff ed., of the Carnegie Institution of Washington, 1921, II (24): 163-64, ils.

THE FLYERS. Chichicastenango. **Grace Log,** 1934, XVII (4): 506.

(Sobre la ceremonia india guatemalteca de los voladores).

THE FOLK-LORE of Yucatan. **The Folk-Lore Journal,** 1883, I (8): 7.

(Habla de la hechicería entre los mayas).

THE GREAT "White Ways" of the Maya. En "Carnegie Institution of Washington. News Service Bulletin. School edition", Washington, 1933, III (9): 63-67, ils.

(**Sumario:** A network of roads. — Exploring expedition organized.—The first American road roller.—Various discoveries.—Method of road construction.— Great "White Ways".—Probable time of construction.—Built for men afoot. —The larger significance).

THE HAND-BALL palace of the Mayas; new pictures of the ruins of Chichen-Itza, Mexico. (Extracto) **The Sphere,** London, 1935, CXLI (1839): 103.

THE MAYA.—(Latin-American Institute for Race and Culture Studies, Memorandum 2, p. 3-4, May 1935).

THE MAYA and their neighbors. Limited edition. D. Appleton-Century Company, New York-London, 1940, XXIV-606 pp., 20 láminas, 40 figs., XI tablas.

(Este libro fué para rendir homenaje al Dr. Alfred Marston Tozzer, preparándolo sus estudiantes y colegas "en reconocimiento a sus servicios en la investigación sobre la América Media y apreciando lo que le deben como profesor, consejero y crítico amigo").

(**Sumario:** Part I. The background of the Maya. Part II. The Maya. Part III. The Northern neighbors of the Maya. Part IV. The Southern neighbors of the Maya. La bibliografía es de primera calidad).

THE MAYA Calkiní Chronicle: Photographic facsimile; with introduction. (The Maya Society. Publication Nº 8).

THE MAYA Chilán Balam de Tekax; facsímile. (The Maya Society, Publication Nº 11).

THE MAYA of Middle America. **News Service Bulletin,** Carnegie Institution of Washington, 1931, II (17-21): 121-44, ils., mapa.

(**Contents:** I. "The archaeological problem", by A. V. Kidder. II. "The Temple of the Warriors", by Earl H. Morris. III. "Restoration of the turquoise mosaic plaque", by Shoichi Ichikawa. IV. "Basreliefs from the Temple of the Warriors", by Jean Charlot. V. "Murals from the Temple of the Warriors", by Ann Axtell Morris).

THE MAYA SOCIETY and its work. **The Maya Society. Publication Nº 19, at the private Press of the Society, Baltimore, October 1937, 32 pp., 23.7 x 16.2 cms.**

"THE MAYA **Society Quarterly". Vol. I, Baltimore.**

(**Contents:** Profertur.—Katun Wheels in the Kaua Manuscript, etc.—Ancient History of Yucatan.—Table for verifying Maya dates.—A Kekchí Calendar. —Glyph Studies.—The Ixtlan and Meixueiro Codices.—The birth of the Uinal-Reviews.—Seqiutur.—Ixcit Cheel: A Maya Folk Tale.—Calendar and Nagualism of Tzeltals.—Kekchí Will of 1565.—Glyph studies.—Memory of my village: Quiché Stanzas.—Ixtlavacán Quiché Calendar of 1854.—Pokonchí Calendar.—Eras of Thirteen and Nine Gods: Maya.—Book reviews.—Mayas nations and Languages.—With folding colored map.—X'Tabay the Enchantress: Maya.—Cahabón to Bacalar in 1677.—Map of Guatemala in 1525.—The Humming-bird and the Flower: a Kekchí Folk Tale.—Chumayel: testing of the Princess: Maya.—U-tzocol tz'ib-huun.—Guatemala National Hymn in Quiché and English.—Bases of Maya Grammar.—Glyph Studies.—The Landa so-called "Alphabet".—Aztec Master Musician: Aztec and English).

(Esta revista, admirablemente editada, fué obra del Dr. William Gates).

THE MAYAN twilight; note on today's representatives of the stock. **Grace Log,** 1931, XIV (6): 165-67.

THE METATES of Chichen Itza, Yucatan. En "Carnegie Institution of Washington. News Service Bulletin. School edition", Washington, 1932, II (31): 203-210.

(Son 4 fotografías que aparecen en "Notes on the metates of Chichen Itzá; Yucatan", por G. Stromsvik).

THE MEXICAN Bacchus.—**The American Antiquarian,** Washington, D. C., 1881, III (2): 159-60.

(Es disquisición sobre una estatua o ídolo mexicano que apareció en Yucatán y al que se refiere la "North American Review" de octubre de 1881).

THE NATIVE calendar of Central America and Mexico. A study in linguistics and symbolism. **Proceedings of the American Philosophic Society,** Philadelphia, 1893, XXXI: 258-394.

(Existe una edición de Porter and Coates, de Philadelphia, hecha en 1893).

THE NUMERATION, calendar systems, and astronomical knowledge of the Mayas. Cambridge, 1910, 340 pp., 19 láminas, 64 ilustraciones. (Publications of the Peabody Museum of Archaeology and Ethnology, Harvard University).

THE PAVED Mayan roads. **Modern Mexico,** 1934, V (58): 15.

THE PESCTAC stela.—**Maya Research,** New Orleans, 1935, II (2): 190-191, ilustraciones.

THE ORIGIN of maize. En "Carnegie Institution of Washington. News Service Bulletin. School edition", Washington, 1937, IV (16): 147-48.

THE RUINS of Copan. **Illustrated London News**, Jan. 16, 1864.

(Quizá contiene las primeras reproducciones hechas de fotografías de los monumentos, tomadas por Salvin antes de 1863. (Morley en "Inscriptions at Copán").

THE RUINS of Quiriguá. En "Carnegie Institution of Washington. News Service Bulletin. School edition", Washington, 1934, III (19): 151-56, ils.

(**Sumario:** Sculptured monuments.—Altars discovered.—Search of hidden treasure.—Reerecting fallen monuments.—Saving a nose.—The Maya people.—Two principal periods.—Ruins described.—Site discovered and studied.—The guidebook).

THE UNEXPLORED regions of Central America. **Putnam's Magazine**, november 1868, II: pp. 549-61.

(Se ocupa del Petén y de otras comarcas mayas).

THE WEEK in science: investigating the Maya man. Yucatan researches and cells that drink included in Carnegie Institution exhibit. **The New York Times**, December 13, 1936.

THEILE, Walter.—Die Tozolkin Periode im Astronomischen Kalendar der Maya. **Die Himmelswelt**, 1933, XLIII (9-10): 201-04.

THIRD Marshall Field Archaeological expedition. **Science**, March 6, 1931 (73): 261.

THOMAS, Cyrus.—A brief study on the Palenque tablet. **Science**, New York, 1892, XIX: 328.

———. A study of the Manuscript Troano by .... with an introduction by D. G. Brinton, M. D., Washington, Government Printing Office, 1882, I-XXXVII, 1-237.

(Este estudio forma parte de "Contributions to North American Ethnology" de Powell, Washington, 1882, vol. V. La introducción del Dr. Brinton va en las pp. XVII-XXXVII y contiene una discusión sobre el albafeto maya, una relación sobre los códices impresos e incidentalmente comentarios y ejemplos en lenguaje maya. El trabajo de Thomas da los nombres de días, meses y años en maya y también términos maya-hassim). (Cat. Pilling Nº 3846).

———. Aids to the study of the Maya codices. En **U. S. Bureau of American Ethnology**, 6th annual report, (1884-85), Washington, D. C., 1888, p. 253-371. ils.

———. Are the Maya hieroglyphs phonetic? **The American Anthropologist**, Washington, 1893, VI (3): 241-270, 3 láminas.

———. Central American hieroglyphic writing. En "Smithsonian Report", Washington, 1903, pp. 705-21, con 7 ilustraciones.

(Entre las ilustraciones figura el tablero de Palenque (en la Smithsonian Institution) y una reproducción de la lámina XXXIX del Códice Troano (edición de Brasseur de Bourbourg).

———. (Comentario a) "Researches in the Ulloa Valley, Honduras, and caverns of Copan, Honduras", por George Byron Gordon. **American Archaeologist,** 1898, II: 309-310.

———. (Comentario a) "The native calendar of Central America and Mexico", por Daniel G. Brinton (Philadelphia, 1893). **The American Anthropologist,** Washington, D. C., 1894, VII (1): 122-124.

———. Day symbols of the Maya Year. En "Sixteenth Annual Report of the Bureau of American Ethnology to the Secretary of the Smithsonian Museum, 1894-95", Washington, D. C., Gov't Printing Office, 1897, pp. 205-65.
(Contiene material sobre la arqueología quiché-cachiquel).

———. Descubrimientos hechos en los códices mexicanos y mayas. **Anales del Museo Nacional de México,** México, 1897, IV: 24-29.
(Traducido para los "Anales del Museo" de "The American Antiquarian, and Oriental Journal", Vol. VIII, Nº 2, March 1886).

———. Discoveries in the Mexican and Maya codices. **The American Antiquarian,** Chicago, 1886, VIII (2): 69-76.

———. Introduction to the study of North American archaeology. Cincinnati, The Robert Clarke company, 1898, XIV-391 pp., ils., 22 cms.

———. Key to the Maya hieroglyphs. **Science,** New York, 1892, XX: 44-46.

———. Length of the Maya year. **The American Anthropologist,** 1891, IV (3): 209.

———. Les signes numeriques dans le Codex de Dresde. **Archives de la Societé Americaine de France,** París, 1884, III: 207-233.

———. List of linguistic families of Mexico and Central America (en colaboración con el Mayor Powell).

———. Maudslay's archaeological work in Central America. **The American Anthropologist,** 1899, I: 552-561.

———. Maya calendar and the age of M. S. Troano. **American Naturalist,** Salem, N. Y., 1867-1881, (15): 767.

———. Maya codices. **American Antiquity,** (14): 328.

———. Maya hieroglyphic writing. Is it phonetic? **Science,** 20: 197.

———. Mayan calendar systems. **U. S. Bureau of American Ethnology,** 19th annual report (1897-98). **Washington,** 1910, II: 693-819.
(**Contenido:** Prefatory notes. Time series in the codices and inscriptions. The Dresden codex. Inscriptions at Palenque. Tablet of the Cross. Tablet of the Sun. Tablet of the Foliated Cross. Temple of Inscriptions. Tikal inscriptions. Copan inscriptions. Stela A. Stela B. Stela C. Stela D. Stelae E and F. Stelae H and I. Stela J. Altar K. Stela M. Stela N. Stela P. Altar Q. Altar S. Inscription at Piedras Negras. Summary. Mr. Goodman's system of Mayan chronology. Initial series. Identity of systems and characters of the different

tribes. Numeral symbols in the codices. In the Dresden Codex. In other codices. Working tables. **Ilustraciones:** A portion of the Tablet of the Cross, Palenque. Temple of the Sun; inscribed panel on the back of the sanctuary. Temple of the Foliated Cross; inscribed panel on the back wall of the sanctuary. Inscription on Stela J, Copan. Glyphs from Stela J, Copan. Upper division of plates 51 and 52, Dresden Codex. The chuen symbol. The ahau symbol. The katun symbol. The cycle symbol. The calendar-round symbol. The day symbols. The month symbols. Part of plate 25; Dresden Codex. Part of plate 69, Dresden Codex. Inscription on the middle space of the Tablet of the Cross. Palenque. Inscription on the right slab of the Tablet of the Cross, Palenque. Part of the inscription on the wall of the Temple of Inscriptions, Palenque. Part of the inscription at Tikal. Inscription at Piedras Negras, Yucatán. Glyph from plate 73, Dresden Codex. Figures from plate 72, Dresden Codex).

———. Mayan Calendar systems. II. Twenty second annual Report of the Bureau of American Ethnology to the Secretary of the Smithsonian Institution, 1900-1901. Washington, D. C., Government Printing Office, 1904, I: 197-305.

(Contiene: Prefatory note; Initial series of the Quirigua inscriptions; Secondary numeral series of the Quirigua inscriptions; Maya chronological system; The Cakchiquel calendar;Maya method of calculation; Signification of the numeral series; Inscription at Xcalumkin, Yucatan; Inscription on Stela 6, Copan; The nephrite stone of the Leyden Museum; Calendar and number tables).

———. Maya time system and time symbols. **American Anthropologist,** 2: 53.

———. Native calendar of Central America and Mexico. **Science,** February 2, 1894, XXIII.

———. Notes on certain Maya and Mexican manuscripts. Washington, Government Printing Office, 1885, 65 pp., 4 láms.

———. Numeral systems of Mexico and Central America. Nineteenth Ann. Rep. Bureau American Ethnology, Washington, 1901, pp. 853-955.

———. Polynesian types in Mexico and Central America. **The American Antiquarian,** Chicago, 1894, XVI (2): 99-105.

(Muchas alusiones a palabras de los dialectos mayas, etc.)

———. Provisional list of linguistic families, languages and dialects of Mexico and Central America. **American Anthropologist,** Lancaster, Pa., N. S. 1902, (4): 207-16.

———. The ancient Mexican and Central American codices and inscriptions. **The American Antiquarian,** Washington, D. C., 1884, VI (3): 155-158.

(Especialmente versa sobre el Códice Troano).

———. The languages of Mexico and Central America and their geographical distribution. **Bulletin of the Bureau of the American Ethnology,** Washington, D. C., 1910.

———. The Manuscrit of Troano. **American Naturalist,** August, 1881, XV: 625-41, 767-772.

(El Troano fué hallado por el Abate Brasseur de Bourbourg en Madrid, en 1865. Hay un comentario por Stephen D. Peet en "The American Antiquarian", Washington, D. C., 1882, IV (3): 250-51).

———. The Maya codices. **The American Antiquarian,** Chicago, 1892, XIV (6): 328-335.

(Especialmente se refiere al Troano y al de Dresden).

———. The Maya language. **The American Antiquarian,** Chicago, 1894, XVI (4): 244.

(Thomas afirma que el maya procede del malayo).

———. The Maya year. **U. S. Bureau of American Ethnology,** Bull. 18, Washington, 1894, 64 pp., lámina.

———. The vigesimal system of enumeration. **The American Anthropologist,** Washington, D. C., 1896, IX (12): 409-10.

(Trata comparativamente a los malayo-polinesios y los mayas).

———. Time periods of Mayas. **Science,** 21: 128.

———. Was Palenque visited by Cortes? **Science,** 1885, V: 171-172.

———. (Véase "Códice Troano").

THOMAS, Cyrus, y SWANTON, John R.—Indian languages of Mexico and Central America and their geographical distribution. **Bureau of American Ethnology,** Washington, 1911, Bulletin Nº 44.

THOMPSON, Edward Herbert.—A Maya legend in the making. **Proceedings of the American Antiquarian Society,** Worcester, 1931 (1932), XLI: 340-343.

———. Ancient tombes of Palenque. **Proceedings of the American Antiquarian Society,** Boston, 1896, X: 418-21, 1 lámina.

———. Archaeological researches in Yucatan. Cambridge, 1904, 20 pp., 9 láminas, 11 ilustraciones. (Memoirs of the Peabody Museum of Archaeology and Ethnology, Harvard University, Vol. III, Nº 1).

———. Explorations of the Cave of Loltun, Yucatan. Cambridge, 1897, 22 pp., 8 láms., ils. (Memoirs of the Peabody Museum of Archaeology and Ethnology, Harvard University).

(Es el informe de las exploraciones hechas en 1888-89 y 1890-91 por el Museo. Hay un sobretiro de 22 pp. hecho en 1897).

———. Home of a forgotten race; mysterious Chichen Itza, in Yucatan, Mexico. **National Geographic Magazine,** June 1914, XXV: 585-608; y **Bulletin of the Pan American Union,** July 1914, XXXIX: 113-15.

———. People of the serpent; life and adventure among the Mayas. Boston and New York, Houghton Mifflin Company, 1932, XV-301 pp., láms., 21.5 x 15 cms.

(Hay edición de Putnam, New York, 1933).

———. Sisal fiber of Yucatan. **Scientific American Supplement**, New York, May 9, 1903, LV: 22868-9.

———. The ancient structures of Yucatan not communal dwellings. En "Proceedings of the American Antiquarian Society", Worcester, Mass., 1893, N. S. VIII: 262-269.

———. The Chultunes of Labná. Report of the explorations by the Museum, 1889 and 1890-91. Cambridge, 1897, 20 pp., 13 láminas, ilustraciones. (Memoirs of the Peabody Museum of Archaeology and Ethnology, Harvard University, Vol. I, Nº 3).

———. The genesis of the Maya archaeology. **American Anthropologist**, Lancaster, October, 1911, XIII (3): 501-16.

———. The high priest's grave Chichen Itza, Yucatan, Mexico. A manuscript by .... Prepared for publication, with notes and introduction by J. Eric Thompson. Carnegie Institution of Washington. Field Museum Press. Chicago. 1938, 64 pp., 24 x 16 cms., 25 ils. (Anthropological Series. Field Museum of Natural History. Vol. 27, Nº 1, publication 412).

———. The Maya date stone. **Mexican Life**, México, 1934, X (5): 21, 46-48.

———. The mural paintings of Yucatan. En "Proceedings of the XIII International Congress of Americanists", New York, 1905, pp. 189-192.

———. Yucatan at the time of its discovery. En "Proceedings of the American Society", Worcester, Mass., 1893, N. S. VIII: 270-273.

———. (Véase "Estatutos de la Asociación Conservadora de Monumentos Arqueológicos de Yucatán").

———. (Véase Maller, T.)

———. (Véase Robertson, James Alexander).

LA PROFANACION del "Cenote Sagrado". **El Nacional**, México, 9 julio 1926.

———. LOS descubrimiento del arqueólogo .... en México. **Revista de Revistas**, México, D. F., 3 junio 1923. (Tomado de **The World** de Nueva York).

THOMPSON, John Eric S.—A correlation of the Mayan and European calendars. En "Field Museum of Natural History, Anthropological Series", Chicago, 1927, Pub. 241, XVII (1).

———. A note on Scherzer's visit to Quirigua. **Maya Research**, New Orleans, La., 1936, III (3-4): 330-331.

———. An eccentric flint from Quintana Roo, Mexico. **Maya Research**, New Orleans, La., 1936, III (3-4): 316-318.

———. Archaeological investigations in the Southern Cayo district, British Honduras. En "Field Museum of Natural History, Anthropological Series", Chicago, 1931, Vol. XVII, Nº 3.

———. Archaeological problems of the lowland Maya. En "The Maya and their neighbors", New York, D. Appleton-Century Company, 1940, pp. 126-138.

———. Back with relics of ancient mayas. Eric Thompson reports to Field Museum on explorations in British Honduras. The New York Times, New York, 28 julio 1929.

———. Civilization of the Mayas. Chicago, Field Museum of Natural History, 1927.

(La segunda edición la hizo el Field Museum en 1932).

———. Elephant heads in the Waldeck manuscripts. Science Monthly, November, 1927, (25): 392-8.

———. Ethnology of the Mayas of Southern and Central British Honduras. En "Anthropological Series", Field Museum of Natural History, 1930, pp. 27-213, 24 láms. en rotograbado, 1 mapa.

———. Excavations at San Jose, British Honduras. With appendix by Anna O. Shepard. Washington, D. C., Carnegie Institution of Washington, 1939, XI-292 pp., 32 láminas, mapas, 18 tablas, 25.5 cms. (Carnegie Institution of Washington, Publication Nº 506).

(Se refiere principalmente a la cerámica y antigüedades del los indios de Centroamérica y los mayas).

———. Exploration in Campeche and Quintana Roo and excavations at San Jose, British Honduras. En "Carnegie Institution of Washington. Year Book Nº 35", Washington, 1936.

———. La civilización de los mayas. Traducción de la segunda edición inglesa, al cuidado de Samuel Ramos. México, 1936 (s.p.i.), 90 pp. (Apéndice de 16 láminas más 11 grabados incluídos en el texto. Un mapa del territorio maya con las principales ciudades). 23.7 x 17.5 cms. (Publicaciones de la Secretaría de Educación Pública. Departamento de Bibliotecas).

———. Las llamadas fachadas de Quetzalcóatl en Campeche.

(Este trabajo se presentó en el XXVII Congreso Internacional de Americanistas, México, 1939).

———. Maya chronology: the fifteen Tun glyph. (Preprint from Pub. Nº 436, of Carnegie Institution of Washington, p. 243-54, Aug. 1934. Contribution to American Archaeology, Nº 11).

———. Maya Arithmetic. Por .... Preprinted from Carnegie Institution of Washington Publication 528, pages 37-62, March 1, 1941. (Contributions to American Anthropology and History, Nº 36).

(**Sumario:** Introduction. The vigesimal system. Tables in the Dresden Codex. The computing year in calculations. Evidence for the use of the System. Summary. Notes. References. **Ilustraciones:** 1. Table on page 32a. Dresden Codex. 2. Table on page 45a., Dresden Codex . 3. Calculations by means of the computing year. 4. Calculations by means of the computing year.)

———. Reconnaissance and excavation in British Honduras. En "Carnegie Institution of Washington. Year Book Nº 37", Washington, 1938.

———. Sky bearers, colors and directions in Maya and Mexican religion. Washington, (Preprint from Publication Nº 436 of Carnegie Institution of Washington, pages 209 to 242, August 1934), 5 láms., 30.2 x 22.7. (Contributions to American Archaeology, Nº 10).

(**Contenido:** Maya sky bearers, colors and directions. Mexican sky bearers, colors and directions. Other Mexican direction gods. Other Maya direction gods. Mexican sky bearers as stellar and eclipse gods. Maya sky bearers as possible stellar and eclipse gods. The Maya sky monster. Summary. Bibliography.)

———. Solar year of the Mayas at Quirigua, Guatemala, Chicago, 1932, 60 pp., 20 cms. (Anthropological Series, Field Museum of Natural History, Vol. XVII, Nº 4).

———. The astronomical approach. En "Contributions to American Archaeology, Nº 14". (Preprinted from Publication Nº 456 of Carnegie Institution of Washington, pp. 51-104, October, 1935), pp. 83-91.

———. The dates of the Temple of the Cross, Palenque. **Maya Research**, New Orleans, La., 1936, III (3-4): 287-293.

———. The dates on Altar U, Copan. **Maya Research**, New Orleans, La., 1935, II (1): 11-13.

———. The humming bird and the flower. **Maya Society Quarterly**, 1932, I (3): 120-22.

———. The Maya year bearers. En "Contribution to American Archaeology" Nº 14. (Reprint from Publication Nº 456 of Carnegie Institution of Washington, pages 51 to 104, October, 1935), pp. 101-103.

———. The moon goddess in Middle America with notes on related deities. Washington, (Reprinted from Carnegie Institution of Washington, Publication Nº 509, pages 121 to 173, June, 1939), con 5 figuras en el texto, 29.2 x 22.8 cms. (Contributions to American Anthropology and History, Nº 29).

(**Contenido:** General considerations. The moon as a male deity. The moon goddess as wife of the sun. Maya tradition. The moon goddess as patroness of weaving. Maya tradition. Mexican tradition. The moon goddess as deity of procreation, pregnancy, and birth. Maya tradition. Mexican tradition. The sexual side of the moon goddess. Maya tradition. Mexican tradition. The moon goddess considered as mother of grandmother. Maya tradition. Mexican tradition. Day signs of the moon. Maya tradition. Mexican tradition. The moon goddess and the flower. Maya tradition. Mexican tradition. The moon goddess as wife of a poet and singer. Maya tradition. Mexican tradition. The moon goddess as earth goddess. Maya tradition. Mexican tradition. The moon goddess and the king vulture. Maya tradition. Mexican tradition. The moon goddess and divination. Maya tradition. Mexican tradition. The moon goddess as water goddess. Maya tradition. Mexican tradition. The moon goddess and the monkey. Maya tradition. Mexican tradition. The moon goddess and the spider. Maya tradition. Mexican tradition. North American tradition. The sun and moon deities and the deer. Maya tradition. Mexican tradition. Itzamná and Ixchel. Itzamná as spouse of Ixchel. Itzamná as god of rain, medicine, and hieroglyphic writing. Interpretation of Itzamná's names. Identification of Itzamná with Sky Monster. The Sky Monster and water symbols. Sky of Earth Monster? Celestial Snake Monsters. Itzamnas and world directions. World direction and water aspects of Mexican celestial monsters. Maya sky monsters and world directions. Summary of Itzamná theory. Anthropomorphic aspect of Itzamná. Ixchel's relation to Itzamná. Ixchel in Maya Codices. Goddesses in Maya codices. Causes and effects of eclipses. Maya tradition. Mexican tradition. Zapotec myths of Sun and Moon. Summary. Appendix. References. **List of illustrations:** 1. Tlazolteotl-Toci and representations of the Xiuhcoatl. 2. Representations of the spider monkey in Maya and Mexican art. 3. The Sun god disguised as a deer. 4. Maya sky monsters. 5. Glyphs of supposed moon goddess in Maya codices).

———. The solar year of the Mayas at Quirigua, Guatemala. (Field Museum of Natural History, Publication 315, Anthropological series, Vol. XVII, Nº 4). Chicago, Field Museum Press, 1932, 365-421 pp. ils., 24.5 cms.

———. (Véase Beyer, Hermann).

———. (Véase Gates, William).

THOMPSON, J. Eric, y GANN, Thomas.—The history of the Maya from the earliest times to the present day. New York, Charles Scribner's Sons, 1931, X-264 pp.

THOMPSON, J. Eric S., y SHEPARD, Anna O.—Late ceramic horizons at Benque Viejo, British Honduras, By .... With noted classification of the painted wares by Anna O. Shepard. Contributions to American Anthropology and History, Nº 35. Preprinted from Carnegie Institution of Washington, Publication 528, pages 1-35, Washington, D. C., December 15, 1940, VI-35 pp., con 6 láminas y 57 figuras, al fin del texto.

(**Sumario:** Illustrations. General considerations. Choice of site. Situation of ruins, Topography, and History. Group B. Pottery of Group B. Method of presentations. Slips and paints. Definitions. Identifications of temper. Phases at Benque Viejo. Classification of the painted wares by Anna O. Shepard. Elements of hieroglyphic origin in Benque Viejo pottery. Temper. Stone artifacts. Burials. Miscellaneous material. The place of Benque Viejo in Peten-British Honduras History. Notes. References).

(En este estudio se da detalles de las cerámicas de dicha área y se presenta una clasificación de las mismas).

THOMPSON, John Eric, POLLOCK, Harry E. D., y CHARLOT, Jean.—A preliminary study of the ruins of Cobá, Quintana Roo, México. Washington, 1932, VI-313 pp., 70 ilustraciones, 18 láminas, mapas, 30.5 cms. (Carnegie Institution of Washington. Publication Nº 424).

THOMPSON, J. Eric, ROYS, Lawrence, y LONG, R. C. E.—Maya chronology: the correlation question. With appendices. I. The astronomical approach, by J. Eric Thompson; II. Maya planetary observation, by Lawrence Roys;

III. Remarks on the correlation question, by R. C. E. Long; IV. The Maya Year bearers, by J. Eric Thompson. Contributions to American Archaeology, Nº 14. (Preprint from Publication Nº 456 of Carnegie Institution of Washington, pages 51 to 104, October 1935). (Issued October 1935), Chicago, (s.p.i.), 29.5 x 23 cms.

(**Sumario:** Preface. The general problem. The 260-day count. The year count. The Katun count. The Venus count. Lunar data. The ceramic evidence. 10.10.0.0.0, 13 Ahau 13 Mol correlation. 11.3.0.0.0, 13 Ahau 13 Pax correlation. 11.16.0.0.0 (Goodman-Martínez) correlation. 11.16.0.0.0 (Goodman-Thompson) correlation. 11.16.0.0.0 (Beyer) correlation. 12.9.0.0.0, 13 Ahau 8 Kankin correlation. 13.2.0.0.0, 13 Ahau 3 Zotz correlation. Conclusions. Appendices: I. The astronomical approach, by J. Eric Thompson; II. Maya planetary observation, by Lawrence Roys; Jupiter; Mars; Saturn; Venus; Mercury; Conclusion; III. Remarks of the correlation questions, by R. C. E. Long; IV. The Maya Year bearers, by J. Eric Thompson; Bibliography).

THOMSON, J. Herndon.—Archaeology, mostly American. **American Architect**, 1932, CXLII: 18-21.

TIANI, T. Max.—El numeral uno en las lenguas indígenas de América. **Anales del Museo Nacional, Historia y Etnografía,** México, enero-diciembre 1937, pp. 241-261.

TIBBELS, A.—(Véase Schwendener, N.)

TIBON, Gutierre.—Palabras mayas que conquistaron al mundo. De "cacao" a "tomate", pasando por Jalapa. II. **Excélsior,** México, 23 agosto 1941.

TIRADO, Fermín José, (cop).—Vocabulario quiché-español. 2 vols. 210 y 208 pp.

(Hecho por un monje franciscano del arzobispado de Guatemala. Contiene también un breve diccionario de varias palabras que hacían falta y los nombres de diferentes aves. Copiado por D. .... quien agregó los nombres de los árboles de los alrededores). (Original en la biblioteca del Peabody Museum de la Universidad de Harvard).

TITAYNA.—Mes mémoires de reporter ou les dessous de ma vie aventuriere. **Vu,** París, 5 y 12 enero 1938, 512: 14-15 y 513: 46-47.

(En la pág. 14 del 1er. número hay un relato de la autora, quien filmó una película cinematográfica en la zona arqueológica maya de Yucatán y Guatemala).

TITULO de los antiguos nuestros antepasados, los que ganaron los terrenos de Otzoyá, en el año 1300 antes que viniera la fe de Jesucristo entre ellos. M. S. cakchiquel, del archivo municipal de Totonicapán.

(En 1834 el cura de Sacapulas, indígena, los tradujo al castellano; se cree que data del año 1554. Daniel Vela).

TITULO de los señores de Totonicapán. Traduit de l'espagnol por M. de Charencey. (Extrait du) **Bulletin des Actes de la Société Philologique,** Alencon, 1885.

TITULO REAL de Don Francisco Izquin, último Ahpop Galel, o Rey de Nehaib, en el Quiché, otorgado por los señores que le dieron la investidura de su real dignidad, firmado por el último Rey del Quiché con otros varios príncipes, en día 22 de noviembre del año de 1558. 11 hojas en folio.

(Dice Brasseur de Bourbourg: "El manuscrito original en lengua quiché, contiene además el usual prefacio simbólico, la historia de la conquista de las ciudades de la Baja Verapaz y Quiché por las tribus de este nombre, y especialmente por las tres reales casas, de las cuales esta de Nehaib fué la más baja en rango. Lleva las firmas de los últimos príncipes quichés, quienes a usanza de los de México, ansiosamente adoptaron en los primeros días de la Conquista los caracteres del alfabeto latino, para de este modo perpetuar sus historias sin peligro de que se les considerase sospechosos de idolatría o de rebelión. He traducido este documento al francés a petición del Dr. Don Mariano Padilla; esta traducción se halla actualmente en el archivo de la Biblioteca de la Universidad de Guatemala". (Cat. Pilling Nº 3870).

TISDEL, Edine Frances.—Indians of Guatemala. **The Southern Workman**, Hapston, Va., December, 1911, pp. 676-90.

TIZIMIN, (Códice de).—(Véase Barrera Vázquez, Alfredo).

TOLOMEO (Mapas del Nuevo Mundo).

(Tres ediciones de Tolomeo, 1541, 1548 y 1561, con mapas del Nuevo Mundo. De la de 1561 dice Nordenskiöld: "Nueva traducción italiana, con numerosas notas y adiciones por Ruscelli. Los mapas son amplificaciones de los de Gastaldi en la edición de 1548, excepto .... y el mapa de la América Central (Nova Hispania) en el que Yucatán figura como península y no separado del continente por un estrecho como en el mapa de 1548. (Venecia Valgrisi)". Joaquín García Pimentel, **Excélsior**, 24 noviembre 1928).

TOOR, Frances.—El Tajín and Papantla. State of Chiapas and Ruins of Palenque. Yucatán. Mérida. Chichen Itza. Uxmal. Ticul and Valladolid. En "Guide to Mexico", México, Printed por A. Mijares y Hno., 1933.

TORNEL OLVERA, Luis.—Salamanca de Bacalar, la ciudad muerta. **El Universal Ilustrado**, México, D. F., 6 julio 1922, p. 29.

TORO, Alfonso.—Compendio de Historia de México. Historia antigua desde los tiempos más remotos hasta antes de la llegada de los españoles. Segunda edición corregida y aumentada por el autor, con mapas e ilustraciones documentarias. Sociedad de Edición y Librería Franco Americana, S. A. (Antigua Librería Bouret y El Libro Francés, Unidos), México, Imp. "Manuel León Sánchez", S. A., 1931, 312 pp., 20 cms.

TORRALBA, Fr. Francisco.—Sermones doctrinales en lengua maya o de Yucatán. Ms. (Cat. Pilling, 3880).

(Fr. Torralva era natural de Madrid, de la Orden de San Francisco y en 1573 pasó a Yucatán. Escribió estos sermones —dice Beristáin— según Cogolludo, Pinelo y Nicolás Antonio. Falleció en el Convento de San Francisco de Mérida, en 1624).

TORRE, Manuel.—Una gloria mística del Mayab. **El Nacional**, México, D. F., 28 agosto 1941.

(Comentario sobre el "Libro de Chilam Balam de Chumayel", publicado por la Universidad Nacional Autónoma de México).

TORRES, Fr. José (rev.)—(Véase Peralta, Fr. M. Antonio).

TORRES, Fr. Juan.—(Véase "Doctrina cristiana en lengua guatemalteca").

———. (Véase Marroquín, Francisco).

TORRES, Juan José de.—La montaña de Bacalar: relación de las riquezas que encierra en los reinos animal y vegetal, y de las probabilidades que existen para juzgar que contiene algunos minerales. **El Registro Yucateco**, Mérida, Yuc., 1845, I: 209-217.

———. La higuerilla y el zicilte. **El Registro Yucateco**, Mérida, Yuc., 1846, III. 173-75.

———. Más sobre Cozumel. **El Registro Yucateco**, Mérida, Yuc., 1846, III: 218-222.

TORRESANO, Fray Estevan.—Arte de lengua cakchiquel, etc., incluiendo un parallelo de las lenguas kiche, cakchiquel y zutuhil; Guatemala, año 1754. Ms. 305 pp. y 20 hojas, 4º. (Cat. Pilling Nº 3881).

(Esta es una adaptación de las obras de Flores, hecha por una mano más hábil y crítica, omitiendo muchos de los pasados embrollos y repeticiones del original. El manuscrito original está en la Biblioteca Imperial de París. (**Squier**). Ludewig lo dice también en "American Aboriginal Languages", pág. 90. Figura una copia fotográfica en el Cat. Gates Nº 1016, dando las mismas señas de Squier. Una copia manuscrita está en la Colección Berendt, Library of the Free Museum of Science and Art of the University of Pennsylvania. (Catálogo de dicha colección, por Brinton, p. 216 del vol. II del boletín del Museo).

TOSCANO, Salvador.—El problema antropológico tolteca en México y Centroamérica. **Excélsior**, México, 21 julio 1941.

———. El valor estético de los relieves mayas en el Antiguo Imperio. **Anales del Instituto de Investigaciones Estéticas**, México, 1939, II (4): 37-54.

(**Sumario:** Estelas del Usumacinta y del Petén. Altares. Basamentos, muros, tableros. Dinteles y peldaños de Yaxchilán y Piedras Negras).

———. La pintura mural precolombina de México. **Boletín Bibliográfico de Antropología Americana**, México, 1940, IV (1): 37-51.

(**Sumario:** Ideas generales sobre la pintura mural llamada al fresco. 1. Pinturas puramente decorativas. 2. Pinturas mitológicas o religiosas. 3. Pinturas con escenas de la vida. **Estilos y culturas.** I. Grupos de murales teotihuacanos y toltecas. 1. Ofrendas a los dioses. 2. Sacerdotes y guerreros teotihuacanos. II. El grupo de murales nahuas. 1. Pinturas mitológicas de los altares de Tizatlán. 2. Frisos decorativos con cráneos y huesos cruzados. 3. Muro decorado con procesión de guerreros. III. La pintura zapoteca. 1, 2. Pinturas mitológicas de las cámaras sepulcrales 104 y 105. IV. Grupo de murales mixtecas. 1. Pinturas con escenas mitológicas en los dinteles de Mitla. V. Grupo de murales mayas. 1. Ataque y defensa de una aldea maya. 2. Ataque a una aldea maya y desfile de vencedores y cautivos. 3. Escenas de la vida maya en una aldea a orillas del mar. 4. Motivos religiosos en los muros de los basamentos sur y norte del Templo de los Guerreros. 5. Deidades o sacerdotes mayas sentados en tronos ceremoniales. 6. Tablero decorado con figuras de sacerdotes y guerreros. 7. ¿Ofrendas a un cacique maya? 8. Desfile ceremonial de guerreros. 9. Pinturas con escenas mitológicas en Santa Rita. 10. Pinturas con escenas mitológicas en Tulum. 11, 12, 13, 14, 15. Deidades pintadas en las claves de las bóvedas de los templos de Kiuic, Dzibilnocac y Chichén Itzá).

TOTTEN, George Oakley.—Maya architecture. Washington, D. C., The Maya Press, 1926, 250 pp., láminas, mapa, ilustraciones, 41.5 cms.
(Lleva bibliografía en las pp. 249-50).

TOUNG-DEKIEN.—De l'origine des américaines précolombiens. Mémoir présenté au XXéme. Congrés International des Américanistes réuni a Rio de Janeiro, le 20 Aout 1922. En "Annaes do XX Congresso Internacional de Americanistas realizado no Rio de Janeiro, etc., 1922", Río de Janeiro, 1924, I: 3-47.

TOURINHO, Eduardo.—Chichén-Itzá. En "Kukulkán". Río de Janeiro, 1935, pp. 64-69.

TOWNSEND, Guillermo C.—Comparaciones morfológicas entre el cakchiquel y náhuatl. **Investigaciones Lingüísticas**, 1937, IV (2-4): 324-31.

TOY, pottery and basket industry of Guatemala. **Commerce Reports**, 24 febrero 1915, p. 758.

TOZZER, Alfred Marston.—A classification of Maya verbs. En "Reseña de la segunda sesión del XVII Congreso Internacional de Americanistas efectuada en la ciudad de México durante el mes de septiembre de 1910. (Congreso del Centenario)". México, Imp. del Museo Nacional de Arqueología, Historia y Etnología, 1912, pp. 233-37.

———. A comparative study of the Mayas and the Lacandones, by .... New York, London, Pub. for the Archaeological Institute of America by the MacMillan Company, 1907, XX-195 pp., 49 figs., 29 láminas, 25.5 cms. (Archaeological Institute of America. Report of the fellow in American Archaeology, 1902-1905).

———. A Maya grammar, with bibliography and appraisement of the works noted. Cambridge, Mass., The Museum, 1921, XVI-301 pp., 24.5 cms. (Papers of the Peabody Museum of American Archaeology and Ethnology, Harvard University, Vol. IX).
(Trae una disertación sobre las obras en maya y una bibliografía sobre ellas).

———. A preliminary study of the prehistoric ruins of Nakum, Guatemala; A report of the Peabody Museum expedition, 1909-1910, by ...., with fifty-four illustrations in the text and twenty-three plates. Cambridge, Mass., The Museum, 1913, Vol. V, Nº 3, pp. 137-197.

———. A preliminary study of the prehistoric ruins of Tikal, Guatemala; A report of the Peabody Museum expedition, 1909-1910, by .... Cambridge, Mass., The Museum, 1911, Vol. V, Nº 2, 135 pp.

(Comentario de Maudslay sobre "Preliminary study of the Ruins of Tikal", en **Nature**, London, 1911, vol. 88, pp. 247-8).

———. A Spanish manuscript letter on the Lacandones, in the Archives of the Indies at Seville. En "International Congress of Americanists. Proceedings of the XVIII session, London, 1912", Part II, London, 1913, pp. 497-509.

———. (Comentario a) "Don Diego Quijada, Alcalde Mayor de Yucatán. Documentos sacados de los archivos de España", edited by France V. Scholes y Eleanor B. Adams. (México, 1938). **The Hispanic American Historical Review**, XIX (4): 519-21.

———. (Comentario a) "Pre-Columbian representations of the elephant in America", por G. E. Smith. **Nature**, 1916, XCVI: 592.

———. Cronological aspects of American archaeology. **Proceedings, Massachusetts Historical Society**, Boston, April, 1926.

———. Ernst Foerstemann. **American Anthropologist**, 1907, IX: 153-159.

———. Explorations in the Department of Peten, Guatemala. Tikal. Preliminary study of the ruins of Tikal, Guatemala. En "Memoirs of the Peabody Museum of American Archaeology and Ethnology", Harvard University, Cambridge, Mass., published by the Museum, 1911, V (2).

———. Landa's Relación de las Cosas de Yucatán. A translation edited with notes by Alfred M. Tozzer. Papers of the Peabody Museum of American Archaeology and Ethnology. Harvard University, Cambridge, Mass., 1941, Published by the Museum, 2 vols. XIII-394 pp., 2 mapas fuera de texto, 27 cms.

———. Maya and Toltec figures at Chichen Itza. En "Proceedings of the XXIII International Congress of Americanists. New York, 1928", New York, 1930, pp. 155-64, 9 figs.

———. Maya art and architecture. 4 pp.

(Es la conferencia por radio que el 26 de marzo de 1936, dió Tozzer a través de la Estación WAAB, bajo los auspicios del Museum of Fine Arts de Boston).

———. Maya research. **Maya Research**, New Orleans, La., 1934, I (1): 3-19.

(**Sumario:** Field research. Museum collections. Publications. Specialization. Origins. Greater Middle America. The archaic. "Q Culture". Trade and colonization. Archaeology. The great or classical period. Relations with Northern cultures. The Renaissance. The Mexican period. Changes in plan. House mounds. Metal. Hieroglyphics. The codices. Correlations. Books of Chilam Balam. Physical Anthropology. Linguistics. Ethnology. Archives. Correlated researches. Libraries. Training).

———. Prehistoric ruins of Nakum, Guatemala. **Records of the Past**, January 1914 (13): 44-52.

———. Prehistory in Middle America. **The Hispanic American Historical Review**, Durham, 1937, XVII: 151-59.

———. Stephens and Prescott, Bancroft and others. En "Los Mayas Antiguos", México, 1941, pp. 35-60.

———. Survivals of ancient forms of culture among the Mayas of Yucatan and the Lacandones of Chiapas. En "Congres International des Americanistes. XVe. session tenue a Quebec en 1906", 1907, II: 283-288.

———. The Books of Chilam Balam. En "Report of the 19th. Sess. of International Congress of Americanists", 1917.

———. The Chultunes of Northern Guatemala. **Science**, New York, April 26, 1912.

———. The ruins of northeastern Guatemala. En "Reseña de la segunda sesión del XVII Congreso Internacional de Americanistas efectuada en la ciudad de México durante el mes de septiembre de 1910 (Congreso del Centenario)", México, Imp. del Museo Nacional de Arqueología, Historia y Etnología, 1912, pp. 400-10.

(Se refiere a Tikal, Nakum, La Honradez, Holmul, Seibal, Porvenir, y Azúcar en Guatemala y Tsotskitan en Belice).

———. The Toltec architect of Chichen Itza. En "American Indian Life", edited by Elsie Clews Parsons, New York, B. W. Huebsch, 1926.

———. Time and American Archaeology. **Bulletin of the Pan American Union**, January 1928 (62): 26-41.

———. El Professor honorario del Museo Nacional Alfred Percival Maudslay. Trad. del inglés por Manuel Romero de Terreros. **Boletín del Museo Nacional de Arqueología, Historia y Etnografía de la República Mexicana**, 1933, II (2): 63-9.

———. (Véase Beuchat, H.)

———. (Véase Kelemen, Pál).

———. (Véase Sandberg, H. O.)

TOZZER, Alfred M., y GLOVER, M. Allen.—Animal figures in the Maya codices. "Note" por F. W. Putnam. Harvard University, August, 1909. Cambridge, Mass., Published by the Museum, February 1910. The Salem Press Co., Salem, Mass., 1910. 24.3 x 16.3 cms. (Papers of the Peabody Museum of American Archaeology and Ethnology, Harvard University, Vol. IV, Nº 3, pp. 275-372 más 80; 39 láminas con 445 figuras.

(**Sumario:** I. Synoptic consideration of the meaning and occurrence of animal forms.—II. Zoological identification and ethnological explanation of animal forms).

TRABAJOS hechos en México por el Middle American Research Institute de la Universidad de Tulane. **Boletín Bibliográfico de Antropología Americana.** México, 1940, IV (2): 118-123.

TRADUCCION del lenguaje maya. El arqueólogo Lawrence T. K. Griswold ha interpretado todos los vocablos. Calendario indígena. El año de 1 de los mayas data de más de cinco millones de años cabales. **Excélsior, México**, 16 abril 1932.

TRAYLOR, Melvin A., jr.—Birds from the Yucatan Peninsula. Chicago, 1941, 195-225 pp., mapa. Field Museum of Natural History, Zoological Series, XXIV (19).

TREASURE unearthed from Maya tomb. **El Palacio,** Santa Fe, N. M., 1932, XXXIII (11-12): 126-27.

TREASURES of Middle American Art disclose a colorful chapter in Mexican History. Natural History, American Museum of Natural History, New York, 1940, XLVI (2): 112-119.

TREGEAN, Edward.—Notes on Maya and Malay. **The Journal of the Polynesian Society,** Wellington, 1898, VII: 101-108.

TREJO, Belisario.—México desconocido. Los indios tzendales de Chiapas. Sus costumbres. Su manera de vivir, vestirse, etc. Sus pequeñas industrias. Sus prácticas religiosas. **El Tiempo,** México, 3 julio 1909.

TRENS, Manuel B.—Los indios lacandones: su vida y su historia. **Boletín de la Sociedad Mexicana de Geografía y Estadística,** 1930, XLII (4): 267-96.

———. Reseña geográfica e histórica del Estado de Chiapas. **Boletín de la Sociedad Mexicana de Geografía y Estadística,** 1930, XLII (5): 321-35.

TRIANA, Alonso.—Explicación de los Misterios del Rosario en cocchi.

(Andaluz, dominico de la Provincia de Chiapa, párroco de la Verapaz y muy versado en dicho idioma. (Beristáin).

TRIGUEROS, Guillermo.—Sobre la historia precolombina de algunas enfermedades mayas y centroamericanas. **Diario Latino,** San Salvador, 21 septiembre 1935.

TRIMBORN, H.—Quellen zur Kulturgeschichte des präkolumbischen Amerika. Stuttgart, Verlag Strecker und Schroeder, 1936, 262 pp., 11 láminas. (Studien zur Kulturkunde).

TRINK, Aubrey S.—Temple XXII at Copan. En "Contributions to American Anthropology and History", Washington, 1939, Vol. V, Nº 27. (Carnegie Institution of Washington. Publication Nº 509).

———. (Véase Stronsvik, Gustav).

TRO Y ORTOLANO, Juan de.—(Véase "Codex Troano").

(Don Juan de Tro y Ortolano, descendiente de Cortés, era profesor en la Escuela de Cartografía de Madrid (1876). Durante un viaje de Brasseur de Bourbourg a Madrid en 1866, prestó a éste el original de dicho Códice, obteniendo el permiso de reproducirlo en facsímil, habiendo intervenido en el trabajo de la reproducción el dibujante M. Henri Bourgeois, que prestaba servicios a Brasseur, bajo la dirección de éste y la de M. Angrand, siendo impreso en cromolitografía en la Imprenta Imperial de París, y dándose a la publicidad en 1869, bajo los auspicios de la Comisión de México. ("Essai sur le dechiffrement de l'ecriture hiératique maya" por León de Rosny, en "Archives de la Société Américaine de France", París, 1876, II: 28).

TROIS lettres sur la découverte du Yucatan et les merveilles de ce pays. Escrites par des compagnons de l'expédition sous Jean de Grijalva, Mai 1518. Imprimées sur vieux papier d'apres le Ms. original d'une version allemande de 1520, et en traduction allemande et française moderne. Harlem, Imp. de Jean Euschede et fils, 1871, 8vo.

TROMPEL, Paul.—Catalogue raisonné d'une collection de livres precieux sur l'Amerique. Leipzig, 1861.

TRONCOSO, Julián, y CASTELLANOS, Manuel María.—Traducción de varios nombres yucatecos. Por los Sres. canónigos D. Julián Troncoso y D. Manuel María Castellanos. **El Mexicano**, México, 1866, II (85): 175-176.

TROPICAL plants wrecked Calakmul. **El Palacio**, Santa Fe, N. M., 1932, XXXIII (7-8): 75-76.

TULUM frente al mar. (La ciudad sagrada). **Jueves de Excélsior**, México, 27 marzo 1938.

TUMBAS mayas, encontradas en el Valle de Guatemala. Prensa de la capital en marzo y abril de 1936. **Anales de la Sociedad de Geografía e Historia**, Guatemala, 1936, XIII: 15-17, ilustraciones. (Tomado de "Nuestro Diario", 3 marzo 1936).

TURRISA, José.—Profetas yucatecos. **El Museo Yucateco**, Mérida, (1841) I: 2-8.

(Se refiere a un Ms. que expresaba ser copia de otro, y fechado en Maní el 17 de febrero de 1697, escrito en maya, y al final con esta nota: "E yo Fray Julian Mayen y Pantoja vicario de esta de Maní, asi lo hice escribir, oy que contamos 27 de febrero del Año del Señor de MDCICVII". El Ms. habla del Chilam Balam. Trata también de otras profecías que figuran en el libro de López Cogolludo).

———. Xtacumbilxunaan. **El Registro Yucateco**, Mérida, 1845, I: 248-57.

(Habla del cenote próximo a Bolonchenticul y ese artículo fué publicado el año anterior en el "Boletín de Anuncios". Turrisa era el seudónimo de Justo Sierra O'Reilly).

TWO SEASON'S work in Guatemala. **Bulletin of the Archaeological Institute of America,** Norwood, Mass., 1911, II: 117-134.

TYNE, Josselyn van.—The birds of northern Peten. Guatemala. Ann Arbor, University of Michigan, Museum of Zoology, 1935, 46 pp.

(TYNE, Joselyn van, y TRAUTMAN, Milton B.)—Estudio sobre las aves de Yucatán para aclarar la civilización maya. Dos zoólogos de la Universidad de Michigan se trasladan a Chichén-Itzá para obtener ejemplares de los pájaros que existen en aquella región. **Excélsior,** México, 23 febrero.

U

U MOLCABTHANIL Camathan. Catecismo de la Doctrina Cristiana. 16mo., pp. 46, on print paper, original wrapper, slightly mouse-eaten at lower corner, no damage to text. Mérida, 1905, (Cat. Gates Nº 987).

UHLE, Max.—Civilizaciones mayoides de la costa pacífica de Sudamérica. **Boletín de la Academia Nacional de Historia,** Quito, 1923, VI: 87-92.

———. Cronología y relaciones de las antiguas civilizaciones panameñas. **Boletín de la Academia Nacional de Historia.** Quito, 1924, IX. (24, 25 y 26).

———. Der mittelamerikanische Ursprung der Moundbuilder-und Pueblocivilisationen. En "Congres International des Américanistes. Compte-rendu de la XXIe session. Deuxieme partie tenue a Goeteborg en 1924", Goeteborg Museum, 1925, pp. 673-98, 36 figuras.

———. Desarrollo y origen de las civilizaciones americanas. En "Proceedings, Twenty-third International Congress of Americanists", New York, 1928, pp. 31-43.

———. Die Darstellung des Mastodon in der Kunst der Maya. Ibero-Amerikanisches Archiv, 1934, VIII (4): 285-89.

———. Die Herkunft der alten peruanischen Kulturen. **Forschungen und Fortschritte,** Berlín, 1938, XIV (20-21): 229-230.

———. El origen de las antiguas culturas peruanas. (Traducción de Juan Odermatt). **Boletín de la Academia Nacional de Historia,** Quito, enero-junio 1939, XVII (50-53): 5-8.

———. Influencias mayas en el Alto Ecuador. Quito, Ecuador, 1922. Tipografía y Encuadernación Salesianas. 142 pp. 50 láminas con 153 figuras. 19.2 x 19.7 cm. (Sobretiro del **Boletín de la Academia Nacional de Historia.** IV: 10 y 11): 205-40.

(§ Distribución de los restos. La condición de los restos. A). Alfarería. I. Vasos. 1. Ollas. 2. Platos. 3. Fuentes. 4. Tazas. 5. Copas. 6. Botellas. 7. Cántaros. II. Uso de fragmentos como utensilios. III. Utensilios y figuras fabricados de barro. a. Figuras. b. Utensilios. B). Objetos de piedra. I. Esculturas. II. Objetos pequeños de carácter decorativo. 1. Planchitas figurativas (Figs. 114-b-e).

2. Planchitas para colgar. 3. Cuentas. III. Utensilios de varias clases. 1. Tablero de juego (Fig. 119) de una sepultura de Huancarcuchu. 2. Utensilios de alabastro. 3. Objetos varios. I. Objetos de adorno. 1. Orejas (Fig. 129-a). 2. Piezas más grandes para el collar. 3. Planchitas que componían el collar. II. Objetos ceremoniales. 1. Dos medias conchas, una de spondylus, otra de pecten, adornadas de figuras simbólicas. Carmen. 2. Pedazos de spondylus de corte cuadrangular y triangular. 3. Piezas laterales de spondylus finamente labradas como hojas. 4. Figuritas humanas elaboradas, generalmente, en spondylus, en parte, en pecten. Epílogo).

———. Los principios de las antiguas civilizaciones peruanas. **Boletín de la Sociedad Ecuatoriana de Estudios Históricos Americanos,** Quito, 1920, IV (12).

———. Toltecas, mayas y civilizaciones sudamericanas. **Boletín de la Academia Nacional de Historia,** Quito, 1923, VII (18): 1-33, 15 láminas.

(**Sumario:** 1. La influencia arawaca en la formación de las civilizaciones sudamericanas; 2. Las teorías toltecas; 3. Las civilizaciones totonacas; 4. El arte tolteca de Teotihuacán; 5. Ideas sobre el desarrollo anterior de las civilizaciones mexicanas; 6. La inundación de las costas pacíficas de Sudamérica con civilizaciones mayoides centroamericanas; 7. Conclusiones y cronología).

———. Ueber die Wurfhoelzer der Indianer Amerikas. **Mittheilungen der Anthropologischen Gesellschaft in Wien,** Wien, 1887, Neue Folge 7: 107-114.

UHTHOFF, Enrique.—La dulce cultura de los mayas. En el libro de Chilam Balam ha quedado la esencia de su espíritu. **Excélsior,** México, 28 septiembre 1937.

UMERY, J.—Sur l'identité du mot **Mere** dans les idiomes de tous les peuples. **Revue Orientale et Américaine,** París, 1863, VIII: 335-338. (Cat. Pilling 3950).

UN ARQUEOLOGO alemán ha descubierto un calendario que atribuye a los mayas. **La Prensa,** San Antonio, Tex., 30 diciembre 1935.

(Fritz Buck, quien se atribuye haber encontrado el calendario en la Portada del Sol de Tiahuanaco, es un aficionado a la Arqueología con demasiada imaginación).

UN ARQUEOLOGO alemán ha descubierto un calendario que atribuye a los mayas. Se encuentra en la famosa Puerta del Sol, cerca del lago Titicaca, Bolivia, que posiblemente contenga el compendio de la cultura maya. Cálculos y razonamientos del sabio. **Diario de Yucatán,** Mérida, 16 noviembre 1935.

(Se refiere al arqueólogo alemán Fritz Buck).

UN ENTIERRO hecho por los habitantes de las cavernas es localizado en Honduras. **Revista del Archivo y Biblioteca Nacionales,** Tegucigalpa, 1935, XIII (2): 651-52; **Revista Municipal,** Guayaquil, Ecuador, 1935, II (18): 71.

(El hallazgo se relaciona con los trabajos de Gustav Stromsvik, director de los trabajos arqueológicos de la Carnegie Institution of Washington, en Copán, Honduras).

UN hallazgo arqueológico. **El Universal,** México, 13 enero 1940.

(Se refiere al hallazgo de un nuevo monolito "Chacmool" en las ruinas de Chichén Itzá, por el arqueólogo mexicano Manuel Cirerol Sansores; e inserta la carta dirigida a éste por el Dr. Sylvanus G. Morley, el 10 de enero de 1940, felicitándolo por el descubrimiento).

UN IMPORTANTE descubrimiento en El Palenque. Los mayas tenían en sus palacios el sitio indispensable para aligerar el cuerpo, dice el arqueólogo Miguel Angel Fernández. **El Nacional,** México, 12 julio 1936.

UN PASEO por las ruinas de Uxmal. **El Museo Yucateco,** Mérida, (1841), I: 195-199.

UN PROFESOR americano ha encontrado a numerosa tribu de mayas-quichés, viviendo tal como vivieron sus antepasados. **El Informador,** Guadalajara, 10 noviembre, 1934.
(**Sumario:** Estudio en una remota aldea. Un acervo folklórico. Su concepto de la moral).
(Se trata del Dr. Rollin S. Atwood, de la Universidad de Florida).

UN VIAJE al país de los lacandones. Una serie de peripecias y penalidades sufridas por el doctor Bauer y su esposa. **El País,** México, 15 septiembre 1910.
(**Sumario:** En busca de los lacandones. Un mes de vida entre los salvajes).

UNA CABEZA arqueológica de tipo maya. Ha sido depositada en el Museo de Guatemala y data del año 811 antes de Jesucristo. **La Palabra Nacionalista,** México, D. F., 27 marzo 1935.

UNA CATEDRA sobre cultura de los mayas. La sustentará el Lic. Antonio Mediz Bolio en la Universidad Nacional. **El Nacional,** México, 23 febrero 1936.
(**Sumario:** El programa del curso. Primera parte. Segunda parte).

UNA CIVILIZACION: la gloria maya. **El Nacional,** México, 7 marzo 1939.

UNA NOCHE en "Flores", la única población lacustre de Centroamérica. Encuéntrase en el centro del Lago de Petén-Itzá y su existencia data de la remota época del dominio de los mayas. En una extensión extraordinariamente reducida, se encuentra esta maravilla que constituye la capital del rico departamento del Petén. El origen de la población se explica como una previsión de los mayas contra los ataques enemigos. **Diario de Costa Rica,** San José, 23 diciembre 1939.

UNA OBRA de mérito. La primera edición yucateca de la "Relación de las cosas de Yucatán". **Diario de Yucatán,** Mérida, 14 octubre 1938.

UNA VALIOSA colección de Arqueología. Estaba perdida en el interior de Guatemala y ha sido encontrada de nuevo. La colección la formó el alemán Dr. Seler, con reliquias de los mayas. **Diario de Yucatán,** Mérida, 23 septiembre 1925.
(La colección del Dr. Eduardo Seler fué encontrada en una hacienda del interior de Guatemala perteneciente a Gustav Kanter).

UNA VICTIMA del paludismo. El imperio de los mayas. **El Nacional**, México, 1º octubre 1939.

UNUSUAL find at Piedras Negras. **El Palacio**, 1932, XXXII (19-20): 264-65.

URRUTIA, José Antonio.—Antigüedades en el Departamento de Jutiapa. **Gaceta de Guatemala**, 5 febrero 1856.

URTEAGA, Horacio H.—Historia de las yungas. Las influencias mayas en el Perú. **El Comercio**, Lima, 23 noviembre 1930.

URZAIS, Dr. Eduardo.—"De un feo Ateles surgirá una Diosa". **Diario del Sureste**, Mérida, Yuc., 22 abril 1937.

———. El llamado mono hermafrodita del Museo es una diosa. **Diario del Sureste**, Mérida, Yuc., 6 abril 1937.

V

VACA, Domingo.—(Véase Beuchat, H.)

VAE RI qutubal qhabal, Kalahicabal pe richin Christianoil tzih Doctrina christiana tucheex (en lengua cakchiquel). En Guatemala (Antigua) por Sebastián Arévalo, año de 17.., 24 pp., 4º.

(El Dr. Murguía, médico de Guatemala, la regaló al abate Brasseur de Bourbourg. (Bibl. Pinart).

VAILLANT, George C.—A pre-Columbian jade and where the jade tiger was discovered. By .... Associate Curator of Mexican Archaeology, American Museum. Reprinted from Natural History. **The Journal of the American Museum of Natural History**, 1932, XXXII (6): 512-58, ils.

———. A pre-Columbian jade. **Natural History**, New York, XXXII (6).

———. Artists and craftsmen in ancient Central America. New York, The American Museum of Natural History, 1935, 102 pp., ils., 25 x 17 cms. (Guide Leaflet Series, Nº 88).

(**Sumario:** Preface.—The worshipers of the Aztec War gods.—The architecture of Pre-Columbian Central America.—The sculpture of Pre-Columbian Central America.—The art of painting in Pre-Columbian Central America.—The crafts of Pre-Columbian Central America.—Ornaments of Pre-Columbian Central America.—The pottery of Pre-Columbian Central America.—Bibliography).

———. (Comentario a) "Modern maya houses. A study of their archaeological significance", por Robert Wauchope, Washington, 1938. **American Antiquity**, Menasha, Wis., enero 1940, V (3): 268.

———. (Comentario a) "The High Priet's grave, Chichen Itza, Yucatan, Mexico", por Edward H. Thompson, (Chicago, 1938). **American Anthropologist**, Menasha, Wis., 1939, XLI (4): 620.

———. Chichén Itzá; the thrice conquered. Out of the jungle of Yucatan rises the ruin of a New World Rome, in eloquent tribute to the architectural genius of aboriginal America. Photographs by Laura Gilpin. **Natural History**, American Museum of Natural History, New York, 1940, XLVI: 9-20.

———. Chronology and stratigraphy in the Maya area. **Maya Research**, 1935, II (2): 119-143).

("Este es el primer intento detallado laboriosamente para sincronizar las diversas zonas en el área maya con las del Valle de México. Hay tablas hechas de acuerdo con los varios sistemas de la cronología maya-cristiana. Como todas las obras del autor, ésta se halla copiosamente documentada". (**Alfred M. Tozzer**, "Handbook of Latin American Studies", 1936).

———. Excavations at Ticoman. **Natural History**, New York, XXXII (2).

———. Excavations at Zacatenco. New York, 1930, 202 pp., 44 láminas, mapas, 24 x 16 cms. (Antropological Papers of the American Museum of Natural History, Vol. XXXII, Part I).

(En la introducción habla de las relaciones de las cerámicas mayas con la tolteca).

———. Hidden history. **Natural History**, 1933, XXXIII (6): 618-28.

———. History and stratigraphy in the Valley of Mexico. En el "Smithsonian Report for 1938", pp. 521-530. Washington, (Smithsonian Institution, Publication 3518), 1939, 13 láms.

———. La arquitectura precolombina en la América Central. (Versión española de Salvador Toscano). (México), Ediciones de la Universidad Nacional de México, (s. f.), 16 pp., 21 ils., 28.5 x 22 cms. (Departamento de Acción Social. Cuadernos de Arte, Nº 1).

———. Middle America: Archaeology. En "Handbook of Latin American Studies: 1940", Cambridge, Mass., Harvard University Press, 1941, pp. 29-33.

(En la bibliografía hay una parte dedicada al área maya).

———. Notes on the Middle cultures of Middle America. En "Proceedings of the Twenty Third International Congress of Americanists, New York, 1928", New York, 1930, pp. 74-81.

———. Ornaments of pre-Columbian Central America. **Natural History**, New York, 1934, XXXIV (6): 578-86.

———. Patterns in Middle American archaeology. En "The Maya and their neighbors", New York, 1940, pp. 295-305.

———. Report on the excavations in the Plaza of Group E at Uaxactun. En "Carnegie Institution of Washington, Yearbook Nº 27", Washington, 1927-1928, pp. 313-17.

———. Resemblances in the ceramics of Central and North America.. **Globe**, Arizona, privately printed for the Medallion, Gila Pueblo, 1932, 50 pp., láms. **(Medallion Papers**, Nº 12).

(Traducción al inglés de "Semejanzas del material de cultura en la América Central y la del Norte", leído en el II Congreso Científico de la Sociedad Científica "Antonio Alzate", México, 1930).

———. The archaeological matrix of Maya History. En "Los Mayas antiguos", México, 1941, pp. 235-42.

(**Sumario:** I. The Tres-Zapotes-La Venta Culture. II. Holmul I. III. Kaminal-juyú. IV. Holmul V and late Uaxactún III. V. Plumbate and fine orange. VI. Mixteca-Puebla influence).

———. The archaeological setting of the Playa de los Muertos culture. **Maya Research**, New Orleans, La., 1934, I (2): 87-97.

———. The architecture of pre-Columbian Central America. **Natural History**, 1934, XXXIV (2): 117-32.

———. The art of painting in pre-Columbian Central America. Third article. **Natural History**, 1934, XXXIV (4): 389-402.

———. The crafts of pre-Columbian Central America. **Natural History**, New York, 1934, XXXIV (5): 485-586.

———. The chronological significance of Maya ceramics. (Ms. Thesis submitted in partial fulfillment of the requirements for the degree of Ph. D. at Harvard, Cambridge, 1927).

———. The pottery of pre-Columbian Central America. **Natural History**, New York, 1934, XXXIV (7): 662-673.

———. The sculpture of pre-Columbian Central America. Second article. **Natural History**, 1934, XXXIV (3): 259-72.

———. Tiger masks and platyrrhine bearded figures from Middle America.
(Este trabajo se presentó en el XXVII Congreso Internacional de Americanistas, México, 1939).

———. (Véase Merwin, Raymond Edwin).

VAILLANT, Suzannah B., y George C.—Excavations at Gualupita. En "Anthropological Papers, American Museum of Natural History, New York, 1935, XXXV, part I.

VALDEZ, Sebastián.—Vocabulario de la lengua Pocomam de Mita. Por D. ...., Cura de Jutiapa. 1868. Copiado del original en poder de D. Juan Gavarrete en Guatemala, 1875, 7 pp., 8vo.
(Ms. en la biblioteca del Free Museum of Science and Art, University of Pennsylvania. Contiene cerca de 100 palabras en Pocomam con sus correspondientes en Pocomchi para dar idea del parecido de ambos dialectos. (Nº 89 del "Catalogue of the Berendt Linguistic Collection" por Brinton, 1884).

VALENTINE, Ferd. C.—People and places in Guatemala. **The Manhattan**, June 1883, I (6): 419-430.

VALENTINI, Philippe J. J.—Analysis of the pictorial text inscribed on two Palenque tablets. Part. II. **Proceedings of the American Antiquarian Society**, Boston, 1896, X: 398-417, 2 láms.

———. Clay figures found in Guatemala. **The American Anthropologist**, October, 1895, VIII: 402-406, 3 grabados.

———. Desde las ruinas del Quiché. (Escrito para el periódico "La Semana"). **La Semana**, Guatemala, 1º mayo 1870.

———. Discurso acerca de la piedra llamada Calendario mexicano, pronunciado por el ...., el 30 de abril de 1878 en el "Republican Hall" (New York), ante una sociedad científico-alemana. **Anales del Museo Nacional de México**, México, 1877, I: 226-41.
(Alude a Landa y el alfabeto maya).

———. Mexican copper tools: the use of copper by the Mexicans before the Conquest; and the katunes of Maya history with special reference to the Pío Pérez Ms. Translated from the German by Stephen Salisbury, junior. Worcester, Mass., Press of Charles Hamilton, 1880, ilustraciones.

———. New and ancient maps of Yucatan. **Magazine of American History**, New York (3): 295.

———. Pinzon-Solis, 1508. **Gesell.für Erdkunde, Zeitschrift**, 1898, XXXIII: 254-282.

———. The discovery of Yucatan by the Portuguese in 1493. An ancient chart. **Records of the Past**, 1902, I: 45-59.

———. The katunes of Maya history. Translated from the German, by Stephen Salisbury, Jr. **Proceedings of the American Antiquarian Society**, Worcester, 1880, (75): 71-117.
(Texto maya, con el título mencionado y traducción pp. 74-76. Nombres de los días y meses en maya pp. 82-83 &. Se da la historia del manuscrito original y se hace un esfuerzo para probar su autenticidad. Este texto se imprimió primero en "Incidents of travel in Central America, Chiapas and Yucatan", de Stephens. La traducción que aquí se da fué hecha al español por Juan Pío Pérez y del español al inglés por Mr. Stephens. (Cat. Pilling 3969). En la Biblioteca del Museo Nacional (Tomo 275 Ms.) se custodia una traducción de esta obra, escrita en máquina, con esta leyenda en la portada: "Los Katunes de la Historia Maya. Un capítulo de la Historia Antigua de Centro América". Refiérese especialmente al manuscrito de Pío Pérez. México, 1908.—Esta traducción está dividida en los siguientes capítulos: Los Katunes de la Historia Maya. El Manuscrito Maya (en lengua castellana y maya). Historia del manuscrito. Elementos de cronología).

———. The Landa alphabet; a Spanish fabrication. **Proceedings of the American Antiquarian Society**, Worcester, Mass., 1880, (75): 59-91.

———. The Mexican calendar stone. (Edición inglesa de Stephens Salisbury jr., Worcester, Mass., 1879).

———. The Olmecas and the Tultecas: a study in early Mexican Ethnology and History. Reprint from the "Transactions of the American Antiquarian Society", 1883, 42 pp.
(Constantemente se refiere a los mayas, relacionando vocabularios).

VALIOSAS joyas arqueológicas fueron halladas. Se encuentran en el Cenote Mayor de las Ruinas de Chichén Itzá. Jade, oro y cobre. Notables resultados de la exploración realizada por Cicerol Sansores. **Excélsior**, México, 29 marzo 1940.

VALLADAR, Francisco de P.—Historia del Arte. Barcelona, Antonio J. Bastinos, editor, 1909, pp. 132-40 y 342-43.
(**Sumario**: Período histórico anterior al Descubrimiento. Conexiones que unen entre sí el arte maya y el nahua. La escritura maya: Las estatuas de Palenque. Los relieves. El templo de la Cruz. Las esculturas de Yucatán. Los relieves y las estatuas de Copán. Sus semejanzas con las de Palenque. Arte maya: Pinturas de Palenque y Yucatán).

VALLADOLID, Fr. Bernardino de.—Dioscórides en lengua de Yucatán, con adiciones. (Cat. Pilling Nº 3977).
(Defendió algunas opiniones teológicas en idioma de Yucatán, las que según León Pinelo, fueron dadas a la prensa. **Beristain**).

———. Vocabulary in the Maya language. (Cat. Pilling Nº 3987).
(Se dice que un vocabulario (Maya) fué escrito por Fr. Bernardino de Valladolid, quien era conocido por su perfecta pronunciación de esta lengua. **Ludewig**, p. 103).

VALLE, Rafael Heliodoro.—A cien años de Stephens. **La Prensa**, Buenos Aires, 14 diciembre 1941.

———. (Comentario a) "El Calendario y los jeroglíficos cronográficos mayas", por Enrique Juan Palacios. **Diario de Yucatán**, Mérida, 3 noviembre 1933.

———. Como los egipcios, los mayas fueron excelentes geómetras. Maravilla la ubicación de sus ciudades. **Excélsior**, México, 30 mayo 1930.
(**Sumario**: Acerca de la antigüedad de ellas nada se sabe, según sensacional teoría del universitario Escalona.—Una conferencia que despierta discusión.—Con acertados cálculos se demostró la geometría de los arquitectos constructores de las urbes.—Resumen de esta interesante plática).

———. El Códice de Tizimín y su intérprete. **Revista de Revistas**, México, 23 abril 1933.
(Entrevista con Alfredo Barrera Vázquez, profesor de Lengua Maya en el Museo Nacional de México. Barrera Vázquez ha hecho extensos estudios para la traducción del "Códice de Tizimín" en las bibliotecas del Departamento de Middle American Research de la Universidad de Tulane, en la Universidad de Chicago, en la Biblioteca Newberry de Chicago, en el Field Museum de Historia Natural, en el Museo Peabody de Arqueología y Etnología, en el American Museum de Historia Natural, en el Museo de la Universidad de Pensylvania y en las Bibliotecas de Washington, D. C.)

———. El henequén próvido y el tarahumara feliz. **La Prensa**, Buenos Aires, 22 noviembre 1936.

———. El maya enorme y delicado. **Diario de la Marina**, Habana, 3 mayo 1936.
(**Sumario**: Mayas actuales en Nueva Orleans. Los mayas en el Brasil. El tesoro del cenote sagrado).

———. El México antiguo es una droga heroica. **Revista de Revistas**, México, 21 mayo 1933.

(Trata de la expedición Prorok-Sadlier al Sur de México y en especial de las ruinas de Palenque).

———. El sol es un príncipe maya. **Excélsior**, México, 20 mayo 1934.

———. El viajero que quiso comprar las ciudades mayas. Necesitaba solamente 200,000 dólares. Por una había pagado 50. Estuvo en Grecia y Egipto. John Lloyd Stephens anunció hace un siglo el Canal de Panamá. **Excélsior**, México, 25 enero 1942.

———. En la honda noche maya. **Revista de Revistas**, 27 oct. 1935.

———. Evocaciones de Quintana Roo. La isla pingüe. El chicle de tierra adentro. **El Maestro Rural**, México, noviembre 1936, IX (6): 15-16 y 34.

———. Existió en México el hombre paleolítico y marcó con su paso la región del Palenque. La célebre comarca arqueológica con sus estupendas ruinas, está abandonada. **Excélsior**, México, 26 abril 1933.

———. Geometrías de la ciudad maya. **Revista de Revistas**, 29 octubre 1933.

———. Ha fallecido un sabio profesor especialista en arqueología maya. El Dr. Alfred Percival Maudslay, era profesor honorario del Museo Nacional de Arqueología e Historia. **Excélsior**, México, 9 febrero 1931.

———. Hermann Beyer, el arqueólogo alegre. **Revista de Revistas**, México, 20 septiembre 1931.

———. Jeroglíficos de los mayas que son estudiados. Dice el Dr. Gates que por su naturaleza no son pictográficos ni fonéticos. 30 años de estudio. Diccionario de glifos mayas que son la clave para leer todos los jeroglíficos. **Excélsior**, México, 2 septiembre 1931.

———. Jugaban al foot-ball los mayas. Así lo revela un documento descubierto por el Sr. Barrera Vázquez. **Excélsior**, México, 12 mayo 1935.

———. La destrucción de Bacalar. **Revista de Revistas**, México, 6 enero 1935.

———. La historia de los mayas se ha escrito en lengua japonesa. **Excélsior**, 1936.

(**Sumario:** Mayas actuales en Nueva Orleans. Los mayas en el Brasil. El tesoro del Cenote Sagrado).

———. Las revelaciones de las ruinas de Palenque van a causar asombro universal. Demuestran plenamente que el hombre de América no vino del Asia. **Excélsior**, México, 27 abril 1933.

(Se refiere al Conde de Prorok, que según informaciones no era más que un embaucador).

———. Matemática situación de las ciudades mayas. Los centros de vida del gran Mayab. **Excélsior**, México, 22 abril 1930.

———. Miguel Tzab viene de la Atlántida. **Revista de Revistas**. México, 19 junio 1932.

———. Notas para la bibliografía maya. **Eurindia**, México, diciembre 1936.

———. Ofrendas indias a los muertos. **Revista de Revistas**, 5 de noviembre 1933.

———. Palenque está gravemente herido. **Revista de Revistas**, México, 8 octubre 1933.

———. Significativas revelaciones de las edades precolombinas. **El Imparcial**, Guatemala, 20 febrero 1936.

(**Sumario:** La bella cerámica de Monte Albán. Influencias mayas se notan en el Sur).

———. Sobre el Popol-Vuh. **Diario de Yucatán**, Mérida, 9 julio 1934; **Diario Latino**, San Salvador, 20 julio 1934; **Investigaciones Lingüísticas**, México, 1934, 331-332.

———. Una expedición científica que viene a México. **Excélsior**, México, 20 noviembre 1927.

(**Sumario:** La encabeza el arqueólogo danés Frans Blom y la patrocina la Universidad de Tulane de N. Orleans. Visitará diferentes partes de la nación. Explorarán una cueva en Huehuetán, donde dice la tradición que hay muchos ídolos infernales. Recogerán cacharros y restos de un idioma. La tierra de los lacandones no está bien en el mapa. En la Isla de Flores por donde pasó Cortés. Llevan collares de vidrio, pañuelos y espejitos. Tomarán las primeras películas de cine).

———. Una segunda y detenida expedición se hará a la región del Palenque. El Conde Prorok se propone presentar un proyecto al Gobierno de México para la reconstrucción de las ruinas. **Excélsior**, México, 28 abril 1933.

———. Yucatán en el joyel del tiempo. **Revista de Revistas**, México, 1º julio 1934.

VAN DUSEN, W. I.—Exploring the Maya with Lindbergh. **Saturday Evening Post**, Filadelfia, January 11, 1930 (202): 40-3; February 1, 1930.

VARAYA, Cap. Gaspar Raymundo de.—El ...., informa del estado de las milicias encargadas de las reducciones de los socmoes y lacandones. (Cobán, 3 mayo 1709). **Boletín del Archivo General del Gobierno**, Guatemala, abril 1940, V (3): 178-179.

VARELA, Francisco.—Calepino de Varela, Diccionario, así conocido, de los varios idiomas indígenas de Guatemala, compuesto por Fray ...., franciscano. (Siglo XVII).

(Constaba de 500 folios, y existía en la biblioteca del convento principal de franciscanos en S. Francisco. Varela estuvo allí por vez primera en 1596. Era gallego).

VASCONCELOS, José.—Uxmal y Chichén Itzá. En "El Desastre", México, 1938, pp. 142-150.

VASQUEZ, Francisco.—Noticia historial de la Rebelion del Reyno Kacchiquel o Guatemalteco, despues de averse sujetado voluntariamente al Real servicio. Conquista que de nuevo se hizo en el; prision de sus Reyes, y Señores, en cuya memoria se saca triumphante el pendon Real de la Ciudad de Santiago de los Cavalleros de Guatemala el dia de Santa Cecilia de cada año. En "Crónica de la Provincia del SS. Nombre de Jesús de Guatemala", 1714, Libro I, Cap. 14, p. 67.

VAZQUEZ, Ramón F.—Las instituciones fundamentales de los mayas. (La propiedad, la familia). **Boletín de la Universidad Nacional de La Plata,** La Plata, 1934, XVIII (6): 119-125.

———. Los mayas. Buenos Aires, Ed. Lajouane & Cia., Imprenta Nacional, 1937, 126 pp., 24 x 11 cms.

(**Sumario:** Prólogo por Alfredo L. Palacios. **Cap. I.** Los clanes. El totemismo. Las fratrías. Las tribus.—**Cap. II.** Matrimonio. Exogamia. Supervivencias de matrimonio ambiliano. Nombres. Sobrenombres. Parentesco. — **Cap. III.** Instituciones económicas: La propiedad. Régimen agrario. El comercio.—**Cap. IV.** Instituciones políticas: El examen de la vida social y política maya acusa dos períodos inconfundibles: uno, anterior a la constitución de la liga de Mayapán; otro, a partir de la misma. En el primero, la función política no aparece especializada, confundiéndose con la doméstica de los agregados comunistas. En el segundo, iníciase la estratificación jerárquica de clases sociales y aparece desdoblada la función política. No obstante la evolución operada, el derecho consuetudinario y el sentimiento público continúan persistiendo en el nuevo régimen. Organos domésticos: jefes de familia y consejos de ancianos. Organos políticos: funcionarios electivos y hereditarios. El despotismo y la tiranía transitoria de los Cocomes. La esclavitud. La fase final: confusión, anarquía y destrucción de la liga y de su metrópoli Mayapán. —**Cap. V.** Sistema jurídico. El Derecho maya. Instituciones penales. Instituciones procesales.—**Cap. VI.** Instituciones militares.—**Cap. VII.** Instituciones religiosas.—**Cap. VIII.** Conclusiones.—Bibliografía.—Indice).

VAZQUEZ DE ESPINOSA, Fray Antonio.—(Véase Clark, Charles Upson).

VAZQUEZ SANTANA, Higinio, y DAVILA GARIBI, José Ignacio.—Calendario bilingüe de fiestas típicas de México para el año de 1931. Guía para el turista. México, 1931, Vol. I, 95 pp., 35 láminas, 5 pp. de música.

VAVILOV, N. I.—Mexico and Central America as the principal center of origin of cultivated plants of the New World. **Bulletin of Applied Botany, of Genetics and Plant-breeding,** Leningrad, 1931, XXVI (3): 179-99.

(El mismo artículo va en ruso en las páginas 135-78, con mapas e ilustraciones).

VELA, Arqueles.—La literatura maya. **El Nacional,** México, 11 mayo 1939.

———. Literaturas antiguas americanas. **El Nacional,** México, 28 agosto 1939.

(Habla en primer término de "El Libro de Chilam Balam de Chuyamel").

VELA, David.—Carta abierta a Goubaud Carrera. A propósito de una comunicación del Doctor Mangelsdorf ante el VII Congreso de Genética. **El Imparcial**, Guatemala, 11, 12, 13 y 14 octubre 1939.

———. Divulgaciones del Popol Buj. **El Imparcial**, Guatemala, 29 mayo, 12 y 13 junio, 12, 13, 17, 19, 20, 23, 26, 27 y 30 julio; 2 y 7 agosto 1934.

(**Títulos:** Nacimiento de Junajup e Ixbalanqué. La perdición de Junbatz y Junchoguen. La herencia del juego de pelota. Emplazamiento de Junajup e Ixbalanqué. Camino de Xibalbá. Primera derrota de los Xibalbá. La primera prueba de Xibalbá. El juego de la pelota. La prueba de las flores. Otras pruebas. La cabeza de Junajup. Preparándose para la muerte).

———. Ensayo sobre la geneonomía maya-quiché. Trabajo presentado por el autor en el acto de su ingreso en la Sociedad de Geografía e Historia de Guatemala, el 25 de julio de 1935. Guatemala, Unión Tipográfica, Muñoz Plaza y Cía., 1935. (La edición es, en realidad, de 1936). 102 pp., 20 x 14 cms.

———. Los mayas, manual de Máximo Soto-Hall. **El Imparcial**, Guatemala, 21 septiembre 1940.

(**Nota:** Se refiere a la obra "Los Mayas", por Máximo Soto Hall).

———. Petén, las inscripciones de la última obra del eminente mayólogo doctor Sylvanus G. Morley. Suma de erudición y personales investigaciones en el área central del antiguo imperio maya. Generosa cooperación de la Institución Carnegie, de Washington. **El Imparcial**, Guatemala, 25 julio 1939.

———. Simbolismos de Guatemala: el traje de los mayaquichés. **El Imparcial**, Guatemala, 26 abril 1938.

———. Un aprendiz de arqueología en Copán. **El Imparcial**, Guatemala, 24, 25, 26, 28, 29, 30 y 31 marzo; 1º, 2, 4, 5, 6, 7, 8, 9, 11, 12 y 13 abril 1938.

(**Sumario:** I. Un salto emocionado hacia las ruinas del Viejo Imperio Maya en Copán. II. Penetrando por un túnel de tiempo en las maravillosas ruinas de Copán. III. Gradual y sistemática investigación de los vestigios de una misteriosa cultura. IV. La Gran Plaza; fantasías de los primeros cronistas y supersticiosas razones. VI. Admirando los obeliscos y altares en la Gran Plaza de secular abandono. VII. Estela y altar de extraordinaria importancia para el estudio. Tumba del Dr. Owen. VIII. La primitiva estela I y su altar en la Gran Plaza. Constructores de estelas. IX. La estela N, una de las más elaboradas y acaso la más artística. Templete con grifos. X. El río fué el primer arqueólogo que estudiara las ruinas. Se le desvía de su viejo cauce. XI. La suntuosa escalinata de los jeroglíficos en el apogeo de la escultura aborigen. XIII. Piedra de la conferencia astronómica, Roseta de la América Antigua. XIV. Un espécimen del arte escultórico primitivo; lamentable dispersión de piezas. XV. En el patio Este del Acrópolis; los templos más grandes, altos e imponentes. XVI. Testimonios del espíritu religioso, artístico y pacífico del Viejo Imperio Maya. XVII. Caída del Viejo Imperio Maya. Abandono de sus florecientes ciudades de piedra. XVIII y último. Posibles causas de la caída del Viejo Imperio Maya y el abandono de sus ciudades).

VELA, José Canuto.—Carta que yo presidente de la Misión evangélica dirijo a los caudillos de los indios sublevados del Sur y Oriente de esta península de

Yucatán, en Tekak, 23 de febrero de 1848. Mérida, Impreso por Antonio Petra, 1848, 1 fol.
(Petición en lengua maya a los indios mayas que aún están rebelados en Yucatán contra los descendientes de los españoles. **Brasseur de Bourbourg.**— Carrillo y Ancona dice que incluye el de Vela entre los nombres de los escritores mayas, porque esa "Carta pastoral" fué traducida por Vela al idioma yucateco e impresa en ambos idiomas con el título de "Pastoral del Ilmo. Sr. Obispo dirigida a los indígenas de esta diócesis", Mérida, Impreso por Antonio Petra, 1848, 8 pp., y después de asegurar que hubo otra edición de dicha pastoral, dice: "El estilo maya del cura Vela es perfecto, y como fué un gran orador en este idioma, tenemos la fortuna de contar, al menos con un ejemplar, la pastoral de 1848"). (Cat. Pilling, Nº 3987).

———. (traductor). Pastoral del ilustrísimo señor Obispo, dirigida a los indígenas de esta diócesis. Mérida de Yucatán, Imp. por Antonio Petra, 1848, 8 pp. Versión en idioma yucateco de la misma pastoral, 5 pp.

VELASCO, José Luis.—Un viaje por la Península de Yucatán: Mérida mestiza. **Revista de Revistas**, 18 nov. 1934.

VELASCO, José María.—(Véase Sánchez, Jesús).

VELASQUEZ, Pedro.—Memoir of an eventful expedition in Central America: resulting in the discovery of the idolatrous city of Iximaya, in an unexplored region: and the possession of two remarkable Aztec children, descendants and specimens of the sacerdotal caste, (now nearly extinct of the ancient Aztec founders of the ruins temples of that country, described by John L. Stevens, Esq., and other travellers). Translated from the Spanish of ...., of San Salvador. New York, E. F. Applegate, printer, 1850, 35 pp., ils., 8º.

VERRIL, Alpheus Hyatt.—The American Indian: North, South, and Central America. By ...., New York, D. Appleton & Co., 1927, 485 pp., ils.
(Comentario sobre este libro en **The New York Times Book Review**, Nueva York, 20 de marzo 1927).

———. Old civilizations of the New World. Bobbs-Merrill, Indianapolis, 1929.

———. The Pompeii of ancient America. **World's Work**, New York, January 1927.

VESTAL A., Paul.—Cucurbita moschata found in pre-Columbian mounds in Guatemala. Harvard Univ., Botanical Museum leaflets, July 12, 1938, VI (4): 65-76.

VIA SACRA en lengua cackchí. Año de 1861. 24 hojas.
(Ms. copiado por Domingo Coy, de un antiguo manuscrito que se ha perdido. En la biblioteca del Free Museum of Science and Art, University of Pennsylvania, Nº 73 del "Catalogue of the Berendt Linguistic Collection", por Brinton, 1884. Hay otra copia en la biblioteca mencionada, "Via Sacra en lengua ccakcchi, copiada de un Ms. en poder de Domingo Coy, indio de Coban. Coban, abril 1875". 30 pp., 8º).

VIANA, Francisco de.—Arte de la Lengua de Vera Paz, por Fray ...., dominico.

(Viana profesó en Salamanca, residió en Chiapa, en el convento de Cobán por espacio de 40 años del Siglo XVIII, convento que reedificó, así como el de Zacapula. Las obras que se le atribuyen son: "Vocabulario y Sermones en la Lengua de Verapaz", "Flos Sanctorum", "Método para confesarse", "Catecismo", "Vida de Jesucristo", "Tratado de los novísimos del hombre", "Método de asistir a la Santa misa" (todos estos tratados en la misma lengua). Fr. Dionisio de Zúñiga los puso en lengua quiché en su mayor parte). (Beristain).

(El Dr. Francisco Viana, natural de Alava, de la Orden Dominicana, a la que entró en Salamanca, pasó a la provincia de Chiapa y vivió en el convento de Cobán, que reconstruyó así como el de Zacapula. Varias veces fué definidor de su provincia y murió en 1609. Según Beristain muchas de las obras antedichas fueron traducidas al quiché por Fr. Dionisio de Zúñiga, de la Orden Dominicana, en la misma provincia de Sn. Vicente).

VICO, Domingo de.—Arte de la lengua quiche o utlatecat. Seguido del modo de bien vivir en la misma lengua, sacado de los escritos del Ven. Padre F. .... Manuscrito de 34 hojas, 4º.

("Las 18 primeras páginas contienen la gramática; falta la siguiente hoja; las restantes contienen la segunda parte. Este manuscrito me fué dado por un jefe nativo de Rabinal, en 1855. Me aseguró que era obra del Padre Domingo de Vico, lo que parece estar confirmado por el final t de la palabra Utlatecat, que aquí se encuentra—una forma antigua desde hace mucho tiempo caída en desuso. En la palabra de este jefe me apoyo para inscribir el nombre de Vico sobre este documento. Vico conocía admirablemente las principales lenguas de Guatemala y escribió entre otras obras seis gramáticas de diferentes lenguas. Estas obras quedaron manuscritas y desaparecieron una después de otra, con excepción de las que aquí se mencionan. Aquella cuya pérdida es más sensible es la "Historia de los Indios, de sus fábulas, supersticiones, costumbres", etc., mencionada por Remesal. Al Padre Vico se refieren todos los escritores guatemaltecos cuando tratan de un libro escrito o por escribirse sobre los idiomas aborígenes. Nadie los comprendía mejor que él o podía usarlos en forma tan completa o notable". **(Brasseur de Bourbourg).**

(Como Vico fué muerto en 1555 en la Vera Paz, el manuscrito debe ser de 1550 o un poco antes. Una copia fotográfica figura en el Cat. Gates Nº 990).

———. El Paraíso terreno, por Fr. .... Escrito en lengua Coban de Vera Paz. **(Remesal, Beristáin).**

———. Frases e idiotismos de diferentes lenguas de los indios, por Fray .... (Siglo XVI). **(Remesal, Beristáin).**

———. Historia de los Indios, sus fábulas, supersticiones, costumbres, etc. **(Beristáin).**

———. Libro de los grandes nombres, o Historia de los Patriarcas, Reyes y Hombres Grandes del antiguo y nuevo Testamento, por Fray .... Escrito en lengua Coban de Verapaz. (Siglo XVI). **(Remesal, Beristáin).**

———. Maria, Jesus, Joseph. Ro nohel vtzil atobal, xehul hut, xena chin naipe rumal cahanal eca voo vtzil xenima huluch' rih acavase quibi: loconic, ca melali, cuibali, mebail, penitencia... (Todas las virtudes han brillado con lustre por Nuestro Señor; pero las cinco virtudes que han brillado con más lustre por encima de las tinieblas son las que se llaman la caridad, la humildad, la paciencia, la pobreza, la penitencia, etc.)

(Manuscrito en 8º. Escrito en grueso pergamino. Se compone ahora de 103 hojas con largas líneas, escrito en caracteres semi-góticos. Faltan las hojas 2-8, 25-28, 56-59 y 104 hasta el fin. Este manuscrito es una de las obras preciosas ejecutadas por los misioneros para la conversión de los indios. Debemos a la amabilidad de M. Brasseur de Bourbourg la traducción de algunas palabras del título que damos y por las observaciones siguientes: "El volumen anunciado es una colección de oraciones y meditaciones escritas pocos años después de la conquista de Guatemala, en un dialecto que se parece tanto al quiché como al kakchikel, análogo al que hablan todavía los nativos de Zipacapa, departamento de Huehuetenango. Fué obra del P. Domingo de Vico, dominico, el hombre más sabio de ese tiempo entre los compañeros de Las Casas y que fué muerto por los lacandones en 1555, lo que no es de sorprender. Aunque incompleto, el mencionado manuscrito merece conservarse no sólo como documento histórico sino como muestra del idioma hablado por los nativos en tiempos de la Conquista. Cuanto a curiosidad y variedad es el más hermoso ejemplar de nuestra colección. Es tanto más importante porque creemos que es de ejecución nueva y está escrito en pergamino y por lo general las primeras obras escritas por los misioneros lo eran sobre papel maguey" (Cat. Pilling 4026). El P. Domingo Vico, prior de los conventos de Guatemala, Chiapas y Cobán fundó la Ciudad de San Andrés. Fué obispo de Vera Paz. (Cat. Leclerc, 1867, Nº 942).

———. Poesías sagradas de la Pasión de Jesucristo y de los hechos de los Apóstoles, en idioma Kachiquel, por Fray .... **(Beristáin, Remesal).**

———. Seis artes y vocabularios de diferentes lenguas de los indios, por Fray .... **(Remesal, Beristáin).**

(Pinelo y Nicolás Antonio dicen: "Vocabularios y Artes de la lengua cachiquil i de la Verapaz, i de otras seis en que están varios Tratados, que contienen la Vida de Christo, los Misterios de la Fe, la Vida de los Apóstoles i otros Santos").

———. Sermones de San Mathias Apostol, de la Anunciacion de Maria Santisima y de San Marcos Evangelista, en lengua tzutuhil. (atribuídos al P. Fr. ....). Ms. en folio, 16 hojas. **(Brasseur).** (Cat. Pilling, Nº 4024).

———. Sermones en lengua achi o tzutuhil, compuestos para el uso de los padres de la Orden de Santo Domingo en Guatemala, a principios del siglo XVII, conforme al estilo del R. P. Fray .... (1635).

(Ms. en 4º, de 174 fojas. Sin nombre del autor. Una de las hojas lleva la fecha 1635. Consta de 33 sermones en tzutuhil, sobre las fiestas principales de los santos y del año. (Viñaza).

———. Theologia Indorum, scripta in lingua tzutuhila a Ven Patre in Christo Fray Dominico de Vico, ordinis Proedicatorum de Prova. dicta de Sancti Vicentii de Chiapa et Guatimala.

(Ms. en 4º, de 26 hojas. Traducción en lengua tzutuhil de la vida de N. S. Jesucristo, última parte de la **Theología Indorum,** que se encuentra en quiché en la obra que con ese nombre escribió Vico, y en cachiquel en la traducción de la misma por el P. Maldonado. La obra constaba de 4 tomos. **(Beristain, Brasseur, Pinart).** Al final de este manuscrito hay otro de 16 páginas que también se atribuye al Padre Vico y se titula: "Sermones de San Mathías Apostol de la anunciación de María Santísima y de San Marcos, evangelista, en lengua tzutuhil". Este volumen procede de las bibliotecas de Brasseur de Bourbourg y Alph. Pinart y contiene sus ex-libris. ("The Boban collection of antiquities", Nº 2393).

———. Vae rucam ru vuhil nima Viitz Theologia Indorum, ru binaam, tihobal quichim Indio cristiano, pa ru chabal. Dios Nima-Ahau pa caccheque chicovi. (Auctore Ven. P. Fr. ...., Or. Santi Dominici).

(Ms. en folio. Copiado por Fr. Juan Ruiz. 130 hojas de letras al parecer del siglo XVII. Vico era andaluz, donde tomó el hábito. Estudió en Salamanca. Vino con el P. Las Casas, a quien acompañó a Chiapas y Verapaz. Prior de los conventos de Guatemala, Chiapa y Cobán; murió septuagenario, electo obispo de Veracruz (o Verapaz). (Beristain).

———. Varios catecismos y sermones en lenguas indígenas. **(Remesal, Beristáin).**

———. Vocabulario de la lengua cakchiquel con advertencia de los vocablos de las lenguas quiche y tzutuhil, se trasladó de la obra compuesta por el Ilmo. padre el venerable Fray .... Ms. en 4º, 300 hojas. **(Pinart).**

VIDALES, Fr. Luis.—Dos vocabularios y sintaxis del idioma yucateco o maya.

(Se escribió esta obra, según Beristain, en el período comprendido entre los años 1644 y 1648. El título es de él; pero Carrillo y Ancona da los de ambos vocabularios así: "Vocabulario hispano-maya" y "Vocabulario maya-hispano", y agrega el de "Sintaxis de la lengua maya". Fr. Luis Vidales nació en Yucatán y fué de la Orden de San Francisco).

VIEJO reloj maya de 4½ millas. Fué descubierto en las ruinas de Copán, en la República de Guatemala. Está formado por pilares y montículos, y es de asombrosa exactitud. El descubrimiento lo hizo una comisión de sabios norteamericanos. **La Opinión,** Los Angeles, Cal., 2 diciembre 1926.

(**Sumario:** Cuatro y media millas abarca el reloj. Cómo trabajaba el reloj. Otros relojes antiguos).

VIERRA, Carlos.—The ruins of Copan, Honduras, looking east. After the painting by .... 24.5 x 8 cms. En "The inscriptions at Copan", por Sylvanus Griswold Morley, Washington, 1920, lámina III entre pp. 416-417.

VILARIÑO UGARTE, S. J., Remigio.—El Sermón de la Montaña. Tomado del libro "Nuestro Señor Jesucristo" escrito por el Padre .... y traducido a la lengua maya por Leopoldo Pérez Arceo. Mérida, 1931, Imp. Oriente, 23 pp., 20.3 x 13.4 cms.

———. (Véase Pérez Arceo, Leopoldo).

VILLA ROJAS, Alfonso.—"Chan Kom - Pueblo maya", por Mr. Robert Redfield y Alfonso Villa R. **Diario de Yucatán,** Mérida, 5 noviembre 1934.

(Se refiere al libro de ese título publicado por la Carnegie Institution, de Washington).

———. Notas sobre la etnografía de los mayas de Quintana Roo. **Revista Mexicana de Estudios Antropológicos,** México, 1939, III (3): 227-41.

(**Sumario:** Nota preliminar. Quintana Roo a través de la historia. Configuración cultural de Quintana Roo. El cacicazgo de X-Cacal. Cultura material. Vida económica. División de labor. Familia y grupos domésticos. Ceremonias y vida religiosa. Nota final. Bibliografía).

———. The Yaxuna-Cobá causeway. 1934. (Reprinted from Carnegie Institution of Washington, pub. Nº 436, p. 187-208). (Contributions to American Archaeology, Nº 9), 9 grabados.

———. (Véase "Carnegie Institution of Washington").

VILLA R., A., y REDFIELD, R.—Notes on the ethnography of Tzeltal communities of Chiapas. En "Contributions to the American anthropology and history", Washington, 1939, V (28). (Publication of the Carnegie Institution of Washington, Nº 509).

VILLA, Alfonso, REDFIELD, R., y TAX, S.—Ethnological and sociological research. En "Carnegie Institution of Washington. Year Book Nº 34", Washington, 1935.

VILLA, Alfonso, REDFIELD, R., TAX, S., y HANSEN, A. T.—Ethnological and sociological research. En "Carnegie Institution of Washington. Year Book Nº 35", Washington, 1936.

VILLACAÑAS, R. P. Fray Benito de.—Arte y Vocabulario de la Lengua Cakchiquel. Copiado en Nueva York, 1871, 346 pp., 4º. ("Catalogue of the Berendt Linguistic Collection", por D. G. Brinton, 1884. Nº 51).

(Villacañas murió en 1610 en el convento de dominicos de la ciudad de Guatemala. El idioma aparece explicado tal como se hablaba en el siglo de la Conquista. En dicho volumen está una breve biografía de Villacañas y una lista de sus obras tomada de la obra inédita "Apuntes para los Anales del Antiguo Reino de Guatemala" por don Juan Gavarrete. Beristain lo cita).

VILLACORTA. Carlos A.—Civilizaciones pretéritas en Guatemala. **Revista de Educación del Ministerio de Educación Pública de Guatemala,** 1933, II (8-9): 397-98.

———. Esculturas en piedra de origen maya-tolteca. **Revista del Museo Nacional de Guatemala,** Sección de arqueología, 1931, I: 8-14.

———. Interesantes objetos procedentes de Uaxactun. **Revista del Museo Nacional de Guatemala,** Guatemala, 1932, Nº 3: 41-52, ils.

(**Sumario:** Vasijas policromas.—Tres escudillas policromas.—Tres vasijas con dibujos geométricos, y un tiesto con jeroglíficos y pájaros.—El plato del bailarín.—El plato del sacrificio.—Vaso cilíndrico de los ahaus).

———. Memoria de las labores realizadas en el año 1933 por la Inspección de Arqueología, Etnología e Historia. **Revista del Museo Nacional de Guatemala,** Guatemala, 1934, Nº 5: 87-93.

———. Memoria presentada al señor Ministro de Educación Pública, de las labores correspondientes al Museo Nacional de Arqueología, en el segundo semestre de 1931. **Revista del Museo Nacional de Guatemala,** Guatemala, 1932, Nº 3: 35-39.

———. Sitio arqueológico de origen maya-tolteca, entre Guatemala y Mixco, su exploración, y últimas piezas del tipo arcaico allí encontradas, que ya figuran en la colección del Museo de Guatemala. **Revista del Museo Nacional de Guatemala,** Guatemala, 1932, Nº 2: 22-32, ils.

———. Una pieza antiquísima, que se exhibe en el salón de Arqueología del Museo de Guatemala. **Anales de la Sociedad de Geografía e Historia de Guatemala,** 1934, XI (2): 144-147.

———. (Véase "Códices mayas").

VILLACORTA C., José Antonio.—Bibliografía de la lengua maya y de los mayances guatemaltecos. En "Primer Centenario de la Sociedad Mexicana de Geografía y Estadística", México, 1933, I: 71-104.

———. Bibliografía patria. La obra monumental del Dr. Sylvanus G. Morley. "Inscripciones del Petén". Editada por la Institución Carnegie de Washington. Estudio bibliográfico, por el socio .... **Anales de la Sociedad de Geografía e Historia,** Guatemala, septiembre 1939, XVI (1): 8-21.

———. Contestando al profesor Jorge Lardé. **Excélsior,** Guatemala, 8 julio 1926.

(En torno a la conferencia titulada "Manuscrito de Chichicastenango").

———. Estelas de Piedras Negras. **Revista del Museo Nacional de Guatemala,** Guatemala, 1933, Nº 4: 65-84 ils.

———. Estelas de Piedras Negras. **Anales de la Sociedad de Geografía e Historia de Guatemala,** 1933, X: 3-20.

———. Estudios sobre lingüística guatemalteca. **Anales de la Sociedad de Geografía e Historia de Guatemala,** 1933, X (3-4): 41-80; diciembre 1933, pp. 170-205; marzo 1934, pp. 331-73; junio 1934, pp. 431-477.

———. Historia antigua de Guatemala. **Anales de la Sociedad de Geografía e Historia de Guatemala,** 1935, II (3): 290-309.

———. Historia de la América Central desde los tiempos prehistóricos hasta 1910. Guatemala.

———. Ignórase el paradero del texto original del Popol Buj. Informe del Dr. Antonio Villacorta, acerca de la Biblia centroamericana. **El Cuarto Poder,** San Pedro Sula, Honduras, 21 mayo 1926.

———. Rabinal Achí. Pieza escénica de los antiguos quichés de Rabinal. Adaptación al castellano e interpretación nueva por el socio Lic. .... Ilustraciones de Miguel Angel Ayala. **Anales de la Sociedad de Geografía e Historia de Guatemala,** Guatemala, marzo 1942, XVII (5): 352-375.

———. Páginas de la historia precolombiana de Guatemala. **Anales de la Sociedad de Geografía e Historia de Guatemala,** Guatemala, septiembre 1934, II (1): 66-69.

———. Período precolombino. (Hasta principios del siglo XVI). Lección I. Antiguas tradiciones. En "Curso de Historia de la América Central", por .... Guatemala, 1920, pp. 10-32.

(**Sumario:** Civilizaciones primitivas: Valúm-Votán.—**Lección I.** Lo que subsiste en Palenque.—Otras célebres ruinas de origen maya.—Ciudades prehistóricas en Huehuetenango.—**Lección II. Otras inmigraciones tradicionales.** Nahoas y toltecas.—Mito de Quetzalcoatl.—Ruinas toltecas: Chapulco y Quiriguá.—Reino de Payaquí o de Hueytlato.—Ruinas de Copán.—Grado de civilización de los toltecas.—**Lección III. Los quichés: su hegemonía.** La creación según el Popol-Vuh.—Establecimiento de los quichés en el Rabinal.—Dinastía quiché.—Primera guerra quichó-cakchiquel.—Segunda guerra quiché cakchiquel.—**Lección IV. Supremacía de los cakchiqueles.**—Conquistas de los cakchiqueles.—Nuevos reyes del quiché.—Guerra civil en el reino cakchiquel.—Embajada de Moctezuma. —Tercera guerra quiché-cakchiquel.—**Lección V. Razas y lenguas indígenas.** Agrupaciones etnológicas. Clasificación de las lenguas indígenas.—El idioma quiché.—Literatura quiché. — **Lección VI. Instituciones religiosas.**—Creencias religiosas.—El sacerdocio entre los quichés.—Templos y prácticas religiosas.— **Lección VII. Instituciones políticas.** Formas de gobierno.—Fundaciones reales de la Corte quiché.—Otras formas de gobierno.—Clases sociales.—**Lección VIII. Instituciones civiles y penales.** — Matrimonio.—Funerales.—Administración de justicia.—**Lección IX. Agricultura, artes, industrias,** etc.—Agricultura.—Artes e industrias.—Comercio.—Bellas artes.—Instrumentos de guerra).

———. Vasijas mayas de Guatemala que se hallan en el extranjero. **Anales de la Sociedad de Geografía e Historia de Guatemala,** 1934, II (2): 148-62.

———. Vasos mayas de Guatemala, en el exterior. **Revista del Museo Nacional de Guatemala,** Guatemala, 1934, Nº 5: 95-111.

(Es la disertación que hizo el Lic. Villacorta C., en el Salón Arqueológico del Museo de Guatemala, el 24 de junio de 1934. En ella se refirió a los ejemplares de vasos que se encuentran en el Museo Etnológico de Berlín (Colección Cary), el Museo de Filadelfia, el Museo Británico y la Colección Fenton de Londres).

———. (Véase "Códices Mayas").

———. (Véase Gates, William).

———. (Véase Lardé, Jorge).

VILLACORTA C., J. Antonio, y VILLACORTA, Carlos A.—Arqueología Guatemalteca. Guatemala, C. A. Tip. Nacional, 1927.

———. (Véase Genet, Jean).

VILLACORTA, Rafael.—Doctrina Cristiana en lengua Castellana, Quekchi y Pocomchi, coordinada por .... Santo Domingo Cobán, 1875, folio, 7 hojas.

(Ms. original en la biblioteca del Free Museum of Science and Art, University of Pennsylvania. Nº 81 del "Catalogue of the Berendt Linguistic Collection", por Brinton, 1884).

VILLAGUTIERRE SOTO-MAYOR, Juan de.—Historia de la Conquista de la Provincia de El Itzá, Redvccion, y Progressos de la de El Lacandon, y otras naciones de indios bárbaros, de la Mediación de el Reyno de Gvatemala, A las Provincias de Yvcatan, En la America Septentrional. Primera Parte. Escrivela Don Jvan de Villagvtierre Soto-Mayor, Abogado, y Relator, Que ha sido de la Real Chancilleria de Valladolid: Y aora Relator en el Real, y Supremo Consejo de las Indias. Y la dedica a el mismo Real, y Svpremo Consejo. Madrid, Imprenta de Lucas Antonio de Bedmar, y Narvaez, Año de 1701, 660 pp.

(Contiene: Continúanse las calidades de aquel territorio: dícese la magnitud de la Laguna, pueblos de sus islas y ribera, etc. (Lib. VIII, Cap. XI, pp. 493-495), lo que boja la Laguna. Parece al mar. Es de muy buenas aguas y pescados... Está la isla en la Laguna. Es muy alta. Lo que coge la isla... Hay otras islas menores. Pueblos de los Coboxes. Otra laguna pequeña).

———. Historia de la conquista de la provincia de el Itza, reducción, y progresos de la de el Lacandón, y otras naciones de indios bárbaros, de las mediaciones de el reyno de Guatimala, a las provincias de Yucatán, en la América Septentrional, escribela don Juan de Villagutierre Soto-Mayor. 2ª edición. Prólogo por el general Pedro Zamora Castellanos. Guatemala, Tipografía Nacional, 1933, XXV-516 pp., ilustraciones, mapa, 26.5 cms. (Biblioteca "Goathemala" de la Sociedad de Geografía e Historia, dirigida por J. Antonio Villacorta C., Vol. IX).

(En el Cap. V Villagutierre habla de la causa que tuvieron los itzaes para retirarse del Reino de Yucatán; y en el Cap. VI sigue refiriéndose al mismo tema . Habla también de Chichén Itzá y las profecías a que se refiere son las de Patzín Yaxún, Nahan Pec, Ahkukilchel, Ahnapuc Tun y Chilám Balam).

VILLAJUANA, Lic. Cosme Angel.—Sentencias ejecutorias, que se imprimen para añadir una página más a la historia de Dziskam escrita en geroglífico por el .... y traducida en su sentido verdadero por don Vicente Lara Quijano. Mérida, Tip. a cargo de Mariano Guzmán, 1857, 10 pp. 204 x 126 mm.

VILLALPANDO, Fr. Luis de.—Arte y vocabulario de la lengua de Yucatán. (Véase Brinton, Norman y Beristáin. Civezza Nº 766, p. 635).

———. Doctrina cristiana en idioma yucateco o maya. (Civezza, Cat. Pilling, Nº 4034).

(Dicen que la obra se imprimió: León Pinelo en su "Epit. de la Biblioteca Oriental y Occidental", tomo II, cols. 719 y 720, y Beristain, que acepta este testimonio en su "Biblioteca", III: 282.—También lo afirman Nicolás Antonio en su "Biblioth. Hispana Nova", II: 70, y García Icazbalceta en su "Bibliografía del Siglo XVI", nota de la p. XIII).

VILLANUEVA, Lic. Pablo.—La Trinidad y los quichés. **El Imparcial**, Guatemala, 3 septiembre 1939.

———. La Trinidad y los quichés. **Revista de Revistas**, México, 2 julio 1939.

VILLAPLANA, Hermenegildo de.—Vida portentosa del Americano septentrional apóstol, el V. P. Fr. Antonio Margil de Jesús, fundador y ex guardián de los colegios de Santa Cruz de Querétaro, etc. Relación histórica de sus nuevas y antiguas maravillas. En México, en la Imprenta de la Biblioteca Mexicana, 1763, 4º.

(Tiene detalles curiosos sobre los indios de la región del Palenque en que Margil ejerció su ministerio, y sobre la ideología de los nagualistas y del pontífice supremo de Samayac, en Guatemala).

VIÑAZA, Conde de la.—Bibliografía española de lenguas indígenas de América. Madrid, 1892, XXV y 427 pp.

(Este libro es de gran utilidad. Después del prólogo va una lista de 53 bibliografías y de catálogos de ventas de libros que se citan en el texto (pp. 1-330. La primera parte reseña 1,188 obras por orden cronológico desde 1539, anotando las fechas de impresión, composición o copia. En seguida va un cuadro alfabético y geográfico de las lenguas de que tratan los autores citados en la bibliografía (pp. 331-400); y al final una tabla alfabética de autores, traductores y obras anónimas (pp. 401-416) y una tabla alfabética de los censores, aprobantes, encomiadores, protectores y algunos otros varones citados en la primera parte (pp. 417-427). Los autores que se refieren al maya o yucateco, van perfectamente señalados en las pp. 369-70).

VIOLLET, Le-Duc, y CHARNAY, Désiré.—Cités et ruines américaines: Mitla, Palenque, Izamal, Chichén-Itzá, Uxmal. Avec un texte par M. Viollet-Le-Duc. Suivi du voyage et des documents de l'auteur. París, Imp. Bonaventura et Ducessois, 1863, 4º IX-543 pp., atlas, 49 láms.

VIRTUES of the Indians. **Pan American Magazine**, Nueva Orleans, julio 1911, p. 114.

VISCAYNO, Fray Josef Ant.—Doctrina Christiana, en lengua utlateca, alias giche; año de 1790. Ms. 4º, 24 pp. Photopraphic copy. (Cat. Gates Nº 1003).

(Se trata de un manuscrito, en quiché y español).

VISITANDO las memorables riquezas mayas al marchar en pos de los lacandones. En las Ruinas de Yaxchilán y en el raudal trágico de Anaité. **El Imparcial**, Guatemala, 10 diciembre 1938.

(**Sumario:** Los encajonados y sus víctimas. Anaité, bello y trágico. El Desempeño, abandonado. Llegada al lar de Santo Domingo, el lacandón).

VIVÓ, Jorge A.—Compendio del idioma maya, **El Nacional**, México, 27 julio 1939.

(Se refiere al "Compendio del idioma yucateco", por Santiago Pacheco Cruz).

———. Fiesta de zoques. **Novedades**, México, 25 enero 1942.

(**Sumario:** Los zoques. Geografía zoque-maya. La arqueología de la región. El mestizaje en la zona. El mequé. Su ambiente. El anfitrión y sus invitados.

Los preliminares. La comida. Tono de la fiesta. El yomoatzé. La procesión. **Fotografías de Bernardo Reyes).**

———. Prehistoria e historia antigua de Guatemala (de J. A. Villacorta). **El Nacional**, México, 29 mayo 1938.

———. Razas y lenguas indígenas de México. Su distribución geográfica. México, Industrial Gráfica, S. A., Editorial Cultura, S. A., Taller de Zincografía de la Dirección de Geografía, Meteorología e Hidrología de la Secretaría de Agricultura, 1941, 58-(2)-(2)-(8) pp., 32 mapas plegadizos de 28.2 x 35.7 cms., y 3 fuera de texto de 50 x 69.5 cms., ils., 28.2 x 20 cms. (Instituto Panamericano de Geografía e Historia. Publicación Nº 52).

———. Sobre lingüística del maya. **El Nacional**, México, 31 octubre 1937.
(**Sumario:** I. Metodología maya.—II. Morfología del maya).

———. Tula de Hidalgo, la capital tolteca. **Novedades**, México, 11 enero 1942.
(**Sumario:** Las investigaciones modernas sobre Tula. Iniciativa de la Sociedad Mexicana de Antropología. Los ortodoxos en la palestra. Las primeras excavaciones en Tula. Reunión histórica de la Sociedad Mexicana de Antropología. Otra cruzada en el campo. Columnas y esculturas como las de Chichén Itzá).

VOCABULAIRE français-maya.—Mérida de Yucatán, 1898, 8º (Cat. Blake).

VOCABULAIRE Maya-français d'apres divers auteurs anciens et modernes. En "Relation des choses de Yucatan de Diego de Landa", por l'Abbé Brasseur de Bourbourg, París, 1864, pp. 480-506.

VOCABULARIO copioso de las lenguas cakchiquel y tiche. (Ms. en la biblioteca de Squier, al parecer del siglo XVIII por el papel y la escritura). 706 pp., 4º.

VOCABULARIO de la lengua cachiquel, por Fr. Angel, franciscano. (Ms. en 225 hojas. Citado por Brasseur en su "Bibliotheque", etc., pág. 8).

VOCABULARIO de la lengua cakchiquel y española, con un arte de la misma lengua, 1813.
(Ms. en 4º, de 120 hojas. Las 110 primeras contienen el vocabulario, las 10 restantes una breve gramática. **(Brasseur de Bourbourg, Pinart).**

VOCABULARIO de las palabras de las lenguas maya y mejicana usadas y explicadas en las relaciones. En "Relaciones de Yucatán", Madrid, 1898, pp. 435-36.

VOCABULARIO en lengua castellana y guatemalteca, que se llama cakchiquelchi. (Siglo XVII). Ms. en 4º, 500 pp.
(Códice existente en la Biblioteca Imperial de París, según Ludewig, en "American Aboriginal Languages").

VOLLMBERG, Max.—Quetzales und Vulkane; ein Maler reist durchs Mayaland. Mit zwoelf Abbildungen und einer Karte. Berlin, Sibyllen-verlag, 1932, 173 pp.

VON HAGEN, V. Wolfgang.—Restoring a lost city of the Mayas. Travel, New York, September, 1939 (73): 6-11.
(Trata de Copán).

VOSS.—Steingeräthe aus Yucatan. Una hoja con grabados que representan los objetos de piedra que describe. (Obra ofrecida al Congreso). En "Congreso de Americanistas. Actas de la cuarta reunión. Madrid, 1881", Madrid, 1883, II: 381.

VOYAGE dans l'Amérique Centrale, Yucatan, etc.
(Según el Dr. León, se publicó este trabajo en una colección de viajes; es un trabajo muy extenso y raro hoy. Brasseur lo cita en su "Historia de Yucatán").

VREELAND, Charles Edward.—Antiquities at Pantaleon, Guatemala. By Lieut. Charles E. Vreeland, U. S. N., and J. F. Bransford .... Washington, Govt., print. off., 1885, 11 pp., ils., 23 cms (Smithsonian Report for 1884. Publication 619, pp. 39-50).

W

WADELL, Hakon.—Mayindianernas precolumbiska historia, deras kronologiska system och principerna foer Mayahieroglyfernas tekning (Histoire précolombienne des indiens Mayas, leur systeme chronologique, principles pour la traduction des hiéroglyphes mayas). Arsbok, 1925, utgiven av Sydsvenska geografiska. Sällskapet, Lund, 1925, pp. 197-220.

WAGLEY, Charles.—(Comentario a) "The Chorti Indians of Guatemala", por Charles Wisdom. **Boletín Bibliográfico de Antropología Americana,** México, 1940, IV (3): 252.

WAGNER, Blanche Collet.—Tales of Mayaland. By .... with illustrations by the author. Pasadena, Cal., San Pasqual Press, 1938, 90 pp., 23 x 15.9 cms.

(Son cuentos para niños, utilizando temas de mitología maya).

WAHLEN, Auguste.—Guatemala ou République de L'Amérique Centrale. En "Moeurs, usages et coutumes de tous les peuples du monde, d'apres des documents authentiques et les voyages les plus recents"; publiée par ...., Bruxelles, a la Librairie Historique-Artistique, 1844, pp. 213-18.

(En frente de la p. 216 va un grabado en colores titulado "Femme et homme de Guatemala").

WAIBEL, Leo.—Die Sierra Madre de Chiapas. **Sonderdruck aus den Mitteilungen der Geographischen Gesellschaft in Hamburg,** Hamburg, 1933, (43): 12-162, ils., láminas, mapa.

———. Sierra Madre de Chiapas. **Anales de la Sociedad de Geografía e Historia de Guatemala,** 1935, XII (1): 69-77.

WAKE, C. S.—Mayas in Central America. **American Antiquity,** (26): 361.

WALCKENAER, Barón, y otros.—Rapport sur le concours relatif a la geographie et aux antiquités de l'Amérique Centrale, par une comission composée de MM. Le Baron Walckenaer, de Larenaudiere, et Jomard, rapporteur. **Bulletin de la Société de Géographie,** 1836, V: 253-91.

———. (Véase Galindo, Juan).

WALCOTT, Frederick C.—

Mayorga-Rivas, Rodolfo.—Personalidad de Mr. Walcott, miembro director de la Institución Carnegie. Ahora en Guatemala en misión científica; su figura se contorna con los tamaños de un desbordado altruísmo; espectáculo de la ciencia al aplicarse a la guerra. **El Imparcial**, Guatemala, 22 enero 1940.

WALDECK, Jean Frédérick Maximilien de.—Inscription du bas-relief de la Croix, dessiné aux ruines de Palenqué. Par F. de Waldek (Avec photolithographie). En "Mémoires sur l'archéologie américaine, publiés par la **Société d'Ethnographie**", t. XI.

———. Viaje pintoresco y arqueológico a la provincia de Yucatán. (América Central) durante los años de 1834 y 1836. 2º edición, Mérida, 1930.

———. Voyage pittoresque et archeologique dans la Province de Yucatan, pendant les années 1834 et 1836. Paris, 1838, Imprenta de F. Didot-frere, 112 pp., 21 láminas.

(Ofrece un vocabulario maya, con definiciones en francés y maya).

Carrillo, Fray Estanislao.—Federico Waldek. Su obra está llena de embustes y desaciertos. **El Registro Yucateco**, Mérida, Yuc., 1846, IV: 231-32.

(EL SEÑOR Waldeck puso en práctica su proyectos). **El Registro Oficial**, México, 5 julio 1832.

(Da la noticia de que Waldeck llegó a Santo Domingo del Palenque y se encontró con el primer templo; y que se ha convencido de que eran incorrectos los dibujos que grabó en Londres en 1822 para la obra de Antonio del Río y que eran más defectuosos los que hizo Castañeda para Dupaix).

ESTUDIOS hechos en la línea fronteriza por el dibujante Waldeck. En "Bosquejo histórico de la agregación a México de Chiapas y Soconusco y de las negociaciones sobre límites entabladas por México con Centro América y Guatemala", por Andrés Clemente Vázquez. México, 1932 (Archivo Histórico y Diplomático Mexicano. Nº 36), pp. 453-67.

———. (Véase Thompson, J. Eric).

(Nació en 1766 y murió en 1875. En 1798 figuró como voluntario de la expedición de Bonaparte al Egipto. En 1832 visitó el Palenque y exploró las ruinas durante dos años, habiendo el presidente Bustamante proporcionado los medios para tal expedición. Sus trabajos fueron examinados y aprobados por una comisión que el Gobierno francés nombró en 1860, y que integraron Mérimée, Angrand, Longpérier, Aubin, De Saint-Priest y Daly; pero el texto no fué admitido y se confió la parte literaria a Brasseur de Bourbourg. En 1866 apareció en París la obra "Monuments anciens du Mexique, Palenqué et autres ruines de l'ancienne civilization du Mexique. Collection de vues, bas-reliefs, etc., dessignés par Mr. de Waldeck. Texte rédigé por Mr. Brasseur de Bourbourg". En la portada se ve que esta obra fué publicada bajo los auspicios del Ministerio de Instrucción Pública. Está dividida en las secciones siguientes: **1. Avant-propos,** conteniendo el Informe de Mr. Léonce Angrand, sobre los dibujos de Waldeck, dirigido al Ministerio de Instrucción Pública, y otros detalles relativos a la publicación de la obra. 2. **Introduction aux**

ruines de Palenqué, que trata del descubrimiento de las ruinas y de los diferentes informes relativos a ellas, (Calderón, Bernasconi, Muñoz, Del Río, Dupaix, Stephens, Morelet y Charnay). 3. **Recherches sur les ruines de Palenqué et sur les origines del l'ancienne civilization du Mexique;** ocho capítulos de un minucioso ensayo sobre las naciones de México y Centro América, sus tradiciones, emigraciones, mitología, costumbres, etc. 4. **Description des ruines de Palenqué et explication des dessins qui ont rapport.** Redigée par M. de Waldeck.—Fué Waldeck el primer extranjero que visitó y describió las ciudades arqueológicas de Yucatán, llegando a Campeche (15 diciembre 1833) con procedencia de Palenque; regresó en 1834. La segunda edición de "Voyage archeologique et pittoresque dans le Yucatan" fué hecha en Mérida por don Carlos R. Menéndez, siendo su traductor el Dr. Manuel Mestre Ghigliazza).

WALDECK, Jean Frédéric Maximilien de, y BRASSEUR DE BOURBOURG, Ch. E.—Monuments anciens du Mexique; Palenqué et autres ruines de l'ancienne civilisation du Mexique. Collection de vues, basreliefs, morceaux d'architecture, coupes, vases, terres cuites, cartes et plans, dessinés d'apres nature et relevés par .... Texte rédigé par Charles Etienne Brasseur de Bourbourg. Ouvrage publié sous les auspices de .... le Ministre de l'Instruction Publique, París, A. Bertrand, 1866, XXIII-83-VIII pp., ils., láminas, mapa, 55 cms.

WALSH, H. C.—Copan; a city of the dead. **Harper's Weekly,** 1897, XLI (2124): 879-83.

WARDEN.—Les antiquités de l'Amerique du Nord et du Sud par .... ("The Boban collection of antiquities", Nº 1974).

WARDLE, H. Newell.—Guatemalan textiles. **Bulletin of the Pennsylvania University Museum,** 1934, V (1): 20-3.

———. Miniature clay temples of ancient Mexico. En "Reseña de la segunda sesión del XVII Congreso Internacional de Americanistas efectuada en la ciudad de México durante el mes de septiembre de 1910. (Congreso del Centenario"), México, Imp. del Museo Nacional de Arqueología, Historia y Etnología, 1912, pp. 375-81.

WAS the beginning day of the Maya month numbered zero(or twenty) or one? Cambridge, 1901, 8 pp. (Cat. Blake).

WAS there no Maya "Old Empire"? **Art and Archaeology,** Wáshington, marzo-abril, 1934, XXXV (2): 92.

WASHINGTON, Henry S.—(Comentario a) "Maya cities: a record of explorations and adventure in Middle America", por Thomas Gann. New York, Charles Scribner's Sons, 1928, 256 pp., 56 ils.

———. Testimony of the jades used by the Maya indians. **Scientific American,** August 1926 (135): 94-5.

WASSEN, Henry.—The frog indian mythology and imaginative world. **Anthropos,** 1934, XXIX (5-6): 613-58.

WATERMAN, T. T.—Is the Baúl stela an Aztec imitation. **Art and Archaeology**, November 1929 (28): 182-7.

———. Las sorprendentes esculturas halladas en El Baúl y Pantaleón evidencian la existencia de desconocidas ciudades aborígenes. **El Imparcial**, Guatemala, 24 diciembre 1923.

(**Sumario:** Epoca de los Altos. Recuerdos de una época no determinada. Epocas de tierras bajas).

WAUCHOPE, Robert.—Cremations at Zacualpa, Guatemala. (Leído en el XXVII Congreso Internacional de Americanistas. México, 1941).

———. Domestic architecture of the Maya. En "The Maya and their neighbors", New York, D. C. Appleton-Century, 1940, pp. 232-241.

———. Effigy head vessel supports from Zacualpa, Guatemala. En "Los Mayas antiguos", México, 1941, pp. 211-32, ils.

(**Sumario:** Ceramics. Miscellaneous. Bibliography).

———. House mounds of Uaxactun, Guatemala, with notes on the pottery by Edith B. Ricketson, 1934. (Reprint from Pub. Nº 436 of the Carnegie Institution of Washington, pp. 107-71). (Contributions to American archaeology, Nº 7).

———. House-type studies in Guatemala. En "Carnegie Institution of Washington. Year Book Nº 34", Washington, 1935.

———. Modern Maya houses; a study of their archaeological significance. Washington, 1938, VII-181 pp., ilustraciones, láminas, mapa, diagramas, 29 cms. (Carnegie Institution of Washington, Publication Nº 502).

———. Zacualpa. "Carnegie Institution of Washington, 1936, Year Book Nº 35", 1935-1936, pp. 128-130.

———. (Ver "Carnegie Institution of Washington").

WEATHERWAX, Paul.—The phylogeny of Zea Mays. **American Midland Naturalist**, 1935, XVI (1): 1-71.

(Contribution Nº 66 for the Waterman Institute, Indiana University).

———. (Véase Penfound, Wm. T.)

WEGNER, Richard Nikolaus.—Die Maya. **Die Umschau**, Frankfurt am Main, 1925, XXIX: 509-515, 531-535.

———. Indianer-rassen und vergangene Kulturen; Betrachtungen zur Volkentwicklung auf einer Forschungsreise durch Süd und Mittelamerika von .... mit 156 Bildern auf 128 Tafeln und 31 Federzeichnungen im Text. Stuttgart, Ferdinando Enkeverlag, 1934, VIII-320 pp., ilustraciones, 128 láminas, 26 cms.

(El capítulo XIV, pp. 285-312, se titula "Auf den Tempelpyramiden höchster Indianerkultur". Sobre las pirámides-templos de la más alta cultura indígena).

———. Zum Sonnentor durch Altes Indianerland. Darmstadt, L. C. Wittich Verlag, 1936, 332 pp., 1 mapa fuera de texto, 163 láminas, 19.5 x 14.5 cms.
(El capítulo 32 titulado: "Die Maya in Yucatán", pp. 313-328, trata ligeramente de la conquista de Yucatán por los españoles y de las ruinas mayas).

WEITZEL, R. B.—Maya correlation problem. Maya Research, New Orleans, La., 1935, II (3): 278-286.

———. Maya moon glyphs and new moons. Maya Research, New Orleans, La., 1935, II (1): 14-23.

———. The books of Chilam Balam as tradition. American Journal of Archaeology, Concord, July-September, 1931, XXXV (3): 319-323.

———. Uxmal inscriptions. American Journal of Archaeology, Concord, January-March, 1931, XXXV (1): 53-56.

WELBORN, I. O.—Air hunt for jungle gold. Popular Scientific Magazine, April 1931 (118): 23-5.

WELLS, Herbert G.—Civilizaciones neolíticas primitivas. En "Breve historia del mundo", Editorial Ercilla, Santiago de Chile, 1935, Cap. XIV: 47-8.

———. Los mayas y otros moradores de América. El Imparcial, Guatemala, 26 febrero 1938.

WENCKER, Friederich.—Silberstädte im Tropenwald, aus der Kulturweld der Maya. Stuttgart, Kosmos, Gesellschaft der Naturfeunde, Franckh, 1933, 104 pp., ilustraciones, 24 láminas, 23.5 cms.

WERE the Mayan pyramids calendars and clocks? Real Mexico, 1934, III (15): 14-15.
(Trata más de los mexicanos que de los mayas).

WESSELHOFT, Selma.—(Véase Schellas, Paul).

WHETHAM, J. W. Coddam. Across Central America, por ...., Londres, Hurst and Blackett, 1877, pp. 165-187.
(Habla de las ruinas de Copán en los capítulos XIII, XIV y XV).

WEYERSTALL, Albert.—Some observations on Indian mounds, idols and pottery in the lower Papaloapan Basin, State of Vera Cruz, Mexico. New Orleans, Department of Middle American research, Tulane University of Louisiana, 1932, p. 23-69. (Reprinted from Middle American research ser., pub. Nº 4).

———. (Véase "Middle American papers").

WHARTON, G. W.—Acarina of Yucatan caves. En "Fauna of the caves of Yucatan", por A. S. Pearse, Washington, 1938, pp. 137-152, 28 figuras. (Carnegie Institution of Washington, Pub. 491).

WHAT will be the next ten years reveal in Yucatan. **Scientific American,** July 1926 (135): 44.

WHEELER, William Morton.—Ants from the caves of Yucatan. En "Fauna of the caves of Yucatan", por A. S. Pearse, Washington, 1938, pp. 251-255. (Carnegie Institution of Washington, Pub. Nº 491).

WHO were the Maya? **Spyglass,** 1933, I (4): 2.

WHORF, Benjamín Lee.—Maya writing and its decipherment. **Maya Research,** New Orleans, La., 1935, II (4): 367-382, 1 ilustración.

———. The phonetic value of certain characters in Maya writing; with an introduction by Alfred M. Tozzer, Cambridge, Mass., The Peabody museum, 1933, 48 pp., 13 ils. (Papers of the Peabody museum of archaeology and ethnology, V-13, Nº 2).

WIDMANN, Walter.—Markttag in Chichicastenango. Bei den Hochlandindianern von Guatemala. **Bibl. d. Unterhaltung u. d. Wissens.,** 1937, LXI: 67-74.

WIENER, Leo.—Mayan and Mexican origins. Cambridge, Priv. print., 1926, XXVII-203 pp., 126 ils., mapas, 32 cms.

(**Sumario:** Maya language. Etymology. Aztec language. Etymology. Picture-writing, Maya. Picture-writing, Mexican. Title).

WIESE, Ernst.—Im Mayahochland. Mit dem Motorrad durch Guatemala. **Motor u. Sport,** 1939, XVI (2): 14-17, ils.

WILCOX, M.—Maya decoration applied to monument in Guatemala. **Architectural Record,** New York, July 1917, (42): 92.

WILDER'S.—(Véase Cummins, Harold).

WILLARD, Theodore Arthur.—Bride of the rain god; princess of Chichen-Itza, the sacred city of the Mayas; being an historical romance of a prince and princess of Chichen-Itza in that glamorous land of the ancient Mayas; where conflicting human passions dominated the lives of the long-dead past as they do those of today. Cleveland, O., The Burrows Bros. Co., 1930, 266 pp., láminas, 20 cms.

———. Lost empires of the Itzaes and Mayas. An american civilization, contemporary with Christ, which rivaled the culture of Egypt. Arthur H. Clark Co. Glendale, Cal., 1933, 449 pp., ilustraciones, 25 cms.

———. The City of the Sacred Well, being a narrative of the discoveries and excavations of Edward Herbert Thompson in the ancient city of Chichen Itza with some discourse on the culture and development of the Mayan civilization as revealed by their art and architecture, here set down and illustrated from photographs by T. A. Williard. New York & London, The Century Co., 1926, XVI-293 pp., ilustraciones, láminas, mapa, 21.5 cms.

———. The Codex Perez, an ancient Mayan hieroglyphic book; a photographic facsimile reproduced from the original in the Bibliotheque Nationale, Paris. Glendale, Cal., The Arthur H. Clark Company, 1933, 10 pp., facsimil, 24 cms.

(La edición fué de 250 ejemplares para distribución privada. El formato es el mismo del original. **Sumario:** Los manuscritos mayas, el idioma maya, textos; el idioma tzental—textos; Escritura pictórica—, maya; escrituras pictóricas, —tzental).

(Por un error "The Codex Perez" aparece en esta bibliografía (p. 44) como si fuera el Codex Peresianus).

———. The Maya hieroglyphic system of writing. **Masterkey**, 1932, VI (4): 112-15.

———. (Véase Robertson, James Alexander).

WILLIAM de Leftwidge Dodge. **Maya Research**, New Orleans, July, 1935, II (3): 298.

WILLIAMS, George Dee.—Maya-Spanish crosses in Yucatan. Cambridge, Mass., Pub. by The Bureau of Internacional Research of Harvard University and Radcliffe College for the Museum 1931, XV-256 pp., mapas, 47 láminas, diagramas, 24.5 cms. (Papers of the Peabody Museum of American Archaeology and Ethnology, Harvard University, Vol. XIII, Nº 1).

WILLIAMSON, E. B.—**Odonata** from Yucatan. En "The cenotes of Yucatan; a zoological and hydrographic survey", por A. S. Pearse, etc., Washington, 1936. (Carnegie Institution of Washington).

WILLOUGHBY, C. C.—Piedras Negras, newly discovered city. **Scientific American**, New York, 1903, (89): 221.

WILSON, Prof.—Prehistoric musical instruments. **American Anthropologist, XI**, pp. 512-664.

(Los instrumentaos musicales prehistóricos del Nuevo Mundo se hallan bien estudiados en detalle, pp. 561-663. Habla de Norte, Centro y Sud-América).

WILSON, C. B.—Copepods from the cenotes and caves of the Yucatan peninsula, with notes on cladocerans. En "The cenotes of Yucatan; a zoological and hydrographic survey", por A. S. Pearse, etc. Washington, 1936. (Carnegie Institution of Washington).

WILSON, Robert W.—Astronomical notes on the Maya Codices. Nine plates and six illustrations in the text. Cambridge, Mass., Published by the Museum, 1924, VI-46 pp., 9 láminas, 6 ils., 24 x 15.5 cms. (Papers of the Peabody Museum of American Archaeology and Ethnology, Harvard University, Vol. VI, Nº 3).

(**Sumario:** Primitive astronomy.—The lunar series in the Dresden Codex.—The Ahau equation.—Data for determining the Ahau equation.—Outline of the typical Maya planetary table.—**Lista of tables:** I. Position of Sun at sunrise and sunset in latitude of Copan.—II. Eclipses on Oppolzer's "Canon", visible in Yucatan, láminas 91-92.—III. Position of Venus and Mars. Different hypotheses of value of Ahau equation.—IV. Initial dates of calendars in the Dresden Codex.—V. Planetary configurations as computed from the assumed value of 389, 856; 438, 906; 487, 956 for comparison).

WILSON, Thomas.—Jade in America. En "Congres Internacional des Americanistes. XIIe. session tenue a Paris en 1900", Paris, 1902, pp. 140-187.
(Hace muchas alusiones al que se ha encontrado en Centro-América).

WINTER, Nevin O.—The ruined cities of Yucatan. En "Mexico and her people of to-day". (New revised edition. Boston, L. C. Page & Company (Inc.) pp. 470-487, 1 ilustración.

WISDOM, Charles.—The Chorti Indians of Guatemala. Chicago, The University of Chicago, 1940, 490 pp., ils., láms. (Publ. in Anthropology, Ethnological Series).

WISSLER, Clark.—The American Indian. An introduction to Anthropology of the New World. New York, 1917, XIII-435 pp.
(Resumen crítico de los resultados de las investigaciones en antropología física, etnografía, arqueología y lingüística, respecto a los aborígenes de América. (Hermann Beyer). Hay edición de la Oxford University Press, 1922).

WOLF, F. A.—Fungal flora of Yucatan Caves. En "Fauna of the Caves of Yucatan", por A. S. Pearse. Washington, 1938, pp. 19-21, 1 lámina. (Carnegie Institution of Washington, Pub. Nº 491).

WOLF, Gerhard.—Grundzüge des ahnrechts der Azteken, (unter Vergleichsweiser Berücksichtigung der Rechte der Maya). Von .... Berlin-Dresden, 1936, 126 pp., 30 cms.

WOLFF, Werner.—Déchiffrement de l'écriture maya et traduction des codices. Paris, P. Geuthner, 1938, 24 x 19 cms. 311 pp. y portofolio con 14 láminas.
(Es la traducción de un manuscrito en alemán por Edgard Pedro Bruck. Y la bibliografía va de las págs. 299 a 308).

———. La medicina en la América precolombiana. Le Mois, Paris, 1940, Nº 109; **Romance**, México, D. F., 15 abril 1940.
("Durante cuatro siglos se han hecho esfuerzos para descifrar los jeroglíficos mayas. M. Werner Wolff que se ha dedicado pacientemente a este trabajo, ha llegado a establecer que veinte jeroglíficos mayas, que se creía eran tan sólo signos del calendario y nombres, forman al mismo tiempo el alfabeto maya a la manera de las letras orientales. Las palabras de los textos jeroglíficos así establecidas, pueden traducirse a la lengua maya, la cual se habla aún hoy y las ilustraciones situadas al lado de estos jeroglíficos concuerdan exactamente con los textos traducidos. Los textos corresponden plenamente a la tradición de estos pueblos, según han sido contadas por los misioneros. La traducción de los códices mayas ha permitido a M. Werner Wolff constatar que los mayas poseían conocimientos biológicos y numerosas concepciones médicas". La medicina en la América precolombiana", **Le Mois**, París, 1940, número 109. **Romance**, México, D. F., 15 abril 1940).

———. Le déchiffrement des hiéroglyphes Mayas et la traduction de quelques tableau de hiéroglyphes. **Journal Officiel de la Republique Française,** 4 agosto 1937.

———. El Oriente fué la cuna del México antiguo. Sobre el libro "La escritura maya descifrada", del Dr. .... **Los Ecos,** México, 7 mayo 1939.

WONDERS of a lost empire. **Popular Mechanics,** Chicago, October-November 1937 (68): 489-96, 649-56.

WORK on Copan's ruins. **New York Sun,** July 1892.

WORK resumed at Quirigua. **El Palacio,** Santa Fe, N. M., 1934, XXXVI (17-18): 139-40.

WRIGHT, H. M.—On ponnyback through Quiché land. **Travel,** October 1918 (31): 11-14, ils.

WRIGHT, J. Ridway.—A Honduras trip. **Wilkes-Barré Daily News,** Wilkes-Barré, Penn., 15 abril 1899, 10 pp.
(Habla de las ruinas de Copán y de la visita que les hizo Stephens).

WYLD OSPINA, Carlos.—El grupo maya-quiché como fuente de literatura vernácula. **Anales de la Sociedad de Geografía e Historia de Guatemala,** 1939, XV (3): 286-290.

———. El grupo maya-kecchí como fuente de literatura vernácula. **El Nacional,** México, 18 junio 1939.

WYLLYS, E. Andrews.—Some new material from Cobá, Quintana Roo, México. **Ethnos,** 1938, III (2-3): 33-46.

X

XIMENEZ, Francisco.—Arte de las tres lenguas cakchiquel, qviche y tzvtvhil. (Escrito por el R. P. fray ...., Cvra Doctrinero por el Real Patronato del pveblo de Sto. Thomas Chavila). (1734).

(Ms. en folio, caligrafía del autor. Perteneció a Ignacio Coloché, noble indígena de Rabinal, quien lo regaló al Abate Brasseur de Bourbourg. De la 94 a la 100 vuelta está una larga carta del P. Alonso de Noreña, escrita en febrero de 1580, referente a las confesiones de los indios. Scherzer en la introducción de la obra del P. Ximénez, escrita en 1721 y publicada por aquél en Viena, 1857, cita, además de la obra a que se hace referencia, las siguientes, también del P. Ximénez: "Catecismo de indios", "Confesionario en las tres lenguas de cachiquel, quiché y zutuhil", "Vocabulario de las lenguas quiché y cachiquel" (vol. en 4º 572 pp.)

———. Historia de la provincia de San Vicente de Chiapa y Guatemala. Guatemala, Tipografía Nacional, 1929. (Biblioteca Goathemala).

———. Las historias del origen de los indios de esta Provincia de Guatemala, traducidas de la lengua quiché al castellano para más comodidad de los ministros del S. Evangelio. Por el R. P. .... cura doctrinero por el Real patronato de S. Thomas Chuila. Exactamente según el texto español del manuscrito original que se halla en la biblioteca de la Universidad de Guatemala, publicado por la primera vez, y aumentado con una introducción y anotaciones por el Dr. Scherzer, Viena, Carlos Gerold hijo, 1857, XVI-216 pp., 8º.

———. (Véase Rodríguez Cabo, Juan).

(De la Orden de Santo Domingo, cura párroco, a principios del siglo XVIII, en el pueblo indio de Chichicastenango en los Altos de Guatemala. Era andaluz. (Beristain).

XIU-Chronicles. 1608-1817. 140 pp.

(El original de este texto maya está en la biblioteca del Peabody Museum of Ethnology, .V-13, Nº 2).

XIU, Francisco de Montejo.—(Véase Carrillo y Ancona, Crescencio).

XIU, Gaspar Antonio.—Relación sobre las costumbres de los indios.

(El famoso Gaspar Antonio nació en el pueblo de Maní y se llamó en su gentilidad H'Chi Xiu. Fué educado por Fr. Diego de Landa y aprendió la gramática castellana con tanta perfección, que por muchos años fué profesor de este Arte y Maestro de Capilla en el pueblo de Tizimín. Allí enseñó entre otros al Dr. Pedro Sánchez de Aguilar.—D. Jerónimo Castillo en sus "Efemérides Hispano-Mexicanas", publicadas en "El Repertorio Pintoresco", Mérida, 1861, dice: "1582. Marzo 20. Publica una relación sobre las leyes y costumbres de los Indios de Yucatán D. Gaspar Antonio, nieto de Tutul Xiu, a quien aprendió a perfección".—Esta sola mención dió lugar a que el Illmo. Sr. Carrillo, hiciera detenidas investigaciones para asegurarse de que varios autores afirman la impresión de la obra, creyendo seguramente que el Dr. Castillo tomara la referencia de otra fuente histórica. Nada de esto es cierto. La fecha, el título de la obra y el nombre del autor son tomados de Cogolludo, quien dice en el Cap. IV de su Historia: "Estas y otras muchas costumbres —que dice que la relación no refiere— usaron los indios de Yucatán; téngola en mi poder escrita original por Gaspar Antonio, descendiente de los señores reyes de la ciudad de Mayapan, llamado Xiu, en su gentilidad, bautizado adulto por los religiosos fundadores, de esta provincia", etc. (Teixidor).

Y

YALAHAU.—(Véase C. ......, F. S.)

YAÑEZ, Agustín.—Indagación de Yucatán. **El Nacional**, México, 20 mayo 1939.
(Es un comentario a "Relación de las cosas de Yucatán" por Landa, edición Robredo).

YDE, Jens.—A preliminary report of the Tulane University-Danish National Museum expedition to Central America 1935. **Maya Research**, New Orleans, La., 1936, III (1): 25-37, ilustraciones, 1 croquis.

———. An archaeological reconnaissance of Northwestern Honduras. A report of the work of the Tulane University-Danish National Museum expedition to Central America 1935. Reprinted of Acta Archaeologica. Vol. IX. Copenhagen, Levin & Munksgaard, Ejnar Munksgaard, 1938, 106 pp., ils., 29 x 23 cms.
(**Sumario:** Preface.—Introduction.—Tegucigalpa region.—Comayagua region.—Introductory observations.—The Comayagua region geographically.—Archaeological remains in Comayagua valley proper.—Archaeological remains in Espino valley.—Archaeological remains in the Sulaco basin.—Archaeological remains on transit routes between the Humuya basin and other valleys.—**Yojoa region.**—Introductory observations.—The ruins at Jaral.—Other ruins on the shores of Lake Yojoa.—Archaeological remains on transit routes between Lake Yojoa and other valley systems.—**Copán and upper Chamelecón regions.**—The Ruins of Copán.—Other ruins on the Copán river.—Ruins at Paraíso.—Upper Chamelecón region.— **Lower Chamelecón and Ulúa Rivers.—Notes on Jaral and Siguatepeque pottery.**—Conclusions.—**Appendix I.** From the Alonso Ponce "Relación".—**Appendix II.** Index of archaeological sites in Honduras.—**Appendix III.** Bibliography of Honduras, including the most important geographical works on the country.—**General index**).

———. Die Sprache der Quic He.—**Maya Research**, July-October, 1936, III (3-4): 333.

YERBAS y Hechicerías de Yucatán. (Sin fecha).
(Ms. en el Dpt. of Middle American Research, Tulane University of Louisiana, New Orleans).

"YIKAL MAYA THAN". Revista de literatura maya. Director: Paulino Novelo Erosa. Mérida, Yuc., 15 septiembre 1939, Año I, Nº 1, 20 pp., 18 x 25.5 cms.

(Esta revista alcanza al Nº 35, del año III, en julio de 1942. Reúne muchos datos relacionados con todos los aspectos de la cultura maya y también con lo que atañe al maya actual).

YOUNG fliers back with Mayan "finds". Buck and Nixon, both 19, took pictures of ruins believed previously unknown. Also saw strange tribes. Will report their observations on flights over Yucatan to Pennsylvania University. The New York Times, Nueva York, 18 febrero 1934.

YUCATAN. Artículos amenos acerca de su historia, leyendas, usos y costumbres, evolución social, etc., por escritores distinguidos yucatecos. Mérida, Yucatán, Alvaro F. Salazar. edit. 1913, 1 vol. en folio menor.

YUCATAN. Collection of "Leyendas y costumbres", gathered by Brasseur. Folio, 41 pages. Photographic facsimile. (Cat. Gates 639).

YUCATAN AND CENTRAL AMERICA.—1545-1555. A collection of early documents on these regions, gathered by the historian Muñoz. Folio, 149 pages. Photographic facsimile. (Cat. Gates 640).

Z

ZACCICOXOL, o baile de Cortés. En kiché y castellano de Cobán. 1875, 69 pp. 4º.

(Es un drama moderno escrito por un nativo, en ambas lenguas, y el argumento fué tomado de la Conquista de México. El estilo y el procedimiento adoptados en las antiguas representaciones escénicas aparecen notablemente en dicha pieza teatral. Ms. en la Biblioteca del Free Museum of Science and Art, University of Pennsylvania, "Catalogue of the Berendt Linguistic Collection", 1884).

ZAMORA CASTELLANOS, Pedro.—Las ruinas de Quiriguá. **Diario de Centro América**, Guatemala, 18 abril y 7 mayo 1912.

ZAPATA GOMEZ, Raúl.—Máscaras mayas. Veinte dibujos de piezas arcaicas, Con un comentario de Antonio Mediz Bolio. México, Ediciones del Palacio de Bellas Artes. Imp. Mundial, 51 pp., 20 x 14.4 cms., 20 ils.

ZAVALA, M.—Gramática maya. Escrita por ...., canónigo de la Santa Iglesia Catedral. Mérida de Yucatán, Imp. de la Ermita, 1896, 94 pp.

ZAVALA, M. y MEDINA, A.—Vocabulario español-maya compuesto por los profesores .... Mérida de Yucatán, Imprenta de la Ermita, 1898, 72 pp., 22.5 x 14.5 cms.

Z(AVALA), S(ILVIO).—(Comentario a) "Cooperation in Research", by Staff members and Research Associates, Washington, 1938. (Publication Nº 501, Carnegie Institution of Washington). **Revista de Historia de América**, septiembre 1938, Nº 3: 124-27.

———. (Comentario a) "Prehistoria e historia antigua de Guatemala", por J. Antonio Villacorta C. **Revista de Historia de América**, México, septiembre 1938, Nº 2: 103-04.

———. (Comentario a) "The titles of Ebtun", por Ralph L. Roys, (Washington, 1939. **Revista de Historia de América**, México, 1940, X: 80.

ZAYAS ENRIQUEZ, Rafael de.—El Estado de Yucatán, su pasado, su presente y su porvenir. New York, J. J. Little & Ives Co., 1908.

ZEA, Francisco Antonio.—Estudios de arqueología. El origen de las culturas centroamericanas. **Universidad de Antioquia**, Medellín, Colombia, 1939, (33): 123-30.

(Habla de los mayas. Es un trabajo estudiantil, en la cátedra del Prof. G. Schotelius en dicha Universidad).

ZEITSCHRIFT FÜR ETHNOLOGIE. Berlin.

(Organo de la Berliner Gesellschaft für Anthropologie, Ethnologie und Urgeschichte, fundada por A. Bastian y R. Virchow. Publica como anexos los informes de las discusiones).

ZEPEDA, Fernando de.—(Véase Molina, Cristóbal).

ZIMMERMANN, Günter.—Die Bedeutung der Oberen Teile der Seiten 4-10 der Dresdenen Mayahandschrift. **Zeitschrift für Ethnologie**, 1933, LXV (3-4): 399-401.

———. Einige Erleichterungen beim Berechnen von Maya-daten. **Anthropos**, 1935, XXX (5-6): 707-15.

ZIZ, Bartolo (trad.)—Rabinal Achi, ou le drame-ballet du tun; piece scenique de la ville de Rabinal. Transcrite pour la premiere fois par Bartolo Ziz, ancien de la meme ville. París, 1862.

(Publicado por el abate Bresseur de Bourbourg).

ZUCULIN, Bruno.—Un volo sul reame dei Maya. Map. **Le Vie d'Italia e dell' America Latina**, 1931, XXXVII (9): 33-36.

ZUÑIGA, Fray Domingo de.—Quaderno para enseñar la música y el arte de cantar. Manuscrito en 8º, 1595-1604. Copia fotográfica.

(Con excepción de un volumen de sermones escritos por el Padre Viana, por 1550, y las partes gastadas que en 1603 reemplazó el Padre Zúñiga de que ahora nos ocupamos, este pequeño manuscrito es el más antiguo en pokonchí que tenemos. Es muy curioso que sea el único esfuerzo conocido para poner el musical sol-fa en una lengua nativa, cosa que aquí se hace con mucho detalle y con ocho pentagramas de música escrita, desde el primer tono perfecto maestro hasta el octavo tono comixto discípulo. Lleva la firma de Zúñiga en varios sitios). (Cat. Gates Nº 1035).

———. (Véase Súñiga, P. D.)

(LES) ZUTUGILS; antiquités de la région du lac Atitlán (Guatemala). **Bulletin de la Société d'Américanistes de Belgique**, 1937, (22): 3-14.

NOTA

Este volumen es la primera indagación bibliográfica sobre los mayas. Como en todo trabajo de esta índole, no se han podido agotar los temas; y esto explicará la formación de un segundo volumen que contendrá las adiciones y el índice general de materias.

R. H. V.